技术力量
一线技术团队成功启示录

麦思博（北京）软件技术有限公司　主编

電子工業出版社
Publishing House of Electronics Industry
北京·BEIJING

内 容 简 介

本书案例全部来源于全球软件案例研究峰会，均是一线研发团队带头人总结出来的成功经验，代表了中国 IT 界在这一年间的“呕心沥血”。因而，它是一笔宝贵的财富。学习全球顶尖 IT 公司技术团队的最新成功案例，从中得到借鉴和启发，增强团队技术力量，这样的机会十分珍贵！

本书选取案例遵循软件研发中心的团队管理/组织发展、测试管理/质量平台、产品创新/用户体验、架构设计/技术战略、开发管理/流程再造五个维度，对应软件研发过程中涉及的五个角色（团队经理、测试经理、产品经理、架构师、项目经理），方便读者对号入座，找到最适合自己的案例。

本书重点在于挖掘案例成功的关键因素，总结成功案例的经验，反思失败案例的教训，通过案例帮助更多技术管理者厘清工作中的难点、盲点、痛点，以便更好地带领技术团队通往卓越。

图书在版编目（CIP）数据

技术力量：一线技术团队成功启示录 / 麦思博（北京）软件技术有限公司主编．—北京：电子工业出版社，2016.1

ISBN 978-7-121-26395-8

Ⅰ. ①技… Ⅱ. ①麦… Ⅲ. ①IT 产业－项目管理Ⅳ. ①F49

中国版本图书馆 CIP 数据核字（2015）第 138905 号

策划编辑：张瑞喜
责任编辑：鄂卫华
印　　刷：中国电影出版社印刷厂
装　　订：中国电影出版社印刷厂
出版发行：电子工业出版社
　　　　　北京市海淀区万寿路 173 信箱　邮编　100036
开　　本：787×1092　1/16　印张：29　字数：706 千字
版　　次：2016 年 1 月第 1 版
印　　次：2023 年 3 月第 3 次印刷
定　　价：89.00 元

凡所购买电子工业出版社图书有缺损问题，请向购买书店调换。若书店售缺，请与本社发行部联系，联系及邮购电话：（010）88254888。

质量投诉请发邮件至 zlts@phei.com.cn，盗版侵权举报请发邮件至 dbqq@phei.com.cn。

服务热线：（010）88258888。

前 言

“TOP100”是一个案例研究峰会，它深入探索了 100 位研发团队带头人的案例实践。由于篇幅有限，本书精选出 40 多个案例进行分享，以飨读者。

回溯到 2012 年，TOP100 Summit 第一次出现在中国技术人的眼前。从此，中国的软件、互联网从业者有了一个全新的案例学习平台和一种新的自我成长的方式。TOP100 Summit 从一个单纯的会议逐渐成为通过会议、沙龙、在线视频和书籍出版等方式全方位为技术人输出实践经验、提供研发价值、对技术圈子有影响力的平台。

古诗云：“不识庐山真面目，只缘身在此山中”。很多技术人在专注于技术本身的同时，可能没有发现自己身处的技术圈在这几年间已经发生了翻天覆地的变化，而 TOP100 Summit 成长的四年，见证了这些变化。

技术正式成为了推动社会进步、变革的力量。淘宝成为了人们购物时的首选，微信改变了人们的沟通方式，物联网让科幻电影中的智能家居成为可实现的现实……这一切都离不开技术力量在背后的推动。人们越来越便利的生活正是靠着技术人孜孜不倦的追求才得到的，而攻克每个技术难关的背后都有技术人的故事。随着“互联网+”的提出，中国已经把推动移动互联网、云计算、大数据、物联网等与现代制造业结合，促进电子商务、工业互联网和互联网金融健康发展提升为国家战略。这一切都预示着中国的技术圈会越来越繁荣，技术人的故事也会越写越精彩。

中国在技术领域大有文章可做。回想鸦片战争时期，清政府的闭关锁国让我们落后已经完成工业革命的西方列强好几十年，落后才会挨打。而在 IT 技术领域，我们的起步虽然稍晚，但是凭借着知识积累、人员储备、模式创新，我们的技术水平与国外可以说是不相上下。所以，中国技术圈也有机会在世界技术舞台上展露锋芒，能够做出影响世界的技术成果。

技术无国界的特点愈发突出。国外的公司现在越来越愿意参与中国举办的技术分享活动，TOP100 Summit 也正在吸引越来越多的国外顶级公司的一线带头人来到中国分享世界级研发实践。他们参与分享的目的不仅仅是将经验带到中国，更是希望学习中国企业的一些经验。这种交流在世界范围内，促进了整个圈子的互动与发展。

软件、互联网行业的快速发展为社会和个人带来了极高的收益，一些技术能力强的牛人也能通过创业等形式将技术变现，这一点从技术人的创业潮可见一斑。同时，那些还留在各行各业公司的技术骨干面临着因用户量大、数据量大的挑战，这些挑战可能是世界级的，而完成世界级的挑战必然也会带来极大的成就感。所以无论是身处何种状态的技术人都能在这个时代实现自我价值。

也正是为了适应这些变化，TOP100 Summit 在几年间有了更多的互联网实践案例，也有了汽车、金融等“互联网+”的案例，也逐渐开始关注那些影响世界的中国技术案例，也开始聚焦一些创业的小而美技术团队，也吸引了越来越多国外公司的人走进中国。人类生活不可逆转地向技术时代迁移，无论你是否是技术人，无论你是否尊崇技术，你都身处这场变革之中。而我们就是要紧跟技术时代的潮流，为热爱学习、渴望进步的技术人带来更多的技术实践案例，帮助大家链接世界先进研发经验。

本书精选了 TOP100 Summit 的案例，在编著过程中尽量保持了作者和点评者叙述方式，以期让读者能够感受到作者原汁原味的风格，让更多未曾到达现场但对技术有追求的 IT 同仁了解最新的先进案例，将知识更好地扩散出去。

让中国站在世界技术之巅，这是中国所有技术人的梦想，也是 TOP100 Summit 的梦想。为了这个梦想，让我们以期学习来自一线的成功案例，掌握技术的力量！

技术世界那么大，欢迎来 TOP100 Summit 看看。

全球软件案例研究峰会组委会秘书长
麦思博（北京）软件技术有限公司首席执行官
刘付强

目　录

第1篇

Team Leader

团队管理/组织发展

通过协作、人才管理、有效的领导和职能转型，让企业能更好地、系统地加强组织的创新。

团队经理

面向软件研发队伍的成长与激励，我们签约海内外优秀团队职业经理人，分享研发系统的述职管理、绩效管理、指标设计，从技术走向管理，如何成就最有价值职业经理人，以及跨团队组织管理等与团队领导等有关课题。我们的讲师结合国际与本土文化特征，深度 探索雇主与员工双赢的企业领导文化。

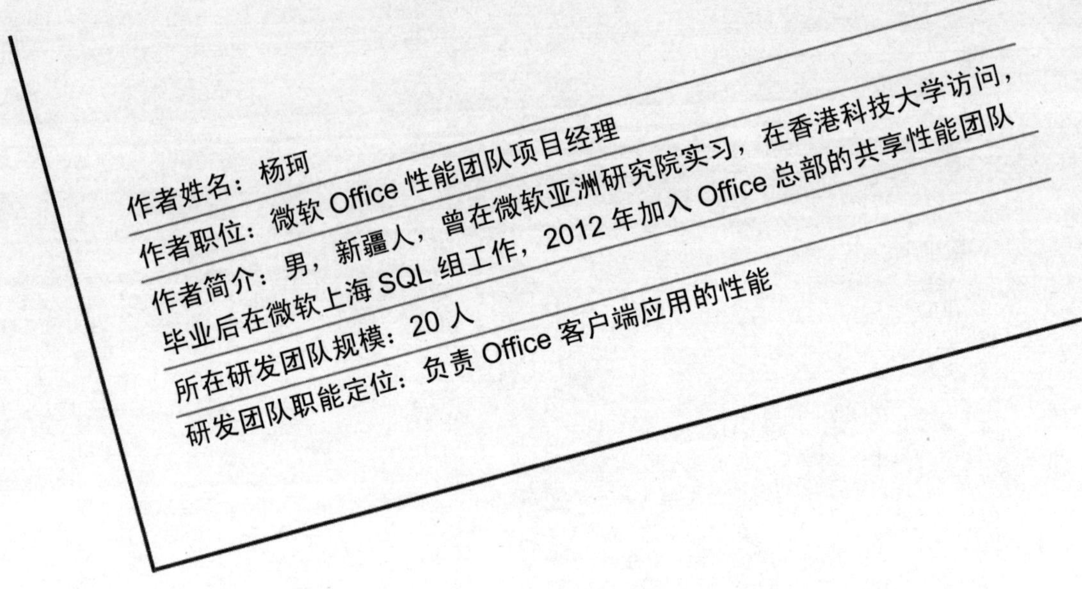

大型软件的共享基础团队——以微软 Office 性能团队为例

一、背景介绍

我们微软 Office 性能团队不开发产品功能，而是帮助那些 Office 产品组提高性能，是一个基础团队，被 Office 产品组所共享。很多公司目前还没有一个专门的基础团队，而是由几位工程师兼顾一下基础，就像微软早期的分工。当公司的软件做大了以后也许会需要一个专门的基础团队，所以我想分享作为一个相对成熟的共享基础团队的经历和心得，以供同行借鉴。

二、问题的提出

软件的“基础”包括很多内容，比如这个软件性能如何，安全性怎样，用户隐私是否得到保护，规模是否可以扩展，版本兼容性如何，全球化语言支持怎样，升级体验怎样，等等。这些“基础”不具有功能性，但软件没有它们的话是有致命缺陷的。一个软件产品想要得到持久成功，一定要有好的基础。

性能是各种基础中比较难的一项。不同产品对性能有着不同的定义。我认为一个软件的性能包括两大方面：用户直接体验和软件响应速度；软件对整个系统其他部分的影响。前者包括一个用户操作的响应时间，触控的流畅度，加载内容的速度等；后者包括软件对内存、电池、硬盘空间，移动流量等系统资源的影响，即做一个“好公民”。我们经常听到

用户对和上述各种性能相关问题的埋怨，可见性能之难。

三、解决思路

我所在的团队就是专门为了解决上述性能问题而成立的。它是 Office 可靠计算团队下面的性能组，也就是 Office Performance，我们简称 OPERF。OPERF 早在 20 世纪 90 年代开发 Office95 时就有了，开始由开发应用的程序员兼任；后来随着产品规模扩大，该团队就专注于性能而不参与应用开发。现在该团队已有二十余人，成员大多数为工程师，少数为项目经理。OPERF 的目标是：使 Office 的性能超越用户期望。

OPERF 和应用组的关系如图 1-1 所示我们组和各个应用组，比如 Word、Excel、PPT、Outlook、OneNote 等打交道。其中每个应用组都有一两个指定的“性能联系人”，这几个人在性能方面有一定经验，又充分熟悉自己应用的业务。他们可以把我们性能组统一发出去的要求、工具、服务做一定的调整以满足自己应用的需要，也可以把他们所在的应用组提出的各种要求整理之后统一反馈给我们。如此一来，OPERF 和上千位工程师之间的桥梁便形成了。

图 1-1　OPERF 和应用组的关系

四、实践过程

在和应用组合作的实践中，OPERF 一共扮演 4 个不同的角色，分别如下。

（1）　老师，提供指导；

（2）　工具员，提供工具；

（3）　保姆，提供服务；

（4）　警察，进行监督。

下面，我就对 OPERF 所扮演的每个角色一一描述，每个角色我会讲两个例子，希望能在基础团队建设方面抛砖引玉。

1.　角色：老师

（1）　主持工作组。

OPERF 和所有性能联系人形成一个互帮互助的性能工作组，有专门的邮件列表用来交流。我们每周三下午有一个小时的周会，由我主持，一般有十来个性能联系人以及其他感兴趣的听众参加。任何人都可以在周二之前发信给大家提议想学什么内容，或想自己教大家什么内容。我把议程汇总后提前一天发给邮件列表，方便大家提前决定是否参加或转发给感兴趣的同事。

会议包括以下内容。

分享进度，交流信息。比如 OneNote 的性能联系人说：“我们组用这种新工具来监听内存”，PPT 组联系人听到后很好奇，就问他要这个新工具的细节。经过后来几次的跟进交流，最终他们把这个工具带到了 PPT。

学习新方针、技术、工具。比如 OPERF 先向大家解释由于目标硬件平台的变化，我们需要一个新的内存指标；然后我请 Windows 内存管理的人来讲解内存管理的细节；然后 OneNote 演示他们监听内存的新工具，大家随时展开问答和讨论，共同学习。

收集反馈。比如我问大家，“OPERF 打算花一个月给大家做个共享的小工具测试内存。你们关于这个工具有哪些要求？”大家就以头脑风暴的方式讨论需要拿到哪方面信息，等等。我们回去之后就根据这些反馈指导后续的工作。

布置作业。比如我给大家说：“OPERF 已经做出了这个测试内存的小工具，请大家在月底前用它跑一下你们的应用，看看哪里有问题。我在系统里给你们每个人都录入了一个任务。”

会后，我会把当天讲的所有内容的相关文档链接收集起来，连同会议记录和录像发到邮件列表里，方便大家深入讨论。

总结一下我们团队在这里的作用：通过工作组来增进各个应用组之间的沟通交流，互帮互助，一起解决性能这个很难的问题。

（2） 布置作业。

第二个关于老师的例子是上面提到的布置作业。为了减小内存使用，我们需要所有应用组做系统化的改善。

经过 OPERF 在相关问题上的深入研究，我们在系统里为每个应用组布置了十余个任务，任务格式如表 1-1 所示。

表 1-1 任务格式

和谁有关	被×××工具发出×××警告的模块
性能收益	内存最多可节省×××MB
执行步骤	1. 审查代码××× 2. 更新编译设置×××
开销估计	修改每个模块约需改动×××代码
代码示例	123456

这样的任务格式的好处是，每个组拿到这十余个任务后，可以很快确定哪些任务对自己最有关系、收益最大、开销最低，从而方便排优先级和计划时间。

结果，一个月后，各个应用的内存消耗有显著降低。

总结一下我们团队在这里的作用：使 Office 各应用组能够统一地采取一些行动，帮助整个产品系统化地改进性能。

2. 角色：工具员

（1） 为自动化加入新功能。

第一个 OPERF 作为工具员的例子，是为自动化测试加入新功能，帮助应用收集到内存

消耗的情况。

在设计这个新功能的时候，我们考虑到了各个应用组使用这个新功能的开发体验：他们需要在写测试、分析结果、修改代码的整个过程中非常容易使用这个新功能，所以该功能应该有最小的学习量和编码量，应该能一键重现测试场景。同时，从我们 OPERF 的体验来说，我们需要方便地监测这个新功能为所有应用给出的测试结果，并且能对结果方便地跟进，比如发 Bug。考虑到这些使用体验帮我们更好地设计新功能。

在我们新功能验收的时候，OPERF 会监测这个工具被各组采用的程度，并且检查是否发布了相关文档（包括怎么写代码，怎么重现结果，分析结果等），是否通过工作组和邮件列表等渠道完成了对各个组的教学，这些都是验收的一部分。

总结一下我们团队在这里的作用：提供工具使得整个工作流程对工程师贴心易用，提高工作效率。

（2） 推广一个工具。

第二个 OPERF 作为工具员的例子是推广一个小工具到所有的应用组。

有一天 OneNote 的性能联系人 Kevin 找到我，演示他写的一个监听内存使用的小工具，它能分析内存使用情况，请 OPERF 帮忙把它推广到所有应用组。

我先装上这个工具试了一下，发现它有的时候太重量级，导致我的机器变慢。所以我就给他反馈，让他少收集点数据，让它轻量起来。等 Kevin 改好了以后，我们就在工作组里宣传这个工具，问大家是否允许 OPERF 把它自动批量部署到所有内部机器上。

过了不久，Excel 的性能联系人找我说它缺少×××信息的收集。于是我们和 Kevin 一起改进，加入相关信息。后来 Word 的性能联系人抱怨使用界面不友好。于是我们和 Kevin 一起改进界面。后来又有人要给他不部署的自由，因为他的机器对性能敏感，不希望有任何监听工具。于是我们和 Kevin 写了个脚本允许有人作为例外不自动部署。

最后这个小工具终于正式上线，并得以批量部署到每个 Office 工程师的机器上。它帮助各个应用组捕捉到了很多有价值的 Bug。

总结一下我们团队在这里的作用：促进各个应用组共享工具而不是各自为战，节约了资源，避免了重复建设。

3. 角色：保姆

（1） 回复问题。

第一个 OPERF 作为保姆的例子是回复问题。我们 OPERF 有个面向所有 Office 产品组的邮件列表，大家都知道有性能问题就可以发到这个列表上来问。

问得最多的问题是以下几类。

① 怎么用这个 API/工具？

② 看看这个错误该如何处理？

③ 要设计/测试×××，应该怎样做？

OPERF 轮流值班回复问题，每周监视回复率和回复延迟。有些问题很自然地促成了 OPERF 更新工具和服务。

与此同时，其他渠道也很忙碌：随机邮件、聊天工具、随机开会、上门讨论，等等。

总结一下我们团队在这里的作用：保证开发人员的进度不被一些使用工具之类的问题

所耽误，使他们可以更专心地开发产品功能。

（2） 确定新指标。

第二个 OPERF 作为保姆的例子是确定新指标。我们作为保姆就是做一切需要做的事，包括当商业目标发生变化，需要确定新的性能指标。

有一次，公司管理者宣布 Office 产品要支持 Android 和手机了。于是 OPERF 率先动起来了：

首先深入新技术的内核（Android 操作系统：触控流程怎样，应用生命周期怎样；手机硬件：内存，电池，硬盘空间有什么限制）。

然后和用户体验组、应用组讨论，哪些变化可能影响用户的性能体验，比如新的操作系统触控更容易有迟滞，新的应用生命周期更容易让我们的应用挂起，手机的内存、电池、硬盘空间相对比较小，等等。

这样我们就得出一个列表，列表中包括应该测量哪些新指标，比如触控反应速度，应用挂起时间，消耗内存、电池、硬盘空间的量，等等。

应用组可能会感到有太多新信息需要学习了，而他们需要马上写代码。所以我们就把这些新的指标以一览表的方式发布，包括每一个指标的具体描述，即为什么要测量它，以及如何在本机测量它的视频，还有如何在测试里测量它的文档，如何通过网上遥测的步骤，等等。

总结一下我们团队在这里的作用：在商业目标变化之后率先做出反应，帮助应用组很快地理解这个变化对基础带来的意义，并迅速做出调整。

4. 角色：警察

（1） 性能评审。

第一个 OPERF 作为警察的例子是性能评审。OPERF 从每个应用的早期就开始对他们进行性能评审，要求性能联系人填写问卷，问卷包含以下固定问题。

“你们应用有哪些重要场景/指标？目标值？”

“你们打算如何通过自动化/遥测/手工测量指标？

“风险模型——在不利条件下，每个场景/指标可能有哪些风险/解决方案？”比如：网络不好时，打开文件的时间有何风险。

我们收到问卷回复后，会集中焦点问题和这个应用组的性能联系人开评审会讨论。我们要求应用组的管理者参加，因为在评审会上会明确行动计划，要求应用组的管理者承诺这些计划和人力物力。

总结一下我们团队在这里的作用：帮应用组对性能有应有的重视；帮应用组预见性能限制和瓶颈，提早修改设计；帮应用组在众多场景/指标中规划优先级；给应用组对症下药的工具、培训、帮助。

（2） Bugs。

除了每个应用组各自负责他们应用所特有的几十个性能场景和指标之外，对于最关键的几个场景和指标，OPERF 会亲自负责，集中监视每个应用的每个新版本在这几个指标上的自动化/遥测结果。当某个指标与上个版本相比有回退，我们会调查，然后将 Bug 发给负责人。

例如有一天，PPT 组收到一个 Bug，说新的版本下某个文件占用硬盘空间过大，增加了 3MB。

PPT 的组长 Ash 找到我们说，他们 PPT 组依赖另外一个底层组 F 的共享模块，而这个 Bug 是他们 F 组的模块造成的，是 F 组的已知 Bug。Ash 要求我们让 F 组先解决，PPT 组现在做不了什么。

于是我们去找 F 组，问他们何时能解决这个 Bug，并估算这个 Bug 能减少多少硬盘空间占用。他们细细审查后回复说，需要一个月，最多能减少 2MB。

我带着这些数据回复 Ash，告诉他 PPT 组离最终目标差 3MB，而 F 组只能解决 2MB，而且需要一个月时间。我们敦促 PPT 组尽快解决剩下的 1MB 问题。

Ash 不再反对，并开始修复 PPT 的 Bug。最后，F 组和 PPT 组各自都做了一些改进，使得 PPT 的测试结果合格了。

总结一下我们团队在这里的作用：作为一个中枢的组，协调所有相互依赖的组去共同解决一个问题，而不是让他们相互推诿责任，使问题不了了之。

五、效果评价

上面一一介绍了 OPERF 作为 4 个角色的例子。OPERF 就通过这四个不同角色的有机结合，唱好了一台戏。总结 OPERF 的作用如下。

各组掌握了技能，预除了隐患，倒逼了设计；

有效、稳定、系统化地改进了性能；

保证最终用户体验的质量。

六、案例启示

我通过在这个基础团队的工作实践中，积累了一些心得。

1.　基础团队的作用

我认为大型软件为了保证基本成功要素，建设一个专门的共享基础团队是有必要的。这不仅指性能，而适用于所有基础。如果没有基础团队，则可能发生以下情况：

（1）　有些风险没有提前考虑到，造成软件缺陷；

（2）　各个团队重复服务、重复建设工具、重复学习；

（3）　不同模块、版本的质量参差不齐，等等。

2.　如何在基础团队里工作

在一个基础团队里工作，应该做到以下几点：

（1）　从开发早期就渗透，贯穿产品全周期；

（2）　了解产品功能、应用程序架构，嗅到可能的风险；

（3）　不间断警觉地监测；

（4）　积极驱动跨组合作。

3. 如何建设一个基础团队

在基础团队建设方面，我有如下几点观察：

（1） 团队每个人都要相信基础是一切的基础！基础像地基一样重要和优先。这样基础团队的每个人才能去感染别的应用开发团队。

（2） 最好从早期就得到高层管理者的“尚方宝剑”，这样能促使应用开发组持续配合工作。

（3） 作为内部服务团队，脏活累活都重要，比如跨部门跟踪一个问题，如果你们团队不做，没有人会去解决。

（4） 要深入了解开发人员的桌前行为，提供的工具体验和服务才能贴心。

（5） 要有意识地把这个团队建设成培养基础领域专家的摇篮，这样才能吸引人才，让他们感受到成就感。比如我们组有刚毕业的新员工，经过两年日积月累地分析内存、硬盘、耗电等问题，现在已走向性能专家的职业轨道。

（6） 要把每个成员的业绩在某种程度上和他所负责的那方面基础挂钩。比如我们团队明确每个人负责的方面，如果最终发布的产品性能没有超过用户预期，那个人和对应应用组都要承担责任。

4. 开发人员应注意哪些问题

作为产品功能开发人员，在基础方面应该注意哪些问题呢？我在这里提出一些想法供大家参考。

对基础工作，做得再好也往往不像开发出产品新功能那样显眼，因此大家容易到了开发后期或出现问题时才开始重视。然而那时程序架构早已不容易更改，后续版本的优化也比较难。所以，一个产品开发人员应该充分意识到基础对产品就像地基一样重要和优先，要把基础的质量和自己的业绩评估挂钩并且层层挂钩下去，要在产品设计一开始就充分评审讨论基础的质量，要一一排查设计中可能的基础风险并设计应对策略，要在开发周期全程留出人力密切监视基础的质量，要和基础团队以及姊妹团队有合作共享精神。

总之，应既建设好一个优秀的基础团队，又建设好一个重视基础的功能开发团队，大家齐心合力，保证软件的成功和持久发展。

> **沈文琪点评：**性能问题是做大软件的都知道的困难。性能好别人感觉不到；性能不好，系统死路一条。一部手机运行一切正常没有问题。一旦应用或系统崩溃，你首先想到的是性能的问题。性能也是一切用户体验的基础，这在微软是非常重要的职能领域。杨珂的工作是非常用心的。把好性能关，是吃力不讨好的工作。但他们在 Office 做得有声有色。
>
> 从团队建设的角度，做好产品性能的工作有一条主线：首先在全部门达成性能共识，然后要制定指标，再次是实施执行。在不同的阶段，性能团队的工作重点有所不同。达成共识之前需要培训；合适的指标需要整合跨功能的主要场景以及评估参数；实施执行必须借助于适合的工具，由性能团队主导开发并提供技术支持。最后一步就是评审把关，这是性能团队的终极任务。

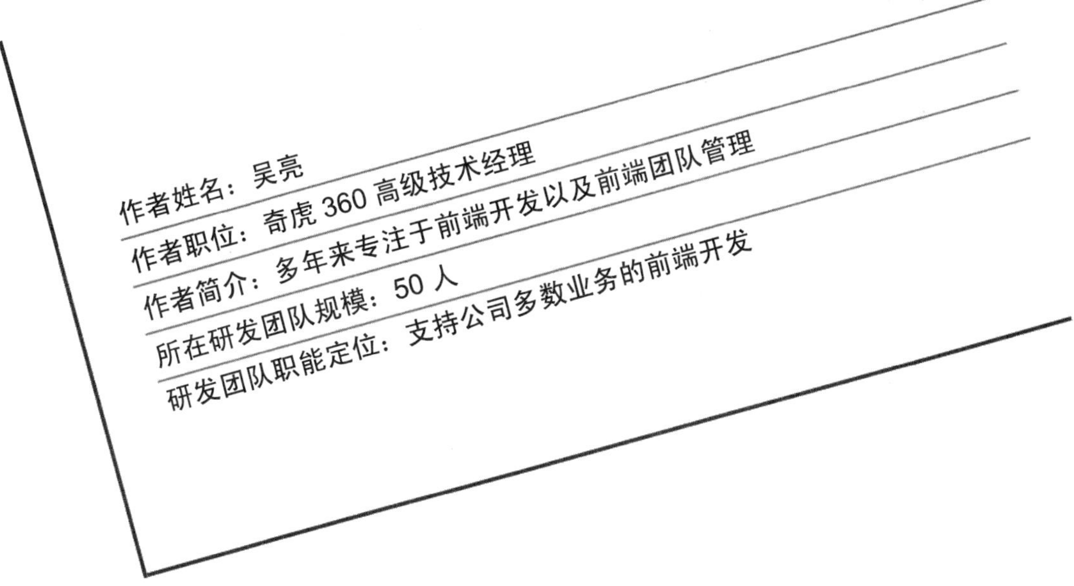

打造前端团队之路

一、背景介绍

随着互联网行业的发展，前端工程师作为互联网公司的一种特定角色，在产品研发中的位置越来越重要。在 2005 年到 2014 年期间，随着互联网的发展，从事前端职业的工程师的职责、技能、产出和核心竞争力也在不断发展和进化。

2008 年 1 月，我来到百度团队负责组建和管理前端团队。短短的三年半时间，团队规模从最初的 3 人增长到 36 人，平均每年的人员增幅超过 100%。人员增长的原因是，一方面随着产品的发展，前端方面技能要求越来越高，工作也越来越多，另一方面，在新技术的使用和成熟中，前端工程师的角色也开始从单一向多元化进行转变。从一开始单纯的 HTML、CSS 和 JS 技术到涉及 PHP 的 View 层，前后端的分工发生转变，越来越多的工作从原先的服务端工程师手里转给前端来做。

到 2012 年 6 月，我来到 360 的 Web 平台部，负责前端团队奇舞团的技术管理方面的工作。Web 平台部属于平台支持部门，奇舞团在其中的核心职责是为 360 众多互联网业务提供前端支持。

从 2012 年到 2014 年，奇舞团的人数从不到 20 人快速增长到今天的超过 70 人，我们支持的业务线也从 5 个扩展到现在的超过 15 个。如何在业务快速发展的同时，让团队和每个成员成长起来，避免沦为公司业务人力输出的内部“外包”团队的情况发生，成为我加入奇舞团之后面临的最大挑战。

奇舞团是这样一支前端技术团队：90%以上的成员都在实际的业务线中，超过 80%的时间都要贡献给实际业务开发。然而作为 Web 平台部，我们的使命除了支持业务，当然还有建设平台和推广效率工具。通过改进工具和平台将研发效率提升，是我们最大的价值所在。

二、团队核心价值：三层金字塔

1. 金字塔塔基：服务业务

基于团队定位，首先需要梳理团队的核心价值，因此我们提出了三层金字塔的概念。下面对这个概念进行详细的讲解。

塔基是“服务业务”，因为我们首先是一支服务于公司产品业务的团队，我们几乎所有的成员都在业务线中，保障业务线的产品前端开发，只有把产品的前端体验做到极致，开发效率做到极致，才能体现出我们团队最基础的专业性和价值。业务部门对我们的认可不会是因为我们实现了多少炫酷的技术效果，而是我们在很短的时间内，高效率地完成了任务，通过我们专业的技术能力，能把产品价值最大化。因此，这一层面是我们最基础的价值，也是我们需要用最佳的服务意识和合作态度去保证的。

2. 金字塔中部：基础平台

金字塔的中部是基础平台。首先要说明一点，奇舞团并不是 360 唯一的前端团队，公司除了奇舞团还有许多大大小小的前端团队，很多业务线都有自己的前端团队或者实际上从事前端开发工作的工程师。奇舞团是公司人数最多、技术能力最好，支持业务最多的前端团队，所以我们有能力也有责任去打造公司级的前端平台，根据各个业务线的实际需求，提出并实现提升效率的平台和工具，从而更好地服务各个业务。在平台方向上，我们选择流程、端和数据作为我们的主要方向，这三个方向分别对应前端工程师的三个价值——效率、体验和性能。

① 在开发流程方面，我们实现了前端编译发布部署的集成化平台“燕尾服”，它是一套集成规范检测和自动化优化的编译平台。通过一整套的机制发现代码中的错误，给出详细的错误信息，并阻止错误的代码上线。同时提供大量的自动化功能，优化代码，提高开发效率，并提升产品的访问速度。对比其他公司的同类产品例如百度的 FIS，燕尾服的最大特点是和 360 的业务结合更紧密，更多地考虑了 360 自身特殊的业务情况、开发环境和运维设施情况，并且和其他的平台工具（如后面会提到的“静床”）有着更紧密的结合。

除了燕尾服外，我们还有别的流程工具。由于支持业务的多样性，我们有一类特殊的业务是在 PC 端产品中嵌入 Web 页面，来实现用户交互，同时 Web 页面需要调用端提供的接口，例如我们的杀毒、安全卫士产品就经常要处理这样的问题。由于这里涉及到协同开发流程问题，这个流程比单纯的 Web 开发更加复杂，不仅要涉及前端和服务端交互，还需要涉及前端和客户端工程师交互。为了简化流程，提升并行能力，我们开发出了一套叫做“摩天轮”的工具，这个工具可以通过简单的配置来模拟客户端的接口，让前端工程师能够直接在浏览器上调试嵌入页面的所有功能，而不必等待端开发完成。这样模拟数据能够最大化利用现代浏览器的调试工具的能力，不至于在端内嵌入的浏览器中调试时遇到一些

麻烦的 Bug 而束手无策。

② 作为前端工程师，我们需要同各种设备、各种端打交道，最有可能面对的问题，除了兼容性之外就是性能。性能也是影响交互体验的重要因素，如果一个页面响应的速度慢一点，很可能就会流失很多的客户，因此奇舞团在性能方面的平台建设也投入了很多力量。在性能监控方面，我们有一套比较成熟的平台，能够收集和分析用户打开页面的资源加载和响应时间，还能监控各个 CDN 节点的服务质量，一旦服务异常，就能够第一时间发现并及时处理。

除了性能监控，我们对线上服务的质量也很关注，如果说服务端开发工程师对服务质量的主要衡量指标是稳定性，那么作为前端开发工程师，我们的主要指标就是保证线上页面结构和交互功能的正确性。基于这个原因我们开发了一套线上页面的监控平台，能够实时监控线上页面的状况。这套系统为我们与第三方合作的产品带来的价值非常大，因为第三方提供的数据有时候会因为某些意外而出错，从而会导致整个服务的失败，有了监控系统，就能第一时间发现和解决问题。

如果说燕尾服是奇舞团的心脏，那么性能监控和页面检测就是奇舞团的双眼，而下面要介绍的端技术的两个平台——孔雀翎和风火轮——就是奇舞团灵巧的双手。

由于奇舞团除了支持公司常规业务之外，也经常要支持各种运营活动。运营活动的最主要特点是时效性，通常一个活动专题的有效生命周期不超过一周。对于这类需求，提升开发效率与保证代码可维护性相比，开发效率的重要性是远远大于后者的。我们基于这类需求，开发了孔雀翎这样的工具，它能够把设计师提供的 PSD 稿（photoShop 设计稿)直接自动转化成 HTML 页面，这样就把原来一个活动专题大约 1 人 1.5 个工作日的开发时间给缩短到 1 人 2～4 个小时，从而大大提高了效率，节省了人力成本。

如果说孔雀翎是为了实现 PC 活动专题的自动化开发，那么“风火轮”就是当下更加热门的 HTML5 微信营销活动的制作“神器”。通过使用风火轮，可以让设计师、市场运营人员就在很短的时间内协同完成一个看上去很炫酷的可微信中分享的 H5 专题，整个过程不需要研发人员的参与。这样，不仅仅节省了开发的人力，而且为公司节约了大量的成本——开发这样的一个专题，市场上的价格是 1 万元以上。

以上是奇舞团在平台方面的主要产出，另外还有一些其他的平台和工具，这里就不一一列举了。

3. 金字塔顶部：技术服务

金字塔的顶部是“技术服务”。这包含两层含义，第一是我们在向业务推广平台的过程中，不能只是将平台当做一个工具“售卖”给业务方，然后就甩手不管了。我们输出的不是冷冰冰的工具，而是一整套的服务，我们帮助业务线用平台和工具解决问题的同时，也根据业务需求不断改进这些工具，使它们能更好地解决实际的业务问题。第二，我们也在对外输出这些平台工具和服务，把这些工具和服务打造成技术型的产品，是我们现在的主要努力方向。奇舞团的开源项目和开源社区建设，可以说从今年才刚刚开始，但未来我们会不断加大这方面的投入，希望这些好的产品不仅仅服务于内部，也能为其他公司和行业带来更大的价值。

三、人才培养

除了工具和服务，人员对于奇舞团来说是非常重要的。奇舞团定位于公司级的前端平台，不仅仅包括为业务提供技术和服务，也包括为公司前端人员培养和发展方面提供资源和帮助。我们提出了“学习、积累、沉淀、分享、影响力”五阶段成长的方式，有计划地锻炼和培养前端新人。

在每周一晚上，我们都会组织分享会，分享了大量对前端学习成长很有价值的知识。目前，我们分享会不仅仅成为了公司内部最受欢迎的技术分享活动，也成为了锻炼年轻讲师的良好舞台。每周五我们整理一周前端资讯中有价值的内容，编撰成奇舞周刊，对内外发布，到目前为止已经发布了 83 期，受到业内的广泛欢迎。

每年新人来到公司的时候，我们会为新的前端工程师提供系统的前端培训，安排有经验的工程师精心准备 9 堂课程，解答新人对技术和前端工程师成长方面的疑惑，帮助他们更好地完成从在校学生到职业前端工程师的角色转变。

在 HTML5 技术方面奇舞团关注较早，不仅仅在产品中使用，也投入力量培养生态圈。在 2013 年我们通过 HTML5 特训营，免费为约 50 名学生培训和普及了 HTML5 基本技能。在 2014 年 HTML5 因为神经猫等游戏而风靡的时候，我们也尝试搭建了第一家真正和原创 HTML5 游戏开发者合作的小游戏平台——闪酷。奇舞团博客、周刊、github 开源项目和开源社区、闪酷，成就了奇舞团在前端行业内的核心影响力。

四、案例启示

作为一支年轻的前端团队，我们成立时间虽然比较晚，但目前也已经位列互联网公司一线的前端团队。前端行业发展迅速，目前我们依然面临着许多挑战，只有不断完善自身，继续我们前行的道路，只要坚持下去，我相信未来一定是美好的。

沈文琪点评：这个案例是一个团队成长的典型的心路历程，这个团队在公司中相当于三角部队这样的角色，承担的任务非常重要。但它在公司中的定位还不是很明确，需要摸索着成长，这要靠不断地汲取人才才能做到。

我有两个问题，第一个是关于前端和后端的分离。对于 360 那么好的品牌，为什么前端和后端没有早一点分开？第二个问题是，寻求从公司层面的支持，为什么要花这么大精力来证明这个价值？前端注重的用户体验，需要有很专门的团队深入研究了解用户的需求，通过迭代用最优的设计满足用户的需求。它的 KPI 是和后端不同，但相辅相成的。360 既然意识到前端很重要，那么你们的团队应该和其他的团队同等对待，你身上不应该有这么大的压力。我是公司的管理层的话，我必须考虑到这一点。前端的功能绝对不应该后来想到的，而是用户为本，首先考虑。根据用户场景，确定用户体验，做出最佳设计，然后才是我们怎么样去实施这个设计，以及对后端平台支持的要求。所以可以想象你工作的难度。

作者回答： 对于第一个问题，我认为首先是因为 360 之前一直是以核心安全为主要业务的公司，所以在客户端方面要比在互联网方面的积累更丰富。早期的 360 不仅仅是前端，整个 Web 端，包括前端、服务端、Web 测试都是起步比较晚的。二是因为整个前端行业的发展本身也是比较晚兴起的，国内大公司的前后端最早也是 2008 年左右的事情。360 是 2010 年底开始着手做这个事情的，也不算很晚。

第二个问题是因为公司的特点是业务导向，我们作为单一职能以及平台部门，需要在业务上证明自己的价值。举个简单的例子来说，业务部门在考虑自己的立场时，一开始必然会认为他们自己实际掌控的资源才是最可靠的资源。这样势必造成每个业务小团队自己招聘和管理前端、服务端和其他开发角色，会出现职能重叠、内部消耗以及重复造轮子的问题。但是业务方并不会意识到这个问题，所以作为平台和支持部门只有真正让业务方体会到专业支持的好处要远大于他们自己招人来管理的时候，才会真正得到业务方的认可和良好可持续的长期合作。

关于如何提升项目流的效率，我看到你讲的是更多的从工具的角度来解决效率的问题。主流的 360 其他产品开发的部门在流程上解决效率问题；前端的设计需要花时间，开发需要花时间，最后留给测试团队的时间很紧，距离发布日期太短。从工具的角度，你们可以把测试的时间缩短。我建议在项目的初始规划当中，做得更加完备一点，给测试任务预留足够的时间，根据以前的初始时耗和人员配备来估算。宁可少做次要的功能，但是要保证主要功能有完备的测试，达到满意的 KPI 指标。

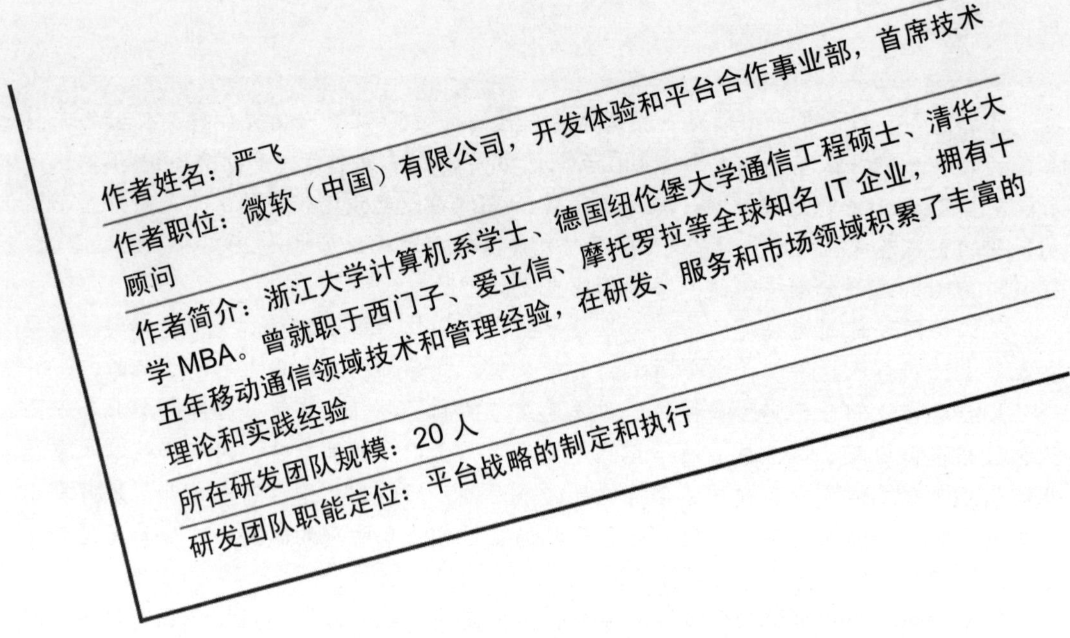

互联网思维领导 90 后团队——共识、共鸣与共赢

今天的企事业单位中，往往核心是 60 后，中坚是 70 后，骨干是 80 后，精英是 90 后。90 后已经开始走出大学校门，融入工作环境，成为职场新生力量。怎样领导 90 后，实现组织目标，成就团队梦想，是越来越多团队管理者和领导者必须认真面对的新课题。

其实针对新生代的管理课题，国内外有很多人力资源管理、组织行为学方面的专家已经进行了大量研究。国外把职场人群分成 X 代、Y 代和 Z 代，其中 Z 代基本上对应我们说的 90 后。研究者深入分析了每代人的心理、行为特点和领导之道。国内最有代表性的著作是韩庆峰写的《轻有力》。该书深入分析了管理 90 后的一招三式，即在了解代际差异的基础上，软化冲突、淡化权威、强化边界。

综合海内外专家的研究成果和笔者的管理实践，管理 90 后团队其实可以简单地概括为 6 个字：共识、共鸣、共赢。对于当下的领导者，这是三件既重要又紧急的大事。

实现与 90 后的共识、共鸣、共赢在今天的组织发展中有重要性。笔者本人是 90 年代大学毕业的“90 后”。作为一名工作了近 20 年的 IT 老兵，入职时就被教育要积极进取、勤恳敬业、适应环境。然而 20 年后，自己虽然开始有机会负责组织里的招人、育人、用人、留人，却发现昨天我们引以为豪的很多经验，在今天的 90 后眼中变得一文不值了。今天不流行新人适应环境，而是倡导领导者适应新人。2014 年微软第三任 CEO 萨提亚·纳德拉在上任之初的演讲中谈到“我们的行业不推崇传统，只尊重创新”。用管理创新应对 90 后的职场新人，对于今天的领导者至关重要。正是人力资源年龄结构的“形变”，要求领

导者必须以“行变”应对。

实现与 90 后共识、共鸣、共赢在今天的组织发展中有必要性。清华经管学院的王学莉教授说过“人是组织成败的关键”。在移动互联网时代，有人说组织成功的关键是梦想，因为马云说“梦想还是要有的，万一实现了呢”；有人说组织成功的关键是机遇，因为雷军说“猪在风口上也能飞”；有人说组织成功的关键是创新，因为微软 CEO 说“我们不推崇传统，只尊重创新”。事实上，梦想、机遇和创新的主题都是人，人才是组织成败的关键。

实现与 90 后共识、共鸣、共赢在今天的组织发展中有紧迫性。依据《中国统计年鉴》，1991 年到 2000 年生人的 90 后有近 2 亿人。1991 年出生的 90 后逐渐从学校毕业，开始进入职场。这个 2 亿人的生力军将在未来 10 年不可逆转地涌入企事业单位，并逐渐从生力军发展为主力军。他们的生长环境和前人相比有很大差异，这造就了他们在根本上的与众不同：家庭结构从大家变成小家；物质生活从贫乏到丰富；生活环境从封闭到开放；信息获取从单一到多源；社会文化由官方主导到大众主导。有个网络段子用吃饭时员工选座位的偏好概括了几代人的差异：70 后喜欢坐在老板旁边；80 后不喜欢坐老板旁边，喜欢无拘无束；90 后觉得自己是老板，会问老板怎么没坐自己旁边？在一个 90 后日渐增多的团队里，怎样做到管理有度、引导得法、激励有方？这成为了管理者刻不容缓需要面对的课题。

笔者因为工作的关系经常和移动互联网企业合作，并学习到了他们的管理者成功领导 90 后的众多经验和教训。在众多成功案例中，甜心摇滚沙拉团队管理 90 后的经验特别令人难忘。甜心沙拉（www.tianxinfood.com.cn）是一家提供在线下单，由“小鲜肉”送餐的减脂、增肌、美颜的沙拉提供商。2014 年 3 月该公司创立，6 月产品上线，9 月获得第一轮风险投资，并被估值 3 千万人民币。经历了近一年的品牌初建和强化管理两个阶段后，该公司正在进入规模化发展的第三阶段。这个快速发展的公司中 80%的员工都是 90 后，成为我们深入分析共识、共鸣和共赢的典范案例。

共识是认识层面的协同一致。甜心沙拉的 CEO 认为企业成功的第一件事是整个团队高度认同公司愿景：“我们卖的不是沙拉，而是健康的生活理念”。作为一家初创的公司，他们认识到要靠价值而不是功能赢得消费者。管理团队管理 90 后团队致力于：目标导向，价值牵引，注重细节，协调一致。这保证了公司里高度个性的个人组成了目标一致的团队。网络段子对此描述为：“牛×”的团队每个人看到的是共性和相同的观点；“傻×”的团队每个人看到的是个性的不同和目标。为了实现这样的公司，操作层面上需要做到三多、三少：多关心，多支持，多鼓励；少批评，少责备，少啰嗦。

共鸣是行为层面的协同配合。甜心沙拉的精美包装上无一例外都印有一个成红色的产品标志“事儿 B 精神”。这个标志在设计之初，被管理和产品团队里的 70 后反对。CEO 力排众议坚持拥抱 90 后的生动语言，同他们建立共鸣，并用“事儿 B 精神”解读了公司同仁追求极致、关注细节、感动客户的价值观。在统一不同意见的过程中，公司管理者践行了柳传志先生的忠告：“听大多数人的意见，和少数人商量，自己做决定”。通过对不同意见者的协商和尊重，最终保证了整个团队达成一致意见，并因此找到了在不同年龄层团队中产生共鸣的有效办法。把有异议的事变得有意义体现了领导的价值。管理者在领导健身达人、食品专家组成的 90 后团队过程中，找到了有效管理各领域专家的有效办法。这里的诀窍是有效沟通：说就说到别人很愿意听，听要听到别人很愿意说。在工作中使 90 后喜欢你，从而使他们喜欢你做的决定。

共赢是结果层面的协同至胜。把公司的成长目标与 90 后员工个人的成长目标有效结合是共赢的核心。基于务实的激励、快乐的培训、彼此的尊重，实现业务目标的同时，加速 90 后团队的成长。事件证实领导力的最好境界是培养下属的领导力，把 90 后对领导个人的忠诚转换成对其倡导价值的忠诚。而领导人身体力行、以身作则不是影响 90 后的重要方式，而是唯一方式。当遇到问题和困难时，做给他们看而不是说给他们听。正像《成长型黑客文化》中描述的，为了和 90 后团队达成共赢需要建立这样的团队文化：脚踩巨人，挑战现状，宠爱客户，务实改进，善于学习，追求卓越。领导者从领导方式上需要主动进行变革：讲得多变成听得多；指示多变成提问多；补救多变成预防多；限制多变成承诺多；假设多变成挖掘多；距离多变成接触多；质询多变成结果多；命令多变成自愿多；规则多变成尝试多。

共识、共鸣和共赢是管理者与 90 后在认识、行为和结果层面协同配合的理想境界。愿所有领导者和管理者用事业凝聚 90 后团队，在移动互联网大潮中获得公司业务和个人经验的爆发式增长。

作者姓名：郭燕
作者职位：高级项目经理 PMP
作者简介：从事过通信软件的开发，担任过传统行业项目经理。2011 年加入腾讯后，经历了从传统模式到敏捷实践的转变。曾带领过几十人、几百人等不同规模的团队，完成几百人团队从传统瀑布模式到持续交付模式的华丽转身。在扎实的理论基础上，有着丰富的实践经验和亲身领悟。输出的项目管理和过程改进的经验，在多个不同类型的团队中都得到了应用
所在研发团队规模：300 人
研发团队职能定位：互联网 PC 端产品的研发和运营

腾讯百人研发团队的华丽转身

一、背景介绍

敏捷的开发模式目前已经得到了广泛的认可，和传统的开发方法相比（例如瀑布式）可以使业务部门更快、更多地获得收益，但由于大部分的敏捷应用只关注软件开发的流程和技术实践，在业务运营和管理模式上仍保持传统模式。大的研发团队会发现，传统的组织架构形式严重制约敏捷方法发挥出更大的价值。

在互联网化和全球化成为商业主题的今天，唯有快速响应用户需求、快速尝试才能赢得未来。

腾讯电脑管家团队在 2012 年底已经达到超过 300 人的规模，同时，团队的目标是要做一流的安全软件，因此团队对用户体验和交付速度的要求越来越高，对缺陷和延迟的容忍度越来越低。

如何能让如此大规模的团队成为一个有效的，精益的，互相信任的，自我激励的和学习型的组织，获得最大的团队收益呢？

为了回答这个问题，整个团队开始了一段变革和提升的旅程，并最终获得了在团队成员的生产率不变的情况下，团队总产出多倍提升的效果。

二、实施过程

整个实施过程分为四个阶段，见表 1-2。

表 1-2 实施过程

序号	阶段	措施	难点	效果
1	基础准备	代码解耦	决策及停止需求合入的压力	发布周期 6 周到 5 周，2 周 1 发
2	核心变革	架构解耦	团队负责人的确定及团队的形成	发布周期 5 周到 4 周，2 周 1 发
3	解除制约	配置系统建立	系统建设及价值评估	发布周期 4 周到 2 周，2 天 1 发
4	效率提升	自动化系统建立		发布周期 2 周到 1 周，1 天 2 发

在详细介绍具体措施之前，先简单介绍一下腾讯电脑管家的产品形态和 2012 年底团队的状态。

腾讯电脑管家是 PC 上的客户端软件，它集安全防护、系统优化和软件管理等功能于一身。因为是客户端软件，对比后台和 Web 类的产品，电脑管家的发布升级等体验更重；因为涉及到底层驱动，一旦有缺陷，它对用户电脑的影响非常大，因此对产品的质量要求也非常高。

2012 年底，电脑管家采用的是"强职能弱项目"式的弱矩阵组织架构，如图 1-2 所示。开发模式基本上为瀑布式，上一环节的活动结束后，交付物流入下一下环节。当时的目标是每月能发布 1 个稳定版本，但实际上困难重重。这种情况下，想要快速响应用户的需求是不可能的。一个需求从策划到发布，历时 6 周以上。项目的发布周期如图 1-3 所示。

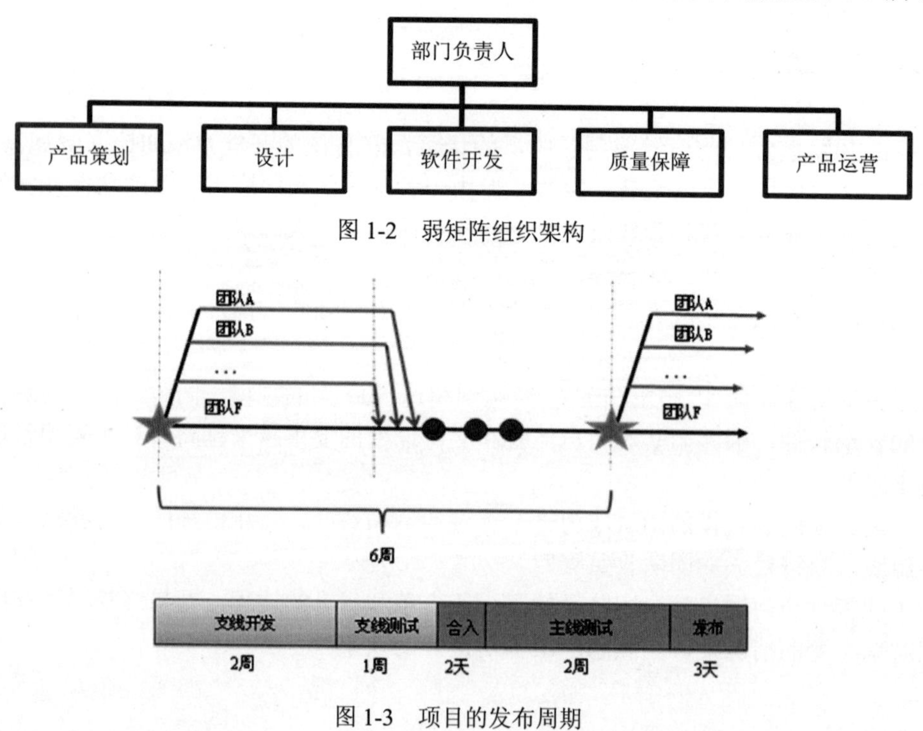

图 1-2 弱矩阵组织架构

图 1-3 项目的发布周期

每次临近版本交付日期，各种异常状况频发。团队总在加班，但是需求的吞吐量始终不高。有时连编译出一个版本都需要多方协调，耗时 1～2 天经常出现代码被覆盖、接口被修改、修正的问题再次出现、集中合入难免的漏合、错合等问题。其根本原因是开发团队使用一个代码库，逻辑层耦合严重。逻辑层情况如图 1-4 所示。

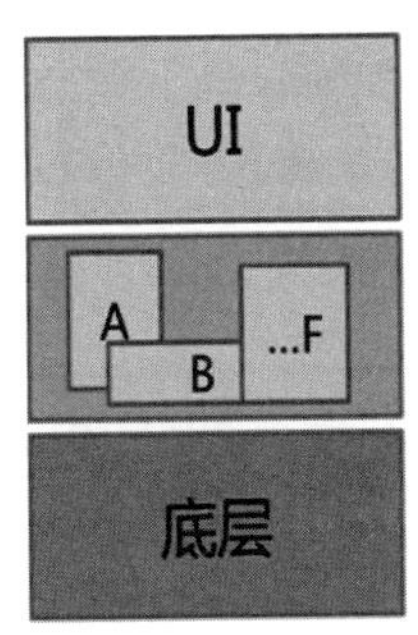

图 1-4　逻辑层情况

为了解决这一系列问题，电脑管家做出了一个艰难的决定：进行代码分库和技术架构解耦。

1. 第一阶段：技术架构解耦，为后期的组织架构解耦提供基础

之所以说是艰难的决定，是因为这个决定需要投入一半以上的研发人力，耗时 2 个月。这期间，产品的新特性开发暂停，老系统只做维护，因此产品团队和部门老大都很难接受。双线并行也是一个解决方案，但评估时间周期和代价可能更大。团队最后决定，为了今后长期的发展，暂停需求，开始技术架构解耦，架构变成插件结构，如图 1-5 所示。

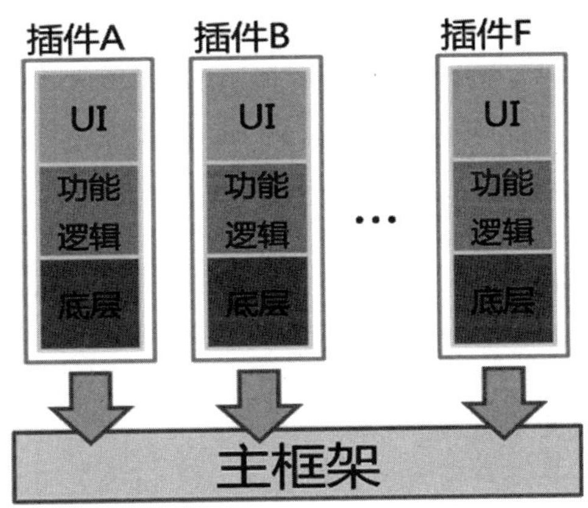

图 1-5　插件结构

解耦后各特性以插件方式接入主框架，功能间互不影响，独立运作。这彻底解决了代码相互覆盖等问题，在主线合入阶段处理异常的时间大范围压缩，版本发布周期从 6 周压缩到 5 周。

研发管理上也做了相应的调整。虚拟特性团队分为 2 批迭代，每 2 周可以发布一个版本，此时项目的发布周期如图 1-6 所示。

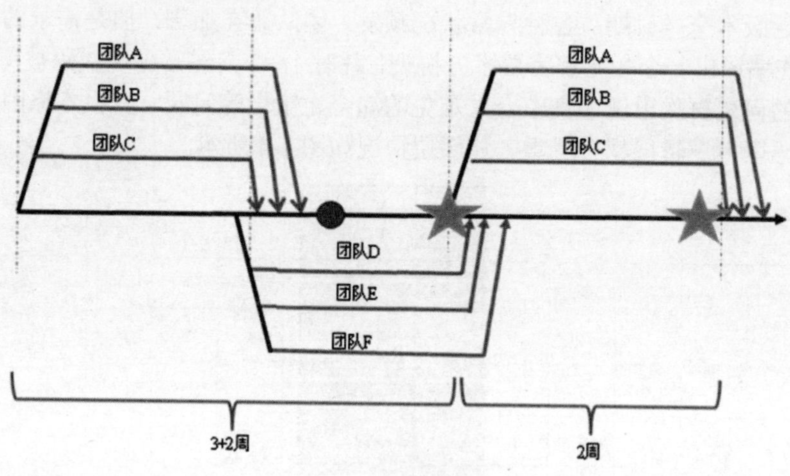

图 1-6 项目的发布周期

2. 第二阶段：组织架构解耦，团队管理的核心变革

有了可独立运作的技术架构支持，提升团队效率的要求日益迫切。传统的按职能角色划分，瀑布式运作模式，看似职责清晰，其实效率偏低，尤其是在团队规模较大的情况下，常常会出现各种问题。

典型的问题是：不同的职能团队有不同 KPI，在项目中的考虑侧重点不同。例如，开发为了尽快提升业务指标，临时加入一些技术需求，测试从质量风险控制的角度看，对这种情况比较抵触。开发有时也不能理解产品需求，实现时有一定误解。团队的创造力无法发挥。

为了激活基层团队的创造力，让一线成员达成一致，能够做出最符合用户需求的决策，为了让团队间的合作更舒畅，电脑管家团队开始进行组织架构转型。

不同的特性作为一个项目团队进行了实体化，每个项目团队都拥有产品、开发、测试、运营、项目经理等全角色。

团队有统一的业务目标，为同一目标奋斗。

同时，建立了每月团队 KPI 考核制度。这个制度带来了两方面的收益：一些公共的事务，如质量提升等，作为所有团队的目标，约束团队必须保证；团队间形成竞争，好的实践和方法，不需要从部门管理的角度推动，只要对团队有益的实践，如晨会、测试先行等，团队会自行采用。支线的效率提升了 30%。

组织结构解耦中的一个难点是，每个项目团队的负责人的能力要求比职能团队的负责人更为全面，需要有产品的把控、技术的评估、运营的感觉。项目负责人对项目团队中所有的成员拥有 100%的考核权。

通过经过这一次核心变革后，项目的发布周期进一步压缩。压缩后的项目发布周期如图 1-7 所示。

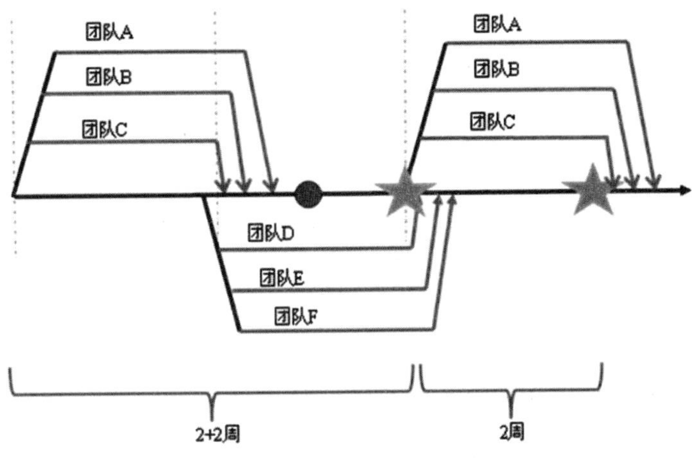

图 1-7　压缩后的项目发布周期

3. 第三阶段：配置管理系统，彻底解开团队间的相互制约

两周的发布仍然不够快，团队独立运作后，对能版本独立发布的需求更加强烈。当前分两批齐步走主线发布方式，明显不能满足项目团队的发布需求。

顺应这种变化，我们建立了主线配置表，如图 1-8 所示。

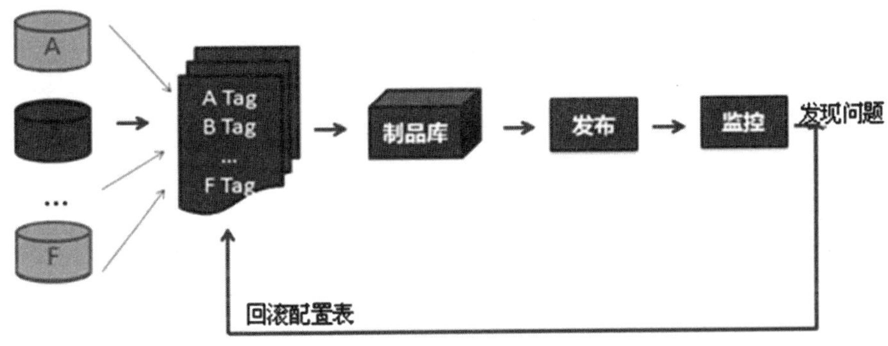

图 1-8　主线配置表

通过配置表合入代码，更高效灵活，可以单个团队发布，也可以多个团队同时发布。出现问题，只需要回滚配置表中有问题的代码 Tag。

同时主线配置表的方式支持灵活的支线发布，产品 A/B 测试等场景非常适用。

通过这步改革，版本做到了可两天一布。

4. 第四阶段：自动化系统，效率提升

版本发布节奏变快后，测试、发布、监控的工作量成倍增加，因此我们又建立了一系列自动化体系。自动化体系使版本做到了一天双发如图 1-9 所示。

自动构建系统
自动化测试
自动环境部署
一键发布
一键回滚
自动监控。。。

图 1-9　自动化体系使版本做到了一天双发

三、案例启示

采用扁平的组织架构、独立小团队运作，配合持续交付，能最大程度激发团队活力，提升团队的生产力。

沈文琪点评：我很赞赏这个案例。他们的工作是一个很成熟的，有理性有头脑有思想的公司才能做到，而且做得这么精致。在解决问题的方式上，他们不只是解决眼前的问题，而是在策略层面，举一反三，归类并解，使其他团队可以复制。所以我觉得他们做的工作非常好。

首先，以我在微软的工作经历，他们所面对的这些问题微软都有过。有的问题与微软的解决方案非常类似，比如技术架构解耦的问题。如果公司把技术架构总是固定在一个方向上，一个层面上，或者是一次的结构上面，然后做不同的产品，那么你会发现技术架构每次都会有那么一点不完备，每次都要做调整。这个解耦本身是必须的。将产品功能开发去满足组织架构的需要永远是错的。你的用户是第一位的，产品的设计服从用户的需要，不同的技术架构服从产品的需要。

第二，组织架构的解耦从微软的角度来讲，每个大型的产品部门有项目经理、开发人员、测试人员这三个纵向职能团队，它们相互独立；而产品功能开发团队由这三个职能员工横向组合。

第三，关于测试需要时间的问题。测试放在最后一个环节总是最困难的事情。微软最近的做法是将以前的测试这个职能部门给省了，由每个开发人员测试自己的代码。测试本身就牵扯到一个问题：我的支线怎么揉合到主线。本案例讲的是 ABCDEF 六个支线。设想 Windows Phone 有二十个或者三十个支线该怎么办？对于如此庞大的系统，微软做的是两个方向：一个方向是代码融入，从各个支线融入之后首先得到基线版；另一个方向是基线版复制到每个支线去。每个支线融入以后，得到的新的版本绝对是好的版本。当然，在逐级融入之前和之后，都必须做整合测试。这样，最后的整合测试是融合冲突测试，而不是代码质量测试。这可以保证很快完成项目。

作者姓名：张克强
作者职位：时任快钱企业架构部执行主管，现任
作者简介：曾经在 DNV 和思碧睿 inspearit 担任资深咨询，曾在宝信软件担任过测试经理、EPG 组长、项目总监，曾在 Intel 担任过 QA Manager，曾在 DNV 担任过资深咨询师
在软件工程/系统工程方面拥有 10 年多经验，主要经历在组织过程改进、质量保证和测试方面，帮助组织参照 CMM/CMMI/Agile/Scrum 等进行改进，在软件开发技术方法论和流程管理两方面都积累了丰富的经验，熟悉 OOAD、UML、TDD 测试等
所在研发团队规模：400 人
研发团队职能定位：开发维护快钱自有系统

快钱如何快——企业级效率提升实践

本文将从以下四个方面来介绍企业级整体效率提升的一些有效实践。

（1）　建设企业级知识库。

（2）　建设企业级改进机制和工具，收集各方高手的经验，推广到普通团队。

（3）　推进团队模型和团队建设。

（4）　将流程和工具整合在一起。

一、建设企业级知识库——过程资产库

思路：多模型融合。

互联网讲究打破规则，那么如何打破规则？既然要打破规则，那么规则其实是已经存在的。打破规则是抛弃原来重头再来，还是继承再发展呢？

这里不得不提到马丁·福勒的《新方法学》，这篇论文是敏捷界向传统软件工程界吹响斗争的号角，它对重型软件工程过程提出了批评，推崇轻量型过程。在这篇文章的字里行间，透露了这样的意思：打破规则，寻找新的规则，是对原来重型软件工程的继承和发展，原有的规则并不是一无是处。在以往的宣传中，为了突出敏捷的先进性，有些宣传把敏捷描绘为独立于软件工程之外的全新方法体系，这其实是有失公允的。

在快钱的实践中，注重在原来的基础上打破规则，寻求更高效的做法。因此，快钱采

用了多模型融合的思路。各个标准或者模型是前人实践经验的总结，有各自适用的范围，我们应从中挑选适用的部分，发现不足的部分。

在多模型融合中，快钱避免了如图 1-10 所示的非融合的多模型建设，为了满足各类模型和标准而分别建设了多个体系，采用了图 1-11 所示的多模型融合的一套体系。只建设一套体系，这套体系融合了多个模型，它们来自 CMMI，Agile，PCI（支付领域标准）等。

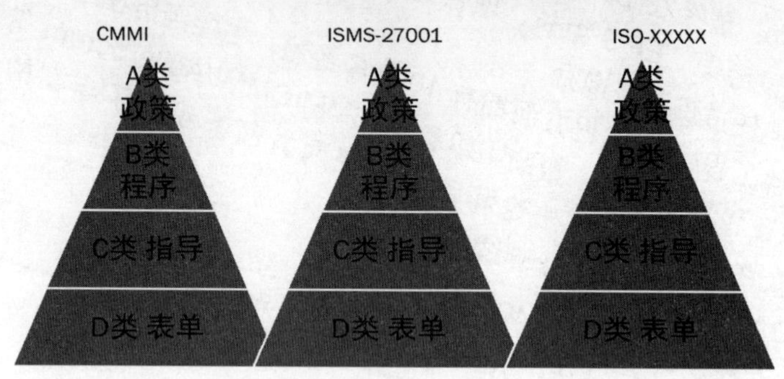

图 1-10　非融合的多模型建设

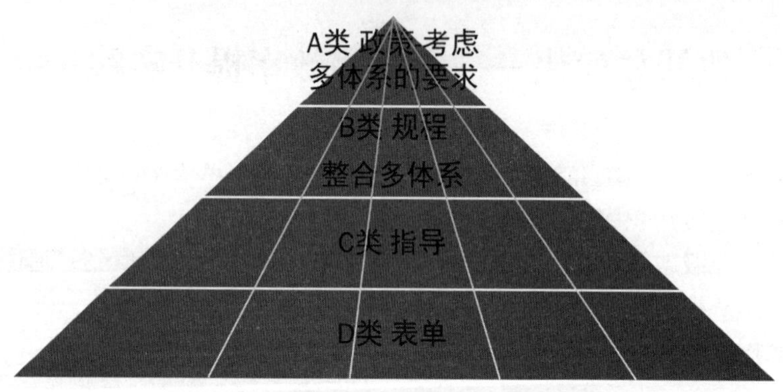

图 1-11　多模型融合的一套体系

根据以上的考虑得到快钱过程资产库发展方向如下：

- 要有更清晰的结构，按快钱熟悉的过程分类来组织
- 建立融合多个方法论或标准的，富有快钱特色，为快钱量身定制的一套过程资产库
- 符合 CMMI
- 符合 IPD/IBM 项目管理方法
- 符合 PMBOK
- 符合 Agile
- 考虑现状

根据上述思路建立的快钱过程资产库框架的例子和结构分别如图 1-12 和图 1-13 所示。

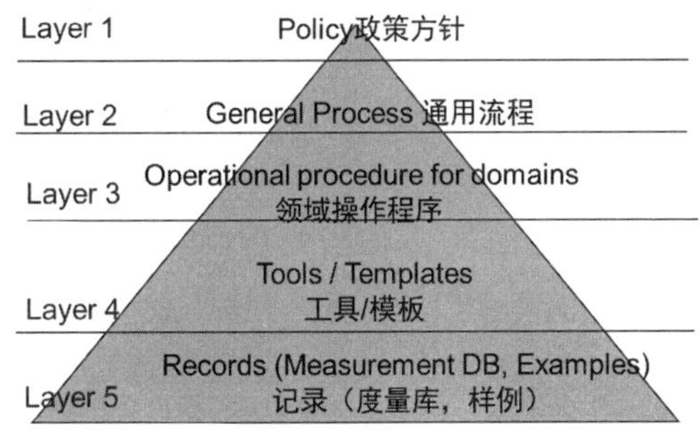

图 1-12　快钱过程资产库框架的例子

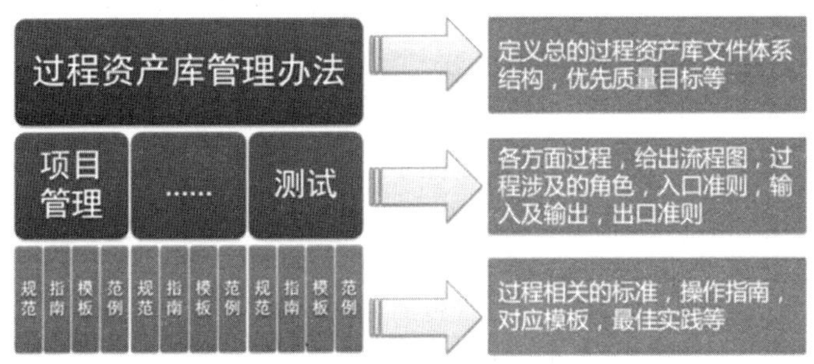

图 1-13　快钱过程资产库框架的例子

二、建设企业级改进机制和工具

1. 建立效率提升组，集思广益，汇集智慧

为推进过程改进，在 SEI/CMM/CMMI 推荐下，快钱成立了 EPG，其英文全称是 Engineering Process Group，中文名为工程过程组。这个称谓是沿用了中国软件界常见的称呼。EPG 的主要职责是在组织内推进过程改进，提高组织能力成熟度，制定发布规程模板工具等。EPG 往往以 CMMI 为模型来识别改进机会，通过符合 CMMI 模型来提升组织生产力。

2014 年 3 月到 5 月间，EPG 常被问起 EPG 是做什么的？工程过程组这样晦涩的中文名称实在让同事们感到困扰。EPG 进行了讨论，发现这也许是中国软件界浮夸风所带的结果。卡内基梅隆大学软件工程研究院（SEI）在 1991 年推出 Software CMM，给其中负责推进的小组起名为 Software Engineering Process Group，缩写 SEPG，中文翻译为软件工程过程组，并且推出了 SEPG 大会。

到 2006 年，SEI 宣布不再支持 CMM，推行升级版的 CMMI。当时中国大陆为了显示从 CMM 升级到了 CMMI，几乎所有的 SEPG 都改名为 EPG 了，其中主要原因也有受 CMMI 咨询公司影响。但国外并没有改名，SEI 到今天仍然是在全球各地开 SEPG 大会，没有将其改名为 EPG 大会。用“EPG CMMI”作为关键词进行搜索，我发现 95%以上的结果是中文，貌似老外很少用 EPG，仍然用 SEPG。从语法上讲，SEPG 中的“软件工程”是个常见固定组合，去掉 S 之后，“工程过程”成为组合，而在 CMMI 中工程过程是得到定义的，只是四类过程中的一类，这就违背了其原意。

基于以上原因，快钱的 EPG 保持缩写不变，将其英文名称改为 Efficiency Promotion

Group，中文名相应为“效率提升组”。

另外对比敏捷开发中的 Scrum 大师（Scrum Master），敏捷教练（Agile Coach），EPGM 的称谓相比较而言过于弱势，因此仿照《成功的企业级软件项目管理》一书，快钱将 EPG 成员的角色名称改为过程架构师。

新的小组名称更加清楚地彰显了 EPG 的定位和职责：提升效率。

值得说明的是，EPG 的组成是各个部门的代表，这为集思广益提供了一个很好的基础。

2. 建设效率提升的工作平台

快钱建设了效率提升的工作平台：EPG 工作平台。

该平台改进了建议管理，全方位收集改进建议，逐条分析跟踪到结束。

公司项目管理工具——效率提升过程改进本身按项目形式开展。

两级过程资产库：

编辑库 SVN——进行起草讨论修改评审；

发布库 Wiki——向全公司发布。

重点介绍以下改进建议处理。这是 EPG 工作平台中最核心的。

利用公司的项目管理工具来管理效率提升过程改进项目，过程改进事宜与普通项目一样得到跟踪、汇报。过程改进处理的对象是过程资产库，过程资产库分为 2 级，第 1 级是编辑库，位于 SVN 中，用于起草讨论修改评审；当评审通过后，发布到第 2 级，位于 Wiki 向全公司发布。

改进建议处理机制是效率提升的发动机。来自与外部专家、内部领导、中层领导、一线同事等各个条线的参与者都是改进建议的提出者。我们要珍视他们的抱怨、意见，往往最重大的效率提升建议来自于不经意之间的讨论，也未必来自于领导，也未必发生在年初年末重大节点时间。如下展现了对改进建议进行度量的实例。

（1） 通过饼图来了解当前分布状态，如图 1-14 所示。

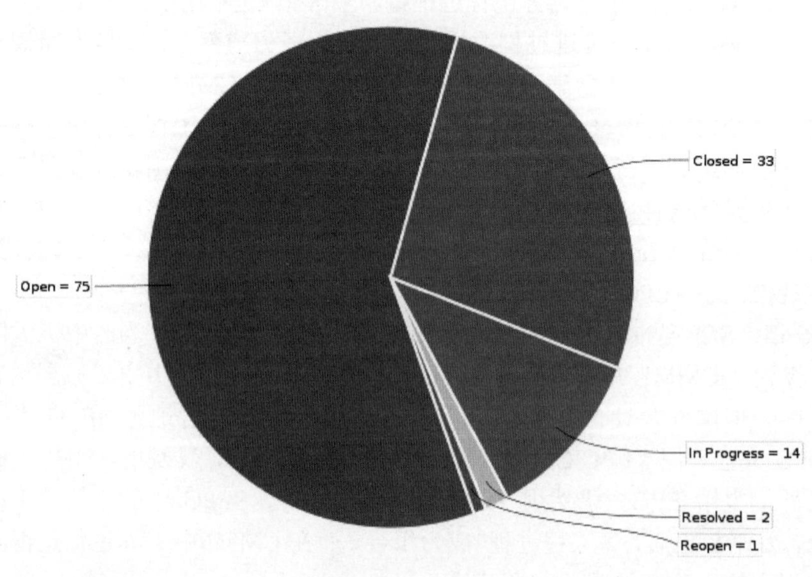

图 1-14 饼图

图 1-14 中的饼图对应的数据如表 1-3 所示，显然，饼图更加直观。

表 1-3　饼图对应的数据

状　　态	数　　量	%
Open	75	60%
Closed	33	26%
In Progress	14	11%
Resolved	2	1%
Reopen	1	0%

（2）　改进建议趋势：已创建与已解决。

已创建的改进建议即是指得到收集的所有改进建议，已解决的改进建议是处理完成的改进建议。图 1-15 中绿色的线条是已解决的改进建议，红色的线条是已创建的改进建议，两者的差距是已创建但没有解决的改进建议。

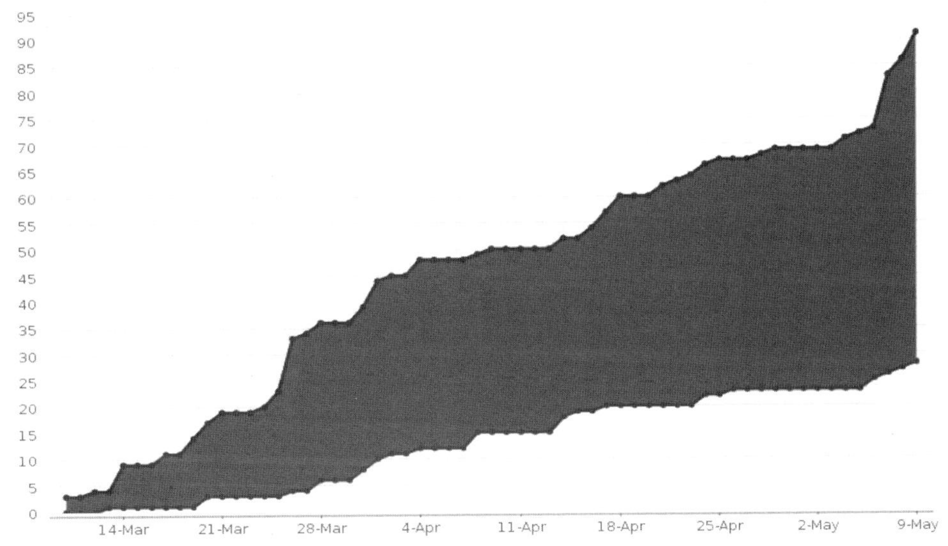

图 1-15　改进建议趋势

通过趋势图来把握改进建议整体进展。展现给各级领导，让领导放心，以便获得领导们持续的支持。

三、推进团队模型和团队建设

推进团队模型和团队建设的方法是多模型融合，例如以下几种模型。

- 敏捷团队
- 瀑布型团队
- 工具
- 需求全程

- 多角色参与

其中，多角色需求全程管理示意图见图 1-16。此图中每个环节由不同的角色来担当，这样就既支持传统明确分工的团队，也支持了模糊分工的敏捷团队。并且处理的是小颗粒度的条目化需求（Use Case 或者 User Story）。

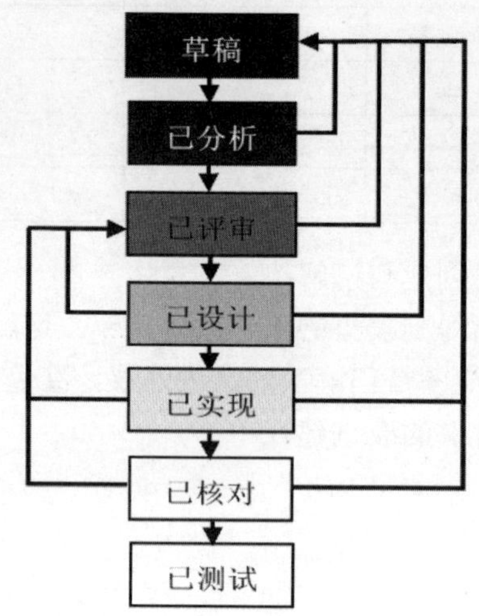

图 1-16　多角色需求全程管理示意图

四、流程和工具整合在一起——自动化

将流程和工具整合在一起的思路是自动化，即将流程固化在工具中，相辅相成；所用到的方法如下。

- CMMI，IPD
- Agile

工具：多工具组合，自主集成。

快钱研发体系—支撑平台、工具　老版。

图 1-17 是快钱老版的开发工具集成示意图。

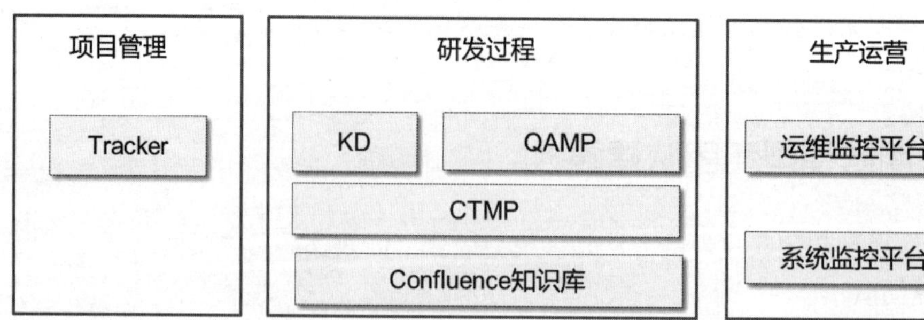

图 1-17　快钱老版的开发工具集成示意图

秉承持续改进，自主集成，图 1-18 是快钱新版的开发工具集成示意图。

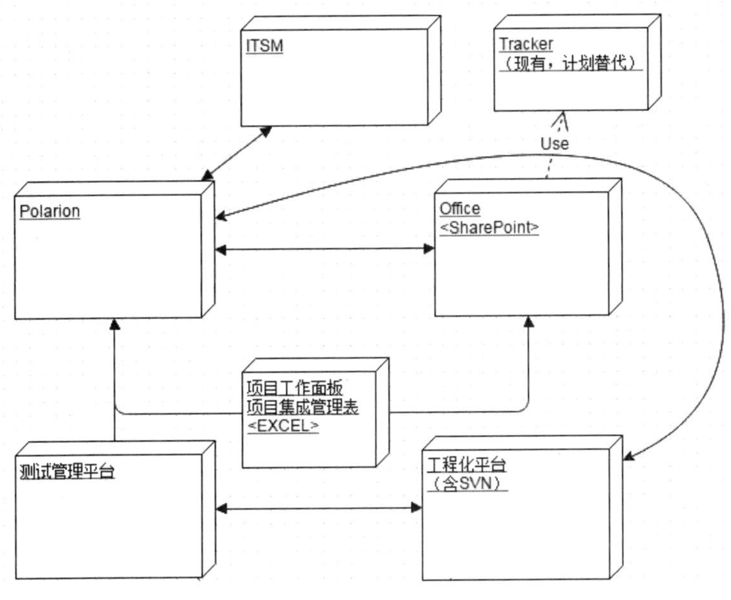

图 1-18　快钱新版的开发工具集成示意图

通过持续的以自主集成为宗旨的工具建设，把部分流程固化到信息化工具中，既能让各方遵循，又大幅度提升效率。这与万达的做法不谋而合。

五、案例启示

工具投入数百万，人力投入约 1200 人天。

效率提升带来的年化收益约在 1300 万元。

融合一线实践、CMMI、ITIL、Agile 等各个方法论、模型标准，得到相融的灵活高效的可实施的流程工具方法等，形成改进提升的文化和氛围。

作者姓名：杨静
作者职位：ZTE 敏捷开发部署的发起者和推进负责人
作者简介：工业自动化硕士学位，16 年软件开发和研发管理经验，是 ZTE 多种软件工程方法推进的发起者，先后参与并负责 CMMI、IPD 和敏捷在 ZTE 的推进与实施，也是 ZTE 敏捷开发部署的发起者和推进负责人
所在研发团队规模：20000 人
研发团队职能定位：敏捷转型和过程改进

作者姓名：赵喜鸿
作者职位：Though Works 首席咨询师
作者简介：拥有 13 年软件开发、研发管理和咨询经验，专注于嵌入式软件开发、研发组织转型，曾帮助多家中大型研发组织进行敏捷转型，提供管理和技术实践辅导
所在研发团队规模：中国区 500 人
研发团队职能定位：咨询服务

跨越大型组织敏捷转型的鸿沟

本案例分享了如何一步步撬动一个上万人的研发组织进行敏捷转型的故事：如何点起星星之火？如何打破短暂的狂热之后出现的僵局？如何让其燎原？在转型的不同阶段会面临什么样的挑战以及该采取什么样的策略？

一、问题的提出

中兴通讯（ZTE）是一家大型通讯设备制造商，拥有超过 2 万研发人员，其中软件研发人员超过 1 万人。其产品形态各异，既有面向运营商的有线、无线等大型嵌入式设备，又有面向消费者的终端产品、互联网应用。组织结构按职能划分，可分为市场、销售、规划、研发、售后。在研发体系内，又按需求及方案、开发、测试组织，采用传统瀑布式开发。软件开发工程师按照软件模块组成组件团队。

应该说，原有的模式在中兴通讯的发展过程中曾起到了重要的作用，但是它越来越难以适应当前的竞争需要。2009 年公司引入敏捷开发。然而对于中兴通讯如此一个庞然大物，既有体制的牵制、经年的技术债务、底层和上层的思维惯性，又要面对特点各异的产品和部门，如何才能让越来越多的人拥抱敏捷的理念和实践，这就是本案例面临的难题。

二、解决思路

一个组织敏捷转型的过程就是让越来越多的人拥抱敏捷的理念和实践的过程，需要大量的理念和习惯的改变，其过程与推广一个创新产品或一项新技术非常类似。从营销学的角度来看，如果一个新产品的引入需要人们改变自己一贯的行为模式，那么人们对于产品采用的态度就会变得越来越重要。如图 1-19 所示，作为高科技营销模型的基础，技术采用生命周期是用来衡量并了解消费者对一项新产品、新技术接受程度的模型。该模型描述了新产品新技术在市场中的渗透过程。

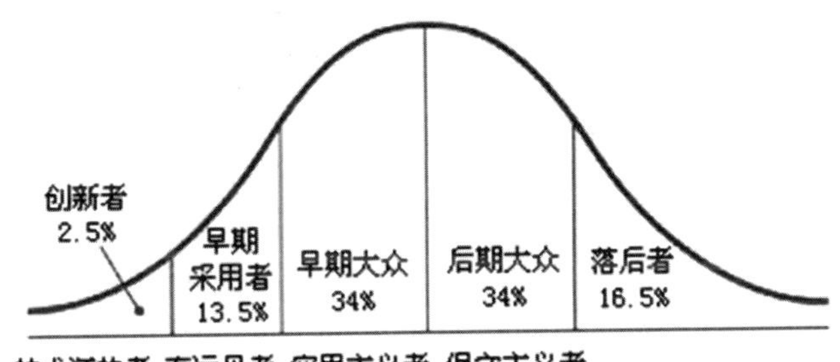

图 1-19　技术采用生命周期

创新者，常被称为技术狂热者，他们会积极追随各种新技术产品，着迷于任何根本性的技术改进，探索就是他们最大的乐趣。

早期采用者，作为有远见者，他们并不是技术专家，但拥有非凡的洞察力，了解并欣赏新技术所具备的优势。他们追求的往往不是小小的改善，而是根本性的突破，愿意承担非常高的风险来推行具有巨大潜力的投资项目。

早期大众，通常被认为是实用主义者，他们的采用决策是由强烈的实用性想法推动的。他们知道很多新奇的发明最终都将不再流行，所以他们宁愿继续等待。他们在决定采用一项新技术之前，会细心观察周围人的评价，参考公众的意见。

后期大众，作为保守主义者，对新技术有一种本能的抗拒，他们更加信任传统，只会在形成某些标准之后才开始采用。同时，他们希望在采用时能得到足够的支持。

落后者，这些人对新技术没有任何兴趣。只有当一项技术产品已被深深埋藏于各种其他产品之中时，落后者才会采用。

技术采用生命周期向我们揭示了一种市场开发的方式，也就是依次沿着钟形曲线从左到右。首先关注创新者并形成专门的市场，然后就是早期采用者，接下来依次是早期大众、后期大众，最后是落后者。不同的群体对于一项基于新技术的不连续创新会做出特定的反应，了解每个群体的心理特征及其与其他群体的相互关系，是高科技营销的一个关键所在。

三、实践过程

1. 吸引技术狂热者，埋下火种

技术狂热者对新技术非常感兴趣，而且他们也是大家公认的最有能力对新技术进行早期评价的人。所以，他们成了敏捷转型需要争取的首要目标。

（1） 策略。

① 通过公开信息吸引技术狂热者。要吸引技术狂热者的注意不是难事，你只需要将信息公布在他们经常去的地方，网络、邮件、宣传单、技术演示、分享、沙龙都是不错的选择。

② 免费提供专家进行指导。确保有知识渊博的专家随时可以解答他们遇到的技术问题。

③ 通过技术狂热者找到有远见者。找到那些能够接近大老板的追随者，通过他们找到有远见者，毕竟大老板手里才有试点的决策权和预算。

（2） 回顾和反思。

① CI、自动化测试、TDD、重构、设计模式、领域驱动设计、Scrum 等新技术新方法（也是逐步引入的过程），都迅速吸引了一批追随者，为后续推进积攒了人气以及内部教练的班底。

② 有一批在公司内非常有影响力的专家也加入了这个群体，如《敏捷软件开发——原则、模式与实践》的译者邓辉，并进一步吸引了一批有远见者，启动试点项目。有些项目产生了巨大的影响力并持续至今，如代码大全（TDD）训练营。

2. 让有远见者找到你，点起星星之火

你不需要担心如何找到有远见者，他们会找到你。有远见者通常是通过维持与技术狂热者的关系而找到你的。

（1） 策略。

① 从试点项目开始。

敏捷转型牵涉到大量的实践，需要根据实际情况做出调整。在刚开始推行过程中，由于经验的欠缺，不出差错的可能性很小。因此，从试点项目开始，控制试错成本。

由公司出资提供外部咨询教练，鼓励试点。

② 管理有远见者的期望。

有远见者追求的不是小小的改善，而是革命性的突破。既需要用远景目标来吸引他们，又不能轻易向他们承诺一些在规定时间内无法完成的任务。

③ 将过程中的优秀实践总结成案例。

（2）回顾和反思。

① 点火相当顺利，大批试点项目启动，包括 Scrum、CI、自动化、重构、TDD 等，在团队内沟通、士气、版本集成等方面得到了较明显的改善。

② 没能达到有远见者的期望。他们寻求的是根本性的突破，但在转型初期一方面受制于原有的体制（如组件团队、职能部门），另一方面又有大量的欠债（遗留代码、自动化、员工能力等），再加上学习成本，短时间内无法在业务目标上取得突破。有远见者率先推行敏捷转型，是希望自己能够优先于其他竞争者建立业务上的巨大竞争优势，无论是更低廉的成本、更快速的价值交付还是类似的业务优势。然而，敏捷开发是个系统工程，众多实践相互支撑，在试点的初始阶段只能进行一些局部改善。

③ 虽然将一些优秀实践总结成了案例，但并没有将其进行进一步包装，形成系统性的整体方案的一部分。有远见者寻求的是根本性的突破，对于试点过程中所取得的局部改善成果并不是非常感兴趣。但可以将这些阶段性成果进行包装，满足希望局部改善的人使用，并为攻克早期大众做好准备。

④ 点起了很多火，早期大众却始终未能加入，敏捷转型掉入了早期采用者和早期大众之间的鸿沟。

3. 掉入鸿沟

敏捷转型过程中，最危险最困难的一点就是由少数有远见者向早期大众的过渡。很多企业经过早期的轰轰烈烈后早期大众始终未能加入，敏捷转型陷入僵局，并逐渐偃旗息鼓。

有远见者和实用主义者之间存在的巨大差异，造成了信息在这两类人之间很难有效沟通。有远见者的目标是取得显著的突破，而实用主义者的目标是看到逐步的、可衡量的、可预见的改善。在实用主义者的字典里面，风险是很可怕的，风险并不代表难得的机遇，而是有可能让他们浪费很多时间和金钱的重大危机。有远见者与实用主义者之间存在差异，他们的差异如表 1-4 所示。有远见者认为实用主义者太平庸、缺乏远见和解决问题的魄力；而实用主义者则认为有远见者好高骛远、缺乏脚踏实地的精神。这造成的结果就是有远见者的案例无法成为实用主义者的参考，形成了一条阻碍转型推进的鸿沟。

表 1-4　有远见者与实用主义者的差异

有远见者	实用主义者
依据直觉判断	依据分析判断
支持变革	支持演变
革故鼎新	循规蹈矩
愿作出头鸟	甘当平凡人
根据自己的意志	愿与同事商议
甘冒风险	避免风险
为未来的机会所鼓舞	被当下的问题所驱使
寻求一切可以寻到的	追求能够达到的
共同解决问题，完善新技术	因问题而等待和否定技术
水平联系	垂直联系

“高科技营销之父”杰弗里·摩尔，在其著作《跨越鸿沟》中对技术采用生命周期进行了改进，修改后的技术采用生命周期如图 1-20 所示。这一模型突出了早期采用者和早期大众之间的鸿沟。能否顺利地跨越鸿沟，是敏捷转型面临的最重要考验。

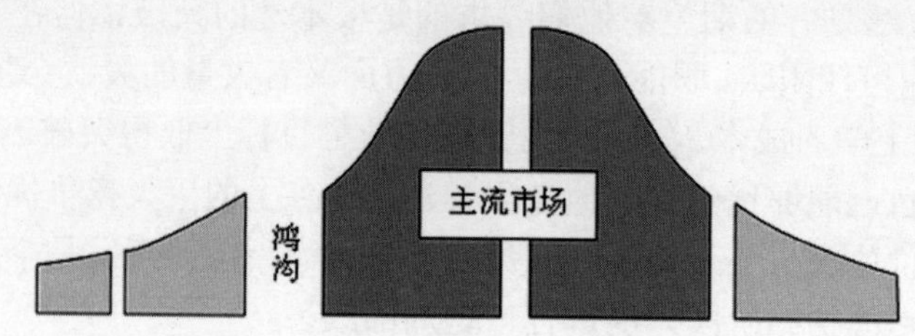

图 1-20　修改后的技术采用生命周期

掉入鸿沟过程中的教训有以下几点。

（1）没有根据不同阶段群体的差异，及时调整推广策略。技术狂热者被技术所吸引，有远见者为愿景而驱动，而实用主义者被当下问题所驱使。针对不同的群体需要采取不同的策略。

（2）在早期的试点报告中过于宣扬敏捷试点取得了多么骄人的成绩。实用主义者对此并不买账，他们更希望看到的是敏捷能否更好地解决他们面临的实际问题，例如转型过程是否顺利，是否有令他们满意的整体转型方案。

（3）盲目地追求数量上的扩张。由于受限于教练资源，以及缺少成功的案例参考，众多团队在缺乏指导的情况下停留在肤浅的实践。在没有达到预期效果后，形成“敏捷过于理想，不现实”或“敏捷看上去很好，但不适合我们”等认知。

（4）部分部门通过“自上而下”的命令式来进行转型，如通过设置考核指标等，忽视了不同产品形态、不同团队、不同个体的差异。

4. 跨越鸿沟

成功跨越鸿沟的基本原则就是确定一个具体的实用主义者前沿阵地作为出击点，然后集中全部资源，竭尽全力获得这个阵地的绝对领导权。就如同二战中盟军解放欧洲，瞄准的目标是诺曼底，障碍就是英吉利海峡（鸿沟）。1944 年 6 月 6 日，盟军集中优势兵力，迅速跨越了鸿沟，并以此为基础，继续攻占法国的其他领地，直到获得对整个市场的支配权（解放欧洲）。

（1）瞄准目标。

我们选中的第一个目标是无线核心网的某产品线。选中这个目标的考虑如下。

① 团队足够痛苦，有意愿改变。以实用主义者的特点，如果他们还能继续忍受他们遇到的问题，那他们就一定会继续忍受下去。该产品线受制于原有的组织架构，交付一个需求都需要经历从需求分析、方案、开发、测试的层层传递，需要协调多个组件团队（还需要跨部门）。

② 经过评估，我们有较大把握能够解决这个问题。

③ 对其他很多设备产品有参考意义。

（2）整体产品（方案）。

一般产品是真正交付到客户手中的产品。当消费者购买一般产品的时候，他认为自己

买到的是期望产品。期望产品是能满足客户需求的最低要求。沿着技术采用生命周期曲线从左到右，整体产品的重要性将逐步增加，如图 1-21 所示。技术狂热者喜欢、擅长凭借自己的力量创造出满意的整体方案。有远见者为了取得领先于其他竞争者的优势，也愿意凭借自己的力量开发整体产品。而对于实用主义者，他们通常希望你能够在刚进入主流市场的时候就可以向他们提供出色的整体产品模型，如图 1-22 所示。

为了完全打消目标团队的疑虑，竭尽全力地支持转型，我们提供了如图 1-22 所示的转型整体产品。

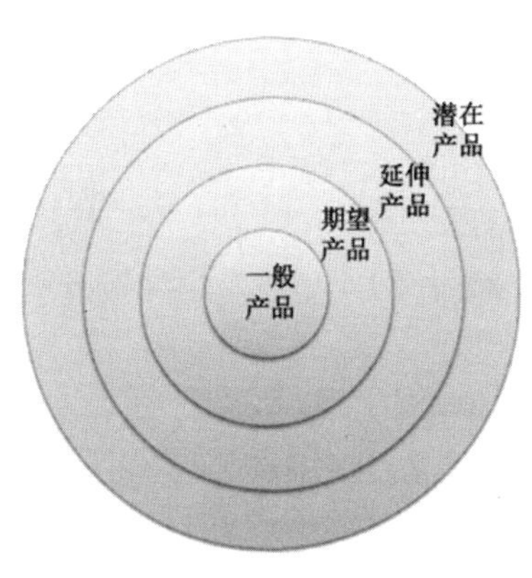

图 1-21　整体产品模型

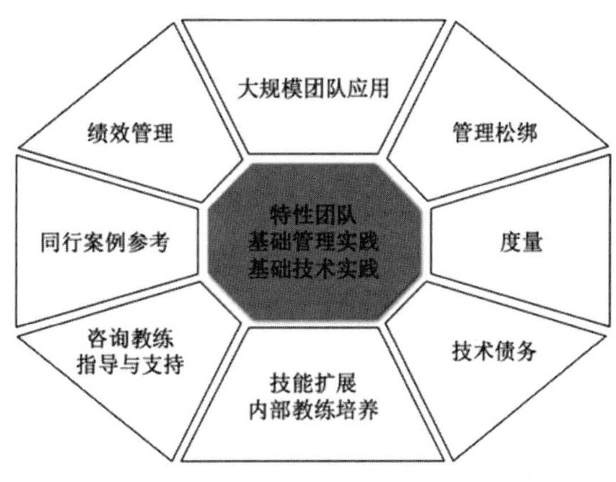

图 1-22　转型整体产品

5. 出击

2012 年 6 月我们完成了调研及整体方案梳理，取得了团队认可。7 月开始启动第一个大项目的转型，共 6 个特性团队。到 10 月份，项目团队已能顺畅运转，顺利攻克了第一个堡垒。转型效果如图 1-23 所示。

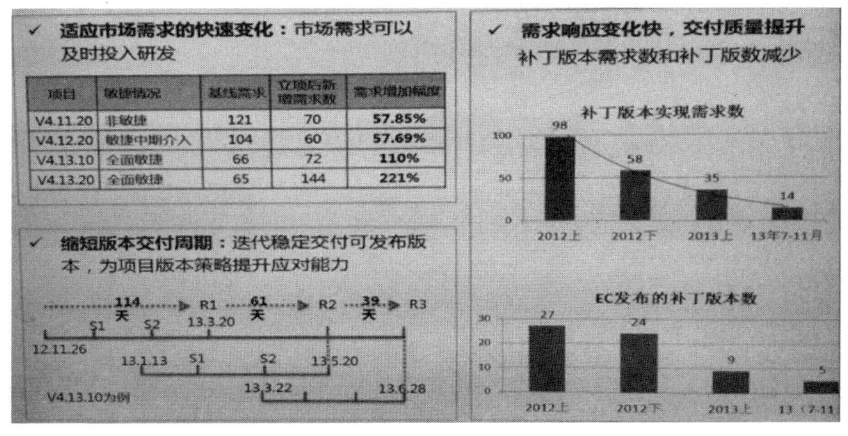

项目	敏捷情况	基线需求	立项后新增需求数	需求增加幅度
V4.11.20	非敏捷	121	70	57.85%
V4.12.20	敏捷中期介入	104	60	57.69%
V4.13.10	全面敏捷	66	72	110%
V4.13.20	全面敏捷	65	144	221%

图 1-23　转型效果

6. 占领主流市场

集中资源攻克一个可作为参考的实用主义者前沿阵地，以此为基础，占领主流市场的其他领域。重点是形成口碑传播效应、构建大规模转型的指导支撑体系。

（1） 促进口碑传播。

- 宣传、奖励
- 案例分享、学习
- 现场现地参观交流
- 参与社区活动

（2） 针对管理干部。

- 通过管理干部学习班分享先进案例
- 营造良性同行压力
- 管理干部敏捷认证
- 现场现地参观、交流、学习

（3） 指导支撑体系。

- 知识库
- 选拔、培养多级内部教练（公司级、研究院级、部门级）。划拨专门经费吸引、鼓励优秀人员成为内部教练，鼓励内部教练流动指导
- 组织优秀案例在各地进行交流巡讲，安排现场现地参观学习
- 开发完善的体系化培训课程

（4） 组织适配。

- 扁平化
- 政策调整

四、案例 ROI 分析

转型 4 年所取得的成果如下。

（1） 试点团队开发速率提升 21.8%，系统测试缺陷率下降 31.8%，项目周期缩短 35.1%。

（2） 敏捷覆盖所有软件研发部门，占软件相关人员的 38.4%。

（3） 公司级教练 14 人，各院敏捷教练超过百人。

作者姓名：张林
作者职位：支付宝成都应用研发中心负责人
作者简介：打过工、创过业，现混迹于互联网金融。成都敏捷社区组织者，国内多个大会分享者，较知名博客，网上人称“@大卫张 33”。互联网时代正在加速世界的变迁，传统的研发管理已经不合时宜，近年来致力于在社区传播基于复杂自组织系统的新一代研发理念，并在实际工作中身体力行地尝试验证
所在研发团队规模：100～150 人
研发团队职能定位：技术研发

管理者如何打造自组织团队

一、前言

成为自组织团队是很多研发团队的梦想，但如何打造自组织团队，管理者该怎么做，很少有人知道。人们往往感叹，自组织团队很好，但是对人要求太高了，因此它在中国不现实。如果团队都自组织了，我干什么呢？管理者对打造自组织团队也心存疑虑。目前对自组织团队的认识大多是错误的，也缺乏打造自组织团队的实践案例，作为自组织领导力的推崇者，我特地奉上此案例。本案例将展示管理者如何通过打造自组织团队激发团队活力拿到更好结果，如何在团队自组织能力提升后，继续引领团队发展。

故事是这样开始的。这是一支维护性的研发团队，业务长期无发展，产出被业务方挑战，团队士气低落。这时，你突然接到命令，公司把本业务提升成重点业务，因此你必须扭转团队的现状。作为一位管理者，你会怎么做？在团队摆脱生存危机后，又如何带领团队继续突破？

二、案例简介

这是一支陷入低迷的维护性团队，业务长期不受重视，团队死气沉沉，管理较为混乱。因为公司业务变化，管理层对这块业务开始重视起来。而你，作为一个管理者，受命去给这支团队带来改变。

先透露一下最终结果。三个月后，团队士气有改观，但业务没有明显变化。六个月后，

团队产出了两个获奖业务，客户满意度大大提升。一年后，业务上有突破，团队开始了新技术探索，团队规模从 10 余人发展到 40 人左右。

三、案例讲解

所谓自组织团队，是由高素质的个体组成的团队。他们充满激情，自我管理，具有共同的目标，具备专业精神，履行承诺。简单来说，自组织团队主要取决于高素质的个体，与其他因素例如环境过程无关。更极端一点点，自组织团队让管理者走开，一旦有管理者介入就不再是自组织团队，因为管理者破坏了自我管理。

遗憾的是，这种理解是错误的。这也是我几年来持续在社区分享的原因，我想改变大家对自组织团队的错误看法，虽然力量有限，但能影响多少人就影响多少人吧。讲道理大家会觉得太空，所以还是先进入案例。

本案例是用自组织领导力改变这支维护性团队。从个体情况来看，这支团队完全不符合之前对自组织团队个体的定义。他们等待工作安排，死气沉沉，得过且过，缺乏激情，缺少统一目标，日子过得去就行，能力较差，缺乏专业精神，难以高质量地完成较复杂的研发任务。作为一个管理者，你应该怎么做？

作为自组织领导力的倡导者，从一开始就使用自组织相关工具，首先是自组织评估。团队的自组织程度有四大特征：（1）自主性：团队成员是否自主做出决定，并努力为决定的后果负责？（2）变异性：是否会有意想不到的变化出现，变化的频率、效果？（3）应变力：当外部发生变化时，应对外部变化是否积极正面快速有效？（4）带动力（影响力或吸引力），能给外部人员环境带来多大改变？外部是否被改变，改变是否持续有效？

1. 对团队现状进行自组织评估

首先对团队现状进行自组织评估。（1）自主性弱。团队之前由一位集权式 TL 带领，他说什么就是什么，团队成员要么狠、要么忍、要么滚，留下的都是能忍的。（2）恶劣变异。代码经过一段时间后，质量恶化很厉害，常出现线上问题，客户非常不满，时有投诉。（3）应变力差。死猪不怕开水烫，对外部变化消极抵抗，反正就这样了。（4）带动力差。客户需求混乱无序，情况持续恶化，对外带来的影响比较负面，团队非常被动低调，不被看见就是幸福。

继续分析团队的现状，我发现了一些可资利用的因素：业务变成重点；团队很听话；集权式 TL，其他 TL 无作为；业务无方向，长期无可见成效；客户反馈问题很多；代码质量差，暴露出稳定性问题。

针对上述情况，我确定了一些关键措施（请注意，这里只列出了效果最大的措施，当时采取的措施可不止这些）。（1）团队调整。将集权式 TL 调整为架构，屏蔽其他 TL 影响，明确团队职责和业务范围。（2）一月一发：与某业务方达成一致，既然之前需求混乱，尝试一月一发。（3）YY 会。YY 精神，人人都可以 YY，尝试发现业务机会和改进机会。期间还给予团队一些时间整治代码质量问题。

经过三个月左右，从外部虽然没有看到太大变化，但团队内部已经发生了较大的变化。经过三个月的一月一发，客户发现交付稳定。线上故障还时有发生，但内部感知到趋稳态

势。团队的一些想法通过 YY 会发现并实施上线，团队成员自信心成就感都有所提升，相互交流和信任有所加强。最重要的是，发现了两个业务机会。

2. 三个月后进行自组织团队评估

三个月后进行自组织团队评估。（1）自主性提升：团队成员能够说出自己的想法，在支持下依靠团队作出一些决定，但太大的决定还做不了。（2）变异趋好：代码开始逐渐稳定，一些 YY 点开始实施，客户发现良性意外，发现了两个新业务机会。（3）应变力提升：团队内部的交流更频繁，相互信任增强，碰到问题时会一起商量应变，并在支持下作出决定。（4）带动力悄然展现：负面影响没有恶化，一月一发改变了客户的工作方式，客户开始体会到一些好处。

制定了后续措施，例如（1）全面推进一月一发：改变客户与团队之间的交流与协作模式。（2）推出 SLA：因为是内部系统，不仅关注系统本身，还要关注客户使用流畅度。（3）业务机会落地：推动两个业务机会落地。

六个月后，业务机会转变成业务成功，得到跨部门较高评价；最早实现一月一发和 SLA 的客户感觉到业务流畅度明显提升，对技术团队高度评价；代码质量相对受控。特别有意思的一点是，其中一支团队呈现出了大家认同的自组织团队特征，他们充满激情，围绕共同目标，制定并履行承诺，严格保证代码质量。除了前期的高素质之外，特征都齐了。

3. 六个月后对团队进行自组织评估

六个月后，对团队再次进行自组织评估，团队已经从一支纯被动执行型团队变成了主动执行型团队。（1）自主性明显：整体方向感明显提升，技术方向明确，部分团队已经能够自主寻找业务方向。（2）触发良性变异：所有小团队的结果相比以前都有明显提升，部分小团队大大超出期望，每个小团队都在积极思考业务技术创新。（3）应变力强：团队的信息链路快速紧密，团队对外部信息能够比较正面解读并积极应对，能够自主应对变化，甚至开始创造变化。（4）带动力悄然展现：业务方信任增加，数据技术的发展方向得到管理层支持。

团队已经明显进入了新的层次，开始从执行走向规划。触碰到新的发展机遇，已经有了产品线规划的机会，在规划能力上需要学习和积累。当然也是巨大的挑战，现有的专业能力不足以支撑团队的下一步发展，数据技术需要学习积累，研发技能需要提升。所以，大胆规划、突出专业成为了后续重点。

四、案例启示

1. 总结

首先，大家可以看到案例中的团队走出了一条非常明显的上升曲线。走直线是不少组织管理者的期望和默认行为模式，以自主性为例，如果提出了一年的自主性目标，那么他们希望每个月自主性提升 1/12。很显然，这不符合事物发展的客观规律，人们从实物生产中得到的经验并不是普适规律，特别是在今天这个互联网时代，爆发或者死亡（曲线），已经变得比维持（直线）更加常见。我们需要有对应的管理方式和工作方法，来主动推动曲线变化。

其次，本案例中第一次提出了自组织程度的评估方式：自主性、变异性、应变力和带动力，目前尚未在业界发现类似的方式。至于案例中评估—措施—实施—效果的循环，很多人都见得多了：这不是常见的PDCA吗？的确，循环本身了无新意，真正让循环变得与众不同的是两点：（1）度量什么？（2）循环速度与有效性。而且需要特别指出的是，很多人或组织在实施的PDCA都是假循环，他们在意的是分开的结果而不是闭环本身，从而导致在他们的实际操作中，PDCA不是一个真正的循环，而是堆叠的直线。

再次，可以看到一些提升团队自组织程度的实践，例如团队调整、YY 会、SLA、一月一发等。但实践不是关键，关键是发现这些实践间的共性，结合自己的环境应用好实践，对实践的应用效果一样可以应用评估—措施—实施—效果的循环。自组织的本质是局部相互作用形成全局有序的过程，相互作用（链接）是自组织中最重要的要素。可以利用的手段非常多，例如改变团队的链接/边界，在时间上有效利用波动，改变团队内外的相互作用尤其是反馈，利用竞争促进团队间交流和练习团队应变力等。

最后，需要大家特别关注的是，自组织的实践与过程都是与环境密切相关的，自组织本身是局部在整个环境中的相互作用带来的全局有序。例如在本案例中的每个阶段，采取的措施都不同，团队的反应也不同。团队在成长，业务与环境会变化，可为什么还有那么多人相信会有脱离于环境的最佳实践？当然，对于那些初学者，最佳实践帮助他们入门想必是极好的。本案例是结合了当下环境因素的实施结果，不希望大家会误以为是最佳实践，环境对本案例的影响可能会包括：（1）业务发展机会，（2）员工本身基础素质较高，（3）新的绩效管理方式，（4）有吸引力的薪酬。离开这些环境，实践的效果可能就会发生变化，最终效果也会有较大区别。讲到这里，突然想起了一些专业运动播放时也会展示他们的最佳实践，旁边配上提示："危险动作，请勿模仿！"。

2. 进一步思考

自组织到底与正常模式有什么差异？为什么我会持续推动社区和业界认识自组织领导力？这个问题让我陷入了持续的思考。最终我发现，根源可能在于大家对现实世界的认识理解有较大不同，大家看到的是不同的世界。（画外音，这不是世界观吗？看官，能否暂时不要走到高大上哲学中去。）

我们现在生存在一个更加快速变化、空前复杂的非线性世界中，现实就是曲线前进的，复杂难以预测的，波峰波谷潮起潮落。可很多人还停留在相对稳定、简单的线性模型中，期望外部的世界能够按照简单的直线方式发展，把外部的变化看作异常而将自己的期望看作正常，最典型的例子就是需求变更，很多人假设，只要消灭了异常，世界就能正常，就能按照我们希望的方式运转。有没有一种方式能够更好地适应变化的复杂环境呢？和现有基于稳定简单环境的方式对比，哪一种更加适合呢？在互联网时代，传统的管理、研发、产品、营销等都在被颠覆，原有方式是否适合这个时代呢？

其实我们不懂"自组织团队"！绝大多数人在看到自组织团队时，觉得这是一个不需要学习的概念，不就是自组织的团队吗，不就是对牛逼的敏捷团队的形容吗？他们甚至没有尝试过查询一次维基百科。绝大多数人的理解都错了，自组织团队不是自组织"团队"，而是"自组织"团队，团队不是关键，自组织才是。在这一点上，百科中的自组织团队他

组织团队完全是误导，背后缺乏完整的理论体系。

自组织团队的核心在于自组织，体现在几方面：（1）在于适应外部变化，在激烈竞争中生存；（2）在于对外部带来良心影响，产生滚雪球效应；（3）在于通过个体（局部）相互作用形成全局有序，体现了一种整体性而不是个体的加法；（4）在于通过内部协调碰撞，对外散发惊人力量。自主性、变异性、应变力和带动力是主要特征，通过快速迭代推动内部自主变异响应外部变化带动外部变化是主要方式。

自组织团队能够适应复杂环境变化，甚至有机会反脆弱。所谓反脆弱，就是当变化发生时，不仅不是抵抗变化，反而是利用变化获益。举个例子，在 2012 年，我的团队被转成类似外包的职责定位，在别人看来很危险，我们团队也是人心浮动。可借用这次机会，我趁机统一了管理思想，利用外包危机激发了团队积极性，趁机打入到公司各个业务中掌握技术熟悉业务，改变研发模式和结果要求，获得的结果就很不错，这为后来团队的发展打下了良好基础。

自组织团队也往往很脆弱。自组织团队的脆弱性根本在于大多数人对自组织团队缺少理解，当环境被改变，团队相互作用被改变的时候，原来的自组织团队很快就分崩离析。很多敏捷团队都体现出类似的脆弱特征，当骨干被抽调后，团队前后判若两队。这不是什么问题，恰恰是自组织团队对环境适应性的一种表现。甚至会出现，人还是这些人，业务变化了或领导换人了，自组织团队也分崩离析，这个事实说明了个体不是自组织团队的最关键要素，关键是个体间的相互作用。

可以展开的话题还很多，从自组织的角度，有互联网时代、自组织的理论背景、管理者的自组织领导力提升、自组织实践等，从工作学习角度，有软件研发、敏捷精益、组织转型、管理变革等。由于篇幅限制，不能一一展开，后续有机会再深入交流。留有两个有意思的问题给大家思考，敏捷软件研发方法与自组织团队之间的关系是什么？需要首先成为自组织团队才能做好敏捷吗？

作者姓名：李卓

作者职位：道富信息科技（浙江）有限公司副总裁

作者简介：计算机科学与应用博士，道富信息科技资深研发经理，在金融信息系统领域有超过 10 年的研发和管理经验，精益软件开发和敏捷软件开发的研究者和实践者

所在研发团队规模：100 人

研发团队职能定位：以小规模（8～12 人）、跨职能团队形式组织的离岸研发团队，以分布式 scrum 的形式与全球的业务和 IT 部门协作，坚持关注核心业务价值、积极开展工程实践、发展团队自组织能力，在提升团队效率的同时，保证业务部门的需求和价值被正确实施

纸上得来终觉浅，绝知此事要躬行
——大型金融组织的 scrum 实践分享

一、背景介绍

道富是全球性的金融服务提供商。2013 年的 9 月，道富的 IT 研发和维护部门开始敏捷转型工作。从传统的职能型组织架构、瀑布软件开发模型向跨职能团队和分布式 scrum 开发模型转化。

二、问题的提出

金融企业中的 IT 研发向来以讲究严格的流程控制和质量管理著称，而作为道富这样一家植根金融行业超过 200 年的公司，尽管大家都认同敏捷转型是一个有益的尝试，但仍然对这项工作能否获得真正成功心存疑虑。作为从中国研发中心参与敏捷转型开发团队的主要负责人，在整个过程中我听到人们（不光是中国，还有全球）讨论最多的是这样三个问题：

（1） 敏捷能够在大型组织中获得成功吗？

（2） 大型组织中实施敏捷转型的最大挑战是什么？

（3） 我们实施的敏捷是真敏捷吗？

三、解决思路

在回答这三个问题之前，需要明确的是，道富选择敏捷，不是因为它够高大上，而是因为相信它能够解决我们遇见的问题。在我的理解里，管理者的使命可以分为完成项目交付实现业务价值，以及提升团队能力和工作效率两方面，而后者可能比前者更重要，因为它从长期来说是对前者的促进和保证。敏捷只是被选择的工具和方法论，敏捷转型不能背离管理者的使命来进行。基于这两方面的使命，结合敏捷自适应、持续改进的特点，我总结了大型金融组织中的研发团队管理者在实施团队敏捷转型的时候需要坚持的三项原则：

（1） 树立并始终坚持清晰的团队目标。

（2） 坚持质量和业务价值重于速度和形式。

（3） 坚持养成自组织团队。

管理者的任务，不是把自己扔到具体实施的细节活动中，而是要坚持在变化中为团队把握好原则和方向，如图 1-24 所示。下面就分别阐述一下如何贯彻这三方面的原则。

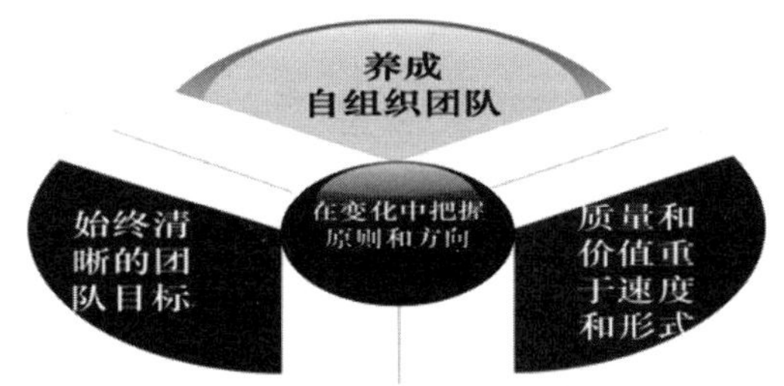

图 1-24　在变化中把握原则和方向

四、实践过程

1. 统一的团队目标——认识变化与冲突管理

作为一切的开始，管理者需要促成团队就目标达成一致意见，并保证这个目标在转型过程中得到坚持和贯彻。因为只有具备了同样的目标，团队才真正成为团队而非简单的个体聚合，才能在变化的环境中坚持自己的方向。

scrum 转型本身就是最大的变化，其中还包含了众多对原有开发模式的具体改变。变化本身是客观的，但现实中的人由于角色和职责的不同，哪怕面对同一个变化，不同的人都有不同的主观好恶，并且更重要的是，这些主观感受并不存在绝对的黑白对错，它们都有着自己的道理。管理者需要有能力在众多似是而非的声音中坚持自己的道路，而团队的共同目标，就是这条道路最好的北极星。

此外，要能够区分变化和折腾：一个时期内的变化始终需要围绕着团队的主要目标，任何干扰达成这个目标的噪声都是折腾而非变化。在时间和资源都有限的情况下，管理者要为团队过滤掉折腾，让团队专注在目标实现上。举个例子，我们最近收到了某个团队的要求，就是把我们的持续集成服务器迁移到他们的“标准”服务器上去。这件事情，从最终的产出来说，除了让“标准”制定的人有了政绩之外，对提升团队效率没有任何的帮助，反而需要花费很多代价。这种“折腾”就是花费代价但看不到任何收益的，需要支持团队去取消或者延缓发生的时间。

变化通常都有美好的远景期望，但是图画再美也不能当饭吃，而饭还是得一口一口吃。在团队设置变更的实现计划时，管理者要帮助他们设成跳一跳就能够得到的目标，通过不断的胜利提高团队的成就感和兴趣。这个方面我们是有着教训的：开始实践将单元测试覆盖率和自动化集成测试纳入交付标准的某个团队，从一开始就把两方面的要求都写入了definition of done，导致迭代持续的失败，团队士气花费了很长时间才恢复过来。后面的团队基本都吸取了这个教训，首先将单元测试覆盖率的要求写入 definition of done 并逐步提高覆盖率的要求，当达到一定水平之后才根据自动化测试三角形原则考虑接口和集成测试的自动化和覆盖率要求，进展相对顺利并且团队也持续感受到了自己的提高。

变化一般都会带来冲突，传统的冲突解决策略包括强制、回避、解决、妥协、搁置等。在敏捷转型中要解决冲突，统一的团队目标也有着非常重要的作用。在冲突解决的过程中，管理者要避免自己下场当运动员或者裁判员，而是要当好导师和教练，提醒团队应当坚持的原则，但要结论让团队自己去得出。

这里的原则，就是团队的一种约定。我们的案例中有两类，一类是团队的 vision，在团队启动的时候由 PO 进行解释，并且我们会把它用手写的方式表现在一张大白纸上，整个团队一起签名然后贴在团队工作区非常醒目的位置，通过这种形式来强化团队的认同。另一类就是 scrum 中提到的 definition of done，它代表了团队对交付质量的一种承诺。当然，哪怕做了这些约定，出于不同人的不同理解，仍然可能出现很多冲突。这个时候就需要团队围绕着同一个目标，代入对方立场来思考和理解对方的想法。某个团队在初始的阶段，经常听见开发抱怨说测试走得太慢了，“拖累”了整个团队的进度。这种情况是不是似曾相识？这是很明显的跨职能团队尚未形成真正团队意识的情况。面对这种质疑声，我做的不是替测试去辩驳和解释客观原因，而是提醒整个团队，按照他们的 definition of done，团队完成工作的标志，是通过测试团队测试。因此只要测试团队无法完成他们的工作，整个团队一起失败，而不会单独考评开发达标而测试不达标。潜台词就是有时间抱怨还不如努力帮助测试团队共同早日达成交付标准。实际情况里，被这样提醒的团队主动形成了开发—测试的结对，打破了“隔墙丢东西”的合作模式，开始以团队交付为目标的工作模式。

除了换位思考之外，敏捷团队中的冲突管理有另一个很重要的原则就是各自向前走半步。中国人有个传统说法叫做各退一步，这属于妥协和回避的冲突管理方法。在实际中通常看到的是，大家各退半步，矛盾是不见了，但是问题本身并没有解决而是沉默了。我们把原则称为向前走半步的用意就是提醒团队在统一的目标和约定之下，面对冲突要努力找到最小的共识来推进变化，而不是各找了台阶下之后就此不提。

总而言之，敏捷转型过程中，变化和冲突的出现是常态，应对变化的首要条件就是要团队内部形成统一的目标和约定，这也是管理者在敏捷前期最重要的工作。

2. 质量和价值胜于速度和形式——基础不牢，地动山摇

在讨论这个原则的开始我想问大家一个问题：有两个开发人员小 A 和小 B，小 A 去年每天的生产力是 100 行有效代码人天，今年提高到 200 行有效代码人天；小 B 去年每天的

生产力是 100 行有效代码每人天，今年还是 100 行有效代码每人天。没有别的背景信息，大家觉得小 A 和小 B 谁的绩效比较好？我看到大部分同学都说是小 A，这很正常。但是如果我加上这样的背景：小 A，因为做的项目需求复杂，变更和 Bug 都很多，做了快两年还没有上线；而小 B 今年花了非常多时间和用户与业务分析员互动来明确用户真正的需求，系统每一次交付都能够提供用户需要的功能，业务部门已经能够开始盈利。那大家觉得谁比较有价值？这里面的道理是不言而喻的，但是在实际生活中却常常被我们忽略。

决定开发团队价值的，首先是看能不能提供业务价值，而不是做得有多快。我们的第一个敏捷团队在开始的时候都比较保守（因为不想失败），基本上 velocity 都设到 6 个点或者 8 个点。到后面第 3、4 个迭代的时候因为做得比较顺了，每次做计划的时候都很积极地加个 3 或 4 个点，这样跑了 4 个迭代之后，velocity 从一开始的 6 个点涨到了 12 个点，团队自我感觉非常良好。这个时候教练就跳出来泼冷水，说你们这个 velocity 都是骗人的，因为你们并没有经过正式上线的检验。团队当时还觉得有些不服气，结果第一次正式上线之后，果然一下跌到了 6 个点，因为开始有 prod 的 Bug 返回了所以之前挣到的 velocity 都不算了。在那之后，团队花了很多时间在细化和实施 DoD 上，把单元测试覆盖率和自动化回归测试覆盖率的要求加进去，对 velocity 不会特别激进地去主动提高，而是用 yesterday weather 的方法用当前的产出估计下一个迭代，反而发现 velocity 保持了一个比较稳定的上升。之后其他的敏捷团队都对这种不提质量保障基础追求 velocity 的流氓行为保持了高度的警惕，把 definition of done 的水准提升放到了追求更高 velocity 之上。

敏捷团队效率提升的另一个基础是持续集成。俗话说，要想富，先修路。持续集成扮演的就是路这样一个基础设施的作用，它能减少开发周期里面的等待浪费，让团队专注在价值增加的活动上。但是就像道德一样，这条路说的人多，做到的人少。你需要有决心投入一定的资金和时间安装、配置和管理相关的工具，你需要对应用做恰当的架构解耦，保证构建能够分层、快速地进行，诸如此类。给大家一个概念，我们为了保证不同团队的改动不要交叉影响，花了大概快两个月做架构解耦。在这两个多月里，我们的主干 build 大部分时间是失败的，由于还要准备一次上线，最后不得不暂时禁止主干上的提交，仅仅由有限的骨干来集成提交，直到得到一个稳定的基线。这个过程中工作压力非常大，无论是时间上还是心理上的。我们的很多项目的工作模式都是中国、美国和印度团队在同一个代码库上面工作，并且跨环境的部署有非常严格的审批需求。在没有持续集成的团队，项目通常在上线前一个月就不能提交新代码，完全用在部署准备上。这种工作模式放到敏捷的情景里面是完全无法匹配的。

虽然这两个基础是如此的重要，但基础的悲哀就是他们是藏在外表之下，并不是每个人都能看得到。老板和用户总是希望团队尽快完成交付，所以总会有冲动的鞭子抽上来说要快点，再快点。这里我想再谈谈和这种冲动做斗争的经验。最理想的情况就是在早期这种冲动还没有出现的时候，已经把这些基础包括进来，积累了一些数据能够用来摆事实讲道理。如果觉得用户不会给你这么多耐心，那就在一开始就要保守一些，把困难提得充分一些，管理好用户期望。像索契冬奥会，开幕式整这么大乌龙，把所有人的期望一下子拍到了地底下，结果在闭幕式里面搞了一个遥相呼应，其实整体水平很平凡的闭幕式也让人觉得有很多惊喜了，这就是最好的例子。如果这两招都用不上，最后能憋的大招就是死给你看。顾名思义，就是让问题发生来引起所有人的重视。

3. 建设自组织团队——团队向前，管理者向后

我们已经谈过了管理者在敏捷转型中要把握的两个原则，就是建立团队共识和质量重于速度。最后一个原则就是要坚持建设自组织团队。

打个比方，传统的团队就像迫击炮，炮手算好角度和火力，炮弹扔进去就能打到指定的地方。自组织团队就是导弹，它自己带了芯片，能根据所处的环境不断修订弹道直到命中目标。

但是要分清楚的是，自组织不等于不组织。在这个转变过程中，管理者要做的是从炮手的角色退出来，帮团队装上自组织的芯片。在初期，其实团队更多的是靠惯性在组织自己，碰到了问题还是更愿意把决定权交给老板。理论上讲，这个时候作为管理者应该把问题抛回去让团队解决，但对于职能导向组织结构的公司来说，这是个系统性的问题。举个例子，团队要提高 SQA 环境部署有效性，需要开发在 SQA 环境之前做充分的测试。开发内部既可以在本地进行测试（私有构建），也可以部署到集中的集成测试环境进行测试。他们跑来问开发经理："我们应该用哪个环境作为标准呢？"开发经理会认为，什么环境最有效就应该用什么——所以开发都选择在本地进行测试。但是当测试发现团队做了这样的约定，他们会觉得和习惯做法不一样，但是又说服不了开发，所以他们又会"升级"去找自己的经理。然后开发经理和测试经理又要进行一轮高层对话，以求达成"在有足够持续性和自动化支持的情况下，本地的私有构建能够作为集成测试环境和依据"的共识。

这种情况是没法真正培养敏捷团队自己思考的能力和习惯的。怎样才能促使团队养成主动思考的习惯呢？我们的做法是努力在早期的迭代中让团队失败几次，暴露问题的同时促使团队反省如何提升。但是这种做法其实还是蛮有风险的，对于自尊心比较强的团队，如果一开始的目标统一没有沟通好，迭代的失败会非常打击士气，管理者需要事先做好心理建设和反省过程中的引导。

当团队开始自组织的时候，是不是就是传说中的"老板在和不在一个样"了呢？其实这个时候管理者有更多的职责。

首先他要做好后勤大队长，协调好团队的资源依赖，这里的资源包括人力资源、硬件资源等。

其次，要观察团队运行，识别出过程里面存在的不流畅情况，进行组织解耦。

举一个例子，我们的自动化测试工程师是配置到敏捷团队的，但他们的业务指导关系其实又回到了测试自动化部门。有一段时间自动化测试工程师只负责写好脚本，在本地运行通过就算完工了。当团队把自动回归作为每日构建工作的一部分的时候，我发现自动测试的结果从来没有 100%成功过，但是也没有人主动关注和解决这个问题。手工测试的同学希望自动化测试部门去解决，但是他们汇报关系不一致，意见没有用。自动化测试工程师说这个是持续集成服务器的环境问题，他们不了解情况。我组织两个团队的负责人碰了个头，明确了问题的责任人（自动化测试工程师）和责任单元（敏捷团队），这个问题很快就得到了解决。

再次，管理者要扮演独立观察者的角色，起到团队的导师和耳目的作用，注意为团队收集客观全面的信息。

最后也是最重要的，管理者要始终做好当挡箭牌和肉盾的准备。因为决定让团队自组

织，就会冒着团队搞砸了需要出来收拾残局的风险。这件事情乍一听很恐怖，尤其对于控制欲很强的管理者来说。但是从另一个角度想想，实际上这把管理者从“猪”变成了“鸡”，从风险防范的角度反而是多了一层保护，所以管理者要能克服包办的心理，放手让团队去实践。

五、效果评价

实践敏捷模式将近一年，看得到的收获是中国的研发中心有超过 200 人参加了敏捷相关的培训并且有相当一部分人成为了敏捷的积极推动者和实践者。看不到的是原本沉重的变更管理流程没有了，取而代之的是用户有了渠道能够简单直接地评定业务优先级并且要求 IT 团队配合快速实施变更。我们有一位英国的 product owner，在完成敏捷团队第一个月的工作之后，非常感慨地和我说他再也回不到原来的工作模式了。因为在原有的工作模式下，一份需求文档从写好到 IT 能够有评估和反馈，通常都要 6 个月，一个变更从被提出到被实施，快的也要 1 个月。而在新的模式下，任何变更和沟通都是实时的，业务价值得到了最及时的保障。

讲到这里，本文开始提出的三个问题已经有了答案。

问题 1：敏捷能够在大型组织中获得成功吗？

答：敏捷是用来帮助项目适应混乱和复杂的环境并获得成功的。敏捷的一部分基础来自于美国军方的一个实践，希望在有限的条件下，快速地发现并部署软件解决方案。敏捷流程（极限编程）的第一次早期试验就发生在克莱斯勒金融，之后 NASA、美国高院、INTUIT 也有成功的实施案例。这些都说明敏捷不是初创公司的专利。

问题 2：大型组织中实施敏捷转型的最大挑战是什么？

答：人和文化。大型金融组织天生就是风险厌恶的，因此对任何的改变，以及其中蕴含的风险都下意识地抵触。我在初期经常听到人们抱怨领导不会接受什么 velocity、燃尽图、backlog 之类的新概念，但这些概念和代表的敏捷精神正是降低风险，提高质量和效率的关键。我们必须转变人的思想来让他们开始接受和讨论这些知识，否则敏捷转型就无法成功。

问题 3：我们实施的敏捷是真敏捷吗？

答：没有什么所谓的真敏捷与伪敏捷，敏捷是一个自适应的过程，至少在团队层面，几乎每个应用敏捷的团队都会相互体现出不同。道富的敏捷模型综合了公司系统开发的特点和风险偏好，基于 scrum 的修改。我们要关注在敏捷性上，而不是敏捷形上，即体现为自适应的，促进了效率提高和风险降低。

六、案例启示

管理者是孤独的，因为很多时候他都要面对无法让所有人都满意，但是又必须做出一些决定的情况。敏捷转型中管理者面临这种冲突的几率、相关的挑战和压力比传统模型中更频繁。但是敏捷实施以来对组织和团队带来的变化又让我坚信这是一条正确的、能创造更大价值道路。古语云，路不行不至，事不为不成，谨以这句话与走在敏捷转型道路上的实践者们共勉。

作者姓名：雷蓓蓓
作者职位：网易资深项目经理
作者简介：资深项目经理/项目管理主管，CSM，PMP，2014 年“Scrum Gathering 敏捷大会”讲师，Agile China 敏捷中国大会”讲师。在网易近八年时间，先后负责过云存储、轻博客、云计算、云阅读等产品的项目管理工作，在跨部门沟通合作、建设高效研发团队、组织的敏捷转型等方面有丰富的实践经验。个人项目管理专业博客：http://leibei1128.lofter.com/
所在研发团队规模：100 人
研发团队职能定位：产品业务部门

当敏捷转型撞上移动互联网——来自网易的敏捷转型实践

背景介绍

刚刚结束的中南海会晤，奥巴马曾说道“改革总会遇到阻力，这是不变的规律，我们要拿出勇气！”。历史上的改革和变法都可以成为敏捷转型的参考教材，虽然情境不同，但遇到的困难和阻力却总是相似的。敏捷转型的本质是变化，从这个角度来说，大到一个国家的变革，小到个人生活习惯的转变，都是改变。虽然改变的大小有别，但想要引发实质性的变化，对于任何人来说，都不是一件容易的事。

本文讲述了我们在一个移动互联网产品团队做敏捷转型的历程及思考。移动互联网时代，更新换代的速度大大加快，原来要三十年，现在三年就变天了。在这样的大背景下，整个行业弥漫着一种不“快”不行的焦虑感。

当敏捷转型撞上移动互联网，这种体验就像是高速路上换轮胎，原本大家都已经 120 码了，你说要不我们停下来，到休息区去换个轮胎再跑？No！怎么可能？减速都不行，你必须一边踩油门，一边换轮胎，“轰”得一声直奔 150 码！回头看看，这个过程每天都像在走钢丝，艰难惊险，却也收获良多！

实践过程

在这个过程中，我们一直在思考，转型中最困难的部分是什么？虽然每天都会面对很多实实在在的困难，可真正最困难的部分，其实是转型过程方方面面人心的扭转，也就是

如何影响大家切实认同并拥抱变化，在这场改变中坚定信心，朝着共同的方向一起走下去！这里，我将人群分为三类，然后分别来说说心得体会。

敏捷转型的根基，如何打好团队基础？

转型中的第一类人群，团队是整个转型的根基。产品做了几年了，团队一直处于非常紧绷的高强度压力之下，本来大家就已经焦头烂额了，还要配合你改这个改那个，搞得不好就会激起民怨。特别当团队压力很大的情况下，哪怕是任何一点小的改变，当你强硬推行或理性说教来引入的话，都很容易引发团队的对抗情绪，从而让转型陷入不利局面。那么如何化解团队对于变化天然的抵触情绪？如何让团队更好地拥抱变化？

打好团队基础，非常关键！如何打好团队基础呢？想好打好团队基础，就一定要选用群众喜闻乐见的方式。这里我们分享三种非常简单的方法，讲故事，做游戏，喊口号。

（1）　讲故事

在一个团队的新版本&敏捷启动会上，我们没有直接给大家讲我们要怎么敏捷，而是塑造了一个虚拟形象，讲述了一个苦逼的"熊猫大侠"的故事，如图 1-25 和图 1-26 所示。为什么选择熊猫大侠呢，因为大家经常熬夜到凌晨冲刺，时间久了每个人脸上，黑眼圈成了标配，天然呆！熊猫大侠最怕的，就是听说今天晚上又要吃"披萨"，因为那意味着我们又要熬夜到凌晨。

图 1-25　讲故事

熊猫大侠也不想一直这么下去，可是又有什么办法呢？让我们一起来看看，上个版本的熊猫大侠是怎么走过来的。

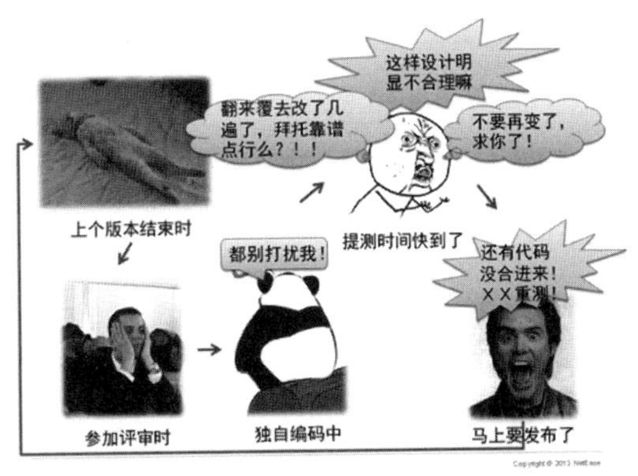

图 1-26　熊猫大侠

图 1-26 中左上角是上个版本结束时的熊猫大侠，经历了连续的熬夜作战，随便找个地儿，就能直接睡成一具“挺尸”。紧接着马不停蹄，下个版本的评审又开始了，会上的熊猫大侠显然还没有从上个版本的噩梦恢复过来，强撑着眼皮听完。于是，终于开工了，熊猫大侠把自己关进了小黑屋，留下一句话“都别来烦我”，然后吭哧吭哧一个人编码去了，留给我们一个孤独而又忧伤的背影。

此处略去一万字，这期间一直风平浪静，谁也不知道到底发生了什么，进展到哪里，处在什么状况。直到提测的前一天，熊猫大侠开始陷入莫名的焦虑。原来产品团队直到这时，才终于看到成型的样子，少不了很多意见飞过来，随着会议的进行，熊猫大侠的情绪开始变得歇斯底里：“翻来覆去都改了几遍了，摆脱靠谱点行不”，“这样设计明显不合理嘛”，“求你了，不要再变了”！此后直到上线前的每一天，几乎都在这种吵杂中艰难推进着。发布前一天，碰头会快要结束时，有位大侠云淡风轻地来了一句：“我那边有部分代码还没合进来。”大家瞬间跌掉了下巴！于是，两天两夜，全部重测。让熊猫大侠郁闷不已的是，这并不是只演一次的戏码，在这三年多来，几乎每天都在上演，就像陷入了万劫不复的死循环，历史总是一直不停地重演。

熊猫大侠们都有百步穿杨的本领，TA 们多么希望，能够这样一击即中！可现实往往不是这样的，如图 1-27。

图 1-27　希望一举击中

几次之后，熊猫大侠再也坐不住了，TA 朝楼上喊道：“哥们，你能不能给指准点？”楼上的兄弟也很晕，“要不你上来指？”其实，真换了你，也一样地晕！因为我们不得不承认，这个就是我们所处的现实环境。世界每天都在变，而在移动互联网时代，这种变化加速了，我们周围每天都在发生着天翻地覆的变化，市场在变，竞争对手在变，就连用户也在变，于是产品也得跟着变，我们的目标得跟着变。

那既然这是一个大环境大背景，我们要做的，就不是再去跟它对抗，说你停下不要再变，而是要想办法去适应，去找到这种环境下适合生存的方式，如图 1-28。

再不换个玩法，你就OUT了！

跑好自己这一棒

盯准大局，随时补位

原来跑接力，现在改玩橄榄球！

图 1-28　换个玩法

再不换个玩法，你就 OUT 啦！那玩法上到底是个怎样的变化呢？按照熊猫大侠的思维方式，整个过程应该是个接力赛，我跑好自己这一棒，但你必须跑好你那一棒，交棒之后就不能再变了。在这种确定性目标下，每个人不关注整个系统如何运转，只需要写好你所负责区域的代码，做好一颗螺丝钉就行了。

但是时代变了，过去那种在确定性系统中的旧经验和思维方式，会成为我们再次出发的障碍。在这个不确定的世界中，我们要打的是橄榄球赛，场上的形势分分秒秒都在发生变化，所有人都要盯准大局，随时补位，抓住机会快速出击。要想打好一场橄榄球赛，对于我们的协作模式是个非常大地挑战和考验，如图 1-29 所示。

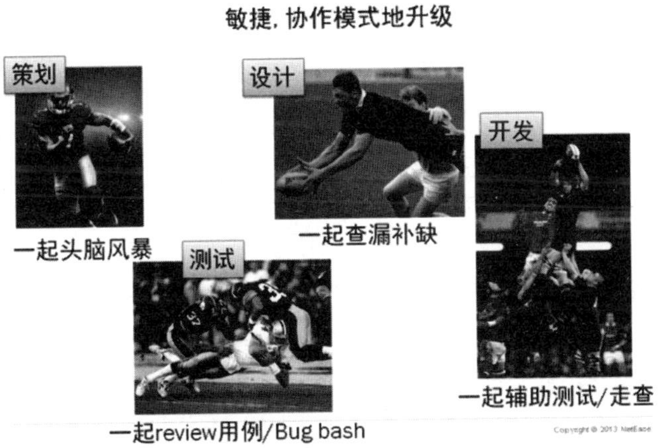

敏捷，协作模式地升级

策划
一起头脑风暴
设计
一起查漏补缺
开发
一起辅助测试/走查
测试
一起review用例/Bug bash

图 1-29　协作模式地升级

首先，策划上场时，我们要一起头脑风暴，脑力接龙，贡献我们的力量去一起讨论，当前的需求是否是解决问题的最佳方案；设计上场时，我们要从各个角度一起去思考，帮忙查漏补缺，哪里的逻辑没有考虑周全，大家一起来填“坑”；开发上场时，大家帮忙做辅助测试，并通过即时的走查和交流帮助在早期发现问题和偏差；到了测试上场时，我们一起 review 用例，从各个侧面补充完善，并且一起做 Bug bash，从各个角度去发现问题。

这个故事在团队中很快引发了共鸣，通过讲故事的方式，大家很容易接受了敏捷的理念和由此带来的协作模式的改变，这给我们后续敏捷实践的推行，搭建了良好的群众基础。

（2） 做游戏

为了让大家更加切身地体会到敏捷的协作模式，光是讲故事还不够，还需要有更直接的体验，于是我们特意选在两个版本中间的空档里，给大家角色互换的协作游戏。这个协作游戏，曾在不同团队做过多次，每次都非常火爆，团队很喜欢这个游戏。游戏可以让我们从日常的惯性思维中跳脱出来，换一个视角来看问题，我们发现一些在平时很难扭转的观念，通过游戏往往会有出乎意料的效果。

除了这种专门设计的游戏以外，在平时的活动中引入游戏化的思维，也非常有效。移动互联网追求快，质量总是第一个被牺牲，因为进度和范围非常可见，而质量看不见摸不着。时间和测试资源总是有限的，那么我们如何在短时间内尽可能地提升质量呢？Bug bash！Bug bash 活动最早来自微软，在原有的基础上我们引入了游戏思维将其发扬光大，在活动中，所有人都可以参与并报 Bug，报出来的 Bug 会实时贴在白板上公示并排名，现场的游戏氛围很浓，发现 Bug 越多贡献越大。说到底，Bug bash 就是借助游戏化思维，最大化发动和借助群众的力量，一起为产品质量贡献力量。

在日常的项目活动中，其实还可以有很多不一样的玩法，这些游戏化的方式，让我们的敏捷转型变得更加有趣，也更容易被接受，比如对付站会上的迟到者，我们会准备真心话/大冒险，建立站会规律的同时也拉近了团队彼此距离；又比如回顾会上的“盖楼跟帖”，最大程度上挖掘出每一位“草根”英雄的态度，达到无障碍交流并找到团队共识，等等。游戏化的方法不一而足，关键是最大限度发挥出团队参与的热情，在游戏中不知不觉地变化已经发生。

（3） 喊口号

为了让更多的人了解敏捷，让一些好的做法在各个团队中传播开来，我们汇总了各团队的试点经验，共同打造了《敏捷特刊》，主题围绕“团队是永远的主角”，开始面向更大的范围传递敏捷精神。我们抓住一切机会和场合，重复，重复，再重复，为的就是让敏捷的价值观和理念深入人心。这本特刊成为我们宣传敏捷的阵地，帮助我们快速传播敏捷的价值和理念。

讲故事、做游戏、喊口号，这看似简单的三种方式，在转型的过程中加以有效运用，就可以帮助我们避开抵制变化的阻力，让整个过程进行得更加顺畅。但是，在应用这些方法的过程中，我们必须看到，所有的“术”都需要遵循既定的“道”才能真正发挥作用。

那么在敏捷转型中，什么才是这里的“道”呢？团队！

如果说敏捷转型是一场变革，那么团队，是唯一能够改变一切的力量。

对待团队，永远要心存敬畏。

心存敬畏，意味着发自内心地区体恤团队，帮助他们解决困难，给予团队真诚的关怀。

心存敬畏，意味着始终在稳定与变革之间，保持清醒的平衡。除非感到有所不满，绝对不加以变革；除非能够消除这种不难，绝对不进行革新。顺应民意，而非超前于民意！

心存敬畏，意味着相信每个团队都是独特的，充分尊重每个团队特有的性格和习惯，因地制宜地帮助他们找到适合自己的道路。

如果失了“道”，那么“术”再高超，也终究是没有用的。

敏捷转型的保障，如何培养转型的中坚力量？

转型中第二类人群，Scrum Master，他们是转型的中坚力量，也是转型成果得以固化最重要的保障。如何确保他们能够正确理解转型的初衷，从“草莽”英雄进阶成为敏捷思想武装的进步将领？

比起在工作方式上的改变，更为重要的是意识心态的升级，要持续地用敏捷思想来武装这些 Scrum Master。为了确保这一转型的顺利进行，在转型模式上，在亲身示范敏捷模式（我做你看，我说你听）的基础之上，我们还设置了一个月护航期（你做我看，你说我听）和三个月看护期，帮助新上任的 Scrum Master 不仅能够上手去做，更重要的是对这些实践背后的意图有更加深入地理解，如图 1-30 所示。

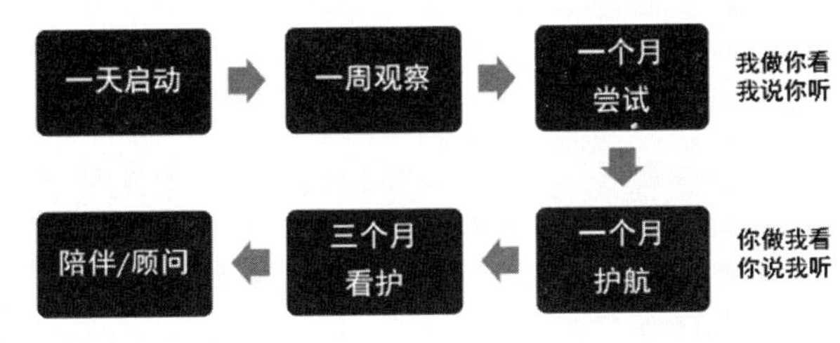

图 1-30 敏捷转型模式

此外，我们将各端 Scrum Master 联合会，打造成了一个敏捷转型的指挥部，我们每两周的固定时间碰头，互相交流心得、碰撞思维；我们共同编写敏捷特刊，记录并分享团队发生的变化；我们引入了 CSM 培训及不定期的，敏捷工作坊/公开课，创造一个更好的学习敏捷的整体氛围，用各种方式促进 SM 们共同成长。

在我们的 Scrum Master 参加 CSM 培训回来之后，在 Scrum Master 内部对敏捷有了特别有意思的讨论。有人兴高采烈地喊道，“哇塞，原来 Scrum Master 这么爽的，我只要做好这三件事，剩下的团队自己会搞好的嘛！”。之所以会发出这样的感慨，在于理想很丰满，无奈现实往往很骨感。现实工作中的 Scrum Master，往往成为上传下达的夹心饼干，搞得不好就是最辛苦的那一个。正如同社会主义还有初级阶段，面对共产主义的理想，路还是要一步一步走。

在这个敏捷的初级阶段中，我们的 Scrum Master 需要完成三方面的修炼，如图 1-31 所示，我们称之为“Scrum Master”心经。

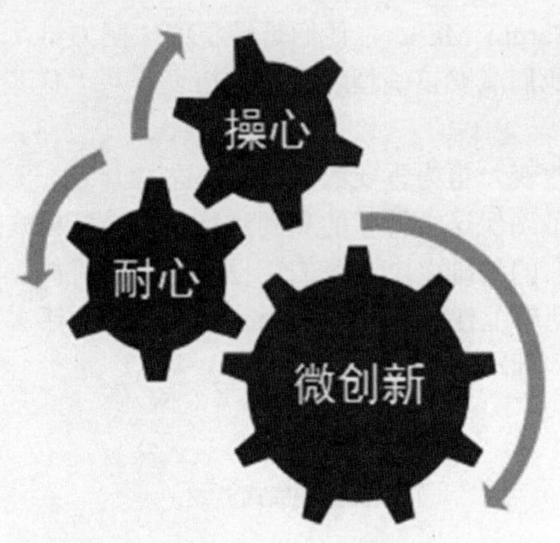

图 1-31　SM 心经

第一心，“操心”。

我们的 Scrum Master 大多都是研发 leader 出身，之前只用管好自己写代码就可以了，现在成为 Scrum Master，不仅要管研发，更要扩展到整个价值链，这对于他们来说，从职责范围到心态都是个不小的转变。作为直接面向团队的基层管理者，Scrum Master 日常面对的是最为纷繁琐碎的一线工作。要想做好，千头万绪，方方面面，都要考虑清楚，沟通到位，真正落地。作为大内总管，一项必须具备的特质，就是面对不明朗的局面或悬而未决的问题，要沉着应对！

第二心，“耐心”。

很多刚上手的 Scrum Master 经常与我探讨一个问题，那就是“如何提升团队的主动性？”，在他们看来，每个事情都是要一直去催去问，别无他法，似乎整个团队就自己一个人在乎这些事情，心累！开会时只有自己一个人在那说，大家要么低着头，要么后面站着，一直说让大家更主动些，可是没有用。

有句话说，主动性是长出来的，养出来的，是要求不来的！团队的成长要有个过程，与其去要求主动性，不如换个角度，发现并鼓励团队向正向变化，给好苗子浇浇水施施肥，切忌拔苗助长、急于求成。

第三心，“微创新”。

流程和方法不是拿来一成不变的，否则就成了死的东西，僵化的东西，要不断自适应地调整。始终坚持做微小的调整，在苗头发生时就有效应对，而不是等到问题积累非常严重，再去花大力气做大的变革。“Inspect&Adapt”是敏捷的价值观，即便对于敏捷本身提倡的方法，也是如此，需要在实践中不断地调优，找到最适合自己的道路。

敏捷转型的成果能否固化并得到发扬，Scrum Master 的培养是至关重要的。Scrum Master 不仅要学会敏捷的框架和做法，更要成为持续改进的内部引擎，带动整个团队参与不断改进的过程中来，只有这样这个系统才是鲜活的，有生命力的。

敏捷转型的旗帜，如何争取上层的持续支持？

转型中第三类人群，管理层是敏捷转型的旗帜，他们的态度和看法将很大程度上影响转型的成败。如何争取上层的持续支持，让他们成为推动变革的关键力量？

在我们的环境中，敏捷转型的大方向和最初设想，是在管理层的授意下开展的。但在最初试点的相当长一段时间内，Boss 只是谨慎观察着事态的进展，看上去似乎不动声色。在这种不明朗的情况下，放眼望去到处都是保守派和顽固分子，找不到可以共同谋划的改革派的身影，试点工作进行得异常艰难。现在回想起来，其实当时 Boss 心里虽然认同这个方向，但也有着很多疑问，比如“敏捷适合我们的环境吗？”“团队会接受这些改变吗？”“Leader 们会拥护吗？”等。伴随着试点的有序推进，团队的认可和口碑逐渐形成，再加上深入一线员工收集来的各种问题，营造出的一种紧迫感氛围，都在为变革的深化积累能量，也在一步一步影响着 Boss，从“谨慎观望”发展为“鼎力支持”。

成功转型，需要三方面齐心协力，对上要确保持续关注并不断坚定信心；对下要搭建广泛的群众基础，让团队乐于接受这种变化，再到持续自发地自我优化；对中间层 Scrum Master，要花大力气培养，帮助其完成观念及意识心态的升级。敏捷转型，说到底是一种变革，少了哪方的支持和力量，都会让转型陷入困境。

案例启示

敏捷转型不易！凡是外力引入的转型，走到最后都会碰到一个共通的问题，那就是“人走茶凉”。如果只靠外力改变一时，内里没有发生变化，那么一旦外力撤出，那种反弹和走样也必定是惊人的。“鸡蛋从外面打破，是食物；从里面打破，是生命！”，如果转型者始终站在外面，一心想着去打破这一切，看似搅浑了一池春水，待风头过去，一切必然照旧。

真正的改变一定是由内而外的。可是，我们该如何促发真正由内而外的变化呢？改变的第一步，首先是融入，与你要改变的对象成为一体，想 TA 之所想，急 TA 之所急，当你做到这些之后，你才会真正从对方的视角来看待现有的问题，才能最终与 TA 一起变化。做到这一点，需要转型者自身加强自我修炼，改变世界的前提，一定是从改变自己做起。只有转型者自身做到了由内而外的变化，看问题的视角和思维方式得以升级，才能引发周围的环境真正发生这种变化。

此外，这种由内而外的变化，要想持久，转型者在做好自身的同时，要善于在内部发现并培育出持续改进的引擎，这是转型成果得以传承的关键。不管转型者留下的是什么，一套方法或一种技能，最最重要的都一定要留下那个变化的种子。因为在这个世界，只有变才是永远不变的，即便是转型者现在看来要坚持的东西，如果僵化下去终有一天也会变成阻力。正如 IBM CEO 曾经说过的一句话“唯一需要保持的信念，就是要不断作出改变。”作为变革的推进者，我们必须时刻准备好改变自己的一切，与各位共勉！

作者姓名：叶东

作者职位：蚂蚁金服 PMO 办公室项目经理

作者简介：支付宝项目管理办公室项目管理专家，加入支付宝前，在花旗银行、诺基亚有丰富的行业及项目管理经验。2011 年加入支付宝，近 4 年时间内负责支付宝多个公司重大项目，最具代表性的包括 2011 年小米手机项目，2012 年 C2B 分阶段付款项目、双十一大促项目，2013 年 2 号项目（余额宝）

所在研发团队规模：400 人

研发团队职能定位：致力于互联网金融企业的域项目管理

余额宝背后的那些事儿

引子

2013 年，余额宝带来了一阵火热的互联网金融浪潮。截至 12 月 31 日，仅上线半年之余的余额宝，不仅成功承担双十一大促并达到 99.99%的支付成功率，而且客户数已经达到 4303 万人，总规模达到 1853 亿元，对接的货币基金也借此迅速攀上国内最大基金的宝座，如图 1-32 所示。作为绝密项目，当时在支付宝内部，余额宝被命名为二号项目，其涉及创新性业务探索，极度求简的产品设计，追求极致的客户体验及精密复杂的系统研发，多公司多个团队进行了跨地区同步协作，前后涉及人员近百人，而整体项目从立项到产品上线仅用了不到三个月的时间，其背后依托的是怎样一种产品研发探索及创新模式，以及其成功有哪些值得探讨的要素与经验。本文将通过两个思考带你窥探那些余额宝背后的故事。

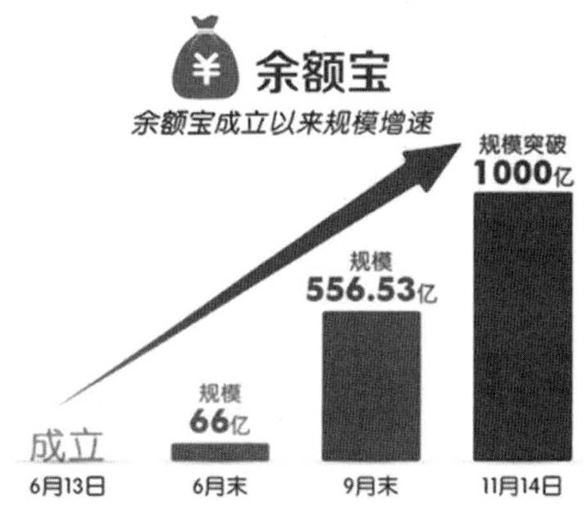

图 1-32　余额宝成立以来规模增速（2013 年度）

到底余额宝的核心是什么？

余额宝的成功来源于其产品核心定位的准确，确切来说应该是产品理念与这个时代的完美匹配。互联网最近几年得以迅猛发展，尤其是在电子商务、社交、搜索等方面成效尤为显著，而在一些传统邻域却一直没有大的创新与惊喜，其中就包括金融、医疗、交通及环保等传统行业。

要了解余额宝的核心，需要首先了解余额宝的三个主要特点：稳健收益，每日结息让客户及时获取稳定收益；随时存取，流动性强让客户一元起步随时灵活资金使用；安全保障，全额赔付让用户更放心使用，如图 1-33 所示。

图 1-33　余额宝的特点

相对于传统金融理财，余额宝从产品设计上即进行了较大优化创新，诸如将传统货币基金繁琐的开户流程隐于无形，简化的开户流程在安全与便利性上做到了很好的平衡，不少客户反馈原来感觉理财是件特别麻烦的事，现在一键开户竟然能如此简单。随时支付也是如此，相对于传统理财资金流动性差的问题，为满足客户在互联网上购物支付的便利，余额宝的随时可以用于支付和提现，让客户真正地实现了赚钱购物两不误。

在这三个特点的基础上，余额宝一直在考虑更多的运用场景，随后又推出了几个衍生类产品，例如永不停彩，其实这是在余额宝设计之初就提出的想法，可以让既是余额宝又是彩民的客户方便快捷地进行彩票购买。但真正推出差不多是一年之后，主要还是考虑首先将余额宝核心功能优化完善，再逐步拓展其他应用场景。又如天猫汽车节上推出的余额宝购车，零元车开走活动，让余额宝客户开始体验额外的用户权益。

综上，其实余额宝的核心不是单一的，而是分层考虑的。

第一层，余额宝通常被简单理解为是一种理财服务，可以让客户通过这个产品获取收益。真实的意义却不仅仅如此。余额宝其实是一种理念，互联网金融理念，希望通过这样一个产品，让更多的人能够了解、触及原本高深莫测的理财金融。余额宝只是互联网金融发展中探索的一小步，去引领互联网金融创新更大的浪潮。

第二层，余额宝不仅仅是个产品，更希望定位于一个信用平台。通过余额宝冻结解冻预授权模式，解决目前仍比较缺乏的信用问题，诸如前面提及的零元购车这个场景，其实深一步的意义在于通过余额宝建立一种信任关系，如同支付宝创立之初即是为了解决淘宝买家和卖家的信用问题是一样的。

第三层，余额宝推出以后，因为每日发放收益这个功能，出现了一个很有意思的现象，几乎所有人在每天看到收益时都非常开心，虽然说收益也就几块钱。客户甚至更爱用包子数量来描述自己的收益。能给客户带去快乐才是对产品的最高要求。

余额宝只是一个项目么？

余额宝是否只意味着是一个项目，首先可能需要对余额宝是怎样一个项目有所了解。

二号项目是当时对余额宝的命名，使用数字对项目命名在支付宝还是首次。来源主要是为纪念余额宝这个构想的提出，2012 年 12 月 22 日，一个多二的日子。后来发现参与这个项目的成员还都挺“二”的，组建了这只坚持与无比执着的一个项目团队。

二号项目的特点非常清晰：政策严、业务新、时间紧、资源缺。对于金融创新项目，须严格符合国家相关政策规定，业务创新在每个细节方面都存在反复斟酌，也就存在较频繁的需求变化，而从项目立项到项目发布预定时间是两个半月，作为并不是当时公司战略级重点项目，资源的聚集自然也不是那么容易。所以二号项目起初曾被誉为 Mission Impossible（不可能完成的任务），同样从后续项目回顾复盘来看，项目实际推进与原定项目计划的确也因此存在了不小的差异，但最终关键发布点还是保证下来，这与项目过程中引入了项目集治理探索密不可分，如图 1-34 所示。

阿里是一家江湖味很浓的公司，同样在项目集治理方面也带有这么一些因素，将项目管理也化为招式，一招一式即是理论和实践的完美结合，是对过往的沉淀、当下的运用，也是对未来的思考。在二号项目中，列举其中几“招”：项目价值分析、项目特征识别、项目定制方案等。

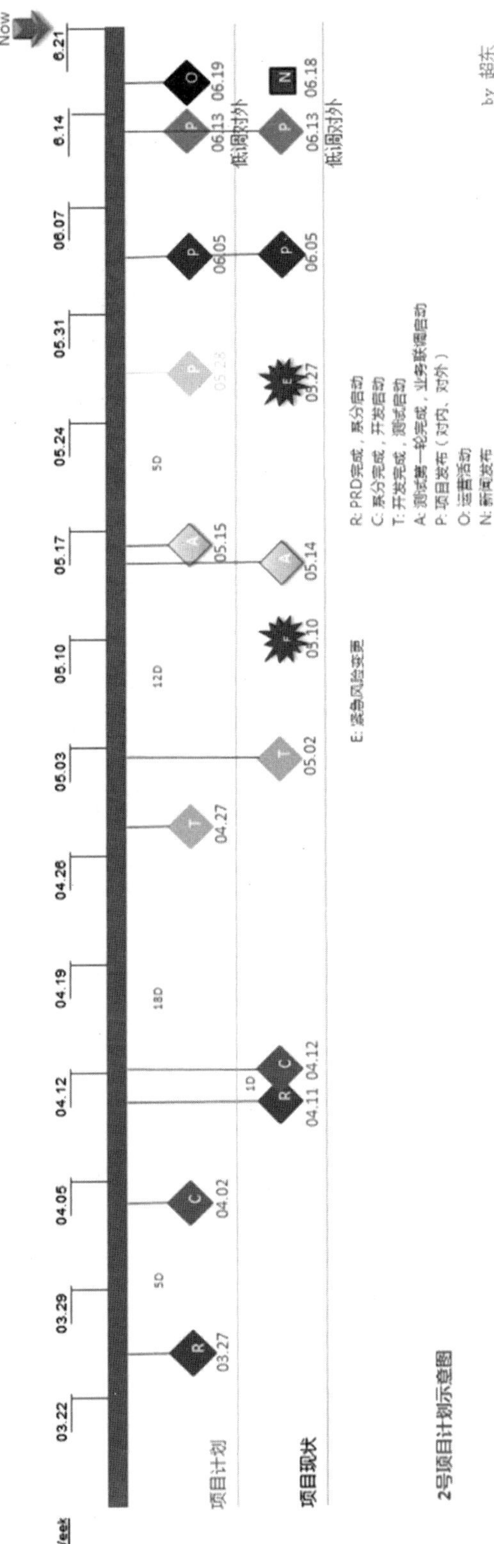

图 1-34　余额宝的项目进展（一期）

项目价值分析

涉及的项目经理对产品定位及项目价值完善的分析，其结果会直接决定公司对项目集治理投入的力度、项目集治理方案等策略制定。以二号项目为例，对于余额宝便从支付宝、天弘基金和阿里云三个维度进行了该项目价值分析。支付宝：（1）提升了支付宝账户的价值；（2）与传统理财方式相比，提供一个非常简单、便捷的理财方式；（3）将理财与消费无缝结合，实现赚钱消费两不误。天弘基金：（1）提升了互联网金融的快速转型；（2）通过基金上云，安全及性能大幅提升，成本大大降低，专业化分工更聚焦。阿里云：此项目的接入作为飞天 5K 的首个产品落地，后续对推广云计划，均有里程碑意义。

项目特征识别

涉及对不同项目的特征进行预先分析，对项目重点管理点及潜在风险预估及应对策略考虑。根据二号项目范围，可以基本确定以下三个方面的特征：第一是跨域，余额宝不仅涉及了支付宝、天弘基金、中信银行、阿里云等多个公司间的异地协作，而且仅在支付宝技术内部，也跨核心平台域、理财域、无线域、网站会员域等多个部门。第二是创新，余额宝是互联网金融的一次创新，无论是在业务探索推进层面，还是产品规划设计层面，均存在较大的挑战与变数，也就对项目研发存在潜在风险。第三是机密，作为传统理财模式突破，项目情况外泄均会对余额宝产品造成无法衡量的后果。

项目定制方案

针对项目特征分析结果，采取定制化的项目集治理方案。这里可以称之为“式”：项目核心执行模式、跨域研发协同机制、内部创业项目形式等。

（1） 项目核心执行模式（需求同步、决策管理、协同一致）。

对大型项目集的组织管理，项目组核心架构显得非常重要。犹如战场上多部队作战时，需要一个指挥部。项目核心执行模式是指项目经理根据项目集中涉及的干系人，组建由核心干系人为核心的项目集执行小组。二号项目中，由于不光涉及研发团队，业务、产品相关团队非常多，在方案决策、信息同步、部门协同势必会有大量的沟通成本与风险，对整体项目的推进和效率都非常重要。所以组建了二号项目核心执行小组，其中包括各部门在项目中的接口人，e.g. 项目经理、业务经理、产品经理、公关、法务、安全、客满、运营、财务、技术等，如图 1-35 所示。其作为项目集的承接方，由项目经理为组长，对整体项目集全过程执行并对结果负责。在项目集进行过程中，其起到信息同步、决策管理、协同一致的项目核心作用。

图 1-35　二号项目核心执行小组在春秋书院闭关室

（2）　跨域研发协同机制（核心闭关、个性会议、项目拆分、敏捷研发）。

对于跨地区跨公司的研发管理，清晰的项目规划非常重要。犹如城市发展中，长期规划图一般。二号项目中，分析其涉及杭州、上海、成都、北京、天津、深圳多个研发团队的合作，项目成员的分散对项目整体进度及推进存在较大的风险。采取的跨域协同机制主要要求项目进行闭关，研发核心及负责人员集中确定依赖及接口方案，并在过程中将项目进行合理化拆分，如图 1-36 所示。除根据需求优先级划分项目多期外，并在每个项目周期内根据长期架构规划、系统设计、系统间依赖顺序进行迭代划分，敏捷研发模式进行。项目经理对应多个 Scrum Master（形成二号项目下多子项目及迭代同步研发状态）。制定跨域间研发项目定期会议及临时会议规则，既满足项目集内各部分按一定频率节奏推进及信息同步，也可针对临时突发情况及时进行协同处理。

项目系列	项目类别	项目群	发布日期	发布类型	发布负责	发布情况	CQ
1期	主	2号项目-账务先	2013/5/22	日常发布	超东	发布完成	[illegible]
1期	配合	2号项目-网站（	2013/5/28	独立发布	[illegible]	发布完成	[illegible]
1期	配合	2号项目-代扣	2013/5/28	独立发布	[illegible]	发布完成	[illegible]
1期	配合	2号项目-消费记	2013/6/4	独立发布	[illegible]	发布完成	[illegible]
1期	主	2号项目-统一支	2013/6/4	独立发布	[illegible]	发布完成	[illegible]
1期	主	2号项目	2013/6/5	日常发布	[illegible]	发布完成	[illegible]
1期	主	2号项目-国内共	2013/6/5	日常发布	[illegible]	发布完成	[illegible]
1期	配合	2号项目-网站（	2013/6/5	日常发布	[illegible]	发布完成	[illegible]
1期	配合	2号项目-账务后	2013/6/5	日常发布	[illegible]	发布完成	[illegible]
1期	主	2号项目-移动	2013/6/5	独立发布	[illegible]	发布完成	[illegible]
2期	**配合**	**2号项目-钱包一**	**2013/6/28**		[illegible]	**进行中**	[illegible]
2期	**配合**	**2号项目-缴费还**	**2013/7/2**		[illegible]	**进行中**	
3期	主	2号项目-业务类	待定				
3期	主	2号项目-大促类	待定				

图 1-36　项目集拆分

（3）　内部创业项目形式（统一目标、个体结合、相互补位）。

对于创新项目未知性的人员管理，统一目标齐心协力尤为关键。犹如创业中的合伙人。二号项目作为创新型项目的典范，项目组成员的参与感与成就感需保持一致。在项目启动前期，项目经理对项目价值的分析结果需要得到所有参与人员的认同并成为在项目期间共同奋斗的目标。需要考虑整体产品、项目价值与参与人员发展的合理结合。在项目进行过程中，各种挫折和困难，项目组成员需要保持统一的坚持。诸如余额宝收益发放加速器，为了实现让客户起床就可看到收益的梦想，团队用一周创新了加速器功能并坚持72小时不影响线上运行的连续发布，如图1-37所示。共同创造出整个项目我做主的积极氛围，人人都是产品的创造者和守护者，余额宝的成功需要大家共同维护，所以在任何问题面前大家都会积极补位，协同解决。让这样一个超大型创新项目在不到三个月时间顺利完美上线，更在项目上线后仍积极跟进产品效果并加以不断优化。

图1-37 余额宝收益发放加速器（凌晨发布）

余额宝可以说是一个项目，但不单单是一个项目，团队的培养才是关键。通过有挑战的项目作为平台，提供给参与项目的成员锻炼及成长的机会，并通过他们将在项目中的收获、经历、感受带到下一个项目中去，从而带动更多的成员发展，这才是关键之关键。所以说余额宝也可以理解为一种可借鉴的管理模式。

第2篇

Test Manager

测试管理/质量平台

改进预测软件缺陷能力，降低因质量问题带来的软件风险。

测试经理

毫无疑问，这是我们最拿手的培训课题，帮助了数百家知名测试团队走向成功，讲师来自微软、 Google、IBM等先进测试团队带头人，分享世界级软件测试规范和管理体系，如何为自己的开发团队建立高效的全自动化的测试环境，探索大型软件组织如 何敏捷测试，关注软件测试团队成长管理之路。

作者姓名：林应
作者职位：阿里巴巴淘宝事业部高级技术专家
作者简介：负责淘宝创新业务和交易线质量保证工作。曾在 EMC 和微软从事分布式存储和数据库相关工作
研发团队规模：10 人
研发团队职能定位：为淘宝创新业务和交易线产品的质量保驾护航

基于场景的测试用例生成和维护

一、背景介绍

过去，我们团队接手一个项目时，都是按照个人对项目的了解，去设想各种用户场景，去写测试用例。但这样的做法是有问题的，首先在复杂的项目中很容易出问题，业务过于复杂，测试人员遗漏了几个场景、少写了一些测试用例是很正常的事。再者，一旦业务发生变动，已有的测试用例就要抛弃或者重新检查一遍了，这样的做法是很没有效率的。另外，一堆的测试用例只能看到功能点，表示的不形象，前因后果和项目的全局没有展示出来，如果把一堆的测试用例搬出来给新加入项目的人看，甚至过了一段时间后看自己写的用例，都会觉得一头雾水。我们团队针对以上问题提出了解决方案，并在实践中取得了不错的效果，希望能给面临类似问题的读者带来启发和帮助。

二、案例解读

在编写测试用例或者整理业务功能点时，大家使用最多的要数 Excel 或者 xmind 这样的工具了。对照需求文档，绞尽脑汁挖掘测试点，字斟句酌抠出细节，反复推敲找出容易出错的地方，最后整理出几页纸的测试用例。测试过程中，照着这份“圣经”逐条执行，当所有的条款都被标记为“pass”的时候，就可以长舒一口气了。可这种方式的效率是否足够高呢？另外，凭什么相信这几页纸中列出来的点就完全覆盖了所有可能的用户场景呢？

上面的方法是基于功能点来编写测试用例，但事实上，我们在分析业务、记录用户场景的时候，是有一幅流程图在我们的脑海中的。这就导致了思维的连贯性和用例的离散性之间的矛盾，我们煞费苦心地将业务拆成一个一个小块，逐个分析，最后再查漏补缺，或者再将这些小块重新串到一起，组合成一系列的用户场景。为什么不能从一开始就基于场景来开发测试用例呢？

如果从一开始就基于用户的使用场景进行推演，将各种用户路径绘制成一幅完整的业务流程图，这幅图中可能有若干个开始结点和若干个结束结点（每个结点可以是程序的某个状态，流程中的某个步骤，网站的某个页面，等等），那么从每个开始结点到每个结束结点间的所有路径，就是所有可能的场景了。这样得出的用户场景往往很少遗漏，正确性和可信度也得到一定程度的保证。有了这些场景，我们可以再进一步细化，分析场景中各个结点的条件和验证点，最后得出一系列可供执行的测试用例。

这种方式解决了思维的连贯性和用例的离散性之间的矛盾，便于测试人员从整体把握软件质量。从业务流程图推导出所有场景并验证，基于这种方式得出的测试结果无疑是更有说服力的，更不易有遗漏的。而且在敏捷开发模式下，通过一次次迭代来新增特性和完善功能，从业务流程图上来看，就是结点逐渐增多，用户路径逐渐丰富。相比离散的测试用例，这更能反映出我们所交付软件的质量。当新增一个大的特性（流程图中的结点）时，我们往往会先确保流程可以走通，而暂时略过该特性中的某些细节功能，然后通过多次迭代来丰富这些细节。这在业务流程图上反映的，就是结点的条件和验证点的逐渐丰富。这种随着迭代的推进而逐渐丰富业务场景图的方式，相比之前的不断堆积测试用例的方式，显然更为高效、简洁、直观，对于开发和项目经理，也更有参考价值。

但这样的做法还是有个问题没有解决——测试人员需根据流程图的所有起始点人工整理各种用户场景，并分析得出测试用例。在分析大型的业务流程时，业务流程过于庞大和复杂，只是靠人力去分析显得有些力不从心。另外，一旦业务逻辑有变，还是需要测试人员重新分析一遍流程图，这也是一个瓶颈。

针对这个问题，我们又设计了一种根据场景流程图自动生成测试用例的方法，把用户场景的各种状态以及状态之间的关系记录到流程图中，然后把流程图输入到计算机软件中，软件就可以自动输出测试用例，而且对于流程图中的测试用例覆盖率是 100%。每当有大型业务，或者业务有变化时，这个工具就能自动帮我们生成或者更新测试用例，因此我们给它起了个有趣的昵称——user case detector。

在程序中，先把 dia 格式或 visio 表示的流程图文件解析成一张图。图中，节点的属性是场景的状态，边的属性是条件和验证点，如图 2-1 所示是场景流程图中相邻节点存在多条路径的处理，描述的是用户进入双十一主会场的页面路径。一条边有条件和验证点，“用户搜索主会场”，是条件，“搜索变量+1”是验证点，意思就是当用户在首页使用搜索框搜索主会场时，我们要验证统计搜索次数的变量是否加 1，通过这种方式来统计用户偏向于哪种方式进入双十一主会场，接着在图中寻找起点和终点（入度为 0 的点为起点，出度为 0 的点为终点），然后对于每对起点和终点都利用图的深度搜索算法，找出起点到终点一共有多少种路径并记录，最后就把记录的每条路径输出。程序做的事大概就是这些，但下面还要加两个比较难处理的情况。

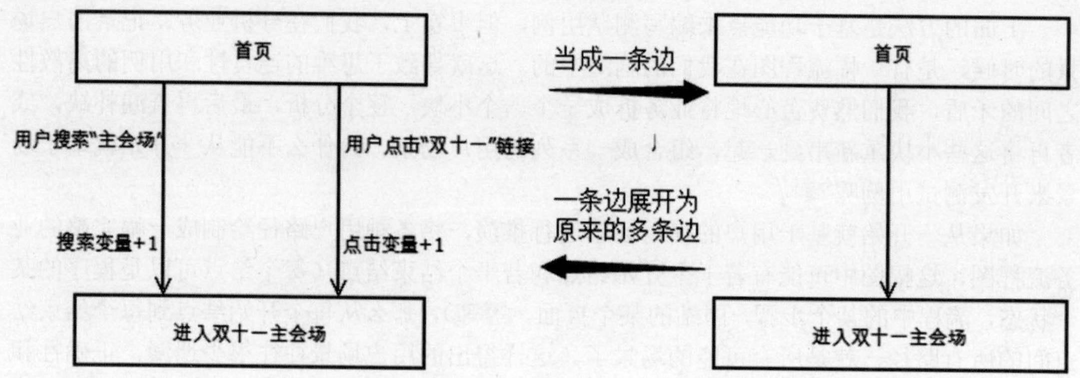

图 2-1　场景流程图中相邻节点存在多条路径的处理

第一个难处理的情况是流程图中存在环的情况，如图 2-2 所示存在环的情况，在有环的时候，起点到终点会有无限条路径，这时候需要特别的处理，该处理在图论的算法里叫强连通分量，就是把一个环当做一个整体处理，经过强连通分量后，环就对应于一个节点，最后输出路径时，把该节点对应到一个环。第二个难处理的情况是相邻节点之间会有多条边，一个节点到另一个节点可以有很多种情况，这时候的特殊处理是把多条边对应为一条边，在最后输出路径时，再把该条边对应到多条边。

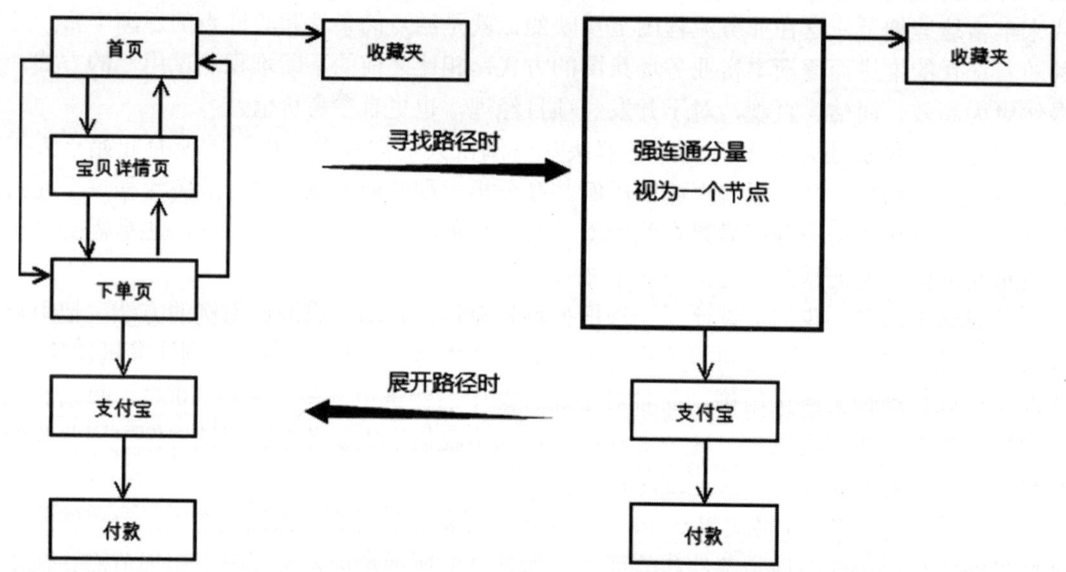

图 2-2　场景流程图中存在环的情况

这里再把具体的流程过一遍。

步骤 1：从 dia 或者 visio 的文件中读出图信息（为方便描述将该图命名为图 a）。

步骤 2：在图 a 中找出强连通分量，把强连通分量当做一个节点处理。

步骤 3：在图 a 中找出两节点之间是否存在多条路径，如果有多条路径，把它们映射为一条路径。

步骤 4：经过步骤 2 和 3 组成一幅新的图（为方便描述将该图命名为图 b）。

步骤 5：在图 b 中找出起点和终点。

步骤 6：对每对起点和终点都寻找存在多少条路径并记录。

步骤 7：根据记录的路径、强连通分量和多条边到一条边的映射，把图 b 中的路径展开为图 a 的路径并输出。

简单地说，程序就是利用图论里的一些算法，得到图中从一个节点到另一个节点的所有路径，这里的所有路径就是我们测试人员根据用户场景而希望得到的所有测试用例。

现在，我们使用“test case detector”这个工具解决了测试人员自己写测试用例和分析流程图、写测试用例的问题，我们团队在使用这个工具的过程中，也节省了不少时间。

三、案例成功点

1. 对于流程图表示的场景状态，能 100%覆盖所有测试用例

我们是根据流程图生成测试用例的，而且有数学方法可以证明只要给定流程图，生成的测试用例就是没有遗漏的，相对测试人员人工的分析，减小了风险。

2. 方便测试用例的维护和生成，节省测试人员的分析时间

现在，我们不需要分析流程图了，只要会画流程图就好，工具自动帮我们生成各种测试用例，在复杂的业务背景下，其方便性是很明显的。

3. 降低了测试人员的门槛

能够根据业务画出流程图就行，不需要多少的逻辑分析能力，况且是看流程图来把握项目的，而不像以前一样需要通过测试用例。

4. 迅速应对业务的变化

业务不断地发生变化，在以前，业务一变就要重新分析业务，重新生成测试用例，基本上是重新走一遍已经走过的路。现在，只需要把流程图改一改，就可以得到测试用例，非常敏捷。

5. 降低项目交接成本，降低新人培养成本

如果需要把一个项目交接给另外一个团队来负责，或者有新人加入团队，过去写测试用例的方式不方便理解、不能让对方迅速地把握项目，但通过流程图生成的测试用例，能让对方快速把握项目、了解测试用例的前因后果，从而降低了项目的交接成本。

6. 案例 ROI 分析

我们团队在遇到一些复杂的业务逻辑时，“test case detector“就会派上用场。比较典型的应用是在“动态账期”、“服务宝”和“闲鱼客户端”中的应用。以“动态账期”为例，如果是测试人员自己去分析业务逻辑并且要完整得到测试用例，需要 4 个多小时的时间，但把该工具搬上用场后，只需要 20 分钟，节省了 3 小时 40 分钟的时间。如果项目中的某个地方改动过了，测试人员就需要重新分析业务，就算对业务熟悉，重新得到测试用例也需要 1 个小时时间，但在工具中，只需要把流程图的某些路径改一改，基本上 10 分钟搞定，测试人员的时间节省下来了，得到测试用例的方法也改进了。

四、案例启示

1. 善于发现工作中的问题

也许在一个岗位久了，就会对岗位的一些不足变得麻木，比起一次改变永远收益，人们偏向于接受目前。其实，我们在工作的时候都会发现有很多地方可以提高效率的，但是我们都忽略了或者是抱怨一下就过去了，我们抱怨的时候就可以静下心来改变一下周围的环境。“test case detector”就是我们在工作的时候发现一个提高效率而开发的一个工具。

2. 大胆地去改变环境

目前，测试岗位还是免不了一些重复、没效率的工作，甚至在公司里，测试的大氛围也有可能有问题，有非常大的空间可以改进，我们冲在一线的测试人员应该勇敢地去创新，不断提高我们的效率、改变测试的大环境。“test case detector”不敢说对测试行业的影响很大，但至少在我们团队内部起到了不小的作用，所以搬出来和大家分享，希望能给大家一个帮助和启示。

蔡为东点评：我觉得林应以及他所在的淘宝做了一个非常棒的尝试。以前我们绝大多数的测试用例都是静态的，但是代码是动态的，并不是我们不想去更新测试用例，而是我们往往来不及更新。这样会造成一些我们不希望看到的结果，例如不能起到指导作用。换个角度讲，这个案例有点像测试用例代码化。这些都是非常值得我们去借鉴的。

作者姓名：梁璐

作者职位：SAP 中国研究院测试研发工程师

作者简介：担任 Test Team Leader，带领团队进行测试流程及测试框架的改进，参与自动化测试的开发工作

研发团队规模：30 人

研发团队职能定位：作为 SAP 全球方案研发部，为解决方案的研发实施提供技术及工具支持

自动化在集成测试中的应用

一、背景介绍

软件测试在软件开发周期中的重要性毋庸置疑，但如何最大化实现测试的产出是个值得研究的问题。如今，测试分类及测试手段越来越丰富，测试工具及测试框架也日渐成熟。

我们的测试团队致力于尽早介入开发过程中并监控各个测试环节，尽快发现并解决风险。为了解决前后端测试的依赖性以及提高后端逻辑的质量，我们将自动化应用于集成测试中，并实现前后端独立的集成测试。

二、问题的提出

为了提高测试的效率，测试团队在测试过程中引入了自动化测试，将其应用在了验收测试、性能测试、压力测试、代码扫描等方面。性能测试、压力测试及代码扫描等主要依靠工具完成，所耗费的工作量不大。相比较而言，验收测试的自动化投入较大，我们采用基于 Thucydides 的 Web 自动化测试框架来模拟用户操作，实现系统的验收及回归测试。测试人员需要编写大量的测试脚本，而且需要根据页面的变化及时更新，所以测试脚本的编写及运行对产品的稳定性要求较高。

敏捷开发的模式使得我们的开发周期较短而且需求变化大，这都增加了实现验收测试自动化的难度。此外，由于自动化验收测试的脚本开发投入较大，所以其测试覆盖的范围较小并且很难测试异常流程。单纯依靠自动化验收测试很难发现软件后端逻辑所存在的问题，因此要用黑盒测试及单元测试来保证后端逻辑的正确性。

最初，我们希望通过加大单元测试的比例来保证逻辑的正确性，提高软件质量，减少测试人员黑盒测试工作量。但由于敏捷开发周期短、任务重，开发人员的单元测试的完成度较差，代码覆盖率较低，无法保证逻辑的正确性及稳定性。

因此，我们希望测试团队能够寻求一种方法保证产品逻辑的正确性，来弥补自动化验收测试的不足。

三、解决思路

我们自动化测试扩展至端到端的集成测试，并降低集成测试的颗粒度，代替开发团队的单元测试。

在实践中我们发现，集成测试对于软件质量的影响非常大。

因为通常多数 Bug 并不来源于程序本身，而是通过外部输入的数据所引起的。在开发团队进行单元测试的过程中，开发人员往往依靠自己设定一些简单测试数据来检验程序是否会按照预期的方式运行。这些数据较真实数据差距很大，且异常数据的覆盖率较低，所以很难发现真正的问题。

为了提高软件质量，我们测试团队在已有的自动化测试的基础上，将验收测试的测试数据和测试用例进行扩展，利用 QUnit 框架实现后端服务的集成测试，加大对集成测试的自动化投入。

希望达到的验收测试、集成测试及单元测试的投入比例如图 2-3 所示。

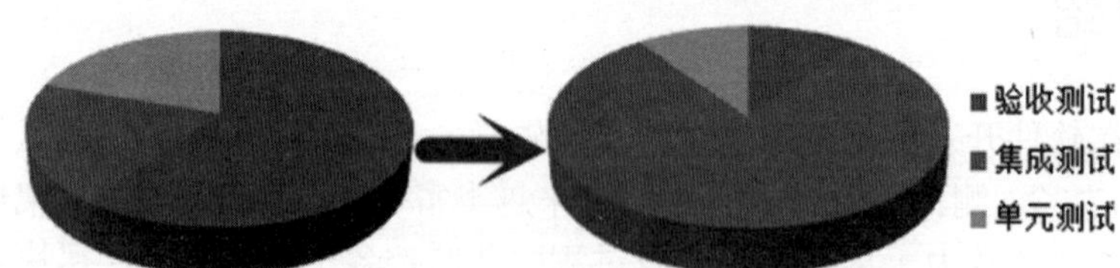

图 2-3　验收测试、集成测试及单元测试的投入比例

案例的目标如下。

（1）　独立的前后端测试。

（2）　减少开发人员单元测试工作量。

（3）　模拟异常数据，提高测试覆盖率。

四、实践过程

在最初的实践过程中，我们希望由开发团队实现自动化的集成测试，但从如下几个方面考虑后决定由测试团队实现。

（1）　重复工作。

测试团队在实现验收测试的过程中，已经完成了端到端的测试用例，并且准备了相应的测试数据。如果由开发团队开发集成测试，开发人员需要理解并改进已有的测试用例及测试数据，造成了部分重复工作。

（2） 运行及分析时间长。

集成测试往往运行时间较长，平均一个测试用例要花费几分钟的时间，通常一个敏捷开发周期至少有 60 到 100 个的测试用例，全部运行完成并分析结果需要较长的时间，开发人员在一个周期内开发任务较重，很难频繁监控并分析集成测试。

（3） 沟通花费大。

一般开发人员花费很短的时间就可以完成一个单元测试，但为了完成某一个逻辑的集成测试，可能涉及到多个开发人员的功能接口，所花费的沟通时间及编写测试脚本的时间较长，对于开发团队压力太大。

经过分析，我们决定由测试团队实现自动化的集成测试。

下面详细介绍具体的实施过程。

（1） 独立的前后端测试环境。

为什么要将前后端的集成测试分开呢？因为在实践中我们发现，通常在开发周期的后期，前后端开发人员才完成本周期的需求并完成联调，这时测试团队才可以得到一个可执行的产品，并进行测试脚本的开发工作。因此，在一个敏捷开发周期结束时，集成测试以及验收测试的自动化脚本的开发都难以完成。为了不受前后台联调的限制，我们决定将前后端的集成测试分开，建立如图 2-4 所示的独立的前后端测试环境，为测试脚本的开发和执行正确更多的时间。

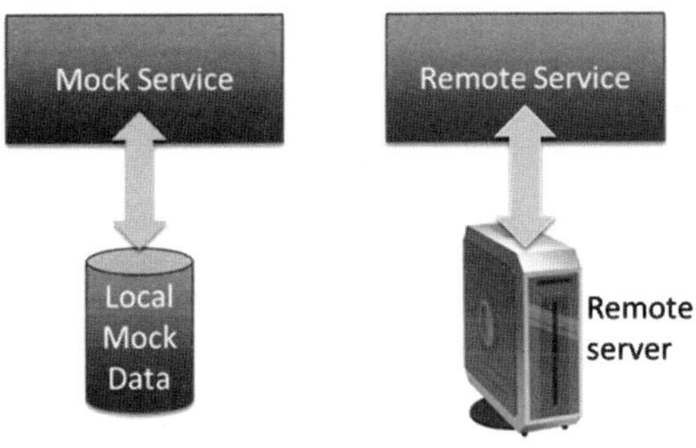

图 2-4　独立的前后端测试环境

我们将后端的 Remote Service 连接调用真实的 Remote Serve。前端仿照 Remote Service 定义一致的 Mock Service，Mock Service 调用测试团队准备好的 Mock Data，模拟 Remote Server 上的数据。这样前端的集成测试便不会依赖于后端逻辑的开发进度，测试团队可以同步进行前端和后端的集成测试。Local Mock Data 由测试人员提供并掌控，测试人员可根据测试用例的需要来修改 Local Mock Data。

（2） 基于 Thucydides 的前端自动化测试。

在需求确定后，架构工程师根据需求定义 Remote Service 及 Mock Service，测试人员模拟 Remote Server 上的数据建造 Mock Data。此时前端开发人员进行前端代码的编写，调用 Mock Service 进行调试。测试人员利用 Thucydides 编写前端集成测试脚本，如图 2-5 所示。在前端自动化测试中要注意如下几点。

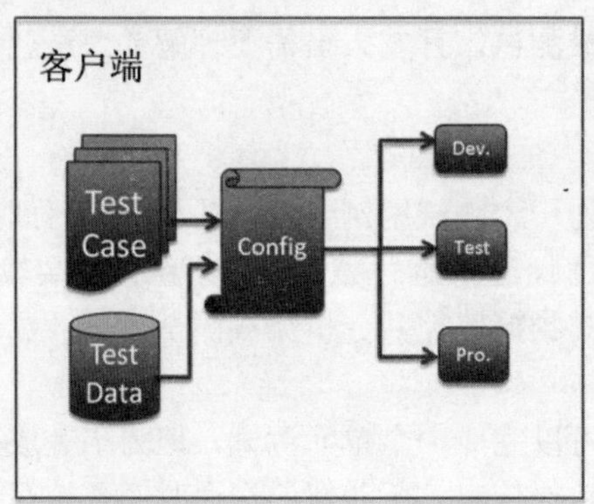

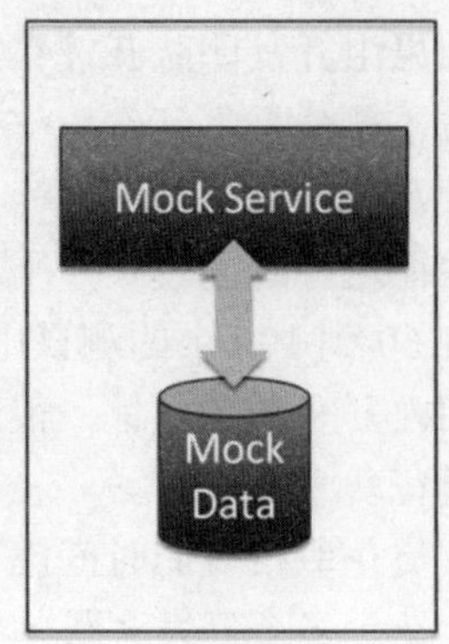

图 2-5　前端自动化测试

① 测试数据。

测试数据的编写要以 Local Mock Data 为基础，因为 Mock Service 调用的是 Mock Data，所以此时系统的初始数据及各种操作的返回数据全来自于 Local Mock Data。

② 配置文件。

为了在之后的验收测试中重用前端自动化测试，在前端自动化测试的开发过程中，测试数据、测试环境、测试用户等最好抽象成变量，并将数据维护在外部文件中，便于修改及重用。

③ 测试目标。

前端的集成测试的主要目的是检验响应的正确性，侧重检查前端页面操作，功能逻辑的正确性将放在后端集成测试中进行验证。因此前端的测试用例及测试数据多为正常流程的测试。

（3） 基于 QUnit 的后端自动化测试。

为了测试后端逻辑，我们将后端的 ABAP 方法抽象成为 Web Service，利用 QUnit 进行后端自动化测试，如图 2-6 所示。QUnit 是 jQuery 团队开发的 JavaScript 单元测试工具，功能强大且使用简单。目前所有的 JQuery 代码都使用 QUnit 进行测试，原生的 JavaScript 也可以使用 QUnit。QUnit 有很多优点，使用起来非常方便，界面美观并且测试功能完整。此外，QUnit 非常简单，容易上手，不需要依赖其他任何软件包或框架，本身只有一个 JS 文件和 CSS 文件，只要能运行 JS 的地方就可以。

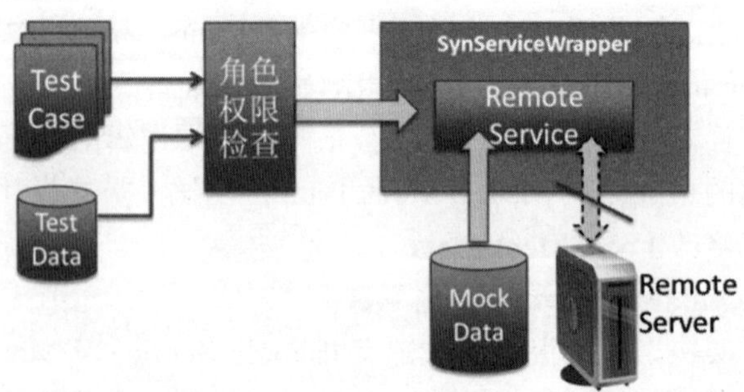

图 2-6　后端自动化测试

在 Remote Service 定义好后，后端人员进入开发阶段。但 Remote Server 的数据通常由第三方提供，存在滞后性，且我们不能完全了解和控制第三方数据。无法掌握数据给设计测试用例带来困难。因此，在后端逻辑的测试期间，Remote Service 不再调用 Remote Server 而是调用之间准备好的 Mock Data。这样，在测试过程中，测试人员就可以判断各个逻辑的返回值，方便编写测试用例。

在后端逻辑的集成测试中要注意如下几点。

① 同步调用。

在编写自动化测试用例时，如果想要降低复杂度，可以选择同步调用 Service。同步方式可以大大节约测试人员的工作投入。

② 异常情况测试。

在后端逻辑的集成测试中，测试人员要准备大量测试数据来实现正常和异常测试用例。异常测试数据主要用于测试参数异常以及元数据损坏。单纯的端到端测试很难模拟异常情况，因为前端页面对录入数据有判断，而且前端自动化测试若要模拟异常流程，其代码编写量很大。后端逻辑的集成测试弥补了这一不足，高效检测了后台逻辑对各种异常的处理情况。

元数据损坏可以通过修改Mock Data来重新初始化数据来模拟Remote Server上第三方数据损坏的情况。

③ 用户角色判断。

前台集成测试中，可以利用不同测试账户模拟不同角色的用户行为。但后端逻辑测试中直接调用后端逻辑，所以需要定义不同实例来模拟各种角色。

（4） 端到端的验收测试。

在前后端集成测试都完成后，我们将进行端到端的集成测试如图 2-7 所示。在第三步中，为了方便测试后端逻辑，Remote Service 直接调用 Mock Data，在端到端的测试中，我们将 Remote Service 连接到 Remote Server 获取真实数据。

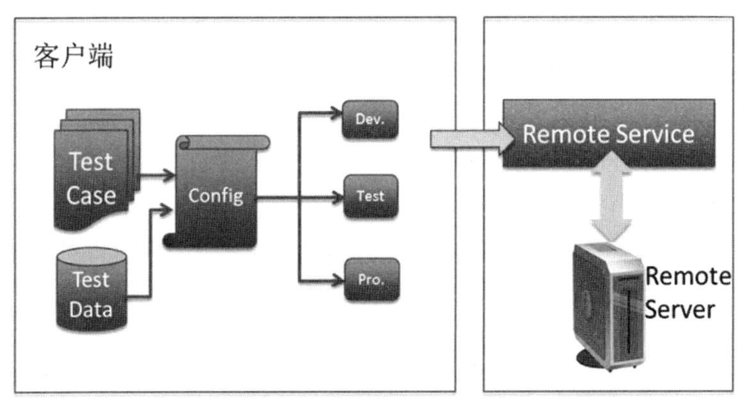

图 2-7　端到端的集成测试

（5） 持续集成。

为了高效地监控测试结果，我们希望搭建持续集成环境。对于前端集成测试，我们利用 Jenkins 搭建 Thucydides 自动化测试工程的持续集成环境，并且为不同的测试环境分别定义构建周期。Jenkins 提供了 Thucydides 的测试报告插件，方便查看测试报告。

由于后端逻辑的自动化测试仅在每周测试阶段运行，我们编写了测试页面，手动运行。这也是今后可以改进的一点。

五、效果评价

我们的项目由 JavaScript 及 ABAP 共同完成，由于 ABAP 单元测试编写较为复杂且 ABAP 程序员工作量较大，所以过去 ABAP 单元测试覆盖率非常低，对于后端逻辑测试只能通过测试人员在前端手动测试。经过一段时间的实践，我们发现这种自动化的集成测试的方法大大提高了我们的软件质量，并且几乎没有增加开发人员的额外工作量。

案例实施的关键因素如下。

（1） 将原有的验收测试进行扩展，可以重用测试用例及测试数据。

（2） QUnit 简单易学，前期学习投入较小。

（3） 后端集成测试可以发现约 80%的问题，降低了测试人员黑盒测试的投入。

同时，自动化的集成测试也给开发人员带来了便利，减少了单元测试的开发量，并且及时了解逻辑缺陷，尽早改进。自动化的集成测试也可用于后台逻辑的回归测试，帮助开发人员验证代码正确性。

集成测试成为测试团队与开发团队沟通的一个很好渠道，开发人员不熟悉测试文档，但熟悉各个接口方法，所以开发人员通过查看集成测试的测试报告，可以方便快速地查看各个接口存在的问题。测试团队也通过集成测试更加了解了后台逻辑及参数定义，提高了测试的覆盖率。

目前，集成测试的结果已经成为我们检验需求完成度的必要指标。

六、推广建议

集成测试需要深入了解产品代码结构及后台逻辑，所以建议在初期研究阶段，测试人员可以与开发团队共同探讨，寻求合适的测试框架及测试流程。为了更好地实现集成测试，可以选择测试团队较为熟悉的工具或者框架，提高测试开发效率。此外，在框架选定后，可以利用一个或两个开发周期进行实践，若有问题，可以及时调整方案。

由于资源有限，我们为了节省投入，集成测试采用同步调用的方法编写测试脚本，运行时间较长，且无法测试并发响应。如果有能力可以尝试转化为异步调用，节约运行时间。此外，集成测试中测试用例数量大，可以选择已有或者开发一个集成测试的测试报告应用，用于查看追踪集成测试结果。

蔡为东点评：刚才梁璐做了一个精彩的分享，我只讲几点我自己比较深刻的。第一个就是前端和后端先分开后整合的一个测试思路，这个比较好。第二个就是他们做一个测试的系统是给测试开发和 PM 都可以用的，这也是给我们的一个启示，开拓了我们的视角。第三个是他们工作的条理性，大家看到了他们的代码，测试工作确实是需要调理的，避免一开始快速，但到后面就慢下来的情况。

作者姓名：张莉
作者职位：中科软科技股份有限公司测试及质量改进事业部总经理
作者简介：从事软件测试技术研发和测试组织管理与改进的相关工作，同时对软件质量管理、软件运维管理、软件配置管理、软件项目管理有相应的理论总结和实战经验
研发团队规模：120 人
研发团队职能定位：测试及质量改进事业部是中科软公司专业化测试和质量改进团队的研发与服务的总部，致力于为广大内资和外资客户提供软件测试服务解决方案，为开发和测试组织提供测试改进服务

让自主研发的自动化测试平台成为锻造专业化测试组织测试能力的熔炉

一、背景介绍

中科软科技测试及质量改进事业部为什么要自主研发自动化测试平台呢？首先，从测试所服务的客户的视角出发，希望降低客户成本、提升生产系统的稳定性；其次，从自动化测试工程师的视角出发，希望将重复的测试工作自动化、降低测试工作的劳动强度；第三，从经营管理者的视角出发，希望提升测试工程师功能测试的专业化程度和测试效率，提高客户满意度，将自动化测试能力打造为专业户测试组织的核心竞争力。第四，自主研发自动化测试平台的技术原因和背景是，没有找到适合保险行业领域复杂度的现成的自动化测试工具，因此决定投资自主研发自动化测试平台。上述四点也是自主研发自动化测试平台的初始使命。

在三年的自主研发的历程中，测试组织遇到了很多的问题和困难，这些问题将在本文做进一步的描述和分析。作为专业化的测试组织，自主研发的自动化测试平台要实现的不仅仅是自动化测试技术，而是融入测试技术和引领测试专业规则的功能测试专家。谁使用它谁来建设它，它也将提升谁。因此，自主研发的自动化测试平台，升华了所遇到的问题和困难，从初始使命逐渐向专业化测试能力的人才培育平台的高级使命进发：不仅仅是自动化测试平台，更是功能测试的专家，成为提炼和实现功能测试专业技术和方法的聚集地；不仅仅是自动化测试平台，更是功能测试工程师的装备，成为自动化测试技术拓展和资产共享的领地；不仅家是自动化测试平台，更是深谙测试机理的测试人才的培养摇篮和测试工程师回炉深造的熔炉。

二、问题回顾与根源分析

中科软科技 NEO 自动化测试平台是中科软科技拥有自主知识产权的自动化测试平台。NEO 专注于行业应用软件和 Web 应用的软件自动化测试，结合并创新了自动化测试的关键字驱动、数据驱动技术，融合了组合测试和模型驱动测试技术。NEO 自动化测试平台支持 B/S 架构的所有 Web 应用的自动化测试；支持业务和数据流复杂的行业应用软件测试；支持基于 UI 的功能测试；支持系统功能测试、系统回归测试、系统集成测试、上线稳定性测试、数据质量测试。

中科软科技测试及质量改进事业部的自动化测试发展历程经历了从 Sinosoft-AST 自动化测试工具，到 NEO 自动化测试平台，再到 NEO 人才培育熔炉的过程。在此过程中，测试组织主要遇到了以下两方面的问题。

（1） 测试组织环境方面的背景和问题。专业化的测试事业部将核心竞争力定位为自动化测试能力。测试事业部的组织规模不断扩大，测试项目成员分散，缺乏交流切磋。一线测试工程师没有时间学习和提高测试能力。一线测试骨干技术薄弱、危机感深重。

（2） 自动化测试技术团队能力的背景和问题。在研发之初面临的问题是：虽然采用其他自动化测试工具局部实施过自动化测试，但测试组织并没有相关的研发技术积累和经验，自动化测试人才短缺。自动化测试研发开展起来后，面临了脱离一线用户需求、难以形成自动化测试实施方法论、自动化测试研发人员流失的严重问题，导致研发的自动化测试工具在局部推广时困难重重。随着自动化测试研发的进一步推进，自动化测试核心人才流失、用户（主要指一线测试工程师）没有时间学习自动化的问题，以及研发经费的持续投入导致投入和产出失调问题。

站在测试组织的角度，上述问题的根源主要是：测试工程师缺乏交流、学习和提高的机会，一线测试工程师没有时间学习提升，以及测试组织核心竞争力的定位为自动化测试的背景。从技术研发团队的角度来分析，问题的根源是面临产出目标问题、没有技术积淀、远离一线用户以及自动化研发人员流动性高的现状。

无论从专业化测试组织的角度，还是从自动化测试的角度，都使得测试组织非常需要重新思考和策划自动化测试平台的发展和立意。

《孙子兵法》中的军事思想提到了“以迂为直、以患为利”的策略。简单地说，以迂为直是选择阻力最小的方向实现自己的目的，以患为利是把自己的弱点转换为自己的优点。

需要对问题和原因理解透，才能有更适应的解决方案。

测试工程师缺乏交流、学校和提高的机会，一线测试工程师没有时间学习提升。测试工程师基本上是驻客户现场或全部精力服务于正在实施的项目中。他们一直处于能量输出的状态，而没有能量输入。对于测试工程师如此，对于测试技术管理者或团队管理者亦是

如此。他们需要的是有效地完成测试项目、提高质量控制的能力和测试服务客户满意度。为什么业内有众多的自动化测试工具，大家仍然在以原始的方式大量地从事可能低效的测试工作呢？真正的重点在于测试工程师对测试的策略、方法本身的理解和认识存在不足，引入工具只能引入更多的问题。这引发了我们将 NEO 自动化测试平台打造为功能测试专家的构想。让 NEO 自动化测试平台的用户在使用过程中成长为真正的功能测试专家，让 NEO 自动化测试平台将功能测试的理念和参考性的原则与方法落地到工具和平台中。

有关测试组织的核心竞争力讨论。任何一个组织的核心竞争力之一都应该是人才。而对于软件组织或知识型团队而言，更应该是人才。这里的人才并不是某一位具体的英雄，而是一批致力于测试专业化的人才。对组织核心竞争力的定位则由技术转为了人才。

自动化测试能力发展过程中遇到的自动化测试研发人员流动性高的现状，既是问题更是规律。在业界，真正具备自动化测试研发能力的人才凤毛麟角。因为自动化测试研发人员的角色能力是复合性的要求，既要求具备深厚的测试专业功底、又具备架构、设计和开发能力，甚至需求分析的能力。这样的人才不是现成的，当前更多的是由具备一些开发能力的测试人员担任。物以稀为贵，自然这样的人员在经过自动化工具研发的培育和历练，在测试人才市场具备看起来更有优势的竞争力，为流动埋下了伏笔。甚至可以说：自动化测试的研发人员具备流动性的动因和规律。所以我们在解决方案中需要顺应规律、升华问题。

三、NEO 自动化测试平台：功能测试专家

自动化测试的发展可以分为四个阶段：录制阶段、数据驱动阶段、关键字驱动阶段和模型驱动阶段。NEO 自动化测试平台处于关键字驱动和模型驱动阶段之间。

NEO 自动化测试平台主要融合与创新了自动化测试领域的数据驱动技术、关键字驱动技术、组合测试技术、模型驱动技术。虽然在研发自动化测试平台时，我们的团队调研了国内和国际众多的自动化测试平台，但并未模仿任何一款自动化测试工具，完全是依据测试组织自己的分析和设计、确立了基于 UI 的功能测试理念和规则。

组合测试、关键字驱动、数据驱动、模型驱动测试，都是业界通常的耳熟能详的测试技术。NEO 自动化测试平台并未止步于此，在这些技术上都有自身的创新与发挥。

NEO 自动化测试平台对组合测试技术的创新。在 NEO 自动化测试平台，用户可以为测试用例（抽象测试用例）添加多个组合数据文件和手工数据文件。手工数据文件可以装载用户自己准备的测试数据，也可以装载在生产环境发生的历史缺陷的模拟测试数据，后者可以作为种子数据植入到组合数据文件准备命令中，让种子数据确定被测试执行，从而避免生产缺陷再次逃逸。对于组合数据文件的准备，可以在平台中选择决策项（即对测试期望值规则产生影响的测试输入数据项），根据用户定义的组合数据模型文件，实现自动化生成测试用例（指具体测试用例）。同时，在功能测试用例的设计思路中，引入了测试集的思想。我们在朱少民老师在《测试人》杂志上发表的测试集理论基础上，借鉴演化形成了当前推行在测试组织内部的五个功能测试集：最小测试集、关键功能测试集、复杂功能测试集、健壮性测试集、UI 测试集。组合测试的模型文件则围绕对应的一类或者综合的测试集进行设计。用户也就是测试工程师必须掌握测试集的分级以及组合算法，才能更加自如

有效 NEO 自动化测试平台的组合测试技术服务于功能测试。关键的是，测试集分集和组合算法的知识，纯粹是功能测试的思想和策略，这样的思想和策略既可以引领更好的自动化测试工作，也可以引领更专业有效的占日常工作更大部分的手工测试工作。而自动化测试平台是这些思想和策略的载体。

NEO 自动化测试平台对关键字驱动技术的创新。NEO 自动化测试平台中的关键字可以分为领域关键字和通用关键字，都是可以实现相同性复用的自动化测试组件。

（1） 领域关键字是 business-level keywords，可以是业务操作对象、实现特定业务目标的业务操作流程、获取测试数据的操作函数、获取领域相关的期望值的函数等。

复用范围：同一测试工程的另一个测试用例复用。

（2） 通用关键字是领域或业务无关的可复用测试组件，可以是操作对象及其操作方法、静态对象及其操作方法、检查点的检查方法、获取测试数据的操作函数等。

复用范围：不同测试工程（不同领域）的另一个测试用例复用。自动化测试中的关键字还可以分为高级关键字和低级关键字，都是可以实现相同性复用的自动化测试组件。

（3） 高级关键字也可以称为逻辑关键字，独立于系统实现的测试组件。可以使用不同的脚本语言或工具实现，可以在系统未完成开发前，依据需求和设计规格进行开发。

复用范围：为某一类业务或架构系统的某一稳定周期，需要根据该类系统的业务功能和架构设计的变化来维护。

（4） 低级关键字也可以称为物理关键字，是对高级关键字的实施和实现。依赖于测试脚本语言和工具，与系统实现（例如对象定位信息）高度耦合。

复用范围：为某一个具体系统的某一稳定周期，需要根据系统实现的变化来维护。关键字通过复用提高效率和积累自动化测试成果。自动化测试用户负责开发领域关键字（user-defined keywords），提出通用关键字的研发需求；自动化测试研发人员负责根据用户的要求设计与开发通用关键字（NEO build-in keywords)。

NEO 自动化平台对数据驱动技术的创新。NEO 自动化测试平台支持数据参数化、多层参数化、测试数据自动集成、高级参数化、测试数据关键字、数据驱动、数据集管理。具体实现的数据驱动的功能如下（鉴于篇幅有限无法一一详细说明）。

- 操作对象数据参数化。
- 操作对象数据多层参数化和自动集成。
- 操作对象数据高级参数化：访问被测系统数据库（sql），支持多种执行策略。
- 操作对象数据高级参数化：运算参数化的测试数据（表达式）。
- 操作对象数据高级参数化：测试数据的领域关键字（表达式函数）。
- 检查点期望值数据高级参数化：访问被测系统数据库（sql）。
- 检查点期望值数据高级参数化：运算参数化的测试数据（表达式）。
- 检查点期望值数据高级参数化：正则表达式（表达式）。
- 数据驱动测试序列的分支：测试数据的不执行条件。
- 管理测试数据文件集（组合模型文件、手工数据文件）。

可以看到在数据驱动技术设计与实现中，检查点的数据也能得到高级参数化，并对行业应用软件测试工程师最擅长的以 sql 脚本方式实施数据库数据质量检测的方法引入到了自动化测试平台中；采用正则表达式准备输入数据或者检查点期望数据，正则表达式的技

能同时也是测试工程师做静态测试的利器。这些技能均非依赖自动化测试而是引领自动化测试，发挥自动化测试有强大的探测缺陷的提高效率的能力。

NEO 自动化测试平台对模型驱动测试的初步实现和架构。模型是人类对世界的抽象。组合测试的模型文件可以认为是模型驱动的一种方式。另外，NEO 自动化测试平台的测试序列中引入的操作对象不执行条件，可以让测试序列产生较为灵活的小分支。同时，NEO 自动化测试平台对模型驱动测试做了活动图的设计预留。当用户积累了众多的起点相同的测试序列时，后续可以开发相关的模型分析工具，把这些测试序列提炼为测试流程，并再度解析测试流程获得更多的测试序列的路径供用户选择。

四、NEO 自动化测试平台：人才培育的熔炉

在面临核心人才流失、测试组织专业化能力亟需发展等问题面前，NEO 自动化测试平台，升华为人才培育的熔炉。一线的测试工程师或者测试管理者，可以安排档期回归到自动化测试研发团队，回炉参与自动化测试平台的需求分析、架构设计、开发、测试、配置管理、质量管理工作。成就平凡的人，让平凡的人做不平凡的事。自动化测试研发团队由部门经理担任项目经理，短期专职回炉到自动化测试研发团队的人员将会迎来和经历 3～6 个月的研发项目经历。他们都是带着一线的痛点和问题而来，在这里他们能有机会思考、探讨和提升。来自不同测试团队、不同层次、不同角色的数个研发人员集结一起，彼此探讨交汇和碰撞，持续性地构建自动化测试平台。对于众多的业界一线测试工程师，有多少测试工程师有这样的难得的学习与实战的机会。可能你会问：这些工程师他们不懂需求分析、不懂开发、不懂配置管理，如何能够胜任？那么，测试工程师的工作本身属于支撑性的工作，为负责软件生产的需求分析和开发提供质量控制和质量评估，如果他们有机会亲自担任需求分析和开发工作，本身则是对他们一个短板的提升！所以，他们的学习动力是天然存在的。有了动力，再给予相关的需求分析和开发的培训，以及 1～2 个月的进入和学习周期，他们逐渐理解和掌握了所担任的需求分析和开发等陌生的工作。需求工程师和开发工程师也不是天生拥有这些技能，有了机会和实战的经验积累，人人都可以胜任。这些人才的培养和积淀也顺应和解决了自动化研发人员流失的问题。星星之火，可以燎原。坚持不懈地实施研发人员的短期专职回炉机制，能年复一年地培养很多能力强、素质全面、掌握软件工程技能的专业化测试工程师。

能参与到自动化研发团队的人员是少数，对他们培养的也是特殊的重难点技能。因此，NEO 自动化测试平台实行批量的推广实施计划。对实施的用户实施推广方案，通过功能测试理念和自动化测试技能的体系化培训、自动化测试平台作业练习与评讲反馈、自动化测试项目实施指导，训练出一批又一批掌握功能测试精髓和方法的测试工程师，让他们更有思想、有目的使用自动化测试平台。

自动化测试平台带给一线测试工程师的不仅仅是自动化测试工具的操作使用，更有功能测试的理念和方法，以及开发项目的项目管理、需求分析、开发、配置管理等技能学习。这种推广实战训练的模式也有助于测试组织推广到性能测试、接口测试、静态测试等其他具有实战要求的测试专题上，进行复用。

培育人才，是客户、测试组织和测试工程师的多赢选择。自主研发的测试平台从技术

平台演变为一个实战的训练载体，其建设者和用户都来源于一线、其成果应用于一线，促进测试组织建设成为先进的学习型团队。

目前，NEO 自动化测试平台已经成功服务于中国人保、中国人寿、中航安盟、FESCO 外企人力资源管理等代表性的行业软件客户的功能测试与系统回归测试。在一年中培养出了 10～20 名测试开发种子、50～60 名具备自动化测试技能的功能测试骨干，探索出测试开发人才和功能自动化骨干的培育模式，积累了同类重点技术专题推广实施的方案和 30 余个自动化测试培训主题，NEO 自动化测试平台真正成为用户共建的平台，成为测试工程师的学习基地。

吴凯华点评：谢谢张老师的精彩分享，我不知道在座的各位，多少人是在做团队管理的。张老师从测试管理角度给大家做了一个很有意义提示。团队工作开展中，不仅仅要思考怎么高效地构建自动化测试平台，怎么去组织实施自动化测试，如果在专业化人才培养上能结合自动化测试进行同步实施，会有良好的效果而且更有意义！张老师的分享非常真实，而且也不藏私，包括自己团队的明确的内部课件培训列表都清晰展现出来，这让我看到了中科软内部在自己专才培养上的坚决投入和魄力。投资不是为了技术而技术，而是为了核心竞争力的打造——投资于人、投资于人才的培养，张老师的这个号召希望也是测试行业里所有管理者学习和坚决借鉴的思路！

作者姓名：马均飞

作者职位：IBM 测试经理

作者简介：负责 IBM 存储设备的兼容性测试。超过 14 年的软件测试、测试管理和测试能力改进实践经验。先后在华为、阿尔卡特和 IBM 等大型企业从事软件测试和管理工作。熟悉测试过程、测试技术和方法，熟悉软件质量管理体系，著有图书《软件测试管理》和《软件测试设计》

研发团队规模：15 人

研发团队职能定位：IBM CSTL 成立于 2004 年。目前 CSTL 开发领域包括系统软件开发及基于实验室的客户服务、系统质量保证、集成系统研发、企业级存储及开发系统实验室等，在 IBM 的全球研发团队中有着重要的地位

企业级存储产品的软件测试效率提升

一、背景介绍

随着互联网和移动设备的不断普及，很多好的测试方法和测试实践层出不穷。但是在一些相对传统的产品里面如何很好地将新的方法、思想引入进来，以及如何持续提高测试效率是很多测试团队面临的挑战。

企业存储产品具有质量要求高、产品复杂和开发周期长等特点。其中的测试团队都有很多历史悠久的、成熟的流程和方法。本文主要围绕针对这种产品的测试、如何改进测试进行探讨，分享作者在实践中的一些经验。

二、问题的提出

由于涉及到用户的数据，尤其是在生产环境中的数据，存储产品对质量要求很高。为了保证高可靠性，存储产品需要提供各种功能以保证用户的要求，例如：3 路镜像、自我修复以及在不到 1 小时内完成重构等。如何测试高质量要求和高复杂度的产品，一直是测试团队面临的重要挑战。

同时，客户使用存储产品的环境也非常复杂和多样，为了保证在产品交付客户使用之

前发现问题，测试团队需要搭建复杂的环境（需要覆盖软件应用、服务器、HBA 卡、FC 交换机等），从而导致了测试周期长的同时还长期占用大量的硬件资源。从项目一开始，测试团队就会收到各种各样的问题，这些问题都指向如何提高测试的效率，而且这些问题会一直伴随到整个项目测试结束。

本案例以作者自身的测试项目实践为背景，为大家讲解如何在测试过程中迎接这些挑战。本次案例分享主要关注在测试用例设计、测试周期的缩短、尽早发现缺陷和节约测试资源等方面。

三、解决思路

目前我的存储团队是个全球化的团队，开发和测试活动主要由以色列、美国和中国的工程师合作完成。一般一年有两个大的版本发布，当然会不定期地发布一些小版本。每个大的版本中，测试活动主要包括三个级别：单元测试、功能验证测试和系统验证测试。我们采用的大的流程框架就是 IPD（集成产品开发）。在整个开发过程中，各种活动必须符合流程的要求。

四、实践过程

具体的测试活动中，由于存储设备是一个大的机架的硬件组合，测试环境的搭建和维护需要花费很多精力。

1. 从传统的需求驱动的软件测试设计转换到问题驱动的软件测试设计

我们之前大部分的测试用例都是直接来自于需求，常见的测试设计过程如图 2-8 所示。

图 2-8 常见的测试设计过程

大部分测试人员在测试用例设计过程中的思路是：将被测对象的需求作为测试用例设计的输入，其基本目标是设计测试用例，覆盖所有定义的需求。这样的测试设计过程存在哪些问题呢？

被测对象的需求描述是测试设计的重要输入，测试用例就是根据其需求描述直接设计得到的。该测试设计过程看着简单明了，但是该测试设计过程过于简单，会导致测试设计的结果出现不足，例如：

（1） 缺乏系统化。该过程将每条需求单独进行分析和设计，缺乏每条需求之间的相互关联与影响。

（2） 难以评估覆盖率。该过程得到的测试用例，可以很容易达到 100%的需求覆盖率，但是难以评估针对该功能的其他类型的覆盖率，如：逻辑条件的覆盖率、逻辑条件组

合的覆盖率等。

（3）难以识别需求不完善的问题。需求通常是不完善的，特别是针对上述例子中的各种逻辑条件的组合。基于需求设计的测试用例，特别是针对每条需求单独进行分析，难以发现需求遗漏的问题。

（4）难以识别需求不一致的问题。由于逻辑条件定义的不一致，导致设计的测试用例出现的期望结果出现矛盾的地方，而当前采用的测试设计过程难以发现这样的问题。

“问题驱动的软件测试设计”解决方案由郑文强和马均飞在 2011 年提出。它是根据测试设计过程中面临的不同挑战，分别有针对性地选择了不同测试设计技术。

在考虑需求以外，根据出现的质量要求变化、各种参数和组合太多和测试时间紧张的问题，又增加了质量属性、测试数据和风险这三个维度，以提高测试设计的质量。

问题驱动的软件测试设计见表 2-1。

表 2-1　问题驱动的软件测试设计

技术维度	主要内容	主要作用
基于质量属性的测试设计	功能测试设计 可靠性测试设计 效率测试设计 互操作性测试设计 安全性测试设计 易用性测试设计 可移植性测试设计	更好地满足不同利益相关者对产品质量的不同要求； 兼顾功能测试设计和非功能测试设计； 更好地验证和检查产品的质量是否满足质量要求
基于领域知识的测试设计	功能交互测试设计 用户场景测试设计 基于经验的测试设计	更好地利用业界和团队已有的领域知识； 易于选择功能交互相关的显现和隐现的需求； 逐步了解测试对象，并不断调整测试的内容和方向
基于规格说明的测试设计	输入参数测试设计 功能状态测试设计 逻辑条件测试设计 参数组合测试设计	有效地减少测试用例的数目； 避免测试用例的冗余； 更好地实现对各种测试覆盖率的要求
基于风险的测试设计	针对管理风险的测试设计 针对质量风险的测试设计	有助于测试重点的选择； 将测试资源分配到高风险的地方； 测试设计与测试执行的正反馈； 更好地对测试过程和测试质量进行监控

我们在企业级存储的这么多年的测试积累中，慢慢地已经从单一的基于需求的测试设计转换成多样化的设计。例如：从质量属性这个角度，测试不仅仅关注在功能性的测试上，团队会花大量的资源关注各种不同的测试类型。表 2-2 展示了某项目不同测试类型的测试安排。

表 2-2　某项目不同测试类型的测试安排

Test Type	3/3	3/10	3/17	3/24	3/31	4/7	4/14	4/21	4/28	5/5	5/12	5/19	5/26	6/2
Installation/ Upgrade	1	1	1	1	1	1	1	1	1	1	1	1	1	1
erformance/ Scalability	2	2	2	2	2	1	1	1	1					
						1	1	1	1	2	2	2	2	2
Load/Stress	1	1	1	1	1	1	1	1	1					
						1	1	1	1	2	2	2	2	2
RAS	1	1	1	1	1	1	1	1	1					
						1	1	1	1	2	2	2	2	2
Integration	1	1	1	1	1	1	1	1	1	1	1	1	1	1
End-to-End						1	1	1	1	1	1	1	1	1
Documentation												1	1	1
Usability						1	1	1	1	1	1			
Regression										1			1	
Automaton Dev/ Main	2	2	2	2	2	2	2	2	2	2	2	2	2	2

企业级存储的发布周期比较长，一般每 6 个月会有一个大的版本发布。和其他很多被测试对象一样，随着版本的不断发布，测试团队面临着大量的回归测试任务。随着版本中各种功能的不断增加，回归测试的任务越来越重，所以测试团队被繁重的回归测试任务压得喘不过气来。但是通过数据分析，我们发现了一个非常好的现象：每个版本中新开发的功能对已经存在的功能没有造成明显的破坏，也就是回归测试基本没有发现什么严重的问题，有很多测试用例运行了好几年都从来没有发现过任何缺陷。

2. 从传统的 ST（脚本化测试）转换到脚本化测试和 ET（探索性测试）结合

由于企业级存储的特点，完全采用 ET 是不现实的。在转换的过程中，我们采用了 ET 和 ST 结合的方法，以 ST 为主，以 ET 为辅，同时结合 MindMap 和 Wiki 等工具成功总结了一套适合 ET 的实施方法，将团队的效率提到最高。

本来没有脚本化测试的说法，但是当探索性测试流行以后，大家把传统的测试方法就称为了脚本化的测试。但是，测试过程中不能将脚本化测试和探索性测试完全对立起来，它们两者是相辅相成的。脚本化测试和探索性测试两者之间不是完全独立的，测试过程中的许多测试活动兼有脚本化测试和探索性测试。脚本化测试和探索性测试之间存在着演变关系，如图 2-9 所示。

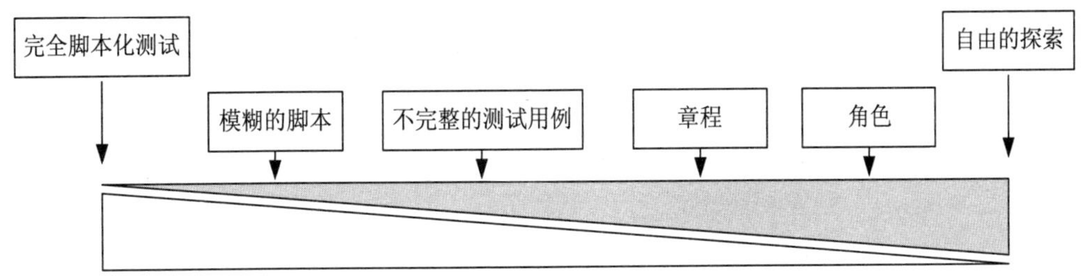

图 2-9　脚本化测试和探索性测试的演变关系

大部分的企业级存储项目中，软件测试都非常接近于完全脚本化的测试。整个测试过程非常正式化，包括测试计划、测试设计到测试执行。测试设计阶段需要把所有的测试用例设计好，每个测试用例虽然没有精确到每个细节，但是所有的数据基本是完备的。例如：测试中会规定创建的 LUN 的数目，从主机到存储器之间数据通信路径的条数等，留给测试人员发挥的空间并不是很多。这种方式看起来很完美。

但是随着我们对测试认识的深入，以及对发现的缺陷的分析，我们发现，很多缺陷并不是直接通过测试用例直接发现的。用我们测试人员自己的话来说，就是“东敲敲，西敲敲，敲出来的”。这其实就是基于已有的测试用例的探索性测试，只是测试人员并没有意识到而已。

根据这种情况，我们明确地开始引入探索性测试。

五、案例启示

下面是在引入探索性测试过程中，我们的一些实践和思考。

（1） 以脚本化为主，以探索性为辅。我们并没有直接大量的采用探索性测试，而是继续以脚本化为主，适当采用探索性。由于企业级存储本身对质量的要求和复杂性的特点，通过在前期系统的设计和评审仍然是保证测试质量的重要手段。同时，探索性测试中测试质量的可预见性或者确定性还是比不上传统偏脚本化的测试。换句话说，大家觉得太多的采用探索性测试为产品的质量带来了更多的不确定性。

（2） 从 Test Case 到 Test Idea，以前测试人员都是写测试用例的，每个测试用例有明确的测试步骤和测试数据。在引入探索性测试的思想以后，我们提出了 Test Idea 这个概念以替代传统的 Test Case 的概念。这些 Test Idea 有一些是在测试执行之前大家就开始收集的，有一些是在测试执行过程中不断新出现的。每个 Test Idea 基本上就是一句话，用来描述这个 Test Idea 需要探索的方向，但是在 Test Idea 里面不需要具体的描述测试步骤和测试数据。

（3） 好的流程的保证。探索性并不意味着没有流程了，完全靠测试人员自觉。但也要对探索性测试效果和工作量进行很好的监控。好的 Test Idea 不是凭空冒出来的，是大家各种知识和信息不断积累的结果，Test Idea 的收集是不间断的，从而形成了一个 Test Idea 的数据库，这个数据库里面的条目在不断地增加。在测试执行开始以后，由测试人员自行挑选其中的 Test Idea 进行探索。

（4） 好的工具的选择：探索性测试相关的信息结构化程度比较低，各种 Test Idea、测试日志、测试环境和测试结果等的管理都存在非常大的挑战。开始时我们曾经想过用

MindMap 的工具，当测试人员有新的 Test Idea 的时候，他们能够非常快地记录下来，同时，测试执行的结果也可以记录到 MindMap 的工具里面，公司内部有一些几个人的团队在采用这种方式，但是在人数比较多的测试团队中，MindMap 的各种工具在协同办公方面的弱点就暴露了出来，大家需要共同维护一份公共的 Test Idea 列表，而不是各自维护。所以最终我们选择了 Wiki，通过 Wiki 来维护一个 Test Idea，这样大家都可以及时的更新，也能及时的看到别人的结果。同时再结合我们一直在使用的 Rational Quality Manager，能够达到不错的效果。

（5） 测试人员思维的变化。探索性测试从思想上讲非常有道理，但是在真正实施的时候，“人”的因素是影响最大的。开始的时候，大部分测试人员还是表现出了很大的不适应。大家觉得突然不知道要测试什么了。有很多测试人员会说，怎么没有测试用例了，这个地方我应该怎么测试，我可以这样吗？还是也可以哪样呢？在这种情况下，就别说创建 Test Idea 了。这个时候一个坚定的（获得领导支持的）推动者将会非常重要。开始的时候，我们就是强制大家提交，每个人强制提交 3 条 Test Idea，这些 Test Idea 都是以前的测试用例中从来没有覆盖过的。慢慢地大家才能养成不断思考的习惯。

六、效果评价

（1） 测试人员能够更加系统地设计测试用例。

（2） 测试人员能够在测试执行过程中积极的思考和调整测试重点。

（3） 每个版本新增加的测试用例占比超过 20%。

（4） 测试周期缩短 15%。

（5） 用同样的人员，将测试范围扩大了 10%。

七、推广建议

（1） 要获得管理层的支持。

（2） 团队对于新思想要保持开放的态度。

（3） 系统化测试用例设计的训练。

（4） 软件测试自动化的实施。

八、参考资料

[1] Royce, W. Managing the Development of Large Software Systems：Concepts and Techniques, Proc. IEEE WESCON. 1970

[2] Andreas Spilner, Tilo Linz, Hans Schaeffer, Software Testing Foundations,人民邮电出版社．2008-4-1

[3] Robert C. Martin（邓辉译），敏捷软件开发：原则、模式与实践，清华大学出版社．2003

[4] Glenford J.Myers，王峰等译．软件测试的艺术．机械工业出版社．2006

[5] 郑文强、马均飞．软件测试管理．电子工业出版社．2010
[6] 郑文强、马均飞．软件测试设计．电子工业出版社．2011

吴凯华点评：企业级存储产品的测试，涉及的复杂度是可以想象的，马老师给我们带来的 IBM 在这个领域的实践分享值得我们会后仔细思考和学习借鉴。当然，整个分享还包括马老师在测试价值思考分析、测试职业发展以及核心竞争力打造等几个维度的很好剖析和反思，相信同样有很多共鸣和借鉴价值。不过，我也想说不同行业也有各自的痛苦，我们不应该陷入自身领域的成就感和被认同感中，看清自身的真正价值以及如何提升自身核心竞争力才是正道！期待马老师的建议给大家更多的正能量推动。

作者姓名：高广达
作者职位：华为测试专家
作者简介：2001 年进入华为公司，现就职于固定网络研发系统工程部，主要负责 MBT 技术的发展规划、推广应用工作，所主持的 MBT 工具（MTG）及相关方法在华为各主要产品线得到广泛实践应用。十多年测试实践经验，曾先后专注于协议测试（包括 TTCN）、组件测试、开发者测试、软件测试工具设计、MBT、需求分析等，自 2009 年后聚焦于基于模型的测试
研发团队规模：30 人
研发团队职能定位：负责华为公司固定网络各产品的公共技术支撑，包括测试工程技术、软件工程技术、系统工程技术等

高广达模型改变测试

一、背景介绍

华为公司从 2007 年开始引入 MBT（基于模型的测试，Model Based Tesing）技术，经过几年的发展，在解决传统测试设计问题、提升需求质量等方面取得一系列优秀实践。在自愿推行前提下，自研 MBT 工具 MTG，年用户发展到接近 3000 人，遍及华为各主要产品线。

本文主要描述华为引入 MBT 的过程思路，以及相关优秀实践。

二、问题的提出

1. 测试设计基本凭经验

传统的测试设计基本是经验方法，测试设计人员在需求理解的基础上，提取出测试点，经评审后，扩展为测试用例。由于这个过程不透明，在设计质量上缺乏保证，很难进行同行评审。

2. 风险分析无法科学落地

我们知道，测试是基于风险的活动，没有风险，就不需测试，而风险高的部分，应该投入更多的测试。

2009 年，我们全面引入了基于风险的测试，但风险分析的结果缺乏科学的落地手段。

传统上，一般通过测试用例数作为测试强度的衡量，比如，高风险的特性，千行代码设计 35 个用例，低风险的特性，千行代码设计 15 个用例。但实际上，用例本身有粒度差异，测试用例数并非一个科学的衡量手段。

3. 需求质量不佳，测试却难有作为

测试流程中，很早就提倡测试对研发过程的前期介入，比如参与需求分析，提升需求质量等。但在实际实施中，存在很多困难。

究其原因，一是测试在需求阶段的介入，缺乏有效的实施手段，大多只是简单评审，且思路往往被系统工程师牵引，地位比较被动，较少提出有效的建议。从另一方面看，传统过程中，测试的前期介入对测试团队而言缺乏回报，后面的测试设计等活动并未因前期的投入而减少，因此，测试自身也缺乏投入的动力。

三、实践过程

1. 第一阶段：通过模型解决测试设计问题

为了解决上文提到的问题，基于模型的测试开始受到关注。

（1） 实践思路。

① 如何提升测试设计质量。

如果能让测试分析过程系统化和可视化，则可提升测试设计质量。

系统化可以提升设计者自身思考的质量，可视化可以让相关人更好评审，从而可以通过团队的力量保证设计的全面性与合理性。

那么如何使测试分析过程系统化和可视化？答案是模型，比如我们采用的活动图和状态机，俗话说，“一图胜千言”，图形比文字更易于理解。

② 如何能对分析结果进行科学的覆盖？

答案还是模型。因为形式化的模型为科学覆盖提供了基础。

如图 2-10 所示，如果我们把一个需求表达为活动图，则可以在分支点（如图中的 D1、D2）将模型分割为一系列小路径（如图中的 1、2、3、4、5、6），此时，我们可以通过连续小路径的组合深度作为测试覆盖的衡量。比如，深度为 1，表示每个小路径得到覆盖即可，会得到 3 个用例；如果取深度为 2，表示连续两个小路径的组合需要得到覆盖，则会得到 6 个用例，依此类推。实际过程中，由于模型中还有测试数据的组合，会比这个示例复杂很多。

因此，可以看到，将传统测试分析设计过程中存在于人脑中的模糊知识，可视化为一个形式化的模型，使其清晰地表达需求和测试思路；然后通过 MBT 工具（我们采用自研工具 MTG——Model based Test Generator），利用覆盖策略，对模型进行科学的遍历覆盖，

从而生成最终的测试用例。就可以解决传统测试设计的科学覆盖问题。

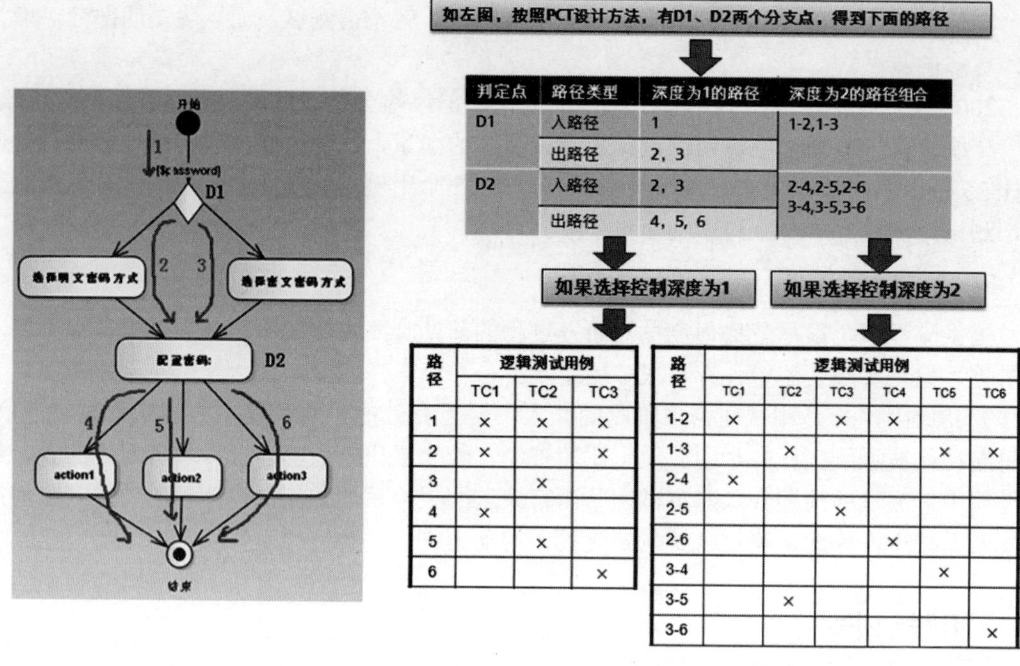

判定点	路径类型	深度为1的路径	深度为2的路径组合
D1	入路径	1	1-2,1-3
	出路径	2，3	
D2	入路径	2，3	2-4,2-5,2-6 3-4,3-5,3-6
	出路径	4，5，6	

路径	逻辑测试用例		
	TC1	TC2	TC3
1	×	×	×
2	×		×
3		×	
4	×		
5		×	
6			×

路径	逻辑测试用例					
	TC1	TC2	TC3	TC4	TC5	TC6
1-2	×		×	×		
1-3		×			×	×
2-4	×					
2-5			×			
2-6				×		
3-4					×	
3-5		×				
3-6						×

图 2-10　活动图

上面描述的过程就是基于模型测试的最基本工作，如图 2-11 所示。

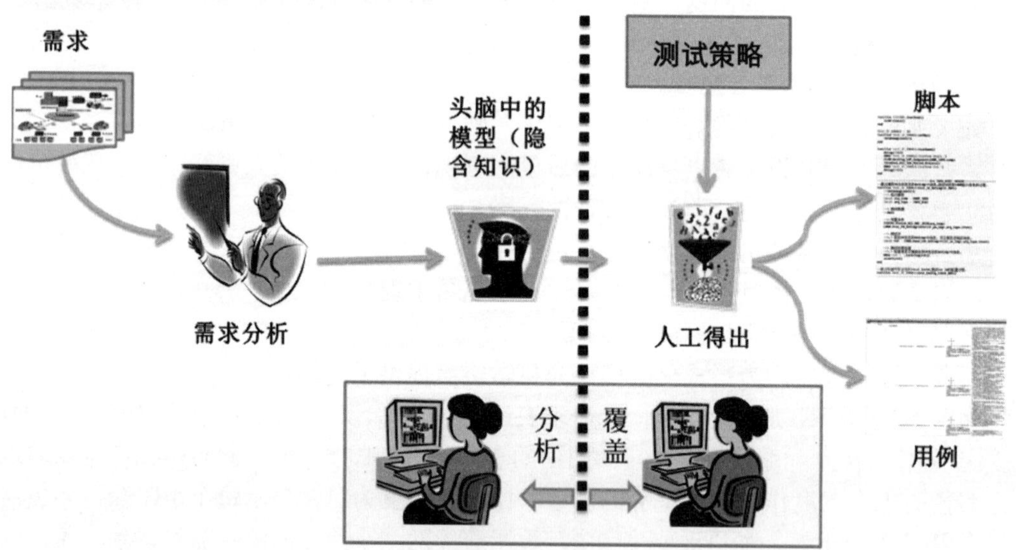

图 2-11　基于模型测试的最基本工作

从图中我们可以看到，这个过程使人更聚焦于分析与设计，而将测试用例的输出交给工具自动化解决。

（2）　第一阶段的实施效果。

① 测试设计质量的提升。

2012 年初，我们对某产品做了一个实验，对两个特性利用 MBT 方式开展测试设计，然后对所得用例执行后的代码覆盖率进行衡量。传统上，首次设计用例的代码覆盖率一般在 50%左右，往往要做几次完善补充才能到 70%以上（这里的用例是系统测试用例，即直接从设备操作界面进行的测试）。而采用 MBT 设计的两个特性，首次执行代码覆盖率分别达到 68.1%和 71.5%。

② 测试用例更合理。

在一些产品的实践中，由于模型的可视化，测试人员能更好地针对系统的风险进行取舍，在相同覆盖下，一些产品报告用例比原来减少了 20%。

③ 测试人员时间分配更合理。

更多时间用于分析，更少的时间用于重复性的用例或手工编写和维护。

④ 测试维护效率的提升。

在需求变更时，通过模型，能更好地整体把握需求变化的影响，在工具配合下，通过模型的简单修改，可方便地响应变化。

⑤ 更高效的用例评审。

以前测试设计的评审主要针对 Excel 或者 Word 承载的用例文档，评审人员很难从整体上把握设计思路，通过模型，需求和设计思路一目了然，评审更高效，这也是测试设计提升的其中一个直接原因。

2. 第二阶段：基于模型提升需求质量

（1） MBT 驱动测试团队介入需求分析。

随着 MBT 应用的深入，我们发现，当 MBT 的应用到达一定程度后，测试团队有主动介入需求分析活动的动力，究其原因如下。

① 模型使需求质量对测试的影响显性化。

传统的测试设计中，测试人员只需在头脑中理解大致的需求，即可根据自己的理解输出测试用例；而使用 MBT 的情况下，测试发现，不清晰的需求甚至无法画出模型。因此测试人员更有意愿推动需求质量的提升。

② 传统流程下需求确认存在的困难。

测试人员发现大量需求细节需要和开发人员进行确认，而在传统流程下，测试设计一般是在开发需求分析和设计完成之后，由于此时对应的开发相关人往往在从事其他工作，导致需求的确认存在困难。而如果在需求分析阶段，测试人员介入，通过模型进行需求完整性的验证，并与开发确认，由于此时大家工作的目标是一致的，沟通会更加顺畅。

③ 需求分析的重复性。

模型使研发团队明确地认识到，测试分析过程中对需求的理解和开发需求分析的过程存在很大的重复性，与其在两个阶段，由两个团队分别做同样的事情，不如一起同步协同完成。

（2） 典型做法。

开发、测试、市场形成一个协同的需求分析团队如图 2-12 所示，市场关注于说明需求的价值，开发系统工程师考虑需求的场景，以及可能的实现方案，测试通过流程图或者状态机对需求的完整性进行验证。

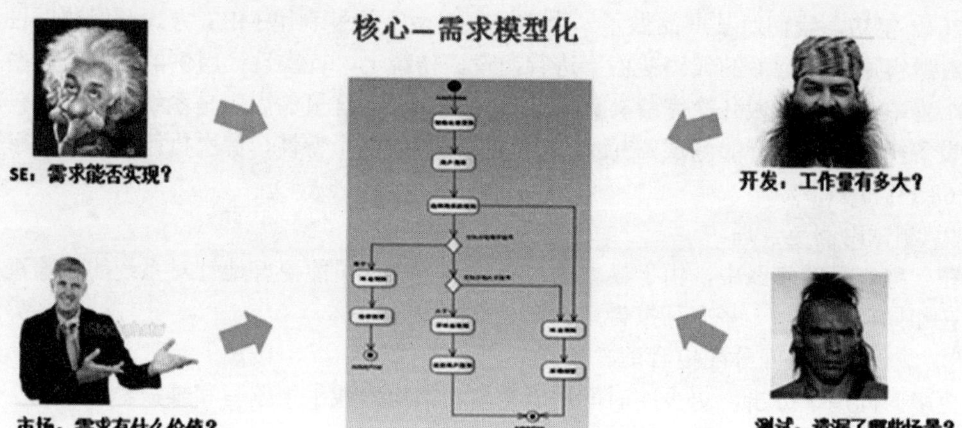

图 2-12　协同的需求分析团队

（3）　需求同源的实施效果。

① 需求质量的提升。

某产品的实践中，一个特性在前期发现超过 50 个需求问题，而开发后期版本迅速稳定。

② 测试设计输出提前。

这个阶段得到的模型，在添加测试信息后，可以直接生成测试用例和脚本，节省了测试设计和自动化的工作量，同时使测试设计输出提前。

③ 测试更容易进入状态。

传统过程中，由于测试介入晚，且测试设计过程中需求理解不到位，往往在拿到转测试版本后才真正开始熟悉特性，导致重要问题发现时间偏晚。在基于模型同源实践实施后，通过模型，测试对需求理解更充分，更容易早期发现重要问题。

④ 使测试人员更有成就感。

通过模型，测试人员发现大量需求遗漏，并和开发平等深入讨论，测试人员相比以前得到了更多的成就感。

3.　第三阶段：模型驱动测试各个环节

（1）　正向的动力。

随着 MBT 应用的更加深入，团队成员对模型特点和作用的认识逐渐加深，积累的模型资产逐渐增多，开始自发考虑能否让模型在更大的范围发挥作用。

在这个过程中有很多优秀的实践。限于篇幅，本文仅以模型在执行阶段的作用为例，做一个基本展示。

我们设想如下的场景：如果我们在测试执行中，突然有一个新的想法，想验证之前没有验证过的某个场景，怎么办？

传统方式，一般有两种办法，一是直接手工执行，二是找一个类似的脚本，修改后执行。无论哪一种，都需要考虑很多细节，而无法让测试人员聚焦于测试思路本身。

在 MBT 下，我们可以从模型上根据测试意图选择一条期望的路径，然后直接执行（还

可以根据需要修改路径上的执行数据），很自然地就能得到测试结果。

我们可以看到，如图 2-13 所示，在这种模型测试实践中，模型成为一个弹性的脚本。测试人员可以在模型上，可视化地测试自己期望的场景。

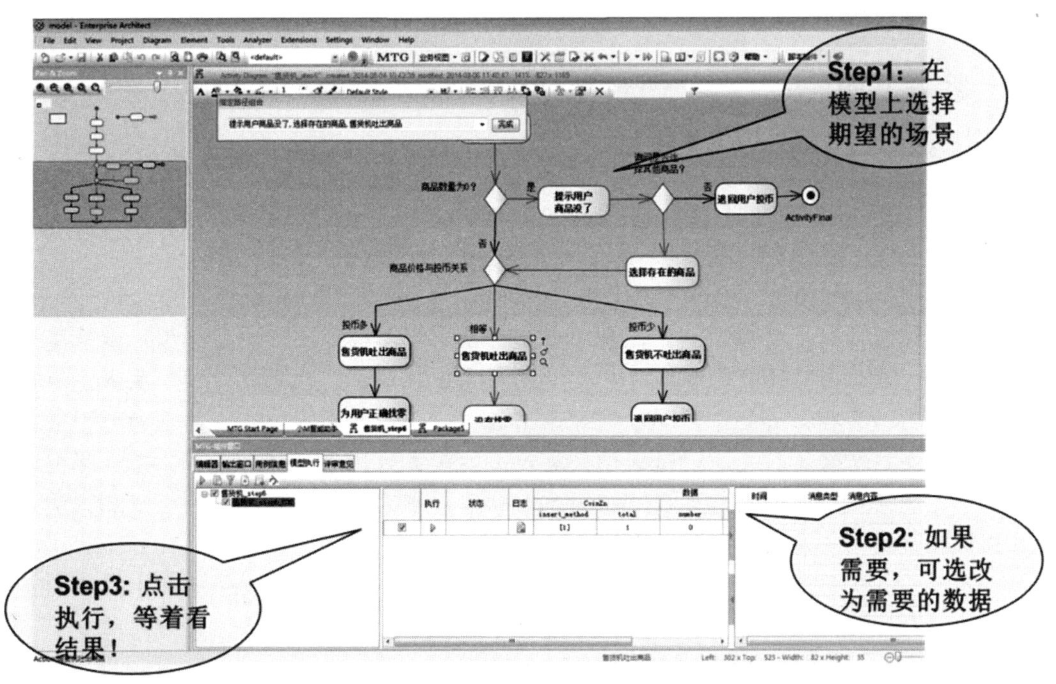

图 2-13　模型测试实践

目前我们正在这个实践基础上，将 MBT 与探索性测试进一步结合，作为测试执行的有效手段，成为基于模型的探索性测试。

（2） 反向的动力。

传统的测试管理体系是以用例为中心的管理体系，在引入模型后，面临的一个问题是，将模型作为测试维护的资产，还是依旧使用用例？如果仍然维护用例，结果是模型往往被废弃，模型的作用无法被充分发挥；如果以模型作为资产，则以用例为中心的各个活动需要考虑在模型下如何开展（包括度量、评估等活动）。

因此，在 MBT 开展到一定程度后，会从反向驱动以模型为基础开展测试端到端各项活动。

四、案例启示

通过几年的实践，我们深刻认识到，模型是一个基础设施，它的特点在于系统性、可视化、抽象性。

因为系统化，我们可以更全面地考虑需求和测试思路；因为可视化，基于模型的输出能进行更充分有效的评审，从而可保证输出的质量；因为抽象性，我们可以从更高的层面考虑系统，更有利于对系统的理解和维护。

因此，模型恰当的引入，可有效提升测试相关环节的效率和质量。我们的目标是以模型为基础，建立新一代的高效测试体系。

在华为，模型正在改变测试，并可能最终改变整个研发体系（即模型驱动工程——MDE）。

五、参考文献

Wiki 上对于 model based testing 的释义：http://en.wikipedia.org/wiki/Model-based_testing

Practical Model-Based Testing A Tools Approach, M Utting, B Legeard,2010

朱少民点评：基于模型测试，刚才也在讨论是开发模型还是测试模型，如果从开发角度来讲，开发是按照模型生成，那你就不需要去验证了，代码就是模型生成。测试如果要用另外一套模型去验证，那我们原来用的是一个错误的模型，用错误的模型来验证错误的模型这肯定不行。所以这当然是需要去实践去讨论的，相对来讲，基于模型的测试方案，有时候更多的是想生成测试脚本，但看到刚才的案例不仅仅是生成测试脚本，也生成测试用例，这对大家有一定的启示意义。

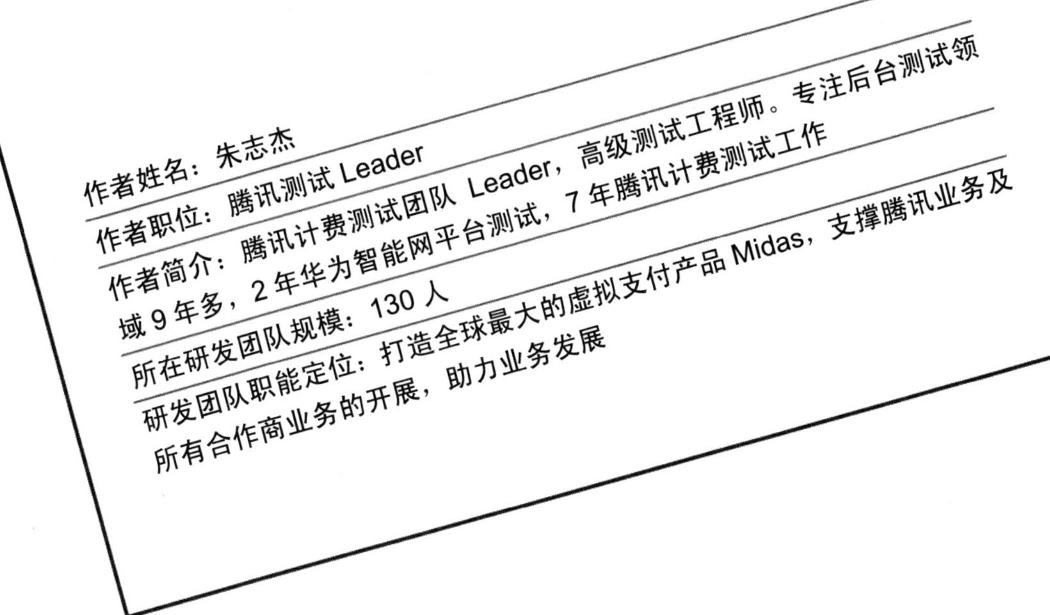

作者姓名：朱志杰

作者职位：腾讯测试 Leader

作者简介：腾讯计费测试团队 Leader，高级测试工程师。专注后台测试领域 9 年多，2 年华为智能网平台测试，7 年腾讯计费测试工作

所在研发团队规模：130 人

研发团队职能定位：打造全球最大的虚拟支付产品 Midas，支撑腾讯业务及所有合作商业务的开展，助力业务发展

腾讯计费高一致性测试能力的构建实践

一、背景介绍

腾讯是一家超大型的互联网公司，服务于几亿网民，业务覆盖游戏，包月增值服务、网络广告、电子商务交易等各方面。腾讯 2014 年上半年财报见图 2-14，其中以虚拟支付方式产生的收入占到近 80%。毫不夸张地说，腾讯的计费系统已是腾讯业务的水与电，数据一致性要求非常高，质量重要性不言而喻。本案例就计费测试团队在打造高一致性测试过程中遇到的挑战和思路进行总结分享，给予更多同行参考。

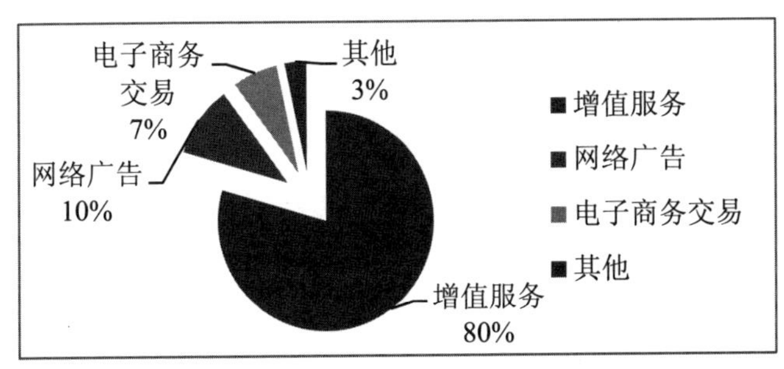

图 2-14　腾讯 2014 年上半年财报

漏测率的挑战作为基础设施的计费系统，在前期也面临质量及稳定性上很实际的挑战。其中作为测试能力的重要指标——漏测率，在 2010 年一度达到 13%（漏测率=现网版本事

故或事件/版本提交 Bug 数×100%)，现网事件数达到 17 起！某部门 2010 年现网事故走势如图 2-15 所示。

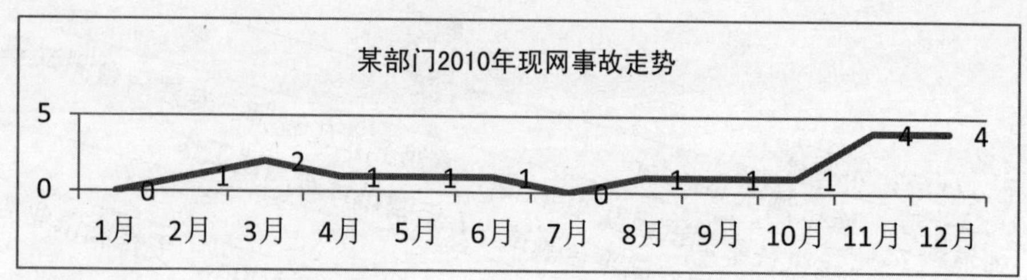

图 2-15　某部门 2010 年现网事故走势

要知道，计费系统遗漏一个 Bug 在现网，可能会带来每分钟 10 万元以上的损失，这是不可容忍的。我们迫切需要从平台化、工具化等方面来提高我们的测试能力。

二、计费高一致性测试能力全景图

从 2010 年开始，团队结合计费系统的特点，从自动化、静态扫描、性能对比、准现网等方面全面构造计费的高一致性测试能力，如图 2-16 所示。

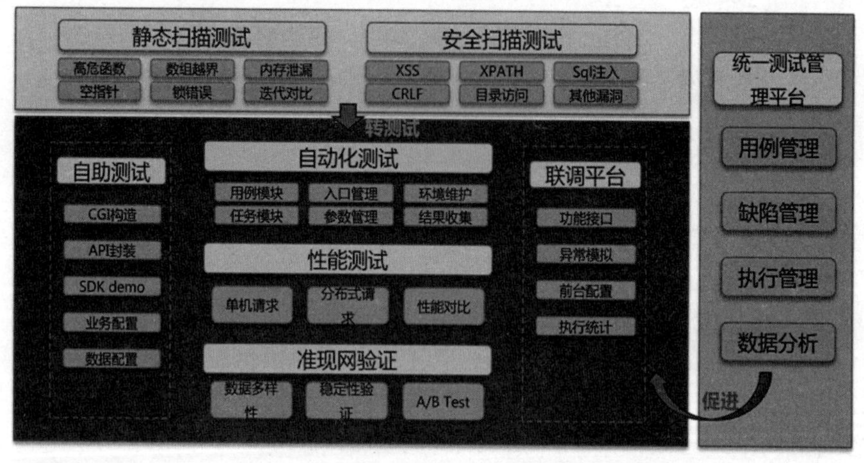

图 2-16　全方面构造高一致性测试能力

互联网计费系统的特点主要体现在如下几方面。

（1）　高质量要求，但迭代周期快。

计费系统与收入密切相关，和银行，电信的计费系统的要求并无太大区别，要求数据是高一致性的，但作为互联网公司，我们的迭代节奏又必须要跟上。

（2）　稳定性，容错性和性能上有更高的要求。

（3）　支付流程和渠道非常丰富，业务关联模块多。

三、高一致性测试体系的构建过程

我们的测试体系构建过程，笔者将以我们在过程中面临的四个挑战来与大家分享。相信这四个挑战在不同团队都或多或少经历着。

1. 挑战 1：如何最快地兼顾质量与效率的平衡

我们通过对计费系统的分析，并结合行业测试的经验，发现了一个很普遍的二八原则的现象。

（1） 80%的用例是重复的。

作为敏捷系统，每一个迭代的改动都是比较有限的，但老的功能特点，作为测试人员又必须重复去覆盖。这里产生了用例的重复。

（2） 80%的测试比的是体力。

用例设计：我们常常使用边界值法、正交、因果图等罗列各种场景、各种类型的用例。

用例执行：对着电脑做各种一次又一次，重复又重复的尝试。

（3） 80%的测试人员会因枯燥无味而离你而去。

团队成员是需要成长的，他们都是大学生，不是流水线上的工人，他们需要的是挑战，创新，而不是重复执行。

因此工具化、自动化是版本测试中的必由之路，这也是很多团队最普遍的做法。我们与其他团队不同的是，我们结合自身业务特点打造了专属的自动化平台。

（4） 计费自动化平台的构建过程。

我们对比了行业常见的自动化平台，如图 2-17 所示，但没有找到最合适的已有平台。

模式	特点	参考工具平台	可行性评估
GUI测试	1、页面控件识别； 2、页面结构依赖度高	1、winruner； 2、QTP； 3、IBM Rational	1、客户端工具，协作性不好； 2、收费的！
接口测试	1、协议测试 2、关注输入、输出	同上。变通也可以支持的。 华为内部开发TTCN、AW等平台	1、同上； 2、二次开发灵活性不够
WEB测试	1、xpath元素识别 2、页面调整如家常便饭	1、selenium; 2、WatinN； 3、WebDriver 4、比较多。。。	1、我们是后台测试

图 2-17　行业内常见的自动化平台

为什么不合适，我们先分析计费系统的整体架构图。计费系统整体架构如图 2-18 所示。

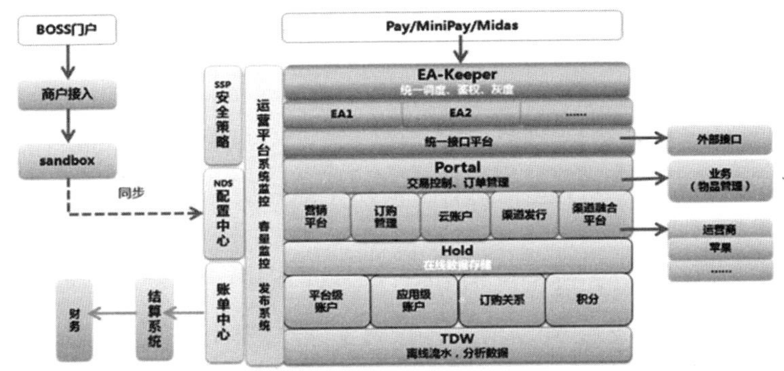

云支付整体架构

图 2-18　计费系统整体架构

从图 2-18 中可以看出以下几点。

① 计费系统多为后台系统，偏重接口层测试。

② 系统间交互多，整个支付过程涉及的系统众多，链条很长。

③ 系统间相互大多都通过 API 调用。

④ 涉及多部门系统：计费、财付通、安全中心、微信、即通、IEG 运营部，等等。

总而言之，计费系统前后依赖，任何系统都不是简单的单机系统，都是相互联系在一起的，稳定的测试环境难求，这一方面体现了平台建设的必要性，同时也可以看出平台建设的复杂性。我们的解决方式如下。

第一步：解除跨部门环境依赖——联调集成。

联调集成的项目内容如图 2-19 所示。

名称	IP:Port	类型	描述
号码资源	10.209.23.90:50302	[即通]号码资源	号码资源测试桩，靓号相关
CMPP2.0	10.209.23.90:50401	[运营商]CMPP2.0	中国移动CMPP2.0
CMPP3.0	10.209.23.90:50402	[运营商]CMPP3.0	中国移动CMPP3.0
SGIP1.2/1.25	10.209.23.90:50403	[运营商]SGIP	中国联通SGIP1.2/1.25
OIDB	10.209.23.90:50303	[即通]OIDB	OIDB
QQMail	10.209.23.90:50501	[广研]QQMail	广研QQMail
抵扣券	10.209.23.90:50301	[BU]抵扣券	抵扣券
TIPS	10.209.23.90:50502	[即通]TIPS	TIPS
TIPS	10.136.130.18:50503	[即通]TIPS	tips
二级赠送	10.209.23.90:50503	[BU]二级赠送	营销二级赠送
OIDB测试	10.136.132.28:50303	[即通]OIDB	OIDB测试环境
反向同步Server	10.209.23.90:50304	[BU]二级BOSS(反向同步Server)	反向同步Server
二级psc	10.209.23.90:50503	[BU]二级赠送	二级psc
PCMC(BOSS使用)	10.209.23.90:50305	推广渠道管理中心(PCMC)	PCMC(统一开通关闭自动化)
网银渠道	10.209.23.90:50601	网银渠道	portal 和网银渠道接口
tenpay渠道	10.209.23.90:50602	tenpay	tenpay渠道(portal)
Mpay渠道	10.209.23.90:50603	mpay	Mpay渠道(portal)
mpstub	10.209.23.90:60504	mpstub	单笔批价
统一支付平台无线SID验证	10.209.23.90:50605	sidcheck	统一支付平台无线SID验证
统一支付平台安全中心SID查询	10.209.23.90:50606	sidmobilecheck	统一支付平台安全中心SID查询
qbean充值中心	10.209.23.90:50504	mpqbean	qbean充值中心
qbean充值中心-for自动化	10.136.132.7:50504	mpqbean	qbean充值中心-for自动化
dopay支付渠道	10.209.23.90:50607	dopay渠道	dopay支付渠道
PIC单笔批价	10.209.23.90:50608	PIC单笔批价	PIC单笔批价
营销黄钻等级查询	10.209.23.90:50505	黄钻等级	营销黄钻等级查询
cft和快捷支付查询	10.209.23.90:11199	cft_query	cft和快捷支付查询，移动支付使用;

图 2-19　联调集成的项目内容

采用两个策略，避免外部系统依赖，同时又可以满足日常测试灵活应用需求。定位为我们的联调集成平台：

- 打桩：模拟外部环境，屏蔽依赖。
- 集中管理：开放自助规则配置和业务管理能力给到测试人员。

第二步：设计灵活的跨系统调用。

- 统一的用例初始化模块：每次执行前对用例执行所需要的数据进行初始化（例如 Q 币 Q 点余额，是否开通包月等）。
- 用例统一的调度执行：每个系统维护一个入口程序，封装系统 API，通过调度该系统的（已 Popen 管道调用)入口程序将请求发送到被测系统。
- 结果收集：通过 TCP 访问命令解析器来对 SQL 和 shell 进行处理，收集和检查后端关联系统的日志等。

跨系统调用示意图如图 2-20 所示。

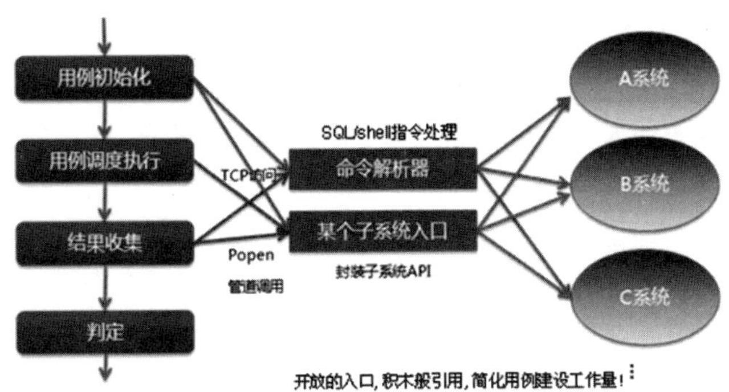

图 2-20　跨系统调用示意图

第三步：导出适合的平台设计。

平台设计如图 2-21 所示。

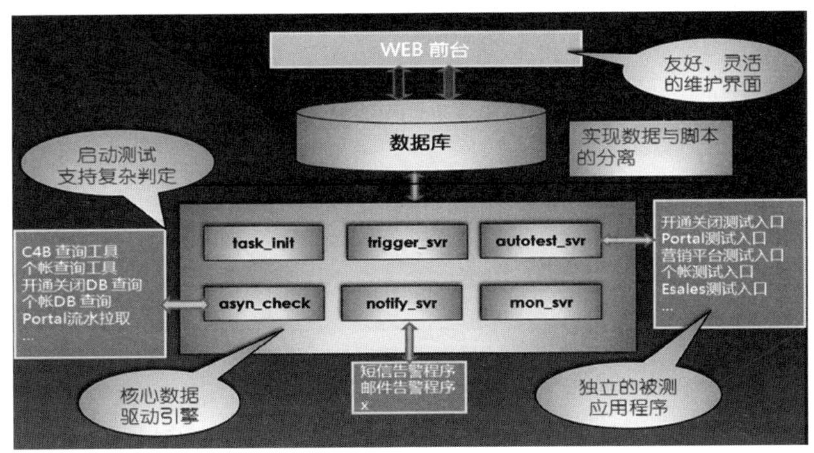

图 2-21　平台设计

- 数据驱动模式，前台结构化的用例管理方式。
- 模块化设计：初始化、执行调度、结果检查分别为独立模块。
- 同步与异步结合：解决缓存、多子系统结果归集、处理性能等问题。

第四步：持续迭代优化。

工具建设是一个结合测试人员的应用的逐步优化过程，团队在应用过程中，也逐步解决了如下的问题。

- 测试资源冲突：例如两个系统同时执行时，一个系统使用了这个 Q 卡资源，另一个系统再使用时就会出现问题。
- 有些用例执行需要分两步，第二步需要依赖第一步的结果。
- 多个系统同时跑用例，执行效率有待提升。

针对这些问题，我们也提供了优化和解决方案，如图 2-22 所示。

- 测试号码资源冲突：资源统一管理，按需调用（QQ 号、Q 卡等）。
- 多步交互操作：提供上下文处理机制，变量化处理数值传递。
- 执行效率问题：提供任务的顺序和无序执行机制，调度程序多线程处理能力。

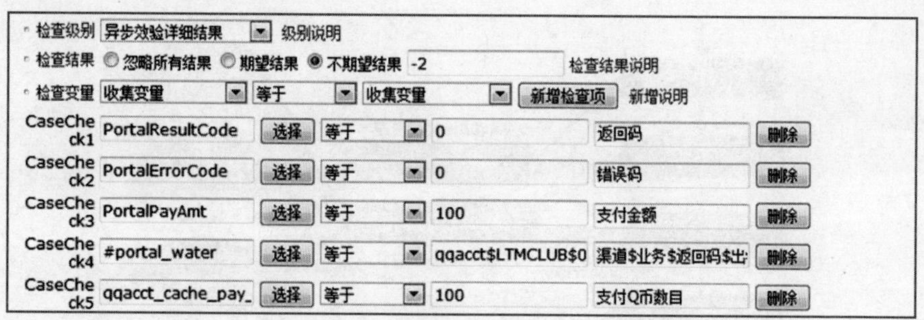

图 2-22　数据驱动的自动化用例检查点编辑

（5）　初战告捷：计费自动化平台建成。

经过几年的建设，目前计费系统的自动化用例有 1 万多个，计费自动化用例趋势图如图 2-23 所示，自动化测试发现 Bug 的情况如图 2-24 所示。整体覆盖率已经达到了 50%，对于后台系统而言，这个覆盖率已经算不错的了。目前通过自动化测试发现了影响已有功能的 Bug，已成为保障老功能的最重要手段！

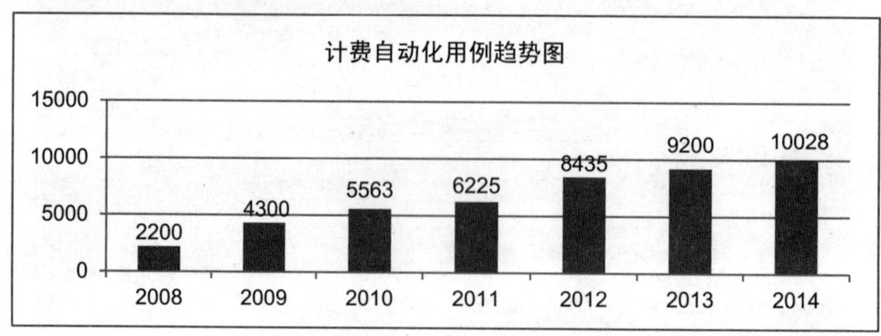

图 2-23　计费自动化用例趋势图

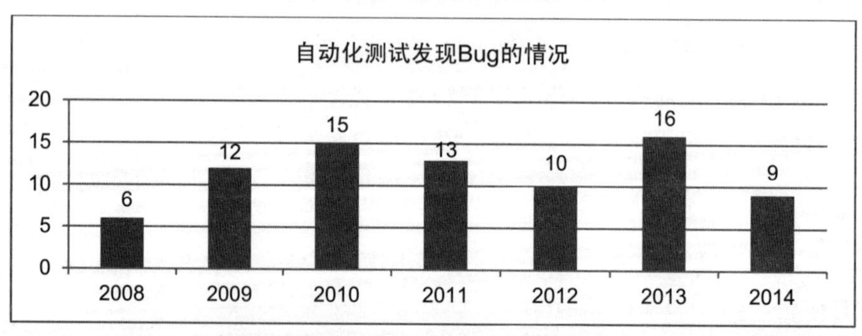

图 2-24　自动化测试发现 Bug 的情况

2.　挑战 2：测试还可以更深入些吗？

作为计费系统，计费安全是很重要的一个课题。面对外部敌人的各种漏洞探测，很多时候问题并不是出现在一个很简单的功能漏测上，而是在底层代码的健壮性上。下面几个事件就是我们当时遇到的问题：

- 事件 1：09 年手机账户转账由于变量赋值丢掉结尾符问题导致 Q 币被刷！
- 事件 2：09 年宽带上海电信由于使用非安全函数 sprintf，导致渠道 Q 币被刷！

- 事件 3：10 年 BOSS 系统由于线程间 static 变量的应用问题导致包月开通被刷！

从上面问题的本质来看，还是编码习惯、安全等方面的问题。而这些恰恰是可以通过静态测试方式来开展的。我们采取的方案是在业界常用的扫描工具的基础上进行二次开发，做一个适合我们自己的静态扫描平台。我们如何构建自己的平台呢？

第一步：扫描工具选择。

我们系统主要是通过 C++和 Java 实现，我们通过比较业界相关的工具，最终 C++选择 Pclint 及 CPPCheck，Java 上选择 FindBugs。工具的选择如图 2-25 所示，其中 TSpycode 和 Kapalai 是腾讯内部团队研发的工具。

C++	JAVA
PClint	Findbugs
Splint	JSlint
CPPCheck	JShint
TSpycode	Kapalai

图 2-25　工具的选择

第二步：怎么才能让工具可用？

扫描工具最大的问题是误报。随便扫描一下就几千个问题，你让开发人员如何面对这个残忍的结果呢？谁有那么多时间和精力一个一个地检查呢？如果不改善，那最终的结果就是没人会去用它。因此我们做的首要工作就是将误报减少到最少。我们采取的措施主要有以下两点。

① 精选错误码。

C/C++错误码如图 2-26 所示。

错误类型	错误码
内存泄露	423，424，429，1540，449，672，673，433，593
数组越界	415，416，661，796，797，662，676
空指针使用	794，448，413，668，663，613
锁错误	454，455
高危函数	10000
其他	414（被 0 除）578（全局变量和局部变量同时存在）534（忽略函数返回值）

图 2-26　C/C++错误码

Java 错误码如图 2-27 所示。

错误类型
Correctness
Multithreaded correctness
Bad practice、Dodgy code 、Performance、Security、Internationalization、Malicious code vulnerability、Experimental

图 2-27　Java 错误码

② 针对迭代版本增量扫描。

在每个版本迭代中，我们可能更关心的是本次版本改动的代码是否有问题，因此我们希望平台只将本次改动可能存在的问题展示出来。我们通过针对扫描结果进行对比筛选的方式来解决这个问题，将前后两次迭代的扫描结果进行对比，找到改动代码段的扫描问题并展示给测试人员。

经过二次开发，我们推出了自己的静态扫描平台，该平台的流程框架如图 2-28 所示。

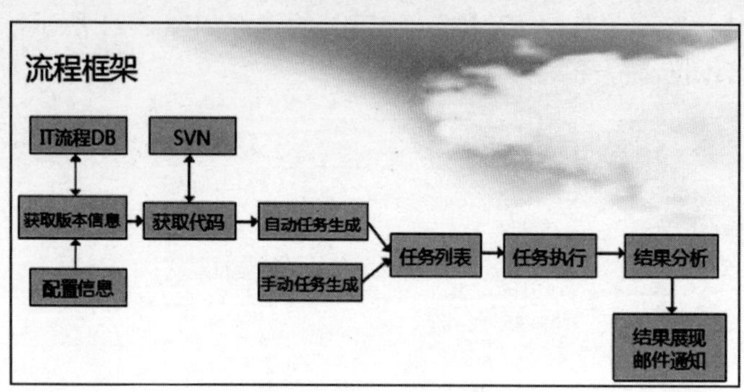

图 2-28　平台的流程框架

该平台的特点如下。

- 与 IT 流程无缝对接，版本转测即启动自动扫描，输出报告！
- 100%覆盖日常版本测试。

③ 静态扫描平台应用展示。

- 版本转测后的扫描报告如图 2-29 所示。

【预付费自动续费系统】 - 扫描完成

结论：

迭代隐患[10]个

静态扫描任务

	任务	状态	迭代隐患	版本号	完成时间
查看详细信息	预付费自动续费系统	扫描成功	10	-	2015-08-04 10:29:56

图 2-29　版本转测后的扫描报告

- 迭代隐患的查看如图 2-30 所示。

隐患明细：新增隐患 ▼　☐隐患类型过滤　文件过滤【模糊查询】　查询

类型(点击可查看帮助)	文件	行号	提示信息
内存泄露(429)	/src/query_server/tss_query_main.cpp	77	Custodial pointer 'pQueryHandle' (line 71) has not been freed or returned
内存泄露(429)	/src/notify_server/scan_module.cpp	111	Custodial pointer 'scanThread' (line 89) has not been freed or returned
高危函数(10000)	/src/api/demo/oc_open.cpp	54	risk function
空指针使用(668)	/src/prepay_server/src/CommTools.cpp	44	Possibly passing a null pointer to function 'mktime(struct tm *)', arg. no. 1 [Reference: file /data/home/boss/whitebox/svncode/manual/MANUAL-1433849979/src/prepay_server/src/CommTools.cpp: line 40]
空指针使用(668)	/src/notify_server/scan_thread.cpp	1027	Possibly passing a null pointer to function 'fgets(signed char *, int, struct _IO_FILE *)', arg. no. 3 [Reference: file /data/home/boss/whitebox/svncode/manual/MANUAL-1433849979/src/notify_server/scan_thread.cpp: lines 930, 948]

图 2-30　迭代隐患的查看

- 针对每个隐患，定位到具体的代码位置，如图 2-31 所示。

当前查看的文件为： svncode/manual/MANUAL-1433849979/src/query_server/tss_query_main.cpp

提示信息:Custodial pointer 'pQueryHandle' (line 71) has not been freed or returned

隐患行号为:77

```
68:     vector<CNS::CNetReqThread *> vecReqThread;
69:     for(int i = 0; i < CTSSConfig::getInstance()->m_iThreadNum; i++)
70:     {
71:             CTSSQuery * pQueryHandle = new CTSSQuery(&stServer);
72:
73:             if(pQueryHandle->init(strConfFile) != E_OK)
74:             {
75:                     printf("Query Handle init fail!\n");
76:                     exit(E_FAIL);
77:                     return E_FAIL;
78:             }
79:
80:             vecReqThread.push_back(pQueryHandle);
81:     }
```

图 2-31　定位到具体的代码位置

- 静态扫描应用情况。通过 3 个多月的推广，采用静态测试的系统发展概况如图 2-32 所示。我们的系统覆盖从最初的 7%增长到 100%，实现计费所有系统的覆盖。

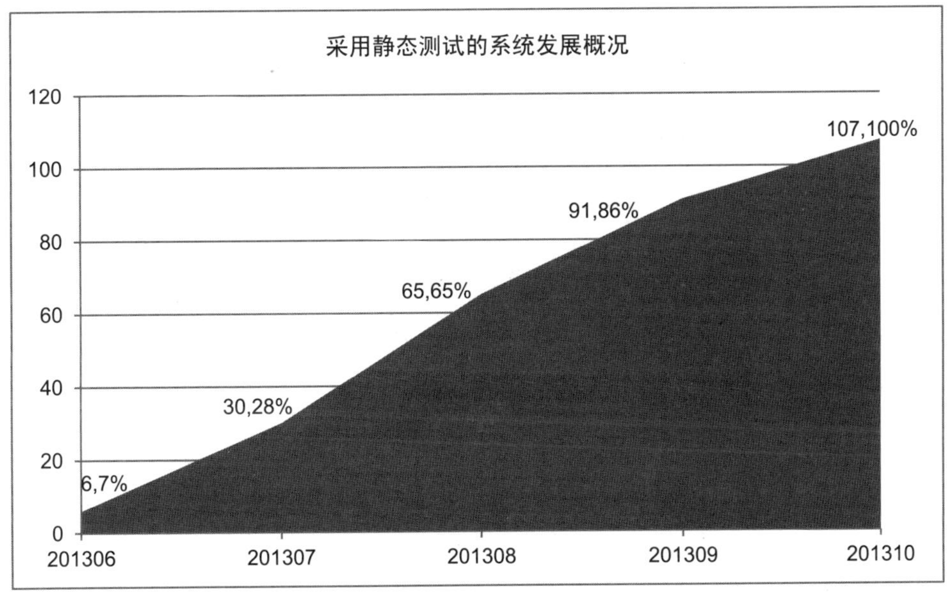

图 2-32　采用静态测试的系统发展概况

④ 关于静态测试其他措施的开展。

除了针对代码的静态扫描，我们也有其他举措的开展，例如针对 cgi 进行安全扫描，针对 xss、sql 注入等漏洞进行精确验证。借助 valgrind，其中的 helgrind 工具还能协助定位多线程问题。

3. 挑战 3：测试的数据多样性很不足

静态测试能解决一些可能的编码问题，但事实上，很多问题都跟用户的操作场景有关。如何去模拟用户的行为，对所有测试团队来说都是一大挑战。因为用户行为是不确定、不可预知的、随时变化的。如图 2-33 所示，我们的云计费平台不仅对接腾讯内的业务，也对接腾讯外的众多业务平台，业务场景复杂，各种请求和各种交易，可以说只有你想不到的，没有不存在的。

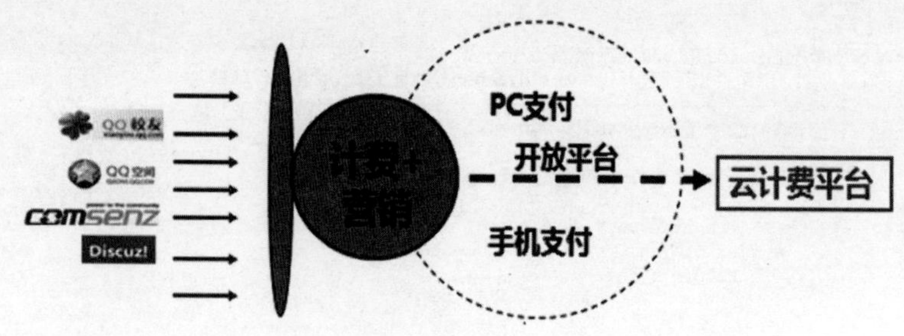

各种请求、各种交易，防不胜防！

图 2-33　云计费平台

为了丰富测试数据，我们首先进行了现网系统和测试环境两方面的探索，如图 2-34 所示，利用解析法，自动解析现网交易流水，转化为测试请求模式。

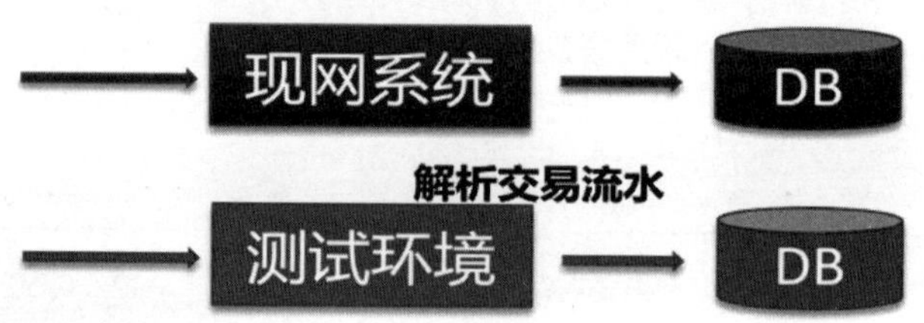

图 2-34　现网系统和测试环境两方面的探索

这种方法有以下两个问题。

（1） 现在的请求是不确定的，解析规则不好定。

（2） 面对无法预知的请求，如何判定结果是否正确呢？

利用构造法：根据不同接口人工构造多种测试请求并发执行。然而这种依靠人来构造请求的方法，还是有以下问题。

（1） 数据还是不够真实。

（2） 数据量比较受限。

解析法和构造法都无法满足我们的需求，是否有更真实的请求，更自动的判定手段呢？TCPCopy 走进了我们的视线，首先来介绍一下 TCPCopy。

（1） TCPCopy 是什么？

① 一个开源系统。

② 基于 Raw socket 接口，同步复制一份 TCP 包转发到其他目的系统。

③ 不影响到被复制业务通信。

（2） TCPCopy 的应用要求有什么？

① 被测试的服务所在机器 linux 内核 2.6 以上，支持 netlink 机制或者 nfqueue。

② iptables 可修改。

③ 端口 36524 未被占用，此为 interception 的专用端口。

（3） TCPCopy 基本原理图如图 2-35 所示。

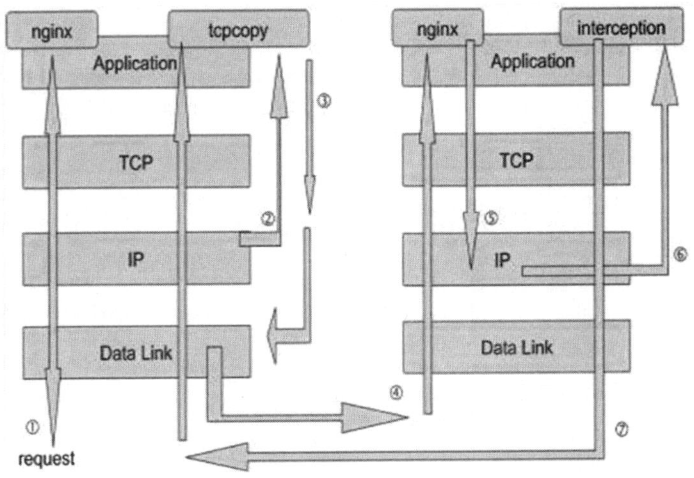

图 2-35 TCPCopy 基本原理

（4） TCPCopy 如何应用在计费系统测试中？

核心思想：A/B Test。

基本逻辑：在请求、数据、环境一致的情况下，对比失败的原因就是版本变化导致。也就是程序 Bug。

TCPCopy 应用在计费系统测试中的情况如图 2-36 所示。

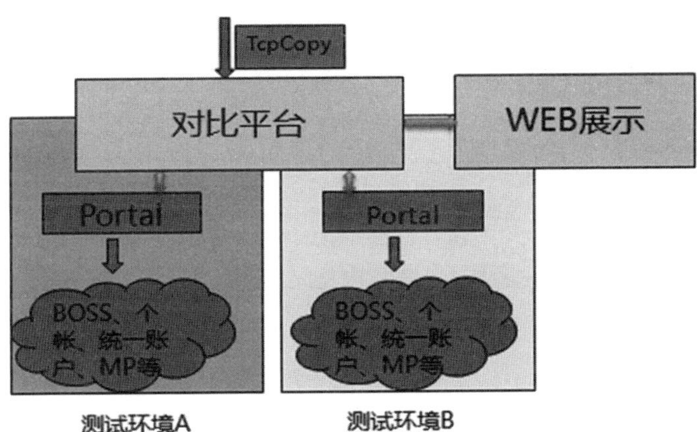

图 2-36 TCPCopy 应用在计费系统测试中的情况

在此理论支持下，我们在平台上实现了如下特性。

- 数据同步准备：利用平台的同步控制模块每天将现网的账户数据同步到 A、B 两套被测系统，保证 A、B 两套数据的一致性。此举作为一致性对比的重要数据前提
- 引入对比控制平台：负责流量的复制、分发、过滤、对比等处理，并将处理结果上报控制平台。
- 操作管理台：系统实时将 A、B 两套被测系统的处理结果呈现到前台，让测试人员

可以及时判断和决策。

平台完整结构图如图 2-37 所示。

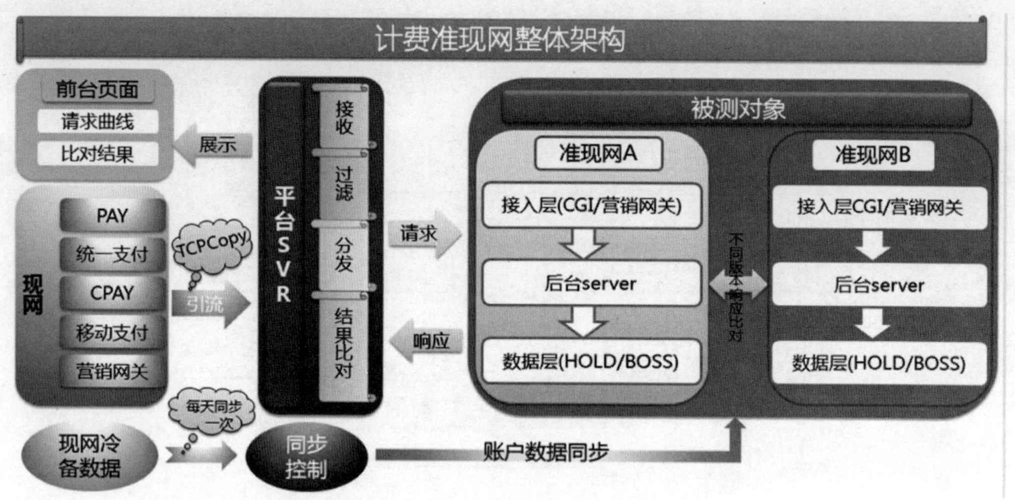

图 2-37　平台完整结构图

除满足对比功能外，操作台还在如下方面为测试人员提供便利。

- 问题快速定位：打通子系统的日志流水上报。
- 流量覆盖实时分析：通过各个交易子系统接口，实时上报处理情况。让测试人员充分掌握被测系统的流量覆盖情况。
- 比对结果如图 2-38 所示。

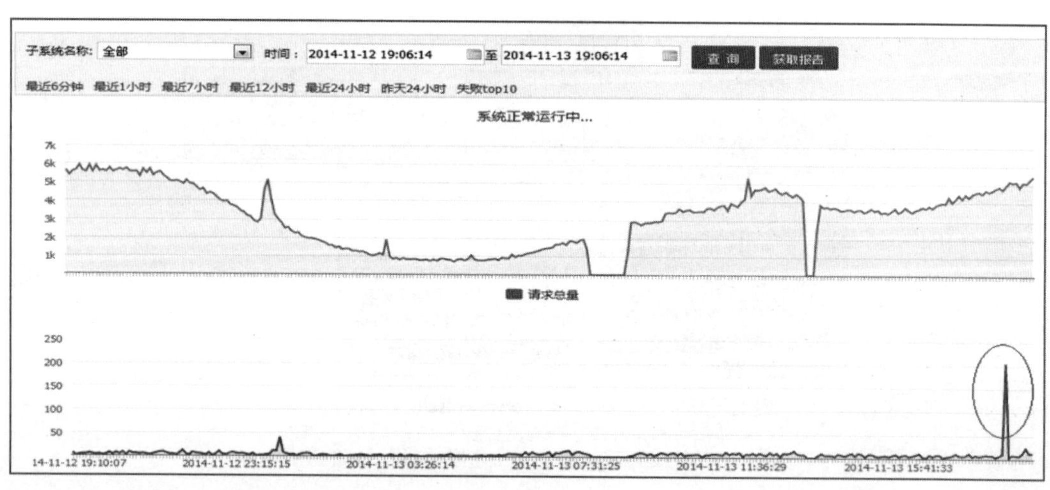

图 2-38　比对结果

- 准现网平台应用展示。

准现网平台建成之后，已经在计费系统中全面推广使用，除了日常版本测试之外，在计费系统的几次重构升级（Tlinux 整体升级，安全中心 ptlogin 升级）中发挥了重大的作用，在保证了测试质量的同时大大提高了测试效率，下面我们看看与传统测试在人力和时间投入上的对比。准现平台应用情况如图 2-39 所示。

测试项目	测试规模	传统测试人力	实际测试人力
Tlinux整体升级	107个子系统	500+人天	50+人天
安全中心 ptlogin升级	16个子系统	10人天	<3人天
日常版本测试	1000行代码	5人天	3人天左右

图 2-39　准现平台应用情况

准现网在重构版本测试中应用效果如图 2-40 所示。

系统名	自动化接口/渠道覆盖率	自动化执行成功率	准现网接口/渠道覆盖率	准现网运行时长	准现网比对成功率	是否发现问题
portal	91.67%	100%	33.33%	300h	100%	无
iap渠道svr/cgi	28.57%	100%	100%	250h	100%	无
gwallet渠道svr/cgi	28.57%	100%	100%	250h	100%	无
PAY充值中心/my.qq.com	无	无	50%	250h	99%	1、get_user_friend.cgi返回内容有被截断的情况 2、用户为非会员时，返回前台的会员等级计算错误 3、account_open_tips.cgi在返回开通tips中，填写的年费时间计算错误
消息中心	无	无	100%	250h	100%	无
微信渠道svr/cgi	28.57%	100%	100%	250h	100%	无
订单中心	100%	100%	无	无	无	无

图 2-40　准现网在重构版本测试中应用效果

4.　挑战 4：性能测试能不那么耗时吗？

前面从自动化、静态到数据多样性的测试都进行了介绍，主要解决的还是功能、兼容性及健壮性的问题。后台服务系统很重要的一部分就是性能测试。以往一提到性能测试，第一反应就是要做一件大工程，从数据准备，环境搭建部署，发包工具的准备，结果分析到调优等都需要投入大量的时间和精力。但是互联网的迭代周期那么快，如果每次都要耗费那么多时间和精力来做性能，谁会愿意来做呢？这就是接下来要说的我们面临的第 4 点挑战。

从准现网得到启发，如果我们能保证环境不变、数据不变、请求不变，那么如果新的改动造成了系统性能、处理耗时等在浮动阈值之外，那么我们能否判定这次改动对系统性能有影响呢？答案是肯定的。

如图 2-41 所示，性能对比平台充分结合了团队的性能测试平台 PTP，以及准现网流量及账户数据，通过对比统一子系统在不同版本下的性能表现来发现程序问题。

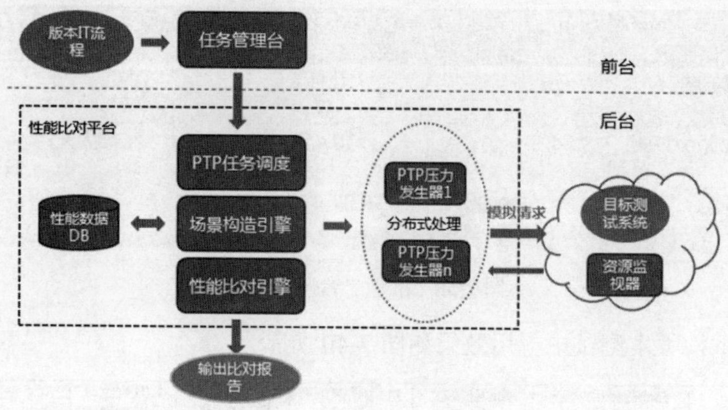

图 2-41　性能对比平台

通过性能测试平台，我们可以屏蔽外部环境、数据等对系统性能产生的影响，通过固定环境固定数据的方式，用最少的时间和最小的人力成本来清晰且快速地反馈性能变化情况，及时发现隐患！性能测试平台如图 2-42 所示。

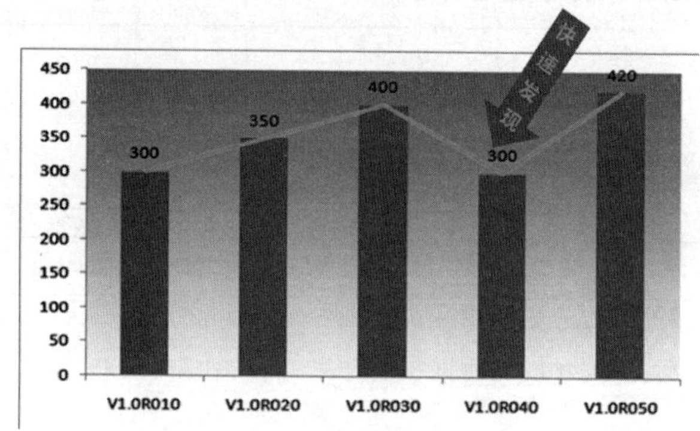

图 2-42　性能测试平台

- 性能测试平台应用效果如图 2-43 所示。

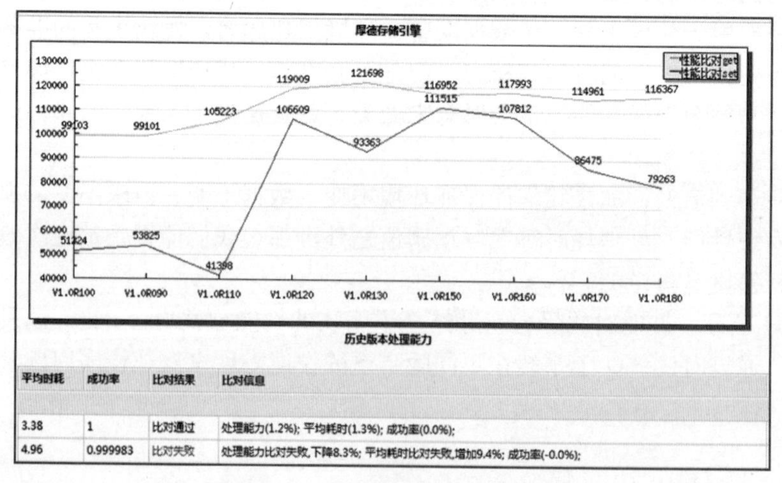

平均时耗	成功率	比对结果	比对信息
3.38	1	比对通过	处理能力(1.2%); 平均耗时(1.3%); 成功率(0.0%);
4.96	0.999983	比对失败	处理能力比对失败,下降8.3%; 平均耗时比对失败,增加9.4%; 成功率(-0.0%);

图 2-43　性能测试平台应用效果

四、计费高一致性测试体系 ROI 分析

通过几年的努力，我们构建了自动化平台、静态扫描平台、准现网平台和性能测试平台，它们组成了计费高一致性的测试体系，我相信大家更关心的是这个体系在计费系统测试中的应用效果如何？

从如图 2-44 的 2009—2014 年漏测率走势来看，我们的漏测率是在不断下降的，从 2009 年的 10.08%下降到了目前的 0.51%。

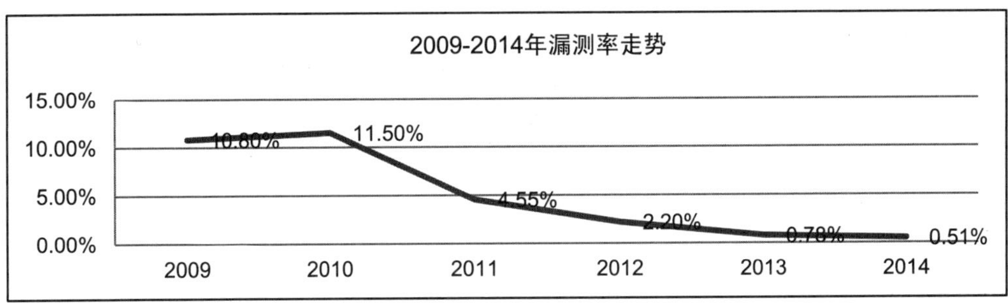

图 2-44　2009—2014 年漏测率走势

如图 2-45 所示的近几年的人均月测试代码量走势来看，我们人均月测试代码量整体在提升，从 2011 年的人均月测试代码 3458 行，到 2013 年最高值 12886 行（2014 年主要受移动端影响）。

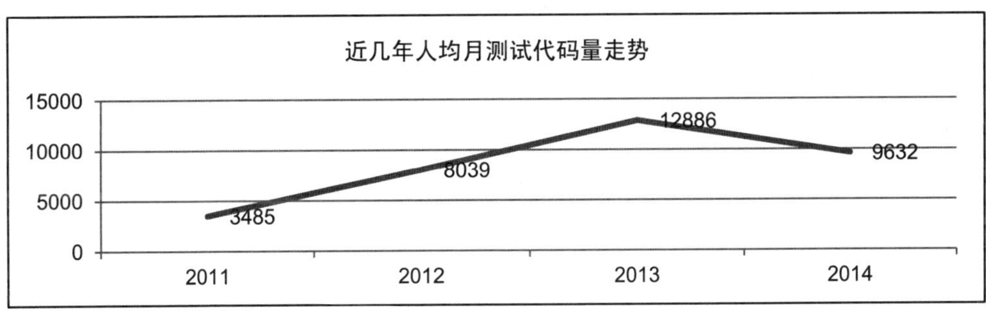

图 2-45　近几年的人均月测试代码量走势

五、计费高一致性测试体系前瞻

目前计费高一致性测试体系主要还是在转测前和测试过程中通过工具平台来发现问题，在测试发布后的较少，后续我们也将努力在测试发布环节进行更多的探索，如图 2-46 所示主要有以下几个方面。

（1）　数据分析：侧重通过测试分析、现网分析来找到改进点。

（2）　后台延伸：结合现网测试、灰度仿真等方式来拓宽测试能力。同时可以更好地全流程优化测试体系，优化体系效率；提升测试人员的责任、能力范围及成就感。

（3）　一体化集成：集成到 CI 框架下，方便管理和维护。

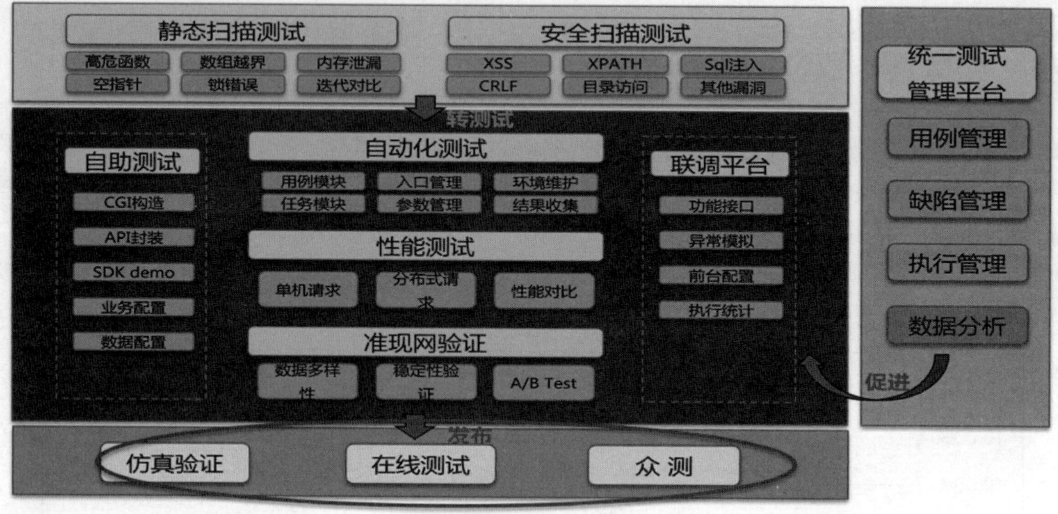

图 2-46　更多的探索

六、案例启示

（1）　所有的工具建设都来源于工作，服务于工作。

（2）　工作过程就是一个不断的遇到问题和解决问题的过程。而这个过程就是伴随着测试能力提升，工具建设的过程。对一个测试人员来说，提供测试解决方案会比单纯多发现几个 Bug 更有价值。

（3）　所有不经二次建设的“拿来主义”都是依葫芦画瓢。

（4）　工具平台的引入必须结合自身业务特点来开展，任何工具必须落到实处，否则不但帮上测试还会带来额外的工作。

（5）　测试是一项技术性的工作，没有技术没有未来！

（6）　点击鼠标的测试，估计以后交给用户去做就可以了。为什么不呢？企业级的机器也是可以云化的。

点评：感谢朱老师的精彩分享，以腾讯海量计费系统作为实践例子，里面涉及的测试探索技术面其实非常广。从静态级测试前置推动开发更快发现和提升研发质量，到测试环节借助自动化动态监测的手段更加高效地发现问题和提升测试效率，整个的测试思路和方向对我们测试行业来讲都是可以思考，甚至可以参照的。在传统行业里，后台测试已经非常成熟，甚至是可以高度自动化的一种测试体系。测试技术还可以如何突破，这里建议大家还是要坚决深入研发环节开展更多的测试，掌握更多的主动权，并在测试领域进行能力创新！

作者姓名：游骥
作者职位：阿里巴巴技术专家
作者简介：阿里巴巴技术专家，主要负责阿里稳定性基础设施的设计与研发、稳定性方法论的探索，保障阿里系统的稳定性提供技术方案和工具支持。主导打造了多款稳定性相关产品，历经双 11 等大促场景的实战检验，为保障阿里系统的稳定性发挥重要作用。在稳定性领域积累了非常丰富和理论基础和实战经验，对大数据处理、分布式计算等领域也有浓厚的兴趣
所在研发团队规模：50 人
研发团队职能定位：负责保障与提升整个阿里巴巴系统的稳定性

阿里稳定性实践之容量规划

一、背景介绍

阿里巴巴作为一家大型互联网公司，拥有上千个分布式应用及上万台应用服务器，应用之间的调用关系错综复杂，各个应用的调用量与业务影响程度尽不相同。本实践介绍了容量规划相关的方法论和实践。容量规划在线上环境进行真实流量的压力测试，结合链路分析与弹性扩容缩容，采用一定的容量计算公式去分配系统的服务器资源，在保障系统稳定运行的情况下，最大程度地节约服务器成本。

二、问题的提出

阿里每年都有类似双 11 的一系列大促活动，大促时期的访问量跟平时相比会高出数倍甚至数十倍。阿里的业务发展迅速，系统的访问量可能会在短时间提升不少。如何去给各个系统分配合理的机器数，做好容量规划成了我们的难题，主要有几下几点。

（1） 给各个系统分配多少机器数既能保障系统的稳定运行，又不导致资源的过度浪费？

（2） 如何知道系统什么时候需要扩容、扩容多少服务器？

（3） 如何知道系统什么时候需要缩容、缩容多少服务器？

三、解决思路

容量规划分为日常场景与大促场景。在日常场景，系统的访问量会出现随着时间的推移而上升或者下降的情况，并且系统访问量的变化是可以从历史访问量里找到规律的，是一种渐变的过程。但是在大促场景，系统的访问量会出现数倍甚至数十倍的上升，这种变化几乎没有办法在历史访问量找到明显规律，是一种突变过程。

在日常场景中，解决容量规划分为以下几个步骤。

（1） 线上自动压测系统获知各个系统的服务能力。

（2） 监控系统获取各个系统的实际负载情况。

（3） 容量公式计算系统是否需要扩容或者缩容。

（4） 弹性扩容系统促发自动扩容与缩容。

在大促场景中，解决容量规划分为以下几个步骤。

（1） 线上自动压测系统获知各个系统的服务能力。

（2） 链路分析系统预估各个系统的负载。

（3） 容量公式计算系统是否需要扩容或者缩容。

（4） 弹性扩容系统促发自动扩容与缩容。

4 个步骤分别对应了容量规划的 4 个核心要素：能力、负载、模型、动作。能力体现了一个系统的服务能力，每秒能够承受的访问量，当系统承受的访问量超过系统能力值的时候，系统将无法正常地提供服务；负载体现了系统现在或者预知要承受的访问压力，每秒实际或者可能的访问量；容量公式通过对能力、负载等相关数据进行相应的换算，得出系统的扩容缩容状态；动作即是容量规划的最后一个环节，扩容与缩容的实际动作。

四、实践过程

阿里通过进行线上压测来获取系统的能力指标，线上压测与线下压测的比较如表 2-3 所示。

表 2-3　线上压测与线下压测的比较

线下压测	线上压测
自身环境不真实	自身环境真实
依赖服务的环境不真实	依赖服务的环境真实
简单，可操作性好	复杂性高，不易操作
数据和业务安全性要求低	严格的数据和业务安全性

传统的压测都是在线下进行，主要出于线下压测的可操作性好、方便、快捷，线下压测的结果也能从一定程度反应出系统的服务能力，不过当系统的集群规模大了以后，对容量规划提出了更精确的数据要求，因此我们直接把压力测试搬到了线上进行。线上压力测试虽然很美好，能获得最真实的性能数据，美好的事物往往要付出更多的努力，在可操作性、数据和业务的安全性要求等方面都是线上压测所面临的挑战。

阿里系统服务的类型非常多样化，有 Web 服务、rpc 服务、缓存服务、db 服务、消息服务等，每一类服务的系统结构差别非常大，这些不同类型的系统没有办法用一种单一的策略来进行线上压测，阿里线上压测的方式抽象起来有 4 大类，如图 2-47 所示。

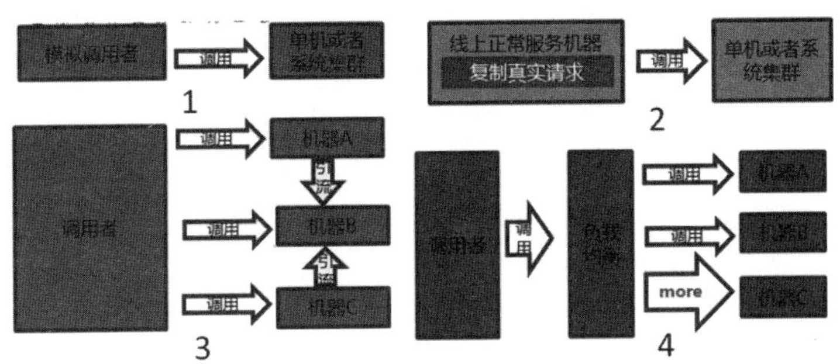

图 2-47　阿里线上压测的方式

（1）　模拟请求：请求来源于完全模拟。模拟请求需要考虑写请求脏数据如何处理，测试流程如何不影响正常流程，如何构造贴近真实的用户场景，请求如何构造等一系列问题，可压测单机和集群。

（2）　复制请求：请求来源与复制真实的请求。复制请求需要考虑写请求脏数据如何处理、测试流程如何不影响正常流程，响应如何处理等一系列问题，可压测单机和集群。

（3）　引流转发请求：请求来源于其他服务器真实的请求，其他服务器真实请求不处理，引流到某一台服务器进行处理。引流转发最大的优点是请求必须完全真实的，但是无法压测出集群能力，非常适合用来做单机压力测试。

（4）　负载均衡调节权重：请求来源于负载均衡设备的不平均分配。修改负载均衡调节权重最大的优点也是请求必须完全真实的，但是无法压测出集群能力，非常适合用来做单机压力测试。

不同的压测方式具备不同的特点，实现方式也都丰富多样。模拟请求能够造出大量的访问量，不过在压测的真实性上会有一些影响，影响的大小取决于模拟的场景和数据是否真实。复制请求需要把真实的请求复制过来，那么请求如果复制就成为一个技术难题，在应用层复制还是在网络层复制都各有优劣。引流转发请求和负载均衡调节权重压出的单机结果非常准确，却没有办法去压测整个集群。总之，4 种压测方式各有特色，需要根据实际的需要场景和系统自身的特点而进行压测方式的选择。具体实现和注意事项见表 2-4。

表 2-4　具体实现和注意事项

压测方式	实现方式	注意事项
模拟请求	http_load,webbench,apache ab,jmeter, Siege, Seaplane, 自定义工具	写请求脏数据的特殊处理（拦截、隔离或者容忍）
复制请求	tcpcopy,btrace,nginx post_action,自定义 agent	写请求脏数据的特殊处理（拦截、隔离或者容忍）；响应的处理；写请求容易掉进唯一性约束的坑
引流转发请求	apache mod_jk,mod_proxy, nginx proxy	系统的集群调用量足以压测到单机的极限；需注意系统具备相应的引流模块
负载均衡调节权重	F5, LVS, SOA Service registration 等负载均衡控制器	系统的集群调用量足以压测到单机的极限；需注意系统为接入负载均衡设备的分布式架构

线上压测相比线下压测的复杂性高很多，是对线上的服务器直接进行操作，一不小心可能会影响线上的正常服务，安全性要求极高，需要有一套线上压测的平台来进行支撑。线上压测平台包含了压测模型、压测控制、压测数据采集、压测报表、压测阈值与异常情况监控等模块。压测模型对图中提到的各类压测模型进行了具体的系统实现；压测控制是压测的实际操作流程，包含压测时间的控制，压测开始与结束的控制等；压测数据采集负责在压测过程中采集相应的数据指标，用于判断是否还要继续压测及后续的压测报表；压测报表作为压测结果的最终产出；压测阈值与异常监控实时探测压测是否达到事先设定好的机器阈值，一旦达到阈值必须马上自动停止压测，否则可能会影响正常服务，如果压测过程当中系统有出现任何的异常同样需要即刻自动停止压测，具体的实现结构图如图 2-48 所示。

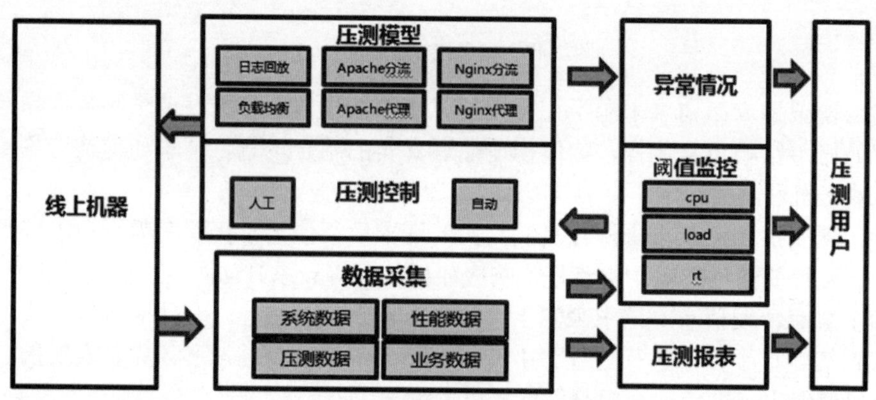

图 2-48 实现结构图

获取了系统的能力指标后，要进行容量规划还有一个重要的指标需要获取，即系统负载。阿里通过进行链路分析的方式来获取系统负载。链路分析的实现基于日志的分布式调用跟踪机制，核心是调用链，每次请求都生成一个全局唯一的 ID（TraceId），通过它将不同系统的“孤立的”日志串在一起，重组成调用链，如图 2-49 所示，使其价值可以达到“1+1 > 2”的效果。系统之间具备复杂的调用关系，通过分析链路关系不但可以获取每个系统直接的系统负载，还能通过前端系统的访问量对整条调用链路进行预测分析，获知所有后端系统的系统负载。

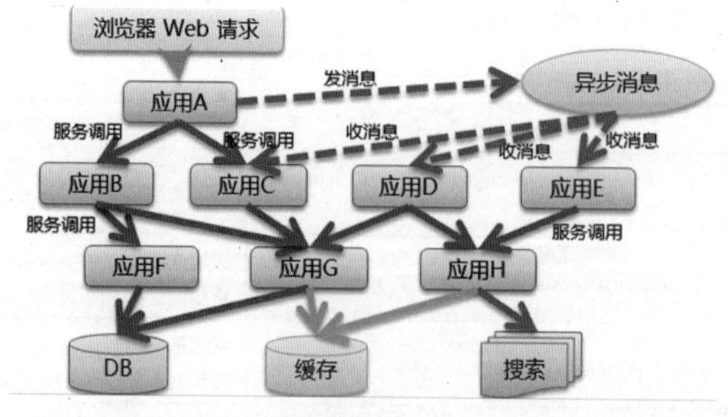

图 2-49 调用链

链路分析是基于日志的，每天有超过 30T 的日志数据需要分析，需要搭建一套基于大数据分析与存储的实时计算平台，整体架构如图 2-50 所示。

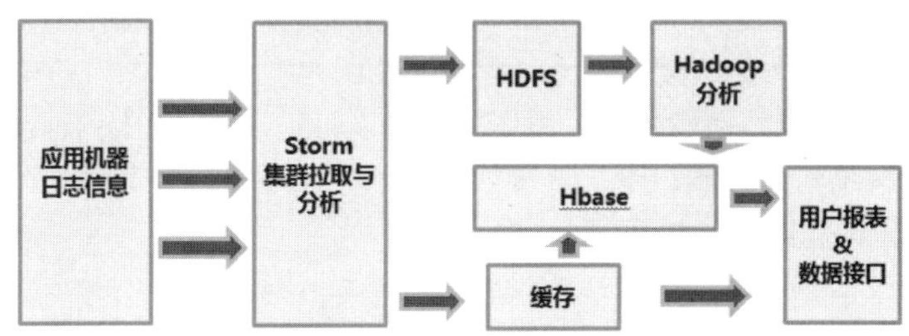

图 2-50　整体架构

流式计算集群实时增量抓取系统服务器上的日志信息，对于重要且实时性要求高的数据进行实时分析和存储，对于实时性要求不高的数据进行离线分析与存储。由于数据量非常庞大，引入了 hdfs、hbase、hadoop 等一系列大数据相关的技术方案。

在获取系统能力与系统负载之后，需要跳过一定的容量模型来计算系统需要分配的服务器数量。系统运行在系统能力乘以某个系数的情况下都可以认为服务状态是健康的，这个系统我们叫做水位系统。容量相关的公式分别如下。

（1）　集群能力 = 线上压测的集群能力值。

（2）　集群负载 = 链路分析后的集群负载值。

（3）　集群水位 = 集群负载/ 集群能力×100%。

（4）　理论服务器数=（实际服务器数×集群负载×集群水位）/（集群能力×水位系数）。

（5）　服务器增减 = 理论服务器数 – 实际服务器数。

通过容量模型计算了系统的服务器增减指标后，进行容量规划的最后一步操作：扩容或者缩容，弹性扩容缩容系统如图 2-51 所示。

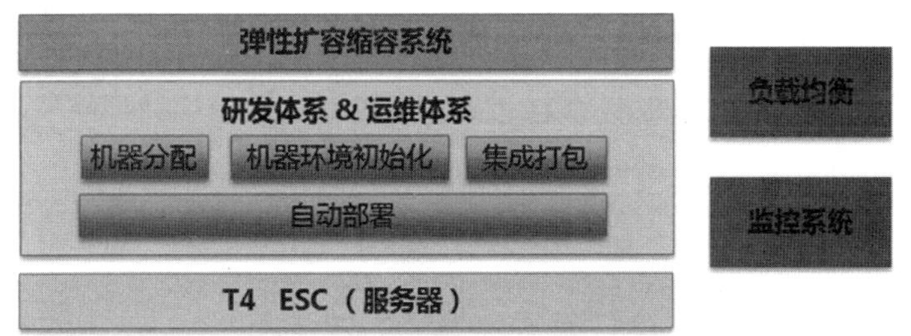

图 2-51　弹性扩容缩容系统

弹性扩容缩容系统作为扩容与缩容的执行者，打通了研发体系与运维体系进行自动的机器分配、环境配置、打包与部署等一系列流程。完成扩容与缩容后，服务器的变更需通知到相应的负载均衡设备和监控系统。

五、效果评价

阿里容量规划的一整套体系对阿里稳定性保障起到了非常重要的作用，是阿里运维进行系统扩容与缩容的重要数据参考。在历年的双 11 等大促中，一方面保障了系统的稳定性，另一方面从最大程度上节约了服务器的成本。

容量规划体系让系统运维人员能够准确地获取所负责系统的极限能力，从而适时做出相应的决策，从容面对大促等突发高访问量的场景。

该产品从 2011 年上线运营以来，系统接入量以每年 100%以上的速度递增，已经覆盖阿里的所有核心系统和业务线，除了容量规划，该产品还有很多其他的附加价值，比如查找性能瓶颈、线上问题跟踪与排查等。

六、案例启示

阿里容量规划的一整套体系从实际问题出发，对传统的方式进行了极大的挑战和创新，解决了大型分布式系统的容量规划难题。

值得推荐的几个关键实践如下。

（1） 线上压力测试是一个大胆的尝试和创新，通常的压力测试都在线上进行，线下压力测试跟线上真实场景的压力测试结果存在一定的误差，误差在服务器集群非常大的情况下，对服务器数量的影响也随之扩大。

（2） 通过 traceid 跟踪链路的调用关系，使得原本有联系的各个系统的调用关系被分析出来，这种调用关系除了用于容量规划，还对问题的排查起到很大作用。

（3） 良好的系统实现，线上压测平台、链路分析系统、自动扩容缩容系统都是具备良好的系统实现，解决了非常多的技术难题和挑战，有许多值得借鉴的点。

蔡为东点评：现在讲稳定性的案例非常少，我对线上压测这个要点的印象非常深：怎么做好线上的压力测试是一件非常有挑战、有意思的事。第二个要点就是他们那边做稳定性测试也准备了很多模型，并不是只用一个模型或方法。不是说我就一个办法，比如他提到的各种不同的情况，这些模型也可以在不同的场景去运用。这个要点也是值得借鉴的。

作者姓名：程美

作者职位：科大讯飞技术质量部效果测试专家

作者简介：效果测试专家，从事 7 年语音识别效果测试研究，主要负责讯飞语音云和输入法的识别效果保障，擅长语音信号质量检测、海量真实用户数据分析建模，应用产品效果评测和竞品分析，参与并主导语音产业联盟关于电视和车载智能语音交互系统的多项测试标准的制定，并在识别效果自动化测试方面形成专利

所在研发团队规模：300 人

研发团队职能定位：秉承“从市场中来、到市场中去”，“用正确的方法、做有用的研究”等核心理念，致力于建立智能语音及语言核心技术和核心技术应用产业化两大方面的竞争力，将语音核心技术转化成产品，为语音云提供语音引擎，为业务发展提供长足的技术支撑，为用户效果提供保障和优化

基于大数据的语音识别效果测试和优化

一、背景介绍

随着语音应用需求的不断扩大，以及一些语音厂商和 IT 巨头的大力推动，智能语音技术在移动互联网、呼叫中心、智能家居、汽车电子等领域的应用逐步深入，带动了智能语音产业规模持续快速增长，这也提升了对语音产品质量的更高要求。

效果测试一直都是一个成本极高的测试类型，如果还是以体验为主的测试，投入与产出并不能成正比，为了解决这一问题，本次实践对原始测试方法进行了创新，通过数据分析来辅助测试，让分析成果来不断优化我们的语音产品。

二、问题的提出

在两年前，语音应用相对比较少，用户对语音交互还没有形成太强的依赖，近两年随着微信、各种智能手机助手的推广，大家逐渐接受和习惯了使用语音交互。这样为我们收集更多的研究分析样本提供了便利。

语音识别技术也从之前的命令词识别发展成为连续语音识别。七年前，我们对命令词识别效果，只要采用穷举测试，就能比较客观地对其效果进行评价，现在我们再也不能将我们的测试对象限定在几千词语中，而是各种语言的海量文本内容。像等价类划分、场景法等都不足以来完成这种特殊应用的功能一致性即效果测试。

每天都有几 T 语音数据产生，那这些数据如何被我们使用，如何将其纳入我们的效果测试和优化流程中呢？是这几年我们在努力研究的课题。终于，海量的大数据在被我们每天无时无刻的加工着，并对加工后的结构化数据资源进行抽取使用，来不断离线验证我们系统的鲁棒性和效果，并用这些数据，来迭代优化我们的核心技术。我们对语音数据的持续分析、挖掘、管理和可视化，提高了效果测试的产出比和识别效果。

经过这几年的努力，我们的语音技术迎来了一批批的忠实粉丝用户，他们对我们的产品质量都赞不绝口，但是，这不是我们的终点，我们还在持续地攻克强噪下的语音识别，希望打造出真正靠谱的车载语音操控系统，让车主用户满意。

三、解决思路

语音识别目前应用的领域如图 2-52 所示，所以效果测试除了评价通用的语音输入效果，还需要细分到具体的应用领域，每个领域的效果评价需要采用不同的文本和语音测试集合。

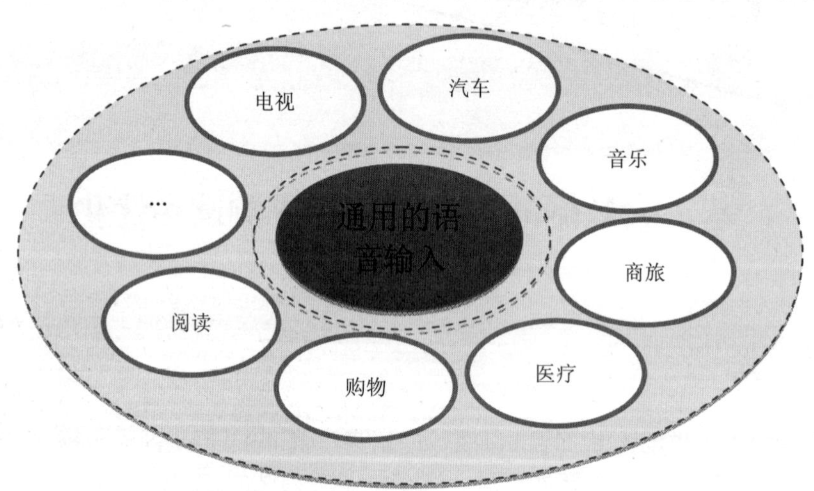

图 2-52 语音识别目前的应用领域

效果测试基本经历了四个阶段的演进，如图 2-53 所示。

（1） 客观一致性：使用录制好的几百句测试集来评估产品，并且制定一个可达成的效果指标，达到指标就算产品合格。

（2） 主观体验：设计表格，准备体验的 demo 工具，招募体验人员，按照设计好的语聊表格进行体验和结果记录，最终对收集好的记录表格进行统计分析。这一方法中需要注意表格设计的全面性和代表性。

（3） 用户测试：取材于语音云现网，对真实用户的数据进行加工整理形成测试集，从不同维度评价识别正确率，比如正常背景环境，噪声环境，甚至可以给出不同手机客户

端的识别效果情况。并且经过这些海量数据多维度评价后，可以发现隐藏的一些问题，并且给出验证测试集。

（4） 灰度体验：使用最新的引擎，招募真实用户，对系统进行第一手的评估，对收集的体验数据进行分析，给出效果提升评价和整体效果分析报告。

这四个阶段，并不是彼此独立的，只是多了评价方法和每个阶段各有侧重点。我们现阶段，这四种方法都在使用，但我们更注重用户测试集和灰度体验对产品得出的效果报告，这直接决定产品是否能最终上线。

灰度体验我们一定要做到用户透明，最好不要用户带着任务去体验，而是最真实地去使用，这样收集的数据，分析起来才更有价值。如果太过于刻意，那样的结论可能有悖真实情况。

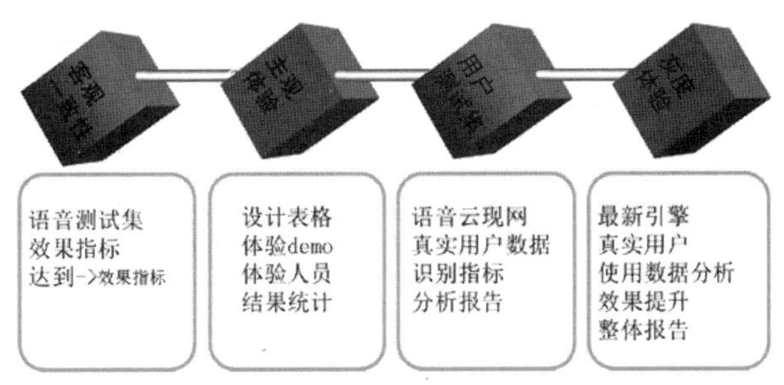

图 2-53　四个阶段的演进

如图 2-54 所示，效果测试的分类可以根据测试对象不同进行划分。

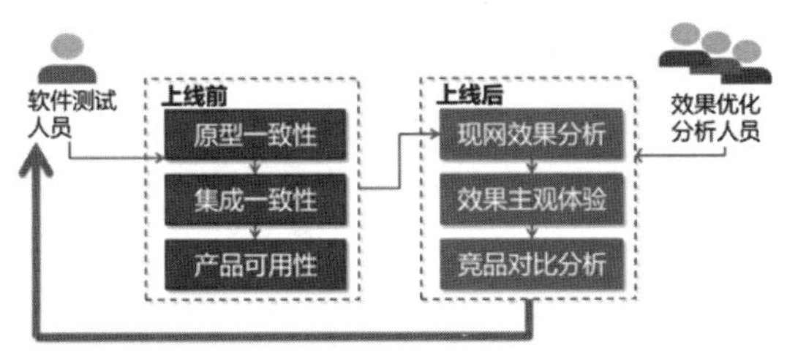

图 2-54　效果测试的分类

四、效果测试实践过程

如图 2-55 所示效果测试流程的五个阶段，我们分别指定了关键活动和必要的输出物。

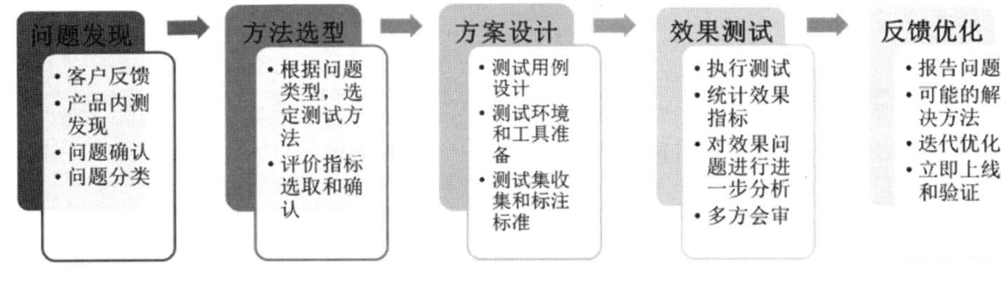

图 2-55　效果测试流程的五个阶段

下面详细介绍各阶段的内容。

1. 问题发现阶段

问题发现阶段的关键活动是发现各方反馈的问题，核心是获取用户对产品真实的使用评价，为后续优化提供方向。该阶段分为问题收集和确认两个过程，产出的效果问题跟踪表，具体如图 2-56 所示。

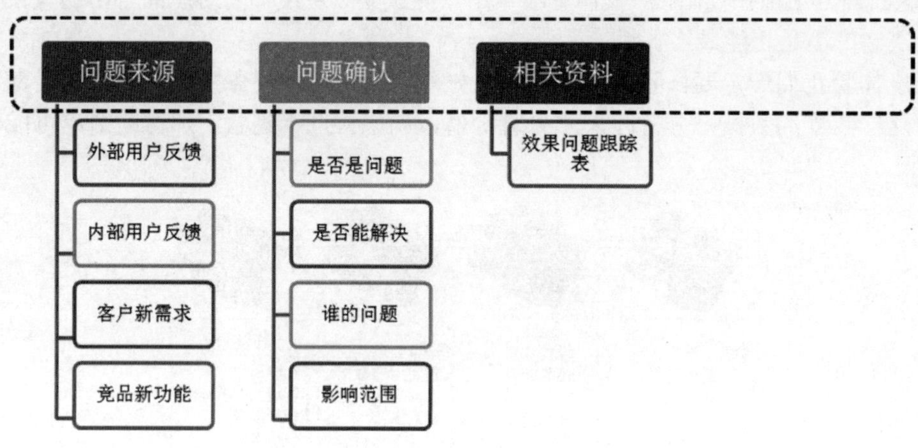

图 2-56　效果问题跟踪表

问题的来源可以分为内外部用户反馈，客户的一些新需求，竞品的新功能等。对问题的确认不仅要辨别伪问题，还要判断出问题是否能解决，是谁的问题，影响的范围是否大，是否必要第一时间解决等。

2. 测试集建设阶段

如图 2-57 所示，测试集建设非常关注数据来源和数据标注。数据除了依赖于语音云大数据，还需要人工设计一些覆盖度全面的语料。比如对于空调控制的指令，除了取到用户的一些数据，还需要人工设计一些全功能的文本语料。

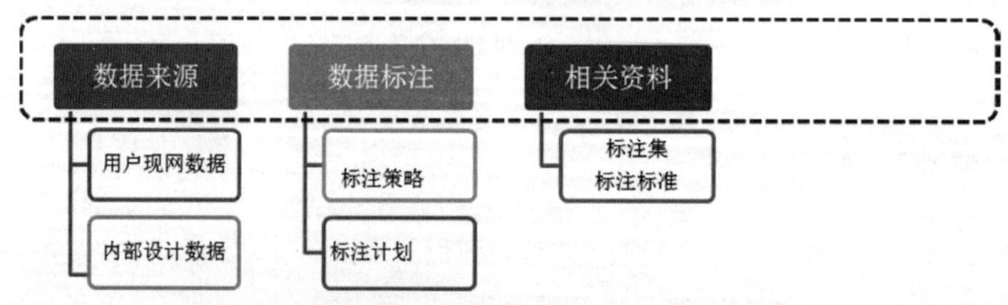

图 2-57　测试集建设

数据标注需要有针对性的标注策略，哪些是坏数据应该剔除，哪些语音参数需要标注，比如语音端点等，哪些数据需要标出性别、口语和背景噪声等声学面貌数据。该阶段可产出标注集和标注标准。

3. 反馈优化阶段

该阶段需要给内部研发提出影响用户的关键因素，并且准备可直接使用的研发验证集

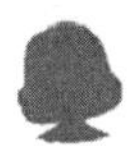

合，方便内部开发人员快速定位、验证和解决问题。

在效果测试阶段，测试和分析的自动化，以及真实的模拟场景也是非常重要的，需要具体执行人员在日常工作中不断创新，对工作耗时的地方进行分析和优化，提高工作效率。

五、效果优化实践过程

语音识别效果优化，能在近几年发展迅速，主要得益于核心技术、训练等流程的成熟，这体现在以下几点。

（1） 基于领先的语音核心算法（环境抗噪、深度学习、超大解码、口音自适应等）。

（2） 基于云计算的工程平台（几台服务器几十核到万核级别，训练时间大幅缩减）。

（3） 超大规模的语音和文本数据利用（样本从一万人到几百万人）。

（4） 便捷的训练流程（傻瓜式全自动，掌握门槛低）。

（5） 多套上线机制。

（6） 基于语音云的大数据存储和使用，也让识别效果优化有资源支撑，我们对大数据的使用如图 2-58 所示。我们发现分析在逐渐取代测试，测试的主力还是在广大用户群体本身。

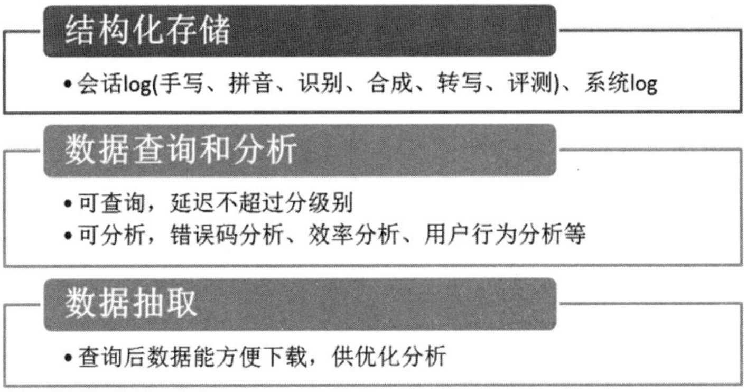

结构化存储
•会话log(手写、拼音、识别、合成、转写、评测)、系统log
数据查询和分析
•可查询，延迟不超过分级别
•可分析，错误码分析、效率分析、用户行为分析等
数据抽取
•查询后数据能方便下载，供优化分析

图 2-58　对大数据的使用

另外，数据制作不是全依赖公司的正式员工，我们还会逐步寻求低成本的专业公司，开创了数据制作的众包，另外对于我们不擅长的领域数据制作，会直接采用外购的方式。

数据、标注、训练、测试等平台的一体化，为我们节约了大量的人力成本和存储空间。维持原始数据同一份的原则，互相根据需求加以选择性使用，避免大数据的重复复制和备份。每个平台后台都是相通的，如图 2-59 所示。

数据
标注平台
训练平台
测试平台
灰度上线系统
现网上线系统

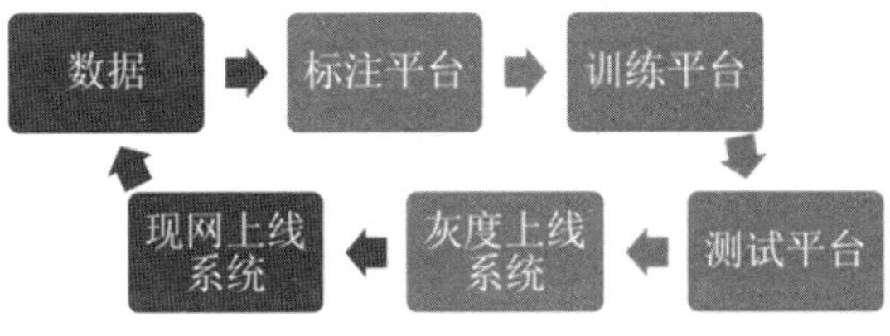

图 2-59　相通的平台

六、效果评价

在电视语音应用产品方面，我们投入了效果测试优化工作，识别准确率从85%提升至96%，并且能跟随测试集不断更新，持续保持这个指标。

已形成自动化的效果测试框架，全面保障语音云上三十多类细分领域引擎和模型的识别效果。

形成十几个T的数据测试库，可以根据地区、性别、学历、年龄、时长、语言、内容、信噪比、场景等多个维度进行随意组合和抽取。

附上最近两年取得的效果优化成果，如表2-5所示。

表2-5　近两年取得的效果优化成果

基于大数据处理	相对错误率
在数万小时语音库上，基于置信度估计实现无监督训练	10%
自动挑选数千小时带噪、方言口音加入训练	10%～20%
针对不同应用的语音识别优化	10%～20%
基于用户语音数据的个性化识别	5%～25%
基于海量用户的识别多候选的弱监督训练	10%～15%

七、案例启示

使效果测试更真实地反映产品投向市场后用户实际使用效果，这是我们的基本工作原则。如何能将海量数据利用起来，不断快速迭代优化核心引擎效果，提升用户的满意度，这促使我们团队持续奋斗。在攀登语音产业最高峰的同时，希望我们的经验能够给大家带来一些帮助。

八、参考资料

[1]《中文语音识别系统通用技术规范 GB/T 21023—2007》

朱少民点评：这个案例是比较专业的，但我看到座无虚席，大家还是很感兴趣的。未来语音的应用越来越多，键盘输入越来越少。测试也在面临挑战，无论是语音质量还是视频质量，以前人工测试还是比较多的，而现在可以利用大数据自动化等，还是可以起到很大的作用，值得我们借鉴。

作者姓名：任亮
作者职位：HP 全球测试中心资深质量经理
作者简介：CSTQB 高级专家，有多年测试和管理工作经验，曾在华为、IBM、HP 等多家知名公司从事软件测试和管理工作。目前就职于 HP 担任质量经理，曾负责 BI 项目管理，担任项目管理办公室负责人，负责培训管理和知识管理等工作
研发团队规模：30 人
研发团队职能定位：作为 SAP 全球方案研发部，为解决方案的研发实施提供技术及工具支持

大数据时代软件测试项目度量和预测分析系统

一、背景介绍

软件测试越来越重要，但测试过程更多时候像一个黑盒子：客户不知道测试能够带来的量化的价值，也不清楚按目前的进展是否会按时完成任务以及退出测试的时机是否合理等。我们设计的软件测试度量和预测系统希望改变这种测试局面，可以自动显示测试项目的价值及测试过程是否异常等。该系统对测试中心十几年来的数千个测试项目的测试数据进行分析；同时以质量、效率和进度为重要维度对软件测试全过程进行度量。最终的预测和度量都在一个应用中自动展示给项目利益相关人，从而更好地计划和管理项目，并对测试项目（产品）质量提供信心。

二、实施过程

1. 建立合适的度量项

（1） 度量项需要考虑的问题有以下几点。

① 通用性。

② 度量粒度。

③ 度量项数量。

④ 数据真实性。

⑤ 数据收集方法。

（2） 对于度量项的建议，有以下几点。

① 利益相关人的目标导向。

② 全生命周期度量。

③ 工作量收集工具一定要有，切要简单。

④ 尽可能多的自动化。

度量项的定义方法。

从软件测试的四个主要阶段来定义：需求分析阶段，测试设计阶段，测试执行阶段，项目移交和尾保阶段。

要保证所有度量项之间有相关性，确保它们是一个整体。这样项目成员没有必要为了某个度量项的值来更改或制造数据，因为某个度量项值太高可能会影响其他度量项。整个度量项涉及三个维度：项目进度、质量和效率。项目进度相对来说最简单：只要输入项目信息的时候把计划的各个阶段录入，和实际情况相比就可以。质量和效率两个维度在我们的系统中分成 9 个度量项。由于项目的特殊性，部分项目在需求阶段介入不多，我们没有强制设定度量项。在项目设计阶段就要看每天设计多少个测试用例，以及每个需求项有多少个测试用例来覆盖，这样可以保证需求的覆盖率。如果我们只看这个指标，就会产生大量无效或低效的设计用例，为此我们在测试执行的时候要看每个测试用例平均被执行的次数；如果执行的次数也多，就要看平均每个测试用例发现的缺陷数；如果缺陷数也多就要看发现的有效缺陷比例；如果也很高就要看其中高级别缺陷的比例；如果这个值也高就要看最终产品的缺陷移除率；如果这个值也很高就证明这个项目过程是好的，结果也是好的，这就是全生命周期度量的主要含义。多维度多个度量项来自动衡量项目。

2. 建立数据平台

数据平台的建立是一个大的工程。首先自然要有合适的数据源，比如测试管理的系统或者 Excel 等；同时为了有效衡量效率还要有一个收集工作量的工具，该工具一定要简单好用。之后就是构建数据平台：要把多个数据源的数据定时读取到数据分析数据库中，这个数据库我们一般推荐更适合大数据分析的数据库，本系统我们选用 Vertica，它的处理速度比传统行数据库快很多，差不多是传统数据库的 1000 倍，而且数据可以自动压缩。在这个数据库中我们可以进行 ETL 过程，然后把需要的度量项的结果自动存储在 L3 中供系统使用。

图 2-60 所示是度量系统的架构。

3. 建立预测模型

建立预测模型是系统的另一个核心：实现预测功能。我们为什么要做预测分析呢？现在的软件测试不是已经很好了吗？那让我们看一下以下几个问题，你是否有答案呢？

（1） 何时终止测试？

（2） 测试价值有多大？

（3） 缺陷移除率是多少？

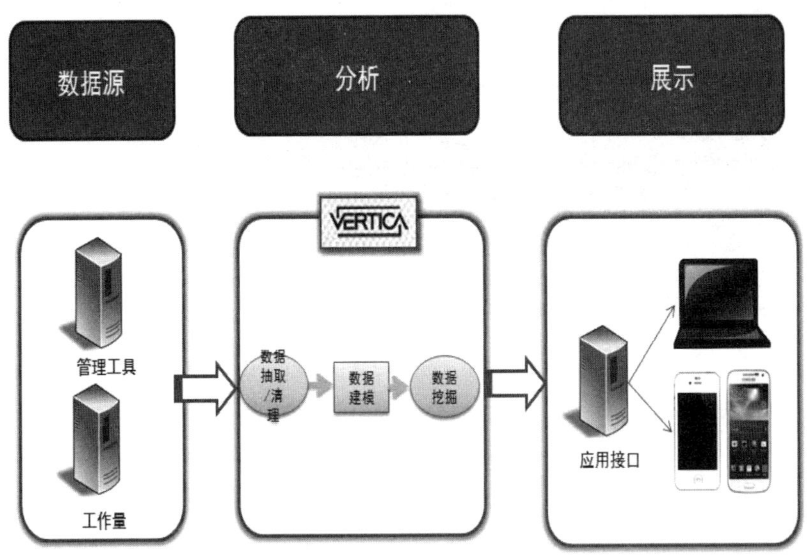

图 2-60　度量系统的架构

（4）　测试投入多少钱最合适？

（5）　如何可视化显示项目状态？

你是否能快速回答这些问题？如果可以的话，你的根据又是什么呢？比如说何时终止测试说的是测试退出条件。按照我们以前的理论，在保证测试流程正确的条件下，达到预定的退出条件就可以退出测试，如测试不能继续进行，没有严重程度高的缺陷存在，测试达到既定的目标等。那么既定的目标有哪些呢？一个重要的目标就是缺陷移除率，这个值对所有的测试项目都非常重要。但这个值的分母是被测系统总的缺陷，这个值如何确定？目前有一些理论在这方面有研究，比如按照之前发现的缺陷产生速度，如果连续多少天下降或连续几天发现缺陷数量都小于某个值即可结束测试，并估算系统总的缺陷。这是一个简单的方法，在某些系统中可以应用，但这样做的可靠性有多少呢？或者是否有其他更简单更量化更容易使用的工具呢？这就是我们今天要讨论的缺陷预测工具。我们做了几个尝试。

（1）　首先对于按照传统 V 模型来开发的项目进行单因素的预测，如图 2-61 所示。

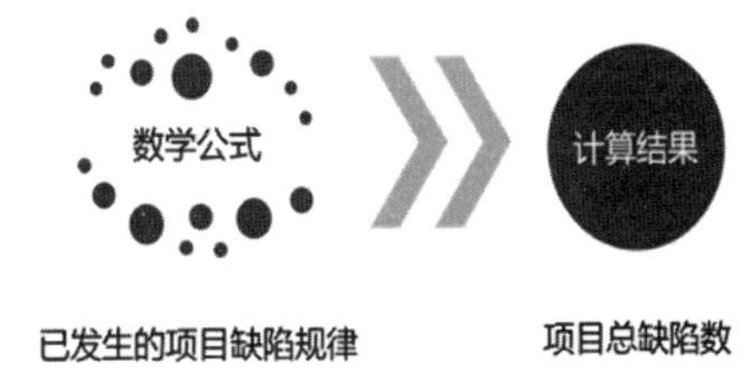

图 1-61　单因素的预测

根据该项目前面测试执行发现的缺陷随时间分布的规律来预测接下来每天发现的缺陷数量，并按照一个概率设定上下控制线。这样就可以直接对项目进行指导和监控，并可以在项目退出时计算缺陷移除率。

（2）　对敏捷项目进行多因素的简单预测，如图 2-62 所示。

目前业界越来越多的软件开发项目选择敏捷开发，HP 也有越来越多的项目选择敏捷。所以对于敏捷项目的预测也越来越重要。实际上目前对于缺陷预测的几个常见模型都是基于瀑布模型或 V 模型的，对于敏捷模型的预测还很少。基于以上原因，我们选择利用已有的历史数据来进行线形拟合，预测效果很好。分析其原因是敏捷项目的范围、时间、人员、技术等在每一个迭代周期相对都比较固定。

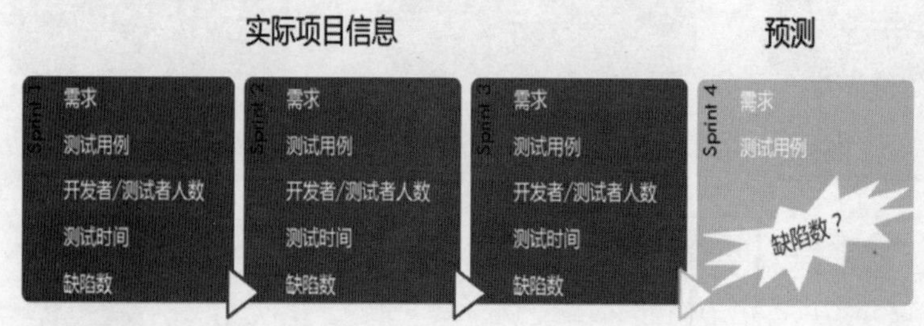

图 2-62　多因素的简单预测

4. 整合分析预测进入度量系统

在预测系统和度量系统都建立好以后，我们把它们整合和在一个系统中。对于用户来说能看到的就是所有项目的状态，之后他可以过滤他需要看到的项目状态。如果风险过高会显示黄色甚至红色，但其背后的支持模块包含预测和度量。每个项目都有链接，可以点进去后查看项目的具体信息。

5. 建立全生命周期的管理

整个系统建立好以后，我们就可以实施全生命周期的管理。对于管理人员和客户来说，只要有一个手机或其他移动设备或者电脑，就可以随时管理他们的项目。而对于项目组成员来说也大大减少他们的工作量，不需要填各种度量数据。并且该系统的数据源是大家都认可的测试管理系统，这样也可以保证数据的真实性和可靠性。

三、案例启示

（1） 数据很有价值，但数据只有被利用起来才实现其价值。
（2） 利用大数据的技术可以帮助我们解决很多之前我们认为是黑盒子的事情。
（3） 数据分析一定是一个团队的有效合作。
（4） 一个好的系统一定是对用户来说非常简单的系统。
（5） 缺陷是可以预测的，测试价值是能够量化体现的。

吴凯华点评：非常感谢任亮老师针对度量预测、模型的建设以及指标体系的分享。一个公司如果能有相对很体系化的度量建设，以及针对测试领域非常专业和完善的开展测试预测，这家公司的研发规范性以及对质量的高度重视一定是不言而喻的。如何客观和正确地开展度量指标设立和不同权重设立，如何结合不同版本质量数据针对性开展测试预测？我了解到，目前测试领域有这样探索的团队还不是很多。度量包括测试预测其实对建模要求很高，研发管理、项目管理、测试管理等相关的系统支持要先到位，团队在这里的执行和敏感度要足够，测试预测才能真正高质量开展起来。希望这个精彩分享能对行业同仁带来很好的启发！

作者姓名：钱承君

作者职位：测试架构师兼管理

作者简介：多年互联网从业经验，曾在美国留学与工作，是业内最早从事 iOS 系智能手机研发的工程师之一，归国后逐渐将注意力转移到更具技术挑战的技术领域，加入大众点评，主导团购支付、邮件渠道营销、个性化推荐等技术方向。2011 年加入百度，担任大规模分布式存储系统的测试架构工作，为百度的存储体系构建质量保障方案

研发团队规模：70 人

研发团队职能定位：探索大型数据系统的质量保障实践，确保核心业务健壮

百度大数据质量保障体系

一、背景介绍

在 IEEE 的标准中，测试被定义为“对系统或系统原件在特定条件下的运行结果进行观察或记录，并对系统和原件进行某些方面特性的评价”。传统的测试验证手段专注于构建特定的输入、上下文场景、系统执行路径，并通过对系统输出的检测，来验证系统的正确性。随着行业中大数据话题的逐渐兴起，我们实践发现，传统的测试设计方法无法完全满足这一新领域的质量保障目的。例如，地图导航系统将用户带到一家已休业的店铺，这一结果明显违背用户意图，是一个典型的产品问题。但由于软件系统的功能是符合预期的，数据的错误无法用传统测试验证手段来提前发现。

随着百度关键领域的工程架构日益成熟，大规模的工程重构性项目逐步趋于收敛，业务的突破口逐渐倾斜至算法与策略，例如贯通更多更全面的数据、利用深度机器学习技术带来的广告变现的增益，等等。在这样的大背景下，如果测试团队的角色定位仍停留在工程代码验证与回归支持的层面，恐怕将有被边缘化的风险。越来越多的数据类的场景与项目，促使部门开始这一新技术领域的探索。

百度每日新增的数据量高达几个 PB，这些数据将用于搜索、广告等核心业务系统。在这一规模下，数据与系统的质量保障会遭遇到新的问题与挑战。限于篇幅，本文将是一篇综述性质的文案，介绍一个系列的案例，逐一介绍在大数据测试方向取得的经验与教训，以期抛砖引玉，为更多企业提供该领域的质量保障体系建设的思路。

二、大数据带来的质量挑战

大数据类项目与传统工程性质的项目相比，系统庞大复杂、场景难以构建、输入无法穷举，因此传统的系统验证方法难以满足质量保障诉求。实践过程中主要遇到以下几类较为困难与特殊的场景，罗列如下，并在后文附上解决思路供参考。

（1） 大数据领域涉及多类目的基础算法，例如挖掘、推荐、预测、机器学习，算法本身的测试是一个专业性很强的方向。例如基于时间序列的预测模型，可用于库存管理，帮助全国连锁便利店更合理有效地补充货源。这个预测模型的有效性验收，是一类典型的大数据测试挑战。

（2） 大数据领域常常会涉及无明确验收标准的场景，是一种典型的 Test-Oracle 缺失问题。例如电商推荐，这类系统输出结果是否正确是存在灰度与模糊的，系统总是在持续优化与逼近理想状态。这类项目的行进过程中，对测试过程有着不同的诉求。

（3） 大数据往往涉及“长数据流”，数据的源头到数据的消费往往横跨整个公司，介入多个部门，体系架构复杂，信息量远超出个人能掌握的范畴。例如百度搜索系统，从获取整个互联网的页面内容信息，到最终将搜索结果展现在终端，途径页面内容提取、页面权重计算、去重与反作弊、建立索引、用户搜索点击分析等一系列动作，要求测试团队积累体系化的工具与能力，方能有效追踪和覆盖跨多业务团队的问题。

（4） 大数据往往涉及超大数据量的验证，每日千亿级别的数据，抽样无以穷举，而在线的持续监控会导致大量资源损耗。当数据量极大时，会遇到一些问题与瓶颈，需有相应解决方案。

（5） 大数据系统往往涉及平台与应用共存的复杂测试场景。典型的场景可描述为：苹果的 iOS 操作系统是平台，基于平台有一系列应用，如何保障平台升级后应用的兼容？同样的，Hadoop 平台与 Map-Reduce 程序，数据库与基于数据库的存储过程，都是这样的场景。在自主研发的平台持续迭代的过程中，应用也在保持着快速的迭代与升级，需有相应的研发流程对这类项目模式进行回归支持。

（6） 支持大数据量的基础架构体系，涉及分布式系统、容灾容错、运维、拉伸扩展、性能、异常，需有相应的技术积累。

三、解决方案综述

1. 第一类问题：基础算法的测试的常用手段

（1） 功能测试。算法的功能性测试仍能复用传统的测试设计方法，依据对算法的理解构建输入输出，验证算法的基本功能正确性。

（2） 蜕变测试。由于边界常常无法穷举，为补充算法的功能验证，蜕变测试是一种常用的手段，在不确定输出预期的前提下，对已知的输入进行渐进变化，并由输出变化的关系来判断测试结论。不对该方法展开详述，可翻查相关文献。

（3） 性能测试。① 关注算法的基本指标，包含但不限于并发、吞吐、时延，确保算法能应对给定场景的压力；② 算法的伸缩性，空间、时间复杂度是否吻合算法设计预期，性能拐点在什么条件下会出现；③ 算法本身的资源消耗，是计算密集型还是存储密集型，随输入压力变化对 CPU、IO、Memory 的损耗如何变化。

（4） 健壮性测试。各种异常输入，异常注入。

（5） 算法特性测试。例如算法设计时理论满足线性特性，在数值型输入递增整数倍率时，输出也应当预期同倍数递增。部分算法有典型、明显的特性。

（6） 同类算法交叉验证。大多主流算法均有开源实现，可寻找相近算法，借助开源实现处理同一数据样本，来观察输出结果与待测算法输出结果的差异，并对较大差异点进行分析。

（7） 引入真实数据场景。在测试预测模型的过程中，我们获取了百度文具中心的领用记录作为样本数据库，来观察预测算法是否吻合真实数据波动。一些真实数据样本往往对特定算法验收有很大帮助。

（8）获取大数据样本。百度在调整语音识别模型时，需要收集大量的用户语音样本。众测、众包、向第三方公司购买，都是获取算法验证所需的大数据样本的传统手段。

2. 第二类问题：大数据应用场景的质量保障体系

这类场景往往基于大数据常见的基础算法，例如推荐、预测、挖掘等。典型的应用例如电商的推荐系统，工程与算法的有效性不代表最终推荐能获得成功，作为测试团队，还可以在以下几个方面来支持这类系统的迭代。

（1） 确定质量标准。对于验收标准不明确的系统，首先需要明确判断正面或负面的结果的标准。例如一个电商推荐，推荐商品的重复（例如来自不同售卖者的同一款商品）是负面结果，推荐内容不相干是负面结果，推荐了配套设备（例如买了手机推荐同品牌的手机配件）是正面结果。需要有约定的质量标准，才能建立有效评估体系。

（2） 评估体系。基于质量标准，可人工对每一迭代进行评估与打分，人工标注可由己方人员、也可由“众包”等形式提供，见第一类问题中的“获取大数据样本”。评估可针对全量数据的抽样，也可针对差异部分的数据。如何有效地从大数据中抽取样本，是一个需关注的问题。

（3） 数据分析。数据分析是了解和改善这类系统质量的重要手段。例如电商推荐，可根据用户实际购买的情况来判断推荐的有效性，若某一品类的推荐远低于均值，可能需要尝试不同的模型或手段来辅助提升测试效果。也可针对每一高人气商品的推荐商品数量、丰富度等，来宏观了解整个推荐系统的现状，帮助找到最有价值的改进点。

（4） 小流量实验支持。通过灰度分级上线，渐进验证算法或策略的有效性。好的小流量实验框架，是较高并发的、发布成本低的、支持特定场景与用户群的、能快速协助判断的。小流量对于大数据应用类场景的迭代效率有很大帮助。

（5） 工具链建设与研发过程改进。在一些初步尝试此类项目的团队，研发过程往往遇到一个问题，即工程、数据准备、算法、策略调优、上线运维、结果判断等诸多任务，是由同一个工程师肩负的，这会导致效率降低，且新人上手与培养的周期变长，核心人员流失对项目影响变大。需要构建工具与流程，尽可能切割任务类型，并将整个过程有效衔接，以支撑更快速有效的迭代。

3. 第三类问题：复杂数据流质量保障

这类场景常跨多个技术团队，上下游复杂，数据量大以至难以穷举验证，问题的发现和排查较为困难，并非线下体系能覆盖。通常，会涉及以下技术手段。

（1） 线下验证。传统的单测、功能测试之外，需抽样引入线上数据流，或给予模型生成更大量的样本，来验证系统的稳定性、时效性。

（2） 一致性验证。对于升级系统，获取相邻版本差异，自动或人工查验差异部分。

（3） 线上监控。复杂数据流的在线监控重要度高于线下测试，关键点在于规则库的梳理，一般流程参考大数据常见的子产品“Data Quality”，在数据流运作时，判断数据是否符合特定规则，并将结论同步到数据收集系统。对于大数据量，额外的性能开支是需要考虑的因素。

（4） 数据闭环。需构建机制确保问题收敛，使得数据质量得以提升。对于千亿级别的数据，监控的略微波动会引起超大规模的报警，需有机制对报警聚合，并使得报警阈值动态浮动以提升准确率。一些大数据异点分析的技术会对此有帮助。

（5） 问题定位。需构建机制，对报警问题自动排查，或构建工具辅助排查，降低维护成本。

（6） 性能与延迟。大数据环境的性能测试与调优，有诸多相关文献，本文不展开讨论。

4. 第四类问题：大数据测试流程相关

（1） Test After Release。发布后的测试分为两类。一类是前文描述的发布过程管理，例如预算线环境、小流量实验框架等。另一类是由于场景与测试集合无法穷举，除线下测试环境外，往往将测试引入线上，作为持续监控过程。

（2） 平台与应用的迭代支持。尽量给每个开发者提供独立隔离环境，必要时模拟一些周边组件，以避免快速迭代时的集成成本。要求平台对前兼容，主流应用测试失败时不允许平台新版本并入，有自动的持续集成验证，失败时有“回滚”机制。对于 Hadoop 类的复杂平台，需有长时运行的稳定性环境，线上复制少量任务或直接对应用测试开放，以期待暴露更多问题。

5. 第五类问题：复杂系统的测试技术积累

处理大数据的系统往往是大规模的分布式系统，如果相关系统为自助研发，有额外需注意的测试点，罗列如下。

（1） 健壮性。“Monkey Test”与“Fuzz Test”是复杂系统常用的测试手段，建议按项目需求，构建相应的基于模型的、数据驱动类的测试工具，以增加测试集的丰富度。

（2） 时序敏感。对于分布式系统，需尝试有条件地控制系统在特定时序条件下稳定执行，以确保更完整的路径覆盖。这类工具对定位那些非稳定复现的线上问题也很有帮助。

（3） 扩展性。性能的线性及拐点，常限于测试资源无法全量验证，需在线验证或设计场景模拟。

（4） 伸缩性。集群处于各种状态时，节点加入和退出集群，验证可靠性。

（5）测试资源。大型系统往往线上物理节点数过千，测试资源会有局限，需要做好多轮降维。

（6）异常。磁盘磨损或坏道、文件系统局部损毁、内存过载、网络拥塞、通讯丢包、包重复、网络分割，须有工具在分布式系统级环境下完成简单模拟。分布式系统设计时应当容错，可以对系统级测试回归过程中注入异常，撞击测试，来进一步验证系统健壮性。

（7）一致性。带有状态的分布式系统（例如分布式存储），应定期检测线上数据一致性。

四、案例启示

大数据类的项目往往无法通过传统测试手段保障质量，是一个挑战更是一个机会，测试团队在该领域大有可为。让我们勇于开拓积极创新，打造坚实的技术基础，为迎接新时代到来做好准备。

朱少民点评：这个案例内容比较多，讲得也比较快，但我看大家听得都还很投入的。不愧是百度出来的案例。

作者姓名：董欣
作者职位：H3C 测试中心系统部经理
作者简介：H3C 测试工具和自动化负责人，拥有 10 年以上的测试工具和自动化开发经验，长期致力于测试范围和测试效率改进方法和过程的研究和实践
所在研发团队规模：280 人
研发团队职能定位：愿景是建立专业权威、开放共享、服务务实的业界一流独立测试机构，使命是确保 H3C 公司为客户提供高品质的产品、服务和解决方案

H3C 云测试平台——iTC

一、背景介绍

从有测试工作的第一天起，如何让机器来代替人完成重复枯燥的测试执行工作，就成为了测试工程师的孜孜追求。在不同的历史阶段，都出现过有代表性的自动化测试工具和解决方案。H3C 根据自己的实践经验，结合业界数据，采用过不同的技术 H3C 的测试自动化技术大致可以划分为三代。

第一代测试自动化：以捕捉/回放（Capture/Replay)工具为中心的自动化。

第二代测试自动化：以测试脚本为中心的自动化。

第三代测试自动化：以自动化测试平台为中心的自动化。

H3C 三代自动化技术分析对比见表 2-6。

表 2-6　H3C 三代自动化技术分析对比

	第一代	第二代	第三代
	以捕捉/回放（Capture/ Playback）工具为中心的自动化	以脚本（Script）为中心的自动化	以自动化测试平台为中心的自动化
特点	以捕获和回放作为主要的自动化手段，主要用于 GUI 系统测试； 提供简单的脚本自动生成和开发功能； 脚本语言简单，编程要素少；脚本可维护性差； 对被测系统变更的容忍度基本为零，被测系统的细微改动都可能导致脚本无法运行	整个团队采用了统一的适合本技术领域的的完备的脚本语言； 测试工程师基于自己的测试环境编写自动化脚本，可移植性差，质量也参差不齐； 测试工程师的自动化成果工作不能形成合力，难以持续有效积累	统一的自动化平台框架，统一的脚本架构和风格，统一的脚本质量； 对测试操作进行了高度的抽象概括，形成了完备的 Action Word 通用 lib； 脚本的重用性，可维护性，鲁棒性有了保障
示例	QaRun 测试工具；SNMP Tester 工具	早期平台测试组工程师完成的 tcl 测试脚本	基于 ATF 自动化平台开发的 TestBladeV1、V2 的脚本

二、问题的提出

那么，H3C 是否有第四代自动化测试技术呢？回答是肯定的，H3C 基于自己的实践和探索，认为下一代自动化技术，必然是以网络为中心的测试自动化，时髦的说法是以云为中心的测试自动化。所有的测试设备（真实的、虚拟的）、测试仪器以及测试用主机，通过一个测试自动化管理系统进行统一管理，呈现在测试工程师面前的是一个测试设备云。测试工程师可以远程登录到测试自动化管理系统，通过任务管理系统提交自己的自动化测试任务。测试工程师只需要描述清楚测试所需要的设备类型，设备之间的链路类型，所用的测试套，系统即会按规则在测试云中进行搜索和计算，得出什么时间有能空出满足本次测试任务所需要的测试执行环境。测试工程师可以预约这个时间之后的任意时间运行自动化任务，并准时收到自动化测试结果。上述的云测试系统——iTC 就是本案例要分享的对象。

三、实践过程

1. 速度提升

第三代自动化末期，脚本集规模达到近 4000，整体执行时间逼近 300 小时。倘若没有对策，自动化终究会因脚本数量太多来不及执行完而被抛弃，所以技术变革迫在眉睫。第四代自动化平台要解决的首要问题就是提升速度。提升速度的核心就是增大并发，可行的途径一是增加自动化组网，二是优化自动化平台。

受到成本控制的影响，自动化物料也不能无限增长，通常会把念头动到手工测试组网头上。其实，早有人倡导手工和自动化测试共享组网，白天环境被测试工程师手工占用，下班前再预约上自动化脚本执行。但是这种资源最佳配置的工作流程并没有真正被接受，主要是因为组网搭建是费时费力的工作，如果让测试工程师每天下班前搭建自动化组网，第二天上班再搭建回手工组网，估计没有人会愿意做。所以，推广该流程的关键在于实现组网的自动切换。

自动化平台的优化可以从执行方式、组网方式、设备映射优先级、链路映射优先级等几方面着手实施。

（1） 执行方式由串行改为并行。

（2） 自动化组网设备数尽量多。

（3） 选择设备时，辅助设备优先选择非紧缺的设备款型。

（4） 选择链路时，按从少到多的顺序做链路匹配。

2. 流程 IT 化

企业在大型流程落地时，通常会先开发出配套的 IT 化工具后再推广。所以，第四代自动化平台还需要解决流程管理带来的效率问题，即自动化流程的 IT 化。回顾一下，应用 iTC 之前的脚本生命周期子流程如图 2-63 所示。

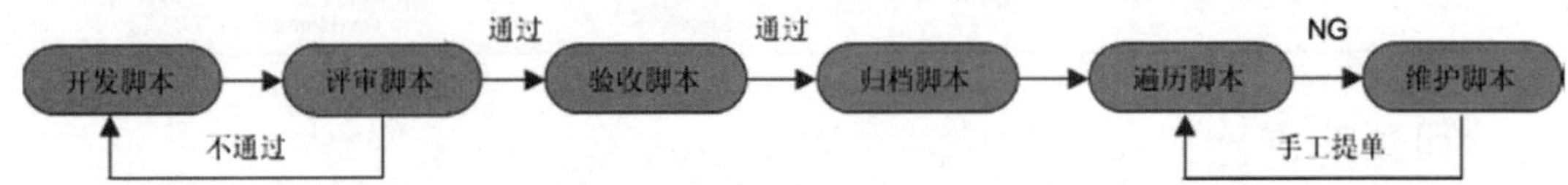

图 2-63 应用 iTC 之前的脚本生命周期子流程

应用 iTC 之后的脚本生命周期子流程如图 2-64 所示。

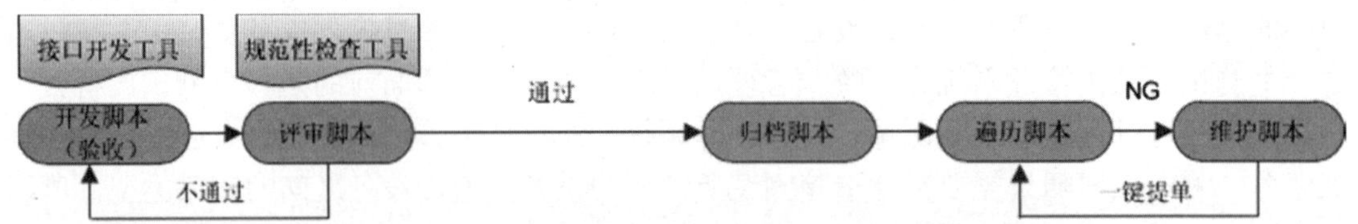

图 2-64 应用 iTC 之后的脚本生命周期子流程

对比两者，最大的变化有以下几处。

（1） 接口开发工具和规范性检查工具的应用。

（2） 脚本开发和验收合一。

以前脚本开发之所以在一款产品上进行是受物料限制，这一限制在云时代已经不是什么大问题。验收环节的裁剪使得脚本的开发周期缩短了 50%，实现了脚本的快速交付。

（3） 脚本自动归档。

脚本入库环节由手工变成自动归档，在提升准确度的同时，还降低了入库工作的枯燥性。

（4） 脚本修改一键提单。

3. 可靠性增强

脚本的执行要既快且好，这个“好”就是指可靠性了。自动化组网是由被测设备、执行主机测试仪、第三方服务器构成的复杂外部系统，各成员间采用 TCP/IP 通信，网络质

量的好坏直接决定自动化执行的质量。所以有必要根据业务的类型选择适当的可靠性保障机制来确保脚本的一次通过率，主要考虑到以下几点。

（1） 环境预验证。

大型测试套执行前，一定要做环境预验证，确保测试床能满足 80%以上的脚本需求。

（2） 文件传输类需求。

对于访问频度不连续的资源，如脚本服务器、版本服务器等，需设置中断续传机制。

（3） 访问频繁资源的可用性。

对于访问频度不连续的资源，如被测设备、链路和测试仪等，需在脚本间隙检测其可用性。

（4） 组网变更的自动发现。

不是每次组网变更后都做重新发现，为了确保真实的网络（连线、款型等）跟系统存储的一致，需要定时触发机制做检查。

（5） NG 脚本的 Retry 机制。

NG 的脚本能自动更换环境重新执行。

（6） 使用可编程电源。

某些版本缺陷会导致设备崩溃，在隔离问题脚本后，使用可编程电源重启设备，确保后续脚本的正常执行。

4. 大数据引爆生产力

再回顾一下前述的脚本流程，经过层层优化，脚本开发和运维仍是消耗工作量最大的核心活动。脚本开发的时间主要消耗在语言学习和代码调试上，脚本遍历的时间主要消耗在 NG 项确认上，因为脚本问题和设备版本问题交织而导致 NG 定位困难。脚本维护说到底能提升效率的部分就是脚本批量修改。

虽说脚本语言算不上多高深，但是掌握一门新语言毕竟还是有工作量的。项目 TC 开发脚本的模式隐含的前提就是脚本开发是每个测试工程师的必备技能，但是有能力写好测试用例的人永远比有能力写好脚本的人多，要想提升脚本的产出率唯有降低开发门槛。试想一下，早十年业界就有基于 User case 直接生成代码的成熟工具，那么基于测试用例直接生成脚本也不在话下。目前，业界能将形式化测试用例直接转化成脚本的工具并不少见，更省事的办法是用录制方式来生成用例和脚本。后者除了开发效率奇高，还能避免语言描述能力带来的差异。若是想兼容多种脚本语言，录制的测试用例可以用中间语言来描述，并可按用户的要求随时导出指定语言的脚本。这一方案的妙处在于以下几个方面。

（1） 测试用例和脚本开发合一。

用例录制完成时，脚本就已经完成了，脚本开发的工作量完全省了。

（2） 脚本开发完全摆脱了设备和版本的束缚。

开发用例时，如果有稳定版本，则采用录制方式，如果没有版本，则可以采用形式化描述来写用例。

（3） 脚本开发提前到测试用例开发阶段完成。

新功能开发出来的第一时间就有脚本可用。

（4） 节省了脚本维护工作量。

一旦设备版本变更，直接修改测试用例，再重新生成脚本即可。

自动化平台成败的关键因素就是看脚本运维开销随着脚本个数增长的趋势，如果消耗在线性增长线上方，那么这个平台最终会因膨胀的运维开销而弃用；如果运维开销不随脚本个数变化或是变化很小，则证明这个平台会有长时间的生命力，要想做到这一点，以下几个要素不得不考虑。

（1） 各环节日志信息详尽、准确。

（2） 脚本运行前和运行中的环境可靠性。

（3） 脚本运行 NG 后的自动愈合能力。

（4） 脚本定位后的批量修改能力。

5. 测试驱动开发

基于传统的开发模式，脚本开发通常在 Beta 版本阶段才启动，毕竟在不稳定版本上开发和运行脚本的工作量都会大好几倍。鉴于 Beta 版本阶段是在代码交付测试后期，脚本的开发和维护者必然是测试工程师。

以前的自动化测试之所以滞后，主要是因为脚本被定位为测试阶段的交付件，而不是贯穿研发全流程的产物。开发和测试由不同的人来承担，开发修改规格和设计时，即便是见到测试人员也不会说得太细，等测试工程师拿到版本，才真正知道开发改了什么，甚至于某些修改要等到脚本跑 NG 了才知道。这时候再来修改脚本，难免会拖长自动化测试周期。倘若能提供一种机制，开发修改的规格和设计能直接传导至测试用例中，这个问题就解决了。试想在自动化平台中实现开发需求到测试用例的跟踪矩阵，标明各开发需求项和测试用例的对应关系，一旦需求项变更，由实施需求项变更的项目组成员直接修改测试用例，并在项目验收前按新测试用例生成脚本做测试，就能实现项目级的自动化测试。

从某个角度说，敏捷开发非常适合上述流程。因为敏捷开发讲究的是版本快速交付，要求在 sprint 阶段前就开发和应用脚本，但如果能根据用例自动生成脚本，那么 sprint 阶段的自动化测试是完全可行的。

四、效果评价

承载着无数测试人梦想的 iTC 云测试平台一开始定位就较高，它不仅仅是自动化测试平台，还应该肩负手工/自动化测试一体化和基于资源整合测试和开发流程的重任。所幸 iTC 系统不辱使命，将梦想变为了现实。iTC 组网管理界面示意图如图 2-65 所示。

1. 测试环境虚拟化、标准化

（1） 组网环境的远程共享。

（2） 组网实时变换。

（3） 主机资源按需分配。

（4） 虚拟设备组网管理。

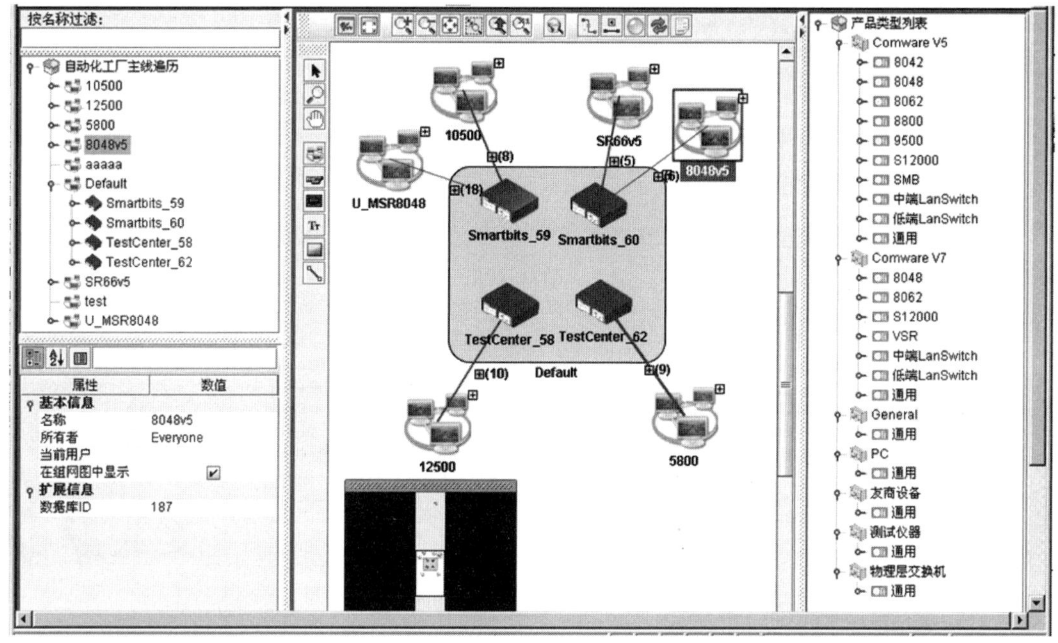

图 2-65　iTC 组网管理界面示意图

2. 流程一体化

（1） 验收和遍历流程整合。

（2） 每日构建环境的支持。

（3） 测试过程和提单过程的衔接。

（4） 手自一体，既支持自动化测试，又支持手工测试。

3. 提升自动化测试的易用性

（1） 指定板卡类型。

（2） 不限被测设备数。

（3） 支持多款型主测设备。

（4） 自动化任务可异地下发。

（5） 所见即所得地完成组网。

（6） 组网变更的自动发现。

（7） 脚本测试床自动生成。

（8） 自动化脚本并发执行。

（9） 支持多个设备版本并发测试。

（10） 移动终端远程监控自动化执行。

iTC 组网管理界面示意图如图 2-66 所示。

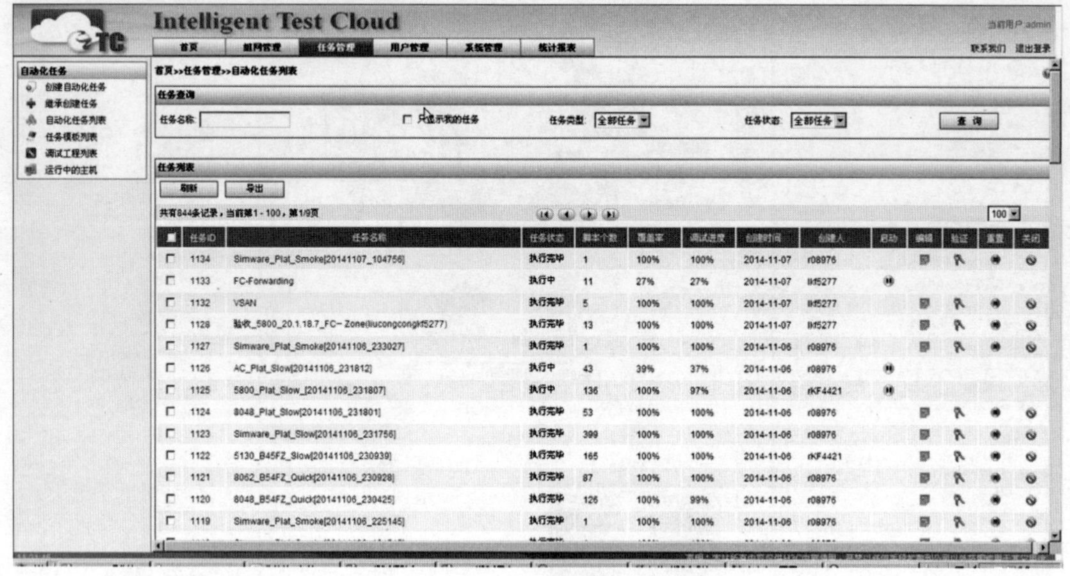

图 2-66　iTC 任务管理界面示意图

五、案例启示

H3C 第四代自动化平台 iTC 的应用，不但解决了自动化测试的效率问题，还进一步跟持续集成系统、端对端的测试管理系统对接，实现了整个研发体系效率地提升。

值得推荐的几个关键实践如下。

（1） 流程 IT 化时切忌生搬硬套。

在开发流程 IT 化工具时，切忌直接照搬手工流程，这样实现的工具不但效率提升不明显，通常还伴随有易用性问题。

（2） 技术服务于生产力。

H3C 真正将自动化提到管理的高度是从第三代自动化开始的。启动之初，也曾有过许多困惑：自动化测试是专职做好，还是兼职做好？在产品哪个阶段启动脚本开发效率最高？哪种脚本语言和自动化平台最好？实践证明，这些问题都没有定论，适合自身自动化生产力水平的就是好的。在生产力水平发生变化时，只有因势利导地调整自动化的组织和技术平台，才能推动自动化测试不断走向成功。

（3） 创造性的测试岗位永远不会消亡。

敏捷开发的兴起带来一阵“去测试化”的浪潮，不少业界知名公司纷纷裁剪测试岗位，导致测试从业者陷入迷茫和恐慌。其实，测试从业者大可不必如此。

回想一下，测试工作通常有两类，以功能检测为目标的正向验证和以发现问题为目标的反向发散。测试人员的水平也两极分化，低水平的主要从事正向验证的手工测试，重复性强；而高水平的则主做发散性测试，甚至于为深入到手工测试不能覆盖的领域而自行开发工具和仪器。前者不受重视，后者则备受推崇。

而敏捷开发消灭的测试岗位，也就是重复性的正向验证工作，但敏捷开发触发的持续

集成热则给测试从业者带来了更多的机会。持续集成的测试集群涉及的平台框架、用例设计、脚本开发都是测试人员的专长，换言之，所有创造性的工作，如测试工具、脚本开发、测试设计和发散测试是永远不可能消亡的。以开放的心态接受新技术的挑战，以创造性的思维重新定义测试分工，才是真正有远见的测试从业者应该做的。

六、参考资料

[1] 测试工具和测试自动化 华三人，陈旭盛．2013．第 1 页

蔡为东点评： 非常感谢董欣的演讲，非常精彩。在整个案例中，我觉得最吸引我的是买卖点。很多时候我们做测试的朋友都会觉得这个事情应该或者不应该，不管这个测试团队多大规模，或者是有多少年的经验，你都要想你做的这个事情有很多人去支持。这就需要卖点。当你想在公司或者团队中做一个新的东西时，有三类人你需要去说服的，最主要的可能是领导和员工。希望我说的能给大家以启发。我们来这里听这个分享，重要的是把他们的经验结合到我们的实践当中，这才是有意义的。

作者姓名：刘长山
作者职位：中兴技术总工
作者简介：测试系统工程师，负责智能终端类产品测试方案设计，以及测试架构、能力搭建等工作。个人爱好为音乐、电影，不算技术控，但对测试技术有强烈的兴趣
研发团队规模：1000 人
研发团队职能定位：移动互联网测试

搭建共享的云服务体验

一、前景介绍

传统测试时代主要面对的是如何理解测试对象，并且根据测试对象来设计测试策略和测试方法的问题。典型场景是，测试过程开始之前制定测试计划，根据测试的规模来安排测试人力，组织专门的测试工程师编写测试用例，在版本上开展测试活动，同时在此过程中提交发现的缺陷并进行跟踪。

而在移动互联网时代，传统的测试方式越来越多地受到挑战，特别是随着测试对象的越来越复杂，测试所涉及的人员更多，以及需要同时并行的测试对象规模越来越大。特别是测试分工越来越细，也使得整个测试过程组织起来越来越困难。

以智能穿戴式设备的测试过程为例，按照大的分类可以划分为硬件测试和软件测试，其中软件测试又可以划分为软件功能测试、软件性能测试、友好用户测试、兼容性测试、可靠性测试等。不同的测试策略很明显需要不同专业的，有明确分工的测试团队承接，甚至需要使用专门的硬件设备。比如，兼容性测试中肯定需要准备不同品牌的测试手机。

技术的挑战也为测试的组织带来更多的困难，新产品的出现使得测试人员必须不断学习新的测试技术，同时也使得测试的分工发生了变化。部分人员开始面向使用者，从使用者的角度来开展测试活动，比如友好用户测试、体验测试等，甚至有一部分最终的使用者也参与到整个测试过程中来，形成了众包的测试模式。还有部分测试人员转向技术，从代码和软件框架设计的角度来考虑如何开展测试。他们的测试活动从前台走向后台，测试的

对象也从产品变成了软件代码，单板甚至是在设计之初通过模拟器或者仿真仪器来验证设计的完整性和正确性。

当然，更多的测试人员仍然保留了原来的职责和角色，测试的活动更多的是关注产品本身的设计和实现，以及与功能说明书上的内容是否一致。这部分传统的测试仍然是以黑盒测试为主，但是因为这一过程承接了前段的版本早期测试，后端连接了以用户为主的测试，所以测试模式也在发生改变。

总体上来看，在新的测试模式下，传统的单一模式的测试走向了三个层面的测试，即面向设计的早期测试，基于功能的版本测试和向使用者负责的用户测试。三个层面的测试所使用的环境、工具和策略不尽相同，相应的传统的测试支撑结构也需要进行相应的改造，简单而封闭的测试体系正在逐步走向开放，云的体系和架构为测试的发展带来了新的模式和体验。

云测试要解决的问题包括，测试的管理流程如何满足不同分工和协作的要求，知识和工具体系如何无缝嵌入到测试的流程中，而不是与测试的人格格不入。最后，资源如何有效利用，特别是在测试周期变短，测试资源分布不均衡，设置时间上存在不连续的情况下如何发挥测试资源的最大价值。

二、技术要点分析

1. 前提，统一的账号体系

开放的前提是需要建立一个统一的账号体系，通过这个账号体系可以方便地使用资源和服务。测试云的核心是构建一个开放的，可以方便获取资源和测试服务的体系，而使用这个体系和服务的关键是统一的账号。

账号体系应当作为一套统一的接入和身份管理系统。统一的接入，需要提供新用户的管理和老用户权限管理的对接。不同的用户采用不同的权限管理测试，比如项目中的测试经理角色，其主要任务和关注点是测试的进展，测试资源的使用情况以及测试投入的成本。而项目的测试人员，关心得更多的是当前的测试任务，可以使用的测试工具或者需要执行的测试用例，已经发现的测试缺陷情况，以及本项目测试过程中需要关注的测试重点。

使用者接入测试云的体系后，呈现的是不同的业务和不同的管理权限，通过集成单点登录解决方案，使用者可以方便地在多个系统间切换，从而使用不同的业务或获取所需要的各种测试资源。

2. 信息的高速公路

在整个测试云的体系中，测试云服务是强大的综合性的测试服务提供平台，将测试资源、测试能力、测试平台共享使用，类似于水电等公共服务一样。测试服务作为信息流，通过信息的高速公路，接入到基础资源和服务中，从而让使用者通过信息通道快速获取测试信息服务和资源。

信息的高速公路是非常恰当的比喻，之所以称之为信息高速公路，原因在于测试服务通过这条骨干系统接入资源，而其他的子系统作为各省级系统与之相连，同时连接更多的测试业务子系统。

测试项目管理流程系统和测试资源管理系统是整个信息高速公路的主体，特别是项目的测试流程系统，管理整个项目的测试生命周期，而测试资源管理系统作为技术的承载平台与项目测试管理系统相通，提供技术，资源和工具的快速获取能力。

在整个测试云体系框架中，项目是测试管理过程的核心内容，包括项目的创建，测试计划的管理，测试策略和分工，测试进展和日报，以及测试成本和统计，信息挖掘信息。测试项目的产生、发展和结束，复盘过程在整个项目管理系统中进行集中化的管理。同时，测试的任务通过测试计划的管理进行，任务下发到连接到整个测试服务系统的各个基础测试资源服务节点上，并由各个节点完成测试的策略设计，执行和结果反馈工作。

测试资源管理系统提供测试过程所需要的测试用例、测试策略，测试工具和测试执行环境，更重要的是测试资源管理系统和测试积累知识库系统相关联，所有历史的测试经验通过测试关联的方式可以在测试过程中被多人同时使用。测试资源管理系统的核心管理的是测试用例，通过用例来指导测试执行的要求并体现最终的测试结果。测试执行过程中可以通过用例系统执行所需要的用例集合，这些用例的集合代表着不同版本上差异化的测试策略和测试重点。

测试用例由测试设计人员来设计实现，按照不同的策略重点划分为基础的功能测试、性能测试和体验类测试等。与传统的测试用例不同，测试用例中还有相当一部分是非人工或者半人工执行的测试用例。对于代码级别的测试管理，也需要通过测试用例来执行，当然执行的主体是自动化构建的版本和持续测试框架。版本构建完成后，自动化执行测试框架根据配置的测试用例执行不同的测试集合，按照时间的长短执行短测试，中测试和时间更长的长周期测试。

自动化的测试执行的核心是从代码构建到版本生成，再到测试过程自动化的整个过程如何构建。通过分层测试和持续集成框架可以完成这个任务。通过移动互联测试持续交付平台，项目开发人员一旦进行代码提交，系统自动进行代码规范检查、编译构建、版本下载、自动化测试验证和版本发布。

交付的版本提供给专业化的实验室进行测试，在测试过程中，测试的进展通过项目管理系统进行显示，测试所需要的结果跟踪，如测试日报、周报也通过项目管理系统自动化完成，从而提高整个项目流的效率。

与项目管理系统对接的除了测试资源系统，还有缺陷管理系统、测试数据挖掘系统、测试工具分发平台、测试档案库等子系统，最终所有的系统间相互连接，为不同用户提供差异化的服务。从云的体系结构来看，测试信息系统接近于云构建体系中的 PAS，面向使用者提供定制化的服务，在这里我们称之为 PAATS 及平台即测试服务。

3. 技术和知识的共享和流程嵌入

测试技术和知识共享如何嵌入到测试整个流程中是一个复杂的问题，在我们的测试实践中，我们通过测试资源管理系统承担这部分角色。因此，可以认为测试资源是测试服务的服务平台，作为整个云体系中的 SAS。

测试知识和积累被转化为测试过程中两个最为重要的资源，测试用例和测试工具。测试用例作为测试的指导方法，提供测试执行中的策略建议，执行过程和执行结果的判断准则。结构化的测试用例提供不同的测试配置，适应测试产品的不断变化的需求。

测试工具是另外的非常重要的资源，一些适合自动化的，更容易高效率执行的测试用例可以设计为自动化的测试工具来执行，从而减少测试执行人工的比例。

测试服务平台的工具可以分为三个基本类型。

第一种类型是一般性的功能测试用例，更偏向于软件类的测试。比如针对 FTP 的测试，通过自动化的方式执行不同大小的文件来自动化测试、上传、下载和速率的测试。

第二类的测试面向硬件的测试，如测试类仪表的测试，通过硬件的操作来完成测试，比较典型的是电量的测试过程。传统的电量测试需要人工较多的测试，而在周末或者夜间的时间执行效率又比较低。通过这类测试工具的自动执行，可以有效利用碎片化的时间来提升仪表和仪器的测试效率。

第三类测试工具是协议类的测试，协议的执行过程非常具有结构化特性，因此通过协议的自动化测试可以进一步提升测试结果的准确性，将测试协议专家的知识转换成仪表执行的过程和自动化判断的准则。工具的积累更有利于成果的积累，使得测试过程不再过多依赖几个人的知识积累。

4. 基础平台和设施的云化

测试资源是测试中非常重要的资源，在整个测试云体系中，作为基础资源平台提供各类的测试服务。这一类的测试服务集成了三大类基础的测试能力。

软件测试能力，包括各类专业的软件测试实验室，提供各类软件功能，性能和用户体验类的测试执行。

硬件测试实验室能力，提供各种基础的硬件测试资源，如设备，竞品的测试能力。

自动化测试实验室能力，提供自动化测试实验室和软件持续集成测试框架的资源共享和任务接收能力。

各类实验室连接到实验室管理系统，并与项目管理系统和资源管理系统连通，从而可以接收项目上的测试任务，反馈测试进展和获取测试所需要的各种用例和测试工具。

实验室管理系统和测试挖掘系统关联，由此测试设备的使用时间，测试设备的利用率，测试实验室的效率和执行时间都可以通过数据挖掘系统展示出来，从而提供更加具体和可视化的测试资源使用情况。这些数据对于测试资源的规划有更大的作用，比如设备资产采购和决策时可以根据这些历史数据获得有效的信息，从而更好地配置相应的测试资源。

三、平台的交付和使用

开放的测试云服务平台为各类项目开发提供全方位的测试服务，包含了开发、测试和决策等多个方面，从根本上提高了项目人力利用率，缩短了项目开发周期，降低了项目开发成本。

在此过程中，项目前期的信息和测试中的信息都被收集起来，通过数据中心积累，测试挖掘系统的分析，形成测试趋势的预测和统计分析。以项目研发过程中的构建信息、代码变更信息和分层测试信息为基础，进行数据分析挖掘，从项目看板、测试看板多个维度给项目开发和测试团队提供可视化的项目状态和信息。

四、案例启示

对于移动互联网企业而言，相对于使用传统的测试模式，使用开放测试云的方式在资源和效率上会有更加明显的效率提升。

利用测试云，只需要通过网络接入测试服务平台就可以利用云端的各种类型终端和测试专家来完成测试，测试资源的使用不再受时间和空间的限制，而是在整个云平台中自由流动。

比如对于移动互联网的产品而言，主要是基于智能终端的应用。这类应用最常见的测试需求就是兼容测试，在没有测试云的情况下，每个互联网企业不得不建设自己的兼容性测试环境，包括购买各种类型的智能终端，购买不同运营商的测试卡，招聘专业的测试人员并进行大量和长时间的人工测试。这个过程对于小型互联网企业而言无疑是非常困难的，成本的支出、能力和资源的建设费用会增加此类创新型企业的创业难度。

同时，这套测试服务云系统也可以通过私有云的方式部署，中兴通讯的测试云已经作为整体的测试解决方案，提供外部客户使用，提升测试的信息化水平。

> **朱少民点评：**可以看到刚才分享的案例是一个大的体系，昨天大会上我也讲到了构建一个高效的测试体系，现在来讲各个公司不管是硬件软件还是网络环境来讲积累都比较多了，不仅是本身设备的、能力技术的积累，还有云测试的构建，为我们的测试提供服务。刚才的案例虽然是三大实践，但差不多把测试都涵盖了。尤其是在测试环境这方面，覆盖得比较全。

作者姓名：韩俊波
作者职位：主任工程师
作者单位：展讯通信（上海）有限公司
作者简介：展讯通信集成测试专家，负责移动通信协议栈软件的集成测试以及自动化研发系统开发
所在团队规模：35 人
团队职能定位：提供移动通信协议栈软件研发阶段和量产阶段的质量保障，开发各种自动化系统提高研发、测试和管理效率

iTest 移动通信软件分布式研发测试系统

一、背景介绍

目前，移动通信已进入 4G LTE 时代。LTE 终端在提供 4G 服务的同时需要全面兼容 2G/3G 通信技术，作为通信核心的移动协议栈，其功能也随之越来越复杂。通常，2G/3G/4G 多模移动终端软件协议栈一般在 300～500 万行的代码量级，规模异常庞大；然而，伴随着通信技术的日趋复杂，市场留给企业准备的时间窗口却在急剧缩小，如果不能快速提供优质产品则不能占领市场先机，进而很可能被市场淘汰；同时，对于手机这种特殊的终端，其要经受数亿个人用户和各种复杂网络环境的考验，属于一种缺陷容忍度极低的产品。在这种软件规模庞大、市场窗口缩小、缺陷容忍度低的极端情况下，如何提高测试效率、保证问题快速收敛、加快产品稳定进而缩短 TTM（Time To Market）是一个关键、现实而严峻的挑战。

在工作实践中，我们先后搭建了 2G/3G/4G/iRAT 等仿真测试平台，开发了分布式测试系统并扩展到移动互联领域，发展了代码覆盖率测试技术，全面提高了测试效率和测试质量（该系统具备 1 小时完成 20000 个用例的测试能力）；测试效率的提高使得研发流程变革成为可能，在此基础上，我们重构和再造了研发流程从而从根本上保证了研发效率和研发质量，这更是本研发测试系统的重中之重。

二、问题的提出

项目开始于 2008 年初。实事求是地讲，当初并没有设定特别宏大的目标。当时，我们在做 TD-SCDMA 协议栈开发。在那个时候，TD 标准和产业不是很成熟，市场上买不到成熟的协议测试平台，这使 TD 协议栈的开发和维护缺少有效的测试手段，主要靠外场测试发现和验证问题，这样做的缺点显而易见：成本高，资源消耗大，测试覆盖率不能保证，无法进行有效的回归测试，无法对新功能进行集成测试，最终导致协议栈的稳定性缺乏有效手段进行保证。因此，我们抓紧成立项目组启动该系统的开发，当时的目标是开发覆盖 TD 协议栈的仿真平台、能够自动回归测试、能够在和系统厂家联调之前进行新功能测试。

随着该项目的稳步推进以及取得各种显著效果，我们逐步将其扩展到 GSM/WCDMA/LTE/iRAT 领域；同时由于测试用例达到数万的级别以及测试时间的指数级增长，我们又着手开发了分布式测试系统，进而发展了代码覆盖率测试；最后，我们意识到该自动测试系统可以和研发有机结合，于是我们再造了研发流程。可以说，项目的各个阶段性目标是在工作实践中渐进式、探索式地加以确立的。

三、实践过程

下面将从测试系统建设和研发流程重构上对于具体实践过程加以详细说明。

1. 测试系统建设

随着移动通信技术的进步以及公司产品的发展，我们从 2008 年开始，先后搭建了 GSM/GPRS/EDGE/TD-SCDMA/WCDMA/LTE/VoLTE/LTE-A 等多制式多模测试平台，开发了分布式测试系统并将其扩展到移动设备端，同时进行了代码覆盖率测试。下文将一一详细说明。

（1） 基本原理。

如图 2-67 所示，对于同时支持 2G/3G/4G 的手机而言，如果要对其进行测试，则 iTest 系统需要模拟各个通信制式的接入网（GERAN/UTRAN/E-UTRAN）和核心网（MSC/SGSN/MME）设备，以及 SIM 卡和图中的虚线框内各部分。图 2-67 的内容只是列出了最重要的网元，实际网络还要包括处理漫游、鉴权、加解密等功能的网元，远比图 2-67 的内容复杂。

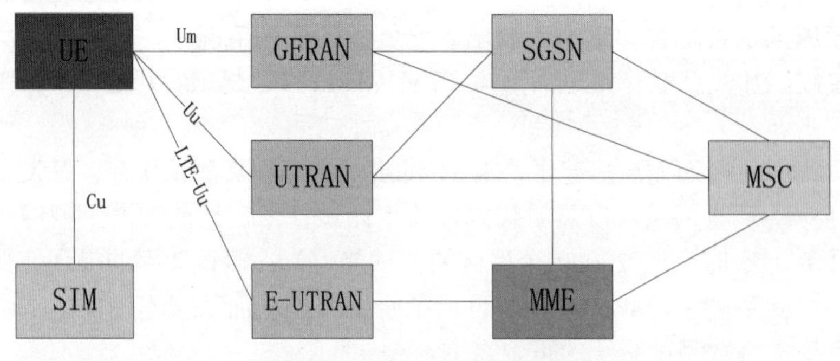

图 2-67 iTest 系统模拟对象

测试系统重点聚焦在接入网/核心网/SIM 卡和手机的交互接口上，即 Uu/Um/LTE-Uu，以观察手机行为的正确性。这即为该测试系统最基本的原理。

（2） 测试平台。

实际工作中，针对不同的测试目的，我们先后搭建了多样化的测试平台以满足不同的测试需求。iTest 系统的测试平台如表 2-7 所示。

表 2-7　iTest 系统的测试平台

测试平台	简要描述
2G/3G/4G 仿真测试	iTest 模拟 GSM/TD/W/LTE 网络进行测试
SIM 接口和兼容性测试	iTest 模拟 SIM 测试 Cu 接口和兼容性
物理层测试	测试物理层的射频/调制解调/编码解码功能
仪表测试	对物理层及上层协议进行整机测试
压力和性能测试	对稳定性、性能等进行测试

需要指出的是，所以这些平台均为自主开发，具有完全的知识产权，无任何 license 限制，除了“物理层测试平台”和“仪表测试平台”受限于仪表资源外，没有其他资源限制，这一点为以后的分布式测试奠定了重要的基础。

其中，“2G/3G/4G 仿真测试平台”和“SIM 接口和兼容性测试平台”属于 Host 测试平台，可以运行于 Windows 环境。由于这两个平台的纯软件特性，决定了它们成为分布式测试的主力军。“压力和性能测试平台”主要在实际移动网络中运行，从压力和性能方面上对产品进行验证。

如图 2-68 iTest 系统的测试用例数目和全测时间所示，在这些平台上测试用例得到了持续开发以保障产品质量，很快就接近了 10000。这个时候问题随之而来，即时用多台电脑并行展开测试，测试时长也达到了 36 小时之久；人工配置多台电脑的测试环境以及最后测试报告的收集整理也是一个异常耗时且繁琐的过程。

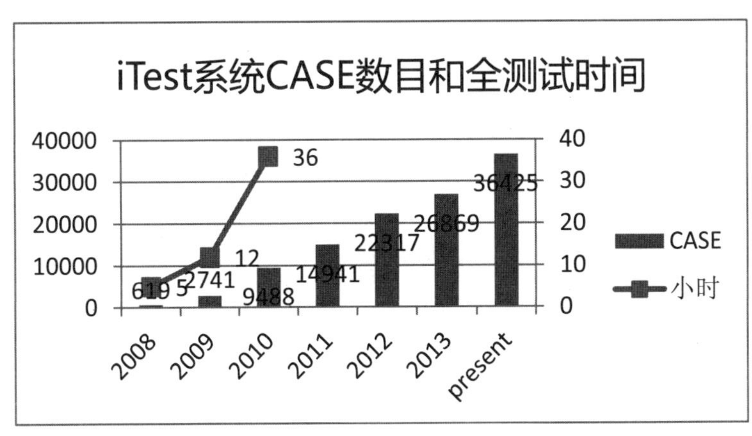

图 2-68　iTest 系统的测试用例数目和全测试时间

（3）分布式测试系统。

如果没有一个高效率的自动化测试执行系统，那么再好的测试机制、再多的测试用例也将沦为空谈，如同花拳绣腿。可以这样讲，高效率的分布式系统是 iTest 系统的核心竞争力！iTest 分布式系统如图 2-69 所示。

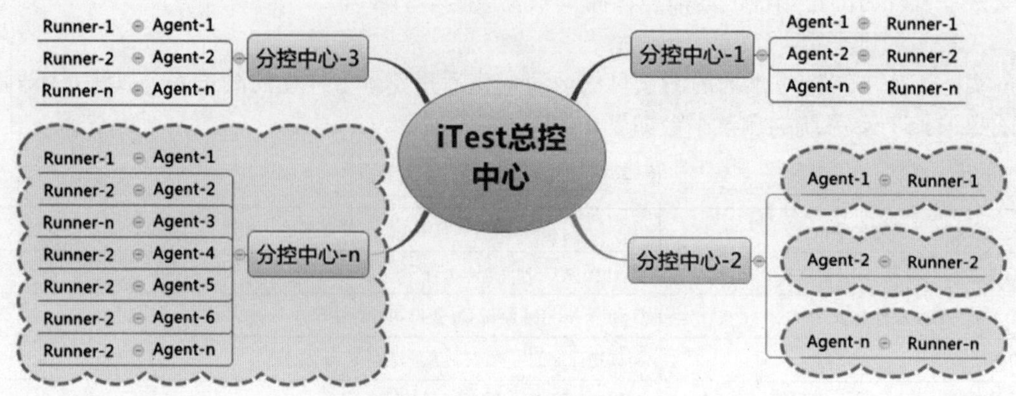

图 2-69 iTest 分布式系统

本分布式系统的各组件解释如下。

① iTest 总控中心：负责接收用户提交的测试任务，进行排队和优先级调度，并将测试结果写入数据库。iTest 系统中总控中心只有一个，可以连接多个分控中心。

② 分控中心：每个测试子系统设置一个分控中心，管理该子系统的所有 Agent（测试代理），负责从 iTest 总控中心接收测试任务并分配到各 Agent 上执行；一个分控中心可以控制多个 Agent。

③ Agent：负责和分控中心通信，进行任务接收和结果回报，每个测试代理可以控制一个测试 Runner。

④ Runner：每个测试 Runner 负责运行测试用例，并将测试结果回报给 Agent。

分布式系统开发完成后，随着系统不断优化和扩容，iTest 系统的测试用例数目和全测试时间如图 2-70 所示，测试效率的提高是令人兴奋的！

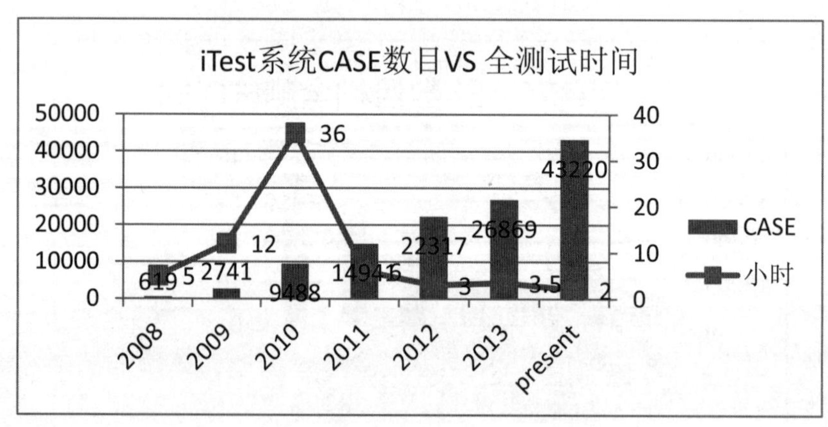

图 2-70 iTest 系统的测试用例数目和全测试时间

值得指出的是，由于手机性能越来越强劲，完全具备了自主测试以及和分控进行通信的能力，我们于今年将分布式拓展到了移动终端，形成了移动分布式，从而将外场测试机、员工测试机、客户样机、友好用户等全部纳入了 iTest 范围，大大扩展了测试领域。

（4） 代码覆盖率测试。

由于待测对象的代码规模庞大，到达 300 万以上的量级，如果没有大量测试用例覆盖，做代码覆盖率测试是没有意义的；测试用例增多之后，如果没有高效的执行系统则该测试系统也是不具备实用性的。二者都具备之后，我们进行了代码具有意义的代码覆盖率测试，其测试结果也反过来促进了测试用例的开发和代码的优化。

进行代码覆盖率测试后，某一模块覆盖率汇总信息如图 2-71 所示。

LCOV-code coverage report

			Hit	Total	Coverage
Current view:	top level				
Test:	nas.info	Lines:	36734	49484	74.2 %
Date:	2013-01-25	Functions:	1609	2033	79.1 %

Directory	Line Coverage			Functions	
nas_swth/src		43.0 %	1669 / 3884	42.2 %	103 / 244
ss/src		66.3 %	1320 / 1991	80.2 %	93 / 116
cc/src		68.3 %	5638 / 8255	73.3 %	359 / 490
sm/src		73.8 %	3576 / 4844	87.2 %	156 / 179
plm/src		76.3 %	5828 / 7641	85.8 %	175 / 204
sms/src		76.6 %	1651 / 2156	91.0 %	111 / 122
rabm/src		79.6 %	410 / 515	80.9 %	38 / 47
mm/src		82.4 %	16642 / 20198	91.0 %	574 / 631

图 2-71　某一模块覆盖率汇总信息

（5） iTest 结构总结。

根据以上各种实践活动，最终形成了图 2-72 所示的 iTest 系统架构。这是一个基于互联网技术开发的、全自动、分布式、覆盖全面的质量保证系统。

基于该系统，我们进一步重构了我们的研发流程。

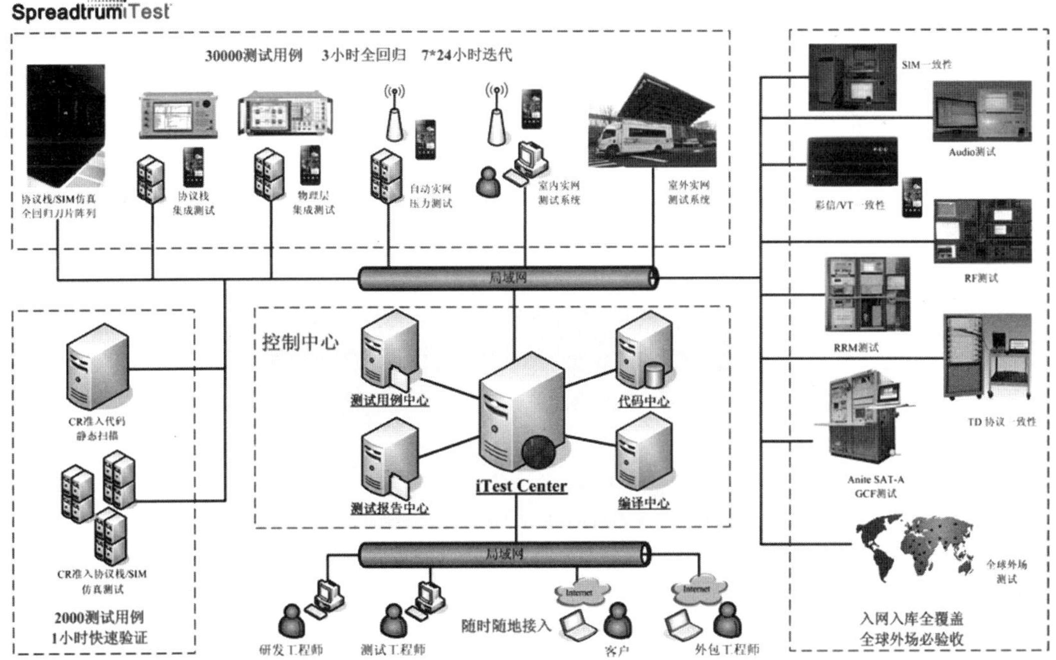

图 2-72　iTest 系统架构

2. 研发流程重构

下面重点介绍 Bug 仿真、准入测试、持续集成、DailyBuild&Test 流程和新功能开发流程。

特别地，对于 Bug 修改，传统研发流程中主要包括分析、修改、Review 和 Merge 四个主要环节，在 iTest 研发测试系统中我们引入了“仿真”、“准入测试“两个环节，如图 2-73 所示。

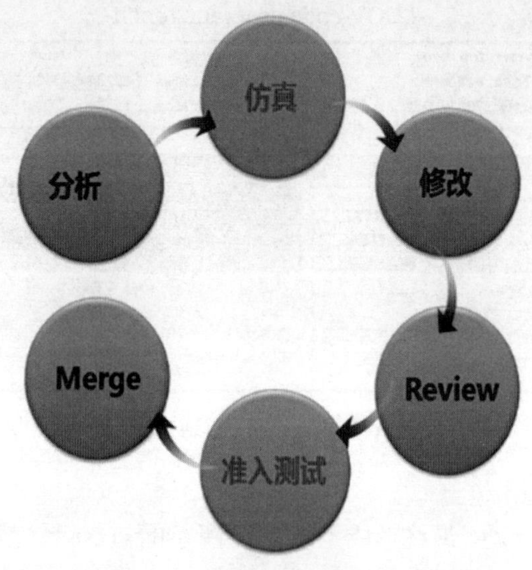

图 2-73　引入“仿真”和“准入测试”环节

（1） Bug 仿真。

针对每一个 Bug，先编写测试用例重现该问题，然后解决。代码合入的同时仿真测试用例同时合入回归测试集，以后每个版本回归，这是保证 Bug 数收敛的重要手段，也是 iTest 核心目标，如图 2-74 所示。

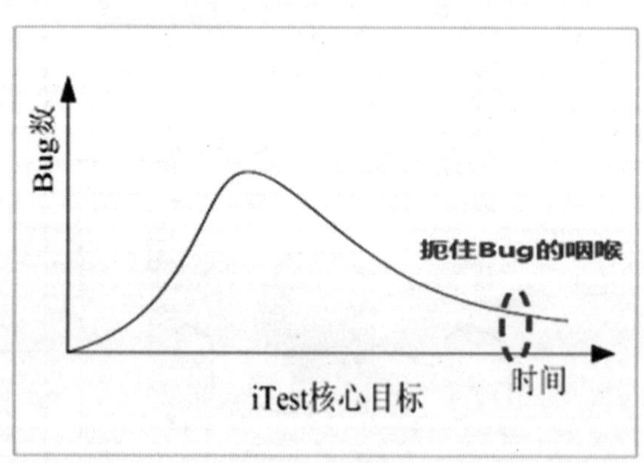

图 2-74　iTest 核心目标

实际执行结果如图 2-75，这个 Bug 在解决过程中合计扩展仿真了 45 个 CASE。

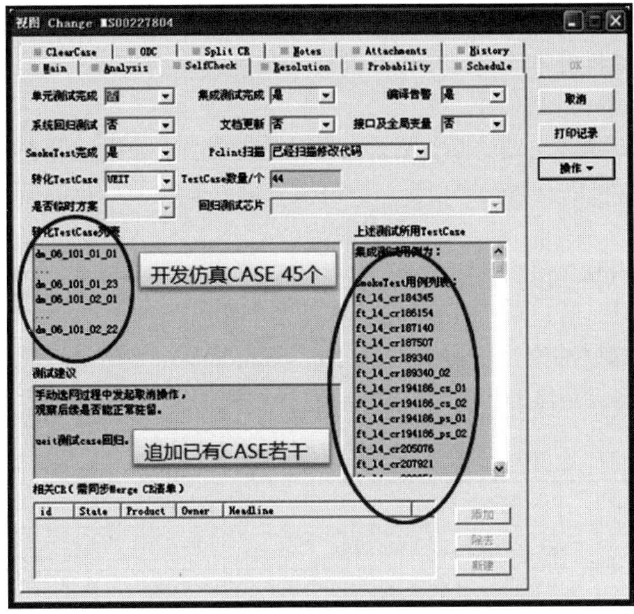

图 2-75　Bug 仿真示例的实际执行结果

（2） 准入测试。

每个 Bug 修改完毕在合入主分支前，必须经过准入测试避免带着基本错误合入版本，实际执行的准入测试流程如图 2-76 所示。

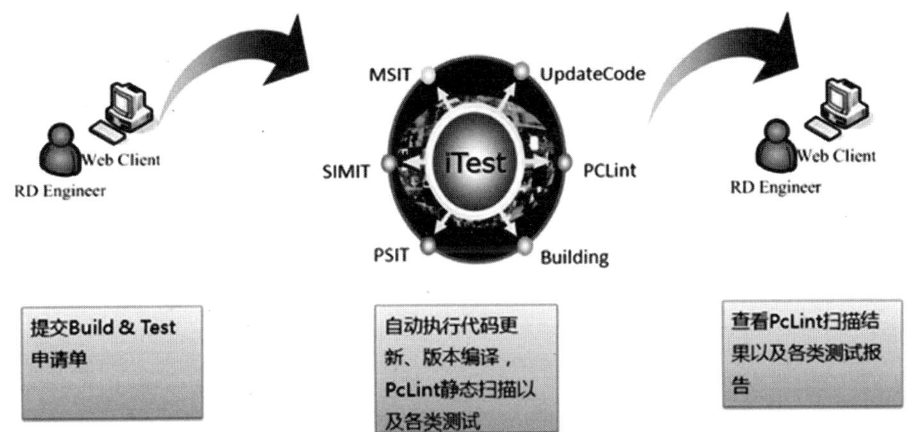

图 2-76　实际执行的准入测试流程

第一步，研发工程师通过 iTest 系统的 Web 页面提交 Build &Test 申请单。

第二步，iTest 接到申请后，会根据申请单的配置自动下载代码，合并 Bug Patch，然后进行静态扫描和动态编译，执行过程中有错误则中断执行返回并发邮件给提交者反馈错误信息；如果版本编译无误，则会进行一系列的基本测试，对于改动特别大的 Bug，则会根据提交者的配置扩大测试范围甚至进行全测试。

第三步，测试完成后，iTest 系统会发邮件通知申请者，该研发工程师则通过 Web 页面查看各类测试报告，对于 Fail 的测试用例进行分析确认。

准入测试这个流程是超大规模软件开发的基石，做好了这部分工作就为软件质量奠定了扎实的基础。如果执行不严格，将以几何级数增加版本的成本。

（3） 持续集成。

每个 Bug 合入到版本分支之后，系统会自动启动编译，如果编译失败，会发邮件给 Bug 的合入者，这样错误可以及时得到修正。持续集成可以借助于 CruiseControl 或者 Hudson 进行配置。

（4） DailyBuild&Test。

由于准入测试只是解决单个Bug的问题，当多个Bug合在一起的时候难免会引起冲突。为了尽早发现暴露这些冲突，我们引入了 DailyBuild&Test 流程尽量早地发现和解决多个 Bug 之间的相互影响。具体 DailyBuild&Test 流程示例如表 2-8 所示。

表 2-8　DailyBuild&Test 流程示例

时间要求	工作描述
Day1 17:00	CMO 开始锁分支，build 版本
Day1 18:30	版本 Ready，经 Basic 测试后，开始 PassList（36000 个）测试
Day2 10:00	发布测试报告
～Day2 16:30	完成问题分析，所以问题都需要有结论，引入问题当天解决
Day2 17:00	新一轮 Daily build&test 开始

（5） 新功能开发

新功能开发包括以下几个方面。

① 单元测试，完成后提交集成测试。

② 集成测试，完成后在合入版本前提交验收测试。

③ 验收测试，如图 2-77 所示常规验收测试仅测试了该新功能的测试用例，我们这里要求测试所有的新功能测试用例和所有的旧功能测试用例。这是非常重要的一环，保证新功能代码的合入不会影响旧功能。

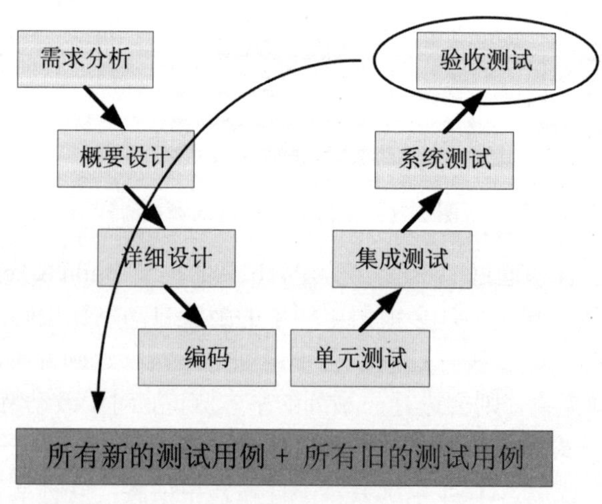

图 2-77　验收测试

四、项目经验小结

“幸福的人都是相似的”，各类成功项目都具有很多相似点。回顾起来，促使项目成功的因素很多，最有感触的几点列举如下。

（1） 思想上重视。立项时我们没有因为这是一个测试项目而降低优先级，而是从各个团队抽调了精兵强将，甚至从其他兄弟部门协调开发人员从资源上进行保证，同时配备了专职项目经理进行项目化运作。现在回想起来，如果没有 2008 年的星星之火，在 LTE 的今天，后果将不堪设想。

（2） 持之以恒。项目开发过程中，我们遇到了各式各样的困难，也曾经犹豫徘徊过。但我们集体讨论后认定方向是正确的，所以咬紧牙关攻克了一个又一个的难关坚持了下来。滴水石穿、量变引起质变，朝着正确的方向持续积累力量最终会成就一个奇迹。

（3） 持续改进。“流水不腐、户枢不蠹”[1]，一个系统必须紧跟产品的发展和时代的进步才可能保持活力。我们在 TD-SCDMA 上取得成绩之后并没有停滞不前，而是借势扩展到了 GSM/WCDMA/LTE 等领域，同时发展了代码覆盖率测试。

（4） 分布式测试。“天下武功，唯快不破”，目前我们的多模协议栈测试用例达到 40000，如果没有一个极速的测试手段，一切将沦为镜花水月。可以说，分布式测试系统是该系统的基石。

（5） 融入开发流程。融入开发流程为该系统引入了广泛的用户，源源不断的用户需求是系统升级优化的源动力。同时，系统能力提升又反作用于研发系统，从而形成了“你中有我，我中有你”、甚至如空气一般（极其重要但并不明显感知）存在于研发流程的良性循环模式。

五、关键作用

iTest 系统的关键作用，主要体现在如下几个方面：

（1） 各类制式的 iTest 系统可以实现可配置流水线复用，能对 GSM/TD/WCDMA/LTE 系列产品进行快速测试，有效助力缩短客户产品的开发和上市周期。

（2） iTest 能在开发的早期阶段即发现缺陷，让大量问题不流入外场测试阶段和客户手中，显著降低产品研发成本。

（3） iTest 系统能将工程师从海量的重复性工作中解放出来，专注于创造性工作；iTest 系统全后台运行，节省工程师珍贵的前台工作时间。

（4） iTest 系统能向客户提供委托云测试服务。

六、思考与启示

“合抱之木，生于毫末。九层之台，起于垒土。千里之行，始于足下”[2]。软件质量也是积累于点滴之间，我们针对每个 Bug 的仿真以及准入测试就是在做这点滴之间的工作，也正是这种日复一日年复一年的奠定积累，才为高质量软件大厦奠定了扎实的基础。

“离娄之明，公输子之巧，不以规矩，不能成方圆；师旷之聪，不以六律，不能正五音；尧舜之道，不以仁政，不能平治天下”[3]。再睿智的工程师在 Bug 容忍度极低且达到百万行级别的超大规模软件开发项目中，仅仅凭借个人的智慧也是难以确保不挂万漏一的。没有严谨的开发测试流程和制度来保证，这种级别的软件开发将是一场噩梦之旅，其质量最终也会走向失控。正是基于这样的考虑，我们借助于高效的 iTest 分布式系统构建了 Bug 仿真、准入测试、持续集成和 DailyBuild&Test，使我们的软件质量得到了充分的保证。

参考资料

[1]“流水不腐、户枢不蠹”. 吕氏春秋·尽数

[2]“合抱之木，生于毫末。九层之台，起于垒土。千里之行，始于足下”. 老子·道德经

[3]“离娄之明，公输子之巧，不以规矩，不能成方圆；师旷之聪，不以六律，不能正五音；尧舜之道，不以仁政，不能平治天下”. 孟子·离娄上

吴凯华点评：1 个小时完成 2 万 Case 自动化测试执行的测试平台和实践团队，我已经很少在行业里看到了，感谢来自展讯的韩老师的精彩分享，展讯在自动化测试实施中能够获得成功，也恰如韩老师提到的公司和团队要足够重视，实施执行中要持之以恒，不断分析改进和优化。大部分公司都应该在推动自动化测试，每位同仁也许都应该思考下为何我们的覆盖没有达到展讯这样的成果，平台本身要健壮强大和易用，聪明地和高效的测试实施执行同样也非常关键，把持续集成和自动化测试平台更加科学地结合在一起，从研发流程的各个维度认真挖掘和提炼工具，相信带着这样心态去开展测试，大家一定会收获成功的喜悦！

作者姓名：刘瑾

作者职位：团队负责人 测试经理

作者简介：在奇虎 360 创立了服务端测试团队 Qtest，目前主要负责搜索、搜索广告推广系统、推荐引擎、支付体系、智能儿童手环、知能路由器等产品，同时负责无线产品新闻，浏览器等产品质量。构建了公司的测试流程、测试模型，成熟化了公司内的测试体系、测试方法，内部实现了多项测试平台的开发如一键自动化、自动化评测框架等

研发团队规模：60 人

研发团队职能定位：360 公司唯一的服务端测试团队，主要负责 360 搜索、商业广告系统（点睛、CRM、联盟）、无线浏览器、支付平台、PC 及网页游戏等多个重要业务。在 QTest，你将领略多个测试领域的风采，比如性能测试、自动化测试、功能测试、前端测试等；你将无限提高开发技能，比如测试平台系统开发、测试工具开发等

Android 代码缺陷及规范速查在研发流程中的应用

一、引言

随着无线互联网的发展，无线产品越来越多，用户的需求也越来越多元化，这引发了无线产品的快速迭代和更新。很多企业在迭代版本的时候只为追赶需求和功能而过分追求效率，加上测试流程的不完备，测试时间的紧张，测试设备的不完全覆盖，测试工程师的质素差异，常会导致发出去的客户端 App 质量不过关，甚至还包含很严重的问题。按照测试通性的理论，大家都知道产品的缺陷发现得越早越好，因此最好的阶段就是在产品需求设计和开发过程中就能规避掉明显及不必要的问题。这就对研发线的工程师在需求评审和开发阶段的质素以及规范的制度要求很高。但通常在高压的市场追赶下，短频快的互联网公司制度完善需要很多年的积累，更多时候都在追赶业务以图追上市场的步伐。这催生出许多内在待改革修正的问题，如，产品未经测试就上线，产品的设计很粗糙却急于发布，开发的代码隐含大量不规范问题以及缺陷使得版本间升级和更新的成本倍增。

由于移动端产品 App 本身客户端产品升级更新的成本就很高。如何尽早以及花最小的精力最少的时间去解决产品及代码质量缺陷的问题，就成了燃眉之急。

二、案例解读

这里以奇虎 360 公司 Qtest 测试团队在公司几个移动业务的具体实践来阐述目前针对代码检测这个要点。

缺陷速查平台目前已经在搜索，新闻，无线浏览器等超过 3 个大型产品上投入使用，由于深入的时间还不长，所以有些业务线已经将 Android 代码速查渗透到平日的研发流程里，而有些则作为 code review 的现行检查，有的则直接以此替代了冒烟测试。针对目前应用的场景不同，目前的可以应用，并为了达到最佳结果，做了很多定制化。

它现在具备产品形式多样化、检测规则多、应用场景可定制和检测结果可应用等四个特点。

1. 产品形式多样化

该产品目前做了 4 种形式：PC 客户端 exe、Web 在线检查平台、公共 API、命令行批处理执行。

通常研发或产品个人使用时都青睐 PC 客户端 exe 或 Web 在线检查，在线检查还会有分析和安全检查的功能。如果想拟合到研发流程里可以使用命令行批处理接入到自动化流程里，甚至可以使用公共 API 实现服务化。

2. 检测规则多

目前缺陷速查平台汲取了 Find Bugs 和 PMD 两个工具的核心检查规则和方式，同时针对公司不同业务共同抽取出来的常见问题制定了一系列分类好的额外规则。这些规则涉及到性能、UI 性能、耗电、安全类、内存、稳定性、日志、杂项等多个方面。每一类都不断地有细节规则添加进去，以使整体的差错覆盖得更全面。

3. 应用场景可定制

要想从更高层管控所有业务研发流程，并使之统一化可控化是不现实的，所以就需要整体速查以适应不同的应用场景。目前新闻业务就是据此增加的 code review 环节，可发现代码级的基本规范、遗漏、失误和逻辑错误。而搜索业务则作为开发的基本自测以及冒烟测试的必备。然而在手机卫士业务上，目前计划接入到 auto build 流程内，从代码更新，提交，扫描速查，使 auto build 形成一个自动化的研发流程。根据应用场景的不同，用法不一样。

4. 检测结果可应用

根据选择的检测规则，缺陷速查平台会针对代码扫描输出对应的结果，结果通过的为 pass，而检测出触犯规则的部分则按照错误优先级序列给出。可以根据检测结果修正代码错误，也可以根据版本间的检测和修复历史分析出代码质量的变化，这对于整个研发团队的管理指导都有帮助。

三、整体设计

根据公司业务流程的特征和不同业务的刚需，以及计划对 Android 代码速查系统的整体设计，缺陷速查平台分为基础规则检查部分和公司红线规则检查部分。

1. 基础部分

基础检查部分按照 PMD 开源 java 分析工具作为基础：代码和设计的一致性，代码对标准的遵循、可读性，代码的逻辑表达的正确性，代码结构的合理性等进行检测给出最基础的语言检查的结果。这部分可以作为代码规范 review 的基础工具。

2. 公司红线规则检查部分

红线检测部分根据奇虎 360 公司大量产品实践而总结出的 Android 代码编写规范，同时将他们分为了以下 8 个方向共计 32 个子类别。

（1） 性能：3 类。

（2） UI 性能：5 类。

（3） 耗电：2 类。

（4） 安全类：6 类。

（5） 内存：7 类。

（6） 稳定性：1 类。

（7） 日志：5 类。

（8） 杂项：3 类。

每一个子类别有 2～10 条独立的代码规范规则。而这些规则中已经有一部分转换成逻辑检查嵌入到了速查工具中，对代码逻辑和一些经验用法进行了查错。

例如：

（1） 性能：

① 不要在 UI 中进行耗时的操作。

如在 UI 进行文件操作、数据库操作、解压大量图片等。

② AsyncTask 的使用。

如创建回调必须在 UI 线程执行，回调更新 UI 时，检查 Activity 是否已经完成。

是否使用公司公共封装的 SafeAsyncTask

（2） 【耗电】类：

① 如使用 wakelock 后需要 release，以及异常流的 release、acquire 和 release 是否在同一进程。

② 如使用 SensorManager 在收到锁屏通知后注销此事件。

综上所述，基础规则检查使用 PMD 及 FindBugs，红线规则检查全部自主实现。

3. 代码结构简述

局部简单类图截图如图 2-78 所示。

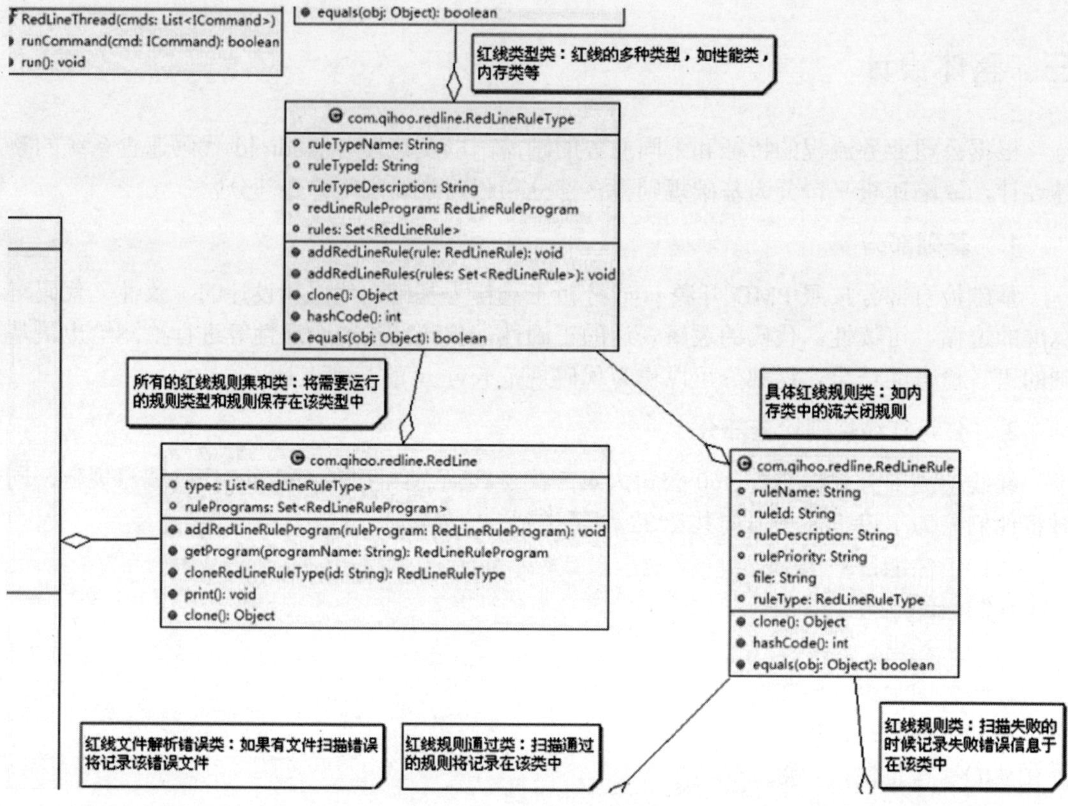

图 2-78　局部简单类图截图

配置了大量的 rules 和 rules Type，配置情况如图 1-79 和图 1-80 所示。

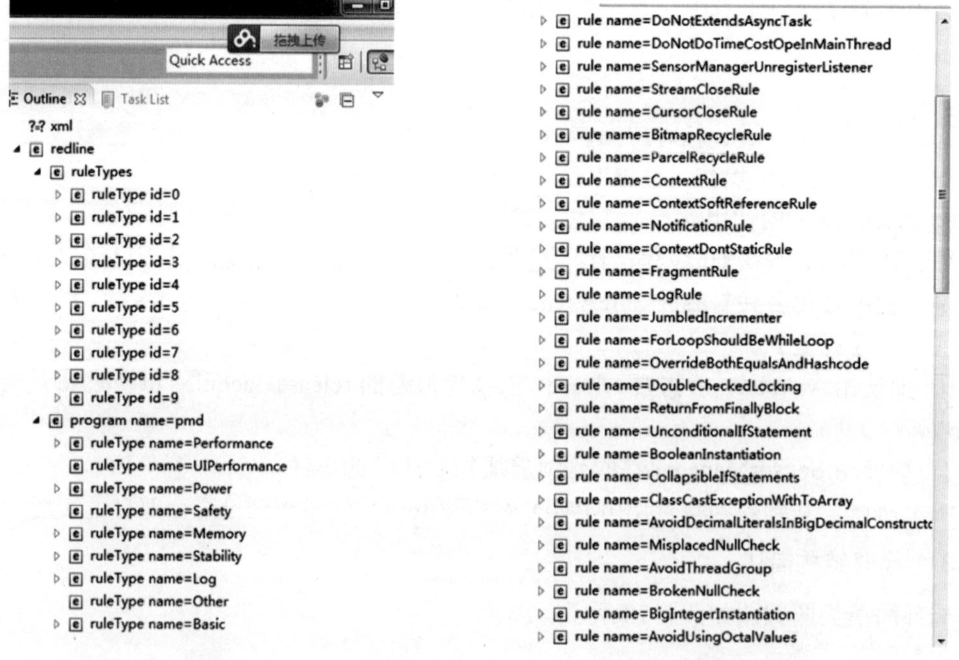

图 2-79　配置情况 1　　图 2-80　配置情况 2

4. 报告结果

报告结果可以配置是可订制化的，根据配置展示对应规则的检测结果，结果按优先级序列展示。

报告内容包括检测执行时间和执行市场，测试耗时，错误结果数和警告数，建议数目等。

所有的结果也可按照检测分类分组，目前版本又增加了当前错误的风险预估，好给研发技术人员予指导，同时增加代码行定位功能，直接点击错误链接即可定位到对应代码行处，节约修复时间成本。

其代码红线测试报告如图 2-81 所示。

代码红线测试报告

红线汇总报告						
扫描项目:E:\workspace\testPmd\src						
开始时间	结束时间	测试耗时	错误数	警告数	建议数	解析异常文件数
2014年10月22日 14时07分38秒	2014年10月22日 14时07分38秒	530毫秒	10	0	0	0

触犯规则					
ID	规则名	所属类	位置	规则描述	规则类型
6-1	StreamCloseRule	com.example.testpmd.MainActivity	行:13	打开的流需要在finally中关闭（inputstream, outputstream, read, writer及它们的子类等）	内存类
4-2	ReleaseWakelockCheckRule	com.example.testpmd.MainActivity	开始行:15 结束行:28	在acquire wakelock之后要保证release wakelock。	耗电类
9-1	DeprecateSharedPreferencesRule	com.example.testpmd.MainActivity	方法:run 行:23	废弃SharedPreferences的用法，保存设置不得再使用SharedPreferences。	其他
2-2	DoNotDoTimeCostOpeInMainThreadRule	com.example.testpmd.MainActivity	方法:run 行:24	不要在UI中进行耗时地操作	性能类

图 2-81　红线测试报告

四、案例实施效果

目前该案例中所用到的方法已经在公司多条业务线上投产使用，并且在持续优化中。

（1）手机安全卫士使用

第一步手动接入到研发流程，使得研发人员都是用起来进行自测，codereview，甚至可以替代冒烟测试达到测试前驱的目的。

第二步接入到 autobuild 研发自动化流程，使得持续集成的研发流程里增加代码速查环节提高每一次研发迭代的代码质量。

（2）360 移动搜索使用

目前主要用作日常的 code review，且在研发流程中已常例化，一周 10 次左右的需求迭代完全可以满足要求。

我们在案例实施之前和之后在公司的几个内部业务做过简单的调查，调查结果见表 2-9 所示。

表 2-9　调查结果

案例状态	每周提前测量	平均每周完成测试占比	冒烟测试不通过占比
未使用文述案例所做的代码速查工具	280 个	60%～65%	70%
已使用文述案例所做的代码速查工具	320 个	83%	50%

五、案例启示

1. 当前版本待解决问题

根据目前在实际业务中的应用以及具体实践找到了当前版本遇到的一些待解决的问题。

（1） 重复的错误以及虚警需要持续优化。

（2） 已查的结果需要缓存，节约二次检测时间。

（3） 代码直接定位（目前只能定位文件和行号但不能链接）。

（4） 规则匹配和权重的判断精准性。对于一些判断性规则的检查需要根据特征和权重来决定命中与否，这一点需要不断调整精准度。

（5） 报告的优化，分类展开，快速定位，搜索。

（6） 检测数据分析及历史记录，版本对比。

（7） 与 SVN 对接 diff 代码增量检查。

2. 方向性问题

这些都是后续逐渐要在版本中迭代改进的要点。

同时我们也发现了一些方向性的遗留且待解决的问题。

（1） 不同团队的研发流程有区别，如何对接。

（2） 规则不断增加完善的穷尽。

（3） 开发越来越“懒”，如何在研发流程中合理地加入此环节。

（4） 不能完全替代白盒测试和 code review。

（5） 不同产品不同检查类似问题的解决方法推荐。

3. 总结

此案例可以应用虽然中间有些规则是具有奇虎 360 个体特征的，但解决 Android 代码速查和质量规范的思路和方法是通用的它可以实践的范围，甚至在研发流程中实践可能会遇到的问题也都是可以根据案例提及的预估到自己实践可能遇到的困难，极具实际的参考价值。

朱少民点评：这个案例给我的最大感触是做事情之前你要掌握最全的信息，感谢刘瑾的精彩分享。

作者姓名：鲁万林
作者职位：移动终端浏览器测试负责人
作者简介：腾讯 MIG 无线研发部高级测试工程师，移动终端浏览器测试负责人，在成都从无到有建立浏览器测试团队，主导移动终端测试从原始时代进化到现代时代。在通信和移动互联网测试领域摸爬滚打 11 年，见证了相关领域的兴衰和崛起
研发团队规模：200 人
研发团队职能定位：负责 QQ 手机浏览器试测

移动终端测试进化论

移动互联网的崛起，手机从单纯的短信和电话，发展到智能手机，测试也从传统的 PC 和短信转换到智能终端，如何实现快速转换，如何实现测试的高收益，本文以在移动终端测试 5 年的真实案例说明如何转型，如何做得更好，测试如何获得口碑，如何获得尊重与掌声。

一、移动终端时代的划分

我们将移动终端测试划分为四大时代：自我时代、开发时代、主动时代和前行时代，如图 2-82 所示。

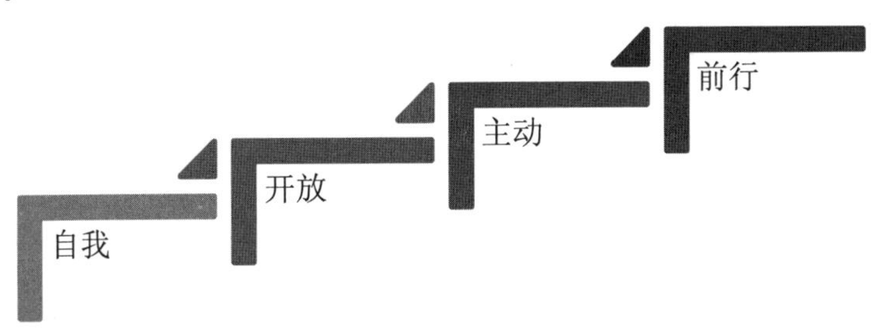

图 2-82　移动终端测试划分

二、自我时代

我们从三个维度来说明自我时代的特点，如图 2-83 所示。

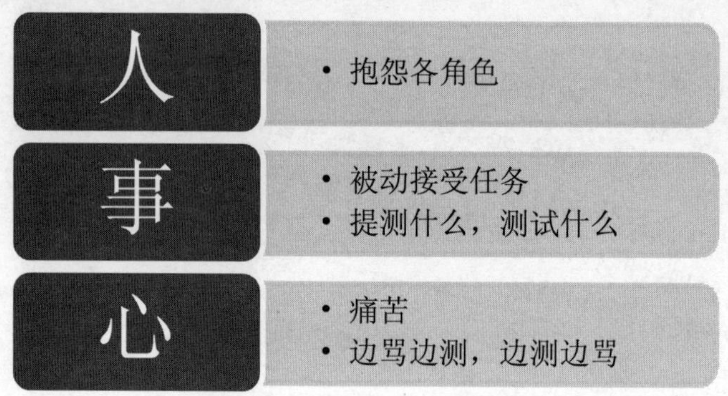

图 2-83　自我时代的特点

实例：在自我时代时，测试人员基本以自我为中心，很少考虑各角色，抱怨产品经理对需求考虑不充分，抱怨开发人员代码质量低等。

这里以我们曾经的一个实例进行说明，如图 2-84 所示。

图 2-84　实例说明

对于图 2-84 所示的实例，测试人员觉得搜索栏在搜索后，应该显示 URL，而产品经理的需求是显示关键字。

测试人员基于两个点认为此处应为 URL，一是 PC 上是 URL，二是利于测试拷贝 URL。

产品人员基于手机上的局限和使用认为是关键字。

所有的都应该基于用户才对，那么我们从用户的角度思考时，应该是什么呢？

针对搜索，可能存在两种情况，一是用户搜索到想要的东西，点击下面链接获取信息，那么此时无论 URL 或者关键字都没关系。二是用户没搜索到想要的东西，那么用户的常用行为就是修改或补充关键字，此时如果是 URL 的话，用户还得输入一次关键字，如果是关键字，则能节约用户时间，故该位置应该是关键字。所以抱怨无法解决问题，而只有深入分析才能实现真正好地建议。

在自我时代，最终的结局可想而知，整个团队互相抱怨，产品的质量也无法得到充分保障。在 2012 年我们被迫迎来了变革，进入到开放时代。

三、开发时代

因 6 大因素外包离岸、拼功能阶段测试量大、沟通耗时、用户量成几何倍数增加、双周版本、双版本并行，使得我们进入开放时代。开放时代特征如图 2-85 所示。

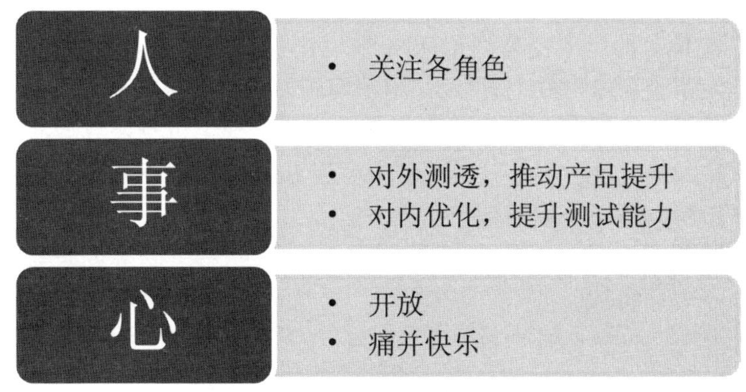

图 2-85　开放时代的特征

首先我们开始内部优化，提升测试能力。

1. 优化对象：Bug

这样做的原因是，Bug 是测试与开发的中间介质，如果 Bug 质量低下，导致的将是整体效益的降低，与 Bug 相关的数据见表 2-10。

表 2-10　与 Bug 相关的数据

骚扰分析	Bug 数	沟通整体占比	事　项	单方骚扰沟通占比
测试骚扰开发	26 个	37%	需求确认	22%
			Bug 确认	78%
开发骚扰测试	45 个	63%	重现 Bug	58%
			验证 Bug	42%

从上面数据看，Bug 已影响到开发和测试的效益，所以我们针对移动终端的特点进行 Bug 优化，如图 2-86 所示。

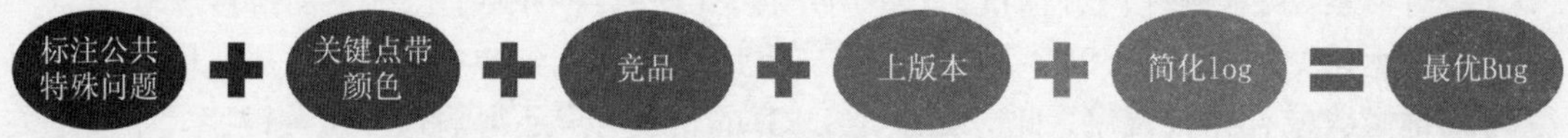

标注公共特殊问题 + 关键点带颜色 + 竞品 + 上版本 + 简化log = 最优Bug

图 2-86 Bug 优化

为什么标题需要写清是公共问题还是特殊机型问题呢？举例说明，Android 平台手机多，机型多，如果是特殊机型问题，而未标注，那么开发人员拿到 Bug，先用自己的手机测试，无法复现该 Bug，再找测试人员去确认，那么整个流程会拉得非常长。修改完再次验证时，也同样存在该问题。如果进行标注后，是公共问题，那么随便用个手机都可以复现和验证，开发人员可以自行解决。如果是特殊机型问题，列出需要机型，测试人员只提供机型就好，极大提高整体效益。

为什么关键点要带颜色，当开发人员可以找测试人员复现 Bug 时，我们要求开发人员操作，我们观察到未复现 Bug 是因为很多前提未看到，所以我们对于关键点用重色标准，这样开发人员复现 Bug 的比率提高到了 95%。

竞品情况是为了验证是网站问题还是 App 问题，同时随时关注竞品；上版本是否存在该问题，关注点是看测试遗漏还是修改代码带出问题，数据可触发我们测试人员和开发人员思考，提高质量；简化 log 就是提供关键 log 到 Bug 单，而不是附件的形式，这可以减少开发人员操作步骤，增加他们的效益。

Bug 虽小，但至关重要，处理好这个问题，一方面可提升整体的效益，另一方面更是我们测试人员专业水准的体现。

Bug 优化后得到的效益见表 2-11。

表 2-11 Bug 优化后得到的效益

加班情况	3.4 周期	3.5 周期	减少时间
加班时间（小时）	248	157	91
沟通时间（小时）	378	76	302

2. 优化对象：外包最优模式探索

由于外包节约成本（人力和管理方面的成本），所以采用外包成为必然。

离岸和在岸两种模式（如图 2-87 所示），哪种更优呢？

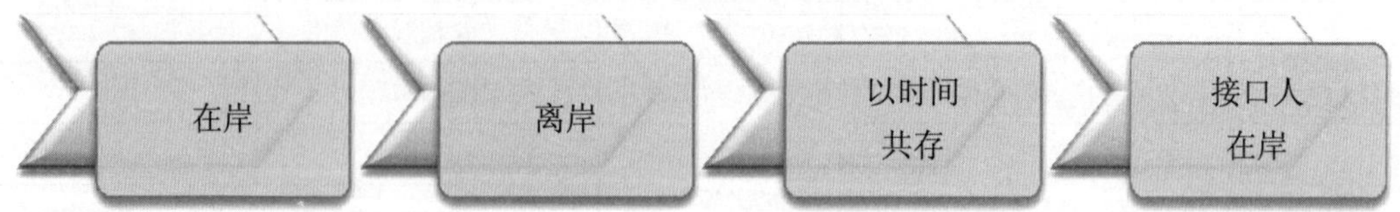

图 2-87 离岸和在岸两种模式

我们经历两种模式，得出下面的结论。

（1） 产品操作基本固定，无太多变化，无需太多沟通，无需人的自由思考，输入和

输出都非常明确的项目，非常适合完全离岸模式。

（2） 产品变化大，需求变更频繁，需要人扩散思维的，适合在岸，如果不能在岸，那么接口人在岸模式也是比较好的模式。

接口人在岸指的是外包中找一个接口人在岸，其他同学离岸，作为一个团队支持该在岸同学，在岸同学负责外包任务分布，需求同步，验收等工作。

3. 优化对象：测试数据挖掘

以数据为基准，实现各方优化，这里以模块在各阶段的Bug数为数据来调整优化为例。

Bug 趋势图如图 2-88 所示。

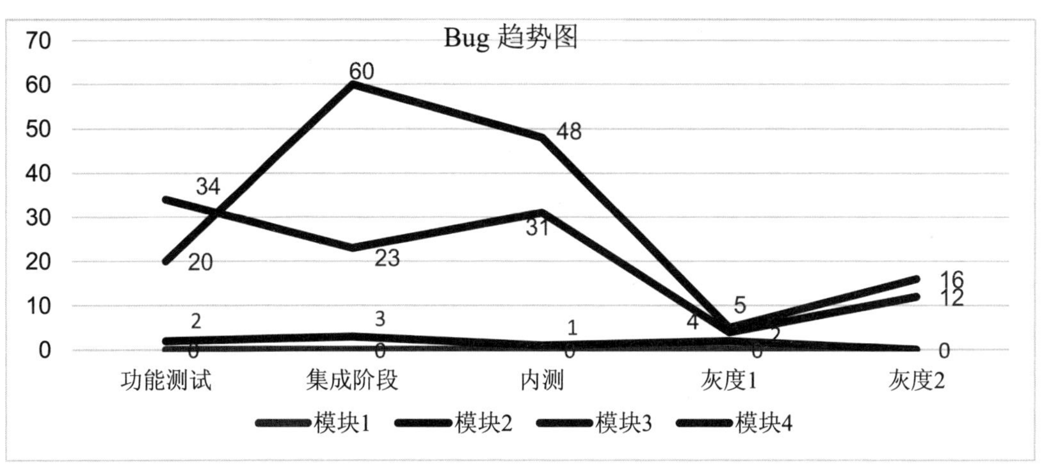

图 2-88 Bug 趋势图

模块 1 红色线，各阶段都未发现 Bug，针对这种类型的，会调整测试策略，在后续测试中，减少该模块测试频度，比如只在集成测试就好，对这类型的需求做到自动化。

模块 2 同模块 1

模块 3 和模块 4，在灰度 2 时，存在 Bug 的上扬，这里就需要分析具体原因是什么，比如测试漏测，那么就需要分析为什么灰度 2 能发现，其他时候未发现，调整后续的测试策略。如果是开发修改带出，那么需要开发在后续的代码提交中增加 cr 的力度。

4. 做到深度品测

如何做到深度品测呢，我们总结了一套方法论，具体如下。

（1） 找各个角色做 CE。

（2） 得出 CE 的结论。

（3） 根据结论进行根因分析，需要分析透彻，比如竞品情况，同类产品的情况等。

（4） 提出超越点，创新点。

相信有了这样的好结果，我们所提建议的接纳度会大幅提升。

5. 有深度地进行优化，测试透功能点

针对移动 App 速度，建议从两个点进行深度解析，包括网络包情况，并发情况，渲染情况等。

四、主动时代

2013 年，测试行业流传一个观点：离互联网越近测试岗位死得越快。

这个观点得出的结论是什么，是否有道理呢？

影响测试岗位的因素如图 2-89 所示。

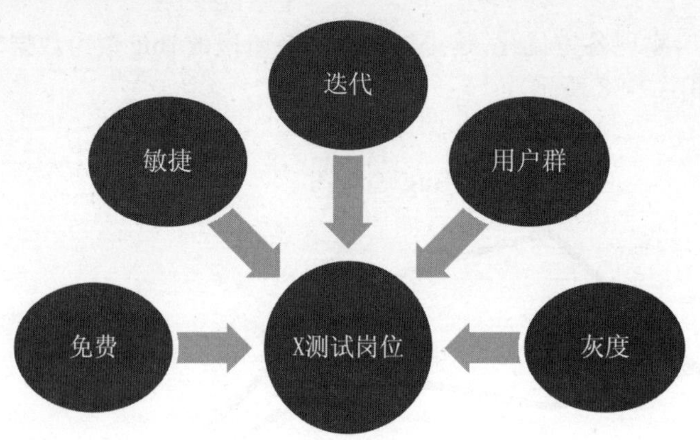

图 2-89　影响测试岗位的因素

互联网产品一般是免费的，所以可以灰度发布，通过敏捷不断迭代来看用户群的反馈，根据反馈再来放量，这样想来可以把测试功能正确性的工作代替了，所以这样的结论有一定的道理。这样的危机感使得我们思考如何实现测试的更多价值，所以我们进入到主动时代。

主动时代的特征如图 2-90 所示。

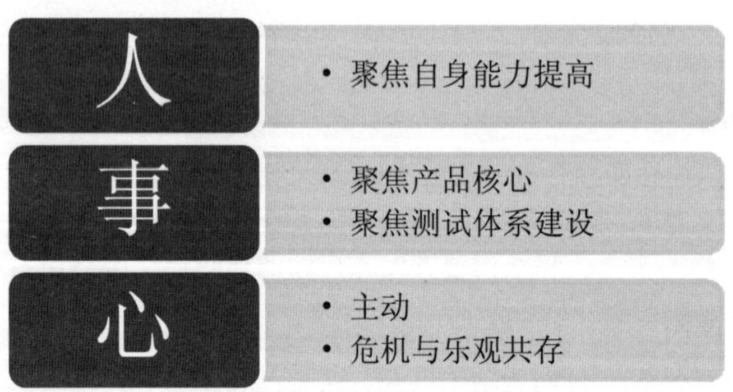

图 2-90　主动时代的特征

主动时代与之前的时代的焦点不同。之前我们测试人员关注功能，现在我们关注如何提供信心，主要从下面几点来实现更高价值。

1. 移动 App，移动测试

移动测试覆盖 4 大主要实地场景，完成 5 大主要功能（搜索、网页、图片、小说、视频），实现全网络覆盖（2G、3G、WiFi），实现自动化竞品完美比拼。

移动测试场景如图 2-91 所示。

图 2-91　移动测试场景

获取用户真实场景下，自身与竞品的真实情况，进行自身优化，领先行业。

2. 创建核心指标体系，重构发布体系，提升产品品质

指标体系功能如图 2-92 所示。

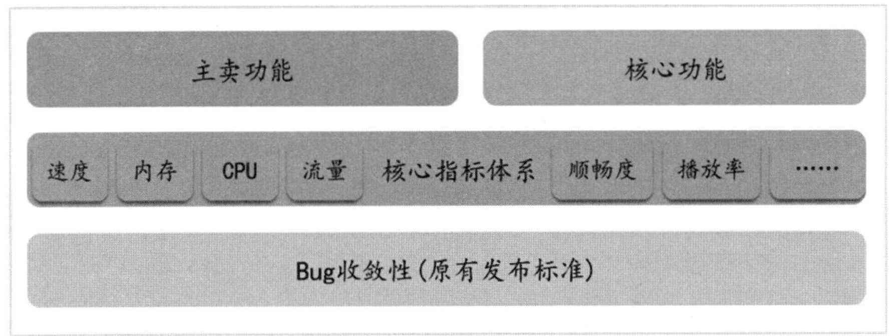

图 2-92　指标体系功能

核心指标体系，在深度上不允许退步，来提升整体产品核心功能。

从主卖功能、核心功能、核心指标、Bug 收敛性方面整体提升产品信心。

3. 聚焦测试体系，支撑产品发展

建立多地每天晚上获取全网络多网址下浏览器 Daily 包与竞品对比核心指标的自动化测试，在核心能力上随时关注竞品和自身发展。

QQ 与竞品耗时对比示意图如图 2-93 所示。

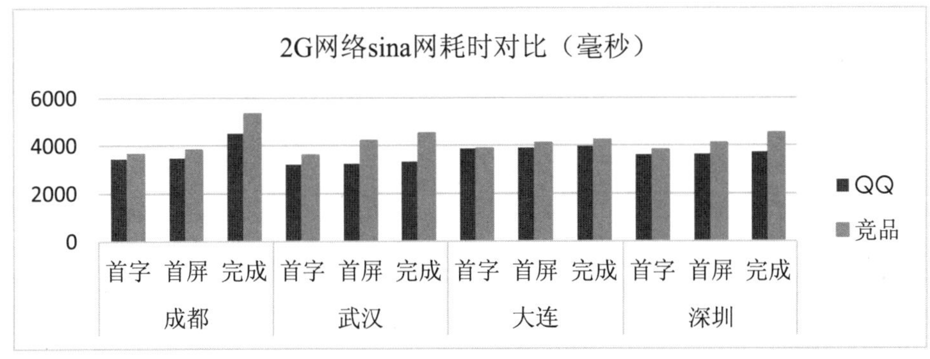

图 2-93　竞品耗时对比示意图

做到这个程度，需要测试人员的不断打磨，其打磨与优化的内容项目如图 2-94 所示。

图 2-94　打磨与优化的内容项目

测试能力同样需要不断的打磨和优化，使之成为竞品。

4. 测试能力提高，4 分法实现分层精准测试

针对自有项目特点，分原因，分特性，分阶段采用合理方法实现精准测试，提升效益。

（1）　分原因：重点、耗时点、痛点、难点、稳定点等。

（2）　分特性：模块、需求功能、修改点等。

（3）　分阶段：需求、迭代、集成、回归、上线前、上线后阶段。

（4）　分方法：自动、手动、手自一体。

四分法测试流程图如图 2-95 所示。

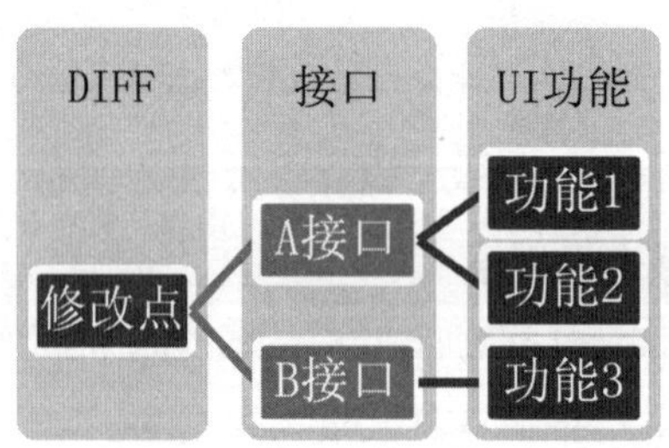

图 2-95　四分法测试流程图

从实践的情况看，分层精准总能在合适的阶段做这样的事情，做到效益的提升，比如我们常抱怨需求变更多，代码提交量大，无法做，但实际上，在某个阶段，比如上线前修改量小时，就可以完成。故根据 4 分法会很好地解决分层精准测试。

在主动时代结果，我们对外测透核心，提供信心，对内测试体系化建设，相信我们会赢得口碑。

是否这样就满足呢？测试想要赢得真正的尊重和掌声，还需要继续前行。

五、前行时代

前行时代的特征如图 2-96 所示。

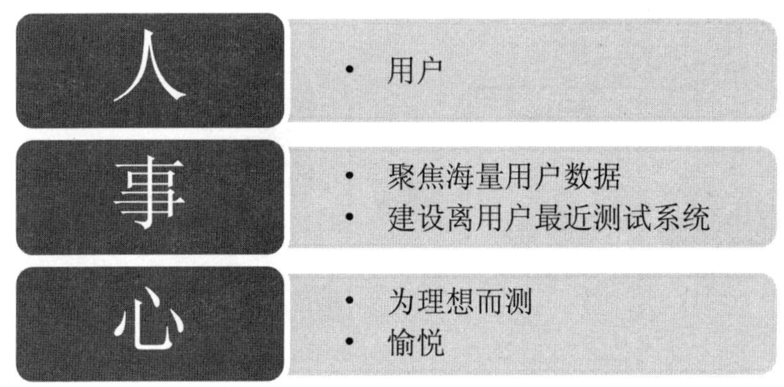

图 2-96　前行时代的特征

前行时代比较艰辛，需要关注海量的用户，对于测试人员来讲，与用户零距离，才更容易实现快捷模式。

前行时代主要包含四个方面，数据挖掘、精准投放、完备上报、云端测试。目前前两者还未实现，后两者我们进行了部分尝试，分别举例说明。

1. crash 完美上报

在用户使用移动 App 过程中，App 出现 crash 时，如果用户同意，即可把 crash 日志上报到后台，实现快速定位和解决，实现 App 的稳定性。

crash 数据分析图如图 2-97 所示。

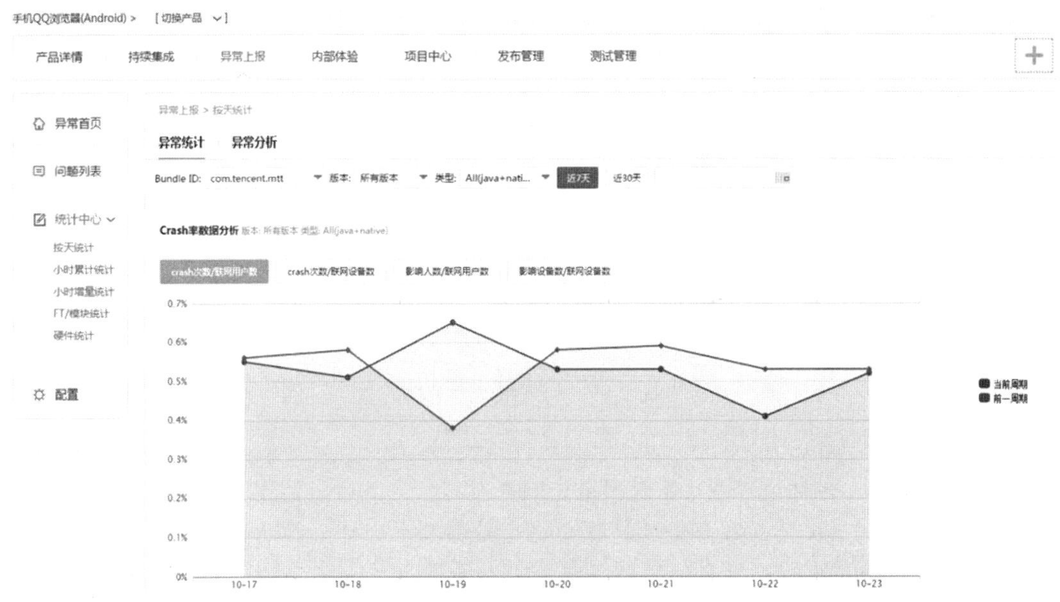

图 2-97　crash 数据分析图

2. 云端测试，随时暴露问题

扫描 SVN 有变化时，立即打包，调用自研自动化框架 QQ Driver 编写自动化代码，分发到三大云端平台，可实现功能、性能等监控，随时暴露问题，定位代码。

云端平台测试图如图 2-98 所示。

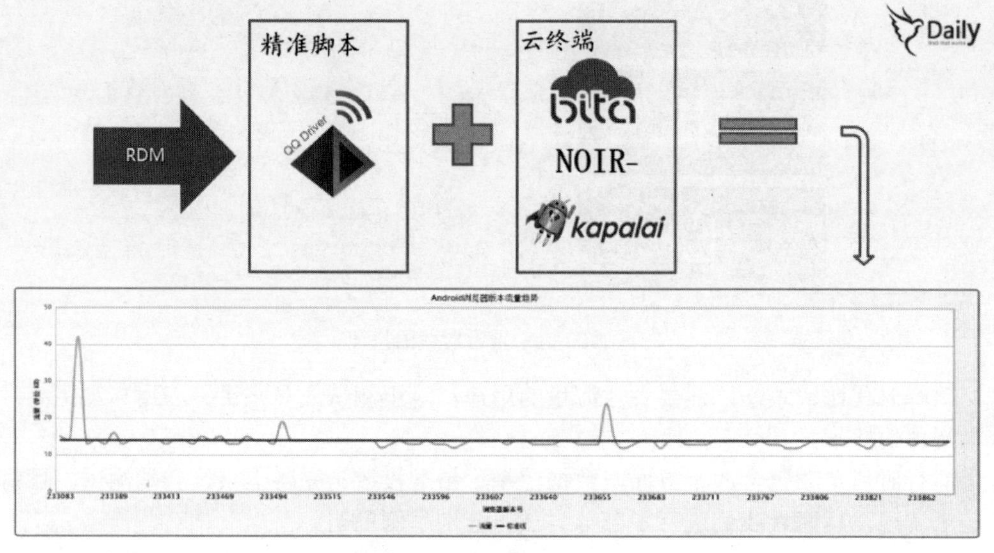

图 2-98　云端平台测试图

前行时代，相信经过测试艰辛的建设，能真正获得尊重和掌声。

六、案例启示

从自我时代到前行时代，思想、视野、能力这三大根基（如图 2-99 所示）必不可少，思想有多远，路才会有多远，视野的范围决定了价值的大小。有思想有视野，需要我们有能力的支撑，故思想、视野、能力构成时代变化的根基。

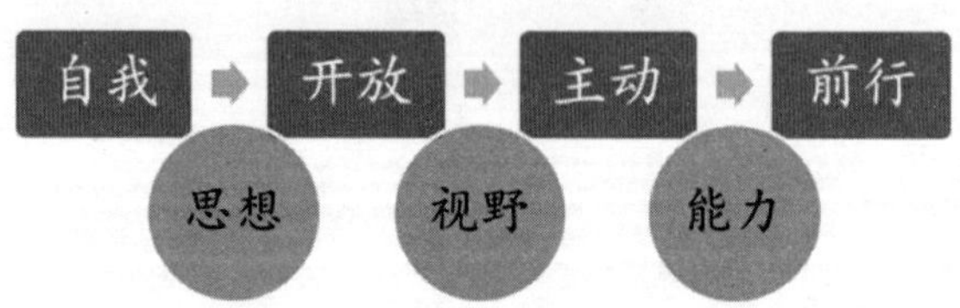

图 2-99　三大根基示意图

吴凯华点评：坦白说，移动互联网快速到来时，在这个领域的测试积累其实很不够，最佳实践、方法论/工具、各个维度的探索研究等都偏少，鲁老师的分享从很多现实工作中比较真实的场景开始分析和反思，不断挖掘和开展各种测试实践，用另外一种思路给大家呈现了一个很有意义和价值的分享，移动互联网下，测试在各类专项领域的开展更加有挑战性，攻坚后的工具研发以及自动化等能力也特别期待行业有更加快速的进步！

作者姓名：刘向军
作者职位：CA Technologies 中国研发中心研发总监
作者简介：15 年以上的软件开发、测试和团队管理经历。曾担任中国青年政治学院教师，就职于华为技术有限公司北京研究所。工作中积累了丰富的网络、存储备份、自动化、服务虚拟化、应用交付自动化、项目管理等方面的丰富经验
研发团队规模：60 人
研发团队职能定位：分析探讨软件测试中的心理学问题，更好地引导和激励测试团队

心理影响软件测试

一、案例简述

软件开发与测试是一门非常技术性的工作，是人类高度智慧化的产品。因为软件开发的复杂性，需要很多人一起作为一个团队来完成工作，因此软件开发测试活动中也涉及人类心理学的一些重要因素。甚至可以说，测试活动中的很多重要问题都和心理学有一定程度的关联。熟悉并掌握常见的心理学效应，并将其有效地应用于测试工作以及测试团队的管理中，往往会帮助我们看到问题的深层次原因，从而提出行之有效的解决方案。

在此，我们分析一些常见的心理学效应，以及思考这些效应在软件测试中的影响。

二、摆正测试在团队中的位置

我曾经与很多不同级别的测试人员交流，挺普遍的一个现象是，很多人都觉得测试工作没什么前途、不太重要，或者门槛太低谁都能干；觉得测试就是按照测试用例的要求，周而复始地运行测试步骤，随便找个人培训几个月就足以胜任。甚至是很多的管理者，也对测试抱有这样的看法。

心理学上有个很重要的定律叫“不值得定律”，它也是非常基本，非常容易理解的。

不值得定律：不值得做的事情，就不值得做好。这个定律反映出人们的一种心理，一

个人如果从事的是一份自认为不值得的事情，往往会持冷嘲热讽、敷衍了事的态度。不仅成功率小，即使成功，也不会觉得有多大的成就感。

这很符合当下的一些现状，例如：薪酬待遇上，同级别的测试人员普遍比开发人员低，职位越高，差距越大；通常外包的都是测试工作，在很多公司，测试的投入不足，并且测试普遍被认为只是辅助开发；很多能力强的测试工程师都转去做了开发工作，导致测试领域缺乏具有强技术背景、对专业领域有深度掌握的测试人员。一个测试工程师或是一个团队如果带着这样的心态，很难有激情地工作，很难有意愿去学习，更不必说不断的创新和提高了。

所以，如果一个组织是足够关注产品质量的，那么在尝试提高测试质量、改进测试流程等工作之前，首先应该做的是摆正测试在团队中的位置。只有当测试得到足够的重视，测试人员能感受到自尊、平等、独立，我们才有可能真正地激发出他们的潜力和创造力。

实践中，有很多可供借鉴的做法。例如，所有的开发人员在入职培训中必须接受测试相关的培训，并且从事几个月的时间具体的测试工作，从而养成更好的质量意识；有的公司对开发和测试人员使用同样的职位名称，让测试人员和开发人员拥有同等的地位，鼓励知识的宽度和广度；有的公司在应用敏捷开发的过程中，非常尊重测试人员对任务的时间和工作量评估。这些都是对于测试给予足够重视的一些表现。

三、勇敢——测试人员最重要的品质

要想成为一名优秀的测试人员，需要很多的技能，同时，也需要具备很多优秀的品质。我们普遍认为逆向思维、细心、耐心等是非常重要的。但是如果要选一个最重要的，我会认为，勇敢是测试人员最重要的品质！

为什么呢？因为测试人员面临着比开发人员更多的压力和挑战，经常面临着多重标准带来的困惑迷茫，这反映在实际工作中的很多方面，例如：绩效考核、测试自动化、流程、任务优先级等。拿测试自动化举个例子，一方面强调自动化的重要性、目标达到百分之多少的自动化率；另一方面，在项目计划和迭代中又很少预留足够的时间去做，测试经理和开发经理明显具有不同的倾向性。又比如一方面强调要提高产品的用户体验，鼓励大家积极思考如何让产品更加简单、易用；另一方面，却对测试人员提出的用户易用性问题报以冷淡的态度，甚至是指责总是开一些这样的问题。这就好像心理学中的手表定律一样，有太多的衡量评价标准，让测试人员经常无所适从。

手表定律：拥有两块以上的手表并不能帮人更准确的判断时间，反而会制造混乱，让看表的人失去对时间的判断。每个人都不可能同时挑选两种不同的行为准则或者价值观念，否则行为将陷于混乱。

因此，测试人员必须有足够的勇气，去挑战权威、挑战现状；要有足够的勇气，去深入思考，为什么要这么测试，为什么要用这样的流程，等等。现实中，在和很多优秀的测试人员沟通中，我发现他们其实是很有想法的，对于实际工作中遇到的问题，也有着很好的见解。但是，由于各种原因，很多的测试人员都是带着困惑在做事情，明明心里觉得有问题，却不敢提出来，为了“安全”，大家怎么干、我就怎么干，即使知道这样做是错的。

从众效应：个体受到群体的影响而怀疑、改变自己的观点、判断和行为等，以和他人

保持一致。也就是通常人们所说的“随大流”。从众是合乎人们心意和受欢迎的。不从众不仅不受欢迎，可能还会带来麻烦。

史蒂夫•乔布斯曾经说过：“你的时间有限，所以不要为别人而活。不要被教条所限，不要活在别人的观念里。不要让别人的意见左右自己内心的声音。最重要的是，勇敢地去追随自己的心灵和直觉，只有自己的心灵和直觉才知道你自己的真实想法，其他一切都是次要！”。

当今的时代，技术在日新月异的发展，积极地思考并勇于挑战现实，才能不断地进步并跟上时代的步伐。在团队中，一定要鼓励并保护那些勇于挑战现状的工程师，营造一个良好的团队文化，让人人都敢于自由的表达想法和建议，从而形成一个积极的“随大流”的氛围。

四、质量改进从小处入手

软件质量出问题，可能反映在很多方面。小到界面布局、提示信息，大到系统崩溃、安全隐患、性能低下等。很多时候，我们都是在关注那些高严重性的、优先级的缺陷上，对于那些优先级和重要性不太高的缺陷，睁一只眼闭一只眼，长期地堆积在缺陷队列里。殊不知，这在潜移默化地对开发和测试人员的心理带来负面的影响。久而久之，人们会漠视质量问题，并持续不断地引入更多的问题。

破窗效应：一幢有少许破窗的建筑为例，如果那些窗不被修理好，可能将会有破坏者破坏更多的窗户。最终他们甚至会闯入建筑内，如果发现无人居住，也许就在那里定居或者纵火。一面墙，如果出现一些涂鸦没有被清洗掉，很快的，墙上就布满了乱七八糟、不堪入目的东西；一条人行道有些许纸屑，不久后就会有更多垃圾，最终人们会视若理所当然地将垃圾顺手丢弃在地上。这个现象，就是心理学中的破窗效应！

20 世纪 70—80 年代纽约以脏乱差闻名，环境恶劣，同时犯罪猖獗，地铁的情况尤为严重，是罪恶的延伸地，平均每 7 个逃票的人中就有一个通缉犯，每 20 个逃票的人中有一个携带武器者。1994 年，新任警察局长布拉顿开始治理纽约。他从地铁的车厢开始治理：车厢干净了，站台跟着也变干净了，站台干净了，阶梯也随之整洁了，随后街道也干净了，然后旁边的街道也干净了，后来整个社区干净了，最后整个纽约变了样，变整洁漂亮了。现在纽约是全美国治理最出色的都市之一，这件事也被称为“纽约引爆点”。

改进产品质量和整个团队对高质量的意识，是一个长期的过程。从小处入手，更容易实现并推动。破窗效应给我们的启示是，任何时候，在可能的情况下，都不要放弃每一个小的改进的机会。永远不要轻易地容忍一些看似不是很重要的小问题，一定要在最早的时间就予以改正，否则千里之堤，毁于蚁穴。一旦形成了某种不好的团队文化，将很难再改正回来。

五、向未来 Test Engineering 转型

软件行业在过去十多年间发生了巨大的变革，而且变革还在继续。技术在引导和改变商业逻辑中扮演着越来越重要的角色。而软件测试相对来讲严重滞后于时代的发展，很多

的测试人员还停留在以手工测试为主的状态。能够写一些自动化的测试用例，就已经是走在多数人的前列了。当然，各种各样的测试工具也应运而生。但是，一方面能真正掌握测试工具并运用良好的测试工程师少之又少；另一方面，大部分的工具并不能很好地解决测试中遇到的难题。遗憾的是，并不是每个人都意识到了这种危机。

随着人们对软件发布的质量和速度的要求越来越高，随着开发运营概念被越来越多的企业所接受，软件测试面临着越来越大的机遇和挑战。我们要积极地向未来的测试工程师转型。

温水煮蛙效应：具备危机意识，勇于创新，积极地应对变化和未来的挑战。温水煮蛙效应强调的便是“生于忧患，死于安乐”的道理。人天生就是有惰性的，总愿意安然现状，不到迫不得已的情况下多半不愿意去改变已有的生活。若一个人久久沉迷于这种无变化、安逸的生活时，就往往忽略了周遭环境等的变化，当危机到来时就像那温水中的青蛙一样只能坐以待毙。

未来的人力资源成本会越来越高，未来的业务需求和软件会越来越复杂，现有的测试策略和效率必然无法应对未来的挑战。我个人认为，未来的软件测试一定是高度虚拟化、自动化、可视化的。企业应用越来越复杂，虚拟化可以极大地降低开发和测试的各种限制，让效率变得更高；一切机器可以做的事情都必将被机器自动化取代，例如自动化的测试、自动化的应用发布和部署、自动化的性能监控和数据反馈；测试将像医生为病人诊断一样，对应用程序的高度可视化，将帮助测试人员了解程序运行的内在状态、数据和控制流程，极大地提高测试的效率和发现深层次问题的能力。

六、总结

上述的这些讨论，并没有涉及任何具体的测试技术或是工具。但是，工具流程都是死的，人是活的。就好像一个武林高手不会拘泥于一招一式一样，来自心理和思维上的内功，才是推动个人和团队进步的核心动力。最后，我想用一句话来串联这几点建议：“明确价值，勇敢挑战现实；从小处入手，向未来测试工程师转型！”

朱少民点评：从心理学来讲，也需要面对现实，你如果不面对现实，可能会郁闷，做得好的人有很多，还是看你自己怎么去做，实事求是。你如果是做测试的话，你要想办法你一定也可以做得很好。不管是思路还是价值都是能够得到体现的。

作者姓名：薛亚斌
作者职位：资深测试开发工程师
作者简介：先后就职于神州数码、亚信联创。9 年多的测试、开发工作经验，从事过金融、电信行业的多个自动测试项目、测试管理系统、软件全生命周期管理项目的实施；参与过中国移动、中国电信 IT 规范编写工作。目前专注于接口自动化测试（单元测试）、测试策略、测试分析与设计等测试领域
研发团队规模：130 人
研发团队职能定位：飞信后台和基础业务开发

自动化在集成测试中的应用

一、互联网测试分析

在互联网产品中因为用户多，用户广、用户构成复杂，其产品架构和设计也与传统产品有很大的区别。体现在以下几点。

（1） 产品访问量大，对系统的性能和稳定性要求高；

（2） 用户广，使用的包括终端，浏览器，要求各种配置的测试都要到位；

（3） 用户构成复杂，各个用户行为和期望千差万别，需要容错性和用户体验好。

另外，互联网产品既要满足千差万别的用户需求（简单易用），同时又受制于终端的限制，在架构上设计采用“重服务端，轻客户端”的设计模式。客户端功能相对简单易用，很多业务逻辑会放在服务端实现。这样对服务端的测试提出了一个很高的要求；相对服务端的客户端功能测试来说，就显得无足轻重。综上所述，在互联网测试中必须解决以下几个问题。

（1） 对系统的性能、稳定性、容错性、安全性的测试。

（2） 兼容性测试（终端兼容、网络状况、操作系统、浏览器等）。

（3） 满足用户基本需求，同时满足用户的个性化需求（功能相对简单）。

二、互联网测试方案

1. 测试的本质

如何解决上面提到的几个问题？按照传统的测试模式，肯定不能满足；在解决这些问题之前，我们需要研究下测试本质。在软件测试中有一个著名的 V&V 模型，如图 2-100 所示，即 Verification（验证）与 Validation（确认）。

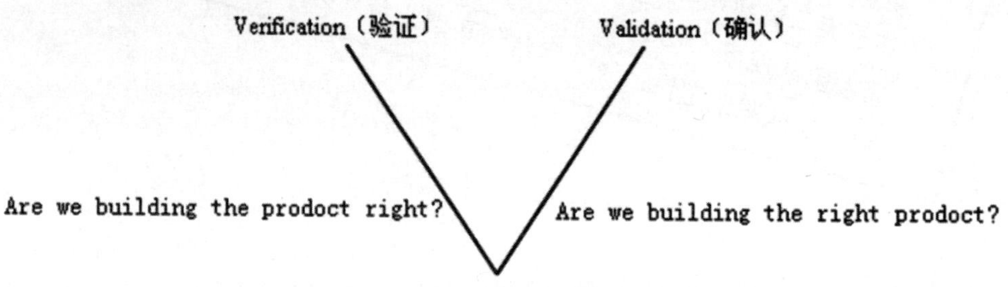

图 2-100 Verification（验证）与 Validation（确认）

Verification 可翻译为“验证”，也可以译为“检验”。在 ISO9000 中，“验证”的严格定义是：验证是通过检查和提供客观证据，表明规定要求已经满足的认可。“验证”强调的是“规定规格要求” 即验证或检验软件是否已正确地实现了产品规格书所定义的系统功能和特性。验证过程提供证据表明，软件相关产品与所有生命周期活动（需求分析、设计、编程、测试等）的要求（如正确性、完整性、一致性、准确性等）相一致。

Validation，翻译为“确认”，但更准确地翻译，应该是“有效性确认”；在 ISO9000 中，“确认”的严格定义是：确认是通过检查和提供客观证据，表明一些针对某一特定预期用途的要求已经满足的认可。“确认”强调的是“预期用途的要求”。这种有效性确认要求更高，要能保证所生产的软件可追溯到用户需求的一系列活动。确认过程提供证据，表明软件是否满足客户需求（指分配给软件的系统需求），并解决了相应问题。

BOEHM 对 V&V 的最著名又最简单的解释是：

- Verification：Are we building the product right？即我们是否正确地构造了软件？即是否正确地做事，这需要验证开发过程是否遵守已定义好的内容。
- Validation：Are we building the right product？即我们是否构造了正确的软件？即是否正在做用户真正所需要的事。

由此看来，在软件测试中，验证（Verification）更多的是在强调产品满足特性要求，确认（Validation）更多的满足用户要求，即满足用户的心理。前者体现的是测试即特性，而后者体现的是测试即心理。对应到我们日常测试中，验证相当于测试中的开发测试，确认相当于用户测试。

2. 互联网测试方案

基于这个思想提出针对于互联网测试的一种方案，即前端功能使用众包测试、后端代码和架构使用工具化测试，常规及特殊需求使用专项测试。互联网产品受用户和终端限制，其功能相对比较简单易用，用户可以很快上手，对产品的理解和体验用户往往比测试更为真实。基于这种想法和认识提出基于用户功能（业务）验证的测试完全或者部分邀请用户参与测试，即众包测试；对于服务端架构和业务逻辑的验证（即业务特性和代码特性）交给测试工程师和测试开发工程师负责，由于在对后台代码和服务端业务测试中需要大量的工具支撑进行测试，才能完成系统的功能、性能、稳定性、安全性等测试，所以提出工具化测试，简称工具化（笔者认为在这些测试中小而美的工具比大而全的平台更灵活更有优势，所以在此用没有使用平台化）；另外针对测试常规测试和特殊测试使用专项测试，比如回归测试、灰度测试（A/B 测试）、功耗能耗测试、安全性测试，对标测试（竞品测试）等，下面就工具化、众包及专项测试进行详细说明。

3. 工具化

受篇幅所限对于基础测试工具不在本文中讨论。在工具化测试中主要从三个方面来说明工具化，即提升测试效率工具、提升开发效率工具、提高产品总体质量的工具。下面对这三类工具分类讲述。

（1） 提升测试效率工具。

① 从自动化测试、数据生成、模拟器（虚拟化）三方面来说。

自动化工具，在互联网时代，随着敏捷和 DevOps 的到来，自动化几乎成为产品测试中的标配，虽然自动化测试依然或多或少地存在着各种问题，但它的确是提升测试执行效率的最佳实践。自动化测试实施成功最主要的因数是实施策略，它直接决定着自动化实施的效果。在这块简单的讨论下自动化实施的策略。

在自动化实施中最基本的策略都是来自于 Martin Fowler 关于测试金字塔的原型变种而来，本文所描述的自动化实施策略，图 2-101 所示是根据多年的实践经验细化而来的一种自动化测试模型。主要分为三个层次 6 大类。

- 单元测试：关于单元测试网络上已有太多的观点和文章来讲述，在此不再详细讨论。
- 集成（接口）测试：在这层分为基于单功能的接口测试和基于业务场景的接口测试。单功能接口测试主要面向的是代码，要解决的问题是输入输出的数据流的测试，测试是尽可能模拟各种有效类和无效类以及边界范围，是否为空等各种情况。业务场景接口测试，主要面向的是业务逻辑测试，需要解决的是业务场景是否覆盖完全，为 UI 层提供能力支撑。对于业务场景接口测试时，可以采用基于模型的自动化测试解决设计的问题。对于单功能测试可以使用基于数据驱动的方式，解决代码编写过程各种异常数据而导致的异常问题。
- UI 层测试：对于 PC 端的 UI 测试通常有三种方式，直接进行 UI 界面的自动化测试。这种测试最常见最有效的是进行 BVT 或者冒烟测试，或者针对某些场景使用静态信息比对法（diff）、或者动态信息比对法。常见于数据测试或者图片的测试，比如移动话费套餐结算测试等；JS 层和 Servelt 层实际上是去掉变化的 UI，模拟数据进行测试。

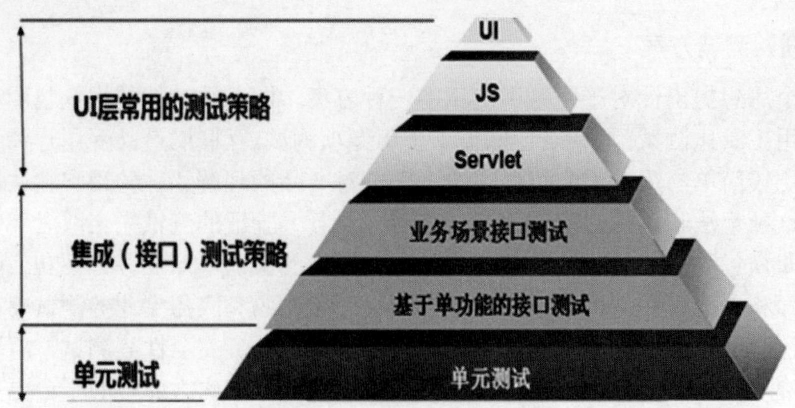

图 2-101　自动化测试实施策略

② 数据生成工具，在测试中数据准备是测试中最重要也最为复杂的一个环节。数据准备的好坏在直接决定测试是否成功有效。

- 批量数据生成：在测试中批量数据生成是最为常见的一种数据需求，对于批量生成最常见的方式是使用存储过程或者 SQL 语句直接生成，或者使用模拟工具比如 LR 进行模拟请求，然后生成大量数据。
- 业务数据：对于一些业务数据，数据准备是比较复杂，比如 12306 的注册，注册时，需要满足各种条件，比如邮箱，身份证，手机号等，使用人工注册是相对来说耗时费力，如果采用自动生成然后注册或者直接插入处理，那么相对就方便很多，在数据生成中可以使用开源 faker 进行复杂数据生成并生成 SQL 语句，直接插入，对于提高测试效率快捷有效。
- 复杂业务数据：对于人工模拟生成非常困难的数据，经常采用的一种手段就是从生成库中直接提取，清洗脱敏后，直接在测试环境中使用。对于从生成库中提取的数据，特别要注意两点，一个是数据的清洗脱敏，另一个是数据提取后的数据管理。

③ 模拟器（虚拟化工具）：在测试中经常需要借助其他系统才能进行完整测试交易，比如购物交易中需要测试银行接口，就需要借助银行接口模拟器，比如测试飞信短信需要的飞信模拟器等。

（2） 提升开发效率工具。

从我们的实践来说，主要有提升开发自测工具和 Bug 跟踪分析工具。

开发自测相关的辅助工具：在项目中开发人员经常不能够很好地进行自测或者单元测试，一个很重要的原因是因为没有足够的时间进行编写自测代码或者单元测试代码，如果能开发一些既方便开发使用又不增加开发进行自测时间的辅助工具，对于整个项目或者产品来说是一件非常有意义的事情。结合实践给大家简单描述一下我们提升开发自测的一个工具，如图 2-102 所示。

这个工具是一个简单的数据生成工具。其工作过程如下。

① 开发经理或者架构师定义一个协议或者接口。

② 当协议或者接口通过评审后开发人员根据协议或者接口编写代码后，测试人员根据参数定义的需求，编写输入（请求）和输出（应答）对于的规则形成 XML 文件。

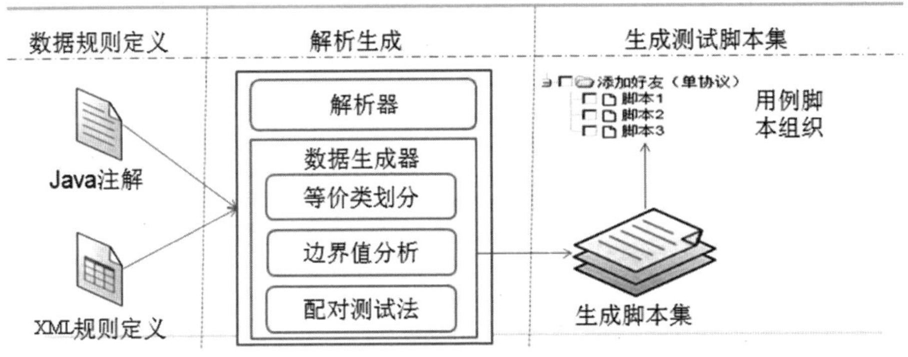

图 2-102　提升开发自测的一个工具

③ 开发完成代码后，测试人员也完成了业务规则的定义并会自动生成测试用例（测试代码）。

④ 开发人员根据测试启动自动化平台调用接口所对应的代码进行自测。

⑤ 完成并通过后进行代码提交部署。

我们缺陷跟踪定位辅助工具，缺陷分析工具常见的工具是抓包工具和 trace 分析，在大部分情况下这两个工具对发现和定位缺陷非常有效，但有些情况还是不能满足缺陷跟踪定位。

在工作中做了一些实践，如通过跟踪业务运行路径和运行数据流分析，发现异常，提早预警和发现 Bug，但从目前的效果来说还不是很明显。

（3） 提升产品质量的工具。

此类工具非常多，在此只讨论其中几类工具，持续集成辅助工具、数据挖掘辅助工具、其他辅助工具（如 A/B 测试工具）等。

① 持续集成辅助工具，持续集成和持续交付在近几年是非常热门的一个话题，但对于持续集成的实践，大部分公司也处于摸索阶段。在此简单地讨论下笔者对持续集成实践的一些心得和体会。持续集成是一项比较复杂的事情，在大部分公司做到自动构建，自动化测试还是相对容易些，但要真正做到持续集成还是有点难度的，所以在实践中也可以考虑使用变通的方式解决公司遇到的问题。下面简要描述下笔者所在公司的持续集成的流程，如图 2-103 所示。

- 开发或者架构师定义一个协议或者接口。
- 协议或者接口通过评审后，开发人员编写代码，测试人员根据参数定义的需求，编写输入（请求）和输出（应答）对应的规则形成 XML 文件。
- 开发人员完成代码后，测试人员也完成了业务规则的定义并会自动生成测试用例（测试代码）
- 开发人员根据测试工程师提供的测试代码启动自动化测试平台所对其开发代码进行自测
- 完成并通过后进行代码提交部署。
- 启动 BVT 测试，如果通过测试，系统自动启动自动化进行回归测试，测试通过后提交客户端测试。

- 环境监测（BVT 测试）不通过并确认有问题时，直接退回到原来版本，由开发人员分析确认缺陷原因，修复后重新部署提测再次进行环境监测（BVT 测试）。

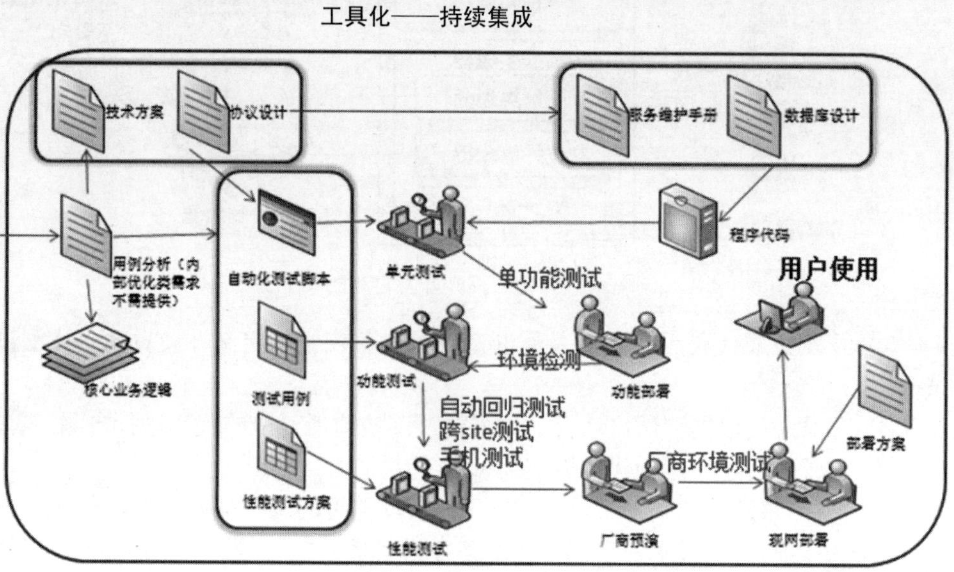

工具化——持续集成

图 2-103　持续集成的流程

② 数据挖掘辅助工具，在测试中为了产品质量更好的满足用户，需要参考用户的使用产品的轨迹和用户的属性及行为对产品进行优化。比如分析用户在使用某功能时，用户通过了那几个步骤，这些步骤那些是预期要求的步骤，那些不是，然后根据进行分析，优化产品。以达到用户满意的效果。类似于的方法非常多。在此不再一一举例。

③ 其他测试工具。

A/B 测试工具。

在产品中，经常会面临多个设计方案的选择，比如某个按钮是用红色还是用蓝色，是放左边还是放右边。传统的解决方法通常是集体讨论表决，或者由某位专家或领导来拍板，实在决定不了时也有随机选一个上线的。虽然传统解决办法多数情况下也是有效的，但 A/B 测试（A/B Testing）可能是解决这类问题的一个更好的方法。

所谓 A/B 测试，简单来说，就是为同一个目标制定两个方案（比如两个页面），让一部分用户使用 A 方案，另一部分用户使用 B 方案，记录下用户的使用情况，看哪个方案更符合设计目标。其工具主要有如下 3 类。

- Google WebSite Optimizer：搜索巨头提供的免费 A/B 测试工具。一个很好的入门级工具，但是没有一些先进的功能。
- Visual WebSite Optimizer：一个易于使用的 A / B 测试工具，包含功能：如所见即所得的编辑器，单击地图，访问者分割和标签等。
- Unbounce and Performable：集成着陆页设计的 A / B 测试工具。

至于工具的选取和使用需要根据业务需要选择合适的工具，本文不一一介绍。

4. 众包测试

在本文开始时提到，互联网测试中要解决终端兼容、网络兼容、系统、浏览器等兼容性测试，要随时满足不同人群的个性化需求。用普通的模式越来越难以满足现在的业务模式。需要更多的人参与共同提高产品质量和用户满意度。

基于这个思想，提出了众包测试并开展了一系列的实践，主要从通过打包前的产品体验、上线前的内部使用、上线后的产品跟踪三个阶段进行众包测试。打包前的产品体验，这个主要是通过招募使用者，通过使用对产品提出意见，同时将操作产品过程记录下来，通过专业分析在此优化产品。上线前的内部使用，把将要发布的产品发布给公司的所有成员，通过他们进行测试（功能、适配、易用性等）提出一些优化建议或者缺陷。进一步提升产品质量。上线后的产品跟踪有测试工程师总负责，公司全员、自愿者参与在新产品发布后的一段时间跟踪发现产品的缺陷和一些其他问题收集，进一步优化产品。

5. 专项测试

在对前端的众包测试和后端的工具化测试虽然解决了一大部分问题，但还有些日程的测试和专项测试需要测试，比如回归测试，灰度测试，特定场景的测试，功耗能耗、性能、安全性、网络、日志、对标（竞品）等测试需要通过专项测试进行弥补产品测试的遗漏。在此只列举其中几个常见的测试。

（1） 回归测试。

在互联网测试中，回归测试一般占的比重相对比较大，回归测试占用的人力资源也比较突出，针对这个问题通过实践总结出一套快速回归测试策略，具体如图 2-104 所示。

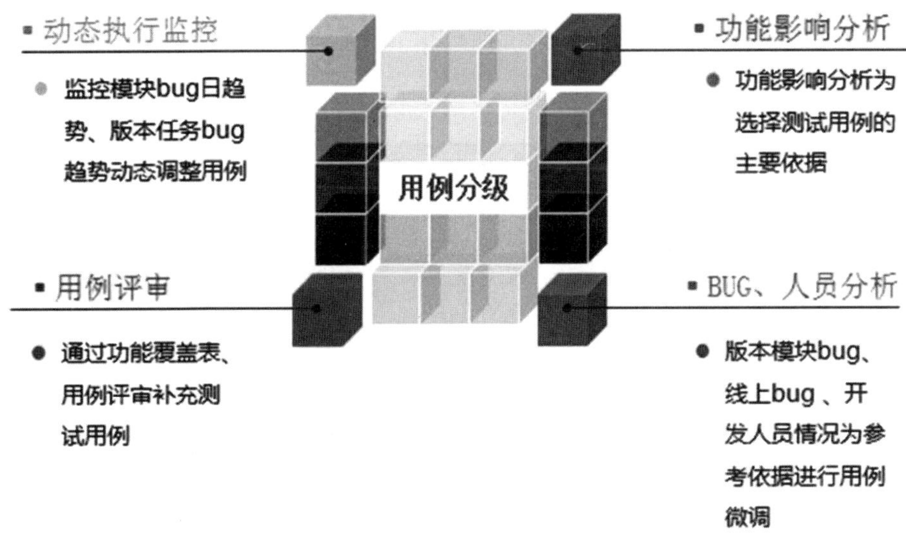

图 2-104　快速回归测试策略

其主要思想是以用例分级为基础，对功能交互影响分析选择出基础测试用例，然后通过对线上 Bug、线下 Bug 分析以及开发人员情况进行用例微调；用例评审实现对测试用例补充，通过测试执行监控动态对测试用例调整，以实现快速的回归测试。

（2） 线上发布测试（服务端）。

在互联网测试中因为发布周期短，基本上每周都会有一到两次的线上发布。笔者所在公司还没有实现完全的热发布，即随时随地发布；其线上发布都在晚上进行，这样对日常测试的影响会非常大，经常一次上线测试需要 2～3 个人，晚上测试一个小时左右，导致第二天会有 2～3 个人调休，影响正常的测试。针对这种情况，我们实践总结出一套线上发布流程。

- 预测试：充分的准备是线上发布测试非常重要的一步。在测试前必须做好准备，要求在上线前的晚上提前在功能环境预测试一次，进而熟悉用例和各种可能的问题，做到心中有数。
- 分层自动化测试：线上发布测试时间紧任务中，选取分层测试是提高测试效率最主要的手段；在部署完成后，一般会同时启动多个自动化，Server 端的接口测试，各个终端的 UI 自动化测试。尽可能多地发现问题。
- 核心功能测试：线上测试，自动化进行分层分级测试后，对需要手工测试的进行核心功能验证。
- 交叉测试：在线上发布测试，采用交叉测试，除了功能交叉，还需要对手机、操作系统、网络等在测试时交叉使用，并测试。
- 上线后保障：上线后，在上班前一个小时安排专人进行保障测试，确保第一时间发现问题

（3） 灰度测试。

在互联网产品发布过程中，为了在第一时间得到用户对产品的反馈，需要让用户参与产品测试，加强与用户互动尽早获得用户的意见反馈，完善产品功能，提升产品质量，同时有需要降低产品升级所影响的用户范围，我们采取了一种普遍的发布策略——灰度发布。灰度发布对产品的提升带来的好处是巨大的，但对测试带来的却是一个灾难。在实践中主要通过自动化的方式进行灰度测试，以提高测试效率。在灰度测试中特别注意以下三点。

① 账号池的管理：合理的管理灰度账号和正常账号是灰度测试最重要的一步。

② 建立功能交互影响表：在有可能的情况下建立一个功能交互影响表，方便在必要的情况下选取合理的测试策略。

③ 自动化测试：进行自动化测试，通过配置执行策略，分账户实现功能之间的灰度测试。

三、案例启示

1. 小处着手大处着眼

测试过程是一个比较复杂的过程，在不同的时候会存在不同的问题，需要从小处着手，解决目前最主要问题，然后围绕此问题逐渐做进一步的优化改进，同时需要从整体测试框架或者平台考虑是否更容易更方便地整合到现有平台或者框架中。

2. 不仅仅把自己当成测试者

随着互联网技术的发展和软件成熟度的提高，测试从业者如果仅仅从测试的角度看到

问题是远远不够的，更多的时候需要跳出“测试“看测试，这样自己的职业生涯才会更长更精彩。

3. 运营你的产品（价值）

测试工程师在做测试或者工具时，需要时刻问自己，我的价值在哪里，这么做的价值在哪里，这么做能为他人带来什么价值，等等，这样才不至于沉浸在自己的世界中，才能最大价值的发挥自己的价值。

> **蔡为东点评：** 非常感谢分享，东西非常多。在这里，我想问大家一个问题，就是这些企业比如小米为什么需要自己的粉丝。其实粉丝这个事情看起来非常的令人匪夷所思。不用钱让人气很高，很多的新贵都来自互联网企业。在这里，我们软件测试人员要做什么事情。时代发生了变化，我们仍然走向了一个以个人为中心的时代。这就是为什么互联网能够兴起来，因为他愿意捧着你。他愿意以你为中心。所以从售后服务来讲，互联网企业还是最好的。所以我们都是软件测试者，都去看看怎么适应这个时代。

作者简介：王超，花名于龙

作者职位：支付宝高级技术专家

作者简介：2007 年计算机软件与理论专业硕士毕业，先后在微软、SAP、淘宝网从事自动化测试用例开发、自动化框架研发、测试平台建设、信息系统研发、测试工具研发团队管理等工作，主导研发淘宝网 PC 自动化测试框架 AutomanX、支付宝质量风险防控平台 AQC、支付宝无线测试平台、资损防控 T+1 核对平台等产品，目前负责支付宝产品质量部工具研发团队。专注于支付宝线下工具平台建设，业务涉及持续集成、自动化回归体系、数据平台、资损防控、技术风险防控、性能评测中心、测试管控等平台或工具建设

研发团队规模：20 人

研发团队职能定位：专注于支付宝线下工具平台建设，业务涉及持续集成、自动化回归体系、数据平台、资损防控、技术风险防控、性能评测中心、测试管控等平台或工具建设

支付宝分层与端到端回归平台建设实践

摘要：互联网金融异军突起，小微金服产品质量团队顺应集团的利用技术提升效率的潮流，探寻着互联网金融质量风险防控体系建设，此间，工具研发团队承载着小微金服全站分层与端到端回归体系建设的使命，探索从代码到产品层面的一体化的回归体系方案，逐步构建起支撑着分层（单元测试、接口测试、WebUI 功能自动化、前端测试）与端到端（WebUI 全链路回归测试）自动化测试的持续回归，进一步提升自动化价值，助力研发效率提升，为开发自测、开发对产品质量负责、技术提升效率奠定基石，也为小微金服全站回归体系建设打下坚实的基础。本文将为您庖丁解牛，娓娓道来回归体系的全方位分享。

一、方案特色

（1） 一体化：统一技术体系、统一管控模式、统一调度模式、统一用户体验，有效地提升了平台本身的可维护性，极大地提升了平台的用户体验和使用成本。

（2） 分层回归：支持分层自动化（单元测试、接口测试、WebUI 自动化、前端测试）

和端到端（全链路 WebUI 自动化）持续回归。

（3） 集成性：提供丰富的 API，便于与其他平台（如研发协作平台等）的集成。

（4） 原子性：方案的运作具备独立的使用周期，不依赖于其他平台或系统。

（5） 扩展性：自主研发，可快速进行方案扩展，如代码质量度量体系、覆盖率、持续集成等。

（6） 业务解耦：自动化管控模块 AQC-Auto 与手动用例管控模块 AQC-Case 解耦，自动化用例和手动用例将进行有机结合，为用例管控带来了新的模式。

（7） 平台规划：为开发自测、开发对产品质量负责、持续集成奠定基石。

（8） 质量 2.0：沿袭小微产品质量团队质量 2.0，着力探索和落地技术助力效率提升理念。

二、方案解读

整个平台主要涵盖四大功能模块，Web 管控、调度中心、心跳中心、资源管控。功能模块图如图 2-105 所示。

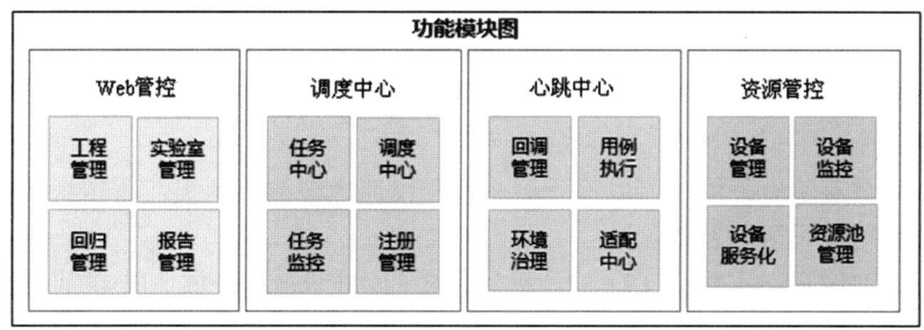

图 2-105　功能模块图

方案架构图如图 2-106 所示。

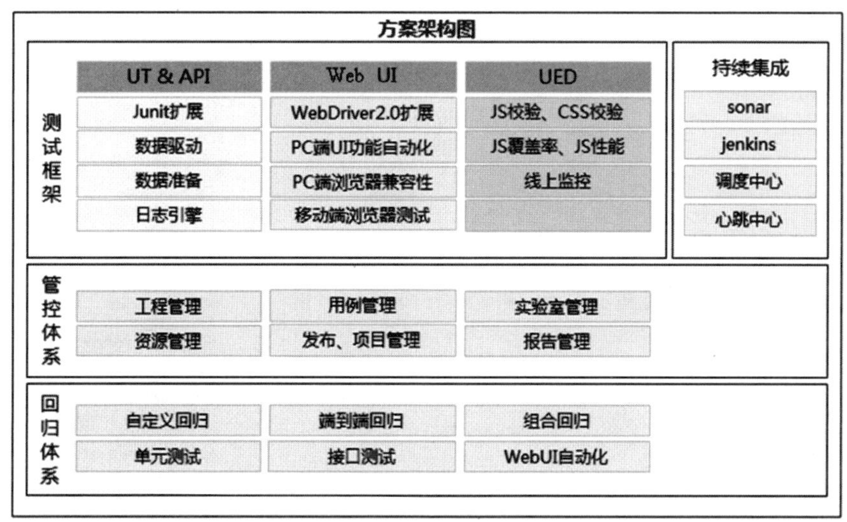

图 2-106　方案架构图

1. 工程管理

（1） 测试工程：众所周知，支付宝自动化测试用例（单元测试、接口测试、Web UI 自动化测试）都是在标准的 Java 工程中。

（2） 自动化用例：对于 java 工程，测试 class 中的 method，我们定义为平台的自动化用例。

（3） 用例同步：如图 2-107 所示，通过 parse 器对 SVN 的 Java 工程解析，确保实时地同步或增量同步到我们的自动化用例库中。

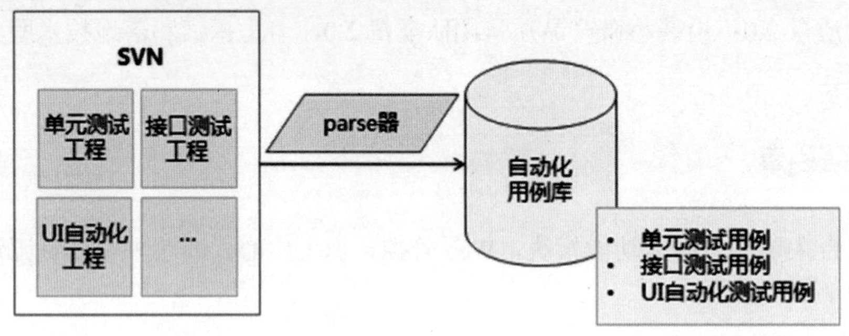

图 2-107 用例同步示意图

2. 实验室管理

（1） 测试实验室：用户可以基于测试工程，选择待测用例集，新建测试实验室，并配置相关的运行时候所必备的参数；

（2） 调度模式：实验室支持 3 种运行方式（OnEvent：提供 API 供其他平台调用执行，有效提升平台的集成性；OnManual：通过人工触发，便于随时执行；OnTime：无人值守定时触发模式），调度设置如图 2-108 所示。

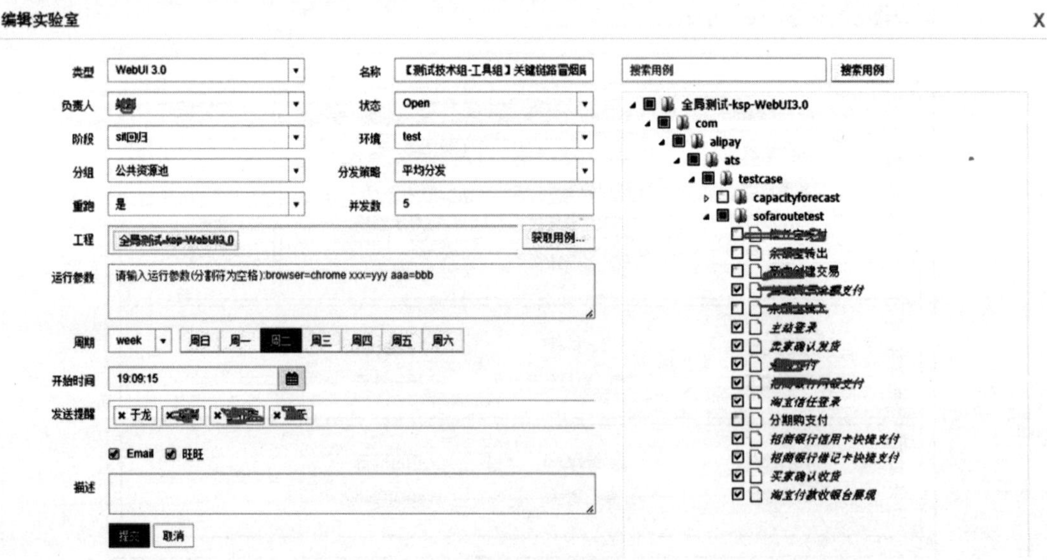

图 2-108 调度设置

（3）执行力度：为了提升用例执行的便捷性，本平台还支持通过 Web 页面，人工手动运行单个用例或多个用例的方式。

（4）通知机制：支持邮件、邮件组、旺旺等通知机制。

（5）调度记录：可以查看不同实验室的不同运行记录以及运行明细，分别如图 2-109、图 2-110 所示。

实验室：【[illegible]】关键链路冒烟库　负责人：[illegible]　类型 WebUI 3.0　提交人：[illegible]　提交时间 2014-09-09 17:55:48

运行记录　用例设置

编号	开始时间	结束时间	状态	通过率	提交人	提交时间	覆盖率	描述	操作
5471	2014-09-16 19:09:15		Waiting	--	AQC	2014-09-16 00:01:09			×
5357	2014-09-15 19:55:44	2014-09-15 20:08:27	Completed	40.0%	于龙	2014-09-15 19:55:44			×
5347	2014-09-15 17:03:06	2014-09-15 17:12:07	Completed	40.0%	于龙	2014-09-15 17:03:06			×
5345	2014-09-15 16:54:45	2014-09-15 17:07:13	Completed	30.0%	于龙	2014-09-15 16:54:45			×
5338	2014-09-15 14:23:31	2014-09-15 14:36:41	Completed	40.0%	于龙	2014-09-15 14:23:31			×
4904	2014-09-13 15:17:35	2014-09-13 15:35:04	Completed	30.0%	于龙	2014-09-13 15:17:35			×
4900	2014-09-13 12:06:18	2014-09-13 12:22:16	Completed	50.0%	于龙	2014-09-13 12:06:18			×
4467	2014-09-11 19:31:35	2014-09-11 19:39:27	Completed	60.0%	[illegible]	2014-09-11 19:31:35			×
4466	2014-09-11 19:31:24	2014-09-11 19:39:33	Completed	80.0%	[illegible]	2014-09-11 19:31:24			×
4464	2014-09-11 17:54:02	2014-09-11 18:01:20	Completed	80.0%	[illegible]	2014-09-11 17:54:02			×
4463	2014-09-11 17:53:54	2014-09-11 18:04:48	Completed	70.0%	[illegible]	2014-09-11 17:53:54			×
4459	2014-09-11 17:40:11	2014-09-11 17:47:59	Completed	70.0%	[illegible]	2014-09-11 17:40:11			×
4457	2014-09-11 16:10:22	2014-09-11 16:18:14	Completed	60.0%	于龙	2014-09-11 16:10:22			×
4456	2014-09-11 16:10:13	2014-09-11 16:20:15	Completed	60.0%	于龙	2014-09-11 16:10:13			×
4455	2014-09-11 16:00:09	2014-09-11 16:10:07	Completed	10.0%	[illegible]	2014-09-11 16:00:09			×

1 2 3 4 下一页 末页 每页显示 18 条 跳转到第 1 页 GO (0-18条/共57条4页)

图 2-109　运行记录

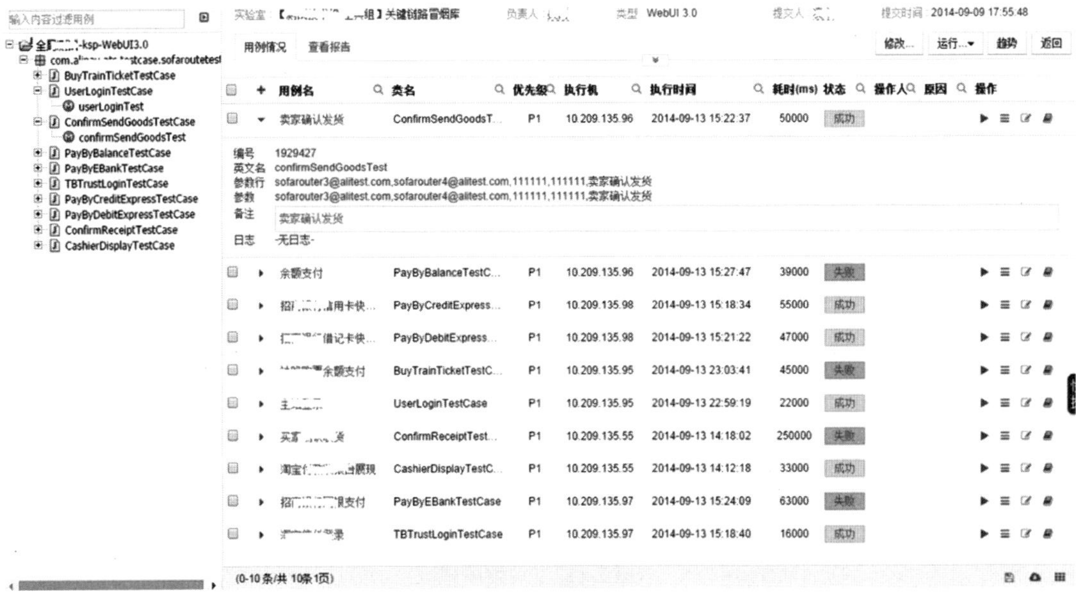

图 2-110　运行明细

3. 回归管理

（1） 回归实验室：一个回归实验室，对应多个测试实验室，如图 2-111 所示。

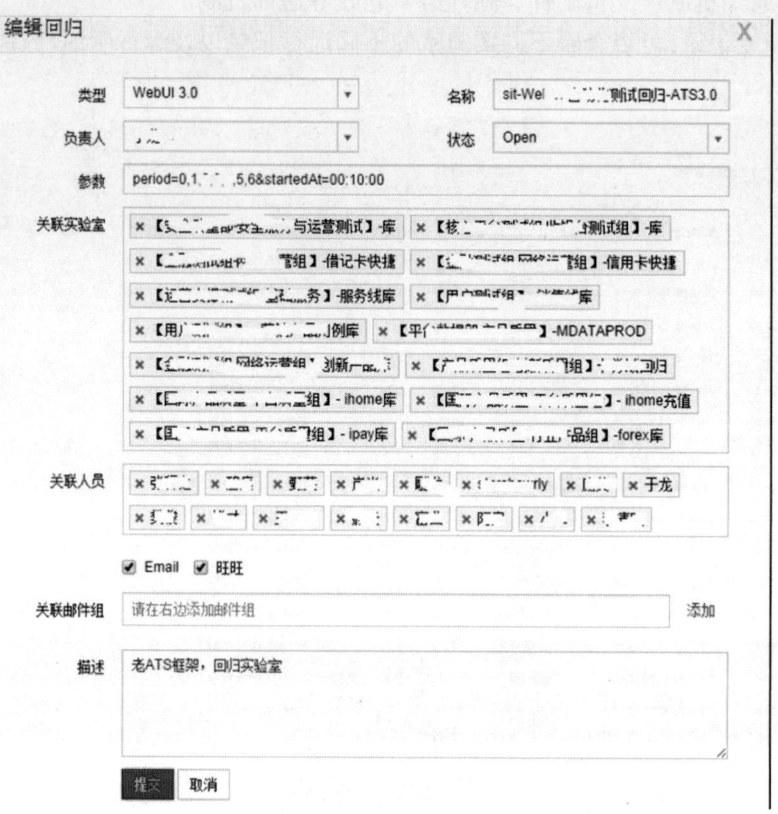

图 2-111　一个回归实验室对应多个测试实验室

（2） 调度模式：如图 2-112 所示可以批量执行多个同类型实验室，以适应 sit 回归、端到端回归、资损用例回归等业务需求。

当前回归：SIT2 [illegible]化测试回归　负责人：于龙　开始时间：2014-08-30 00:10:05　结束时间：2014-08-30 15:27:35　状态：Completed

运行记录　#49 实验室情况

编号	实验室	用例数	开始时间	结束时间	状态	通过率	负责人	操作
994	金融创[illegible]动化sit回归	59	2014-08-30 00:10:00	2014-08-30 15:27:35	Completed	36.26%	[illegible]	
993	会员基[illegible]测试	76	2014-08-30 00:10:00	2014-08-30 01:35:24	Completed	86.49%	[illegible]	
992	SIT-[illegible]仓库MDATAPROD回归	13	2014-08-30 00:10:00	2014-08-30 00:12:46	Completed	0%	[illegible]	
991	用户[illegible]产品SIT回归	33	2014-08-30 00:10:00	2014-08-30 00:57:38	Completed	77.12%	[illegible]	
990	[illegible]营销[illegible]IT回归	57	2014-08-30 00:10:00	2014-08-30 01:51:26	Completed	100.00%	[illegible]	
989	[illegible]自动化测试	39	2014-08-30 00:10:00	2014-08-30 01:00:05	Completed	91.78%	[illegible]	
988	服[illegible]SIT回归测试	73	2014-08-30 00:10:00	2014-08-30 00:55:29	Completed	90.14%	[illegible]	
987	快捷[illegible]回归-信用卡快捷	4	2014-08-30 00:10:00	2014-08-30 01:14:22	Completed	63.04%	[illegible]	
986	快捷产品[illegible]回归-借记卡快捷	6	2014-08-30 00:10:00	2014-08-30 00:53:18	Completed	96.43%	[illegible]	
985	核心平台[illegible]hier	167	2014-08-30 00:10:00	2014-08-30 02:26:26	Completed	10.71%	[illegible]	
984	安全测[illegible]行集	249	2014-08-30 00:10:00	2014-08-30 01:31:17	Completed	89.78%	[illegible]	

图 2-112　调度模式

4. 报告管理

（1） 报告力度：如图 2-113 所示，提供测试实验室和回归实验室的执行报告，用户可以快速地定位到特定实验室在特定的轮次中的特定用例的运行情况。

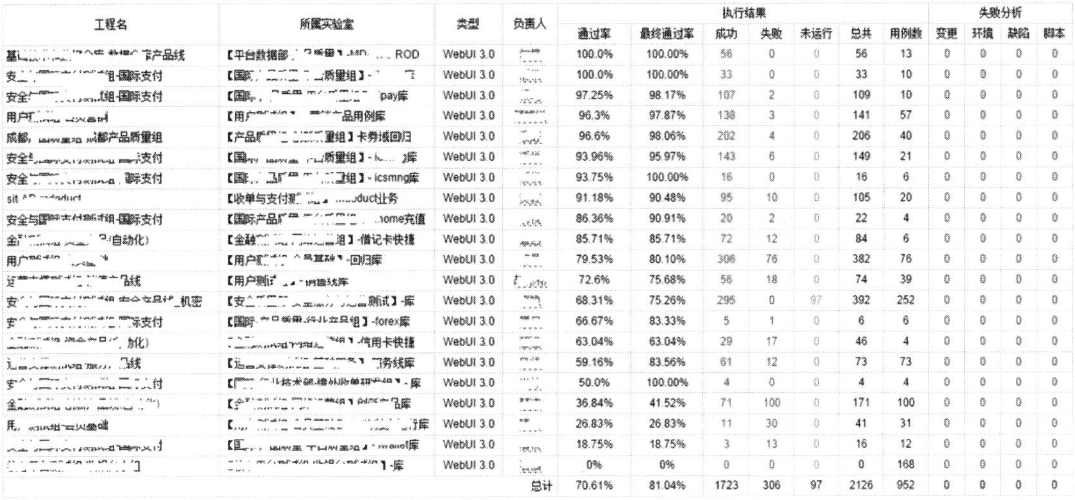

工程名	所属实验室	类型	负责人	执行结果							失败分析			
				通过率	最终通过率	成功	失败	未运行	总共	用例数	变更	环境	缺陷	脚本
基[illegible]产品线	【平台数据部[illegible]ROD	WebUI 3.0	[illegible]	100.0%	100.00%	56	0	0	56	13	0	0	0	0
安[illegible]组-国际支付	【国[illegible]质量组】-[illegible]	WebUI 3.0	[illegible]	100.0%	100.00%	33	0	0	33	10	0	0	0	0
安全[illegible]组-国际支付	【国[illegible]库	WebUI 3.0	[illegible]	97.25%	98.17%	107	2	0	109	10	0	0	0	0
用户[illegible]	【用户[illegible]品用例库	WebUI 3.0	[illegible]	96.3%	97.87%	138	3	0	141	57	0	0	0	0
成都,[illegible]都产品质量组	【产品[illegible]量组】卡券域回归	WebUI 3.0	[illegible]	96.6%	98.06%	202	4	0	206	40	0	0	0	0
安全[illegible]支付	【国[illegible]质量组】-[illegible]库	WebUI 3.0	[illegible]	93.96%	95.97%	143	6	0	149	21	0	0	0	0
安全[illegible]际支付	【国[illegible]组】-icsmng库	WebUI 3.0	[illegible]	93.75%	100.00%	16	0	0	16	6	0	0	0	0
sit[illegible]oduct	【收单与支付[illegible]oduct业务	WebUI 3.0	[illegible]	91.18%	90.48%	95	10	0	105	20	0	0	0	0
安全与国[illegible]组-国际支付	【国际产品[illegible]ome充值	WebUI 3.0	[illegible]	86.36%	90.91%	20	2	0	22	4	0	0	0	0
金[illegible](自动化)	【金融[illegible]组】-借记卡快捷	WebUI 3.0	[illegible]	85.71%	85.71%	72	12	0	84	6	0	0	0	0
用户[illegible]	【用户[illegible]-回归库	WebUI 3.0	[illegible]	79.53%	80.10%	306	76	0	382	76	0	0	0	0
[illegible]品线	【用户测试[illegible]线库	WebUI 3.0	[illegible]	72.6%	75.68%	56	18	0	74	39	0	0	0	0
安[illegible]_机密	【安[illegible]测试】-库	WebUI 3.0	[illegible]	68.31%	75.26%	295	0	97	392	252	0	0	0	0
安[illegible]际支付	【国际[illegible]组】-forex库	WebUI 3.0	[illegible]	66.67%	83.33%	5	1	0	6	6	0	0	0	0
[illegible]化)	[illegible]-信用卡快捷	WebUI 3.0	[illegible]	63.04%	63.04%	29	17	0	46	4	0	0	0	0
[illegible]品线	【运[illegible]务线库	WebUI 3.0	[illegible]	59.16%	83.56%	61	12	0	73	73	0	0	0	0
安[illegible]付	【[illegible]】-库	WebUI 3.0	[illegible]	50.0%	100.00%	4	0	0	4	4	0	0	0	0
金[illegible]	【[illegible]品库	WebUI 3.0	[illegible]	36.84%	41.52%	71	100	0	171	100	0	0	0	0
用[illegible]	【[illegible]行库	WebUI 3.0	[illegible]	26.83%	26.83%	11	30	0	41	31	0	0	0	0
[illegible]支付	【国[illegible]wallet库	WebUI 3.0	[illegible]	18.75%	18.75%	3	13	0	16	12	0	0	0	0
[illegible]	[illegible]】-库	WebUI 3.0	[illegible]	0%	0%	0	0	0	0	168	0	0	0	0
			总计	70.61%	81.04%	1723	306	97	2126	952	0	0	0	0

图 2-113　报告力度

（2） 透明化：如图 2-114 所示为透明化用例的整个执行过程，可以动态查看到测试工程编译失败日志等内容。

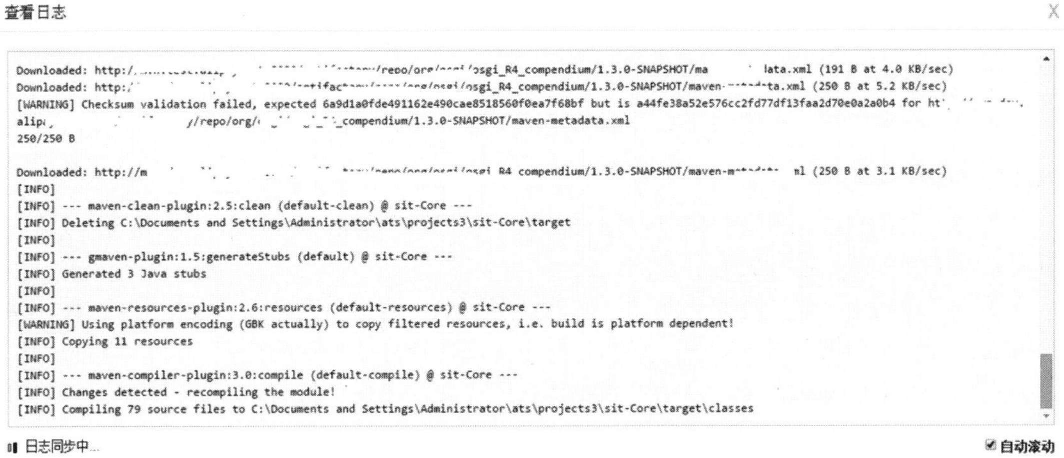

查看日志　X

```
Downloaded: http:/[illegible]/repo/org/osgi/osgi_R4_compendium/1.3.0-SNAPSHOT/ma[illegible]data.xml (191 B at 4.0 KB/sec)
Downloaded: http:/[illegible]/osgi/osgi_R4_compendium/1.3.0-SNAPSHOT/maven-[illegible]ta.xml (250 B at 5.2 KB/sec)
[WARNING] Checksum validation failed, expected 6a9d1a0fde491162e490cae8518560f0ea7f68bf but is a44fe38a52e576cc2fd77df13faa2d70e0a2a0b4 for ht[illegible]
alip[illegible]/repo/org/[illegible]_compendium/1.3.0-SNAPSHOT/maven-metadata.xml
250/250 B

Downloaded: http://m[illegible]/repo/org/osgi/osgi_R4_compendium/1.3.0-SNAPSHOT/maven-m[illegible]ml (250 B at 3.1 KB/sec)
[INFO]
[INFO] --- maven-clean-plugin:2.5:clean (default-clean) @ sit-Core ---
[INFO] Deleting C:\Documents and Settings\Administrator\ats\projects3\sit-Core\target
[INFO]
[INFO] --- gmaven-plugin:1.5:generateStubs (default) @ sit-Core ---
[INFO] Generated 3 Java stubs
[INFO]
[INFO] --- maven-resources-plugin:2.6:resources (default-resources) @ sit-Core ---
[WARNING] Using platform encoding (GBK actually) to copy filtered resources, i.e. build is platform dependent!
[INFO] Copying 11 resources
[INFO]
[INFO] --- maven-compiler-plugin:3.0:compile (default-compile) @ sit-Core ---
[INFO] Changes detected - recompiling the module!
[INFO] Compiling 79 source files to C:\Documents and Settings\Administrator\ats\projects3\sit-Core\target\classes
```

日志同步中...　☑自动滚动

图 2-114　透明化用例执行

（3） 趋势分析：如图 2-115 所示为透明化各个测试实验室运行趋势信息，为用例维护推动提供便捷。

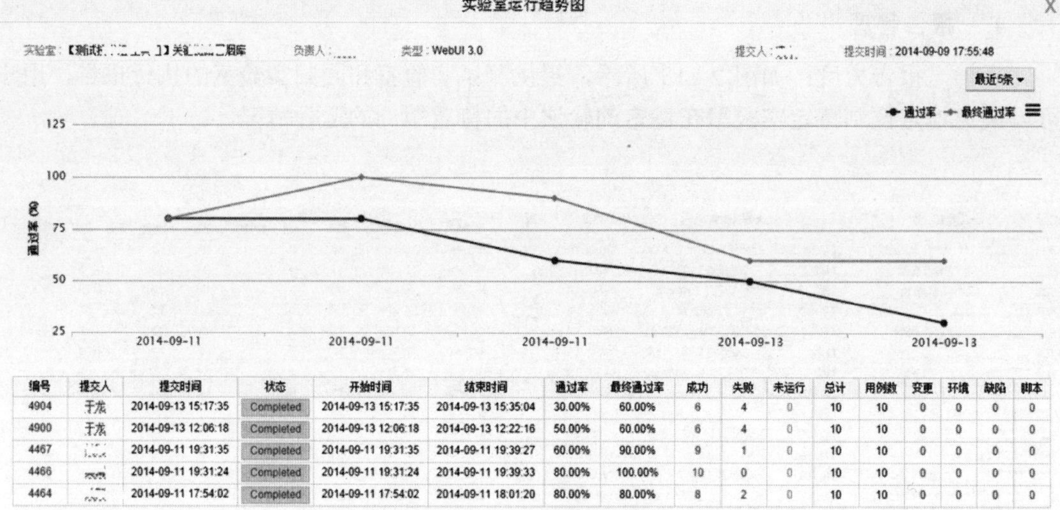

编号	提交人	提交时间	状态	开始时间	结束时间	通过率	最终通过率	成功	失败	未运行	总计	用例数	变更	环境	缺陷	脚本
4904	于龙	2014-09-13 15:17:35	Completed	2014-09-13 15:17:35	2014-09-13 15:35:04	30.00%	60.00%	6	4	0	10	10	0	0	0	0
4900	于龙	2014-09-13 12:06:18	Completed	2014-09-13 12:06:18	2014-09-13 12:22:16	50.00%	60.00%	6	4	0	10	10	0	0	0	0
4467	[illegible]	2014-09-11 19:31:35	Completed	2014-09-11 19:31:35	2014-09-11 19:39:27	60.00%	90.00%	9	1	0	10	10	0	0	0	0
4466	[illegible]	2014-09-11 19:31:24	Completed	2014-09-11 19:31:24	2014-09-11 19:39:33	80.00%	100.00%	10	0	0	10	10	0	0	0	0
4464	[illegible]	2014-09-11 17:54:02	Completed	2014-09-11 17:54:02	2014-09-11 18:01:20	80.00%	80.00%	8	2	0	10	10	0	0	0	0

图 2-115　运行趋势分析图

5. 调度中心

（1） 服务注册：不同类型的实验室调度模式是不一样的，需要将不同的调度模式的接口注册到调度中心，实现业务的解耦和调度中心的通用性；

（2） 任务管控：不同的测试运行，都会形成任务队列中的一个任务，任务的执行与触发，是通过执行调度中心的任务模块去完成的。

6. 心跳中心

（1） 适配中心：本平台是一体化平台，但是针对不同测试类型的实验室，需要不同的 runner 去适配。

（2） 环境治理：不同类型的用例对环境的要求不一样，可以通过一些通用脚本的执行，完成环境的初始化和清理工作。

（3） 回调管理：主要是将运行的结果、日志、运行情况写入平台。

7. 设备管控

（1） 设备管理：平台提供分门别类的设备管理和开放的 OpenApi，承载着回归体系所需要的硬件资源，进行统筹和调配。

（2） 透明化：为了透明化测试资源的使用情况，这里会提供相应的报警机制，让用户可以实时查看到机器设备的使用状况，便于对硬件资源做相应的处理；提供 OpenApi，因为本平台不单单承载在 PC 自动化回归体系所需要的设备，目前工具研发团队所研发的安全产品测试平台的硬件资源也来源于此。

（3） 资源池：提出资源池的概念，源于特定测试回归实验室对硬件资源的配置性要求的不同，确保回归实验室的原子性和隔离性，在平台资源管控中，我们也设定了相应的公共资源池，有效地提升资源利用率；

（4） 快捷操作：提供一些便捷地操作，如重启 Tomcat、安装 JDK、安装 maven 等。

（5） 统一资源池：如图 2-116 所示。本设备管理模块即将成为小微回归体系平台的

资源池，为业务的扩展做好充分的准备。

我要提交 我提交的 转移... 分组管理

编号	IP	名称	所属分组	用途	状态	位置	提交时间	更新时间	负责人	操作
+ 安全与国际支付测试组 - 国际支付 - IPAY (2) 取消分组										
− 1-webui4.0-余额宝 (5) 取消分组										
221	10.244.21.234	10.244.21.234	1-webui4.0-余额宝	WebUI 4.0	Free	云	2014-09-05 17:42:57	2014-09-15 20:51:53		
220	10.244.25.107	10.244.25.107	1-webui4.0-余额宝	WebUI 4.0	Free	云	2014-09-05 17:42:42	2014-09-15 14:06:00		
219	10.244.25.196	10.244.25.196	1-webui4.0-余额宝	WebUI 4.0	Free	云	2014-09-05 17:42:24	2014-09-15 20:30:13		
218	10.244.19.154	10.244.19.154	1-webui4.0-余额宝	WebUI 4.0	Free	云	2014-09-05 17:42:08	2014-09-15 14:07:47		
217	10.244.17.103	10.244.17.103	1-webui4.0-余额宝	WebUI 4.0	Free	云	2014-09-05 17:41:48	2014-09-15 16:13:58		
− 16-安全与国际支付测试组-国际支付 (8) 取消分组										
215	10.244.17.32	10.244.17.32	16-安全与国际支付测...	WebUI 3.0	Free	云	2014-09-05 17:41:12	2014-09-15 20:03:08		
端口 8080 内存 2G CPU 1C OS windows 7										
214	10.244.21.236	10.244.21.236	16-安全与国际支付测...	WebUI 3.0	Free	云	2014-09-05 17:40:57	2014-09-15 20:04:52		
端口 8080 内存 2G CPU 1C OS windows 7										

1 2 3 4 5 6 7 下一页 末页 每页显示 18 条 跳转到第 1 页 GO (0-18条/共172条10页)

图 2-116 统一资源池

三、案例启示

笔者认为，工具平台不是目的，只是助力效率提升的手段，不论是工具平台建设的本身，还是工具平台的服务化能力，高质量的研发出高效的效率工具，助力业务成长，提升研发效率，才是根本，在自动化回归体系建设中，工具平台构建起三套回归体系（无线、全站、CRO），走出去，引进来，打造互联网金融测试之回归体系标杆，和业界同仁一起共促自动化回归体系建设。

合作胜于分工，非常感谢和我一起战斗的同学，工具团队因为有你们而骄傲，我也很希望你们因为在工具团队而自豪，收获的季节也许不是现在，但是收获的季节肯定可以到来。

四、附录

1. 笔者主导研发的支付宝自动化回归体系盘点

（1） 无线—自动化回归体系：针对快捷支付、钱包、商户 App 特点，无缝支持自主研发框架（TRobot）和开源框架（如 Robotium）；支持性能监测、安装卸载启动测试的无缝接入；

（2） 全站—PC 端分层与端到端回归体系：无缝支持从分层（单元测试、接口测试、WebUI 自动化、前端测试）回归和端到端（全链路 WebUI 自动化）回归；

（3） 安全部—安全产品回归体系：支持无线客户端产品的回归，支持 Python、Ruby 等语言用例。

2. 笔者自动化建设和工具平台建设感悟

（1）自动化不是万能的，但自动化必将越来越受重视，将作为手动测试的必要补充。

（2） 自动化回归体系也许将成为开发自测、开发对产品质量负责的必备武器。

（3） 提升自动化回归体系服务化能力，将成为自动化建设的核心之一。

（4） 自动化价值最大化，才能提升全员对自动化的信心。

（5）工具平台建设，不同于传统的研发，我们每个同学都需要具备 PD=DEV=TESTER 能力。

（6）作为工具研发团队，我们不仅仅要输出我们的工具平台，提升工具服务化能力，更要输出我们的技术，提升技术服务化能力，促进构建线下工具平台建设生态体系，让工具去驱动未来，让工具去为研发保驾护航。

蔡为东点评： 这场演讲我觉得非常精彩，如果用三个字来概括的话，我觉得是服务化。我们先不说它的体系结构多么庞大，工具多么丰富，它的观点就是，我们做的测试都是为研发服务的，这点非常关键。测试中有时候我们会出现一种开发和测试的对抗。但大家不要忘了，测试是为整个研发服务的。我们借鉴支付宝的测试，它是开发团队中每个人都用的，每个环节它都可以覆盖。

通过理解市场动因、用户痛点、创建新产品模型和提高体验竞争力来推动产品创新。

产品经理

面向企业战略角度、产品技术变革角度——一种新的研发管理视角，推动团队高效作业，从客户需求驱动产品管理，总结IT领域先进的产品创新方法。我们组织了具备国内外背景超过20年的首席产品管理经理、分享他们的成功经验，所有课程提倡产品运营为导向的经营思路，用户体验为王的思维模式，注重产品经理的深度修炼。

作者姓名：赵天翔

作者职位：滴滴 disign 创意设计中心设计总监

作者简介：曾就职于 360、百度、搜狐等互联网公司，担任资深设计师，对于产品、交互、用户研究积累多年的设计经验

所在研发团队规模：100 人

研发团队职能定位：主导滴滴打车全部的产品、营销创意设计，带领设计团队快速提升滴滴打车的设计质量，从更多领域整体规划、包装滴滴打车的公司形象

滴滴打车的设计之美

2014 年元旦，两款打车软件突然发力，玩起“补贴大战”。最高额度时，起步价之内甚至不用付钱。如今大半年过去，滴滴打车已成为时下最热、最酷、最帅的手机“打车神器”，是覆盖最广、用户最多、最受用户喜爱的“打车”应用，入选“App STORE2013 年度精选”，荣登日常助手类应用榜单冠军。腾讯也曾在多个场合表示：“我们仔细看过滴滴的一整套打法，最后不得不承认，我们的确做不到，所以我们选择投资。”

一、区分用户需求

互联网公司需要 PM（产品经理）和 UE（用户体验）来配合的，PM 提出一个思路，UE 把它展示在前端。设计要从用户的中心体验出发，滴滴的用户是乘客和司机，而这两者对于产品的需求远远不同。

司机这个群体很特殊，他们与一般互联网群体或者资深的无线产品使用者不太一样。首先，出租车司机的年龄大多是在 36 岁和 60 岁之间，双班的司机每天都要工作 12 个小时左右，中午只能在路边凑合吃一顿饭，疲劳感强、压力大。其次，出租车司机的文化和收入都处于偏低水平。他们对于价格敏感，花出去的每一分钱都精打细算，而接受新鲜事物的能力有限。很多出租车司机在选择滴滴之前连塞班系统都不用，就用 199 块钱那种只能打电话的功能手机。他们觉得智能手机与自己距离很远。为了分析这一人群的特性，我们会经常跟出租车司机聊天，比如坐在车上的时候问师傅，您最近怎么样，您对乘客端或者司机端有没有什么反馈？通过设身处地的聊天来搜集用户的需求并加以解决。

而乘客这个群体，年龄一般在 25 岁到 30 岁之间，本科学历为主，收入主要在 5000 元到 8000 元的范围。北上广深的打车用户基本上为白领阶层，他们大多使用 iPhone、安卓这些比较高端的手机，接触互联网产品较多，所以更加在乎体验、看重效率。在满足这几点的前提下，他们可以接受一定的成本。滴滴是一个 O2O 的产品，在不同的场景下用户对它有不同的需求。设计只是最表层的角色，后面融合了很多产品和技术的表达，要用最外层的形式、手法来实现它。

如何让司机不影响开车又消除安全隐患，让乘客可以快速约到车，是我们在界面设计时需要考虑和反思的。滴滴的设计到底和其他的无线互联网产品有什么不同呢？

二、滴滴打车的设计特点

1. 简便接单，轻松出行

司机端的订单页面从设计来看并没有多华丽，我个人认为设计不是要做一个非常炫的界面或者来回翻转的动作。每个交互的行为，字行的大小、颜色要为用户创造便利性，这是作为设计师在用户体验的部分需要考虑的。司机一般会把手机架在车前面的挡风玻璃处，车行驶时，他不能总看手机，否则会有一些安全隐患。于是我们精简了许多元素，司机只需要知道起点、终点分别在哪，是否适合抢单，再通过不同颜色让他们区分出实时单和预约单就够了。司机往往希望在上一个乘客下车前接到预约单，活可以连上。我们想过很多方式来实现这件事，是全屏、点击或者其他方式，来让司机快速地，甚至不用看就能接到单。

看地图是驾车时最频繁的需求之一，滴滴不像其他的地图产品一样把地图放在外面，景布操作较为复杂，而是使用了一个小的交互。如果全屏上拉，地图就会展开，上面有他和乘客的位置，下面有语音或者有乘客起终点。总之司机端要足够简单，每个功能、每个元素都需仔细考量，看它是否必须出现在界面上。

2. 细节中的人文关怀

界面上红色、蓝色的使用参考了路标和指示牌的颜色，因为司机师傅对这方面比较敏感。屏幕亮度我们也做了考虑，白天白晃晃的屏幕对于司机来说很刺眼，所以界面亮度较暗；夜间的模式不需要司机设置，时间到了屏幕自动变成夜间模式，司机能看清楚订单，迅速抢单。这些细节不应该让用户来取舍，而是要从产品内部调整，反映到设计上来。此外，经过激烈讨论之后，我们还增加了背景变色。白天出车时，界面背景是万里晴空的蓝天，快到晚上时，界面会相应变成傍晚的颜色，这是一种人文关怀。

上线以后有司机跟我说，感觉你们做的这些东西挺好玩的。作为司机，他能说出来的只有“好玩，不错，我喜欢”。他们可能只是想不到，并不是没有需求。所以所有东西都需要靠我们自己去分析，我们有责任引导他们使用更好的产品。

3. 细分乘客需求

乘客是比较资深的人群，但是其中还是分了各种层次，我们会进行分析并分层设计。比如说父母那一代人喜欢用语音，而年轻人则偏向打字。于是我们对用户的层级做了区分，根据不同层级创造了一些更简易的叫车方式。比如说设置回家和上班这两个出行最常用的目的地，我们用交互的形式让它变得更简易。只要设置好回家和上班的地址，按住轿车的按纽轻轻一划，划到回家，订单就自动发送了，司机端那边就会有一个清晰的 TTS 播报出来。就像苹果的很多手势一样，用惯了就是一种更高级的操作。

三、红包设计也需感性创作

红包是一个持续的营销活动，能拉动用户积极打车。设计上除了理性思考，也同样需要人性化和感性的创作，比如说到学习雷锋日，我们会推出一个带有雷锋帽可爱人物画像的红包；我们的 CEO 比较富态，适合红包的形象，所以用他的形象做了很多期红包。世界杯期间，很多人喜欢在比赛时去酒吧喝两杯，那么就会有打车的需求，这时我们推送个“全民嘉年华，红包世界杯”，就会对用户产生拉动。正是因为这些有意思的设计，很多人把滴滴红包作为借鉴。

开始时我们的设计风格比较激进，慢慢地把它平缓了一些，更突出人文和关怀。我们希望滴滴为用户创造一个很好的出行平台，做用户的助手，所以品牌的格调需要留心。

四、设计是解决问题的最美方式

设计为我们带来了什么？界面设计真得那么重要吗？谷歌的 Logo 是大众的关注点，每个节日都会推出一个定制化的设计。这些设计以活动或者公益的途径获取，比如六一时让全世界的孩子都来画 Logo，把画得好地放在谷歌首页，让设计师、技术同学甚至广大用户都有优秀的平台，让全世界的人都看到他们的设计。

我个人认为设计不仅是为了实现功能，更是传达一种感情和人文情怀。随着 3.0 的上线，我们也从一百多个设计中选出了一个新 Logo。很多用户都问我，原来 Logo 上的车挺好的，为什么要改呢？过去滴滴是一个婴儿，需要一些亲和的东西，但现在它需要成长。公司成长，产品在成长，设计也需要跟着成长。滴滴现在成长成了一个青年，应该更加矫健、平和。为了不失去亲和感，我把它拆分成了两条线：一条线是 VI 干净素雅的新 Logo，还有一条线是一个亲和形象穿插在滴滴播报、公告中，希望它能像腾讯 QQ 那样深入人心。

滴滴的技术人员大多在互联网公司里工作过一些时间，积攒了许多等待爆发的成就感，这也是我们聚集起来的信念。所以我们把这种热血作为一个设计点，希望它能击中更多年轻人。设计其实就是解决问题的一种方式，它让我们的生活更加美好。

袁店明点评：设计是解决问题的一种方式，发现用户的痛点，我想也是滴滴打车的很多细节吸引了大家。

作者姓名：后显慧（笔名鲁克）
作者职位：百度搜索资深架构师
作者简介：历任智联招聘产品经理、阿里巴巴高级产品经理、世纪佳缘产品总监，机械工业出版社签约作者，著有《产品视角：从热闹到门道》一书
所在研发团队规模：70 人
研发团队职能定位：搜索产品规划架构

关于移动互联网的技术产品路线，我想说的是，这是一个从 2010 年就开始讨论的话题。当年我在阿里云计算从事的一个项目就曾经论证过，在手机等移动设备上究竟是运行 Cloud App 还是 Native App 的事情。虽然当时的舆论和专家基本一致认为 Native App 会主导未来，但那只是当时的看法

从百度直达号看移动互联网的产品技术路线

关于移动互联网的技术产品路线，我想说的是，这是一个从 2010 年就开始讨论的话题。当年我在阿里云计算从事的一个项目就曾经论证过，在手机等移动设备上究竟是运行 Cloud App 还是 Native App 的事情。虽然当时的舆论和专家基本一致认为 Native App 会主导未来，但那只是当时的看法。

鉴于当时的硬件设备、网络环境和生态系支持的原因，虽然我个人认为 Web App（也就是 Cloud App）会成为主流，但一直都没有到临界点。

然而，随着 2012 年开始的微信发力以及百度推出的轻应用开始，移动互联网服务究竟通过什么样的方式接入成为一个热门话题。

一、为什么首选 Native App

在移动互联网初期，大部分创业者都认为或者潜意识认为，移动互联网的服务就应该是通过原生应用的方式接入。如果你没有一个自己的 App，都不好意思说是做移动互联网的。不管是什么样的服务。

这不是没有原因的。如果你选择 Wap 服务方式，在当时是很有风险的。我们知道，Wap 体验太差了，完全无法支持新兴的创业者和服务提供者。虽然到今天，百度的 Site App（一款将 Web 页面转化为 Wap 页面的服务）转码页面还是占据了 40%的服务提供者。

为了提升体验、占据 App store 位置（当时有个说法叫位置营销），大家甚至想都不想，开始用 iOS 和 Andriod 原生应用作为技术实现首选。

但这样的选择很快就显示出了它的问题。主要有以下几个方面。

（1） 开发成本高。

我们知道，iOS 的开发得有一套前后端系统支持，虽然 iOS 的硬件比较简单，但从 iOS4 到 iOS8 你要支持哪些？iPad 和 iTouch 就不是一套接入规则，还有 iPhone4/4s/5/5s/6/6plus 等，你得做各种兼容性来满足不同平台和终端。

你以为这就是够复杂了？那你就错了。因为当你开始 Andriod 系统的时候，灾难才刚刚开始。除了前端开发不一样之外，UI 页面还得从新来一套。然后是各种兼容性问题。安卓系统和手机型号成了一个二维矩阵，至少得要搞定几十款硬件的 N 多种系统才能发布吧？如果你的 App 里面有 h5 页面，那你还得看不同手机的浏览器 WebKit。小米手机自带的浏览器和微信自带的浏览器不一样哦，所以很奇怪的状况是同一个页面，在小米浏览器看起来没问题，但在微信分享打开就坏了。

在这样的情况下，如果你为了追求最好的体验，够土豪的话，继续吧。

（2） 升级意味着掉粉。

虽然经历了千辛万苦，我们终于搞定了 Native App 的开发，以为好日子来了。那你就太幼稚了。以后每次升级，都意味着掉用户的开始（安装量下降）。比如，有一天你安装了一个 58 同城，想租个房子。后来房子租到了，你就没管这个 App。有一天，有个消息通知你 58 同城 App 升级了，你发现“我靠，我的手机还有 58 同城呢，赶紧删除”。悲催的开发者，默默的流泪了。

（3） 推广成本越来越贵。

如果早期成为一个 App store 的 App 提供者，你可以很容易拿到很低的价格来推广你的产品。但今天，每个 App 的安装成本已经越来越高了。不管是系统内置、应用市场下载还是 inApp 的联盟广告，基本上，工具类的 App 每个下载都到了 1 美元。而游戏类的更是夸张到了 2 美元左右。如果你觉得 1 美元不高，那你就错了。这只是安装价格，还有激活、注册、完成转化，最后按照 2%的转化率，也达到了好几百人民币了。

砸钱或者不砸钱，这是个问题！

（4） 留存率低。

虽然我们克服了重重困难完成了很多不可能完成的任务，以为好日子来了。事实上，我们的运营问题也刚刚开始。现在的数是，次日留存能到 20%，月留存到 5%已经算是不错的数据了。更低的是，月留存只有 1%，这样的开发成本和收益会不会成为你夜不能寐的原因呢？反正我是会的。

综合起来看，早期的移动互联服务提供者更愿意用原生应用来做，是有当时的原因的。但随着市场竞争壁垒越来越高，开发成本越来越大，安卓市场越来越混乱，很多开发者和服务提供者开始寻求更加轻量的技术和产品路线，以期快速占领市场。

二、什么样的服务该用 Web App

那么问题来了，什么样的服务应该使用 Web App 呢？要回答这个问题，我们先了解

Web App 已经达到什么要求了。不知道是巧合还是生态系统闭合，几个事情一起催生了 Web App 的升级。

（1） H5 的正式版终于发布了。Jqury 的 Mobile 也有很好的升级。H5+jqury+css3 的配置让移动端的 Web 产品实现方式能够比较好的满足大部分需求。除了大型游戏和强交互的产品需求外，大部分需求能比较完美地实现。而且很多时候是超预期的完成你的体验要求。具体内容大家可以看 h5 正式版发布后的一些技术参数，总体而言完整版的 H5 已经足够对抗原生应用。

（2） 微信和百度的客户端开始构筑基于 Web App 的生态系统。腾讯从公共号、百度从轻应用开始，不断构筑从端到云的生态布局。以 DAU 过亿的产品来为 Web App 后面的服务导流，让服务能够比较好的融入进去。

（3） 浏览器厂商也更愿意看到 Web App 而不是 Native App。虽然百度在安卓市场的分发量日趋强势，但 iOS 端的分发任然没有任何机会。更不要提 UC、360 这样的传统浏览器厂商，只有促进 Web App 的发展，才是壮大自己的绝好机会。而 Google 更是不遗余力地在移动端把浏览器的 WebKit 升级到 chromium，以提升浏览器性能，支持 H5。所以 W3C 协会屡次和浏览器厂商合作，一起完成这个生态的闭环。

所以，万事俱备，只欠东风了。既然移动端另一条线路已经成熟，那么，什么样的产品适合用 Web App 呢？

（1）低频次的产品。低频次产品天生的不应该用 Native App 的方式来做。留存率低、推广成本高、重复拉新等问题导致原生应用的性价比很低。

（2） 对新用户要求比较高的产品。有些服务和产品，如婚恋、招聘、婚庆等，用户的需求是低频次且偶发性的。这样的服务基本没有重复购买的可能，需要不断扩展新的用户，不断拉新，而无法做留存。这样的产品需要通过大流量平台持续“输血”。

（3） 传统行业转 O2O。不多说，O2O 的产品，很多都是需要线上资源来导入线下服务。而传统单一服务提供者甚至没有能力和机会来做很好体验的产品及高端技术。所以，他们需要依赖现有的框架提供服务介入。这也是百度直达号和公共号能够比较快速推进的原因。

综上所述，不是所有产品都适合用原生应用来做，而更适合用 Web App 来做。而具体你的产品需要什么样的技术实现，可以比照你的用户需求和市场场景来定。

三、忘记流量和下载量

对于很多创业者和传统行业的人来说，放弃 Native App 的实现是一个痛苦的抉择。因为，这就意味着放弃下载量、安装量、日活量等指标，同时将自己的服务入口永远交给巨头。更重要的，没有注册用户这个硬指标，很多人都没办法睡着。

但事实上，注册用户数是个自我安慰的数据。而最有价值的数据是“有多少用户使用过你的服务”，即“服务完成量”。

互联网有 9 亿网民，每天产生 200 亿左右 PV。这是我们已经知道的数据。

腾讯的用户有多少呢？2014 年的 Q3 财报显示，腾讯 IM 的 MAU 超过了 8 亿，用户覆盖率 95%。百度的用户覆盖率也超过 93%。

所以有两个问题：用户是谁的？流量在哪？

（1）用户是谁的？毫无疑问，用户是百度、阿里和腾讯的，或者说，用户是 BAT 的，你的用户再多，也是他们的子集。所以不要纠结谁的用户了，都是他们的。

（2） 流量在哪？中国每天互联网产生 200 亿 PV，其中百度占据了大约 50 亿，腾讯占据了 50 亿，阿里占据了 40 亿，剩下的 60 亿是其他第三方网站的。所以流量在哪？大部分在 BAT。

所以，用户都在 BAT，流量也能吃得饱。剩下的，就是操心怎么能让你的服务更加牛，你的用户使用量更加多。而不是抱着一亩三分地的态度拉注册用户。

所以，我一直建议所有的服务提供者，忘记流量，流量是虚幻的。忘记注册用户数，注册用户不是你的。记住服务，以你的服务（以产品方式呈现的服务）获得真实的用户。

四、O2O 来了，技术产品方向如何？

说到 O2O，我们其实很多可以分析的地方。为了简化内容，我先把 O2O 用两个维度进行细分。以高频低频和到店上门为维度，分为几个大框架。O2O 的划分如图 3-1 所示。

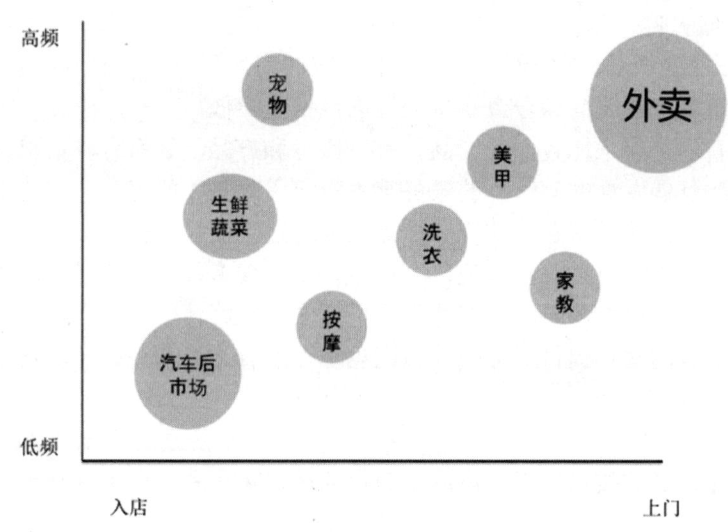

图 3-1 O2O 的划分

那么，怎么来分析这个框架呢？

（1） 如果是到店且高频次的服务，你可能需要一个用户的长期的高频次入口。这样便于管理老用户和重要客户。比如微信公共号。

（2） 如果是低到店且低频次的服务，你可能很看中拉新和附近用户的导入，那么你可能需要一个大平台来帮你持续拉新，百度直达号可能是一个方向。

（3）如果是上门且低频次的服务，那么毫无疑问，你需要更多的客流和用户，做 App 是绝对不能够的。

（4） 如果是上门且高频次的，那你可以考虑用 Native App 的方式，可以让用户形成

社区、管理用户的需求、精准推广和营销，比如河狸家。

以上，我们只是需要一些方法来搞定这些技术实现路线。

出品人点评：这一场是我们的巨头企业——百度，作为一家在国内、在今天还没有竞争对手的企业，在搜索领域中做了大量地尝试。不可置疑地说，在百度概念上市的时候所宣传的那样，就是我们更懂中文。那么百度在这个中文领域里面搜索市场是做得非常好，我们也看到这些年代表的另一些影响，除了搜索之外的一些业务好像就没有像其他业务一样有非常亮眼的一个成绩。但我们也看到，巨头们都是在不断的尝试，各种的布局，百度在其他领域用自己地描述来说入口或者是流量上面投入的大量精力。今天我们看到的也是这些角度地尝试，百度的直达号在核心人物上和搜索上做的新的尝试，应该说是非常有想象空间的一个尝试，我自己认为百度是一个具有战略性的导流在上面，引发我们的一些思考。

作者姓名：王小彬
作者职位：映趣科技 CEO
作者简介：深圳市映趣科技有限公司软件 CEO
所在研发团队规模：100 人
研发团队职能定位：负责智能可穿戴的研发

inWatch 的产品之道

作为一家专注于智能穿戴领域已经两年的公司，映趣科技对于智能穿戴产品的设计理念可以归纳为一个词，那就是 fashionology。这是一个新造词，由 fashion 和 technology 两个单词组合而成，代表时尚科技的意思。我们认为，科技产品必须时尚，时尚产品也应该结合科技，这样的产品，才能满足用户越来越高的要求。

在这样的产品理念之下，我们在 2014 年 9 月发布了新的智能穿戴产品——inWatch Pi。它拥有手表的外观和基础计时功能，同时又将智能健康功能隐藏在时尚简洁的外观之后。可以说，它是一个具备时尚手表外观的智能手环。一经推出，inWatch Pi 受到了市场的认可，这印证了我们在产品理念上的正确性，之后我们也会继续在这个理念之下做更多的衍生产品来推向市场。

我们为什么要这样设计 inWatch Pi 这款产品呢？了解映趣科技的朋友们可能会知道，其实在 2014 年 8 月以前，我们一直在公开场合强调：映趣不做智能手环。原因是我们还没有想透几个问题：用户为什么要买手环？手环能给用户带来什么？

目前，市场上有几百种手环，在我们看来，功能大多一样，外观大多一样，除了价格低廉以外，没有任何吸引人的地方。如果连映趣科技这样一个智能穿戴从业者都不能吸引，我相信用户也会犹豫，这也是为什么智能手环市场叫好不叫座的原因。

那么什么样的产品才能让用户愿意购买，或者说能够成功地吸引到用户，从而产生购

买行为？

我们做了一些调查，综合结果发现，影响用户是否购买智能产品的因素有很多，比如功能、价格等很多的因素。但是外观和质感等因素，在“是否决定购买”这一环节占据很重的分量。

首先，人是一种感官驱使的动物。觉得好看了，购买欲就会提升。所以，我们认为，智能设备，可以廉价，但是不能掉价，必须让用户觉得，我购买一个产品，佩戴一个产品，要能体现我的品位，要符合我的身份气息。所以，外观将是决定用户是否购买智能手环产品的首要条件之一。

目前市场上的智能手环，无论中外，外观几乎一样，材质也是普通的塑胶。我相信，所有人看到这样的产品，第一感觉只会是“哦，这就是智能手环”，却完全不会有“好看，好想买一个”这样的感觉。所以，映趣科技决定，我们要做且只做的产品是最符合时尚品味的产品。从来没有人定义智能手环应该长成什么样，但是大家却都局限在当前的外观下，我们要做的，首先就是要颠覆这个外观定义。

我们认为，做一个产品，不能生生地创造一种新的应用形态，并强制要求用户接受。作为佩戴在手腕上的产品，完全没有必要去和手表、手链抢夺空间，而是要相互融合。基于此，我们将赋予智能手环手表的外形。此外，光有外形而无用，那么并不能让用户接受，因此，我们将赋予智能手环一个最基础的功能，那就是显示时间。基于这些元素，我们还将我们的智能手环产品命名为inWatch Pi，代表了在形态上一个纯粹的圆。

人类佩戴手表的历史已经超过150年，无论中外，大人孩子，对于佩戴手表看时间，不会有任何抵触，所以我们要赋予智能手环最本源的要求。我们抛弃大家日常所见的指针和数字，我们用12颗led灯来显示时间，以抬手点亮的方式，免去用户在看时间时的任何多余操作，而led灯不亮的时候，整个表面不会有任何干扰因素。

圆周率代表了最完美的圆形，同时也是一种纯粹的自然形态。我们用圆形来定义我们的智能手环外形，让经典元素得以集成，代表了我们希望做一款纯粹的、简单的产品。

除了致敬经典的外形之外，我们不认为智能手环只能采用塑胶等材质，时尚产品上大量采用的材质组合，也被我们用来打造科技产品。

在inWatch Pi上，我们采用了机械表常用的316医用级不锈钢材制作表体，蓝宝石玻璃作为表镜，这样的材质组合，完全区别于目前市面上所有智能手环产品，让产品的外观质感得到巨大提升，也让产品的触感上一个台阶，同时避免了过敏的风险。

我们要让用户忘记普通智能手环的廉价塑胶环带，我们选用真皮表带，皮质和金属的搭配，永远是时尚经典。并且我们的表带也可以方便地更换，让用户自己的创造力为产品带来更多变化。

有了经典外形，顶级材质组合，那么我们必然要采用传统制表工艺来进行组装，以保证我们的产品具备和机械表一样的工艺质量。

在组装上，我们采用了压入式装配方式，并采用了密封圈气密防水的防水工艺，因此严丝合缝，整体性更好，也让整个产品的由工艺而体现出的质感更加优秀。

经过以上在设计、工艺、材质上的革新，我们成功制造出了颠覆性的手环产品——inWatch Pi，它从外观、材质和制造工艺上完全区别于目前的主流手环。经过两个月的市场销售，近十万订单的销量，也是市场接受我们这种产品理念的结果。

当然，作为一款智能产品，有好看的硬件外观自然是不够的，我们也将赋予 inWatch Pi 智能的功能。我们认为，智能需要无处不在，却不用处处体现，它需要的是在视线之外，功能简单却实用，最后搭配上合理的服务，才能让用户在购买了智能设备之后，愿意用并持续使用下去，不为了智能而智能，这是我们在这款产品上的原则。

inWatch Pi 科技、智能的属性，是通过与之匹配的软件和服务来实现的。我们专门研发了一款 App-inHealth，并将智能健康服务植入其中。

inHealth 是专门适配 inWatch Pi 系列产品使用的 App，主要功能是记录并展示用户运动、睡眠、饮食方面的数据，并为用户提供健康报告，帮忙用户通过运动、饮食等量化数据的手段，来发现问题并改善身体状况。

我们认为，一款智能设备的匹配软件，首先要具备记录用户身体数据的能力，因此 inHealth 通过自研的算法，可以区分并记录用户的多种数据，包括跑步、走路、睡眠等，并且会将用户数据存储在云端，保证用户数据的安全。我们通过能量柱来显示每天用户的行为数据，并通过时间轴的方式告知用户自身行为的时间分布，简单直观，一目了然。

光有数据当然不行。单纯的记录数据，只能告知当前状态，我们希望通过跟踪长期身体数据记录，为用户直观地展现他们行为习惯和身体趋势。规律的生活习惯，才是健康的保障，通过运动、睡眠和饮食数据的记录，用折线图告知用户每天的数据差异，可以帮助用户最直观地了解自身需要改善的地方。

在以上数据基础之上，映趣科技将为用户提供智能健康服务方案，这将是与其余手环产品最大的区别，也是用户为什么要持续使用映趣科技的手环产品的根本原因。

大家都知道，不是所有人都是专业医生，普通人很难理解身体数据及其变化曲线到底意味着什么，更难以做出合理正确的应对。因此，在告诉用户身体数据的同时，能够为用户提供个性化的健康报告和解决方案，才是映趣科技为用户提供的最好服务。

在 inHealth 软件中，映趣科技将为为用户提供运动、饮食、运动疗法等三方面的健康建议和服务。映趣已经和福瑞集团、耶鲁大学运动基因实验室、中国营养学会合作，开发了代谢类疾病运动疗法、运动方式及运动建议、饮食管理等三大数据模型，可以根据用户身体和行为数据，为用户提供全面的运动、饮食及作息建议，真正帮助用户改善身体状况。

时尚外观+精良用料+数据展示+健康方案，这才是映趣科技想象中该有的智能手环产品。传统与未来相遇，时尚与智能结合，才能碰撞出美丽的火花。fashion+technology，时尚外观，智能服务，这就是映趣科技对智能手表智能手环的定义和理解，是 inWatch Pi 的设计理念，也是我们认为在今后一段时间内正确的方向，映趣科技会坚持这个思路，在未来持续推出基于 inHealth 服务平台和 fashionology 理念的产品，更好地为用户服务。

林敏点评： inwatch 我用了很久，但是今天没有带过来。其实这两年，智能硬件这个领域非常热。像手环这类产品，我自己也用过蛮多。坦白说，inwatch 是我戴过的手环中最舒服的一款。王晓彬也提到，在休息的时候甚至睡觉的时候还能戴着它。我在体验每个手环的时候，基本上我都是一直戴着，除了洗澡的时候。inwatch 应该是在最短的时间中也会让你意识到它的所在。这一点得益于它很类似于传统手表工艺的一个考虑。你只要是有类似于戴手表的一些习惯，那么它很容易融入到你的日常当中去。我也戴过很多手环，包括 Nike 的手环，它们从感受上来讲还是不太一样的。我们之前还有过一个小的研究，那是我在三星的时候。我们当时也在思考智能硬件的领域可以做些什么。我们也探索了各个方向，手环也是其中一个方向，当时很多用户的反馈都在说存在感问题。我时不时会觉得，手上戴着这么个东西，而这个东西会那么让你觉得那么舒服。因为刚才提到，手环的造型和设计不是一个软性材质，它和手腕的贴合度是不够紧密的，所以采用这么一个手表的造型是很不错的。我觉得在手环或者手表这个形态上来说，我个人对于这个领域的理解应该是手表是一个正确的方向：它不是带有时间功能的手环而是能够做一些其他工作的一个手表，这个定位会更好一些。

作者姓名：龙庚
作者职位：用友网络深圳创新 CTO
作者简介：曾任长安汽车总工程师。长安汽车管理创新与 IT 中心特聘专家，总工程师，南航信息公司 CTO，专注于信息化创新、开源、微信、移动应用、大数据方面的创新理念传播
所在的研发团队规模：290 人
所在研发团队职能定位：长安汽车车联网、电商、企业管理等研发

汽车互联网的管理创新与功能实现

一、长安汽车开放式车联网

随着互联网的快速发展，传统行业纷纷在变革，雕爷牛腩用互联网思维做特色餐厅，小米通过米粉获得首批大量用户，京东的物流保障赢得众多用户。成功的传统企业都在用互联网的思维拥抱用户，纷纷转变管理思维，拥抱以用户为中心的互联网思维创新。

长安汽车作为一家传统的百年汽车企业，也非常重视创新。长安汽车是中国最早、最开放的国有企业之一，最早由李鸿章创立，横跨三个世纪，于 1958 年生产了中国第一辆吉普车，1993 年开始先后与铃木、福特、江铃、标志、雪铁龙、马自达合资或者合作；在自主品牌创新方面，2014 年长安自主品牌汽车销量突破 1000 万辆大关，已经生产了从传统稳重到时尚潮流，从注重实用到注重品质的全系列自主创新品牌车，包括奔奔 mini、悦翔系列、CS35、逸动、致尚 XT、睿骋、CS75 等。长安汽车自 2010 年以来快速发展，至 2014 年年产销量超过 260 万辆，每天 7000 余名用户选择长安汽车；在研发创新方面，长安拥有布局意大利、英国、美国、日本等的全球化研发中心和 8 大国内生产基地；在人才创新方面，长安汽车先后 12 人入选国家“千人计划”，引进高级专家 200 余人，外籍人才 300 余人，专业研发人员 6000 多名。

长安汽车在互联网颠覆式创新过程中，特别注重紧跟互联网步伐，先后建立了微信公众号、微信订阅号、微博、百度直达号、移动应用 App 等一批互联网应用；在车联网方面

也已经开展多年车联网研发，先后与 BAT、小米、华为、360 等互联网公司商讨车联网等的发展与合作，并于 2014 年 11 月与华为签署战略合作协议，在车联网、智能汽车等方面展开跨界合作；长安汽车也积极展开新能源汽车、智能汽车的研发，累计销售新能源汽车 1000 余辆，累计行程达 4000 万公里，居中国领先地位。

娱乐、媒体、电子商务等在不断地颠覆我们的生活方式，10 年后，也许买车不是用户必须选择的了，现在出现的一号专车、易道用车、滴滴打车、神州租车、拼车业务等新的用车方式大大方便了用户的用车需求。如果更好地拥抱我们的用户，找到、吸引、留住、连接用户，最终服务好用户将是长安汽车在互联网时代面临的新的挑战。传统行业不断被渗透，特别是游戏、娱乐、旅游、餐饮等与日常生活发生频次交给的领域已经发生颠覆性变化，近年房产、教育、汽车行业也正在悄然发生变化，特斯拉就是一个例子。互联网企业也与汽车在加速融合，例如 2014 年 3 月苹果推出 CarPlay 系统，在奔驰、法拉利、宝马等高端车使用。2014 年 1 月，谷歌也与本田、奥迪、现代等成立“开放汽车联盟”，旨在将谷歌开源 Android 系统用于汽车。国内，阿里巴巴与上汽签署战略合作协议，腾讯打造基于 OBD 的路宝盒子。未来汽车必将带来全新的体验。汽车将成为四个轮子上的智能手机。

经过多年的探索，长安汽车从 2011 年 3 月开始正式发布 Incall 系统，并完成第一批用户的轿车。车联网系统已经从 InCall1.0 升级到现在的 InCall3.0，在悦翔、逸动、CS35 等车型上完成几万辆的装机量。随着车联网技术的发展，长安汽车将研发基于开放式的汽车互联网。

基于开放式的思想，长安汽车将搭建车联网平台，在前端车载设备上，包括前装的车载设备，也兼容各种规格的后装 OBD 设备。在开放平台应用方面，车联网平台允许 App 开发者研发的 App 接入平台供车联网终端下载使用，也允许其他的车载盒子享用平台提供的 API 服务，同时，各个汽车服务商、保险等均可以通过开放 API 接口与车联网开放平台对接。基于开放、整合的思想，长安车联网平台将为用户提供导航伴侣、多人位置共享、动态导航、节油无忧、ECO 社区分享、网络音乐、音视频、社交、新闻、天气、应用商店、远程查询、远程寻车、防盗追踪、周边影像等功能。

目前，长安汽车车联网的应用主要还是基于 InCall3.0 系统，主要装机在悦翔系列车型上，以下以悦翔 V5 来探索长安 InCall 系统的用户体验。

长安汽车智能化从昔日的导航功能向着更多功能发展，诸如：对停车、餐饮、加油站、医院等位置进行提示和导引；车辆报警、车辆追踪、远程救援、碰撞自动救助、保养提示、车况提示、车载通信、影音娱乐、生活和咨询服务等。在车载智能化方面，不管是丰田的 G-BOOK、通用的安吉星，还是我们长安汽车的自主品牌车型，都开始有不少车型纷纷搭载智能化系统，其中长安汽车的悦翔 V5 就搭载了“IN CALL”系统。

长安汽车智能化能给驾驶者带来更加方便的驾驶。长安汽车导航在越来越多车型上配备对于没有安装长安汽车导航的汽车，很多长安汽车车主也会自己加装导航功能或者利用导航仪、手机导航灯。因为我们常会到达陌生的地方，不知道路该怎么走，于是导航就显得非常重要。在越来越多的自主品牌车型配备了导航功能之后，长安汽车悦翔 V5 丝毫不落伍。当我们驾驶长安汽车悦翔 V5 来一个陌生的地方，问路不方便，这时候车载导航功能就显得十分必要。长安汽车悦翔 V5 的导航功能具备一键导航：长安汽车用户通过拨打一键通连接后台并由后台向车机下发用户请求的导航信息，长安汽车车机收到导航信息后自动开始导航，还可提供实时路况服务，支持北上广深、南京、重庆等路况信息，让长安汽车驾驶者选择不堵车的道路行驶。此外，该系统还方便驾驶者寻找停车场、餐馆、加油站和医院等。

二、汽车智能化可以防盗、追踪、自主救援和保养提醒等诸多功能

汽车导航仅仅是汽车智能化系统的一个最基本、最低级的功能，伴随汽车智能化的发展，保障爱车的安全、爱车是否被盗、车辆被盗之后的追踪、车辆坏在路上的自助救援，以及保养和车况提示，这些功能就让汽车智能化更近一步发展。悦翔 V5 的 In Call 系统就具备以上功能。

第一，当车辆被盗时，通过是否检测到车厂提供的非法开启车门信号来决定是否启动车辆报警。若车门被非法开启，则唤醒车机并由车机直接向后台发送报警信息，后台收到报警信息后及时通知车主予以确认车辆是否被盗。

第二，车辆被盗之后就需要追踪车辆在哪儿。若汽车处于开启状态，则后台直接向车机请求当前位置信息，车机收到请求后自动向后台发送当前位置信息。若车机处于未启动状态，则后台先远程唤醒车机，车机收到位置信息请求后自动将当前位置信息发送到后台。车机在发送信息 5 分钟后自动关机。即使在没有 GPS 信号隧道里，该系统也能上传最后一次车辆位置记录信息，方便警察对车辆的追踪。

第三，当我们驾驶悦翔 V5 在外出现抛锚的时候，车辆就需要救援，如果我们给 4S 店打电话或者打 400 电话可能不方便，而 In Call 系统能够让用户通过拨打一键通来联系救援机构，同时车机终端自动将自己当前位置信息发送至后台，并且可以联系救护车、交通警，并将车辆位置及状况信息通知救援机构。

第四，如果车辆在路上发生碰撞事故，可能车内驾乘者都已经受伤，不方便报警救援，而 In Call 系统可以自动求助。安全气囊爆开时，车机终端自动拨通后台紧急求助电话并将自己当前位置信息发送至后台。后台接到电话后，呼唤车主，若车主有回应，坐席会取得客户的确认是否要求救援。若客户同意救援或者客户没有回应，坐席会联系救援机构，如救护车、交通警，并将车辆位置及状况信息通知救援机构。

最后，现代生活节奏的加快，忙碌的工作、生活，可能使人容易忘记对爱车的保养。然而，悦翔 V5 搭载的 In Call 系统可以提醒车主进行保养和车况提示。当车辆累计达到保养里程时，终端会向车主发起保养提示，同时向后台发送保养事件信息。此外，该系统还能向用户实时提供车辆状况信息的查看和异常报警功能，如水温提示等。

三、悦翔 V5 In Call 引领汽车物联网时代的来临

随着交规越来越严厉，开车时不能持手机打电话，而车载蓝牙功能只能接听电话，如果对方发来短信，则不方便回复。然而，悦翔 V5 的 In Call 系统可以提供语音通话、短信代发和短信阅读功能。当我们驾驶悦翔 V5 的时候，该系统可以提供拨打电话、接听电话、挂断电话，设置听筒音量及话筒静音，查找通讯录，记录最近通话的功能。此外，即使我

们驾驶悦翔 V5，也可以通过拨打一键通连接后台并由后台代发短信。收件人为用户通讯录中可查询的联系人或用户请求的新电话号码。最后，该系统还可以给司机提供短信编辑、短信发送、短信接收、短信转发、短信清除、短信语音朗读等功能。不管是开车时接打电话、收发短信，都不影响对车辆地操控，只要我们语音控制就可以了。

当我们在车里等人的时候，在车里等着就会无聊，车内的娱乐系统就显得让等待更舒服，不管是看看电影视频，还是听听音乐、欣赏照片以及上网看股票、新闻和天气预报等，悦翔 V5 配备的 In Call 功能都能满足以上司机对这些的需求。此外，如果车内的驾乘者希望预定酒店机票等，该系统还可以通过拨打电话直接呼入后台或者票务预订的 SP，进行包括票务、餐饮和酒店等便捷的预订。

作者姓名：王红军

作者简介：现任华为终端 UI 设计部主管，先后从事产品造型、交互设计等工作，具有多年丰富的工作经验。EMUI 平台规范制定人，拥有 10 年以上的终端产品体验设计经验，主导建设了华为终端的第一个 UI 平台，参与华为终端手机、平板、非手机产品的设计和评审，长期致力于终端产品 UI 平台的竞争力提升和在产品上的落地；同时担任 UXPA 用户体验大赛评委，积极推动中国用户体验行业的发展。曾 5 次获得国际 Red Dot 和 IF 设计大奖，2011 年获得国际 Red Dot 金奖

华为 EMUI 用户体验设计的一些事儿

一、案例简述

EMUI 是华为基于 Android 系统进行的深度优化定制开发的 ROM，主要为华为智能手机、平板服务，提高智能手机、平板的体验。目前 EMUI 的版本已经到了 3.0。在从 1.0、1.5、1.6、2.0、2.3、3.0 这样的发展历程来看，每次新的设计都是一个新的开始，我们不断在前一次的积累基础上探索，力争为用户提供更好的用户体验。从用户体验的角度来看，除了功能的进一步增强，以及性能的加速，体验感受是 UI 设计非常关注的一部分，在 EMUI 3.0 的设计过程中我们探寻了很多方面，有独特的卖点方面，也有整体的感官体验方面。

二、案例情景

对于设计来说，“功能”和“情感”两者一直都是要兼顾考虑的方面，华为 EMUI 名字的来源就是 Emotion，意图通过和用户的情感交融，带来有价值的服务。从 2012 年开始的 EMUI 1.0 版本，我们就一直在探索这个话题，到 2014 年的 3.0 版本时，EMUI 已经可以提供 47 种语言，覆盖了 216 个国家/地区，服务 46 亿人口，激活用户数在国内达到了 5000 万，海外达到了 3000 万。在历次的版本设计过程中，我们一直在遵循着优雅、简单、

乐享、高效这样的基本原则。在 EMUI 3.0 的设计过程中，除了这些以外，我们拓展了设计语言的形式，同时在交互、视觉、声音、动效方面探索了哲学层面的一些思考。

华为 EMUI 版本的发展历程如图 3-2 所示。

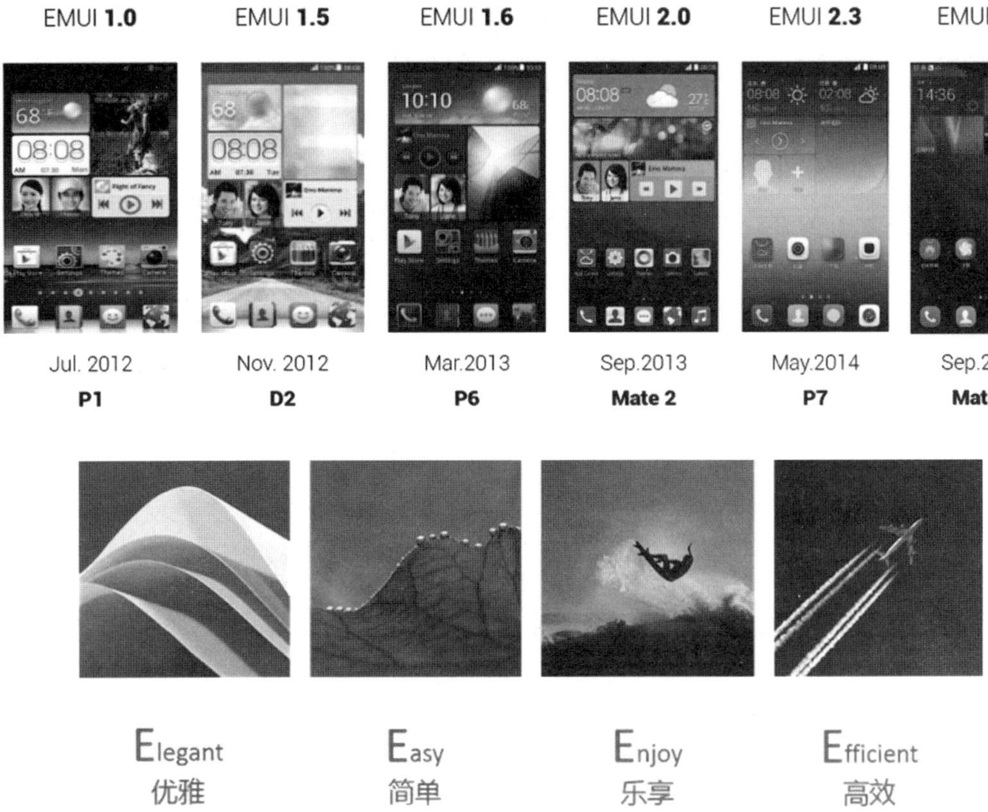

EMUI 1.0　EMUI 1.5　EMUI 1.6　EMUI 2.0　EMUI 2.3　EMUI 3.0

Jul. 2012 P1　Nov. 2012 D2　Mar.2013 P6　Sep.2013 Mate 2　May.2014 P7　Sep.2014 Mate 7

Elegant 优雅　Easy 简单　Enjoy 乐享　Efficient 高效

图 3-2　华为 EMUI 版本的发展历程

三、EMUI 设计语言的形式象征

如果把 ROM 进行拆分，可以大致分为通信类、娱乐类、工具类、安全类……，单独进行设计没有什么难度，每一个都可以找出设计的突破口和亮点（无论是内容层面还是形式层面）。但是从系统的角度考虑，要给用户一个完整的体系形象已经不仅仅是品牌的诉求，而是用户体验深层的一种展现。连贯一致的形象有利于增强用户的粘性，同时对用户来说很容易上手，学习成本也低。在这方面我们尝试着从时间和空间的角度去找寻。时间是“最直觉的客观存在”，在形式方面我们用“点、线、圈、时间轴”来表示，点的运动形成线，线无限延长就是时间轴，线环绕起来就是圈，以螺旋式上升。

语言设计的形式象征如图 3-3 所示。

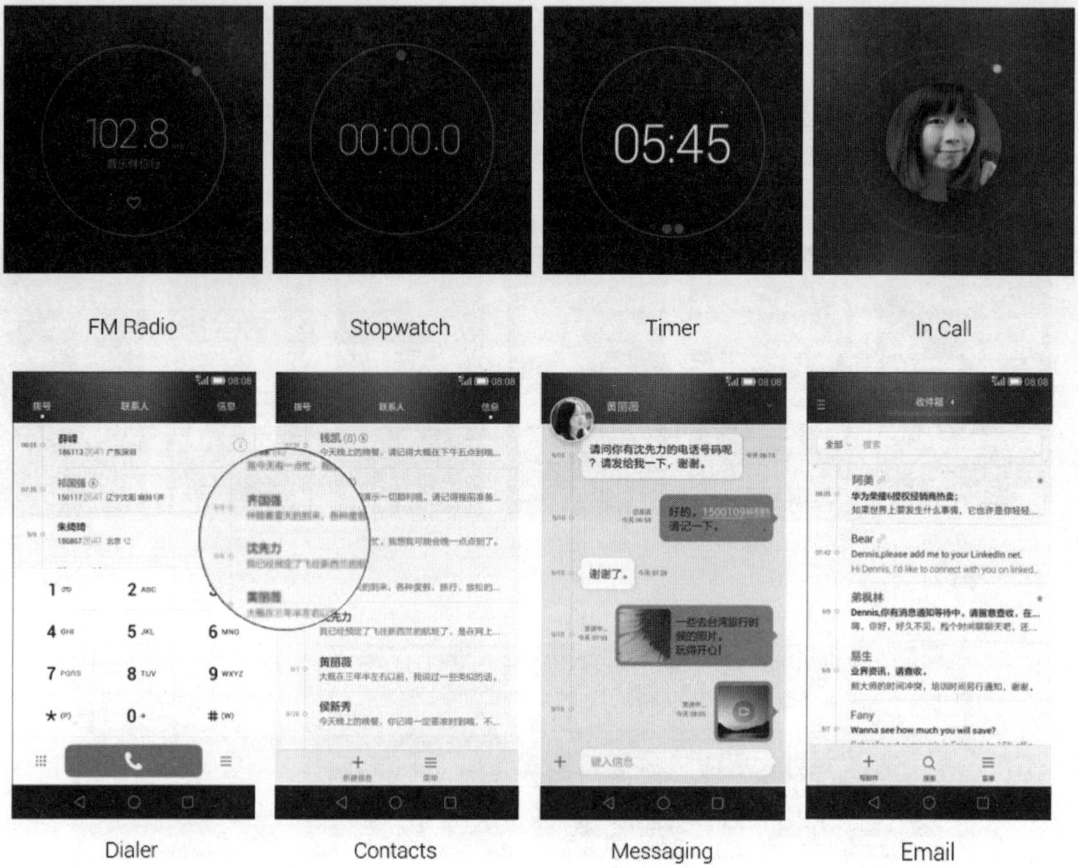

FM Radio　　Stopwatch　　Timer　　In Call

Dialer　　Contacts　　Messaging　　Email

图 3-3　语言设计的形式特征

空间是“最自然的主观认识”，在系统里面我们从两个维度来利用空间概念，一个就是“前后”，另外一个就是“上下左右”，前后可以通过系统控件的层级、动画的转场、视觉的虚实来表现，上下左右可以在很多操作的界面上得到体现，手指平移顺滑切换。

为此设计语言方面我们总结了“E 点一线”，来讲述设计形式上的概念与演进。

四、杂志锁屏的设计思路

杂志锁屏在 EMUI2.3 的版本里面就有出现，但是 EMUI 3.0 中做得更完整，在设计思路方面我们抓住了三点：即视美感、流、超预期服务。这三点里面对于“流”来说，不仅仅是指流畅、速度快，更重要的是要懂用户，在用户需要的时候出现恰当的信息和内容，不过分堆砌、也不欠缺。解锁从结构方面来看，可以包括系统信息层、互动层、内容展示层。这里面互动层可以说是拓展空间会比较大，相应的服务内容也可以在互动层里面承载。而如果把解锁部分看作是桌面的一部分的话，它将是揭开桌面面纱的第一道关口，通知和控制信息既可以在锁屏前显示，也可以在锁屏后显示，是一个可变动的部分。

杂志锁屏设计示意图如图 3-4 所示。

图 3-4　杂志锁屏设计示意图

五、设计各方面的哲学思辨探索

设计的过程中是一个“具象—抽象—具象”的过程，有时候也可以表述为“实践—理论—实践”的过程，在这个过程中我们在视觉、交互、动效、声音的几个方面进行了探索，也试图从哲学的角度来解读这件事情。

视觉部分的定义是感性和理性的交融。视觉本来是仁者见仁智者见智的感性感受，我们在视觉好看和不好看的背后，进行了很多精确的处理。比如桌面 ICON 的弧度半径为 90 度，比如不同的应用界面和它图标间的对应关系无论是在色彩上，还是在语意上都有关联，这些就是在感性感受背后支持的理性思考，如图 3-5 所示。

我们给交互部分的定义是时间和空间的游弋，在系统中我们有时间和空间的概念。大家在 EMUI3.0 中看到的点和线无时无刻都是和时间相关联的，比如时间轴的延展、比如小圆点绕着圆圈转动，它们表示时间的流逝；而在空间上很多操作是利用上下左右这样的方向滑动来完成的。举个 CSP 模块平滑切换以及内容寻找的例子，当我们记录手指在屏幕上滑动的过程，就会发现点击操作和滑动操作是顺滑衔接的，也就是说在用户手指的归位以及下次寻找定位的问题上，减少了用户的记忆负担和搜寻负担，如图 3-6 所示。

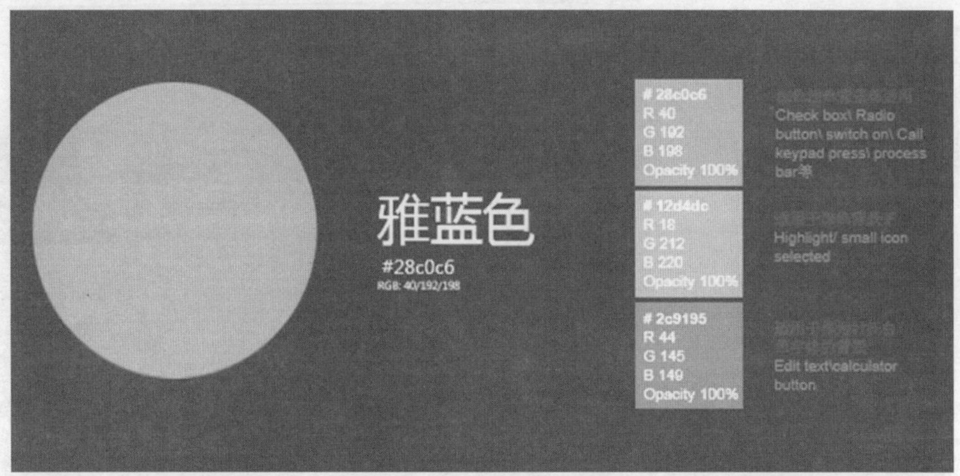

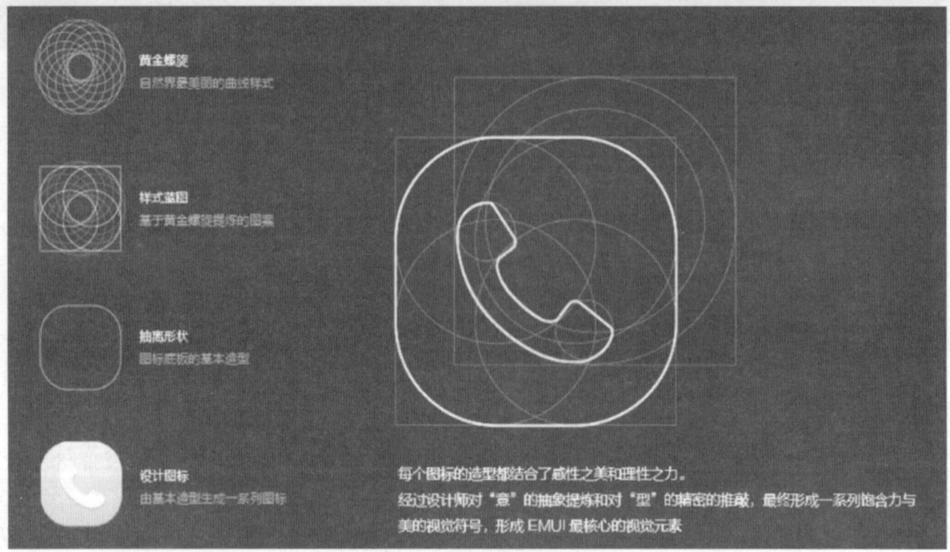

图 3-5 视觉符号的设计

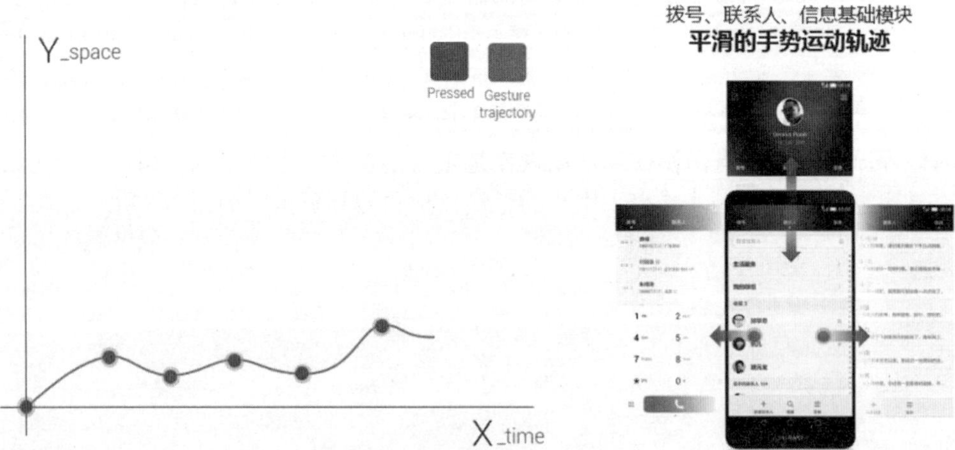

图 3-6 平滑手势运动示意图

在动效方面，我们尝试的方向是现实与虚拟地穿越，用三次方贝塞尔曲线来拟合动画，让视觉感受更真实，让交互逻辑更直观，如图 3-7 所示。

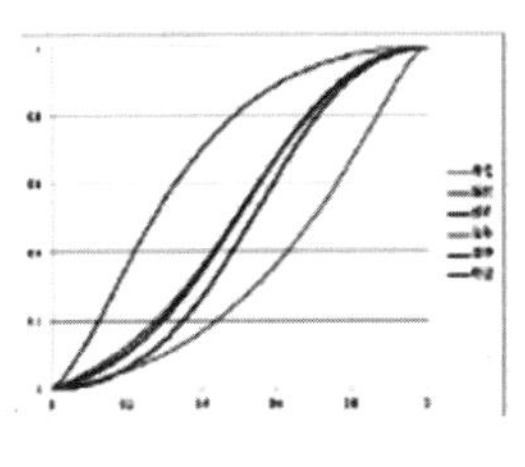

三次方贝塞尔曲线

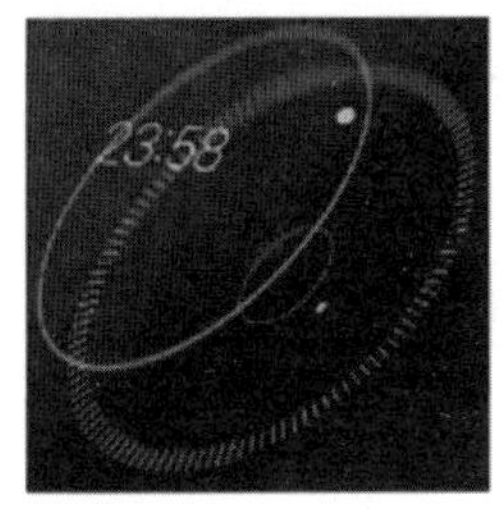

点/线/动效

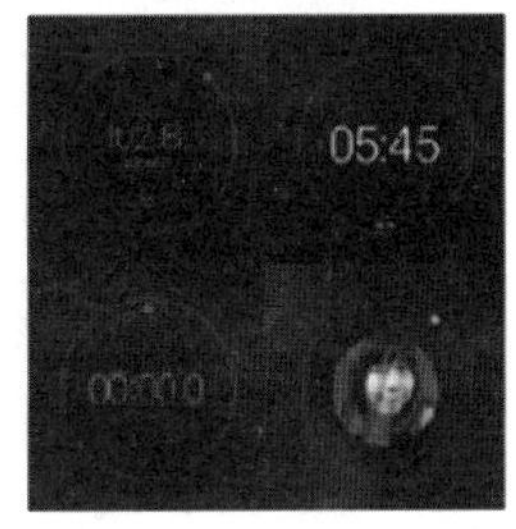

返璞归真

图 3-7　用方贝塞尔曲线来拟合动画

在声音上，我们提到了东方和西方的共鸣。可能大家注意到了，华为的钢琴版标志音是用德国汉堡手工打造的顶级斯坦威钢琴演奏的，如图 3-8 所示。

东　从心而听，心与琴遊

西　如火似冰，绚丽成绮

图 3-8　钢琴音的设计

六、案例启示

EMUI 的设计过程不仅仅是产品的落地过程，不仅仅是需求的实现过程，同时也是设计师在突破自我，寻求能力和意识的升华过程，在这个过程中要专注极致，发挥团队协作精神，把用户的声音当做我们的源动力，对每个细节反复推敲，超越过去积累的成果才能取得更大的突破，就好像我们的一组海报中体现的那样，如图 3-9 所示。

图 3-9　EMUI 的设计过程

同时设计也不仅仅是表象的组合排列，将用户放在心中才能创造真正的价值。我们在这个过程中体会到设计要为产品服务，需要从产品的第一步开始就纳入考虑中，同时要用设计的方法为产品的开发保驾护航。在设计思维方面不断提炼，勇于面对用户，才能为用户所接受。

EMUI 的用户体验除了上面提到的几个方面以外，还有很多动人心弦的设计，比如整体的大屏交互设计解决方案，比如情感化、场景化的视觉呈现，我们期待着您的发现。

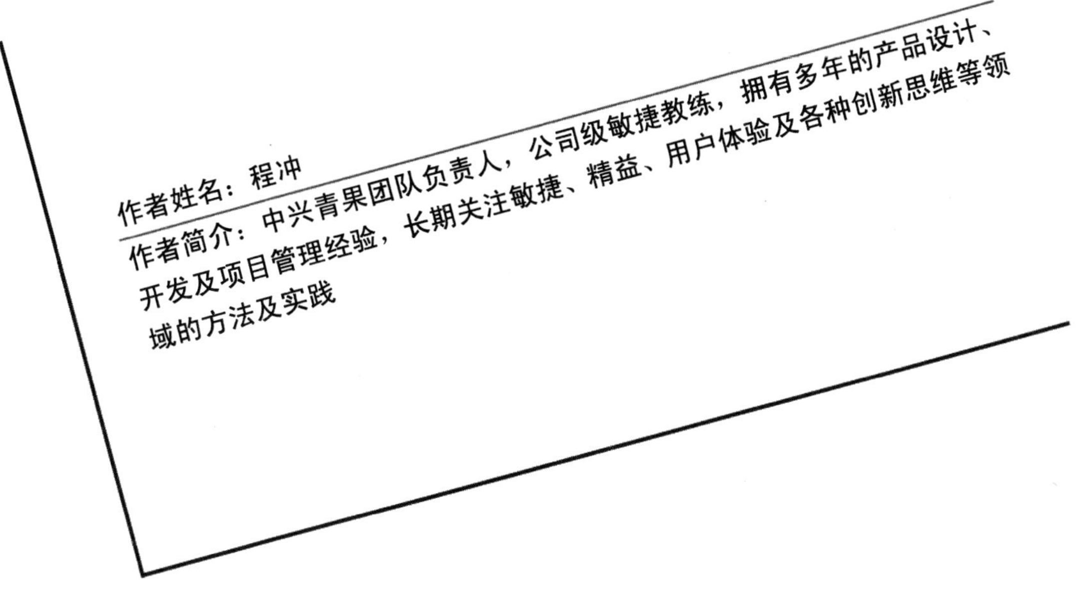

设计思维驱动青果产品精益探索

在产品和团队深陷重重危机之时，中兴青果团队重新启动产品探索，利用设计思维深刻地洞察用户需求，以最快的速度推出 MVP，并找到了产品的天使用户。

为了打破部门间的考核束缚，团队采用创业公司合伙人制，成员以可视化的方式关注共同的愿景，并把用户体验贯彻到设计、开发、交付、运营各个环节。推出 MVP 后，团队以精益画布的形式按照假设风险的高低，从产品及用户维度进行系统验证。

最终产品获得了越来越多的天使用户喜爱，并快速跨过“问题—方案”匹配这道门槛，朝“产品—市场”匹配迈进。

本次实践适用于传统企业向互联网转型过程中，各初创项目或团队的创新产品探索。具体过程，步骤和方法可供同行借鉴。

一、问题的提出

MAPP 项目在研发某款移动互联网产品半年后，产品内测上线之际，遇到了不小的麻烦。

项目成员居然没有人能准确描绘出产品的目标，没有人知道产品服务哪类用户，也没有人清楚到底能解决用户哪些场景下的哪类问题。

项目似乎进入一种恶性循环，每个迭代总有做不完的功能清单，测试团队也以功能清单的方式去验收，没有人关注用户。所以整个产品更像是功能点的堆砌，越来越复杂，其稳定性也差强人意。

更令人沮丧的是，每个迭代的需求总是计划赶不上变化，需求有来自市场人员的抱怨意见，也有来自公司高层的建设性意见，项目只能在各种需求间权衡，举步维艰。

产品的价值传递失真严重，设计和开发人员经常会存在分歧，在需求到交付的各个环节中，由于设计、开发、交付等部门间存在壁垒，产品的用户体验与目标偏差较大。

项目成员感觉自己的产品不能被用户接受，成就感低，士气低落。

在项目遇到了前所未有的困难，要么转型失败，要么重整旗鼓。项目成员必须团结起来，打破壁垒，加强沟通，对产品的目标，用户以及痛点等重新探索和定义，并以一种更加 OPEN 方式，走到用户中去，也让用户参与到产品中来。

二、解决思路

产生上述一系列问题，根本原因是，整个团队没有洞察用户痛点，成员没有协作共担，没有找到天使用户，也就无法及时验证产品。

因此，我们使用设计思维的方式更加深入洞察用户以及用户需求，用精益创业以及客户开发的方式更快推出 MVP，并通过天使用户不断验证反馈，最终很好地解决了创新产品如何在效率与可验证性间平衡的难题。

IDEO 公司的 Tim Brown 提出了设计思维的概念："利用设计师对设计的敏感和方法，在合理的技术成本以及可行的商业策略基础上，去满足人的需求，并将设计转化为客户价值和市场机会。"

整个实践过程参照斯坦福大学的设计学院提出的设计思维实践框架进行，如图 3-10 所示。

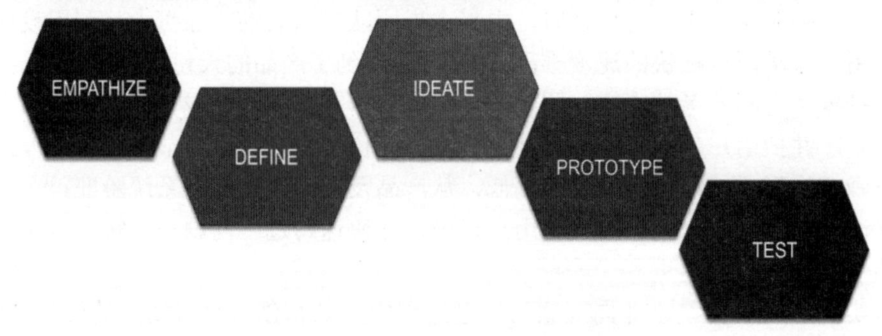

图 3-10　斯坦福大学的设计思维实践框架

在这套实践框架中，所有团队成员更加关注用户需求的深刻洞察，更加关注产品目标。

在 EMPATHIZE 阶段，团队所有成员都走到用户中去，理解用户及用户场景。在 DEFINE 阶段，聚焦用户及问题本身，找出真正困扰用户，又不得不解决的问题。在 IDEATE 阶段，团队通过工作坊以头脑风暴及原型设计等方法，发散尽可能多的各种创意和方案。每个角色的成员都能参与其中，不仅能解决如何匹配商业、技术、用户交集的问题，也避免了传统瀑布流程产生的价值失真。

在 PROTOTYPE 及 TEST 阶段，团队更多地采用精益创业及客户开发等方法，尽快推出 MVP，找到天使用户，系统去验证各种假设和风险。精益创业等方法也是设计思维在互联网领域的延伸，如图 3-11 所示。

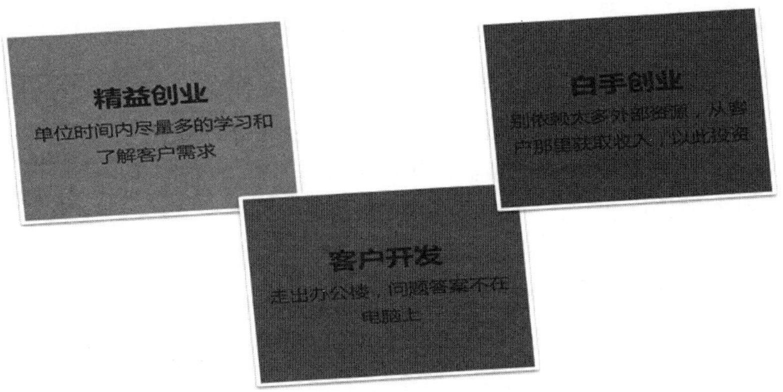

图 3-11　设计思维在互联网领域的延伸

团队组建也按照客户开发团队和产品开发团队来划分职责，在 EMPATHIZE、DEFINE 及 IDEATE 阶段，所有人都会关注用户价值及更丰富有趣的解决方案。

在 PROTOTYPE 及 TEST 阶段，客户开发团队更关注的时客户探索和客户验证，产品开发团队则更关注迭代开发及交付，两者之间也是通过用户故事来贯彻，并持续传递用户价值。青果团队工作流程如图 3-12 所示。

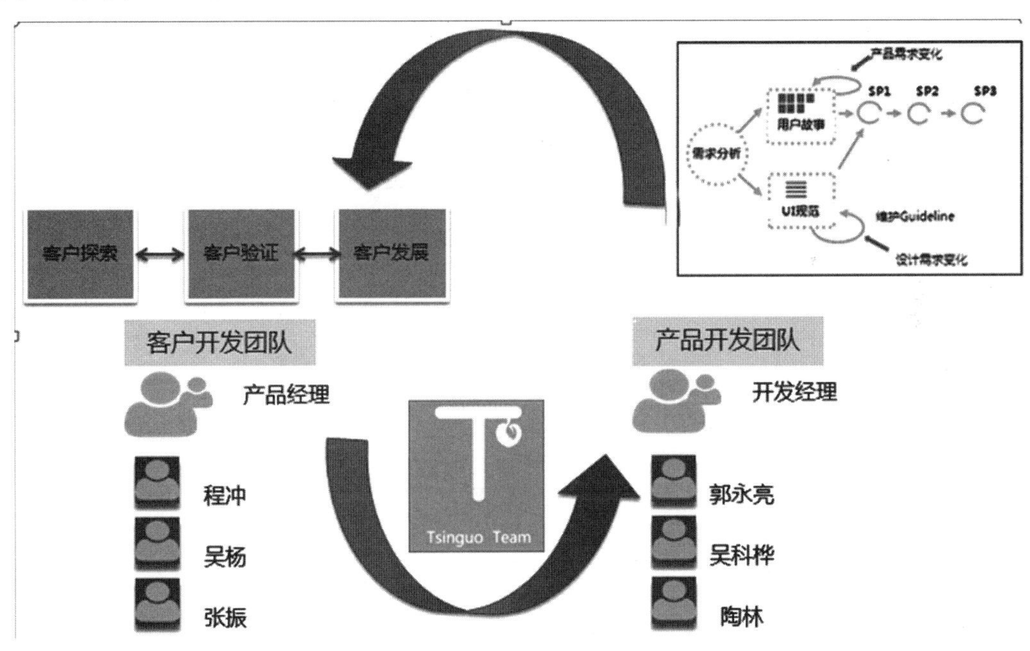

图 3-12　青果团队工作流程

三、实践过程

在整个实践过程，团队坚持开放的创新文化，成员间责任共担并鼓励试错，一方面坚持极致而非完美的设计，提升有效验证的比例；另一方面，使用合适的创新方法和工具。最终打了一次漂亮的翻身战，具体实践流程如下。

1. 组建团队

重新组建中兴青果团队，挑选有共同价值观和产品愿景的团队成员，他们来自设计、开发、测试、交付、运营等各岗位小伙伴。

重新定义团队各成员角色，运作机制采取创业团队合伙人制，整个青果团队分为客户开发团队及产品开发团队。

客户开发团队则会更加关注我们如何找到天使用户，更加关注用户的痛点，关注如何和用户更好地互动，让用户参与到产品中来。

产品开发团队把及时交付用户价值作为主要的驱动目标，在交付的过程中以特性需求及用户故事的形式贯穿到产品的端到端研发。同时客户开发团队则会拿产品开发团队交付的价值到用户中去验证。

2. EMPATHIZE 阶段

为了获得更有意义的创新，青果团队需要了解用户，关注他们的生活，需要更深刻地洞察。

（1） 定义产品愿景。

整个团队成员聚集在一起，共同勾勒出产品的愿景，以保证整个团队在研发产品过程中有决策依据，也能保证团队在思想和行动上达成一致，不易偏离前进的航线。

在对市场和竞争对手初步分析的基础上，团队成员通过头脑风暴的方式，表达出希望做什么样的产品，比如：“对于什么样的人，××是一款什么样的产品，能解决什么样的问题”。青果产品愿景图如图 3-13 所示。

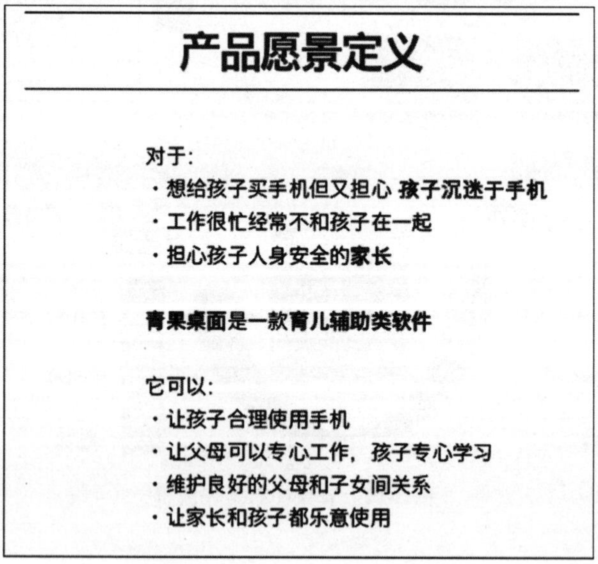

图 3-13 青果产品愿景定义图

（2） 目标用户及其痛点初探。

团队成员集合在一起，使用各种发散和收敛的设计方法，以 Workshop 等形式，去设定目标用户，猜想他们的痛点。

我们这款 App 产品的目标用户暂定有两类，一类是家长，一类是孩子。通过分析不同背景的家长及不同年龄的孩子对于这款 App 的需求程度，可以帮团队找到优先值得投资的用户群体。青果用户群猜想如图 3-14 所示。

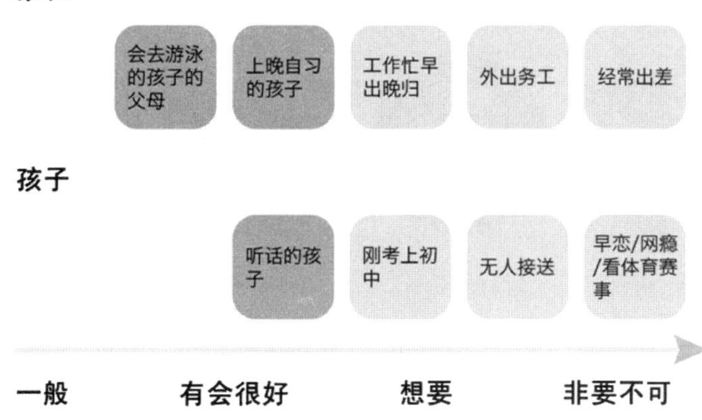

图 3-14 青果用户群猜想

在设定了目标用户之后，团队成员通过生活场景体验、数据调研、与用户群交流等各种方式，去感受目标用户的生活和他们的故事，看看在我们设定的生活场景中，有哪些是困扰用户的问题哪些问题是有待解决的。

通过用户画像（Persona）及痛点分析的方式去把上述信息汇总整理。这样，所有成员对产品的目标达成一致，定位用户的使用驱动和使用目标，并通过模拟的方式建立直观具体的用户形象。用户画像及痛点分析如图 3-15 所示。

（3） 走出去验证。

走出去验证，是青果团队认为最值得投资的核心活动。要走出去感受将来使用青果产品的那群人，考虑这几个问题：他们是遇到了哪些麻烦？他们是怎么解决这些麻烦的？青果产品能给他们带来价值吗？

这个阶段，青果团队所有成员都要走出去，兵分几路，去分别访谈或约谈目标用户。

在访谈和约谈之前，我们会把我们最关心的、风险最高的假设点梳理出来，

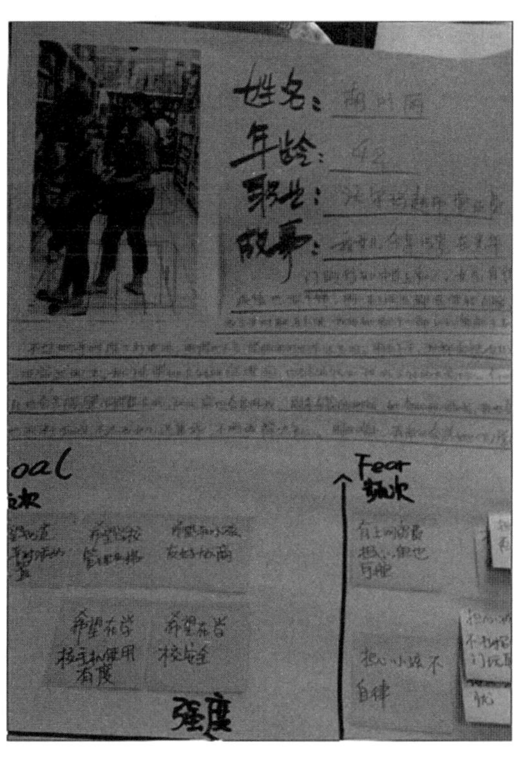

图 1-15 用户画像以及痛点分析

以访谈提纲的形式整理成验证性问题。同时还会整理一些探索性开放问题，去获取猜想之外的任何未知信息，以作后续扩充或调整新的需求点。团队早期调研的部分用户群体，如图3-16所示。

图3-16　团队早期调研的部分用户群体

3. DEFINE 阶段

这个阶段，青果团队更加关注用户的问题，厘清问题的边界，找到问题的本质，而不是急于得到答案。

（1）认清我们的用户和场景

在和用户进行多轮访谈或约谈后，对于待验证的高风险假设，团队得到了大量的验证信息和未知的发散需求信息。

青果团队采用亲和图的方式来梳理，对海量信息进行分类和聚合。大家将每个访谈的用户的信息上墙，再将很多类似的信息，或者有共性的信息分类规整。

规整后的用户信息，会消除大量的假设。同时，令人期待的，有血有肉的用户形象跃然纸上，用户的痛点也更加接地气。亲和图梳理结果如图3-17所示。

图3-17　亲和图梳理结果

根据访谈梳理的信息，团队更加准确地整理目标用户资料，包括其目标和担忧，如图 3-18 所示。

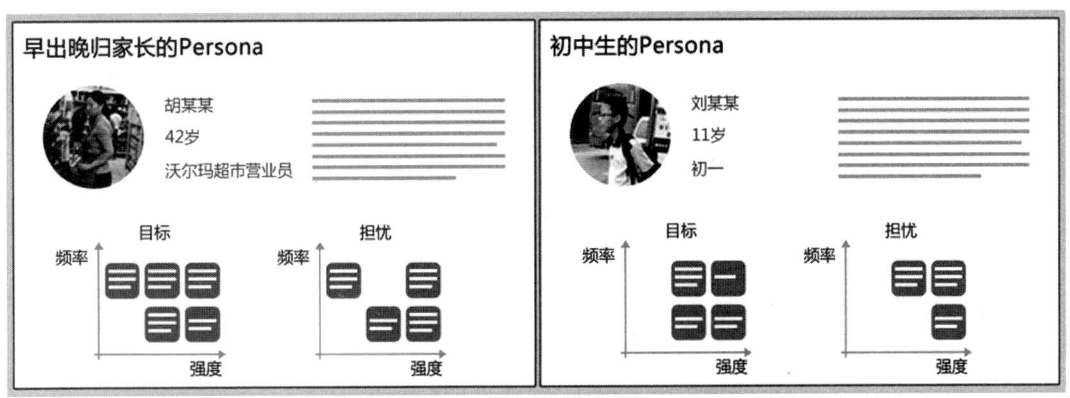

图 3-18　初步验证的用户 Persona

（2）　找出最值得投资的用户需求。

面对诸多目标用户的需求，我们依然按照需求评估的发生频率和需求强度对目标的目标和担忧进行筛选，找到最值得投资的用户需求。

团队采用常用的工作坊方式，根据市场定位、技术资源、用户体验等方面选出大家最认可的需求。如图 3-19 所示。

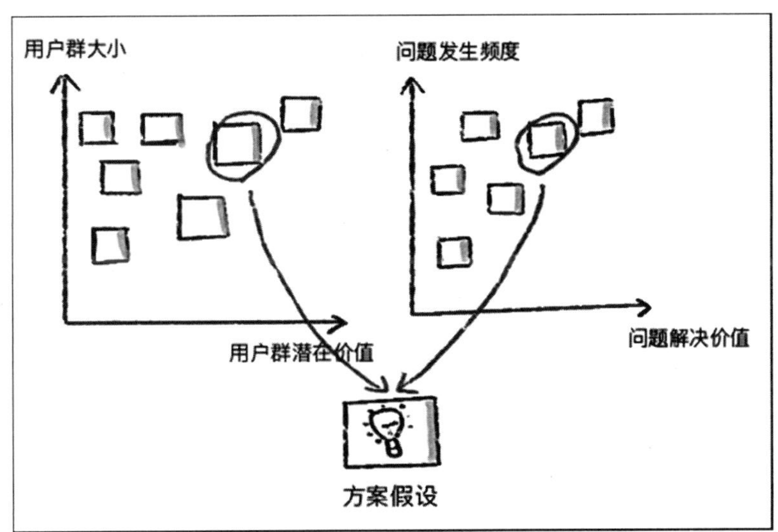

图 3-19　选出大家最认可的需求

通过上面两个阶段，更加准确地找到青果产品需要解决的问题，团队成员也对用户以及问题有更加立体，全方位的认识。

4.　IDEATE 阶段

IDEATE 阶段是一个设计氛围很浓的环节，我们会让所有成员参与进来，更倾向于得到各种不同的方案，而不是所谓“最好的方案”。

这个环节，团队使用故事板，场景演绎，角色扮演等方法去探讨各种可能的方案。在选择方案的时候，我们一般会先放置最容易想到的方案，鼓励探讨最有趣的方案或是最不可能的方案。

在探讨的过程中，团队成员会分组讨论设计，每个人会把自己的方案及时展示出来。大家会选出这一阶段进行深入的方案，而其他方案也会及时留存，供后续重新探索使用。整个设计活动流程见图 3-20 所示。

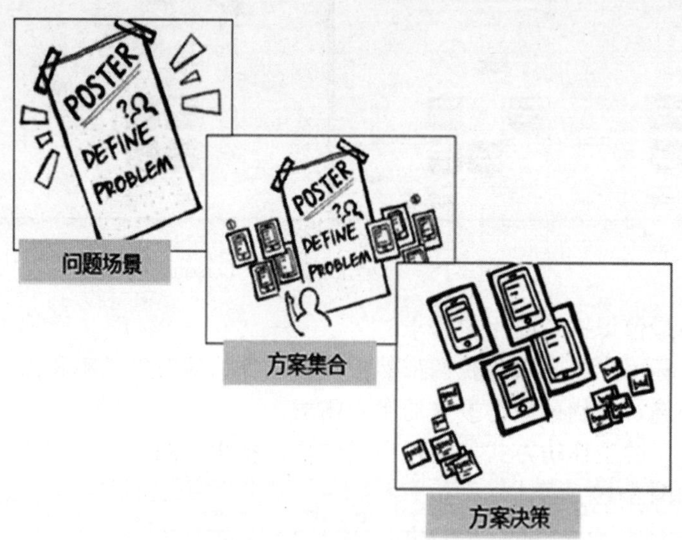

图 3-20　设计活动流程

5. PROTOTYPE&TEST 阶段

（1） 寻找天使用户去验证 MVP。

一个创新产品的 MVP 要用最快的速度推出，并体现其最有价值的一个核心点。在初始的 DEFINE 以及 IDEATE 阶段，一个纸质原型或是纸质故事板都可以拿到用户去验证问题本身。而在 IDEATE 阶段，一个简单的 HTML 交互原型或是一段动画视频也能让用户充分感受你的方案设计。

所以在风险假设越高的阶段，就应该以越低的成本推出一个可视化的最小可验证产品。

与此同时，我们要寻找早期参与者，作为天使用户，让他们参与到我们产品验证中来。验证的产品价值假设包括：验证用户假设（假设用户有这样的驱动和需要），问题假设（假设用户获得这种需要的过程中遇到的问题），方案假设（假设用户会使用我们提供的方案解决这些问题）。

期间，客户开发团队设计一系列实验去验证，比如通过微信或微博的社交网络，也可以和用户面对面去深入交流，并把那些强烈认同青果产品价值的用户接收为天使用户。

（2） 用精益画布系统验证高风险假设。

团队在制作 MVP 前，画出了第一张青果产品精益画布，如图 3-21 所示，并梳理出青果产品目标及团队目标。

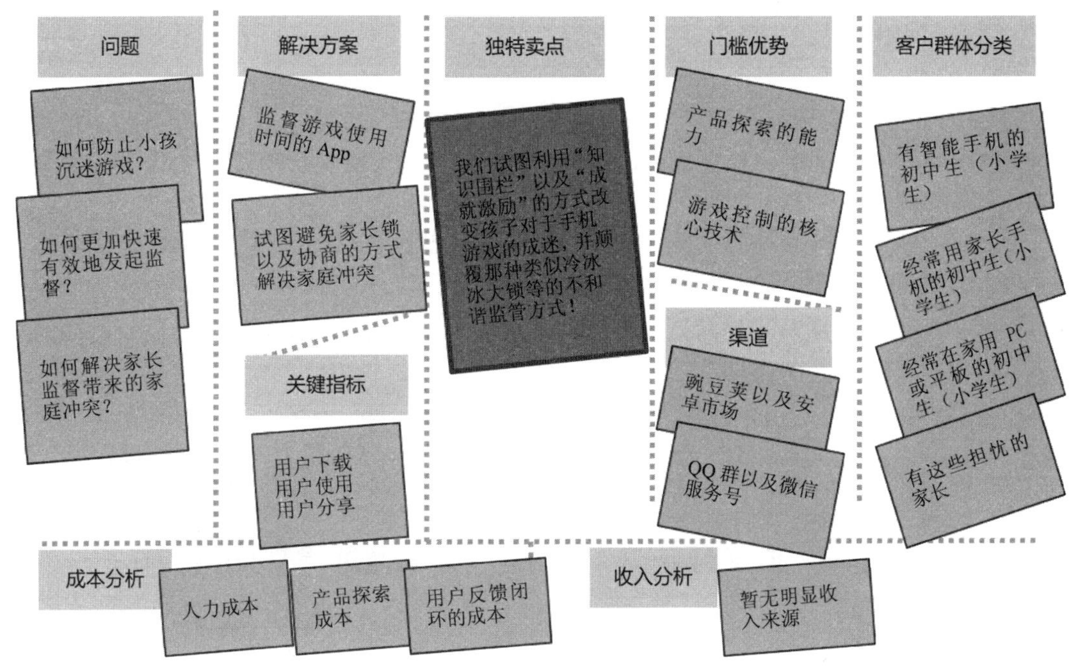

图 3-21 青果产品精益画布

团队把精益画布张贴在最显眼的墙上，在迭代中，不断在产品维度指导产品开发团队不断改进 MVP，在用户维度指导客户开发团队不断锁定用户和获取用户的渠道。而在产品跨过"问题—方案"匹配维度后，会加入市场维度的系统验证评估。系统验证精益画布如图 3-22 所示。

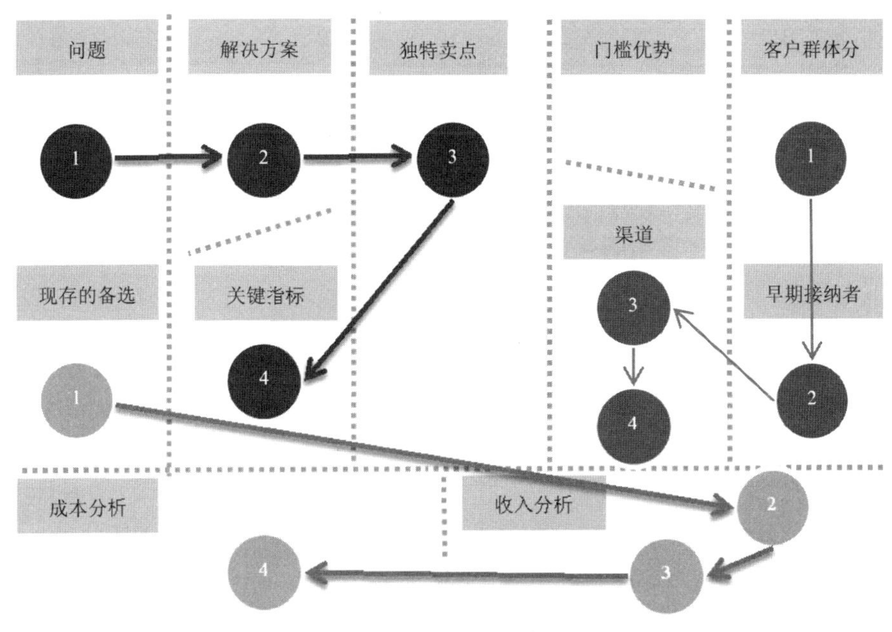

图 3-22 系统验证精益画布

四、效果评价

在经历了整个实践过程后，团队有共同愿景，协作开发，团队成员更有干劲，形成了自学习型组织。青果产品也能更加准确洞察用户的痛点，大家更快地做出MVP，并能系统性地验证各种假设和风险。

同时在找到天使用户后，让用户参与其中，把这种用户体验端到端的以很低的损耗去传递价值，交付价值。

至此，整个青果团队迅速跨过“问题—方案”匹配，向下一阶段迈进。创新产品的发展阶段如图3-23所示。

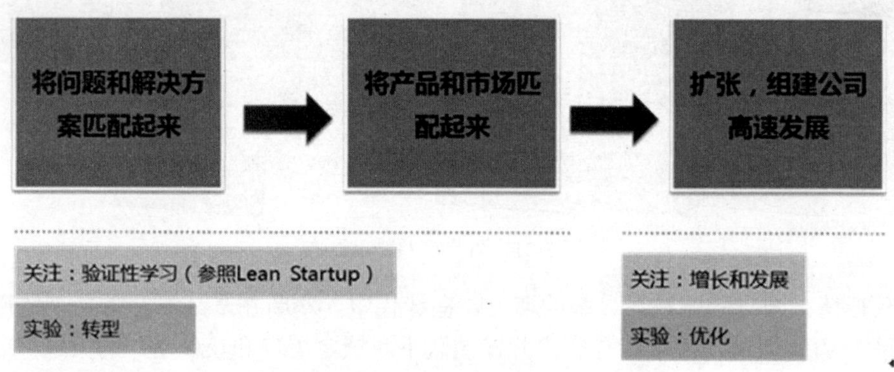

图3-23　创新产品的发展阶段

五、推广建议

青果产品的精益探索实践以最快的速度、最小的验证成本和资源，快速达成了问题和方案的匹配。

在产品探索的过程中，团队获取了大量的天使用户，这些天使用户一起参与团队的产品研发以及产品的推广。也帮助我们在不断打磨产品的基础上，逐步向产品和市场匹配迈进。

值得推荐的几个关键实践：

（1） 把设计思维运用到互联网创新产品需求洞察上是本实践的核心亮点。

（2） 运用精益创业，客户开发及白手开发等融合入产品的快速迭代中。

（3） 使用精益画布指导团队和产品系统验证，不被一些虚荣指标所迷惑，更快达成产品与市场匹配。

（4） 团队的运作机制，释放了每个人的活力，大家共同协作，责任共担，敢于不断试错。

六、参考资料

[1] Eric Ries．精益创业．中信出版社．2013

[2] Steven Gary Blank．四步创业法．华中科技大学出版社．2012

[3] Ash Maurya．精益创业实战．图灵文化发展有限公司．2013

[4] Institue of Design at Stanford．An Introduction to Design Thinking PROCESS GUIDE．2010

[5] 熊子川．INCEPTION 项目启动．2013

[6] 朱晨．中兴青果精益创业产品启动汇报．2014

袁店明点评：细想一下，在中兴通讯这样一个传统型行业里面去做这样一个尝试，会面对很多困难。我相信他还有很多困难没有讲。面临的各种事情，包括最核心的比如人员考核、管理基金等。不用说，我相信背后还有很多故事。今天我想把他的东西从我的角度给大家去看一下。第一，是每个人团队思想的转化，我听到他讲的最多的就是他的小伙伴。现在完全转变思维站在用户的角度，有一句很有名的话叫走出办公楼，这个案例非常好地诠释了这句话。走出办公楼，去看你的用户，去了解你的用户，站在他的角度，用他的视点去做出产品，哪怕是免费的产品，也是需要抓住用户的痛点去做。第二，他讲了很多概念，包括如何用最小的成本开发出最有用的东西，必须是原创有内容的东西，才会有人去看才会有价值。内容才是微信营销真正的东西。比如，他创造了很多亲子关系。孩子的教育站在用户角度，服务用户才是真理。这能使别人一秒钟变成你的用户。这个团队非常不容易，是传统互联网的转型案例。

作者姓名：王洪刚
作者职务：研究员
作者简介：SAP 中国研究院算法专家，Design Thinking 教练，敏捷与精益教练
团队人数：40 人
团队职能定位：SAP 客户合作与创新是为 SAP 新老客户设计新的突破性的 SAP HANA 的应用，同时改进 SAP HANA 上已经存在的应用，为客户提供快速稳定的产品服务。团队也是 SAP HANA 预测模块诞生的地方，并影响着未来的 SAP HANA 发展方向

Design Thinking（设计思维）助力产品创新

一、问题的提出

近几年 SAP 主推的三大技术趋势，包括移动应用、云计算、大数据。SAP 发力于发展智慧城市、保健、数码消费者等领域所需的创新方案。激发数据分析、移动应用和云计算等先进技术的无限可能。利用 SAP 核心技术的先进数据分析、HANA（高性能分析工具）、移动和云解决方案。搭建从学术理论、技术创新直至市场孵化的完整价值链，为市场带去更多以客户需求为导向的创新产品。

在这样一个大战略下，作为一个全球客户合作与创新部门，我们肩负起探索创新的重任。我们集合客户需求、公司战略，利用我们核心技术来帮助进行产品创新。

经过行业分析与挖掘我们发现，集装箱运输自从 20 世纪初问世以来，得到了很大的发展，由于其运量大、运费低廉等特点，现已发展成为全球国际贸易中最重要的运输方式之一。然而由于国际贸易不平衡等原因导致世界各地的进出口箱量和箱型不平衡，由此产生了大量的空箱调运费用。据统计全球空箱调运费用高达上百亿美元。

这个问题存在着巨大的创新空间。我们团队最终决定以此来作为我们产品创新的出发点。

二、解决思路

产品创新过程中主要分为两大阶段：需求挖掘与分析阶段和产品实现阶段。在需求挖

掘与分析阶段主要以设计思维为主，确认我们在做正确的事情；在产品实现阶段主要以敏捷研发为主，把事情做正确。图 3-24 是我们在产品创新过程中最佳实践示意图。

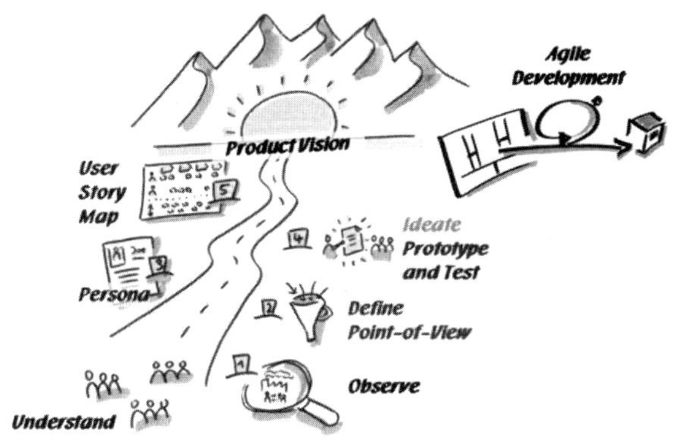

图 3-24　产品创新过程最佳实践示意图

三、Design Thinking（设计思维）简介

如图 3-25 所示，设计思维是一种在技术可能性和商业可行性之上，运用团队的理解力和解决问题的方式去满足人们需求的不断迭代改进的方法。换句话说，设计思维是一个以人为本的创意与设计的方法论，为各种议题寻求创新解决方案。

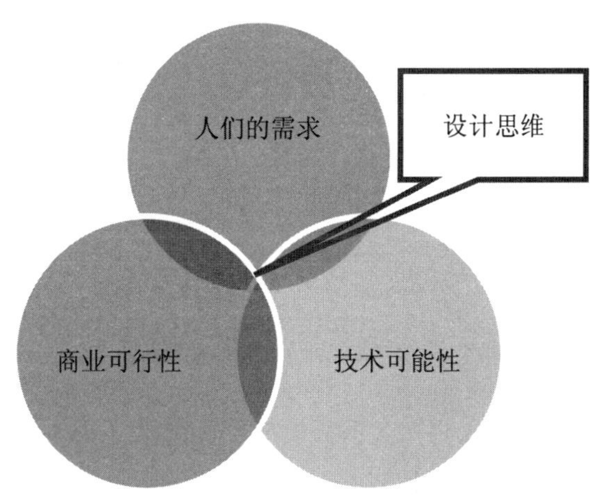

图 3-25　设计思维示意图

从设计思维的概念上，我们可以推理出它需要多样化的团队成员、开放安全的环境和好的方法流程。

1. 多样化的团队成员

不同背景不同技能的人聚到一起才能产生激烈的脑力震荡，产生并实现很多前所未有的想法。

2. 开放安全的环境

在轻松安全的环境下，大家才容易产生出新的想法。如果这个员工一天 8 小时都在修复 Bug，你让他给你做一个产品创新，容易么？现在好多公司都提供优越的办公环境，要让大家更想在公司待着。

3. 好的方法流程

创新是可以被管理、被流程化的，设计思维提供这样的管理与流程化的方法。概括起来设计思维分为两个域：问题域和解决方案域。在这个两个域中我们都会使用发散与收敛的方法。在每个域各自有三个具体的实践，这些实践循环反复快速迭代。为了介绍的方便，本案例采用一个线性的方式介绍方法流程，如图 3-26 所示。在实际案例中有很多的步骤是不断验证循环往复的。

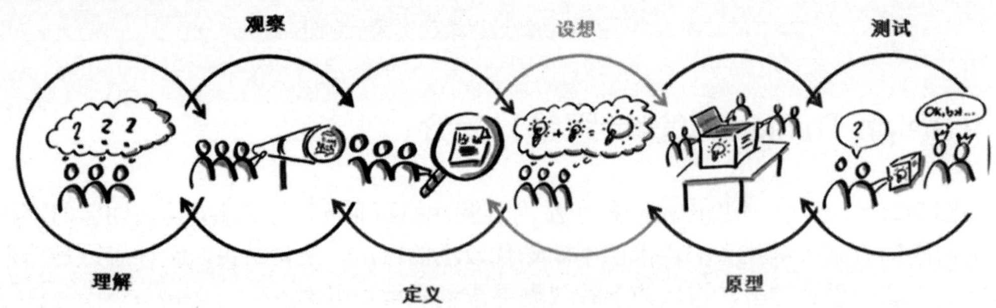

图 3-26 方法流程

有了多样化的团队成员、开放安全环境及好的方法流程的设计思维，我们才可能做出比较多的创新。

四、实践过程

1. 创新的来源

“请你告诉我，我该走哪条路？”

“那要看你想去哪里。”猫说。

“去哪儿无所谓。”爱丽丝说。

“那么走哪条路也就无所谓了。”猫说。

——《爱丽丝漫游奇境记》。

能正确地提出问题就是迈出了创新的第一步（李政道）。很多人或团队都不知道自己要“去”哪里，又谈何创新呢？

同时还有很多人以为创新属于“灵光乍现”，或者是“聪明的创意”，这种思想将给企业经营实践带来危险。“只要你不断尝试聪明的创意，你就会取得成功”，这种观点犹如“只要你不断投钱到老虎机中，你就会赢得大满贯”。事实上，在老虎机的游戏中，往往投得越多，输得越多。因此无论成功的故事多么诱人，那都是凤毛麟角，或者是极大投

入之后的极小产出。大家要放弃以聪明创意为基础的创新，真正的企业创新应该是注重“机遇”的把握，而不是“冒险”的赌注。

SAP 制定战略，我们部门组建了一支包括产品经理、设计师、算法专家、数据科学家、软件工程师的团队进行初始的创新来源的挖掘。在两年前，我们的研究人员在 ACM 上看到一篇关于算法突破的文章，文章中介绍他们的算法对于对称和对角线占主导地位的系统（SDD）具有实际潜力，并且具有运算是十分之快的特点。这种方法可能是普通 PC 能够在几秒钟内解决系统产生的几十亿的变量问题。SDD 的系统有广泛的用途，从网上推荐系统、工业模拟、图像处理都可以看到它的应用身影。

我们的研究人员从其中得到了很好的灵感，我们一直思考 SDD+HANA 如何为客户提供新的价值。通过头脑风暴最终我们决定将其运用到交通运输领域。通过公司内部的交通运输行业的专家指导，收集了一些市场需求，开始做一个简单的 POC。这个 POC 在当年的 SAP DKOM DemoJam 上正式亮相，取得了惊艳的效果，受到了行业专家的肯定，同时也有部分企业对此项目表示出了兴趣。

我们发现了产品创新的“机遇”，最终我们团队选择了集装箱调度优化作为我们产品创新的突破口。

2. 领域知识理解

构建没有人需要的东西根本就是浪费——埃里克·莱斯（Eric Ries）。

这一步的主要目标是：获得基础领域知识，提出准确的问题。它是一个了解现状发现问题的过程，是在和用户接触前准备的过程。所以它的最主要工作就是准备问题，问题多于答案。这部分工作和咨询行业所说的内部实验室的调查研究比较像，也就是收集需求前的准备工作。这一步的工作主要还是集中于团队内部，还没有和客户就某问题开始访谈。

我们针对每次客户拜访都会认真地准备访谈问卷。访谈问卷的示例如图 3-27 所示。

当时我们团队也发生过对领域知识收集和理解不足的小插曲。有一次我们和客户进行 Design Thinking Workshop 时，客户告诉我们要考虑到“first leg”和“second leg”，我们参加工作坊的同事都傻掉了，什么“一腿”“两腿”。经过解释终于明白就是一段、两段的意思，比如山西省大同的煤要运往上海，一般的线路是经运煤专线大秦线到秦皇岛，然后装船运到上海，那么“first leg”就是大同到秦皇岛，“second leg”就是秦皇岛到上海。

3. 用户现场观察

走出办公室，外出寻找事实——史蒂夫·布兰克（Steve Blank）。

贝恩咨询曾经为 362 家企业所做的一项调查显示，有 95%的企业认为自己关注了客户，80%的企业认为自己向客户提供了优秀的体验。而在这些被调查的企业的客户中，只有 8%的客户也这样认为。

为什么会产生如此大的反差？我们要如何解决这问题？通过和目标用户谈话与观察来移情客户。听他们怎么说，更要看他们怎么做。

想要做出成功的产品创新，我们需要比客户更了解他们自己。要达到这一步我们要从他们的习惯、信仰、癖好等深度移情。

Categories	Questions	问题	回答	Answer
Project background				
	Intro: here to learn from you on your needs about asset transportation management (assets such as trucks, ships, containers, cars and so on). We are investigating potential customers for a new futur products. Your feedback will help us to shape future SAP offerings. We are here to listen to you, not to talk about our SAP products. This is a first discussion which might end up later into a deeper collaboration, influencing development along its way, and being a beta tester.	介绍： 我们想从您这儿了解关于运输资产的计划与管理的问题，如：（船，卡车，集装箱，汽车等）我们正在为做新产品而调研潜在的客户。 您的反馈将帮助我们打造将来的SAP的产品。我们想多听取一些问题， 而不是介绍SAP的产品。这是第一次讨论， 愿意的话也可以下次对我们的研发进行更深层次的互动，并成为Beta版本的试用者。		
	Results of this conversation will only be used inside of SAP to create new SAP products, and nothing will be shared with any other 3rd party	这次讨论仅用于SAP内部做研发所使用，该信息不会透露给任何第三方。		
	(Brief introduction on TAM project - Open the slides we prepared.)	(这里我们可以简单介绍一下TAM项目关注的内容， 可以打开我们准备的介绍文档)		
About Interviewee				
	what is your job or role inside the company? In which department do you work?	您目前在公司内部主要负责做哪一块？您在哪一个部门工作？	姚刚。目前在CSCL集团总公司负责空箱调运管理	Gang Yao is currently in charge of empty container rescheduling management of CSCL (China Shipping Container Lines Co., Ltd)
	Are you responsible of the asset management? If not, who is in charge of that (what is his title)? Is he/she locally or globally in charge?	您负责运输资产管理吗？如果您不是的话， 哪个部门的职位会负责这一块？ 他是在本地负责还是全球负责？		
Business Process & Enterprise representative Problem				
	Could you share with us your typical workflow using these systems as well as the work flow of the other tasks? Which are the different involved business user roles, frequency, how it runs, steps, screen shots...	您能与我们分享您典型的工作流程. 如何使用你们的运输资产计划及管理系统及其他相关任务的工作流程？业务会涉及到哪些不同用户角色，他们使用系统的频率，及它如何运行，步骤，屏幕截图	客户下订单-->全球的代理人(有自己的，也有3rd Party 代理人)-->email 汇总空箱调运的信息-->箱管负责人。--> 负责人来判断箱子在这个区域留多少空箱， 运多少空箱到别的地方。 (判断放多少，运多少,主要靠人工经验来判断。会根据季节，历史的需求信息以及市场需求来决定，一般会在这个数值的基础上增加20%左右的空箱数量保证库存的充足。)	Our typical working process is as follows: Customers place orders--> global agents (both our own agents and 3rd Party agents)-->gather empty container rescheduling information via emails--> container manager--> container managers decide the number of empty containers to be retained and to be transferred to other depots (this is done manually and would take such factors into consideration as seasons, historical demands and market demands; in most cases, they would keep 20% more than estimated empty containers based on the above factors in stock to ensure adequate supply.)
	How many transportation assets do you have/rent from 3rd party?	你们从第三方会租用多少运输资产？	会租用第三方的空箱和舱位， 但仅在紧急情况下才租用，因为这种方式的价格很高。	We would rent empty containers and shipping space from 3rd parties, but only in emergent cases because of the remarkable rental cost.
	Which transportation asset is critical to business	你们主要会用到哪些运输资产？	空箱和船。	Empty containers and ships
			有空箱运输的问题，但不突出， 管理层未充分重视这部分。主要原因是： 1. 信息分散，无法分类统计是空箱还是有效运输 2. 市场部带来客户和订单， 调运部门不会用空箱的数字去暴露问题， 怕影响部门之间的合作关系。 3. 会在各个码头控制空箱的安全库存数量， 多余的空箱会利用返回的船的空舱运回或运去其他码头，若不运，自己的船的空舱也是浪费。 4. 主要的原因还是中国的货物输出量多。	We have ocassions of empty container shipping, but not very much. Officials from the management level don't take this seriously because of the following reasons: 1. Difficulty in distinguishing empty container from effective transportation. 2. Container Rescheduling Department refuses to reveal the number of empty container shipping, in order to maintain a good relationship with other departments like Marketing who brings in increasing customers and orders.

图 3-27 访谈问卷的示例

很多团队在进行客户拜访时，很少邀请开发或测试人员一起参加，而我们团队的实践则尽可能地让全员都有机会去拜访观察用户。

哈索·普拉特纳（HassoPlattner）说过：开发人员需要保持好奇心，也需要和最终用户换位思考。这样带来的一个好处就是更好地激励我们的开发和测试人员，使他们切身感受到用户对我们产品的渴望，而且自己开发的产品真真切切地被客户用。甚至可能发现，用户的用法和当初他们设计本意是否吻合。

在与客户的一次研讨中，他们给我们讲了很多美好的东西，然后给我们演示他们工作中的场景。但我们发现他们描述的和实际运用的过程还是有些偏差。如图 3-28 所示。

图 3-28　客户业务理解示意图

在产品创新过程，很多公司很多团队都会陷入与闭门造车的风险。如果团队不真正地去接触客户，只是听一些调研机构、咨询公司或者自己的产品经理要求去做，那么，风险是会很大的，当然，我们不排除那种天才级的产品经理，比如乔布斯。很多大公司都是矩阵式的多层架构，这个时候你会发现团队的产品经理，有些会被称为 TPO（Team Product Owner），他们在做什么事情呢？他们就是在翻译别人写的需求说明。至于为什么要做这个项目，或者需求的细节是什么，他们全都讲不清楚，更别说团队的客户是谁，他们连真正的客户的影子都没有看到，简直就是 Total Problem Owner。

4. 问题定义

没有银弹——佛瑞德·布鲁克斯。

我们不太可能为每个人都去设计一个产品，也不可能找到一个银弹然后一下子解决所有的问题。我们需要专注于一件事情。通过前面的理解和观察的发散后，再重新聚焦，做出决策。

团队中不是每一位伙伴都有机会亲临客户现场去观察客户，即使客户来公司做交流也不是所有人都能跑过去把所有的问题都问一遍。何况每个人在客户调研结束的感受也是不一样的。那么这些信息怎么样有效地传播给团队中的每一位伙伴呢？最终如何定义出我们团队要为客户解决一个什么问题呢？

我们团队的实践如下。

（1）　讲故事。

在客户调研结束后的第二天，我们团队所有伙伴们会聚到一起。参加客户拜访的伙伴们会给大家分享他们的调研成果。我们希望分享的资料都是第一手的材料，所以要求大家尽量模拟客户，用第一人称来复述当时场景。团队的力量是强大的，每个人都在观看场景复述过程中都会记下他所认为的重点、要点。一个点做一张报事贴，方便接下来使用。通过这样的分享每个人都了解了事情的来龙去脉，所有人获得的信息就基本在同一水平线上了。要点记录如图 3-29 所示。

图 3-29　要点记录示意图

（2）整理。

报事贴贴满了墙，到处都是点，只有把这些点经过整理分析才能挖掘出客户真实需求，挖掘出知识。就像现在大家天天在聊的大数据。数据有了，你得开始做数据清洗、聚类分析、分类分析、预测等，我们也可以把大数据的方法应用到客户需求挖掘中。其分析方法如图 3-30 和图 3-31 所示。

图 3-30　流程分析

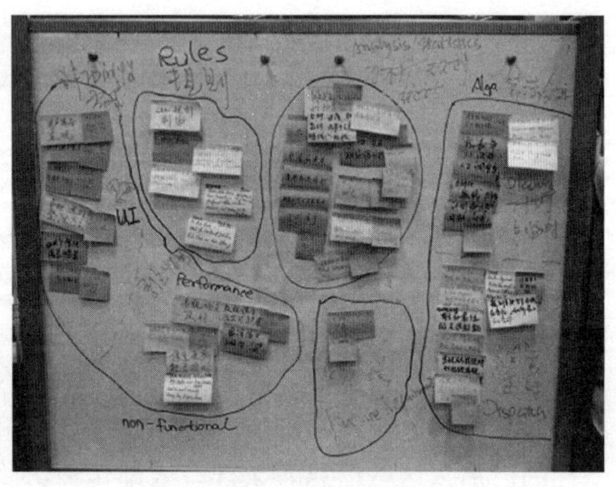

图 3-31　聚类分析

（3）　创建 Persona。

为了更高效地进行产品创新，我们会基于团队的知识创建 persona，这些人将会代表着我们产品的用户，大家分析一个模板，如图 3-32 所示。通过这样的用户角色，团队成员很清晰的知道用户的需求和痛点。

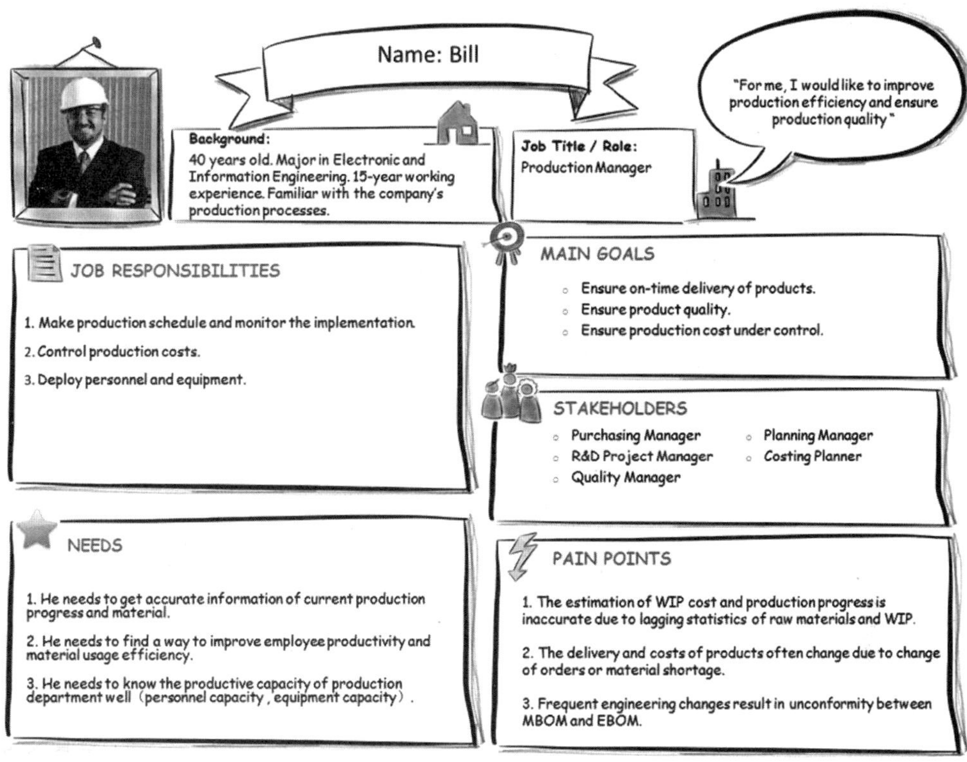

图 3-32　用户角色模板

（4） 各种需求挖掘工具的运用。

任务分析，列出用户的对应角色的所有任务目标。对每一个目标分解用户的工作任务流程，在这些流程中分析出用户的痛点。整理每个角色和目标的工作流，分析出用户的需求。图 3-33 为客户旅程分析示意图。

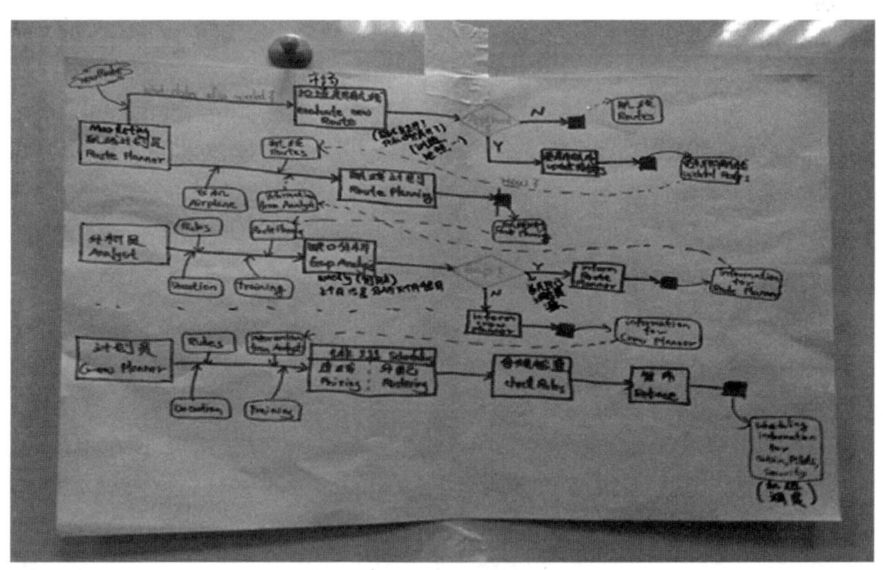

图 3-33　客户旅程分析示意图

这是一种描述客户在使用产品或者服务时的体验，主观反应和感受。通过绘制客户旅程可以帮助我们更深入了解用户、辅助进行用户的分类，也可以帮助我们进行产品或服务的重构，帮助我们进行企业流程再造。如图 3-34 所示。

图 3-34　绘制流程分析图

（5）　形成观点。

经过这些步骤后，我们团队基本上形成了对客户需求理解的基本观点。有的时候这样的需求描述可能会比较宽泛，有的时候也会产生比较多的观点。同样的事情，大家在不同角度上总会定义出不同的问题。能正确地定义问题就是在成功地迈向创新，也是在定义我们产品的愿景。

这些需求定义出来后要尽快和客户去验证是否是他们的问题么。同时在定义的过程中大家要特别当心，不要把你的解决方案当成你对问题的定义。

5.　头脑风暴

想象力比知识更重要。因为知识是有限的，而想象力是无限，它包含了一切，推动着进步，是人类进化的源泉——阿尔伯特·爱因斯坦（Albert Einstein）。

创新最快最廉价的方法之一就是头脑风暴。很多团队都在使用头脑风暴，但是大家都用对了么，都用好了么？

回忆一下你上次参加头脑风暴的场景，自己好像一开始还说了点什么，然后被那个大嗓门的伙伴给控制了，最终由嗓门最大的同事决定了。或者好像某次头脑风暴就只是老板在说话。这些现象都太常见，几乎每个团队都会发生。

在我们团队，为了提高头脑风暴的效率，我们会用一些“书写头脑风暴”的方法，比如 6-3-5 的方法。6 人一组，每人每轮写出 3 个想法，5 分钟一轮。参与者被邀请发散思考并结合他人的创意。每轮每个人都可以在前人的基础上进行发散思考，也可以完全跳出别人的框架直接写出自己的想法。

图 3-35 为 6-3-5 分析方法示意图。

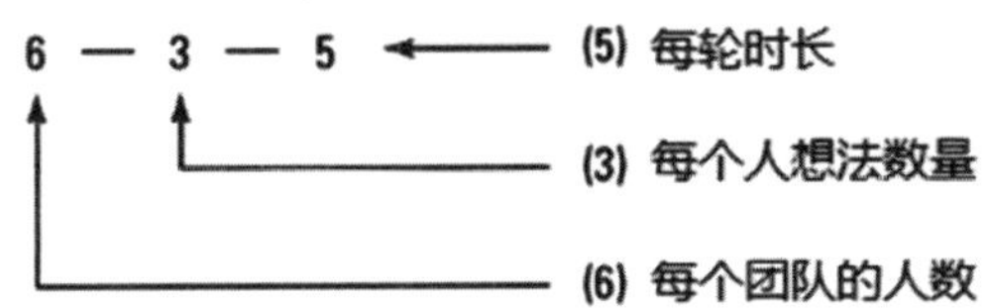

图 3-35　6-3-5 分析方法示意图

可以把一个 A4 纸张折成 6 行 3 列的格式，经过 6 次迭代，回到初始人的手上，这样有潜在的 108（6×3×6）种想法。在实践中，也可以进行灵活地调整，比如 5 分钟 5 个想法等。

这里给出我们头脑风暴的一些原则，具体如下。

（1）在他人基础上建立新想法。

（2）不要急于评价。

（3）不要跑题。

（4）不断试错，早失败常失败。

（5）视觉化。

（6）一次一个人说话。

（7）用户为中心。

（8）注意质量。

（9）不介意疯狂的想法。

6. 原型

Make sure you are building the right 'it' before you build 'it' right. ——Alberto Savoia。

头脑风暴中我们想出了很多解决方案，团队一起做决定挑选其中一个或两个以快速做出原型。记住，我们这时候所做的都是为了以下目的。

（1）验证我们定义的问题是正确的，这个的确是客户的需求；

（2）验证我们的想法是可行的，技术上是能实现的。

如果你明白了这个目的，那么它会给你的产品创新带来一个很大的帮助。如图 3-36 所示。

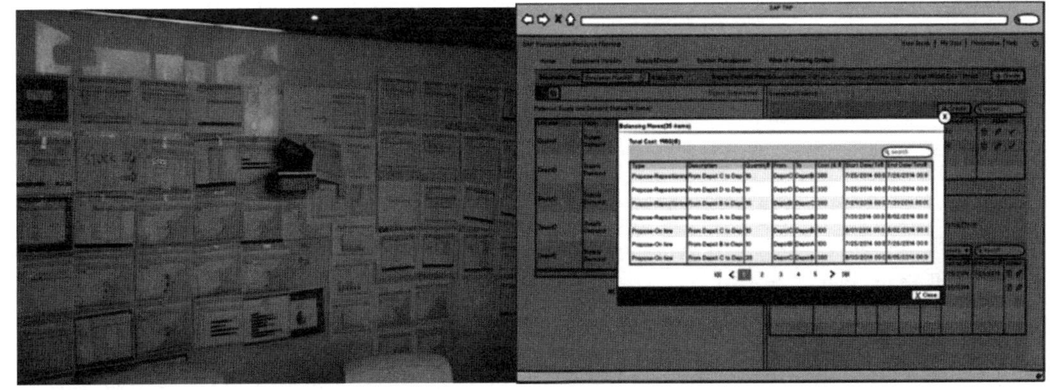

图 3-36　原型示意图

除了做这些 Mockup，还可以准备一些用户故事等，方便后续和客户验证。

7. 验证

很多时候，人们并不知道他们想要什么，直到你展示给他们，告诉他们想要的东西——乔布斯。

原型做好后，带着我们的原型去和我们客户验证我们的想法，确认他们的需求。产品的演示如图 3-37 所示。

图 3-37 产品的演示

以上是 Design Thinking 的主体框架与方法。在这个写步骤中如果能够尽量多地让客户参与进来，效果会更好。这也是体验式营销的一种方式。对于客户自己设计的方案，他们更愿意出钱购买。

8. 实现

天才等于百分之一的灵感，加百分之九十九的汗水——爱迪生。

不去实现最终就没有创新！在产品研发中我们采用了敏捷开发模式，对于以研究为主的团队开发大型产品还是“大姑娘上花轿”——头一回。之前我们部门也做过很多产品和项目，但是项目的规模都没有这个项目的规模大。在团队研发过程中，我们掉进了左一个右一个的“焦油坑”。比如，多团队跨部门、跨时区的团队交流与合作问题。随着团队的逐渐成长，加上设计思维和敏捷研发的合作指导，我们的产品终于在 2014 年 9 月进行了交付，并且已经进入二期的产品项目开发。团队的合作与交流也越来越流畅，产品做得也越来越好。

五、效果评价

我们身边有很多这样的案例：一个创新的产品开发上半年到一年，开了庆功宴，结果产品推向市场半年到一年却无人问津，最终草草收场。这样的产品创新无疑给企业带来了极大浪费。

Design Thinking（设计思维）在我们产品创新过程中帮我们挖掘到正确的用户需求，同时也帮助帮助团队我们发布正确的产品给客户。它提供了一套方法论，加上不同工具包，

帮助团队在产品创新过程中的理清思路。

六、推广建议

创新是一门学科，创新是可以被习得、被管理、被流程化的，只要你懂得灵活运用 Design Thinking（设计思维）。

做正确的事，运用设计思维，洞察人性，挖掘用户深层次的需求，释放团队的创造力，建立企业的创新文化。李克强总理提出："大众创业，万众创新"的口号，通过设计思维来指导大家的创新与创业。

正确地做事，设计思维挖掘用户的需求就是一个抽丝剥茧的过程，它需要不断的迭代，收集整理挖掘信息，就像是侦探破案一样。在后期的开发过程中也需要敏捷方法来指导团队正确的做事，提高效率。

共同愿景，大家的共同目标是一个有意识地选择并能表达出来的方向，它运用团队成员的才能和能力，促进组织的发展，使团队成员有一种成就感。通过设计思维，不同背景的团队成员一起与用户探讨，设计解决方案，增强了团队的凝聚力和成就感。

团队学习，一只蚂蚁来搬米，搬来搬去搬不起，两只蚂蚁来搬米，身体晃来又晃去，三只蚂蚁来搬米，轻轻抬着进洞里。通过设计思维团队成员之间的互相学习、互相交流、互相启发、共同进步提高团队效率，减少团队冲突。

总之，我们正处于一个复杂的巨变时代，灵活运用设计思维助力企业在不确定的环境下做出快速的用户喜欢的解决方案，帮助企业释放创造力，建立创新文化。

七、参考资料

http://www.hpi.uni-potsdam.de/d_school/home.html
http://scn.sap.com/community/design-thinking
http://www.cnblogs.com/wanghonggang
http://www.pretotyping.org/
彼得·德鲁克. 创新与企业家精神。
蒂姆·布朗. IDEO，设计改变一切。
汤姆·凯利，利特曼. 创新的艺术。

袁店明点评：要求整个产品的小伙伴都要有价值，这样的艺术和理念然后去开发这样的产品，这样就会知道如何去面对客户，如何去设计什么样的产品能够让自己的客户感受到差别。

作者姓名：王滔
作者职位：腾讯项目负责人
作者简介：腾讯数据平台部高级产品经理，对基于大数据的移动分析架构设计、移动 App 运营及移动信息推送有丰富的经验，腾讯云分析、腾讯信鸽项目负责人
所在研发团队规模：40 人
研发团队职能定位：负责大数据的移动分析精细化运作

大数据下的移动精细化运营

从 2012 年起，移动互联网进入发展快车道，尤其是以游戏为代表的细分市场，极大地拓展了移动互联网的用户规模与付费习惯养成等，也正是因为移动互联网从产品规模和用户规模的快速膨胀，给运营带来了极大挑战。如何高效的引入更多用户？如何通过有效的运营提升用户的活跃度和留存率，如何精准把脉用户的付费行为特征，以大数据的分析并有针对性的运营来应对这些挑战，是我们这次分享的核心内容。

现在是移动最好的时代，同时也是最坏的时代，移动互联网一路走来也发生了很多的变化。

下面我将具体的情况分析如下。

中国的活跃的智能设备应该具体表现在手机和平板设备上，安卓和 iOS 的比例是 3∶1，趋势目前还没有逆转的可能，几乎是智能设备已经非常普及了。同时也要看到从 2012 年到 2013 年 kpi 完成率很高，到现在这个时候感受到却是非常难完成的，很多产品线都比较焦虑的。其实，原因在于整个互联网的红利结束了，新增的用户非常少，真正净流入这个大池子的客户已经非常少，真正的进入了抢份额的阶段。智能手机在儿童的普及率很高，几乎没有了市场，进入了饱和阶段。中国人对于手机购买的点整体大概在 2000 元左右，对性能的要求很高，所以演变出中国市场智能终端的性能是非常不错的，包括很多应用，是非常好的基础设施的环境。

下载情况也使市场走缓：

不管世面上很多的产品下半年分发数量已经明显下滑了，大量中长尾的应用是拿不到流量的，都已经被老产品用完了，真正给到新产品的下载流量已经很少了。

Wifi 情况：

商用 wifi 和微信等 wifi 产品，将会争夺得异常激烈，但是对消费者来说确实是一件好事。现有的 wifi 产品基本上已经能够满足大众的需求，并且情况比较不错，后面可能在全国范围内有一个爆发式的增量提升，覆盖范围会更加广阔，当然也会产生一些用户信息的转换，后期的产品竞争也会更加激烈。

流量：

移动流量已经接近了 30%，但即使这样中国的进程比全球的平均水平要高的多。最高的是 OTO 的产品，稍微低一点的是视频，搜索，电商。之前都是说拥抱移动，但是现实情况是移动早就已经覆盖了，发展的速度相当迅猛。

游戏：

以最近的一些情况来看，表现的不是特别的理想，游戏用户的盘子已经做的很大了，一年的时间发展的难以想象，市场已经全部被覆盖，后面的增长应该是很困难了，竞争非常大，游戏种类比较更精细化，吸引特定的人群，引出更多的收入。游戏人群的比例更加明确，出现了很多满足中重度玩家需求的游戏产品。手游的更新迭代还是比较快的，大部分人认为手游的生命周期要比端游的生命周期短，从平均角度来看这个也是成立的。但是把头部的那些精品的游戏拿出来对比的话，其实手游的生命周期也没有那么短，目前世界上最火的游戏很多年了，现在还在榜首，很多非常经典的游戏虽然也是手游的前身，依然可以生存的更长，如果是普通的产品用户，会非常快地抛弃，这里面有几点行业的差别，大家肯定也能逐渐的意识到：

第一，全球统一的分发市场让用户同时接触到你和竞争对手，以前没有这样一个平台能够同时集中了全球一些最受欢迎的游戏，我了解到了你的排名，你的评分，还知道了有哪些游戏比你更好玩，之前在 pc 时代是没有这样的一个平台的，很多游戏全部都靠搜索，pc 时代再烂的网站都有忠实的用户，因为用户没有特定的信息渠道。而现在不一样，用户很清楚也可能比你更了解竞争对手，知道有哪些游戏比你更好玩，所以迁移非常快。

第二，在手机上面卸载一款软件非常快，一秒钟，但是 pc 端是非常困难的而且操作步骤比较繁琐，所以手游用户流失得非常快，是很残酷的，整个的留存率是非常不堪的。

反过来说，移动互联网做了这么多年，它有什么不同：

第一，屏幕小，带来的信息的展现量限制是很大的，除了对内容的质量有更高的要求外，还有如何更精准的推送给用户，这也是移动互联网的一个更大的挑战。在 pc 时代，一个网页一屏之内展现 20 个左右的广告，放几十个文章应该是不成问题的，但是在手机屏内是不可能做到的，所以如果手机屏幕的信息用户不关注不感兴趣，那你的产品就会很快被用户淘汰。所以我们在我们的产品上用了很多心思，每天把用户最需要的东西及时准确的推送到用户屏幕上，花了很大的精力去做个性化就是为了能够抓住用户，如何去实现一个精准的推荐系统。怎么把用户附近的工作生活服务第一屏告诉他，否则用户的兴趣点降低就不会再用了。其实屏幕小对整个的商业模式都是巨大的挑战，对广告手游电子商务都是挑战。所以也引发了行业更多的思考。

第二，怎么去看待移动设备的唯一身份 iOS，有很多时候有商家用不同的身份去申请，去做跨应用的分析，所以 iOS 如果去读取唯一的身份识别其实是很困难的。安卓还好，但是有很多问题大家还没有意识到：首先是安卓里面有刷机。发现很多用户都存在刷机现象，可以发现自己的用户里面有一部分都是刷机来的，没法通过 ime 账号识别，其次是跨终端的数据打通。对于很多企业都是难题，我们之前讨论过以前的数据和大数据有什么区别，可能以前都叫做统计分析，而现在的“大”是指数据的融合，分析用户线上和线下的数据，把它们融合到一起，给用户提供无缝的体验，这也是用户要求的，而不是分散的体验。现在很大的一个问题是用户有 pc，有平板，有手机，有笔记本，有智能手环和各种智能家居，每个人的数据是分散在各种终端里面，而且可能两到三年智能产品会呈现爆发模式，将来只能是越来越复杂化，那么我们如何打通这些数据，这面临着更大的困难，也是摆在大家面前的很大问题和挑战。

作者姓名：邢志峰
作者职位：京东大数据创新部负责人
作者简介：在大数据分析、商业建模与应用、产品运营等领域具有多年的工作经验；长期从事电商大数据应用研究。2009 年加入京东，在京东主导完成用户画像、商家评级、精准营销等多个大数据重点项目，带领团队构建了公司级的用户、商品、商家等主题的模型及服务体系

作者姓名：高慧
作者职位：高级产品经理
作者简介：“基于大数据建模的 JDPhone 需求挖掘”项目产品经理，2010 年加入京东，长期致力于大数据分析、创新应用等领域的数据产品规划，在京东参与过多个公司级数据产品，如精准营销平台、大数据实验室等。目前是京东大数据创新部核心产品经理
所在研发团队规模：200 人
研发团队职能定位：负责京东集团的大数据平台建设，支撑公司级的大数据产品研发，为京东集团及下属公司提供大数据服务，构建京东在大数据领域的技术实力

基于大数据建模的 JDPhone 需求挖掘

摘要：前不久，国内掀起了一阵“国母手机”热潮，一时间为用户需求而生的 JDPhone 名声鹊起，手机成功的背后其实依赖一套深度的大数据分析系统，这就是“京东慧眼”系统。

此次，我们会向您解密“京东慧眼”的大数据建模方法与关键技术，帮助您了解：如何通过大数据分析与建模进行电商 C2B 定制？如何把用户的需求与商品生产进行关联？同时我们还会从“京东慧眼”系统延展，向您阐述如何利用大数据创造出巨大的商业价值。

一、背景

为什么要做这套系统呢？京东在 2013 年提出了以用户需求为中心的创新型 JDPhone 计划。通过京东海量用户数据进行深入分析，挖掘用户真实需求及趋势，联合品牌厂商，整合产业资源，共同打造满足用户需求，超出用户期望高性价比产品。这种从消费者需求出发，驱动制造业进行产品设计与生产的模式正是目前流行的反向电子商务模式（C2B）。于是如何进行用户需求挖掘，如何进行产品定制，这离不开大数据分析。

以前业务运作的问题：

- 对用户购买手机时的需求：了解不全面/有偏差
- 手机各项配置选择：人为决定、随意性
- 新品市场潜力判断及营销策略：缺乏数据支持及持续优化
- 新品上市后产品问题反馈：滞后性
- 除手机以外其他品类也有定制需求

京东慧眼正是为了解决这些问题而出现的。

二、解决思路及案例说明

市场是否饱和？机会在哪？用户的需求及趋势是什么？产品如何生产能满足用户期望？如果投入生产预计销量如何？产品后期营销效果如何，是否达到预期目标。我们通过大量业务访谈及市场调研确定系统整体思路如下。

京东慧眼系统主要模块介绍：

定制分析：判断哪些品类可定制，用户对与该品类重点关注哪些属性，产品如何定制。

市场分析：分析市场竞品与自身产品的各项配置，结合市场趋势进行优劣势分析，确定产品功能卖点，未来潜在用户及特征，预测产品销量及市场潜力。

营销分析：分析产品价格与销量关系，确定产品价格策略；确定与自身产品有较强关联的其他产品，分析潜在用户确定整体营销策略。

改良分析：建立一套完整的质量、销售、运营类指标的评估体系，监控指标异常情况，分析异常原因，找出问题所在进行产品改良。

图 3-38 为系统模块分析图。

下面我们将按模块详细展开并加以案例说明。

1. 定制分析

定制分析模块我们需要解决以下几个问题：哪些品类可以定制，用户关注哪些关键属性，产品如何定制。

（1） 商品轮廓模型。

待解决的问题：

每个品类产品包括了诸多的产品类型，那么，哪些产品类型更受到用户的喜欢，在市场中更容易争取更大的市场份额。商品轮廓模型是从商品规格组合的角度解决这个问题，

寻找到对用户而言效用更大的规格组合产品。

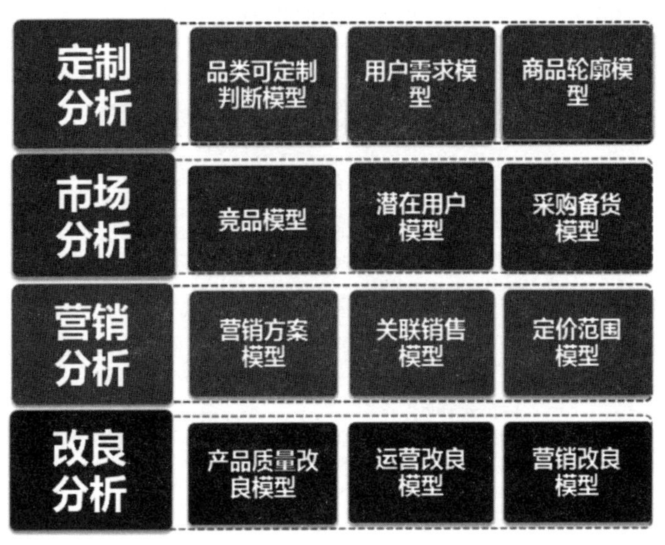

图 3-38　系统模块分析图

模型思路：

产品效用，产品对于用户的好坏程度，即用户对该项产品的喜好程度。模型对各类产品的效用进行了排序处理。如图 3-39 所示。

图 3-39　产品效用分析

影响系数，是相对数的概念，用于比较规格值之间的差异，数值本身没有实际含义。

产品效用重要性，用户选择产品时差异性越小的规格，对用户的重要性越低。

案例说明：

以用户在购买 1000～1499 元的手机品类时的规格关注为例，经过模型演算发现，销量最好的配置如图 3-40 所示。

规格	参数
屏幕尺寸	5.0英寸
分辨率	1280×720(HD,720P)
CPU	Kirin910
CPU核心数	四核
是否双卡双待	单卡单待
机身颜色	黑色
前置摄像头	800万像素
后置摄像头	500万像素
ROM	8G
RAM	1G
4G网络制式	移动4G(TD-LTE)
3G网络制式	移动3G(TD-SCDMA)
2G网络制式	移动2G/联通2G(GSM)
电池容量	2300mAh
电池是否可拆卸	支持
内存扩展	32GB

图 3-40　销量配置

模型目前的问题及未来优化地方：

商品轮廓模型仅从商品规格本身考虑，忽略了竞品影响、市场发展方向等因素。未来可以在轮廓模型中加入这些商品外因素，丰富影响用户效用的模型因素。

（2）　品类定制判断模型。

目前问题：

产品数量大，每个产品规格太乱，对商品轮廓模型有巨大的影响。

有些产品如手机是标准品，有规格属性，有些是非标准品没有规格，需要判断哪些品类可以定制。

目标：

需要建立一套处理标准确定哪些品类可以定制，哪些不可定制。

对现有产品的规格属性进行标准化处理。

可定制的品类用什么数据进行定制分析：

规格/扩展属性/用户需求痕迹（搜索词、评论词等）。

解决思路及案例说明：

通过自然语言处理技术，对产品属性进行标准化。

把产品规格、扩展属性数据进行分词处理，分为短串、词（term）。根据分词后的结果进行语义和结构分析，丰富和完善产品属性词库。经过不断循环反复训练词库，把每个产品的属性进行标准化处理。

案例说明：

拿手机 CPU 核数进行举例，反映产品属性标准化处理如图 3-41 所示。

1.用户关注点分析（基于用户评论、咨询等内容挖掘分析产品规格的语义重要性）

咨询内容：你好，我想问一下荣耀3Xpro高配手机可以用4G卡吗？

评论内容：想换手机很久了，一直在考虑用哪个品牌的手机，本人买手机最看重的就是像素一定要高，内存够大，手机屏幕够大，这几样荣耀3XRRO都过关了，第一次用华为的手机感觉还不错，比想象中的好得多，尤其是它的像素没话说，后置1300万，前置500万，拍出来的效果一点也不比三星差。性价比超值的手机，手机内存16G，运行2G，真8核CPU真不是吹的，反应超快，赞一个！

文本挖掘：

1.分词：荣耀3Xpro、品牌、像素、内存、性价比、……

2.语义判断："品牌"、"内存"、"像素"……

3.归类分组统计：

关键词	用户数	出现频次
品牌	20	131
内存	10	32
像素	15	71
网络制式	18	51

2.产品规格数据标准化

产品A	华为（HUAWEI），白色，8 核800Hz，4.8寸 MTK62592EMUI，机身内存3GHz，运行内存1GHz
产品B	酷派 大神F2（8675）4G手机（智尚白）TD-LTE/TD-SCDMA/GSM 双卡双待 8 核，五寸屏幕，机身内存2G

属性标准化：

1.分词：按照规格类型进行文本内容分词

2.归类：按照分词后的关键词进行规格归类，把归类完后的规格进行合并，去掉重复项，清洗数据

3.给商品打上规格标签：把清洗后的规格属性，再一次打回到每个商品，建立商品属性宽表

商品编号	屏幕尺寸	CPU核数	机身内存	…
手机产品A	4.8英寸	8核	3G	
手机产品B	5.0英寸	8核	2G	
…				

图 3-41 产品属性标准化处理

可定制判断标准如表 3-1 所示。

表 3-1 可定制判断标准

类　型	定制使用属性	可定制判断逻辑
3C 产品	规格	规格量>20，则使用“规格”作为定制依据 5<规格<20，则使用“规格”+用户需求痕迹（咨询、评论、搜索关键词） 0<规格<5，则无法定制
非 3C 类产品	扩展属性	扩展属性量>20，则使用“扩展属性”作为定制依据 5<扩展属性<20，则使用“扩展属性”+用户需求痕迹（咨询、评论、搜索关键词） 0<扩展属性<5，则无法定制

（3） 用户需求分析

问题：

在商品轮廓模型中，产品拥有不同的规格，如手机包括屏幕尺寸、颜色和摄像头像素等多种规格。而用户在浏览不同的商品或者做出购买的决定时，哪些规格比其他规格更被用户关注，哪些规格的内容更容易吸引用户，我们需要找到用户关注重点属性及其排行

模型思路：

用户在浏览和购买不同的行为会导致不同的需求，因此得分开分析，通过搜索、评论

也能反映用户的关注需求点。

浏览：

用户在浏览过程中进入到商品页的途径中和品类规格有关的方式主要有两种：搜索框的搜索和品类列表中的商品筛选。

用户浏览中品类规格重要性的模型过程如图 3-42 所示。分别对搜索和筛选进行数据整理建模，然后综合两方面情况，得到浏览过程中品类规格的重要性。

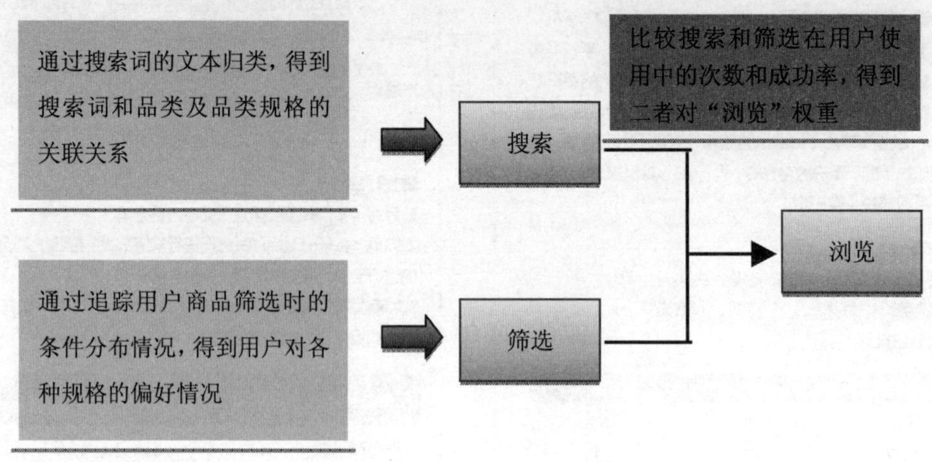

图 3-42 浏览模型流程

购买：

用户购买某品类商品时，如果规格 A 中不同规格值产品对用户的效用差异程度为 a，规格 B 中不同规格值产品对用户的效用差异程度为 b。当 $a>b$，可以认为用户在购买该品类商品时会花费更多精力去比较规格 A 中的不同规格值的产品，而花费在规格 B 上的精力会少于规格 A，那么规格 A 对用户的重要程度要大于规格 B。

首先，建立产品类型对用户的效用与产品各规格的模型关系。假定效用与规格之间为较为简单易懂的线性关系，如图 3-43 所示公式，其中将每种规格值化为哑变量形式，将每种产品类型（可称为产品轮廓）的销量指标化为用户的偏好得分，如销量 rank 序号。

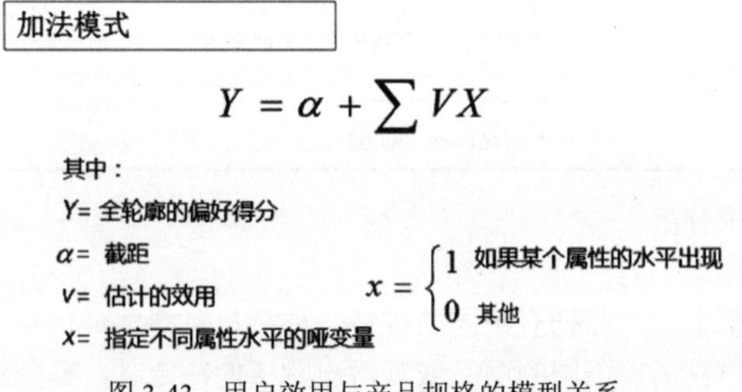

图 3-43 用户效用与产品规格的模型关系

其次，在得到每类规格中规格值与产品类型的效用系数后，寻找每类规格中不同规格值对用户效用的差异程度。如图 3-44 所示公式，此处简单认为每类规格中规格值效用的极

差可代表差异程度。

规格重要性

$$W_j = \frac{\mathrm{Max}(v_{ij}) - \mathrm{Min}(v_{ij})}{\sum_{j=1}^{J}\left[\mathrm{Max}(v_{ij}) - \mathrm{Min}(v_{ij})\right]} \times 100\%$$

其中：

W_j = 第 j 个属性的相对重要性

$\mathrm{Max}(v_{ij})$= 第 j 个属性的最大水平效用值

$\mathrm{Min}(v_{ij})$= 第 j 个属性的最小水平效用值

图 3-44　用户效用的差异程度

搜索、评论内容如图 3-45 所示。

咨询内容：你好，我想问一下荣耀3Xpro高配手机可以用4G卡吗？

评论内容：想换手机很久了，一直在考虑用哪个品牌的手机，本人买手机最看重的就是像素一定要高，内存够大，手机屏幕够大，这几样荣耀3XRRO都过关了，第一次用华为的手机感觉还不错，比想象中的好得多，尤其是它的像素没话说，后置1300万，前置500万，拍出来的效果一点也不比三星差。性价比超值的手机，手机内存16G，运行2G，真8核CPU真不是吹的，反应超快，赞一个！

文本挖掘：

1.分词：荣耀3Xpro、品牌、像素、内存、性价比、……

2.语义判断："品牌"、"内存"、"像素"……

3.归类分组统计：

关键词	用户数	出现频次
品牌	20	131
内存	10	32
像素	15	71
网络制式	18	51

图 3-45　搜索、评论示意图

案例说明：

以用户在购买 1000～1499 元的手机品类时的规格关注为例，经过模型演算发现，用户对手机规格的关注程度如图 3-46 所示。

可见，电池容量、屏幕尺寸、4G 网络等属性是用户购买手机时比较关注的属性。

模型目前问题及未来可优化地方：

在进行模型目标抽象时，进行了一定程度的假设，设定了一些主要因素。在主要因素之外的存在的其他因素还需要进一步考证并加到模型中。

模型中采取销量 rank 作为效用的衡量指标，是否实际销量值或者其他转化方式更为适合表现不同类型之间的效用差异。

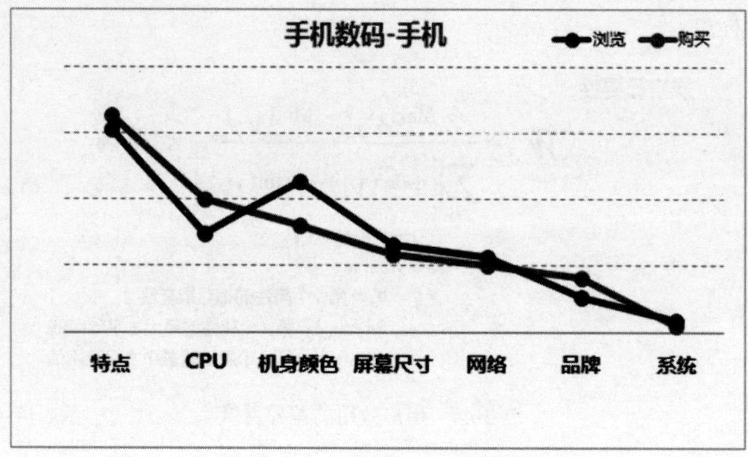

图 3-46　用户对手机规格的关系因素

2. 市场分析

产品定制方案解决之后，我们就得来分析一下这款产品未来的市场潜力如何。我们首先得分析一下未来市场竞争对手如何？产品未来市场潜力如何？未来应该采购多少货，安全库存是多少？

（1） 竞品分析

假设前提 1：我们认为商品的各项生产参数（如手机屏幕、CPU 核数等）越"相似"，两个商品的竞争程度越大，很可能成为市场上的竞争对手。每个生产参数对相似对的影响的权重不同。

假设前提 2：业务专家的经验决定哪个或哪些商品是竞品。

① 实现思路：

计算或专家评定各生产参数的相似度权重；

计算商品间的相似度；

按相似度高低进行降序排列；

输出 TOP3 商品编号及生产参数。

② 计算公式：

S（相似度）$=\sum W(i)\times i$。

i 代表第 i 个生产参数是否相似，取值 0 或 1，$W(i)$ 代表第 i 个参数的相似度权重。

③ 分析内容：

在找到竞品后，我们通过如下方式对比分析"慧眼"定制商品和竞品的优劣，找出商品卖点。

按照销量/流量对生产参数进行降序排名，并分别展现竞品和定制商品各参数的排名情况；

得出竞品和定制商品配置参数的综合排名，通过各生产参数排名进行算数平均。

综合排名靠前者较好。

④ 模型不足：

我们通过分析和建模，使采销定制化生产商品更具有数据化的支撑，从而能够更好的进行商品定制化生产。然而仍然存在不足的方面如下：

只能部分自动化给出定制商品与竞品的差异优势；

对于部分商品较少的品类或者相似度商品较低的品类，模型效果会有所减弱。

（2） 潜在用户及用户特征

假设前提：我们认为商品的各项生产参数（如手机屏幕、CPU 核数等）与定制商品的生产参数越“相似”，购买这部分商品的用户越有可能成为定制商品的潜在购买用户。因此找到相似商品的用户规模及用户群体特征即可以认为是定制商品的潜在用户及购买用户群体特征。

① 潜在用户实现思路：

潜在用户策略 1：基于相似竞品的用户群体识别（竞品及关联产品的历史购买用户，竞品潜在需求用户，包括搜索、咨询、加关注、加购物车、多次浏览）。

潜在用户策略 2：基于手机用户画像的用户群体锁定（结合自身产品特点对手机用户画像进行刻画，结合用户画像技术，从用户基本属性、购物心里、家庭属性等 6 大方面进行筛选，找出符合要求的用户）。

潜在用户策略 3：基于用户购物行为意图识别的深度用户匹配（对用户的评论、商品咨询、搜索关键词进行文本分析，挖掘用户购物意图及需求特点，根据自身产品功能特点，结合用户购物意图及偏好，进一步匹配出符合产品特点的潜在用户）。

② 潜在用户分析内容：

按照用户性别的购买相似产品的比例分布及变化趋势；

按照用户年龄的购买相似产品的比例分布及变化趋势；

按照用户促销敏感度的购买相似产品的比例分布及变化趋势；

按照用户地域归属的购买相似产品的比例分布及变化趋势；

通过上述维度的分析，找出潜在用户的基本特点，便于商品的市场营销。

（3） 采购备货模型

① 模型思路。

采购量预测模型。

采购量预测模型如图 3-47 所示。

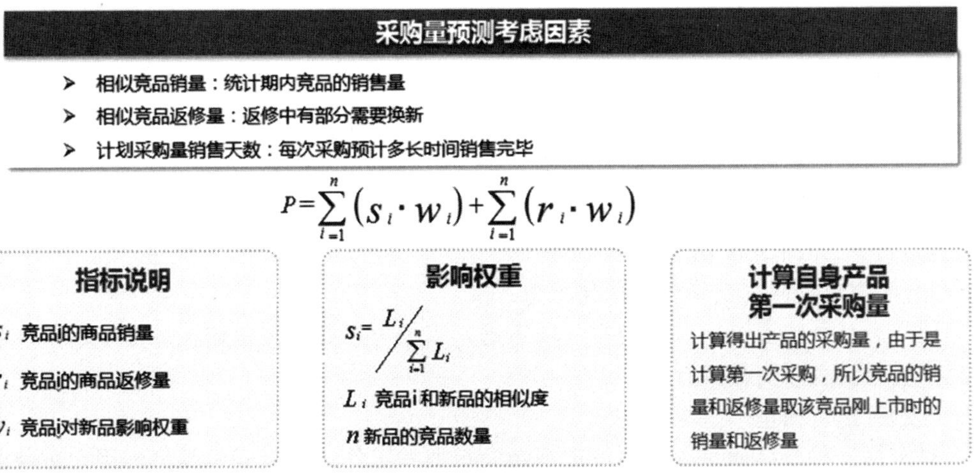

采购量预测考虑因素

- 相似竞品销量：统计期内竞品的销售量
- 相似竞品返修量：返修中有部分需要换新
- 计划采购量销售天数：每次采购预计多长时间销售完毕

$$P=\sum_{i=1}^{n}(s_i\cdot w_i)+\sum_{i=1}^{n}(r_i\cdot w_i)$$

指标说明

s_i 竞品i的商品销量

r_i 竞品i的商品返修量

w_i 竞品i对新品影响权重

影响权重

$$s_i=L_i\Big/\sum_{i=1}^{n}L_i$$

L_i 竞品i和新品的相似度

n 新品的竞品数量

计算自身产品第一次采购量

计算得出产品的采购量，由于是计算第一次采购，所以竞品的销量和返修量取该竞品刚上市时的销量和返修量

图 3-47 采购量预测模型

安全库存量模型。

安全库存量模型如图 3-48 所示。

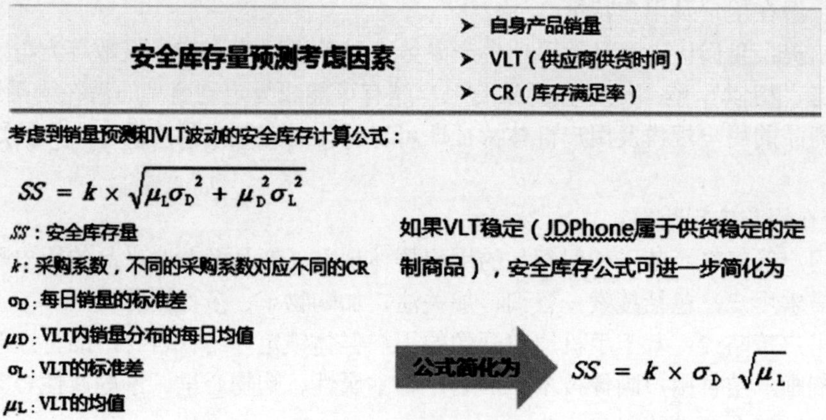

安全库存量预测考虑因素

- 自身产品销量
- VLT（供应商供货时间）
- CR（库存满足率）

考虑到销量预测和VLT波动的安全库存计算公式：

$$SS = k \times \sqrt{\mu_L \sigma_D^2 + \mu_D^2 \sigma_L^2}$$

SS：安全库存量

k：采购系数，不同的采购系数对应不同的CR

σ_D：每日销量的标准差

μ_D：VLT内销量分布的每日均值

σ_L：VLT的标准差

μ_L：VLT的均值

如果VLT稳定（JDPhone属于供货稳定的定制商品），安全库存公式可进一步简化为

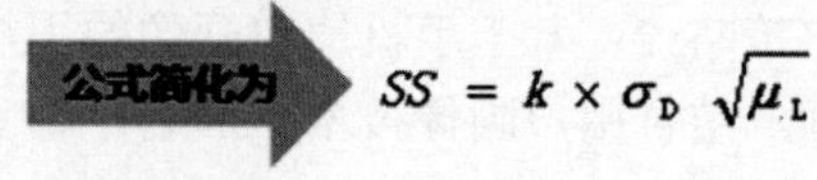

$$SS = k \times \sigma_D \sqrt{\mu_L}$$

图 3-48　安全库存量模型

② 模型目前问题及未来可优化地方：

建立采购量预测时，销量受很多因素干扰，模型中不可能全部考虑到，有些因素不可预估。

建立安全库存预测时，供应商供货情况往往会受厂房生产等条件制约，安全库存只是给出一个参考建议，需要采购人员根据实际情况进行调整。

3. 营销分析

产品如何定价？销售关联最好的产品是哪些？如何确定营销方案？这三个问题是我们这个模块需要讨论的问题

（1） 营销方案模型

① 模型思路：

我们通过营销时间、营销对象、产品卖点、促销价格、促销方式进行营销方案分析。

营销时间：我们会考虑工作日/周末、节假日、季节/月份、特定时间对营销活动的影响因素。

营销对象：我们会通过潜在用户模型分析相似竞品用户群体、有需求及活跃用户。

产品卖点：我们会通过竞品分析找出自身产品的优劣势及卖点。

促销价格：我们会通过定价范围模型确定不同类型的价格范围。

促销方式：我们会通过分析竞品情况，给出不同促销方式的最佳方案。

案例说明如图 3-49 所示。

② 模型目前问题及未来可优化地方：

建立产品购物篮时，只从销售一项考虑，未来可以综合浏览购买等多个环节，得到适合更多场景的关联商品集合。

（2） 定价模型

对于每一种产品而言，价格设定是最为重要的工作。当得到更易得到用户青睐的产品类型组合时，需要设定能够更快帮助产品抢占用户和市场的合理价格或者价格范围。

图 3-49　营销案例说明示意图

① 模型思路如图 3-50 所示。

图 3-50　定价模型示意图

② 模型目前问题及未来可优化地方：

首先，价格模型仅给出了一个价格范围，应当在参考更多因素后给出较为合理价格数值，更适合销售人员参考。

（3） 关联销售模型

① 模型思路：

基于相似用户的手机关联推荐（同类产品、手机配件、其他产品）如图 3-51 所示。

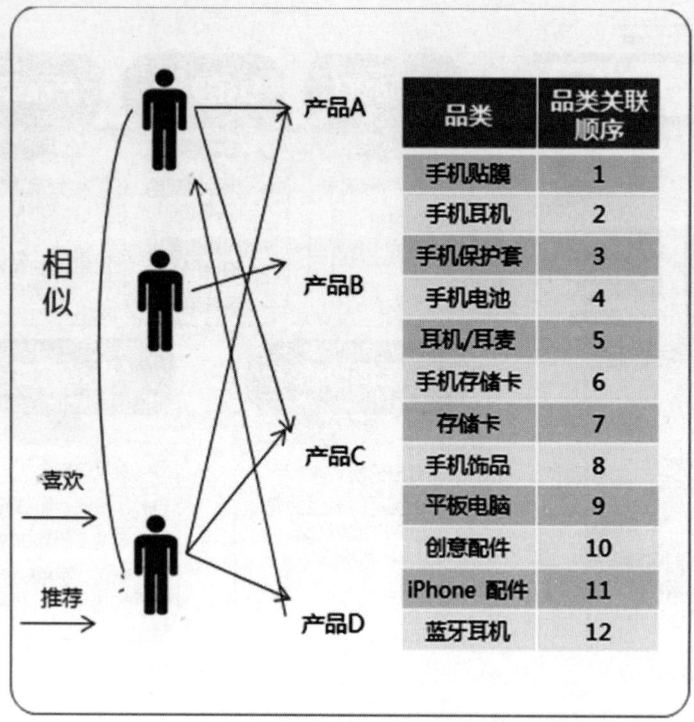

图 3-51　手机关联推荐

② 基于 JDPhone 功能特性及用户兴趣爱好的关联营销如图 3-52 所示。

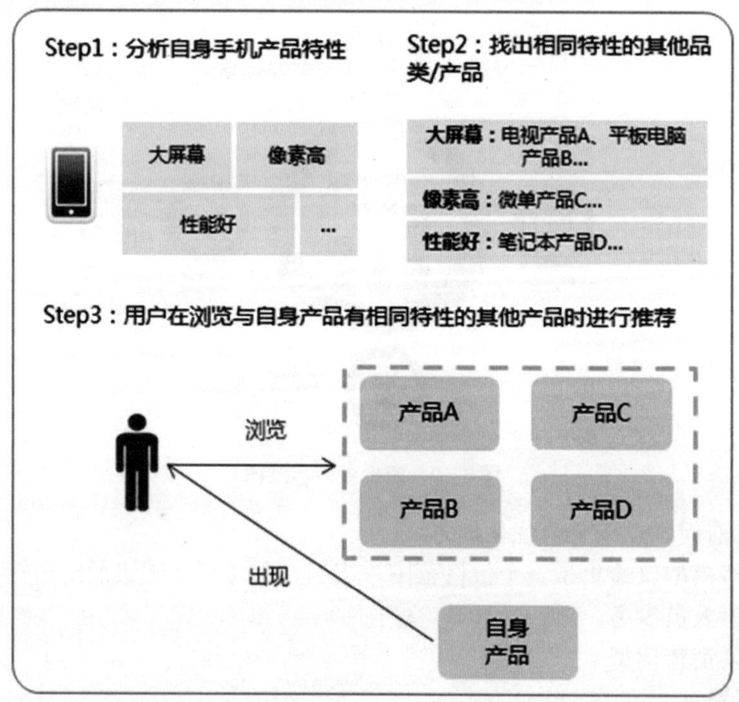

图 3-52　手机产品关联营销

模型目前问题及未来可优化地方：

建立产品购物篮时，只从销售一项考虑，未来可以综合浏览购买等多个环节，得到适合更多场景的关联商品集合。

建立购物篮时，仅从销售本身出发，或者说仅从销售次数或数量上出发，缺少对销售利润的考核。如果将购物篮和销售利润挂钩，得到的模型结果将更利于销售人员针对利润目标进行商品销售计划设定。

4. 改良分析

（1） 产品改良模型

在解决了产品如何定制、未来市场潜力，确定营销及推广策略之后，新产品就上市了，那上市一段时间之后我们往往关心产品卖的如何？产品本身质量是否过关？运营过程是否存在问题。因而，“京东慧眼”改良分析模块就是解决这三个问题的。

① 实现思路：

改良分析模块，主要解决三个问题：

- 产品本身质量是否有问题。
- 产品销售情况如何。
- 产品运营情况如何，模型整体架构如图 3-53 所示。

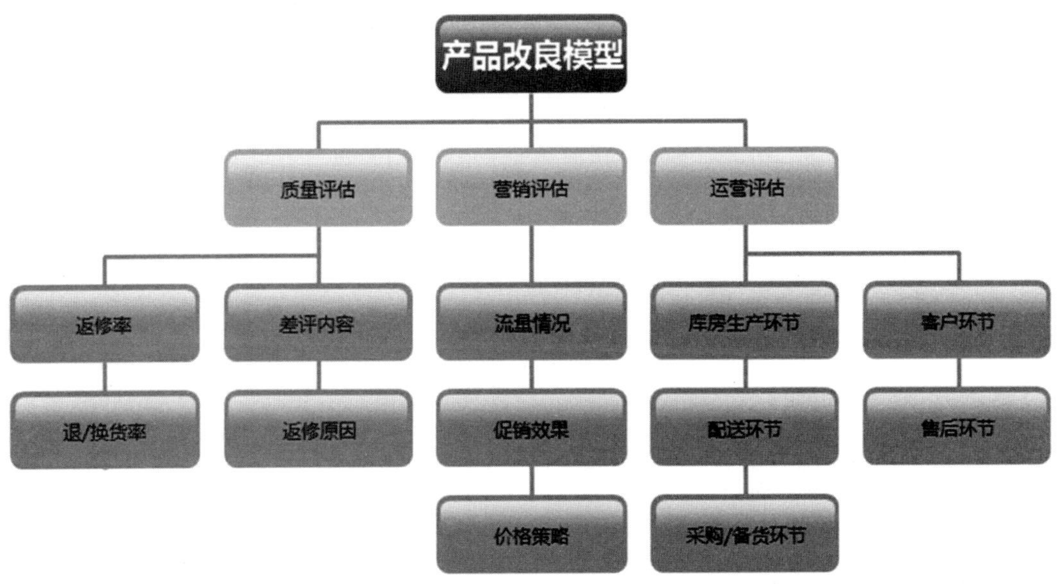

图 3-53 产品改良模型架构图

② 分析内容：

产品各状态预警模型。

我们通过质量、营销、运营三类指标对自身产品、品类均值、目标竞品进行对比分析，根据不同情况进行不同程度的预警，如表 3-2 所示。

表 3-2　不同情况下的预警机制

	质量类	营销类	运营类
自身产品>目标竞品 自身产品>品类均值	红色	红色	红色
自身产品>目标竞品 自身产品<品类均值	橙色	橙色	橙色
自身产品<目标竞品 自身产品>品类均值	黄色	黄色	黄色
自身产品<目标竞品 自身产品<品类均值	绿色	绿色	绿色

产品质量问题分析。

我们通过对返修、退货、换货、差评内容进行挖掘，列出 TOP50 问题关键词，供产品后续产品改良参考。

产品营销评估。

我们通过对产品 PV、UV、下单转化率、页面停留时长、促销力度、价格、优惠金额等指标进行对比分析，找出影响销量的关键因素排行榜。

产品运营评估。

我们通过下单——打印平均时长，打印——打包平均时长，打包——分拣平均时长，妥投率，211 履约率，次日达履约率，返修率，返修处理率，退货率，退货处理率，换货率，换货处理率，库存积压率等指标对自身产品、品类均值、目标竞品进行对比分析，根据这些指标找出自身产品的运营各环节问题。

（2） 产品质量分析模型

经过产品质量问题分析模型，对某款产品返修、退换货问题、差评挖掘如表 3-3 所示。

表 3-3　产品质量分析模型

排序	问题关键词	反馈用户数量	月环比变化
1	电池续航短	245	↑47.21%
2	不好看	139	↓41.29%
3	塑料材质不好	116	↑38.72%
4	太重	94	↓9.22%
5	系统不行	83	↓11.34%

营销评估及运营评估思路和产品质量评估大致相同，这里不再赘述。

三、项目 ROI

项目 ROI 样品数据图如图 3-54 所示。

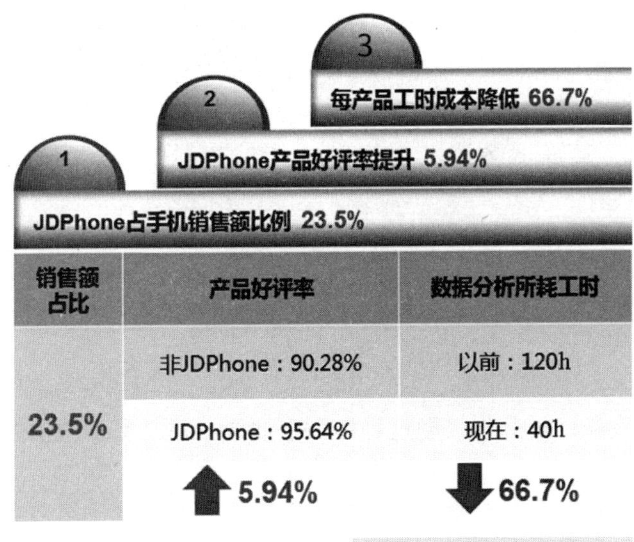

图 3-54　样品数据图

四、项目总结与启示

在项目过程中我们也总结了一些成功的关键因素如下。

（1）　建模方法：

分析业务场景，进行深度的业务抽象；

建立合理有效地分析视角和体系。

（2）　应用实践：

以价值为中心，平衡理论与现实；

通过建模结果的业务验证，不断优化算法和建模参数。

（3）　团队协调：

目标明确，敏捷开发，结果导向。

五、未来展望

京东慧眼 2.0 大数据智能决策系统如图 3-55 所示。

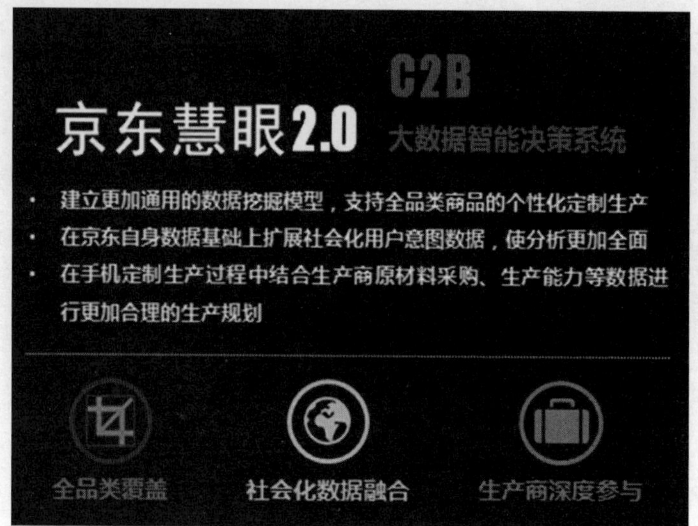

图 3-55　京东慧眼 2.0 大数据智能决策系统

（1） 全品类覆盖：对分析模型进行进一步抽样，建立更加通用的分析模块，支持全品类；

（2） 社会化数据融合：在京东自身数据基础上扩展社会化用户意图数据，使分析更全面；

（3） 生产商深度参与：在手机定制生产过程中，结合生产商原材料采购、生产能力等数据进行更加合理的生产规划。

林敏点评：这个也算是同行的分享。他给我们讲得大数据的话题这两年非常的火，他给我们讲的是商业的应用，给我们的企业和我们的产品带来很多的帮助。

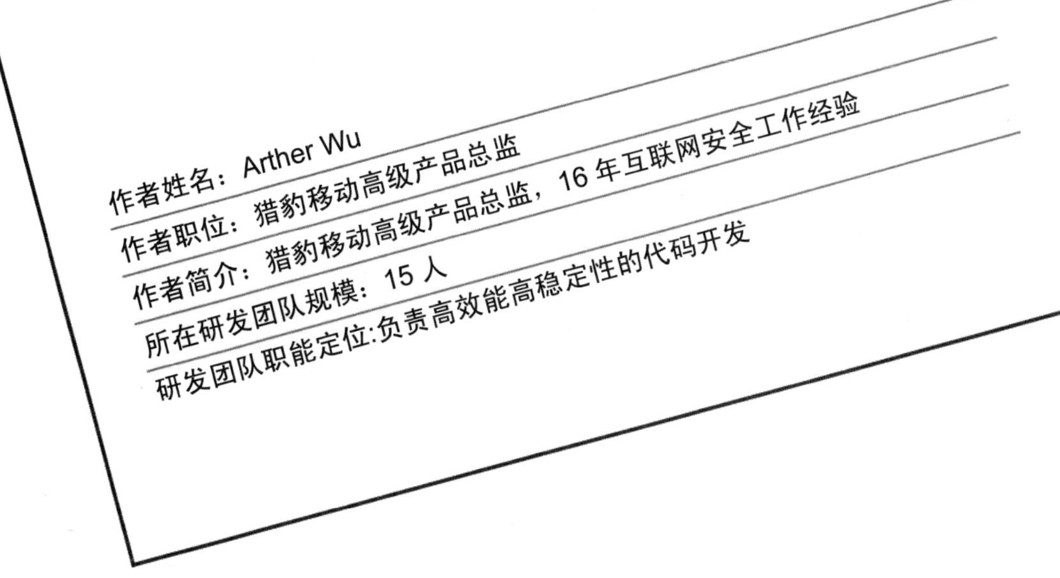

如何遇见你的一亿用户

在 2014 年 3 月，Clean Master（清理大师）的安装量排除游戏外，仅次于 Facebook，荣登全球第二大安装量软件，公司是前十名中唯一的一家中国公司，如图 3-56 所示。当时公司名仍为金山，现已改为猎豹移动。这篇文章，跟大家分享一下，这个产品如何遇到一亿用户的。

Top Apps by Monthly Downloads Excluding Games
Google Play March 2014

	App	Rank Change vs. Feb 2014	Publisher	Headquarters	Category
1	Facebook	-	Facebook	United States	Social
2	WhatsApp Messenger	-	Facebook	United States	Communication
3	Facebook Messenger	-	Facebook	United States	Communication
4	Clean Master	-	Kingsoft Internet Software*	China	Tools
5	Instagram	▲ 1	Facebook	United States	Social
6	Skype	▼ 1	Microsoft	United States	Communication
7	Viber	▲ 1	Rakuten	Japan	Communication
8	LINE	▼ 1	LINE	Japan	Communication
9	Clean Master Security	▲ 16	Kingsoft Internet Software*	China	Tools/Productivity
10	Twitter	▼ 1	Twitter	United States	Social

App Annie　SOURCE: App Annie Index ™

* Kingsoft Internet Software changed its name to Cheetah Mobile on April 2, 2014

图 3-56　Clean Master（清理大师）成为全球除游戏外第二大下载量公司

一、找出用户痛点

一个 App 有一亿用户是一个什么样的概念呢？就是这个 App 人人都需要用。手机天生就有内存大小的限制，有电池耗用的问题，还有第三方软件因为 Bug，过度耗用 CPU，导致手机卡慢等问题，这些都是用户关心的问题，还有我们就围绕在帮用户让手机更好用为出发点，进行开发，下载量因此节节上升，排名也不断上升，Clean Master 在全球 Google 市场取得的成绩如图 3-57 所示。

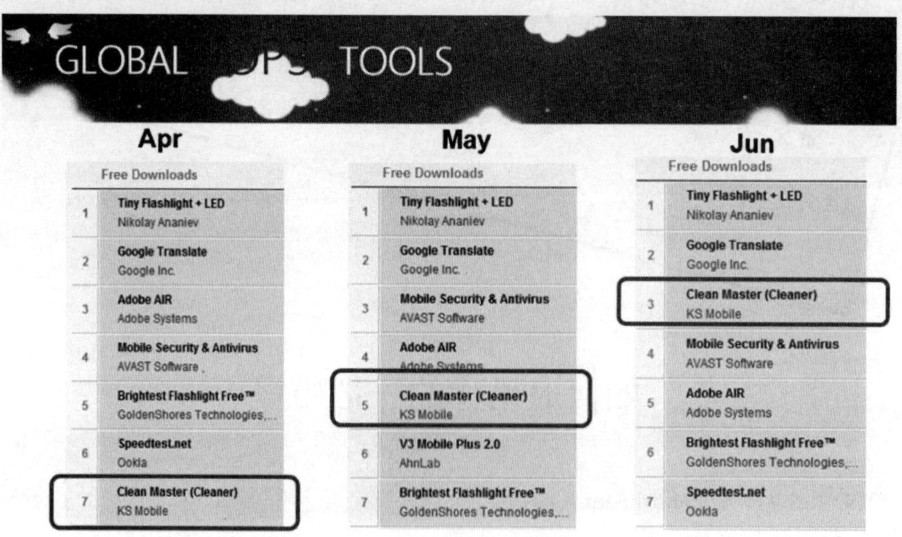

图 3-57 Clean Master 在全球 Google 市场取得的成绩

2013 年初的 Clean Master，有四个功能模块，分别处理用户四大类问题。2014 年底的 Clean Master，如图 3-58 和图 3-59 所示，依旧维持四大功能模块，直击客户的痛点——清理，彻底解决客户手机各类效能问题。

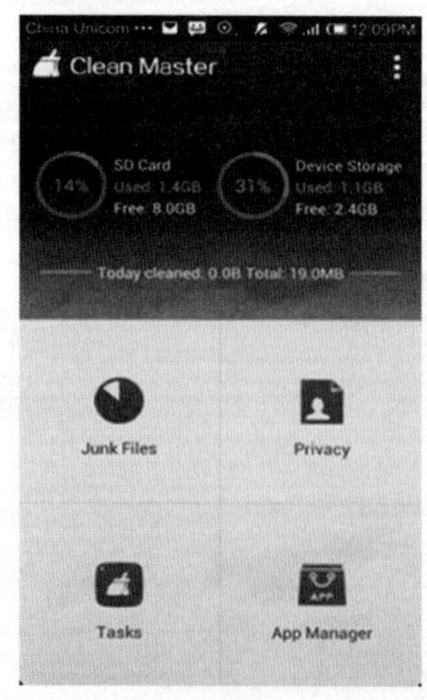

图 3-58 2013 年初的 Clean Master

图 3-59 2014 年底的 Clean Master

二、如何深挖用户痛点

能持续地解决用户痛点是用户为什么愿意持续使用该产品的唯一理由。当一个 App 诞生时，大多数人都应该认为我找到痛点了，但别忘了，这有可能是你单一的想法，因此要持续不断的验证，直到确认你找到了用户真正关心的点。你可以问自己一个问题，为什么用户要用我的产品？我做的是一个什么样的产品？这个产品是要解决什么样的问题？如果你都能很清楚地回答，而且经过验证，那表示你找到痛点了。

既然我们找到用户的痛点，那么我们就该沿着这个点用力打，将其打透，中国制造给人的印象常常就是低价低质量，但是做个互联网产品经理就该将一款产品、一个功能将其打透。在 Clean Master 一个文案换上 20 次都是正常的，不停地试，观察用户的感知，然后马上调整，我们称之为小步快跑，快速试错迭代。

清理大师最核心的功能当然就是清理，因此我们投入大量人力在清理效果上。由于猎豹移动对病毒的自动化处理已经有 25 年的积累，各种的云端后台自动分析，加上对于各区块国家 Top App 还做了人工的分析，因为清理就是用户的痛点，整个清理大师的清理效果就是这样一点一滴做出来的，成功是没有快捷方式，唯有不断地深挖，才能做出一款打动用户的产品。

三、以用户为中心，做用户看得到的东西

我们可以看到很多 App 在经过不断改版后，慢慢地失去了原本的初衷。用户的感知是很重要的，无论是交互，或是核心功能的效果，举个例子来说，大家平时使用的打车软件，你最在意的是什么？快速打到车？知道车什么时候会来？就以这样的思路，我们看到国内打车软件都展现了这几个打车的关键点，和一般地图软件相比，在主画面上，同样是地图，但是你是完全不会关注附近有啥商家的对吧？如果你是这个产品经理，那你就该思考用户当时到底想看到什么，到底会有什么预期，要顺着这个思路设计产品。

回头看看 Clean Master，用户使用清理大师最在意的是什么？就是“清理”。使用完清理大师，用户就想要有那种轻、快的感觉，这个感知很重要。因此，可以看到在 Clean Master 的清理过程当中，我们所使用的交互就是让人感觉扫描速度快。特别要提到的是，在移动的世界里，除非是“新闻类讯息”要呈现给使用者，否则，如果只是功能的运行所展现的信息，那么用户体验的效率是无比重要的。一个功能画面，用户的耐性可能只有数秒钟，甚至数毫秒，因此在清理的过程当中，我们使用的交互，要传递出快的感觉，也要清楚地告诉用户现在的进度，要维持住用户的耐心。虽说是短短的数秒钟，在我们开发的过程中，却历经数小时的讨论，数不清的测试改进。研发技术也不断改善清理时长。整体的清理时长显著地降低，清理的效果更是重中之重。在清理的结果中，我们非常清楚地告诉用户，我们清了多少垃圾。过去一年当中，我们就以清理效果为核心，不断地增加单位清理量，有着 300%的清理效果增长。如图 3-60 所示，从 2013 年 1 月到 8 月的平均清理效果从 150MB，增长到 300MB。

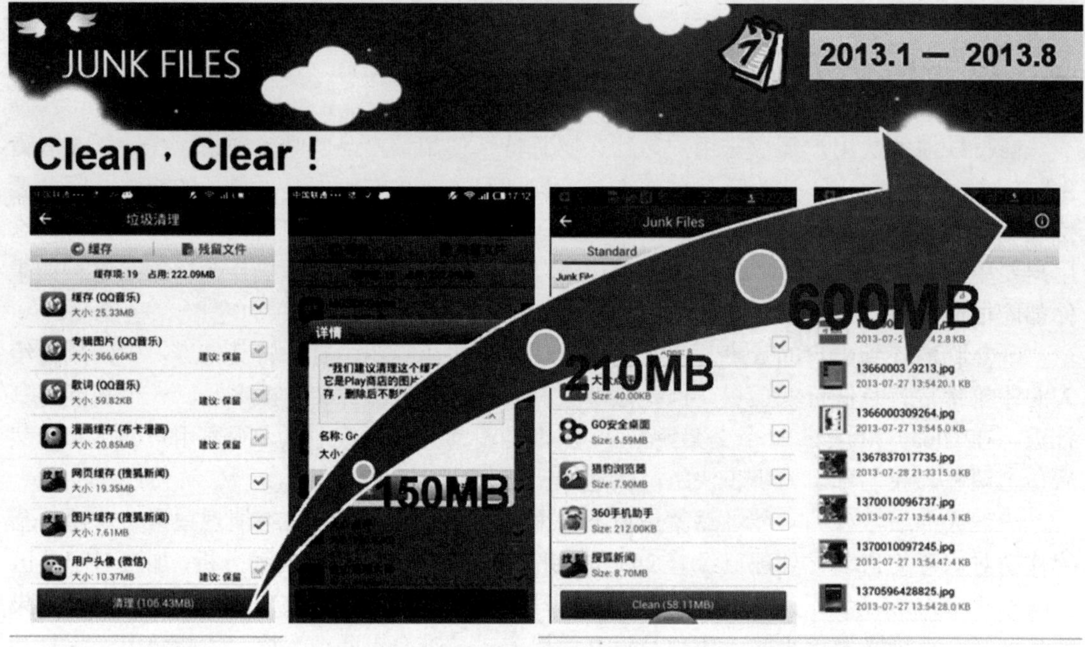

图 3-60　2013 年 1 月到 8 月的平均清理效果从 150MB，增长到 300MB

清理效果不断提升，但这样够了吗？用户的手机当中有大量的照片，我们仔细想一想，拍照时，为了担心珍贵的画面没有拍好，常常会多照几张。我们仔细看看这些照片，是不是很多都重复了？再仔细看看这些照片的大小，至少都 2MB 以上。但是手机上真的需要那么大的分辨率吗？因此，我们推出了帮用户判断重复照片功能，再提供照片备份，将图片减肥，将缩图留在手机，大图片备份到云端，这些都是用户真正需要的功能。

虽然我们对清理效果非常重视，但我们也没有忽视用户的数据，我们知道，用户手机的数据是何等的重要，特别是其中的照片、影片，有可能是用户最值得纪念的，其重要程度不是用金钱可以衡量的。因此，我们在处理到有关用户资料时，我们宁可多麻烦一点，或许对用户有些许的不适，但我们还是不厌其烦地提醒用户，并非一味地为了提升清理率做产品功能，而是站在用户的角度，思考用户需要什么，在意什么，以此加强推动核心功能，佐以用户看到的功能，以用户需求为中心，才能创造出真正符合用户使用的产品。如图 3-61 所示 Clean Master 提供清理重复照片功能。

图 3-61　Clean Master 再提供清理重复照片功能

对于我们非常关心的用户的珍贵数据，Clean Master 再次确认是否删除。Clean Master 再次确认是否删除的功能如图 3-62 所示。

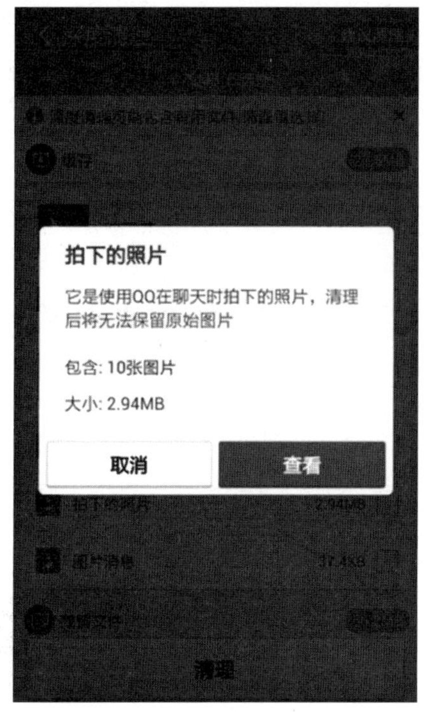

图 3-62 Clean Master 再次确认是否删除的功能

四、科学化的运营

当你的产品有了以用户为中心的思路，找出了用户的痛点，那么至少你知道该做哪些事了，但此时只能算是一个好的开始，还有一件很容易被忽略的就是产品的运营，运营就像血液，它能给产品输送养分，使你的产品成熟长大。再多的用户调研，都有可能有所偏颇，唯有真真实实用户的体验才是真正结果，Google 给了全球化一个很好的生态环境，我们可以从 Google Play 上得到真正的用户反馈，这个生态环境，没有水军，有的都是真真实实用户的回馈。因此产品能否能从真实用户的回馈提炼出产品的改善方向，是件非常重要的事，如图 3-63 所示，Clean Master 每天有数千个反馈，我们依旧坚持，只要三颗星以下的回馈，我们一定会回复，并归档整理、统计类别。因此在每天下班，我们都可以知道产品目前的健康状况，无论是清理软件最重要的议题误删情况还是使用者给我们交互上的建议，我们对每个回馈都认真的去整理讨论调整。在此过程当中我们当然有很多纠结，会担心这到底是单一用户，还是多数用户的想法。首先我们先抱以空杯心态，先听用户怎么说，然后对少量用户或国家做些小范围的尝试，不断地验证、调整，这个过程没有侥幸，都是一步一个脚印地完成的。

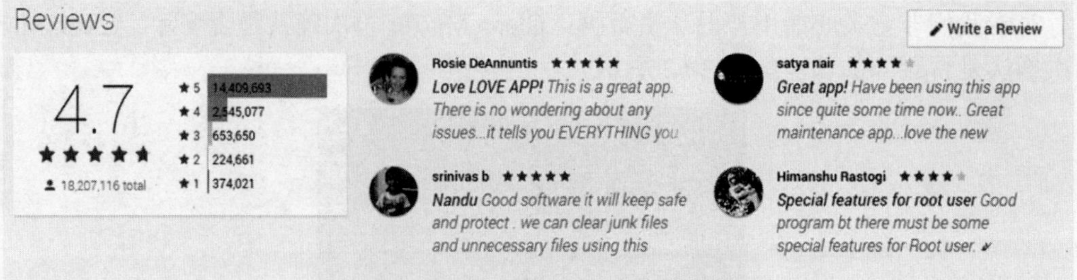

图 3-63　Clean Master 每天有数千个反馈

最后，在这个信息爆炸的年代，怎么能不谈大数据，将猎豹移动过去 20 多年的强大后台处理能力的原理，用在清理大师身上，那么全球千万的 App，只要发了新版，我们都会在最快的时间内完成分析如图 3-64 所示，利用大数据，在云端判断 App 各类行为，分析出它的耗电情况，分析出它产生垃圾的情况，分析出它有无不安全的行为。能够坚持这样不间断地分析，就是我们始终认为”清理效果”是 Clean Master 最最核心的功能，我们投入全部的资源和力量，提高清理率，这就是金山文化中的极致，这也使我们竞争对手很难追上我们。

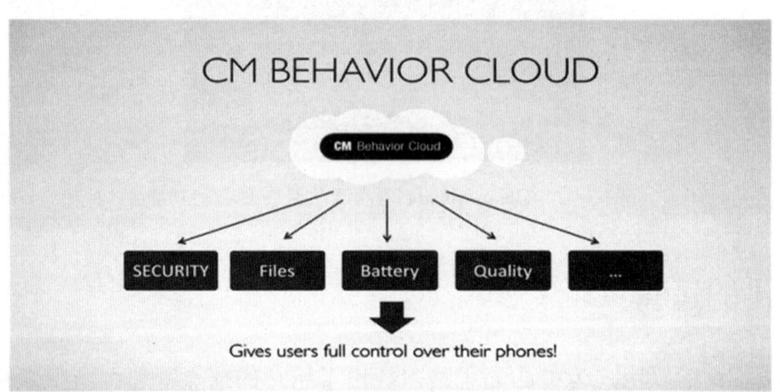

图 3-64　利用大数据，在云端判断 App 各类行为

五、追求极致

在海外，社交媒体相当发达，也是一个必须重视的工具。我们非常用心地在经营 Facebook 账号，每天都会面向全球客户发布内容。除了贴文，让大家了解 Clean Master 最新的功能，我们还面向全球用户，做当地节日运营，办线下粉丝活动，到现在我们已经有近九百万的粉丝，如图 3-65 所示。万丈高楼平地起，这些成绩都不是偶然的，都是一个追求极致的文化支撑着产品的结果。

图 3-65　我们已经有近九百万的粉丝

六、总结

以上五个方向，就是 Clean Master 取得一亿用户、获得全球安卓用户认同的产品思维与方法，每一点说起来都没甚么特别，或许大多数的产品经理都已经了解，也都知道。但是知易行难，透过 Clean Master 的实例，或许能让大家有更能深刻体验，如果能彻底贯彻每一点，那用户一定会站在你这边，你离成功也就越来越近了。

林敏点评：谢谢 Arther 的分享。刚才在提问环节，我回头看见有人提问。现在站在这里（讲台上）发现在下面跟站在这里很不一样，谢谢大家的热情。对于刚才 Arther 和我们分享的内容，我感觉不仅仅是在说运营部分，因为他题目也提到如何做到一亿用户，所以我也很期待他是怎么样来运营的。刚才说从整个 Arther 的理念部分，到设计部分，他开发的产品的其实都有很多可以与大家分享的。这些加在一起，我们就会自然地关注怎么样从一个更大的视角来看待一个产品，怎样把理念融在环节里。从 Arther 的分享里面，我们看到在运营阶段虽然没有展示哪个画面是可以给我们变现的，但是广告植入的部分大家其实都很注重用户的感受。所以大家都希望把产品做得更优雅一点更舒服一些。工具类的产品我在其他公司也接触了很多，留存率确实是个很大的挑战，因为从纯企业角度来讲，工具类面临的很大的困难是用户只有在用它的时候才能够想起来。所以，一些具体的工具类产品不像其他社交类游戏类有很多自发使用的场景，而是在内存越来越少的时候才会用到。听了这个分享，对于工具类产品怎么做，才能这么优秀，我也受益很多，也可以跟其他公司商讨怎么做一些改动和分享。这里再次谢谢猎豹的分享，请大家给予掌声。

作者姓名：翟吉博
作者职位：科大讯飞产品经理
作者简介：科大讯飞移动互联事业部产品经理，讯飞输入法产品负责人，拥有 5 年产品管理和设计经验
所在研发团队规模：100 人
研发团队职能定位：科大讯飞移动互联事业部，旨在通过结合公司优势资源以及行业合作资源，以优秀的移动互联网产品和服务切入目标市场和用户，为公司在移动互联网领域形成品牌和业务拓展。目前事业部的主要产品有：讯飞输入法、灵犀语音助手、录音宝等

浅谈产品实践中的取舍之道

一、背景介绍

在过去的 4 年时间中，我非常有幸参与到讯飞输入法从诞生到快速成长的全过程。作为产品经理，我几乎每天都在经历各种大大小小利弊权衡的选择，在对结果的复盘评估中，有一些选择被证明是合理的，也有一些与预期存在很大偏差。现将过往产品实践过程中涉及到的选择、决策的方法，以及总结出来的一些规律和大家进行简要分享。

本案例旨在介绍如何科学、系统地进行产品项目启动或需求评估分析。分享在产品实践中如何通过合理的信息收集、分析和取舍决策过程，在确保产品定位和战略正确落地的前提下，获取投入产出的最大化。

二、问题的提出

产品实践过程，简单来说就是投入资源进行产品策划、生产、营销推广和运营的过程，整个过程会涉及到产品策划、设计、研发、运营、市场或推广等角色或分工。在产品实践过程的不同阶段，需要面临如下基本抉择。

（1） 在新产品的需求启动/策划阶段，抉择要不要做及按照怎样的计划（策略/路线/方案）实施。

（2）在产品/需求上线、发布后的不同时期，抉择要不要继续做，或者对计划（策略/路线/方案）进行调整。

想要把上述抉择做好，需要有充分、有效、可靠的信息来源、系统缜密的分析决策过程和明确统一的检验评估标准。然而，这不是一件容易的事情。往往会因为关键信息/发展变化的遗漏或偏差，决策过程的缺失或不充分，从而使得产品方向或预期目标本身就存在问题，或者执行策略、导致实施路线与产品方向背离，或者对执行过程的偏差缺乏把控依据，得到偏离预期的结果。

结合过往过程中的成功经验与教训，我们做了一些总结和改进尝试，包括新产品/需求启动评审、产品过程检查、产品退出的全生命周期管理机制及相关的套路和方法。

三、解决思路

我们把抉择的问题分解为如下三个基本层次：

（1）目标层次：为什么做？或者为什么不做？

（2）策略层次：能不能做？或者要怎样做？

（3）执行层次：做什么？

在启动阶段，对上述三个层次的问题形成明确结论；检查阶段，结合已经出现的偏差、已发生或者将发生的变化进行再次确认。

对目标、策略、执行层次问题，要形成决策结论，需要掌握关键决策点并遵循一定的原则。

我们认为需要掌握的关键决策依据包含如下三个方面：

（1）在明确产品/需求的目标、定位的基础上，评估考虑产品目标是否符合组织当前或未来的业务发展需要，需求出发点是否符合产品定位及当前或未来的发展需要。

（2）在对用户、市场环境、竞争环境进行充分了解和深入分析基础上，评估考虑是否存在足够的市场前景和可能的商业模式用以支撑产品目标实现，是否存在充分的逻辑（用户需求、产品特色、竞争优劣势）用以支持产品切入并维持目标市场和目标用户。

（3）在明确产品策略、营销推广策略的基础上，制定并衡量不同的产品路线，评估考虑资源投入情况和预期收益，进行长期或阶段性 ROI 预估，作为后续跟踪检查的依据。

需要遵循的原则有：

（1）顺势而为，尊重市场发展规律，在变化中发现机会和预知威胁。

（2）以用户、市场为导向，产品策略、营销推广策略需要经历目标用户和市场的检验。

四、实践过程

一个问题抉择的过程大体分为三个阶段：信息收集阶段、分析决策阶段、策划设计阶段。

下面以 2009 年讯飞输入法产品启动时的抉择案例详细介绍具体过程。

1. 信息收集阶段

此阶段的关键活动是市场、用户、业务、资源调研，核心是获取到充分、有效及可靠信息，供分析加工阶段进行处理。

具体调研方法，这里不做赘述。该阶段的过程资料相当多，下面仅列举重点输出信息。

（1） 在2009年之前，科大讯飞公司平台嵌入式业务模式以向行业提供语音、手写识别核心技术方案为主；基本没有直接面向个人用户领域的产品和业务。

（2） 在2009年初，讯飞多字手写识别核心技术、通用语音识别技术（基于语音云计算方式）在业界首先达到产品化实用水平。

（3） 市场整体信息背景：Android元年；部分手机厂商（如HTC、MOTO）重心转投Android阵营；传统手机系统市场（塞班、PPC）受到iOS系统的强力冲击，同时也开始受到Android系统的冲击和挑战。

（4） 输入法市场集中发生几起收购，如图3-66所示。

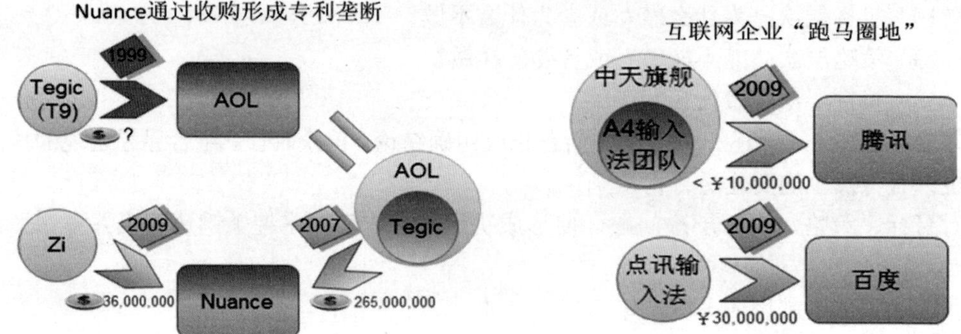

图3-66 输入法市场集中发生几起收购

（5） 中国移动Ophone平台，吸引了输入法厂商的聚焦和投入。输入法聚焦Ophone平台如图3-67所示。

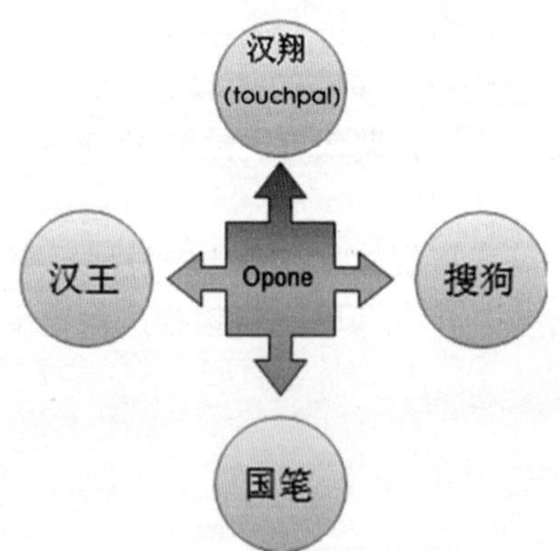

图3-67 输入法聚焦Ophone平台

（6） 对输入法市场历史进行整理回顾，如图3-68所示。

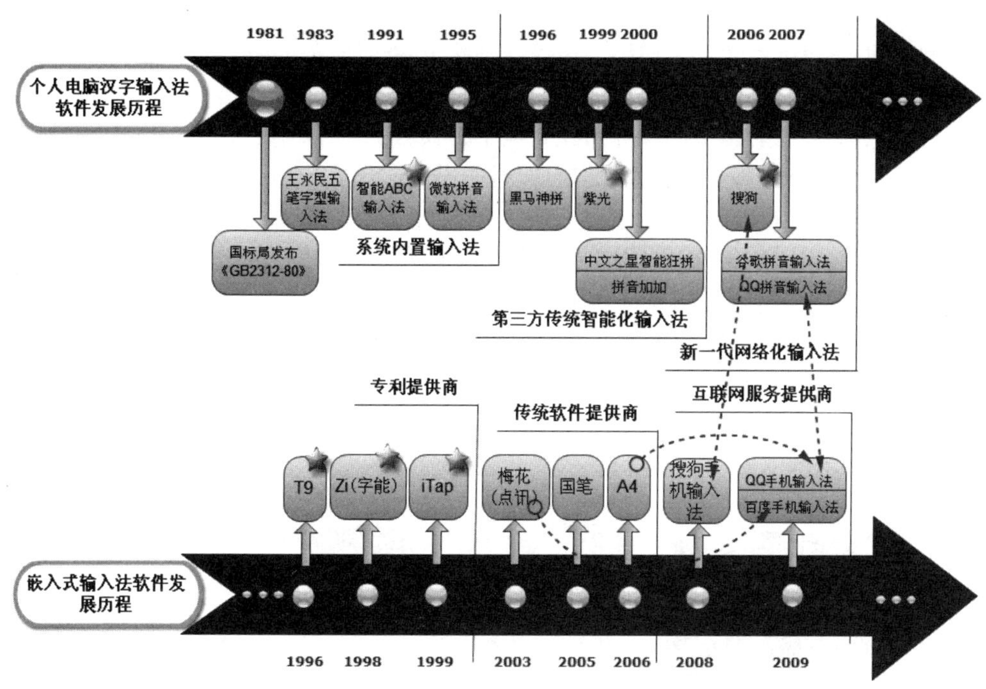

图 3-68　输入法市场历史回顾

（7） 对输入设备、交互方式和技术演进的历史进行整理回顾，如图 3-69。

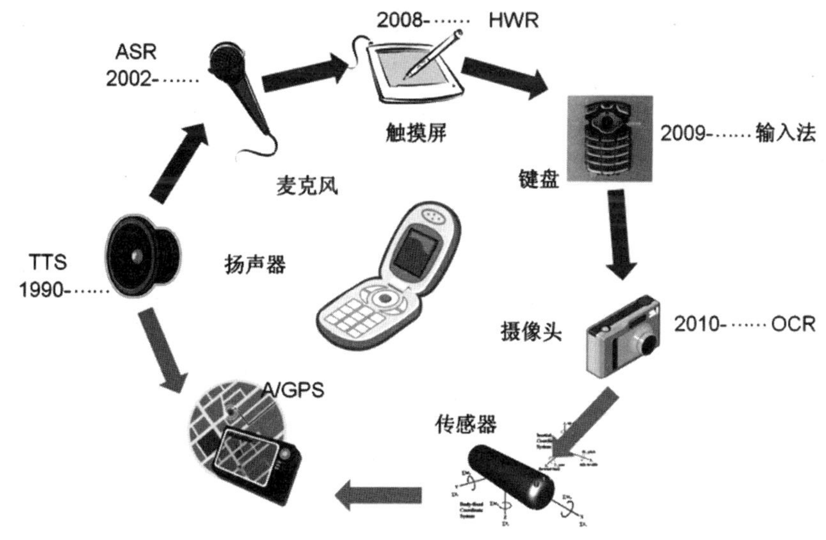

图 3-69　输入设备、交互方式和技术演进的历史

完成了信息收集和甄别，就可以开始做分析了。

2. 分析决策阶段

进入分析加工阶段的时候，主要任务是通过对行业变化的分析，对市场历史演化的总结提炼，预测未来的趋势以及发现新的用户需求和可能的机会，并形成基本决策。

分析的过程主要采用抽象和归纳的思维工具。

我们从图 1-的信息中，归纳出手机端输入法市场也将会由传统软件厂商主导过度到互联网厂商主导的阶段；对于移动互联网时代的趋势预测，则属于行业内公知的结论。

此外，从图 1-的信息中，推导出在智能手机设备上，用户输入的交互将会扩展到包括虚拟键盘、手写、语音等多种方式，如何把输入从 PC、传统按键手机迁移到触屏智能手机上，成了新的需求和机会点。

结合到讯飞在手写、语音方面的技术优势，以及对市场发展前景的预测和用户需求的发现、把握，我们分析认为讯飞应该要抓住时机快速切入手机输入法市场，以适应从传统行业业务向移动互联网领域的拓展。

在目标、定位设定上，我们对输入法产业链可能涉及的商业模式进行了分析，如图 3-70 所示。

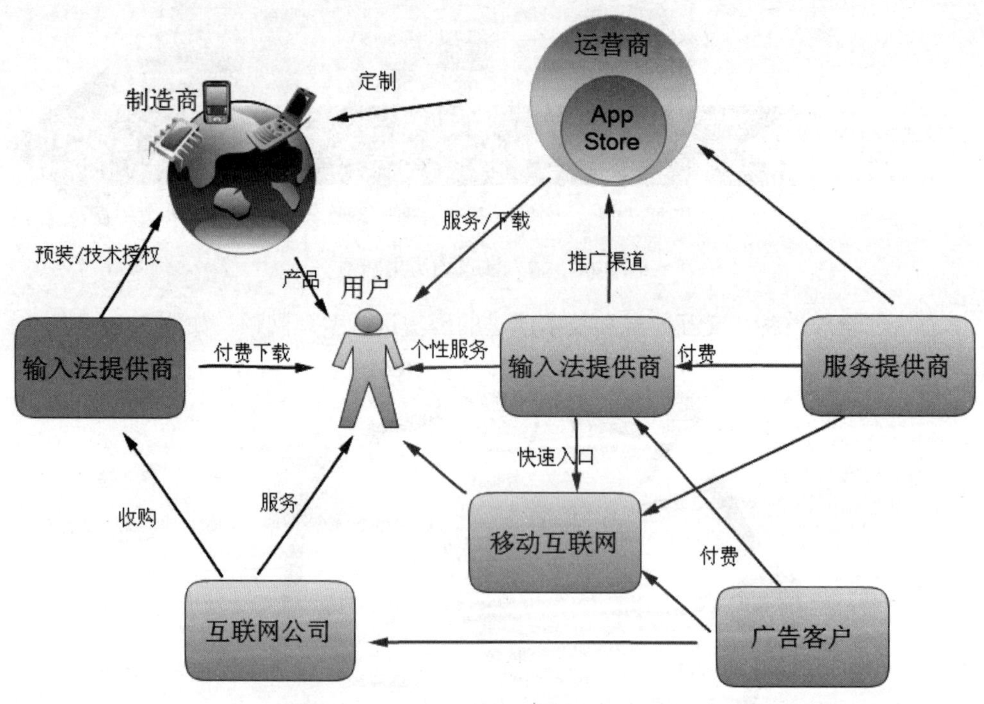

图 3-70 输入法产业链可能涉及的商业模式

从公司的业务诉求和发展需要评估分析，输入法产品的业务定位首先是形成规模用户和品牌效应，促进公司在行业市场的业务拓展，其次在一定的商业模式下，寻求自我造血和独立发展。

3. 策划设计阶段

此阶段需要为第二阶段明确的目标和方向，设计可行的路线和方案。我们从技术、产品路线、推广策略等方面进行策划设计，下文对策划设计的输出产物进行介绍。

技术路线设计产物，包括语言资源、核心算法、体验设计和服务支撑，分别如图 3-71～75 所示。

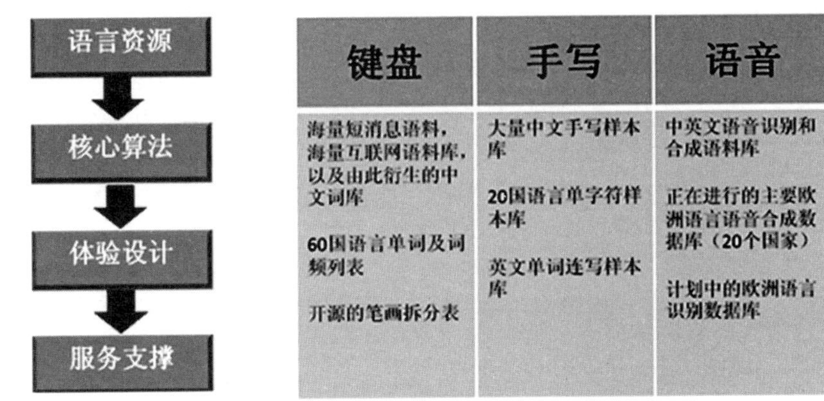

图 3-71　技术路线设计产物

键盘	手写	语音	图像
海量短消息语料，海量互联网语料库，以及由此衍生的中文词库 60国语言单词及词频列表 开源的笔画拆分表	大量中文手写样本库 20国语言单字符样本库 英文单词连写样本库	中英文语音识别和合成语料库 正在进行的主要欧洲语言语音合成数据库（20个国家） 计划中的欧洲语言识别数据库	计划中的中文和多国语言OCR样本库

图 3-72　语言资源

键盘	手写	语音	图像
基于WFST的统一键盘输入解码器	最好的中文单字识别引擎 先进的中文连写识别引擎 可用的英文单词识别引擎	基于终端的小词汇量听写算法 研发中的大词汇量短信转写技术	OCR相关核心技术
自然语言处理核心技术积累			

图 3-73　核心算法

体验设计

键盘	手写	语音	图像
市场上已有的产品作为参考设计	具备多年手写产品的设计经验	具备VUI设计经验	具备Camera UI设计经验

图 3-74　体验设计

后台服务体系支撑：

- 计算服务的支撑能力
- 语音合成平台产品
- 数据统计分析平台
- 应用服务的运营经验
- SP 服务运营

图 3-75　服务支撑

产品路线设计产物，如图 3-76 所示。

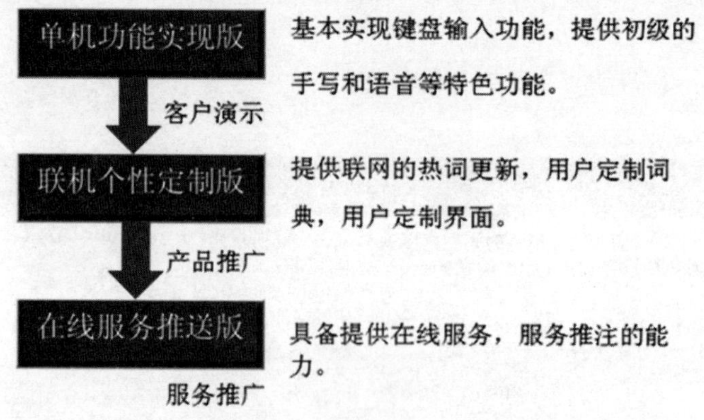

图 3-76　产品路线设计产物

推广路线设计产物，如图 3-77 所示。

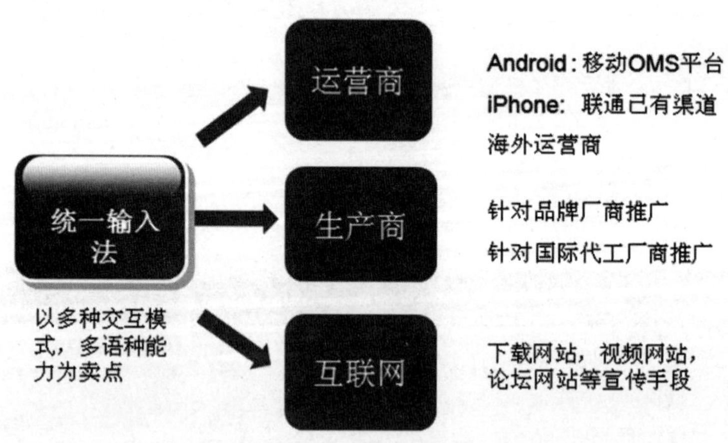

图 3-77　推广路线设计产物

对于设计路线的评估，需要从投入产出角度进行。我们对需要投入的资源进行测算，如图 3-78 所示。

核心算法	体验设计	服务支撑
自然语言处理支持（1人） 键盘输入算法支持（1人） 手写识别算法支持（1人） 语音识别算法支持（1人） Camera 算法支持（待规划）	软件架构设计（1人） 美工设计（1人） Android/OMS（2人） Window Mobile（2人） iPhone（待规划） Symbian/Brew/MTK（待规划）	后台服务器搭建（待规划）
长期支持	2~3个月实现基本功能 此后需要长期支持	长期支持

图 3-78　对需要投入的资源进行测算

五、效果评价

在整个产品迭代改进过程中，我们一以贯之以上所述的抉择方法和思路。通过阶段性检查机制，帮助我们提前预测变化，捕捉市场机会和威胁，集中优势资源及时行动，并通过市场和用户快速检验决策和进行策略/路线调整。

讯飞输入法从 2010 年上线运营以来，跟随 Android 市场快速成长，现已累积发展用户 1.8 亿户，月活用户达到 6000 万户，日活用户达到 3200 万户。

六、案例启示

顺势而为，快速应变。

单点深入，强化优势。

目标导向，步步为营。

作者姓名：曹学军
作者职位：北京北大方正电子有限公司数字教育部 开发部长兼技术总监
作者简介：北京北大方正电子有限公司数字教育开发部开发负责人，拥有 14 年以上的软件产品开发及管理经验，长期致力于数字出版、数字教育软件研发
所在研发团队规模：60 人
研发团队职能定位：负责以方正慧云阅读器、方正慧云互动课堂教学系统、方正慧云教育云服务平台等产品为核心的方正智慧教育解决方案的研发、互动教学资源开发和产品服务支持等工作

传统转型与固有超越——互动数字教材制作和业务创新经验谈

一、背景介绍

本案例分享方正电子在数字教育领域的创新产品研发与资源开发过程中的团队创业故事及经验教训。该案例属于方正电子公司的一个内部创新项目，通过 2 年的研发孵化和 1 年的产品推广，以互动数字教材/课件制作展示和课堂教学应用为核心的智慧教育解决方案成功地切入国内职业教育和基础教育市场，在全国 10 多个城市实施部署超过了 100 所学校，具备良好的市场推广前景。

本案例在研发过程中采纳了与众不同（Think Different）的创新研发和产品推广策略，其中产品研发依托方正电子在出版领域积累的优势技术，选择以互动数字教材/课件制作和跨平台展现技术为核心和兄弟部门一起策划研发方正飞翔数字教材/课件制作系统、方正慧云跨平台阅读器内核、方正慧云互动课堂教学系统和方正慧云教育云服务平台。部分产品通过较少的研发投入即确立了国内外领先的技术优势。市场策略方面采取避开以 PC 及电子白板为媒介的红海市场，选择 iPad 平板为主要媒介实现先期市场切入，然后推及其他平台，取得了较好的推广效果。

本次实践适用于创新产品研发。本次实践的具体过程、步骤和方法可供同行借鉴。

二、问题的提出

近几年来，各种数字技术已经融入并改变了很多人的生活，唯独对教育和课堂教学没有带来根本性的改变。

方正电子在传统出版领域有着很深的积累，方正电子的出版系统从 20 世纪 70 年代开始研发，迄今为止已经在国内出版领域获得了较高的市场份额，大部分出版社的纸质教材排版和印刷多采用方正电子的相关系统，随着以平板为媒介的新型设备在教育领域的应用，方正电子多年的积累有无可能应用到新的业务领域，比如教育行业？这是我们思考的一个问题。我们为了实现在教育行业的探索，在 2011 年底成立了数字教育创新产品研发团队，该团队的成立目标就是探索数字技术在教育领域的创新和应用机会，希望能够给传统的教学方式带来改变。

我们通过分析我们自己的传统积累和数字教育领域的创新机会，发现：

数字教育内容的核心资源是教材。数字媒介未来会在教育领域得到越来越广泛的应用，依托数字媒介呈现的互动式数字教材会是未来核心的数字化教育资源之一。方正电子在传统纸质教材出版中积累的技术在数字教育领域有全新的机会。

苹果的 iBooks Author 和 iBooks Reader 的产品组合让互动型数字教材走进了学校课堂。但三年前国内市场还没有一整套可以一次制作、跨平台发行的互动数字教材解决方案。

除了教材制作以外，国内的教师普遍使用微软的 PowerPoint 软件来制作课件，但 PowerPoint 主要满足的是单向展示，对学生自主学习、课堂互动教学、师生互动评测等没有太多支持，另外 PowerPoint 制作出来的课件跨平台互动体验效果比较差。

以平板电脑为代表的新数字媒介可以相对容易的打造 1 对 1 的互动教学环境，在这样的教学环境下，传统的课堂教学模式受到了挑战，新的以学生为中心的 1 对 1 教学包括个性化教学成为可能。在这种情况下，传统的教材或者课件形态包括教学系统都满足不了新的教学方式改变需要。

教学的主战场是课堂，数字教材需要在课堂中应用，并且要能为以学生为中心的课堂教学变革提供助力。

三、解决思路

我们基于对国内市场情况和国内外相关产品的分析，结合公司已有的一些优势技术，最终确定如下产品研发方向：

改造排版软件，以排版软件图文编排功能为基础，采取组件化方式扩展描述数字教材的各种互动效果，设计者无需编程即可完成互动数字教材/课件的编排设计与制作。

研发跨平台的数字教材阅读器，提供统一的阅读和互动体验支持。

研发以触控设备为媒介的，以新型数字教材的互动展示为核心的课堂互动教学系统。

研发数字教材的跨平台发行系统，支持云+端的教材阅读和应用。

组建数字教材的开发团队，帮助出版单位和学校开发新型互动数字教材/课件资源。

四、实践过程

实践过程分为四个阶段，分别为：

试错阶段；

积累阶段；

突破阶段；

巩固阶段。

1. 试错阶段的主要实践

试错阶段我们在除工具外先期投入了 12 人的创新开发团队，为了保证创新研发不受当期业绩目标的影响，整个研发团队纳入公司新成立的创新中心进行考核管理。研发的重点在阅读器和教材发行云服务平台的原型系统开发上。通过原型系统开发积累经验。到 12 年底我们逐步扩充到 19 人的开发队伍。

试错阶段前期主要完成了互动教材阅读器和云服务发行平台的框架搭建，通过和创新中心移动互联网开发团队、排版软件开发团队合作，主要完成了 18 种互动组件的跨平台内核和阅读器实现。这 18 种互动组件连同阅读器主要侧重于完成各类数字内容的互动阅读，先期的功能规划借鉴了 Adobe Digital Publishing System 对互动组件的交互体验功能设计。试错阶段的阅读器研发对教学功能的支持并未做过多分析和考虑。只是针对先期试用用户的反馈提供了 4 个教学组件的初步支持。

试错阶段后期我们在互动教材展示功能的基础上完成了互动课堂教学原型系统的开发，此阶段主要是希望提供一个数字教材的课堂互动展示环境。老师学生在课堂上使用互动教材的同时可以安排基本的作业和测验活动，提供相关的统计分析。

试错阶段的研发锻炼了开发队伍，为我们后续开发和实践积累了相关经验。同时经过这个阶段实践我们认识到要真正进入教学应用，单纯的多媒体互动阅读远远不够，必须植入教学属性并针对师生的教学互动（包括个人自主学习、课堂师生互动等）提供有别于互动阅读的功能支持。

2. 积累阶段的主要实践

积累阶段开发团队逐步扩充到 20 多人，主要研发实践是完成了如下研发工作：

充分考虑数字教材的互动组件需求。积累阶段最终完成了 29 种可自由组合的互动组件的编排设计功能和跨平台阅读器。如图 3-79 所示。从功能的丰富性上完全超越了包括苹果 iBooks Author、Adobe DPS、Inkling 等同类系统。

互动课堂教学系统从以教材为核心到以学案/课程为中心的功能转变。其应用场等如图 3-80 所示。

完成教材/课件的跨平台展示功能后，互动课堂教学系统逐步过渡到以学案/课程为中心，包括了教材/资源展示、互动控制、素材学习、作业管理、测验管理、多屏幕监控等一系列功能的研发。

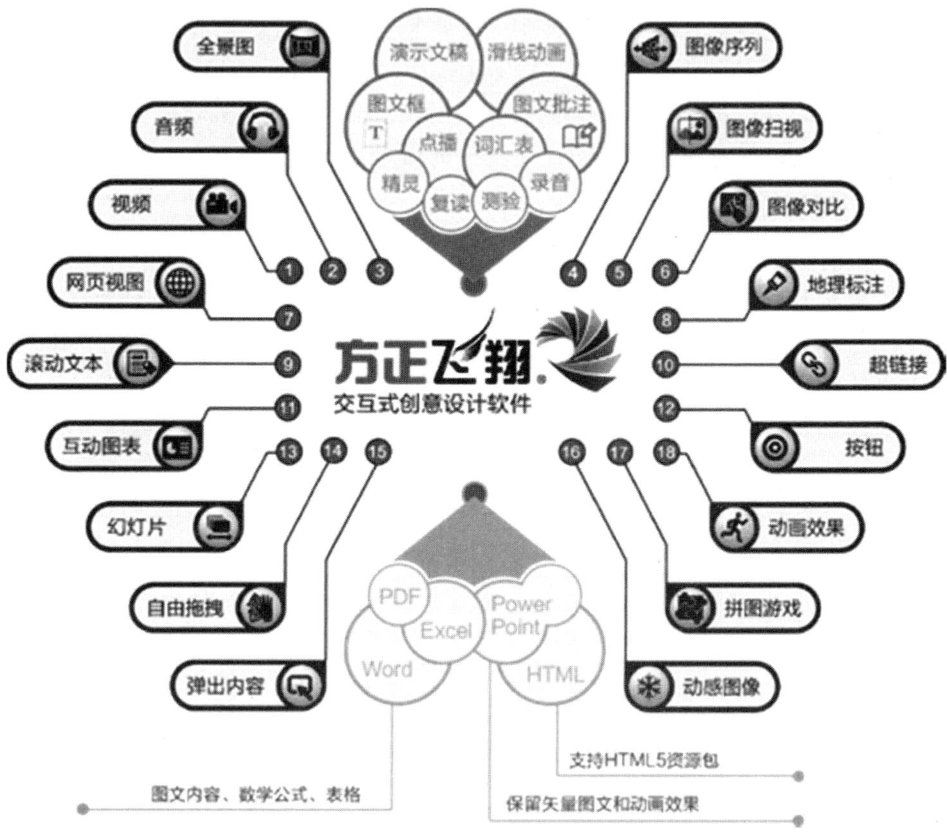

图 3-79　支持 29 种互动组件的方正飞翔设计软件

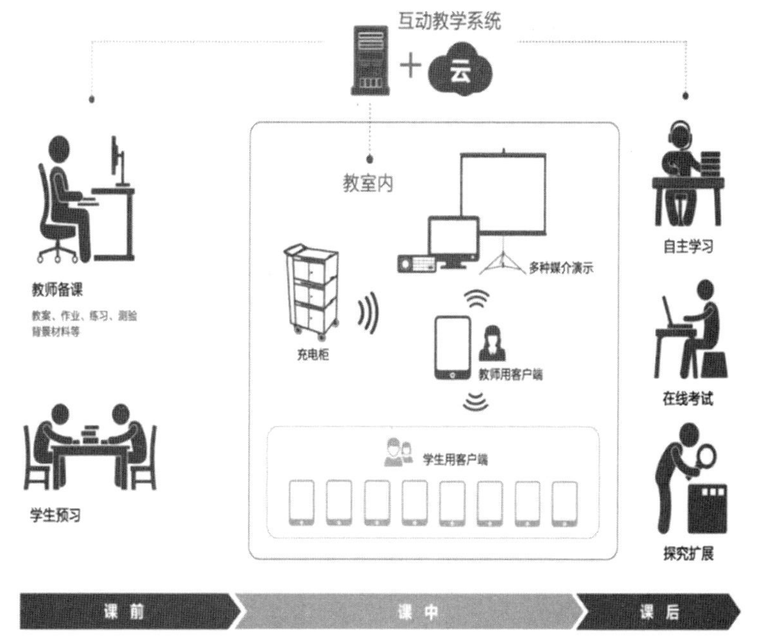

图 3-80　互动课堂教学系统主要应用场景

为了支持老师能够灵活备课，我们进一步将飞翔制作软件改造成了面向老师这样一类不是特别懂技术的非专业用户使用的大众化软件。使用习惯借鉴 Office/PowerPoint 的 Ribbon 交互菜单体系，提供了页面概览列表、模板、部件库等系列功能支持。

建立设计+内容+技术三位一体的互动教材资源开发标准化过程。

3. 突破阶段的主要实践

突破阶段的主要实践主要完成从新产品到最终用户的常态应用的转变。该阶段完成了产品研发、资源开发团队扩充，并组建了专门的服务团队，团队人员规模整体扩充到 60 人。针对教育市场的竞争形势，我们选择从竞争相对较弱的数字教材研发和 iPad 教学系统两个切入点切入教育市场。

前者通过优势技术进入；后者由于我们先期优势不明显，而且较早进入市场的竞争对手较多的现状，采取了主动避开竞争激烈的 PC/电子白板市场的策略，通过在 iOS 平台确立领先优势和样板客户后，再借助跨平台应用支持能力逐步渗透到包括 Android 和 PC 在内的其他应用市场。

上述市场切入策略分别在数字教材开发和互动课堂教学两个细分领域都取得了良好的市场效果。尤其后者我们截止到 2014 年底在全国 10 多个城市收获了超过 100 所学校用户。这些学校用户成为了我们产品的样板学校。其中有多所学校在我们的服务支持下完成了从公开课应用到常态化应用，但单一学科到多学科普遍应用的转变。

突破阶段资源开发开始选择优势学科做体系化资源开发。

4. 巩固阶段的主要实践

有了典型用户以后，我们的新产品研发开始进入到巩固阶段。这个阶段的特点是快速响应客户的一手需求进行产品的迭代升级开发。我们通过敏捷开发的各种措施，让原来通常需要 6 个月到一年的软件升级周期缩短到了 3 个月左右。

五、愿景

从一手学校客户对我们反馈的需求来看，我们的系统未来还需要在实时学习分析、针对师生日常教学行为的大数据分析方面不断丰富和完善，解决传统教学模式下抽象概念难以理解和内化；简单内容重复讲授；无法有效获取师生行为数据；一对多学习分析反馈周期过长，顾此失彼；传统单向教学学生兴趣丧失；学生创新素养、思维和能力培养不足等问题。

不同学科的教学要求对实时学习分析也提出了不同的要求。新兴技术在教学中的应用也要不断解决传统教学方式下无法解决的诸多难题（例如实时一对多教学的即时反馈、个性化教学、分层次教学等），只有这样，才能最终促成智慧教育的教学变革，让技术真正惠及广大老师、家长和学生。

六、RIO 分析

我们的这次创新产品研发实践从 RIO 分析上主要有两点：

（1） 基于成熟产品改造延展开发教材/课件制作工具。

该策略的实施让我们通过了较少的开发人员投入即确立了在数字教材制作/展示领域的国内外领先优势；

（2） 基于平板的差异化市场切入策略。

该策略的实施实践让我们两年内在全国各地收获了超过 100 所学校用户，在建立样板客户的同时也树立了良好的市场口碑，为进一步市场拓展奠定了基础。

七、案例启示

回顾我们 3 年来的创新研发历程，我们深刻地体会到了产品创新的灵魂在于 Think Different，针对客户的潜在需求做与众不同的策划、设计和实现；其中包括了有别于同类厂商的创新功能规划和产品实现策略、有别于同类厂商的市场切入策略和有别于同类厂商的产品服务策略。

参考文献

iBooks Author 用户手册，http://help.apple.com/ibooksauthor/mac/

Adobe Digital Publishing Suite Getting Started Guide；http://www.adobe.com/content/dam/Adobe/en/products/digital-publishing-suite-family/pdfs/dps-getting-started-guide.pdf

Adobe Digtial Publishing Suite 帮助手册，http://help.adobe.com/en_US/ digitalpubsuite/using/digitalpubsuite_help.pdf

Inkling Habitat 技术手册，https://www.inkling.com/habitat/

人民音乐出版社，小学音乐北京版教材

人民教育出版社，义务教育小学、初中语文教材

人民教育出版社，义务教育小学、初中数学教材

外语教学与研究出版社，小学一年级起英语教材

北京出版社，小学科学北京版教材

培生出版集团美国加州，中小学语文、数学、科学教材

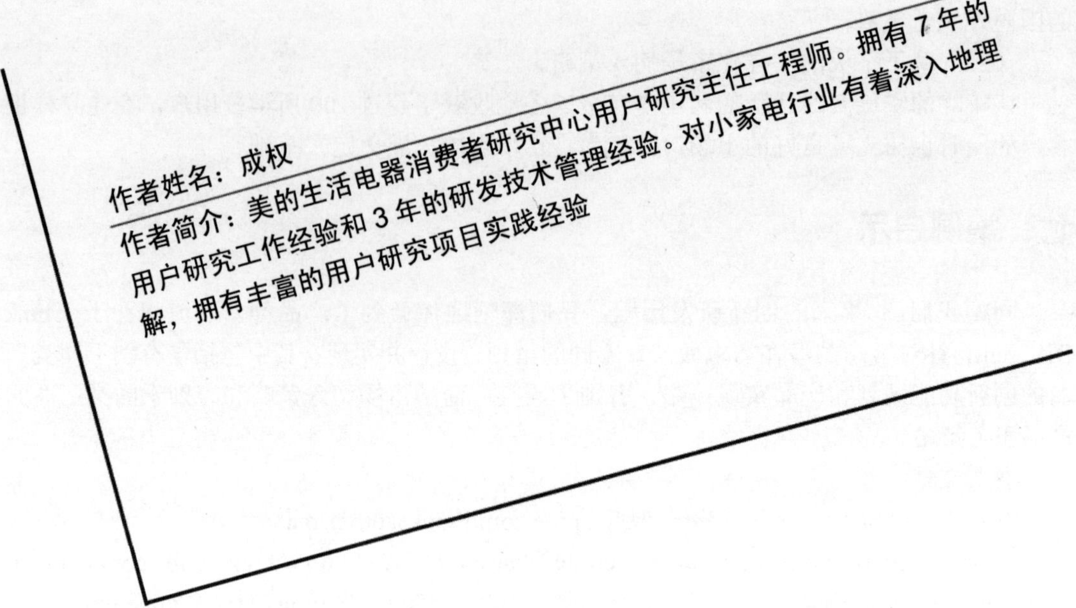

嵌入式用户体验管理模式在产品设计、开发流程中的应用

一、案例简述

1. 背景目标简述

嵌入式用户体验是指在产品设计开发流程重要节点嵌入用户体验研究，以正确把握产品的外观设计和交互界面设计方向。

为保持美的生活电器事业部在行业的领先地位，满足用户的需求，不断提高产品力和进行产品创新，用户研究是提高产品力和创新的重要方式之一。通过嵌入式用户体验研究与产品开发的有机结合，我们将达到以下的目标：

（1） 建立以用户为中心产品设计开发流程（User Centered Design）；

（2） 让用户体验研究体系化、持续化；

（3） 提高产品操作的人机交互友好性；

（4） 提高产品设计的市场接受度；

2. 名词简介

嵌入式用户体验：是指在产品设计开发流程重要节点嵌入用户研究，以正确把握产品的外观设计和交互界面设计方向。

用户需求类研究：通过深入洞察用户的生活方式、使用习惯，能够更精准把握目标用户需求，从而提高产品企划命中率与前瞻性。

用户体验类研究：主要依据可用性工程、心理学、设计学等学科理论，采用可用性测试、深度访谈、启发式评估等专业的研究方法，挖掘用户使用产品中的不满意点，进行界面友好性设计，提升用户使用满意度。

二、案例情景

2011 年以前，事业部并没有存在规范的用户研究或消费者研究体系，产品设计开发存在很多长期难以解决的问题。

1. 产品开发面临的问题

（1） 产品定位模糊，没有明确的目标消费者；

产品策划输出不充分；

缺少先行的研究，设计缺少输入；

产品定位模糊……

（2） 产品开发以技术为中心，缺乏消费者视角；

技术卖点不是消费者需要的；

用户体验满意度不高；

（3） 决策方式不科学，是集中决策而非科学决策；

设计师决策权力不足；

决策无评价测试依据；

决策靠拍脑袋。

2. 用户研究存在的问题

（1） 研究不系统，比较零散和随意；

研究大都是临时开展；

没有非常明确的目的，研究目的大而泛；

（2） 不专业，没有规范性的流程、方法和要求；

缺少专业的用户研究人员；

没有积累和梳理研究方法、流程；

研究人员没有经过专业学习、大都是兼职其他工作；

（3） 没有体系化，缺乏长期规划和持续性运作；

研究为单个项目；

没有持续进行；

（4） 有输出，无应用，与产品开发没有形成闭环；

研究报告宣讲过后就束之高阁，没有充分应用；

没有专人跟进研究成果的执行。

为了解决以上长期存在的问题，2011 年开展了此项目以建立用户研究的体系。

三、主要实施概况

1. 主要实施内容

本项目主要通过一系列的方法和措施来建立系统的用户体验管理模式：

项目实施主要内容如图 3-81 所示。

问题点
① 产品定位模糊
② 产品开发以技术为中心
③ 决策方式不科学
④ 研究不系统
⑤ 不专业
⑥ 没有体系化
⑦ 有输出，无应用
解决方法
① 建立会员库
② 建立研究场地
③ 学习专业方法
④ 规范化研究流程
⑤ 组建专业团队
⑥ 搭建用户体验研究体系
⑦ 闭环的问题点跟踪流程
实现
① 产品定位精准
② 以用户为中心
③ 科学决策
④ 研究更系统
⑤ 提升专业性
⑥ 规范化、持续化
⑦ 有输出、有应用

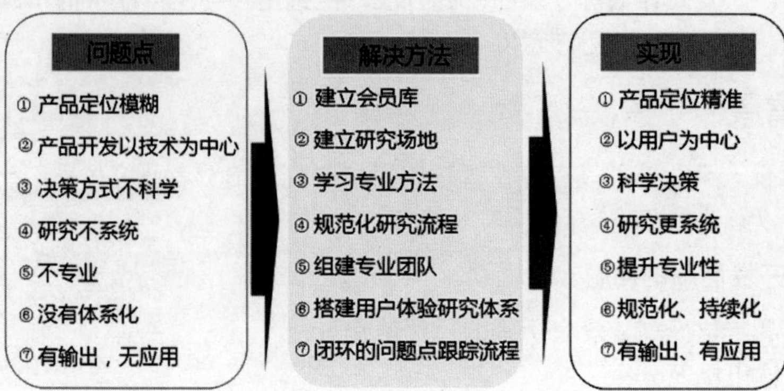

图 3-81　项目实施内容

2. 第一年实施步骤

2011 年年初开始执行此项目，第二年的 1 月基本完成了完整的体系搭建，并且实践了很多的项目案例。如图 3-82 所示。

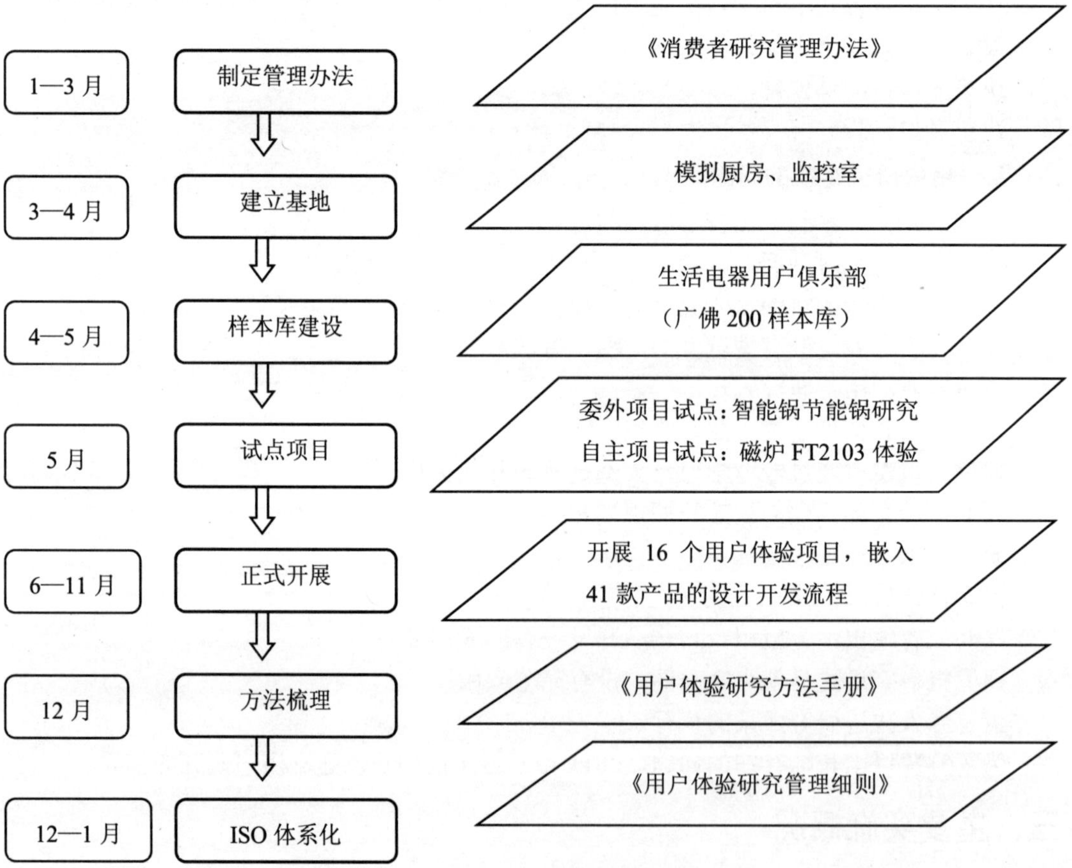

1—3 月
制定管理办法
《消费者研究管理办法》
3—4 月
建立基地
模拟厨房、监控室
4—5 月
样本库建设
生活电器用户俱乐部
（广佛 200 样本库）
5 月
试点项目
委外项目试点：智能锅节能锅研究
自主项目试点：磁炉 FT2103 体验
6—11 月
正式开展
开展 16 个用户体验项目，嵌入
41 款产品的设计开发流程
12 月
方法梳理
《用户体验研究方法手册》
12—1 月
ISO 体系化
《用户体验研究管理细则》

图 3-82　2011 年实践项目案例

3. 第一年整体实施情况

搭建了 1 个用户体验基地；

组建了 1 个用户体验专业团队；

发布管理文件；

搭建生活电器“用户俱乐部”；

开展用户体验研究项目 18 项；

在 41 个研发项目中嵌入了用户体验流程。

4. 主要工具/方法（理论基础）

本项目的实施主要基于 UCD（User Centered Design）理论，其实施工具/方法如图 3-83 所示。

另外，需要可用性工程、认知心理学、设计学等领域学科知识。

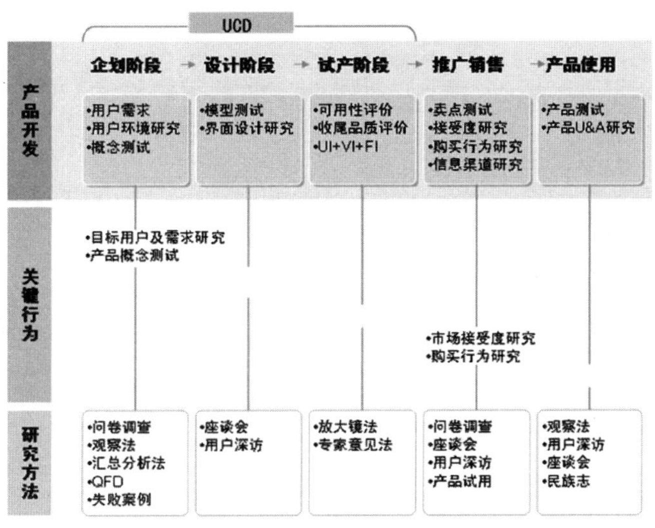

图 3-83　实施工具/方法示意图

四、实施步骤详解

1. 编制和发布管理文件

项目一开始，编制了《消费者研究管理办法》，首先从管理制度方面明确了用户体验研究要做哪些事情，明确了责任归属，如图 3-84 所示。

2. 建设用户体验基地

生活电器的产品基本上是在厨房中使用，所以建立了一个模拟用户真实家庭厨房的体验基地，体验基地于 5 月初正式落成，厨房布局照顾到生活电器现有大部分品类，并且在多个角度安装了隐蔽的摄像头，通过摄像头观察用户在体验产品时的动作及表情，分析产品的可用性，如图 3-85 所示。

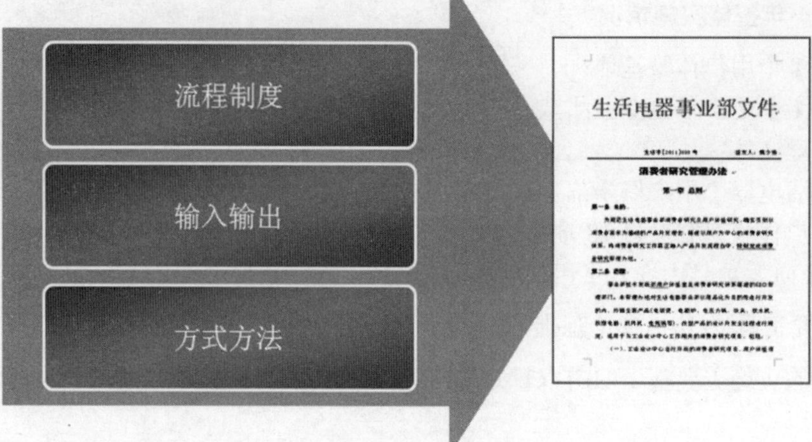

图 3-84　编制与管理

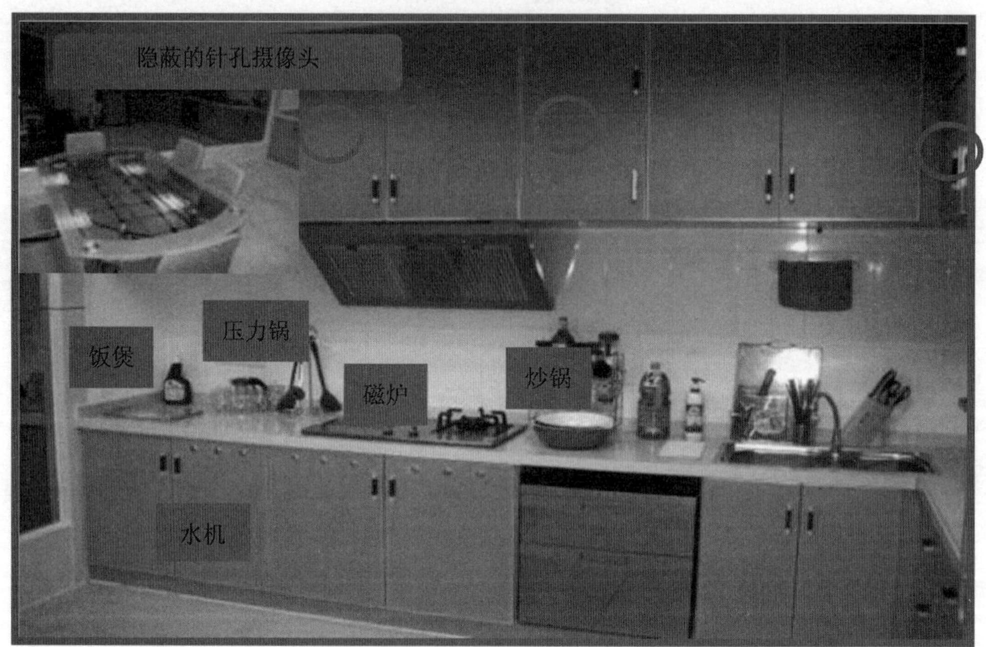

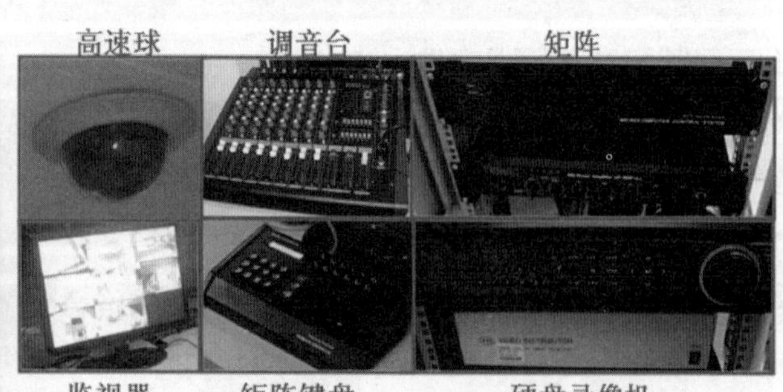

图 3-85　用户体验基地

3. 组建了 1 个用户体验研究专业团队

用户研究需要多学科多背景的人员来加入。团队成立之初，用户体验研究室拥有的人员配置：消费者调研、产品策划、心理分析、工业设计等学科及工作背景；此外，科室与国内外知名研究结构、行业专家建立起密切的合作关系。

4. 搭建“生活电器用户俱乐部”

为了能迅速找到我们的目标用户来体验产品，我们通过卖场拦截、产品留置、导购登记等各种方法，快速的建立自己的用户库，达成研究项目的快速反应。

5. 开展用户体验研究项目

基于项目搭建的基础框架流程，2011 年全年共开展 18 个用户体验研究项目，通过项目的实践经验来不断完善体系。

第一年项目总表如表 3-4 所示。

表 3-4　项目总表

序　号	项目名称	时　间
1	智能锅节能锅概念研究与体验	5 月
2	火锅炉手板验证	
3	磁炉 FT2103 消费者体验研究	
4	饮水机、净饮机效果图概念测试	6 月
5	南方煎烤机产品需求研究及产品体验	
6	IH 电饭煲手板测试	7 月
7	饮水机、净饮机手板测试	
8	煎烤机铂鼎高端机用户体验项目	9 月
9	压力锅新品可用性研究	
10	炊具区域饮食习惯调研	
11	IH 压力煲语音、噪声大小测试	
12	电磁炉烹饪障碍研究	
13	煎烤机全新品手板测试	10 月
14	电饭煲界面人机性测试	11 月
15	苏 15、16 系列饭煲接受程度研究	
16	电蒸锅 UI 界面测试及需求满足度测试	12 月
17	IH 高端足浴器界面研究	
18	TFT 界面设计研究	

研究委托方包含各公司策划、设计、评价，涵盖到生活电器所有品类，用户体验研究室成为了事业部的公共用户体验研究平台。成果也不断得到了各个部门地认可。

6. 制度流程建立

通过一年的项目时间，在第 2 年 1 月发布了《QMS—GC11.001 用户研究管理办法》，规定了用户体验研究的各种方式及流程、具体操作方法。建立并有序执行一套完整规范的嵌入式体验工作管理制度，涵盖了概念导入、外观设计、产品可用度及最终产品竞争力对比等。

图 3-86 所示为用户体验项目资料。

美的集团生活电器事业部企业标准

用户研究管理办法

美的集团生活电器事业部发布

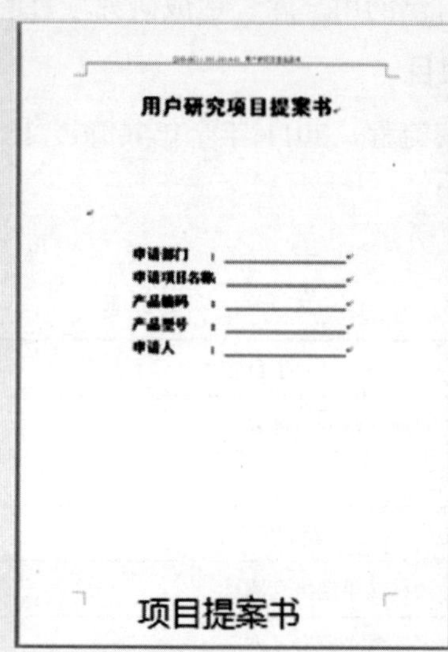
用户研究项目提案书

申请部门：

申请项目名称：

产品编码：

产品型号：

申请人：

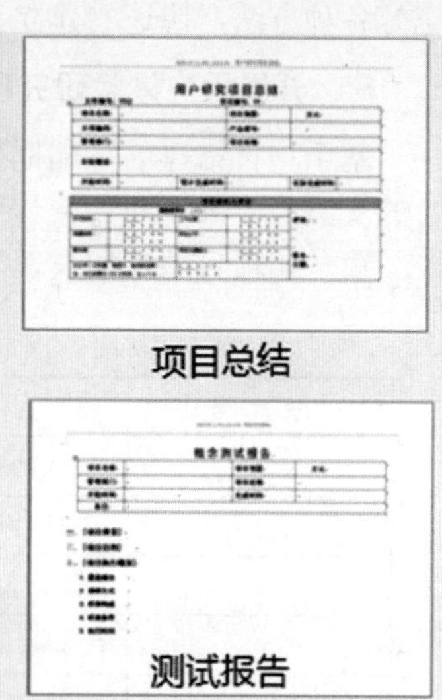
用户研究项目总结

概念测试报告

图 3-86 用户体验项目资料

开发不同阶段的嵌入方式如表 3-5 所示。

表 3-5 用户体验研究的嵌入方式开发

研究类型	研究内容	时间段	输出结果
需求研究	目标人群、产品定位、创新方向	产品策划阶段早期	《需求研究报告》
概念测试	卖点、功能、价格	产品策划阶段中期	《概念测试报告》
低保真原型测试	外观、造型、工艺、材质、尺寸	工业设计阶段	《原型测试报告》
高保真原型测试	操作方式、菜单、功能、按键、显示方式、语音	产品设计阶段	《原型测试报告》
用户体验测试	外观、交互流程、可用性、接受度	试制评价	《产品体验报告》
用户体验——产品试用	产品隐形质量	试产评价	《用户试用报告》

7. 在研发各阶段嵌入的体验研究

第 1 年总共在 41 个研发项目中嵌入用户体验研究，如图 3-87 所示。

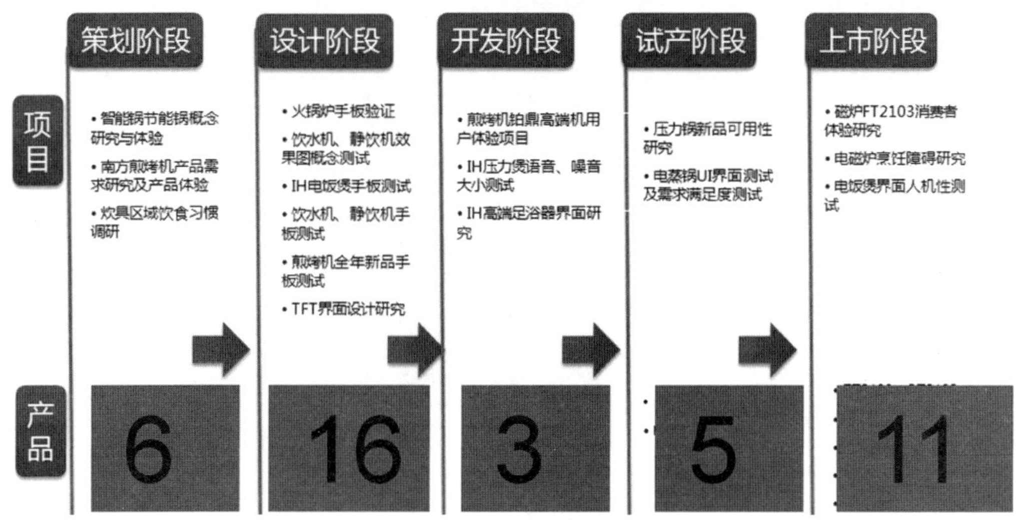

图 3-87　嵌入用户体验研究

8.　建立用户体验量化标准

用户体验量化标准项目如表 3-6 所示。

表 3-6　用户体验量化标准项目表

分　数	严重程度	不可克服程度	频　率	产　品
1	这个问题较少地影响到用户使用程度	不够好但可以忍受	只有少量的用户反馈	不属于产品的核心功能或者卖点
2	这个问题较多地影响到用户使用程度	用户需要学习多次后才会使用	一些用户反馈	属于产品的一般功能或卖点
3	这个问题致使用户无法完成任务或者使用产品	用户即使学习多次后仍然无法学会使用	几乎每一个用户都有反馈	属于产品的核心功能或卖点

优先级=（严重程度+可克服度+频率+产品）/4。

低优先级 0.76～1.51　　有改善空间，可根据成本进行改进。

中优先级 1.52～2.27　　比较严重的问题，可以是次一级的改进内容。

高优先级 2.28～3.0　　十分严重的问题，需要立即改进。

9.　输出用户体验量化问题清单

高优先级（2.28～3.0）必改，A 类问题点不整改不上市，对体验问题点进行严格把关和问题点修正的跟踪。

10.　用户体验问题闭环

对改善情况进行闭环的跟踪和考核，最终在一些产品上实现了好的产品体验。

高优先级改善结果如图 3-88 所示。

编号	项目名称	改善情况说明	改善前方案	改善后方案	最终结果	负责人
1	IH炒灶	高优先级：按键灵敏度、显示不清晰、旋开关、调整			按要求整改后准备上市	xxx
2	蒸磁炉	高优先级：蒸时间的改善 馒头时间40改为30 肉类30改为55 杂粮35改为45			按要求整改后准备上市	xxx
3	净水龙头界面需求调研	高优先级： 界面反馈调整 功能重新命名			根据调研界面进行了重新设计 产品已经上市	xxx
4	超薄管线机体验	高优先级： 360宽/400高/80厚 薄的同时有放杯台			设计杯台，大小调整	xxx

图 3-88　高优先级改善结果示意图

五、研究积累（成功经验或失败教训）

1. 可用性设计原则

根据丰富的可用性测试经验，整理汇总后，编写了电饭煲、电压力锅、饮水机三个品类的“可用性设计原则”。

2. 专家评估标准

建立了几个主要品类的专家评估标准，在要求敏捷的项目中，使用内部专家评估的方式快速得出评估结果和改善建议，如图 3-89 所示。

评价指标	用户体验指标	打分评价
加热时间/火力大小	2L常温水在8分钟内烧开	1~5分
	3L 15℃冷水，2L冰水混合物在15分钟内应能烧开	1~5分
	使用油类功能煎炸时，配锅2L油，油温从室温加热至160℃时间不能超过12分钟	1~5分
功能/加热方式丰富	煎鸡蛋，煎饼，煎肉馅，操作方法见附件	1~5分
	基本型功能应不少于：火锅、烧水、炒菜、煎炸蒸煮、煲汤	1~5分
烹饪效果	整机正常工作用于烹饪时，使用炒菜、煎炸、爆炒功能时，烹饪过程中停止加热时间不超过5s，不能出现糊锅现象	1~5分
	指定菜式：炒肉、炒鸡蛋、炒青菜	1~5分
省电/节能	产品能效等级	1~5分

图 3-89　专家评估标准

3. 外部资源

在人员不够充足的情况下，充分与外部的研究公司及机构进行合作，在产品不同开发阶段引入不同特点的研究资源，如图 3-90 所示。

图 3-90　产品研究资源的引入

4. 互动社区

建议内部互动社区，充分发挥公司内部的员工的作用，开展各种体验活动。美的集团内部员工互动示意图如图 3-91 所示。

① 会员来源：美的集团内部各事业部员工

② 活动形式：

③ 用途：通过较快速的招募，提升研究效率，让用户参与以下环节

图 3-91　美的集团内部员工互动示意图

5. 生活电器用户俱乐部

样本库（广佛 200 样本库）第一年数量已达到 409 人，样本库内容如图 3-92 所示。样本库数量不断增加和更新，并按照样本质量进行分等级管理。

序号	姓名	年龄	性别	学历	联系方式	住址	住房情况	职业	家庭月收入	产品价格/型	籍贯	上次访问时间	其他备注	样本质量
1						佛山市禅城区黎涌雅兰村中3巷2号		销售	9000元	康佳KGDFB-	广西	2011-11-22（下午）		★★★优质
2						佛山市禅城区麦村中街2巷		陶瓷	8600元	苏泊尔CFXB40	广东	2011-11-24（上午）		★★一般
3						佛山市平步村村心南阳大街2巷1号		汽车美容	7500元	美的FS406	佛山	2011-11-24（下午）		★★一般
4						佛山市禅城区麦村南便路5号		销售	12000元	威王WFB-	广东	2011-11-25（上午）		★★一般
5						佛山市禅城区澜石镇上麦村南便路10号		美容化妆	15000元	苏泊尔CFXB40	广西	2011-11-25（下午）		★★★优质
6						佛山，禅城		家庭主妇	10000元	XW-AMG.			备选	
7						佛山市禅城区上麦村中街一巷2号		家庭主妇	10000	美的438	广东	11月4号（周五）		★★一般
8						佛山市禅城区上麦村南便路5号		家庭主妇	15000	苏泊尔398	广东	11月4号（周五）		★★一般
9						海岸花园		家庭主妇	10000	美的400	广东	11月5号（周六）		★★一般
10						北滘		家庭主妇	15000	奔腾400	广东	11月7号		★★★优质
11						顺德雅乐居		公司职员	10000以下	美的350	广东	11月7号		★★一般
12						佛山市禅城区高基街		家庭主妇	16000元	九阳：420元	广东		备选	

图 3-92　样本库内容

6. 产生可观的可增值经济收益

产生可观的可增值经济收益如图 3-93 所示。

直接经济价值

如果委外：16项目×10万元 ≈160万元
实际费用：16项目×0.6万元 ≈10万元
节约成本：160万元-10万元 =**150万元**

可用性改善点171个
171个改善点→ 提升用户满意度1% → 提升购买率0.05%
年销售额80亿元×0.05%≈增收**400万元**（实际价值难以预估）

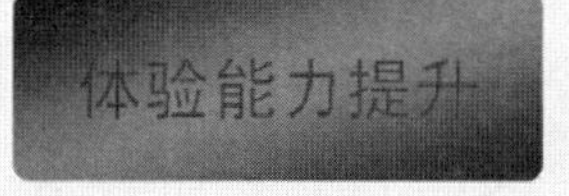

输出可用性规范文件 → 自我把控及体验能力提升→
产品用户体验品质提升→ 降低市场投诉风险

图 3-93　可增值经济收益

7. 失败教训

由于生活电器的特殊情况，存在如下制约和瓶颈：

品类众多，无法兼顾；

开发周期短，研究周期长；

无法完成全流程的体验研究。

导致了我们存在一些问题点：

研究不聚焦：项目数量多，类型多，聚焦不够，研究深度不足，概念命中率和转化率低；

研究框架有待优化：主要沿用传统的入户深访、座谈会等定性研究手段，但对采样要求高，项目周期长，缺乏定量分析方法。

未来也需要我们进一步的探索前进方向。

六、案例启示

案例核心思想：“体验闭环”：

只有通过闭环的体验，提出的问题点才能得到有效的改善，体验的价值才能够得到体现。嵌入式用户体验通过各个部门在产品开发过程中的持续推进，通过研发、品质的通力合作，形成闭环的用户体验体系，通过有效的机制与流程进行控制。实现“不体验、不上市”的企业制度及思想，确保到达消费者手上的每一台产品都经过严格的把关。如图 3-94 所示。

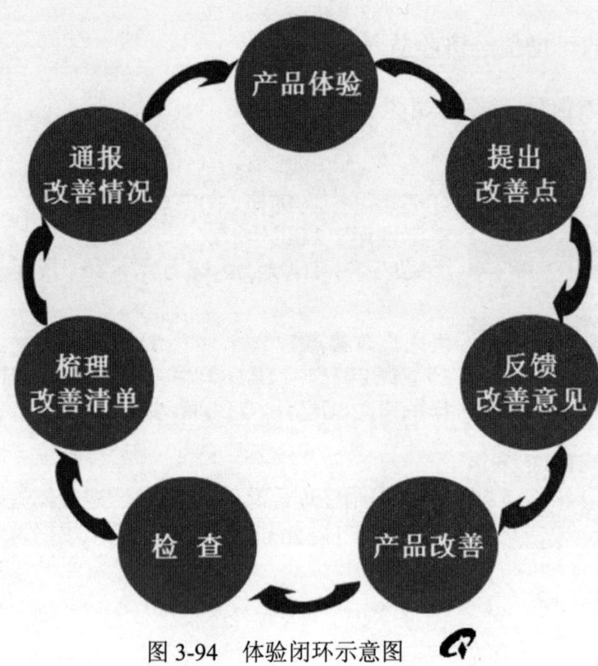

图 3-94　体验闭环示意图

第4篇

Architect

架构设计/技术战略

使架构设计和业务目标相一致，推动技术战略，同时确保符合IT标准和原则。

架构师

构架控制着软件的全局，包含软件所有最重要方面的重大因素，该培训板块面向技术总监、核心开发 人员、架构师，通过国际领先的软件架构案例、作品来减缓漫长的学习曲线，帮助学员站在较高的起点来了解构架分析与设计的全貌，如何利用业界先进的架构设计指导已有系统的改进和新系统的设计部署。我们系统地组织十余门架构领域课程，并由超过15年经验的知名软件产品一线架构师亲临传授，使您成长为架构设计师 打下坚实的一课。

作者姓名：王启军
作者职务：当当网架构师
作者简介：曾工作于搜狐，现任当当网架构师主导电商平台架构设计，包括订单、支付、价格、库存、物流等，专注于互联网领域架构设计解决方案，特别是电商和 SNS。对 SOA 化、缓存、消息服务、NOSQL 等研发应用有多年的实践经验
团队人数：10 人
团队职能定位：基础服务组件研发

电商运营利器：当当网价格系统的实现

在互联网时代，价格在电商领域是非常敏感的，它可以成为打败对手的武器，拉拢顾客的法宝，品牌营销的手段。如何管理每天千万件商品的价格变化？如何满足每天上亿级访问的价格精准计算？如何面对促销时段几十倍的压力？如何嗅探对手的价格变化并迅速做出反应？

本案例以当当多年的经验教训为背景，深入分析当当价格体系的技术架构，以价格解读大型电商面临的技术问题和解决方案。

本案例不会空讲一些非常大的原则、标准、模式，就以实际解决问题为标准，详细讲解案例中的方案优缺点，解决的问题，把原则到真正的问题中。

一、问题的提出

1. 宏观

访问量大，每天上亿级别的价格查询；

变化频繁，价格是电商中商品变化最频繁的属性之一；

促销压力，促销时几十倍的压力如何解决；

自动变价，如果完全用人来了解对手的价格变化再修改自身的价格，那就太 low 了，完全可以通过技术来实现价格的智能变化。

2. 微观

种类多，每一个商品的价格多达十几种，包括当当价、市场价、促销价、手机专享价等；

有生命周期，例如促销价，3 点到 5 点，价格是多少；

未来价格多，今天可以设置明天、后天、大后天的价格；

实时性，价格要求实时性比较高，我设置了一个 3 点开始的价格，在 3 点访问时，我希望是马上生效的。

本案例前面会提出这些问题，现场互动，针对问题寻找解决方案。

二、实践过程

抛出解决方案遵循的三个原则，隔离、异步、实时计算，不会空谈，会把这三个原则穿插到下面的具体解决问题的过程中。

1. 整体架构

当当价格系统整体架构简图如图 4-1 所示。

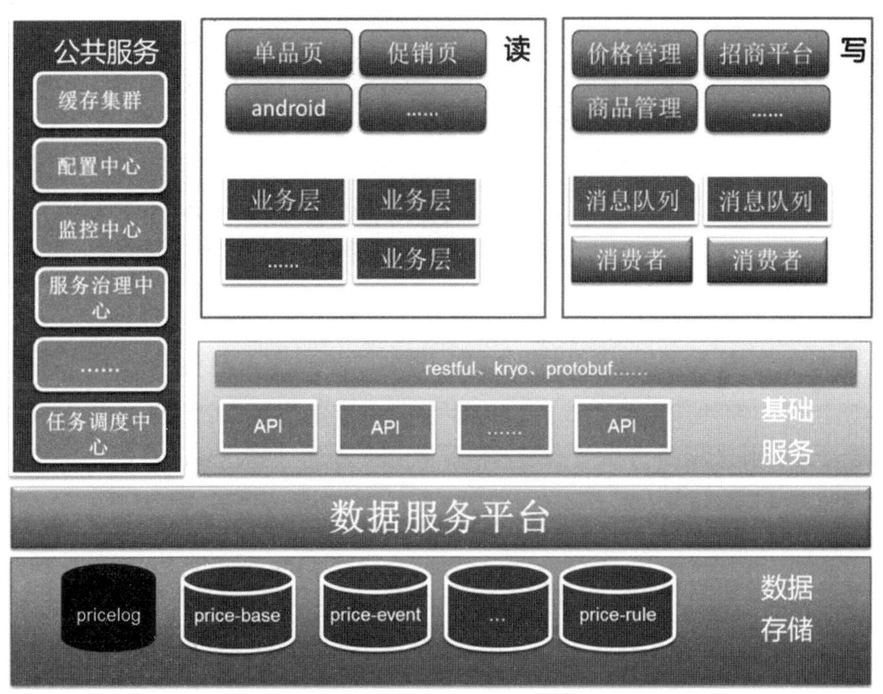

图 4-1 当当价格系统整体架构简图

从整体架构讲起，以写价格和读价格为主线，详细讲解如何解决人为操作的风暴，如何以隔离为原则，使系统更稳定。如何解决过期覆盖等问题。中间会穿插我们的业务如何分层，要达到的目的，并依次介绍我们的公共服务所起的作用。

再回到微观层面，详解价格的数据存储结构，如何做到实时计算。

- 无延迟
- 实时计算价格
- 扩展性
- 可以应对促销数倍业务增长
- 可控制
- 监控中心
- 服务指挥中心

总结一下整体的架构特点。

2. 消息中间件

提出问题，为什么选择消息中间件？说明在系统中承担的责任，如图 4-2 所示。

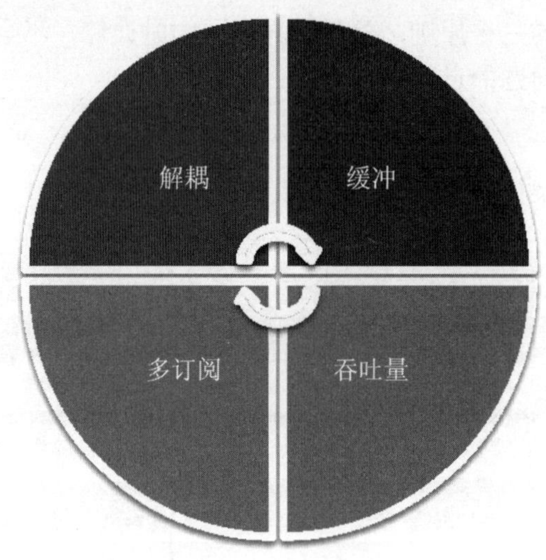

图 4-2 消息中间件

详细说明消息中间件选择的过程，对比各个主流消息中间件的优劣。包括性能指标。最后选择 kafka 作为最终方案，会解释一下 kafka 如何达到这样的性能。

- 选择 kafka 的理由
- 吞吐量
- kafka 比 activemq 高两个数量级
- 客户端
- kafka 支持较多
- 业务场景
- 价格变化本身比较容易实现幂等性
- 并详细列出了听众可能要提出的问题
- 丢消息吗
- 通过 ack 来控制，保证不丢，但是可能会重复，保证至少发送一次
- 有 ack 就一定成功了吗

- 不一定，有可能是异步落盘，如果对可靠要求高，可以同步，甚至持久化到所有节点才返回
- 重复怎么办
- 接口幂等
- 可通过缓存实现幂等
- 可回溯吗
- 磁盘存储，删除策略可控制，可以按时间回溯
- 消息堆积
- 磁盘存储，依赖磁盘大小

3. 缓存集群

介绍一下为什么使用缓存。
并对 redis 和 memcached 简单进行对比。
重点讲解一下几个可能的方案：

- 持久化
- 性能损失不能容忍
- master-slave
- 复制延迟不能容忍
- 做备胎太奢侈
- master-master
- 复杂度太高
- 一致性问题

最终方案架构图如图 4-3 所示。

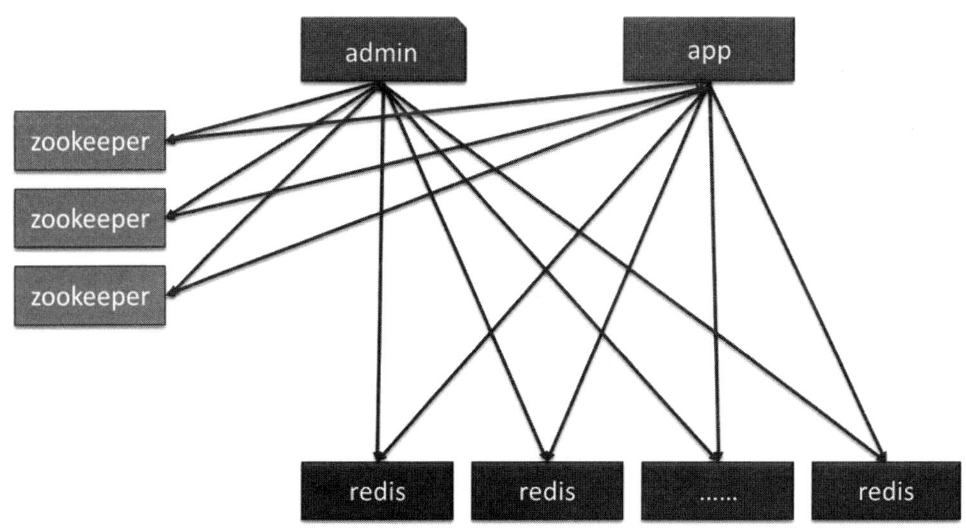

图 4-3　方案架构图

并且详细讲解每部分的功能、目的。

最后介绍架构带来的收益。

4. **智能价格**

介绍我们的竞变价系统，如何根据对手的价格信息，和自身价格的最低价、最高价、历史平均价、进价等影响因素，做到自动化变价。

三、新的尝试

- 消息队列
- 失败策略控制
- 消息过滤
- 推消息
- nosql 存储
- 自动分片
- 自动扩展

四、案例启示

- 及时总结、改进
- 及时报警、监控

根据业务特点在 cap 之间权衡，满足业务需求。

杨卫华点评：当当网数以万计的价格敏感变化是电商网站的营销手段，本案例以当当多年的经验教训为背景，很好地解决了这个难题。另外一方面，案例还介绍了适合电商行业的消息中间件的选型，包括选型 Kafka 背后的性能考虑。在缓存的集群架构方面，介绍了高可用的方案。整体来看，当当的案例对电子商务的行业具有很好的参考价值。

作者姓名：刘长虹

作者职位：首席架构师、高级产品经理

作者简介：硕士学位，东软集团技术战略发展部大数据首席架构师/高级产品经理，从事软件研发、产品创新及管理工作近年。曾在华为中央研发部负责云计算、云存储产品研发，主导和参与多个大数据产品设计

研发团队规模：30 人

研发团队职能定位：在东软集体负责大数据技术预研、大数据产品创新孵化及大数据技术规划咨询工作。主持和参与的超大、大、中型软件项目百余个，遍布电信、金融、航空、广电、电力、政府等行业领域

大数据在智慧商务领域的应用与实践

一、数字时代的客户战略

移动互联网改变了人们的生活，ICT 已经成为人们日常生活中必备的消费品。据统计，如今中国已经有 2.71 亿人使用网上银行服务，6383 万人通过互联网理财，3.31 亿人在网上购物，1.89 亿人在网上购买火车票、飞机票和预订酒店，6720 万人在线学习，2013 年一年就有 7200 万人次通过互联网挂号预约看病。

在人们获得这些服务的背后，离不开企业的支撑，人们对于更简单、更便捷、更便宜地获得服务的需求，正在推动企业的经营模式发生根本性的改变，商业模式不断被重新想象，由企业驱动的移动互联网时代已经到来。

在企业移动互联网时代，所有的活动，如研发、运营、管理等无一不是围绕客户进行的，客户至上变得更加重要，因为客户点击下鼠标、动一动手指就可以选择其他商家。要赢得客户，必须重塑客户战略。

企业需要更有效的方法来做营销和销售。还只是看重头部客户（2/8 原则中的 20%重点客户）已经不足够，长尾理论中 80%的尾部客户蕴藏着金子的富矿。互联网和大数据技术的发展，使抓住长尾客户的成本变得很低，想办法满足尾部客户的个性化需求才能找到新的商机。

现在，在平面媒体上投放广告已经被很多企业放弃，现在企业要的不仅是曝光率，而是要与客户建立长期、稳定、有效地连接，这种连接方式使企业可以了解客户是如何使用自己产品的，包括使用频率、使用时长、使用热点等。这种连接方式可以与用户更好地互动、提高用户黏性、降低成本、提高效率、产生更有效的价值。

客户不喜欢被轰炸营销，而企业惯用粗暴的营销方式，不到 1%成功率的电话营销、铺天盖地的短信和邮件营销，这样的效果却并不好。要创造全新商机、要扩大客户范围，需要通过更好的系统，自动化地、敏捷地满足客户个性化、精细的需求，适时地、准确地把产品信息或营销信息推送给客户。

二、解决之道：智慧商务

智慧商务旨在帮助企业有效地实施客户战略，提升关键业务转化率。智慧商务覆盖客户管理的全生命周期，能够帮助公司提高客户忠诚度、增加收入和利润。

1. 智慧商务要点一

用大数据技术采集用户日志、用户交互行为。很多企业已经或正在实施用户行为数据采集，比如航空公司采集手机客户端的用户行为，有线电视运营商采集用户机顶盒遥控器的操作记录，家电公司采集所有用户接触渠道的交互数据，这些数据都是可用于营销的宝藏财富。

2. 智慧商务要点二

用大数据技术分析、挖掘用户的偏好、爱好和兴趣，满足用户个性化需求。企业可以借助最适合的渠道在适当的时机向客户提供高度定制化的产品与服务。比如亚马逊的推荐系统，使电商网站交易额提升 25%。亚马逊分析用户过去购买过哪些商品，他们的虚拟购物车里有什么，哪些商品被他们评价或“赞”过，其他用户浏览及购买了哪些东西。通过个性化推荐系统，亚马逊向回头客们提供了深度定制的浏览体验。数码爱好者们会发现亚马逊上满是新潮电子产品的推荐，而新妈妈们在相同的位置看到的却是婴幼儿产品。大数据可做到实时对不同生命周期的客户进行实时标记和预警，并把有效的活动当成商品一样及时地推送给不同生命周期阶段的客户。

3. 智慧商务要点三

用大数据预测客户需求，开发新产品和新服务。企业可以挖掘大量各种信息，以改善下一代产品和服务：呼叫中心服务工单、保修记录、在线客户评论、博客、互联网搜索分析、基于位置的服务等。更广泛地采集用户数据，结合内外部数据，使大数据客户战略实现创收。许多公司都在利用大数据，精确定位客户需求，推出量身定制的新产品。

三、SaCa RealRec 大数据实践

如今的企业运营更强调：直接面向客户，拓展接触渠道；客户参与创新，帮助企业获得第一手的客户反馈，加速产品创新，从而提供更好的客户体验；贯通业务过程、上下游协作。因此，这个时代的企业应用表现出新的特征，即协作加速创新、数据驱动业务、服

务遍在按需、产品可信可控、平台支撑敏捷。为了快速满足新一代企业应用的需求，我们推出了升级版 SaCa 云应用平台，支撑企业互联网应用的快速构建，帮助企业拥抱互联网，提高效率、扩大客户范围。

SaCa RealRec 是领先的智慧商务平台。基于客户洞察，提供精细化行为分析、个性化推荐和精准营销服务，提高销售、营销的自动化和敏捷性，提高关键业务转化率，扩大客户范围，提高客户忠诚度，创造新的商机。产品的核心由知识图谱、兴趣图谱、社交图谱和发现引擎组成，用以支撑用户行为分析、个性化推荐和精准营销等 RealRec 业务场景，如图 4-4 所示，适用于所有终端客户为个人消费者的企业。

图 4-4　RealRec 业务场景

四、典型应用场景

典型的应用场景包括用户行为分析、个性化推荐、精准营销等。

1. 用户行为分析

用户行为分析应用场景如图 4-5 所示。

用户行为分析的价值：洞察客户、提升用户体验、提高转化率。适用于网站、Apps、智能终端等用户行为分析。××保险公司是中国三大保险公司之一，其财险电商 2013 年销售额达到 60 亿元，电商网站首页每天 PV 大于 50 万，逐年递增的巨大业务量使对客户的响应变得低效、缓慢。公司实施 RealRec 用户行为分析解决方案，整合内部 CRM、理赔和产品库等数据，构建了触网客户数据分析平台，帮助公司快速定位用户的潜在需求，为用户提供精准的主动营销服务，提高成交转化率，提升网站市场响应速度。

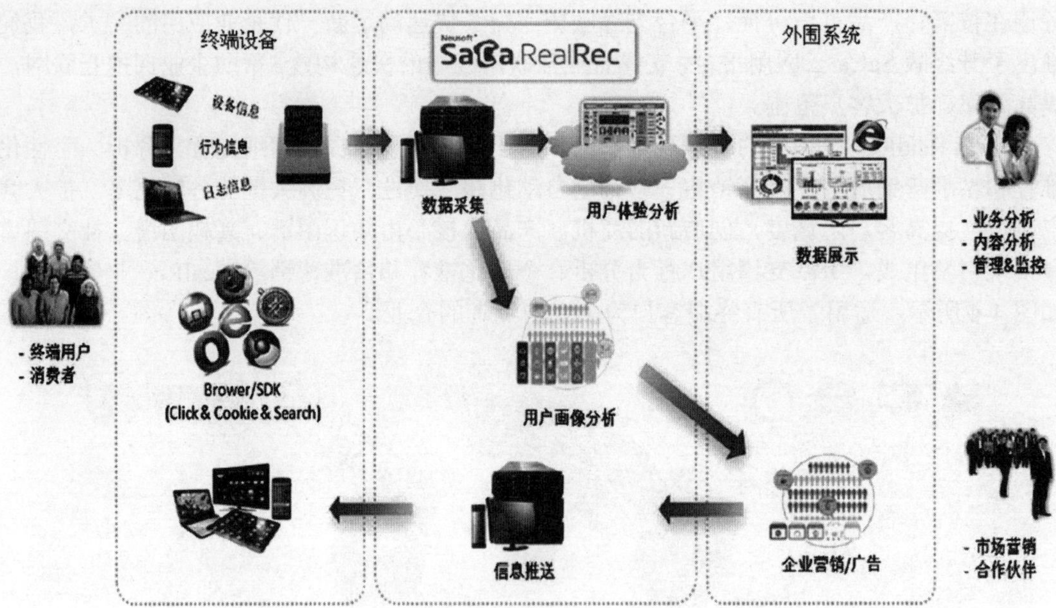

图 4-5　用户行为分析应用场景

2. 个性化推荐

个性化推荐应用场景如图 4-6 所示。

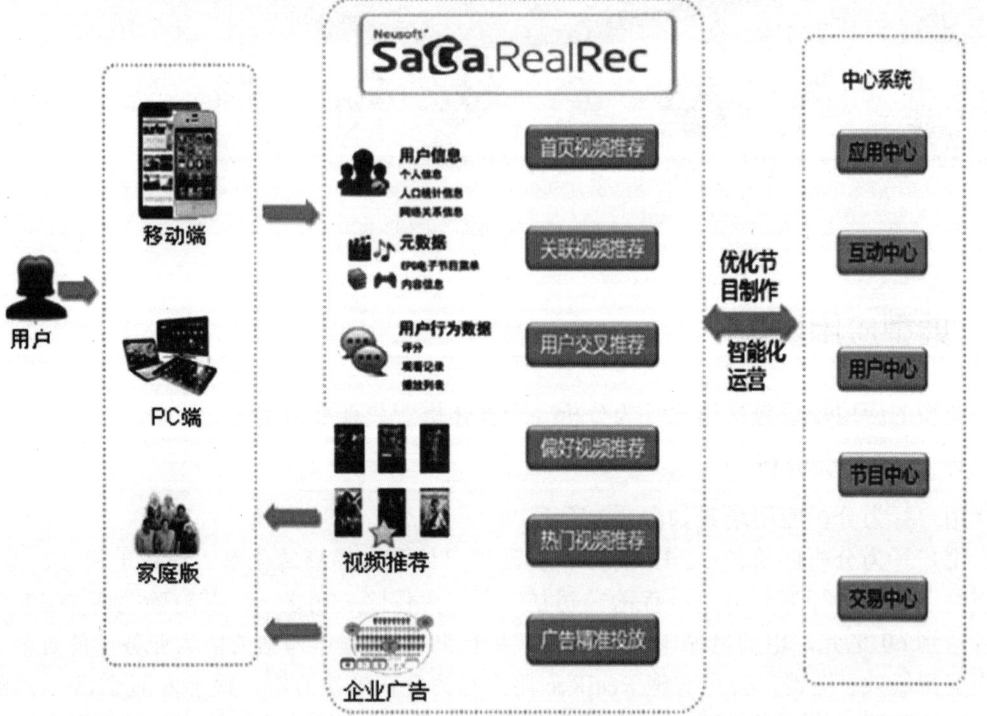

图 4-6　个性化推荐应用场景

个性化推荐的价值：从千人一面到千人千面，满足个性化、精细需求。个性化推荐系统是一种信息过滤系统，可用来发现用户可能喜欢内容或物品，适时、准确地把内容推送给用户。适用于阅读推荐、视频推荐和电商推荐等。××网络电视台是中国最有影响力的电视台下属新媒体，其业务范围包括网络电视台、IPTV。全站 PV 每天在 2 千万之上，但运营一段时间之后，流量增幅降低，公司后来采用 RealRec 改善推荐系统，无论在网页、移动 App、EPG 中都为用户推荐个性化的、用户可能感兴趣的内容，最终推荐内容播放转化率显著提升，全站流量提升 10%。

3. 精准营销

精准营销应用场景如图 4-7 所示。

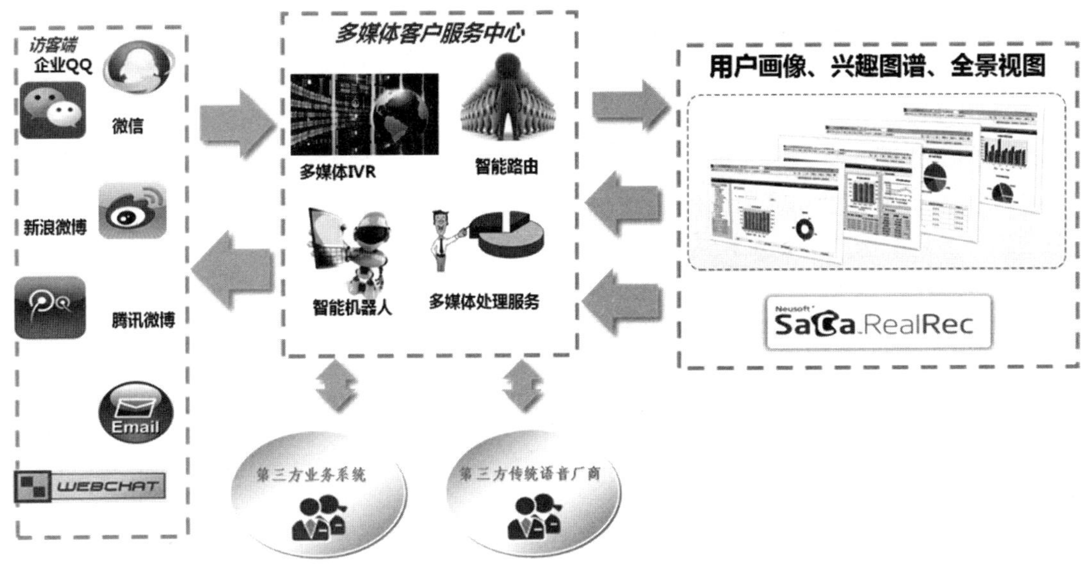

图 4-7　精准营销应用场景

精准营销的价值：新客户发现，老客户挖潜力。适用于终端用户是个人消费者的企业，如金融、航空、电信、广电、消费品等领域。××证券是国内著名证券公司，社交媒体兴起后，公司成立了互联网营销部门，采用纯人工的方式运营新媒体，结果效率和价值都很低。公司通过实施 RealRec 精准营销解决方案改进了在微博平台上的潜在目标客户识别和客户兴趣分析，通过对目标客户实施有针对性营销活动，新增开户数大幅提高。

五、总结

在 SaCa RealRec 大数据团队工作四年有余，被问到的最多的是下面 5 个问题。秉承胡适老先生的“多研究些问题，少谈些主义”，我尝试给这些问题一个答案。当然对这些问题，每个人都会有不同的答案，我很期待更多人与我交流。

（1）　大数据仅仅是技术问题吗？

是技术问题更是业务问题。

（2）　大数据必须数据量大吗？

数据量大重要，更重要的是思维方式。

（3） 大数据等同于BI吗？

BI是决策辅助，大数据是决策和预测。

（4） 大数据能解决所有问题吗？

大数据不是银弹。

（5） 大数据属于暂时性趋势吗？

热潮是暂时的，数据极速增长是永恒的。

周涛明点评：大数据的应用越来越广泛，大数据工具使用越来越容易，而且变得越来越成熟，东软利用大数据在智慧商务领域探索，给东软的很多合作伙伴带来了新的价值。本案例从各种终端用户的行为分析，通过大数据架构的处理，并作为输入，通过各种个性化推荐算法，进行个性化推荐，从而实现用户能够快速选购自己想要的东西。对于在现代传统行业而言，要转变思维，可以从拥抱大数据做起，并进行实践。本案例提出“大数据思维”的观点，诠释了传统企业要在市场活动中，需要紧跟客户，紧跟客户行为，并为此要在战略层面上做大数据思维的转变。本案例不仅仅是理论的宣导，也提供了实际案例和结果，例如阅读推荐的实施，流量得到提升，精准营销的实施，中高端客户流失率大幅下降，说明了由大数据给企业带来了营销能力和营销记录地提升。

作者姓名：沈剑

作者职位：58 同城高级系统架构师

作者简介：毕业于华中科技大学数据库研究所，曾任百度高级工程师，参加过多个百度 HI 重大项目的研发。现任 58 同城高级系统架构师，技术委员会主席，产品技术学院优秀讲师。曾多次代表 58 同城作为嘉宾参加 lamper 社区，top100summit，velocity，系统架构师等技术会议，分享 58 同城的架构技术

研发团队规模：30 人

研发团队职能定位：负责 58 同城即时通信，支付系统重构，摊销系统重构，数据库中间件，推荐系统等多个系统项目的设计与实现

58 同城推荐系统架构设计实现

一、58 同城与 58 同城推荐业务

1. 58 同城

58 同城是一家大型生活服务平台：对 58 用户，它定位于本地社区及免费分类信息服务，帮助人们解决生活和工作所遇到的难题；对 58 商户，它提供最准确的目标消费群体、最直接的产品服务展示平台、最有效的市场营销效果及客户关系管理等多方面服务。

2. 58 同城推荐业务

58 同城是一个用户与商户公有的平台，信息的推荐对 58 同城而言至关重要。以 58 同城的招聘业务线为例：在招聘用户端，为用户推荐更多更好的相关职位，能够增强用户的体验，也增加了 58 同城的 PV（Page View）；在招聘商家端，为商户推荐更多更好的相关简历，能够增强商家的体验，促进简历的下载量，从而增加 58 同城的收入。

推荐业务如此重要，在技术层面，如何设计推荐系统的架构，是本文需要重点讨论的内容。

二、推荐系统架构介绍

推荐系统是一个庞大的工程、算法与业务综合的系统，其主要分为三大子系统：

（1） 线下推荐子系统；

（2） 线上推荐子系统；

（3） 效果评估子系统。

后文将重点讨论以上三大子系统的设计与实现。

1. 线下推荐子系统

线下推荐子系统又分为线下挖掘模块、数据管理工具两大部分。

（1） 线下挖掘模块。

线下挖掘模块，是各类线下挖掘算法实施的核心，它读取各种数据源，运用各种算法实施线下数据挖掘，产出初步的挖掘结果，并将挖掘结果以一定格式保存下来。典型的，实施这些挖掘策略的是一些跑在 hadoop 平台上的 job，并行实施策略，并将挖掘结果保存到 hadoop 上。

（2） 数据管理工具。

数据管理工具，即 DataMgrTools，它是一个工具（或者服务），它能够接受一些管理命令，读取某些特定格式的线下数据，将这些数据实时或者周期性的打到线上的 redis 或者内存中，供线上服务读取。

数据管理工具是一个与业务无关的通用工具，它需要支持多种特定格式数据的上传，因为线下挖掘模块产出的数据可能存储在文件里，HDFS 上，数据库里，甚至是特定二进制数据。

该工具的实现要点是：定义好线下数据格式，线上数据格式，通过上下游 API 做数据的迁移和转换。

2. 线上推荐子系统

线上推荐子系统主要分为展示服务、分流服务、推荐内核、策略服务等几个部分。

（1） 展示服务。

展示服务，或者说是接入服务，它是整个推荐系统线上部分的入口，即整个推荐系统的接入层，它向上游提供接口，供上游业务方调用。

展示服务是无状态的服务（线上子系统各个服务都是无状态的服务），可以任意水平扩展，该服务的实现要点是：定义好通用的接口格式。

（2） 分流服务。

分流服务，它是推荐系统中一个非常有特色也非常重要的一个服务，它的作用是将上游过来的请求，按照不同的策略，以不同的比例，分流到不同的推荐算法实验平台（也就是下游的推荐内核）中去。

分流服务如何判断上游过来的一个请求分配到那个推荐算法实验平台呢？答案是通过策略和配置。几乎所有的服务都需要读取数据（data）和配置（conf），这些 data 可能是在线的动态变化的数据（例如：从 redis 中读取的数据），亦可能是相对静态的数据（例

如：城市列表），conf 比较好理解，即一些配置（例如：所有请求 80%流量必须走 A 算法实验平台）。通过这些策略和配置，配合请求带过来的参数，分流服务计算出流量分配到哪个实验平台。

该服务的实现要点是：实现通用的支持与或非关系的可配置的分流规则，与下游实验平台定义好通用的接口以实现将流量按需打往不同的实验平台。

（3） 推荐内核。

推荐内核，是各类线上推荐算法实施的核心，它其实只是一个通用的实验平台容器，每个推荐服务内部可能跑的是不同类型的推荐算法。

虽然推荐服务中跑着不同的推荐算法，但每个算法的实施步骤都是相同的，都需要经过以下 5 个步骤。

① 预处理；

② 预分析；

③ 去重过滤；

④ 排序；

⑤ 推荐解释。

每个步骤都可能存在多种不同的算法，不同的模型，各个步骤中的一种算法组合起来，完成一个完整的流程，构成一个"推荐算法实验平台"。

对于上述每个不同步骤中的不同模型，可能需要访问不同的外部 module 服务，例如：

推荐解释步骤，可能有两个模型，第一个模型在推荐解释阶段可能需要访问"解释-module1-服务"，第二个模型在推荐解释阶段可能需要访问"解释-module2-服务"，这些不同模型访问不同业务的需求，在架构层面都需要支持。

该服务的实现要点是：在一个推荐服务框架中跑多种策略，支持多个算法工程师在一个框架内并行开发/实验多个推荐算法，配合分流服务实现推荐算法实验平台。

（4） 策略服务。

策略服务，又叫策略 module 服务，它实现了一个个推荐内核下游的推荐 module。在推荐内核执行各个推荐步骤时，每个步骤中都可能存在不同的算法与策略，这些算法和策略可能需要调用一些和策略绑定比较紧密的 module 服务，它们并不是通用服务，而是相对专有的服务。

例如：排序 module 服务，需要有一套方便，高效，可扩展的排序服务。

该服务的实现要点是：实现一个通用的服务框架，让算法人员能够快速的生成 module 服务，并将自己的需求在 module 中实现，且能够在算法实验平台方便的进行 module 服务的调用。

3. 效果评估子系统

效果评估子系统又分为推荐服务调用端、浏览器上报端、实施效果分析端。

（1） 推荐服务调用端。

调用推荐系统接口的 58 同城业务线，例如招聘业务线。

（2） 浏览器上报端。

浏览器端 js，调用招聘服务时，能够在页面展现出推荐系统中推荐出来的结果，并且能够知道哪些推荐结果被点击了，且会将这些被展示的与被点击的信息进行上报。

（3） 实时效果分析端。

浏览器 js 将被展示的推荐结果，与被点击的推荐结果进行上报后，有一个实时效果观察的平台，第一时间得知上线后推荐算法与推荐策略所产生的效果。

三、总体架构

推荐系统是一个工程、算法和业务的综合性系统，上线了推荐系统，从此 58 同城正式进入了智能数据推荐的时代。

杨卫华点评：案例分享了 58 同城的推荐系统架构设计与实现，通过案例的总体架构图，可以详细了解一个线上的推荐系统的整体设计，其中算法、架构、离线计算、在线查询等环节如何有机的结合。同时案例中也介绍了推荐系统难点，以及推荐系统与其他垂直业务系统的异同。值得所有推荐场景的产品借鉴。

作者姓名：戴昊
作者职位：南京富士通南大软件技术有限公司资深架构师
作者简介：十余年的企业软件架构、开发和管理经验，侧重于企业应用软件架构设计。曾为日本第一，世界第二的瑞穗银行以及世界第二大证券交易所——东京证券，开发企业级系统
近十年技术讲师经验，现为南京大学和南京工业大学特聘技术讲师，南瑞集团（Nari）特聘技术讲师
研发团队规模：30 人
研发团队职能定位：主要负责客户大型项目的架构设计和研发

企业级横切关注点架构精粹——Microsoft Enterprise Library 6 中的原理、模式、实践

摘要：本文概要介绍在团队开始构建企业级系统的初期，关于如何架构、设计横切关注点模块，如：日志，异常处理，验证，数据访问；并且让这些模块具有高度可插拔，可配置，可扩展性提供了理论指导和最佳实践。从而提升团队的开发效率，以及降低团队今后在横切关注点模块上后期的维护成本。

关键词
基础架构，设计模式，最佳实践，Enterprise Library

一、引言

横切关注点（Cross-Cutting Concerns）与 Enterprise Library。

关注点（Concerns）指的是一块针对特定目的、可以完成相应工作的逻辑区域。从技术角度来看，一个典型的软件系统可以被分成两种类型的关注点：一种与软件需要完成的工作息息相关，被称为核心关注点(Core Concerns)，比如人力资源系统里的薪资计算模块；而另一种关注点与软件需要完成的工作并无太多直接联系，它们水平的散布在系统各个层级的核心关注点中，完成诸如日志记录、异常处理、数据访问、验证、安全等功能。这些关注点被称为横切关注点（Cross-Cutting Concerns），如图 4-8 所示。

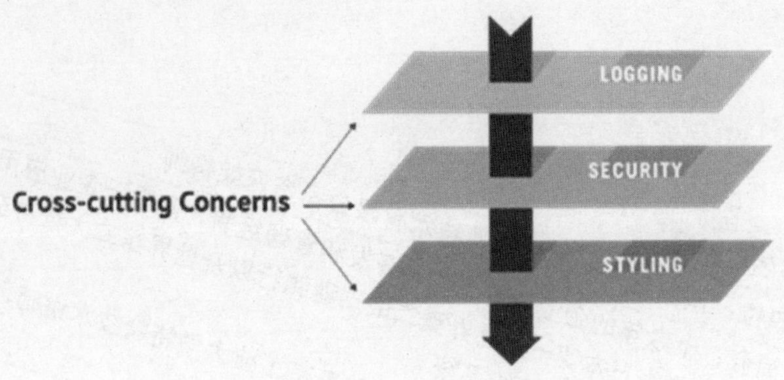

图 4-8 横切关注点（Cross-Cutting Concerns）

由于横切关注点横越多个模块，所以其本身可能会导致大量的代码重复，并且不利于各个模块的复用。AOP（Aspect Orient Programming）技术正是为解决这一问题而出现的，它使用“横切”技术，剖解开对象的内部，将那些影响多个模块的公共行为封装到可重用模块中，并将其名为“Aspect”。引入“Aspect”能减少系统的重复代码，降低模块间的耦合度，并有利于系统的可维护性。

在.NET 开发阵营里，也有着这么一个承担着实现横切关注点模块化的类库，它被称之为 Enterprise Library。Enterprise Library 可为开发人员提供强大的、易于使用的、可配置扩展的、各种模块化的横切关注点。当前 Enterprise Library 的最新版本为 6，可以提供诸如日志、异常处理、数据访问、数据验证、策略注入等横切关注点模块。

使用 Enterprise Library 可以提高开发人员的生产性，降低软件的维护成本。并且 Enterprise Library 项目本身就是一个很好地实现案例，Enterprise Library 的源代码是非常好的学习资料，从中不光可以学习到如何去实现横切关注点系统，还可以学习到怎么将好的架构、设计模式和编码技术融入到自己的项目中。

下面我们就从整体到局部，对 Enterprise Library 进行一个简要的案例分析。

二、案例解读

1. Enterprise Library 整体架构

Enterprise Library 由一系列的 Application Block 组成，每个 Application Block 都针对一个横切关注点提供实现。Application Block 被定义为“帮助开发者面对企业级开发的挑战的可插拔可复用的软件组件”。Enterprise Library 6 中共包含 8 个 Application Block。其中有 6 个承担具体的横切关注点实现工作，这些模块被称为“Functional Block”；另外有 2 个 Application Block 完成与低耦合构建（Wiring Up）相关的工作，被称之为“Wiring Block”。这 2 个 Application Block：“Unity”和“Policy Injection”用来帮助开发人员实现低耦合、可测试、可维护的系统。Enterprise Library 6 的整体结构图如图 4-9 所示。

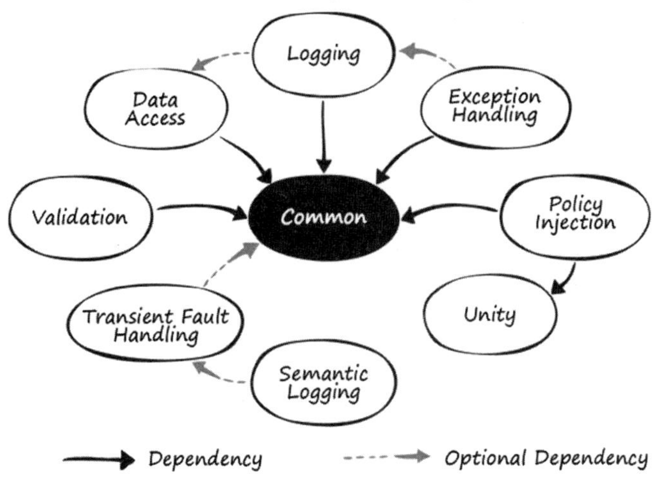

图 4-9　Enterprise Library 6 的整体结构图

从 Enterprise Library 的整体结构图中可以看出，每一个 Application Block 除了与 Common 模块相联系之外，与其他的 Application Block 都是松耦合的。所以你可以根据实际项目的需求，仅仅将需要的 Application Block 通过 NuGet（Visual Studio 的 Reference 管理工具）添加至你的项目中即可使用。每一个 Application Block 都支持两种完全不同的配置方式（代码编程或 XML 配置文件）对系统进行配置。可以让架构师，开发人员，系统运维人员选择最适合自己的方式对横切关注点的行为进行调整。每个 Application Block 都可以进行定制化的扩展，开发人员可以编写自己的扩展类并挂接至 Enterprise Library，以扩展整个 Enterprise Library 的功能。这样可以使 Enterprise Library 能更容易地嵌入至既有的系统或者对既有系统进行改善。

Enterprise Library 的每个 Application Block 之间是一种松散的耦合关系，但是每个 Application Block 内部，却是由关联非常紧密的各种类组合而成，用以构建功能丰富，具有弹性，并且易于扩展的横切关注点模块。每个 Application Block 中，都使用了很多架构技术、设计模式以及针对某一问题的最佳实践。下面我们以 Logging Application Block 为例，详细分析其所能提供的功能，以及所采用的技术。

2. Enterprise Library Logging Application Block 架构举例

（1） Logging Application Block 简介。

Logging Application Block 像 Enterprise Library 中的其他 Application Block 一样非常易于使用。推荐使用代码编程方式配置 Logging Application Block。可以通过以下简单的代码为系统添加文本日志功能。

```
// Create trace listeners
FlatFileTraceListener flatFileTraceListener = new FlatFileTraceListener
(@"C:\1.log");

// Build Configuration
LoggingConfiguration config = new LoggingConfiguration();
```

```
config.AddLogSource("General", SourceLevels.All, true,
                    flatFileTraceListener);
// Configure the LogWriter instance
LogWriter defaultWriter = new LogWriter(config);
// Write a log
defaultWriter.Write("This is a test log.");
```

看似非常简单的代码，所提供的日志系统功能却非常的丰富，Logging Application Block 提供了如下主要的 5 大功能：

① “发布/订阅”模式的日志分发与记录。

② 支持同步与异步两种日志记录方式。

③ 支持代码与文件两种配置方式。

④ 支持多层次的过滤器与多种格式化器。

⑤ 支持灵活的扩展和自定义。

要实现这些功能，Logging Application Block 做了很精心的架构设计，以及大量设计模式的使用。这些设计思想很值得作为案例给开发人员提供相应的参考。由于篇幅有限，后续的文中只进行最精简的分析。

（2）“发布/订阅”模式的日志分发与记录设计分析。

一条日志需要经过两个步骤才能写入最终的目标持久化设备上。这两个步骤分别为分发与投递。

分发：将日志发送至指定的分类（Source/Category），并等待投递。

投递：将分类中的日志发送到此分类所关联的侦听器，并记录。

为了实现日志的 1 对 N 的分发与投递，Logging Application Block 使用了观察者模式（Observer Pattern）。LogSource 作为经典观察者模式中的 Subject，而 TraceListener 作为经典观察者模式中的 Observer。这样一旦日志到达了 LogSource，就会被分发至每一个注册在这个 LogSource 上的 TraceListener，进而写入相应的持久化设备，如图 4-10 所示。

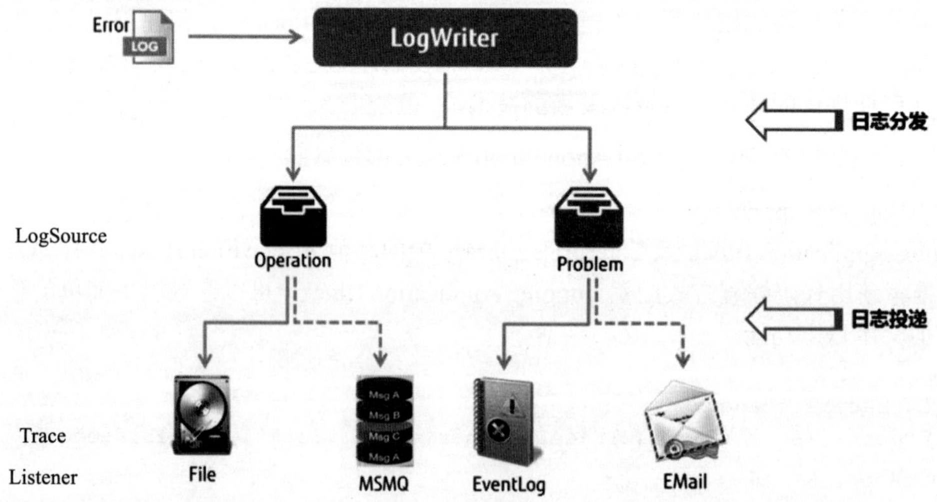

图 4-10　日志的分发与投递

（3）　支持同步与异步两种日志记录方式设计分析。

Logging Application Block 最早被设计成只能以同步的方式去记录日志，所以各种 TraceListener 的 Write()方法只有在日志被完整写入了之后才会返回。这在某些性能关键的系统上是不能被接受的，特别是在日志的目标持久化设备速度不理想的情况下。

Enterprise Library 开发小组为了应对这一需求，通过引入装饰者模式（Decoration Pattern）在同步日志记录的基础之上扩展出了异步日志记录这一功能。使用装饰者模式的好处是，可以在不改变既有同步日志记录代码的情况下，通过添加新的装饰类，提供异步日志记录功能。虽然初听上去非常神奇，但是这种做法的确能符合最基本的面向对象设计原则之一：开放封闭原则（Open/Closed Principle）——软件应该对修改封闭，对扩展开放。换言之，应该通过追加新的代码去改变既有代码的功能，而不是直接修改既有的已经通过测试的代码。

Enterprise Library 开发小组创建了 AsynchronousTraceListenerWrapper 装饰类来改变 TraceListener 的同步日志记录功能，使其支持异步操作。AsynchronousTraceListenerWrapper 继承于 TraceListener，并且包含一个 TraceListener 成员对象。继承是为了在类型上与 TraceListener 保持一致，这样可以在需要的时候代替 TraceListener；而包含是为了黑盒复用，为了能达到异步写入日志，可以通过在调用内部 TraceListener 成员对象的 Write()接口函数实现日志写入功能之前，将日志写入请求缓存在一个容器里，等到主线程空闲时，再由另一工作线程统一写入日志。这就实现了日志的异步写入。

当然，在缓存/获取日志写入请求时，还需要使用到另一个著名的模式——“生产者/消费者”模式。开发小组在最新的 Enterprise Library 版本中使用了.NET Framework 4.0 中开始引入的并行化库——Task Parallel Library 来实现。他们使用 BlockingCollection<T> 这个线程安全的“生产者/消费者”容器来完成工作。

Enterprise Library 与.NET Framework 的关系非常特殊，.NET Framework 会将 Enterprise Library 中一些优秀的设计纳入到框架中来，比如 Enterprise Library 5 中的 Caching、Security、Cryptography 模块。而 Enterprise Library 也在不断的使用框架所引入的新功能来提升效率和稳定性。

（4）　支持代码与文件两种配置方式设计分析。

Logging Application Block 可以通过编写代码以及 XML 配置文件的方式来进行构建。编写代码的方式如前文所示，通过代码直接实例化出各个层级的关键对象，并将这些对象组装成一个日志系统。这样做的优点是对于开发人员来说非常直观、简单。但是缺点也是显而易见的，在需要对日志系统进行调整的时候，需要做一些代码更改。这就会导致重新编译或部署。

XML 配置文件方式构建的日志系统具有非常大的灵活性和可配置性，系统的运维人员通过可视化的 XML 配置文件编辑工具，可以随时对日志系统的行为进行调整，在无需重新编译或部署的情况下，改变日志系统。

XML 配置文件方式需要两个重要机制的介入才能完成它的工作。其一是.NET 配置子系统，这个子系统将 XML 配置文件中所含有的各种对象信息解析，并进行实例化。另一个机制是工厂模式（Factory Pattern），工厂模式将这些实例化出来的零散对象，通过一定的规则，组装成一个完整的日志系统，并返回给开发人员使用，如图 4-11 所示。

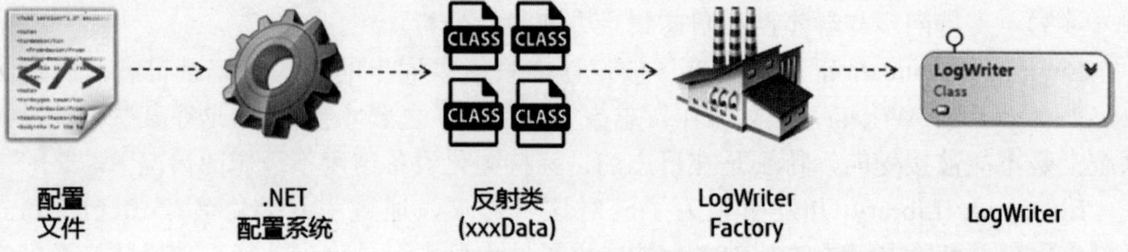

图 4-11　组装日志系统

这样的方式大大降低了开发人员的学习曲线，让开发人员无需了解日志系统的内部结构，即可完成日志相关的工作，并且也可以大大简化日志系统初始化的代码，如图 4-12 所示。

```
// Use LogWriter factory to create LogWriter
LogWriterFactory factory = new LogWriterFactory();
LogWriter writer = factory.Create();
// Write a log
writer.Write("This is a test log.");
```

系统的运维人员，可以通过配置文件编辑工具，在不需要掌握编码知识，以及不需要重新编译或部署系统的情况下，对系统的日志行为进行调整。

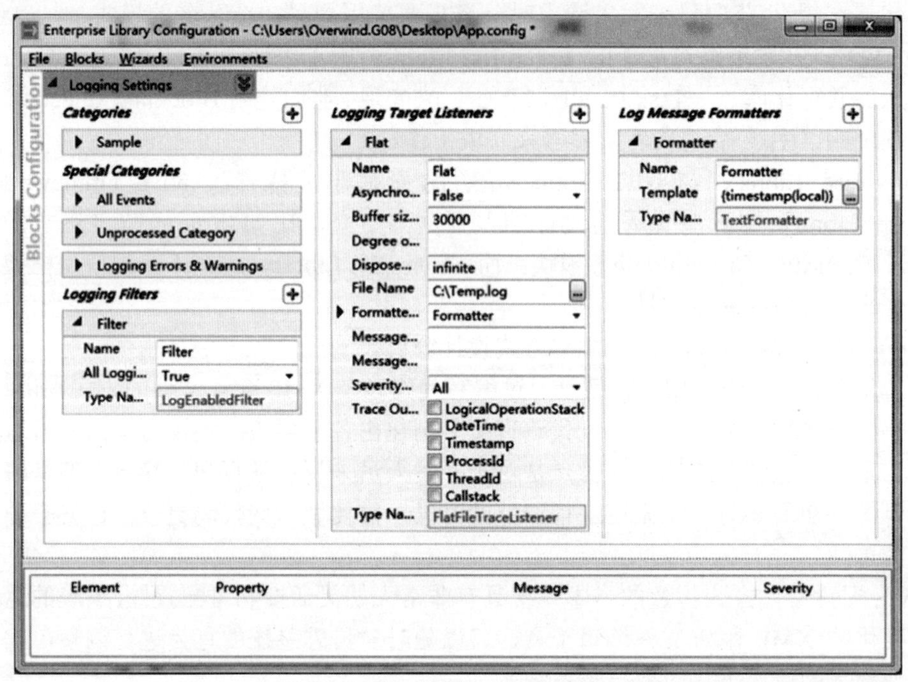

图 4-12　系统日志行为的调整

（5）　支持多层次的过滤器与多种格式化器设计分析。

Enterprise Library 开发小组在实现日志多层次过滤功能上的做法可以被当做最佳实践（Best Practice）借鉴到任何类似的场景实现中。Logging Application Block 的每一个层次上

都被内置了过滤函数，在处理日志之前，过滤函数会先行调用，只有通过过滤的日志才会被发送至下一层进行处理。

日志的过滤就是将日志的等级和日志系统中各层级上的过滤器等级进行对比，高于或等于过滤器等级的日志会被放行，而低于过滤器等级的日志会被过滤。为了提升过滤的效率，所有的等级都是通过按位与（&）操作来实现的。如图 4-12 所示：SourceLevels 代表过滤器等级，TraceEventType 代表日志本身的等级。

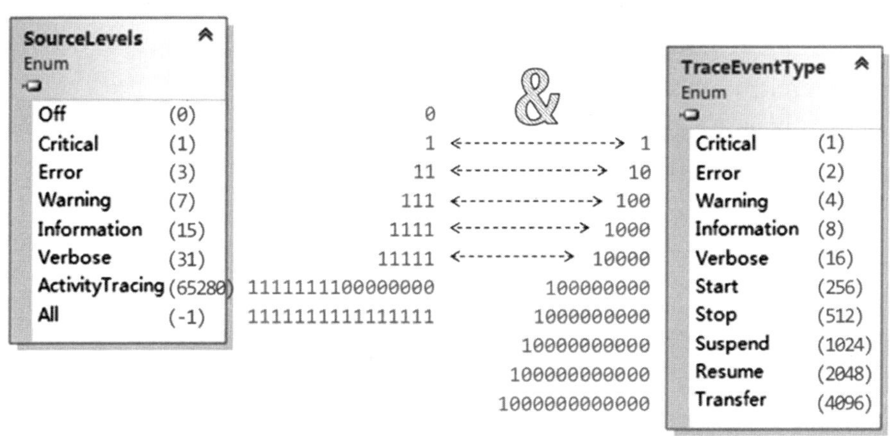

图 4-12　日志的过滤示意图

（6） 支持灵活的扩展和自定义设计分析。

对于这点的实现非常简单，Enterprise Library 开发小组为每一种可能会需要的扩展的类型都创建了接口或者基类，在需要自定义行为的时候，开发人员仅仅需要编写自己的类实现或者继承于这些接口/基类即可。

以上便是架构和设计 Logging Application Block 时所使用的原理、模式以及最佳实践。作为案例，对于开发人员是非常好的参考资料。

三、案例推广建议

Enterprise Library 是一套非常成熟的企业级横切关注点框架，非常适合企业级系统开发初期进行导入，对于在既有系统中加入 Enterprise Library 也无需耗费太多的迁移与维护开发的工作。

建议开发团队的成员从 Hand-On Labs 开始渐渐熟悉 Enterprise Library 的用法，在开发期间参考 Developer's Guide 进行开发。

团队中需要有至少一名可以深入至代码级别的架构人员，以便可以在某些特殊需求的情况下能更好的指导团队如何定制化的使用 Enterprise Library，或者将 Enterprise Library 的源代码针对需求进行修改以后再引入项目。

当开发团队对 Enterprise Library 有了深入地了解后，可以从中借鉴到很多架构，以及模式上的最佳实践。这可以大大提升开发人员的内功，以及提升开发与沟通的效率。

四、参考资料

Enterprise Library 开源站点：
http://entlib.codeplex.com/
Enterprise Library 官方站点：
http://msdn.microsoft.com/en-us/library/dn169621.aspx
Enterprise Library Developer Guide：
http://www.microsoft.com/en-us/download/details.aspx？id=41145
Enterprise Library Hand-On Labs：
http://www.microsoft.com/en-us/download/details.aspx？id=40286
Enterprise Library Source Code：
http://entlib.codeplex.com/releases

杨卫华点评：本案例介绍了通过 Microsoft Enterprise Library 6 中的原理、模式、实践，介绍了企业级横切关注点架构精粹。案例的受众可以根据案例中的最佳实践，将 Enterprise Library 6 直接注入已有的系统之中，并以此为基础，构建灵活可扩展的横切关注点子系统；也可以根据案例中解析的原则和模式，自行构建。

作者姓名：李小南
作者职位：高级软件架构师
作者简介：携程前端领域工作 6 年，携程技术研发中心前端框架组技术带头人
研发团队规模：20 人
研发团队职能定位：在携程主要负责不同环境下的用户行为数据采集，研究数据在前端方面的应用

移动端数据采集及应用实践

一、案例背景

2013 年，携程旅行网将无线应用与呼叫中心结合，提出“拇指+水泥”战略。在此之前我们在 PC 端的数据采集上已经有了一套相对成熟的方案，在网站流量、网站性能监控、用户行为分析等方面运用大数据做分析，提供对业务的各种数据支持。本案例主要是分享我们在移动端下的数据采集实践的经验。

二、案例实践

图 4-14 是案例实践应用的一个流程，分四个阶段：

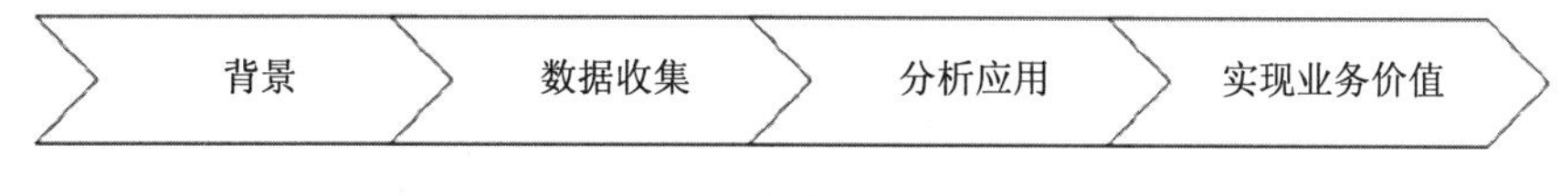

图 4-14　案例实践应用的一个流程

三、移动端特点

移动端最大的不同就是除了 Web 外还有 App，PC 端只要一份 JS 采集脚本就能完成数据采集任务，而移动端除了 JS 外还有各个平台下的 App 数据采集，数据采集层就增加了

很大的工作量，目前主流的是安卓和苹果以及 WinPhone，PC 端需要考虑的是浏览器兼容性，而在移动端需要考虑的是各种设备以及各种系统的版本。

1. 应用多元化

除了设备不同外，应用也分 Hybrid App 和 Native App，甚至同一个 App 里面有 Hybrid 模式业务模块，也有纯 Native 模式的业务模块，这些都是全新的挑战。

2. 用户敏感度

另外，移动端的用户更敏感，同一用户在不同情景下，用户体验完全不一样。这主要是因为移动端网络环境不固定，用户的地址位置和网络环境都是不断的更新变化的，好的时候是 4G 飞速，不好的时候 2G 基本就是蜗牛爬了。

用户对流量的关注，PC 端用户不会关心流量的问题，但是移动端，绝大部分用户都很关注流量的消耗。这就使得我们在做数据采集的时候，需要充分考虑用户使用环境，来优化我们的数据收集方案。比如，在条件允许的情况下，来决定数据的发送时机。

四、数据收集方式

在移动端我们延续使用图片发送 HTTP 请求的方式，将数据落地到服务端 Nginx 日志中来收集数据，使用此方式的优点：

（1） 完全的跨域支持、HTTPS 站点只需要配置证书即可。

（2） 没有兼容性的问题，无论是 JS 采集的数据或其他方式收集的数据都可以使用这种方式发送数据。

（3） 足够轻量，服务端只需要返回一张图片即可。

（4） 默认就是异步请求的方式，不影响用户的正常使用。

五、数据收集

图 4-15 所示是数据收集层的架构图。

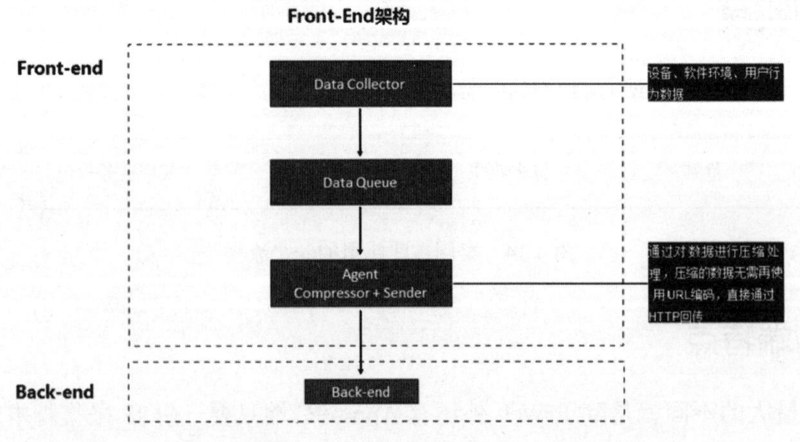

图 4-15 数据收集层的架构图

由图 4-15 可知，整体架构主要分三层：数据收集层（Data Collector）、队列层（Data Qveve）、数据发送层（Agent）。

1. 数据收集层

在 H5/Hybrid 应用中，我们使用的 JS 来做数据收集，Native 使用基础的 SDK，除了收集各类基本数据，另外提供 API，方便业务数据的收集，所有的数据都是通过这层来收拢的。

2. 队列层

数据收集后，并不是立即发送，而是进入队列。在队列中定义优先级，关键数据优先发送。实时性要求不高的数据，我们可以延迟发送，甚至放到 Wifi 的环境下再发送数据。

3. 数据发送层

在这一层我们会通过合并多条数据，减少 HTTP 的请求数，同时会对合并的数据做压缩处理，通过减少数据的大小来节省流量开销，压缩后的数据无需在使用 URL 进行编码，已经符合标准的 URL 编码规范。

六、数据落地及应用

Back-end 架构图如图 4-16 所示。

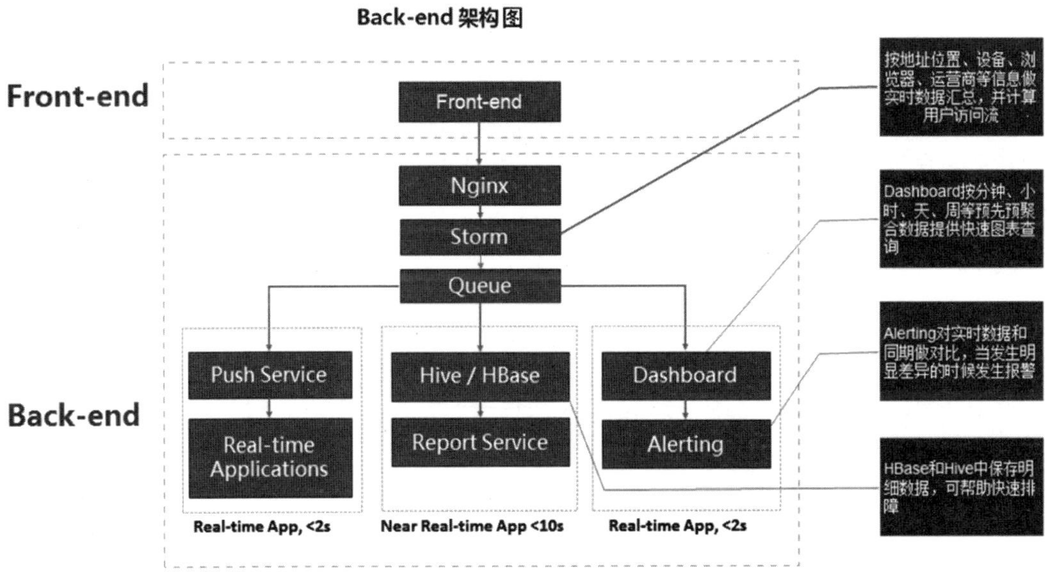

Back-end 架构图
Front-end
Front-end
Nginx
Storm
Queue
Push Service
Real-time Applications
Hive / HBase
Report Service
Dashboard
Alerting
Back-end
Real-time App, <2s
Near Real-time App <10s
Real-time App, <2s
按地址位置、设备、浏览器、运营商等信息做实时数据汇总，并计算用户访问流
Dashboard按分钟、小时、天、周等预先预聚合数据提供快速图表查询
Alerting对实时数据和同期做对比，当发生明显差异的时候发生报警
HBase和Hive中保存明细数据，可帮助快速排障

图 4-16　Back-end 架构图

1. Nginx 接收/记录 Log

Collector 服务是由性能卓越的 Nginx 集群来担任的。为了最大程度降低客户端回传数据时的资源占用，Nginx 采取只记日志，不做任何处理的办法。这样客户端回传数据可以

快速完成并关闭连接，使之对用户体验的影响降至最小。而 Nginx（包括 Apache 等）的常用访问日志格式中都含有 GET 请求的完整 URL，我们回传的性能数据就记录在 URL 的参数中。

为了优化 Collector 集群的负载能力，我们需要对 Linux、Nginx 等做相应的调优。

Linux 方面，最大打开文件数是最关键的一个参数。由于常规 Web 服务器往往运行着 PHP、JavaScript 等动态脚本，每个请求还涉及数据库操作，它们的并发能力到 1000 就不错了。Linux 服务器默认配置通常足以满足这个级别的并发数。但我们的场景比较特殊：我们几乎不需要做处理，只记下访问日志即可。Nginx 服务器以并发性能强著称，官方数据表示可以支持 10 万并发。在 Linux 系统中，每一个连接，对应的就有一个 Socket 文件，因此最大并发数受制于系统对最大打开文件数的限制。除此之外，还有一些网络相关的内核参数也根据应用场景进行了优化。

Nginx 方面，去除了不需要的功能，保留了 HttpEmptyGifModule。这个模块对到来的请求仅返回一个 1×1 像素的 GIF 图片。由于图片数据只有几个字节，直接保持在内存中，所以它可以以极快的速度对客户端请求做出响应。

利用以下代码进行配置，效果是访问 http://yourdomain/_.gif 将得到一个只有一像素的 GIF 图片，其响应速度非常快。

```
location = /_.gif { empty_gif;}
```

2. Storm 集群实时分析

后端数据分析程序采用了分布式实时流数据处理框架 Storm。基于该框架进行处理，一来面对搜集到的海量数据，可以横向扩展处理能力；二来实时流式的运算延迟很小，可以实时获取页面性能信息，使及时的预警成为可能。

Storm 把数据处理抽象成由一个个逻辑单元组成的拓扑结构（如图 4-17 所示）。每个逻辑单元由运算和输入输出组成，按照 Storm 的术语，这些逻辑单元有两大类：Spout 和 Bolt，其中 Spout 是数据的源头。

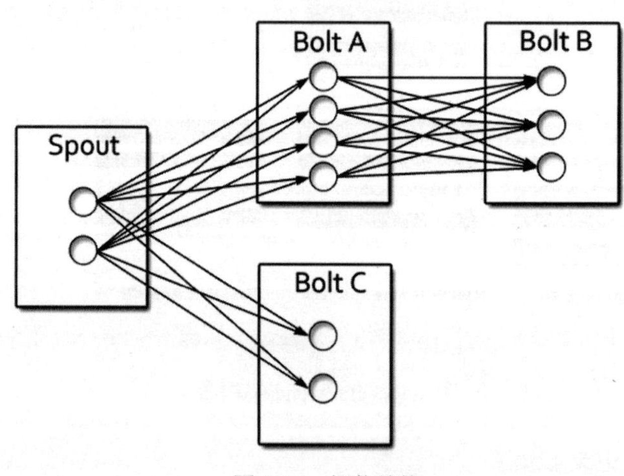

图 4-17 拓扑结构

这些拓扑结构，将被分散到集群中的各个物理节点上，从而进行分布式的高效运算，可以迅速处理大量数据。

我们在 Storm 集群上所做的事情，包括浏览器、操作系统、地理位置等的分析，分析后的数据，直接支持按地区、运营商、系统平台、浏览器类型，以及指定具体的页面等条件任意查询和报表。

3. 消息队列

后端架构中，Storm 产出结果主要是吞到消息队列中。从语义上来讲，Storm 上游的 Nginx 集群实际在扮演另外一个消息队列，即前端回传数据与数据处理应用之间的队列。我们在 Nginx 上添加了自行开发的读日志模块，它基于切割好的日志，提供按时间和行号来读取日志的服务。

这两组消息队列，完成了从前端到处理程序，再到数据持久化之间的数据缓冲及业务解耦。同时，我们队列是直接将数据存到磁盘并且保留一定时间（不因消费而立即删除，类似于 Kafka），这为数据重新处理提供了可能性。有时候可能应用程序有 Bug，或者有新的数据处理需求且要求将最近一定时间的数据处理出来，这时消息队列中保留的数据就会派上很大用场。

4. 实时推送/实时预警/报表数据

由于部门较多，需求多样，我们数据产出采用的基本原则是：通用型的直接处理出报表，非通用型的为需求方提供实时推送、非实时的 RCFile 两种数据提供方式，由需求方接收到数据后自行处理。

实时推送采用 thrift 协议，以实时性优先的方式发送数据给接收方。通常这路数据可以用来做一些有实效性的产品推荐等。

通用型需求中，实时预警结合公司自有的 Dashboard、Alerting 等产品实现。Storm 应用负责采集关键指标，并将之写入 Dashboard 中。Alerting 则根据配好的报警规则（如某指标的阀值）去检测 Dashboard 中的数据，如有异常，即生成报警，根据级别，通过邮件或电话通知的方式发出报警信息。

通用报表则提供近实时的 PV 量、页面性能监测、转化率、点击热度等相关数据。其中还包括一些比较有意思的报表，如用户 Block。这个是与用户体验，与交互设计有关的一个概念，我们会定义和记录用户操作中阻碍流程顺利进行的事件，如一个表单项填写错误导致提交不成功等。

七、案例启示

移动端远比想象的“脆弱”，需要充分考虑采集脚本的性能及数据的量，虽然现在移动设备的配置普遍都很高，但是用户的敏感度需要我们权衡流量和电量的消耗，更重要的是不能因为数据的收集影响到用户使用。很多细小的地方都会造成大的影响，我们曾经碰到过因为变量的“NULL”值判断，造成在 iOS 7 下触发系统底层的 Bug 导致浏览器崩溃的现象，还碰到过随机数的值过大（超过 32 位）的计算在安卓的某个版本下导致 App 的 UI 渲染会有概率出现 “卡顿”的现象。

八、参考文献

Nginx http://nginx.org/

Apache 软件基金会（Apache Software Foundation）

Storm https://storm.apache.org/

Hadoop http://hadoop.apache.org/

HBase http://hbase.apache.org/

Hive http://hive.apache.org/

开源社区以及其他开源软件

周涛明点评：本案例出自于携程旅游，但是确实是涉及 Web 端领域公司所通用的，李小南老师凭借多年的工作经验，总结出 Web 端的“脆弱”需要考虑采集脚本的性能以及数据的量、敏感度、数据流量、电量消耗和卡顿现象，但此案例权衡利弊，找到相对的平衡点，是在不同的 Web 平台上能够一如既往的从技术领域体现用户体验。

作者姓名：王玲

作者职位：辽河油田信息管理部网络科科长

作者简介：2008 年 1 月硕士毕业于大连理工大学项目管理专业，专业技术职务高级工程师，国家二级心理咨询师。长期从事信息、通信及科技管理工作，取得公司科技创新一等奖两个，科技创新三等奖两个，国家实用新型专利两个

所在研发团队规模：20 人

研发团队职能定位：负责企业管理过程中自助开发平台的架构研究

智助理诞生记——

企业管理过程信息化自助开发平台架构研究与应用

软件开发可以像操作 office 一样简单么？——可以。

会操作 Excel 的普通办公人员多久能学会？——1 天。

我们的口号是：用户编程零基础，只要做过表格，严格按照傻瓜手册的使用说明，即可利用企业管理过程信息化自助开发平台（以下简称智助理）达到实时自助开发。“实时”即工作“思”路确定时，所思即所建、所建即所现、所现即所用。

我们的目标是：改变传统的办公方式，再细小的日常工作，都在网上办理，所有数据都能追溯源头；不改变办公习惯，每个人都能把自己的日常工作想法克隆到网上，不存在流程再造；于细微处求极致，追求能与业务实时紧密融合的软件开发创新历程！

近几年，国内各级机关、大中型企、事业单位正大力开展信息化建设，而大型企业的信息化建设主要依赖国外大型公司，不可否认国外软件的技术力量确实雄厚，如 IBM、微软以及德国公司 ERP 软件，但应用于中国企业，有许多“水土不服”的地方，软件架构与实际管理流程差距较大，以致于企业的信息化应用实效不明显，与业务发展融合度低，特别是管理类软件，到底是管理流程再造，还是软件流程再造，始终是个问题，推广使用后都存在诸多问题，因各种不适应要不断升级、改造，甚至于废掉，造成投资浪费。

目前，国家、省市各级机关、大中型企、事业单位都有信息技术骨干队伍，他们介于业务管理与程序开发之间，熟悉业务，技术力量较强，如何利用单位自身信息团队力量，建造符合单位自身业务需求的信息化应用，更好地融合程序员与业务人员之间的对话，于是我们提出了企业管理过程信息化自助开发这个构想。

提出构想后，对智助理的服务范围进行定位，首先明确了什么是“管理过程”，即每天不断重复的简单工作，包括通知、检查、调研、汇总、处理、上报等日常固定工作，包括组织会议、任务分配、过程监督、落实汇报等协调推进工作，包括日报、周报、月报、季报、年报等各类业务报表，以及领导交办的随机任务。我们认为，这些细小的工作过程是所有业务管理的最终体现，如果能设计出若干最小“管理原子”软件模块，通过各种组合，就可以涵盖所有管理类业务，并迅速推广应用，实现管理工作过程记录留痕，从而提供个人工资成果记录，新人快速学习交接通道，上级方便检查工作，内外审计痕迹追溯等。

我们知道，根本来讲，程序是为业务服务的，管理是靠程序固化的。在传统软件开发模式中，业务人员要写出开发需求却不懂程序，程序员要根据需求确定开发方案却不熟悉业务；业务要求程序越灵活越好，程序又要求业务需求相对固定；但随着管理工作开展经常要调整需求，程序员必然面临大量改变原有程序的情况，所以业务需求与程序编制之间从根本上缺乏有效的深度融合，造成同类管理软件开发的时候随意性强，标准各异，重复开发，废弃率较高。

为了解决这一根本问题，我们提出由信息技术人员搭建自助开发平台，设计平台架构、功能需求和建设总体目标，由业务人员根据需求自主设计表单与流程搭建，由程序员完善平台基础功能模块，这样一个三维立体的创新合作开发模式，发挥各自的优势互补，形成合力，推动平台基本功能越来越完善，更好地为业务提供“智助理”。

平台架构的设计理念是先进、实用、开放和包容，自助开发的最基本的功能需求是实现数据的表单式填报，无缝同步存储在数据库，以及灵活展示。我们选择利用C/S架构的大数据管理挖掘能力实现数据表单式填报，利用B/S架构的大用户方便查询能力实现灵活展示，后台数据库支持Oracle、SQLSERVER以及Mysql。在C/S架构内，采用Java Web Start技术，自主开发“管理原子”功能模块，实现数据表单式填报、数据填空式提取与回写及傻瓜式数据库命令操作。

平台建设总体目标是实现在一个平台架构下，开展企业内部各类管理业务数据设计、流程审批、历史数据查询、报表生成、统计分析以及图形应用等日常工作。将信息化的技术应用延伸到最基础的日常管理，由业务人员快速、便捷地将传统的手工管理过程，自助开发流程搬到平台内实现信息化管理。大大提高工作效率，将简单重复繁杂的手工工作方便地电子化，利用服务器的计算分析能力，减少误差，将业务人员从繁琐的事务中解放出来精做管理，并将管理思路不断固化到程序中，让软件开发像Office一样由业务人员自己做主；将编程人员从业务盲区中解放出来专注功能开发，并将功能模块不断完善到平台内，让平台扩展随意灵活，不再局限于一个人或一个团队的固有思维。

辽河油田信息管理部结合多年来管理类信息系统开发经验，组织团队培育智助理，目前其基本功能模块已实现各种业务工作流的搭建与实时调整；实现各种数据收集的上报、汇总与挖掘；实现各种报表的方便上报、汇总与展示；实现各种数据统计分析。目前已经

在辽河油田成本管理、网络管理、车辆管理、会务管理等 10 类日常办公管理过程留痕方面有了大量的实践应用。减少了重复建设，降低了成本投资，提高了开发速度，加快了信息化进程，极大地提高了办公效率，促进了业务人员的工作热情，正逐步推广到全公司各类办公管理实现信息化留痕。使用智助理，由业务人员自助，根据需求复杂程度，据实际应用统计，开发时间为 1～3 天，可缩短 70%的开发时间；使用智助理，管理类软件开发杜绝重复建设，整体投资成本可减少 70%；使用智助理，可彻底解决跨部门、跨业务的数据壁垒，减少信息孤岛，部门间单个数据接口开发费用可减少 90%；使用智助理，据实际应用统计，日常管理时间可缩短 80%，工作质量可提高 50%，极大提高工作效率和质量。

未来十年，企业管理信息化将逐步追求并实现这种自建方式。今天一小步，明天一大步，让信息化技术手段更智能地落地为企业服务，这是软件人孜孜不倦追求的目标和精神！中国企业特别热衷于国外软件，缺少民族气息，中国大多数用户成为国外软件系统的测试员，中国应大力发展民族软件。这需要中国的软件人，更智慧，更专注，更用心，更接地气，与业务紧密融合，并驾齐驱！

杨卫华点评：这是辽河油田一个企业内部的案例，作者介绍了在日常工作中将经常重复的一些需求通过平台化的思路来实现的经验。结合多年来管理类信息系统开发经验，组织团队搭建企业管理过程信息化自助开发平台，极大地提高了办公效率。工程师利用这个平台，只需要极短的时间，就可以搭建好服务内部的信息管理系统，这种平台化思路值得需要大量内部信息系统建设的行业参考。

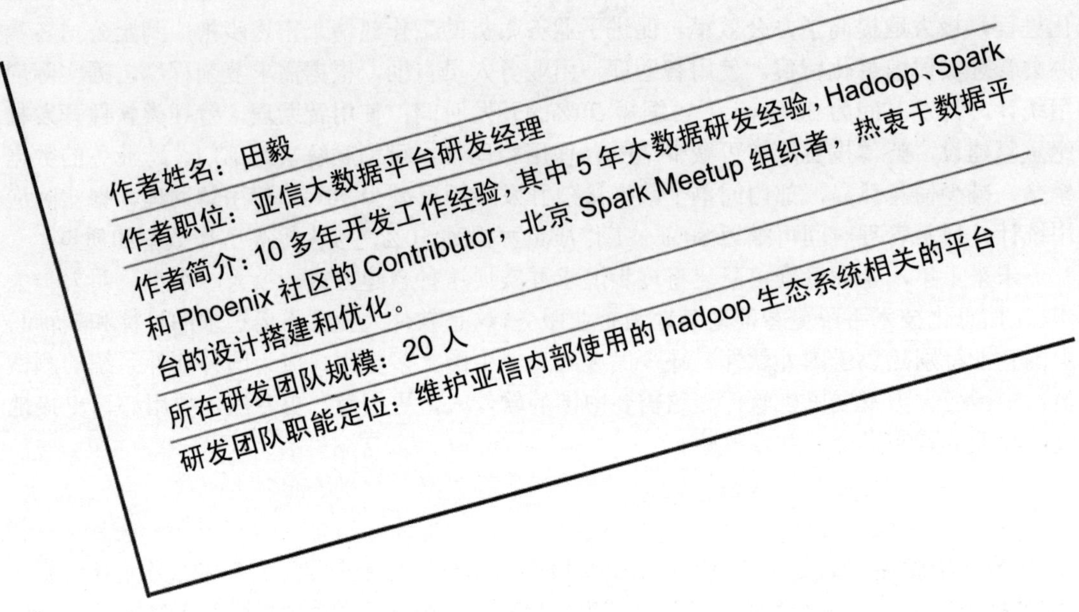

Spark 应用案例分析

一、Spark 平台的优势与收益

首先，解释一下我们为什么会选用 Spark 作为首选的技术方案。

如图 4-18 所示，Spark 是一个统一的大数据处理架构。Spark 基于核心组件 spark-core，向上封装了 SQL、Streaming、MLlib 和 GraphX 这四大类接口，分别可以支持不同的数据处理场景。然而，Spark 最强悍的不是支持多种数据处理场景，而是多重场景的融合。

应用层 User Application
API层 SQL 分析计算 | Streaming 流计算 | MLlib 机器学习 | GraphX 图计算
核心层 SPARK-CORE

图 4-18　Spark 平台

可以想象，假如一个程序，能以实时的方式从消息队列中读取所有人的微博信息，使用 SQL 的方式对数据进行分类统计，再使用机器学习的算法，对微博内容进行聚类分析，那么它就可以形成一个实时的微博内容舆情分析平台。

相信目前新浪肯定有这套系统，原因众所周知。但你们是否相信可以用 Spark 在 15 分钟内就把这部分功能开发并运转起来呢？

除众多数据处理场景的融合之外，Spark 为实现数据处理统一平台还可以通过 RDD 良好的扩展性，方便地扩展 Spark 支持的数据源。目前在数据源方面 Spark 已经支持 HDFS、JDBC，数据格式支持 JSON、Parquet，等等。DataStax 也已经为 Cassandra 开发了 Spark 的 API。Spark 将在 1.2 以及以后的版本中提供统一的数据源 API 以支持用户自定义数据源的扩展。在大多数企业的 IT 系统中，是存在多种数据存储平台的，比如文件服务器、关系型数据库、HDFS 等。Spark 可以在多种存储平台上构建统一的多数据源计算处理平台。除了功能上的强大，Spark 在其他几个方面也具备比较好的特性。

传统方式有以下几方面的特点。

（1）　复杂的批量数据处理：HDFS+MR+Hive。

（2）　基于历史数据的交互式查询：HDFS+Impala。

（3）　基于实时数据流的数据处理：Storm。

这种方式下必然存在以下几个问题。

（1）　数据交互难。

（2）　资源争抢。

（3）　人员技能分散。

使用 Spark 带来的好处有以下几方面。

（1）　技术上的统一，从而组织结构简单。

（2）　数据交互方便。

（3）　资源统一调配。

RDD 统一计算模型可以为 Spark 用户提供更统一的接口，对 Spark 本身的开发有很大的作用，可以轻松扩展多种使用场景。

而程序代码量可以大大减少，完成同样的功能，代码量分别如下。

（1）　Hadoop：2470k。

（2）　Hive：925k。

（3）　Impala：2320k。

（4）　Spark：291k。

为了提升代码可读性，以 Word Count 举例如下。

```
   Spark:
   val lines = ssc.textFileStream (args(0))
   val words = lines.flatMap (_.split(" "))
   val wordCounts = words.map (x =>(x,1)) .reduceByKey (_ + _)
   MapReduce:
   public static class TokenizerMapper extendsMapper<Object, Text, Text, IntWritable>{
      private final static IntWritable one = new IntWritable(1);
      private Text word = new Text();
      public void map(Object key, Text value, Context context)throwsIOException, InterruptedException {
          StringTokenizer itr = new StringTokenizer (value.toString()) ;
          while (itr.hasMoreTokens())  {
   word.set (itr.nextToken()) ;
```

```
context.write (word, one) ;
        }
    }
}
```

这里只列举了 Map 方法，可以看到 MR 的 API 暴露了相当多的实现细节，对于大多数人来说，很多细节根本不是业务应该关心的细节，而 Spark 的 API 就简化很多，在代码量大大减少的同时，也很好地提升了代码的可读性。

Spark 最吸引人的特性还有它高效的执行引擎。和 MR 相比,Spark 的性能优势主要体现在两个地方。

（1） 高效的事件触发机制+多线程的执行机制，使得 Task 的执行非常高效，启动时间达到亚秒级。

（2） DAG+lazy evaluation 的编程范式大大地减少了数据分析计算过程中的持久化落地动作。

如表 4-1 所示，Databricks 的 Reynold Xin 测试的一个 Spark 平台的排序性能，打破了 Yahoo 在 2013 年创造的排序速度世界纪录。

表 4-1　排序性能

	Hadoop World Record	**Spark 100 TB**	**Spark 1 PB**
Data Size	102.5 TB	100 TB	1000 TB
Elapsed Time	72 mins	23 mins	234 mins
# Nodes	2100	206	190
# Cores	50400	6592	6080
# Reducers	10,000	29,000	250,000
Rate	1.42 TB/min	4.27 TB/min	4.27 TB/min
Rate/node	0.67 GB/min	20.7 GB/min	22.5 GB/min
Sort Benchmark Daytona Rules	Yes	Yes	No
Environment	dedicated data center	EC2 (i2.8xlarge)	EC2 (i2.8xlarge)

二、Spark 与现有 Hadoop 生态的互操作性

Spark 支持多个 Hadoop 版本的实现，众多 Hadoop 商业版本提供商也纷纷收录 Spark 到最新的发行版本（如 Cloudera、Hontonworks、MapR 和 Pivotal），目前 Spark 提供 yarn-client 和 yarn-cluster 两种模式来支持 Spark 程序在 yarn 上运行，目前常用的执行方式如表 4-2 所示。

表 4-2　常用的脚本

模　　式	执行方式
yarn-client 模式	使用 spark-shell 来执行 scala 脚本 使用 thrift-server 来执行 hql 脚本
yarn-cluster 模式	使用 spark-submit 来执行复杂的 spark 应用程序

将 Spark 运行在 Yarn 上的好处有以下几点。

（1）　可以与 MR 良好的协调使用资源（目前还存在一些问题）。

（2）　可以通过 Hadoop 的安全机制运行在 Kerberized cluster。

从 Spark 1.0 开始，Spark 增加了一个重要的组件，Spark SQL，Spark SQL 目前主要通过 HiveContext 实现了以下功能。

（1）　访问 Hive 仓库中所有数据的能力。

（2）　大部分 HQL 语法的解析和执行。

Hive on Spark（HIVE-7292）目前正在开发中，很快就可以成为 hive 的第三个执行引擎（前两个是 mr 和 tez）。

三、Spark 实践

Spark 完成场景如表 4-3 所示。

表 4-3　Spark 完成场景

场　　景	
输入数据	用户信令数据：每秒钟 5 万条 用户资料数据：8 千万行
业务需求	根据输入数据沉淀形成用户实时信息和行为轨迹 根据用户资料，以及用户的行为轨迹，匹配到合适的业务，对用户进行主动营销 需要支持多业务的扩展
输出数据	用户实时位置信息 需要进行业务营销的用户信息

1.　业务架构

我们的业务流程如图 4-19 所示。

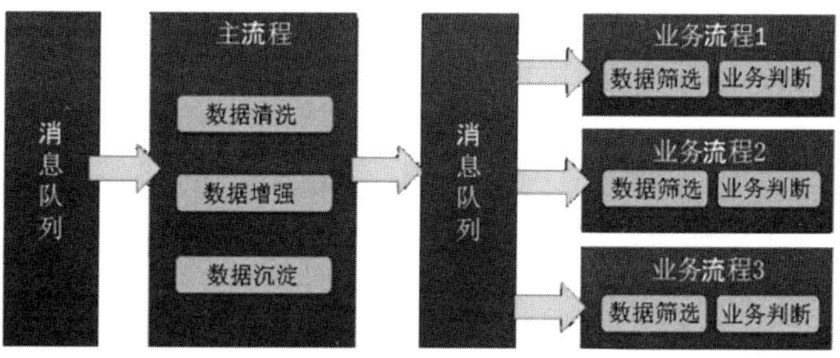

图 4-19　业务流程

我们的业务流程几个关键环节如表 4-4 所示。

表 4-4　业务流程的关键环节

主流程	公共流程，主要考虑性能方面，是所有业务流程的基础，生命周期非常长，更新频率低
数据清洗	将数据中非法数据进行过滤
数据增强	对流数据字段进行补充，增加例如用户资料等信息的判断，用于后续业务逻辑的判断使用
业务流程	也叫子流程，负责进行具体业务逻辑实现，使用 SQL 方式快速实现，生命周期短，更新频率高
数据过滤	针对业务需求过滤掉与业务无关的数据
业务判断	使用 SQL 等方式配置业务数据判断规则

2. 技术架构 1

我们在一开始采用了这种技术架构来实现业务逻辑，如图 4-20 所示。

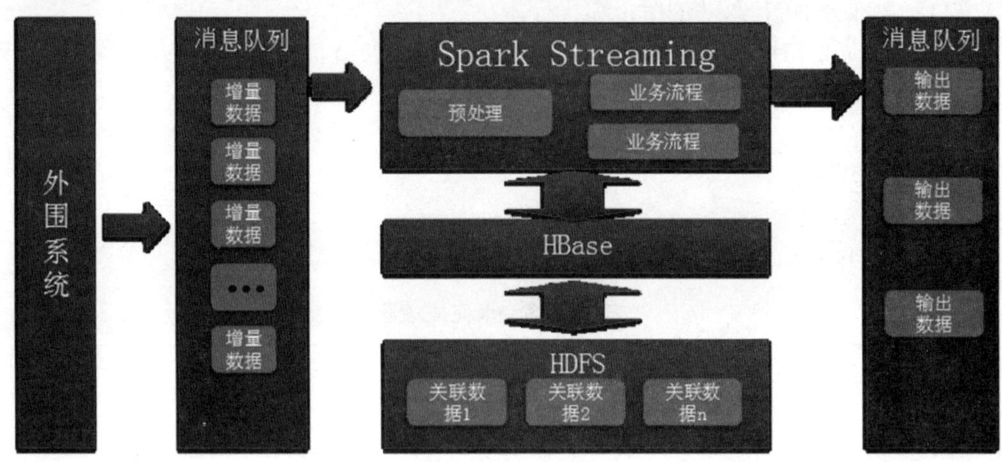

图 4-20　技术架构

测试了一段时间之后，我们对第一种技术架构进行了总结，如表 4-5 所示。

表 4-5　技术架构的总结

遇到的问题	优势：单条处理延迟低，batch 可以设置为 2～5 秒 缺陷：业务逻辑需要每条数据关联 hbase 至少 4～6 次 对 hbase 集群的性能要求是每秒 20～30 万次 HBase 集群处理吞吐能力无法满足要求
优化	Spark 优化：Kafka 接收数据优化：多 Topic，多 Dstream，Repatition Task 并行数量优化：Hbase 优化 预建多分区：balance
结论	机器数量有限时，Spark 的 task 并行能力会受到集群规模影响 一定程度上会限制 Hbase 的吞吐能力 机器数量有限时，如果数据量巨大，无法满足性能要求

3. 技术架构 2

在原有技术架构的基础上，我们对技术架构做了轻微的改造，如图 4-21 所示。

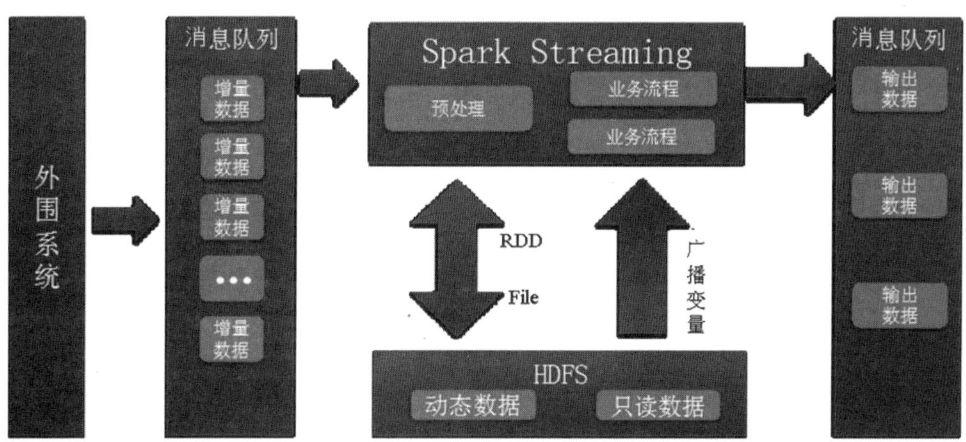

图 4-21　技术架构的改进

优势：使用 FileRDD（批处理模式）＋广播变量实现极大提升吞吐能力。

劣势：延迟大幅增加。

小技巧：

使用 Spark 的 CoGroup 方法，可以实现两份数据关联后输出两份结果的功能，如图 4-22 所示。

图 4-22　CoGroup 方法

使用 SparkSQL 可以基于 SparkStreaming 灵活的使用 SQL 进行逻辑处理，例如：

```
inputDStream.foreachRDD (rdd=>{
 rdd.… . registerAsTable ("inputTable")
  val tempRS = sql ("xxxxx")
  tempRS .… . registerAsTable ("tempTable")
  val result = sql ("xxxxx")
 …
}
```

可以根据业务变化灵活的修改 SQL，如图 4-23 所示。

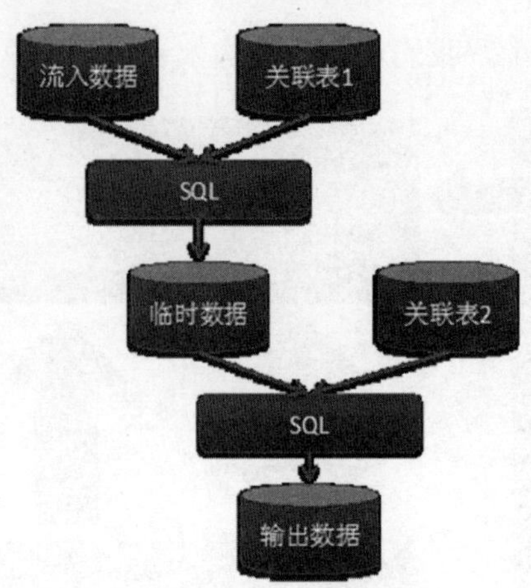

图 4-23　SQL 的修改

四、使用 Spark 的建议

使用 Spark 进行流计算，如表 4-6 所示。

表 4-6　使用 Spark 进行流计算

适合场景	允许延迟在 2～5 秒及以上的业务 对吞吐量要求较高，且增长迅速的业务 需要频繁更新外部数据
Spark 进行流计算的优势	可以直接写 SQL 处理数据 相对方便的使用 Hive 或 hdfs 中的数据
使用到外部数据常用方法	外部数据量远大于流数据时：使用 Hbase，redis，memcache 等外部系统进行逐条存储，查询 外部数据不是很大，且需要读写操作：直接使用 Spark 读取并关联外部数据以批处理的方式进行查询和更新 外部数据较小，且只读：使用广播变量的方式将外部数据提前广播到各个节点

周涛明点评：本案例介绍了 Web 性能优化的基础理论，特别是 QPS 模型上做了深入的介绍，并且用公式化模型，指出了 qps 取决于 CPU 的利用率和 CPU 时间，通过公式化定量分析，Web 性能优化是符合木桶原理的，即 QPS 峰值取决于木桶的短板，这些短板包含 CPU、内存、服务器网卡上线、交换机网卡流量上限、线程池、锁等待，所以通过最大吞吐量模型，能够指出性能优化的方向。在大型网站性能优化过程中，需要上千台机器，性能优化对于节约成本，提高运帷效率将起到非常关键作用，本课题不仅仅是理论介绍，并且以 aliexpress 的活动应用的性能优化实战，去验证最大吞吐量模型。并且介绍了常见的性能优化具体方法和实力，演讲者思维非常清晰，图文并茂，由理论到实战，无疑能给初级、中级的专业人员提供很好的借鉴。

作者姓名：王盼

作者职位：网易杭州研究院资深开发工程师

作者简介：2010 年硕士毕业后，进入华为中央软件部从事虚拟化平台研发工作，2012 年加入网易杭州研究院，任资深开发工程师

研发团队规模：30 人

研发团队职能定位负责网易私有云 IaaS 平台研发工作，工作内容集中在 OpenStack 计算服务 nova（CPU QoS、resize、live-migration 等），存储服务 cinder（自研存储后端接入等），基于 qemu guest agent 的云主机监控，对 Libvirt 也有所研究，在完成公司私有云需求的同时修复了较多上游 Bug

网易私有云 IaaS 平台研发实践

摘要：为满足公司高效管理 IT 基础设施的需求，网易云计算团队基于开源流行的云计算框架 OpenStack 构建私有云 IaaS 平台。IaaS 平台不仅支持构建网易私有云众多 PaaS 层服务，同时支持部署大量的互联网产品应用。本文将首先介绍网易私有云特别是 IaaS 平台的概况，其次将分享研发 IaaS 平台的经验。

一、网易私有云概况

网易私有云由网易杭州研究院负责研发，主要提供基础设施资源、数据存储处理、应用开发部署、运维管理等功能以满足公司产品测试/上线的需求。网易私有云的整体架构如图 4-24 所示。整个私有云可分为三大类平台：核心设施平台（IaaS）、基础服务平台（PaaS）以及运维管理支撑平台。核心设施平台提供了计算、网络、存储等核心 IT 设备的虚拟化，包括：云主机、云网络、云硬盘三大服务。基础服务平台主要提供数据存储、应用两大类服务。其中数据存储类服务包括：对象存储、关系型数据库、分布式数据库、对象缓存等服务，而应用类服务包括：全文检索、负载均衡、消息队列、容器引擎、转码等服务。运维管理支撑平台提供面向运维、公共服务、业务流程处理等能力，包括监控、计费、自动部署、自助管理平台等服务。

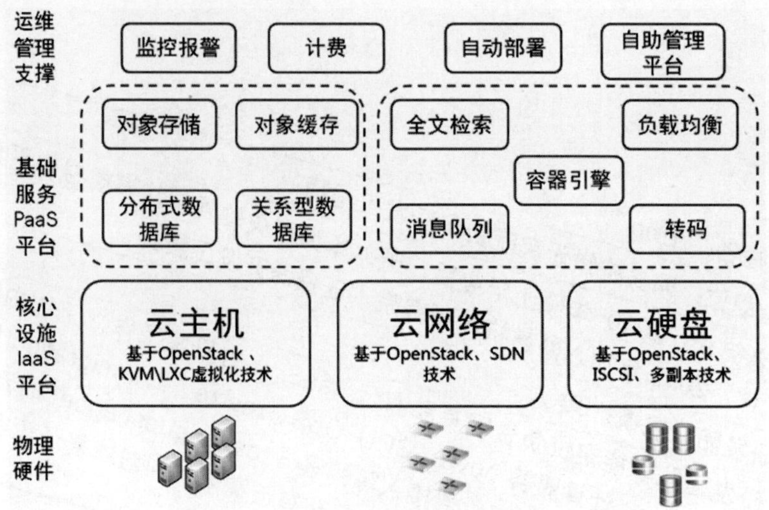

图 4-24　网易私有云的整体架构

当前网易私有云已经稳定运行了 2 年多，为网易公司多达 30 个互联网和游戏产品提供服务。从应用的效果来看，网易私有云已经达到了以下目标。

（1） 提高了公司基础设施资源利用率，从而降低了硬件成本。以物理服务器 CPU 利用率为例，私有云平台将 CPU 平均利用率从不到 10%提升到 50%。

（2） 提高了基础设施资源管理与运维自动化水平，从而降低了运维成本。借助于 Web 自助式的资源申请和分配方式以及云平台自动部署服务，系统运维人员减少了 50%。

（3） 提高了基础设施资源使用弹性，从而增强了产品业务波动的适应能力。利用虚拟化技术将物理基础设施做成虚拟资源池，通过有效的容量规划以及按需使用，私有云平台可以很好适应产品突发业务。

（4） 优化了技术与产品部门的分工，提升了公司产品研发效率。借助网易私有云，技术部门将构建产品所需的公共技术服务研发封装成云服务，更好地为产品服务。而产品部门可以将主要精力放到做好产品业务本身。

二、IaaS 平台介绍

1. OpenStack 简介

OpenStack 是一个开发、简单易实现、可扩展的开源云平台。它主要有以下特点。

（1） 开放源代码，遵循 Apache2.0 的开源协议。

（2） 基于 Python 语言开发、具备高可扩展性。

（3） 功能强大、组件丰富（近 20 个云服务）。

（4） 体系架构清晰，组件化、易定制及二次开发。

（5） 社区活跃、生态系统日趋完善。OpenStack 社区研发进展飞快，每 4 周发布一个开发版，半年发布稳定版。当前最新的 OpenStack 稳定版为 Icehouse，下一个发行版为 Juno（2014 年 10 月发布）。

2. 网易 IaaS 平台

网易私有云 IaaS 平台基于 OpenStack 社区的 Keystone、Glance、Nova、Neutron、Cinder 等组件研发，主要提供云主机、云网络、云硬盘服务三大核心服务。

云主机服务基于 Nova、Glance、Keystone 研发，利用流行的 KVM/LXC 等虚拟化技术，提供可扩展、安全稳定的弹性计算服务。其功能主要包括：云主机生命周期管理（创建、删除、快照、停止、启动、规格调整等操作）。

云网络服务基于 Neutron 研发，利用最新的 Vxlan/OpenvSwitch 等软件定义网络技术，提供可扩展、自定义网络拓扑、灵活可配置的网络服务。其功能主要包括：网络资源管理（网络拓扑管理、网络资源生命周期管理）和网络策略管理（网络连通性、网络接入）。

云硬盘服务基于 Cinder 研发，利用自主研发的多副本分布式存储技术作为后端存储方案，提供可扩展、可靠、安全稳定的弹性块存储服务。其功能主要包括：云硬盘基本生命周期管理（创建、删除、挂载、卸载等）和一些高级功能（扩容、QoS 设置、本地单副本云硬盘等）。

三、研发经验介绍

两年多来，私有云 IaaS 平台研发团队在需求分析、技术选型、架构设计、运维准则、测试方法、研发流程、项目管理、团队建设等方面积累了宝贵的经验，下面将分享这些经验。

1. 需求分析

我们在开发 IaaS 平台的前期在需求方面走了一些弯路，开发了一些实际使用中很少使用到的功能，还有一些需求不明确导致功能开发混乱，无法维持功能的兼容性，可维护性也变得很差。另外对私有云来说，基于 OpenStack 研发一个私有云已经能满足企业内部绝大部分的需求，因此更要认真分析需求的合理性和必要性，据此我们总结了以下几个方面的经验。

（1） 首先要保证需求导向，需求是研发的出发点，技术是为了满足需求，不能为了技术而技术。

（2） 注重平台稳定性（包括可用性和可靠性等方面）、性能等非功能性需求。

（3） 要重视用户反馈功能型的需求，对需求深挖并评估是否合理，提出需求共性，防止需求蔓延。

（4） 在讨论清楚需求的合理性之后，一定要对需求做深入分析，尽量减少对开源代码的改动，使用开源社区已有的实现来实现，或者引导用户改变使用方式来达到上述目的，最终保障功能的可维护性。

2. 技术选型

（1） 自主研发或者基于开源平台研发。

自研发路线，对代码实现有完全掌控，并能规划并掌控后续的研发，实现的任何功能都不用考虑如何与上游同步问题，更新代价小，但研发代价很高，且重复造轮子；据我了解，阿里云、青云、腾讯云、UCLOUD 等云平台都是自主研发实现的。

基于开源平台研发路线，选型很重要，相对来说研发代价较小，能快速构建起来使用，但稳定性有风险，受限于其架构，后续对开源平台的定制功能有可能较难，后续不能掌控开源平台的发展，如果自定制需求与开源社区发展不匹配，定制开发的维护以及后续跟进更新的开源版本工作量较大。

我们的经验：从自身需求出发选择路线，如果现有开源平台已经满足基本的需求，且有一些工业界应用例子，可以考虑选择；另外一般来说，除非关键的需求不能满足而且该开源平台架构太糟糕，互联网公司都比较喜欢选择基于某个开源平台研发。比如，互联网大数据处理需求一般都基于 hadoop、hive，hbase，Web 服务器都在 nginx、apache 上做一些优化。

对我们来说，考虑到开源云平台已经满足我们绝大部分需求，而且我们研发私有云初期投入的力量不大，所以基于开源平台研发，是自然而然的选择。

（2） 开源平台、虚拟化技术有不少，如何进行选择？

充分调研论证，全方位评估，评估内容主要包括：

① 是否已经形成或将要形成生态系统（开发、用户、商业支持）或者是否有一些工业界的应用案例。

② 开发社区是否活跃程度。

③ 平台架构上是否具备高可扩展性、组件化、易二次开发定制。

④ 自己动手部署并进行对比易用性、易维护性等方面，进行原型验证及测试。

⑤ 摸底，其功能满足企业需求的程度。

另外评估过程中还需要把眼光放长远一些，关注生态系统的行程和发展趋势，而不是当前成熟度。这个很重要，因为平台要一直用，考虑的不能仅仅是现在，未来更加重要。

我们的选型内容主要包括如下几个方面：

① 云管理服务：OpenStack、CloudStack 二选一。

② 虚拟化技术：Xen、KVM 二选一。

③ 系统及内核等：系统需要在 Linux 发行版中选择一种，内核可以后面升级，主要考虑系统的使用熟练度、源的更新进度、Bug 的修复速度等方面。

（3） 最终选择。

上面提到的那些自主开发的云平台，其开始研发的时间都早于 OpenStack 或者在 OpenStack 流行之前，而后续的云平台如百度、360、USTACK、新浪云、美团云、京东云平台等都采用了 OpenStack 作为云计算平台，并且 CloudStack 平台的社区活跃度和商业支持都比 OpenStack 要差很多，因此我们选择了 OpenStack。

KVM 是目前 Linux 平台下最优秀、使用最广泛、最容易运维和管理的虚拟化技术，选择 KVM 也是水到渠成的事情。

Debian 是系统运维组最熟悉的系统，也是公司内部使用比较广泛的系统，所以我们选择了 Debian 发行版 Linux。

OVS 也是 SDN 技术的引导者，使用广泛并且性能良好，社区活跃。

所以我们的最终选型方案是：OpenStack + KVM + OVS + Debian Linux 3.10。选型经验

主要是充分调研，全方位评估，科学选型。

3. 架构设计

（1） 架构目标。

① 组件间松耦合，高内聚，避免“重”依赖。

② 架构上实现服务高可用是 IaaS 平台必须要考虑的内容。

③ 设计时要合理地整合自研服务如认证、计费、监控报警等。

OpenStack 架构符合上述目标要求，其组件支持高可用：镜像服务、认证服务、API 服务、调度器、L3 等，其依赖的软件也支持高可用，如 RabbitMQ、DB 等，社区也提出了一些高可用部署的参考方案。从研发的角度来说，我们也向使用平台的产品部门提出了平台保证的服务等级协议（SLA），研发团队需要竭力保证 SLA（与团队绩效有关）。

（2） 经验。

① 充分评估平台架构。

② 公共服务功能统一开发：认证、计费、监控报警。

③ 架构上要松耦合，高内聚，避免各种“重”依赖。

④ 架构 review 和设计方案需要经过评审方可实施。

4. 运维准则

运维在云计算中的占非常大的分量，云计算是“三分技术，七分运维”。OpenStack 项目中运维相关的功能比较少，运维非常不友好，且需要人工介入成分较大（运维负担较重）。为此我们制定了以下几点运维准则。

（1） 功能开发需要朝着满足易运维的目标，优先满足运维功能需求，开发巡检工具、监控报警等自动运维功能，实现易运维目标。

（2） 运维管理规范和流程（除了常规的系统运维规范如权限账号管理，私有云 IaaS 平台还需要制定上/下线节点流程、定期巡检流程、部署新环境流程、镜像制作规范、线上故障应急处理流程等），这些都是摸索和经验总结得来；运维需要靠规范和流程保证少出人为的线上事故，同时会提高运维的效率。

（3） 开发与运维一起承担 IaaS 平台运维工作。

在资源规划方面我们也在实际运维过程中，根据实际问题制定了一些运维策略。

① 提前做好数据中心规划（机房、机架、网络资源、物理硬件、软件版本等）。

② 平台容量规划（何时扩容、配额管控）。

③ 制定运维规范和流程，减少运维人为事故。

④ 节点上下线、重启流程。

⑤ 定期巡检规范。

⑥ 安全审核规范。

⑦ 云主机系统镜像制作规范。

⑧ 线上故障应急处理流程。

经验：运维无小事，要重视运维！

5. 测试方法

（1） IaaS 平台测试内容。

主要包括功能型测试和非功能型测试（稳定性、异常、性能）两个大类：

① 稳定性测试：云平台涉及较多底层技术（内核、虚拟化软件等），稳定性测试验证平台在一定压力下能否长时间（7X24）可靠运行。

② 异常测试：验证平台在预设各类异常情况下（硬件故障、内部服务异常等）能否按设计正常表现（比如自动恢复、异常报警等）。

③ 性能测试：管理服务 API 性能以及云主机、云硬盘、云网络、内核本身等的性能，为性能优化和参数调优提供数据支撑。

④ 经验：测试须完备，重点保障非功能性测试，另外测试自动化程度要尽可能高。

（2） 重大功能上线前需要完成的测试。

① 稳定性。

② 异常。

③ 性能。

经验：无测试，不上线！

6. 研发流程

（1） 研发管理工具链。

主要借鉴了 OpenStack 社区的实践，并进行一定程度的定制，具体工具有以下几个。

① Jira：开发任务/Bug 的跟踪管理。

② Git：代码仓库管理。

③ Gerrit：多人代码 review（由于是底层服务，需要格外重视代码质量）。

④ Jenkins：测试持续集成（静态代码检查、单元测试、集成测试。

使用这套工具之后，研发流程自动化程度比较高，Jira，Git，Gerrit，Jenkins 工具链自动触发运行，流水线工作，很好地协同，可加快软件开发发布的流程，实现每天都可以发布多个软件版本，满足功能及时部署到测试环境供 QA 验证，以及线上 Bug 紧急修复的软件发布要求。

开发提交代码到 Git，自动触发 jenkins 持续集成测试，把关基本的功能和代码质量，减少代码 review 人员的工作量，代码 reivew 通过后自动 merge 入库，入库后可自动制作软件发布包，并定期更新到测试环境。

这套工具还具有易用、工作量可度量等特点，工具有 Web 页面操作，代码 review 可自动发邮件通知，对 git 提交记录进行分析可获知一段时间内对代码的修改，推知整体的项目工作量/每个开发人员的工作量；对 gerrit 的 review 记录进行分析可获知代码 review 人员的工作量。

图 4-25 展示了我们所用的研发工具链。使用这套工具之后，研发流程自动化程度比较高，jira，git，gerrit，jenkins 工具链自动触发运行，流水线工作，很好地协同，可加快软件开发发布的流程，实现每天都可以发布多个软件版本，满足功能及时部署到测试环境供 QA 验证，以及线上 bug 紧急修复的软件发布要求。

图 4-25　研发工具链

（2） 代码管理及发布。

① 代码分支：社区版本的稳定分支（上游）、发行版制作分支、开发分支、稳定分支、发布分支。

② 代码合并原则：代码必须通过持续集成测试各项内容，重视代码 review，确保代码要至少一个核心开发 review 才能合并。

③ 发布管理：首先从稳定分支挑选需要发布的代码 cherry pick 到发行版制作分支，发行版制作实现一键化全自动制作，加快发布流程。

④ 发行版源管理：每个级别的环境都对应一个独立的源，互不影响。

⑤ 制定上线发布流程：用户通知、上线审核、上线操作、回归测试、上线成功通知。

（3） 环境管理。

① 开发/测试环境：用于 IaaS 平台本身的开发功能测试。

② 联调环境：底层与上层有功能开发耦合依赖，用于与私有云上层服务（如关系数据库等）进行联调测试。

③ 演练环境：与线上环境配置（硬件软件）完全一致，用于发布线上前的预演。

④ 线上环境：生产环境，用于产品实际部署应用。

⑤ 经验：不断摸索改进，建立适合自身研发流程。

7. 项目管理

（1） 管理模式。

① 项目管理全程跟进。

② 每天站会同步研发状态、发掘现有风险。

③ 利用 Jira 和白板跟踪任务进度。

（2） 研发周期。

① 发布周期为 1 个月，完成需求、开发、测试、上线。

② 制定目标与及时总结。

③ 制定研发里程碑目标（半年），阶段性及时总结发现问题（一个季度）。

经验：项目管理要适应快速迭代的“小步快跑”研发推进方式。

8. 团队建设

（1） 团队组成。

① Linux 内核/网络、KVM/LXC/libvirt 虚拟化开发、SDN 技术、存储技术。

② 云主机开发（nova、keystone、glance 等）。

③ 云网络开发（neutron）。

④ 云硬盘开发（cinder）。

⑤ Web 前端/交互/视觉。

⑥ 测试。

⑦ 运维。

（2） 团队成果。

为了与网易私有云其他服务（云监控、云计费、认证等）深度整合以及满足公司产品使用和运维管理的特定需求，我们团队在及时跟进 OpenStack 社区动态并参与社区开发的同时，在社区 OpenStack 版本的基础上独立研发了包括：云主机资源质量保障（计算、存储、网络 QoS）、镜像分块存储、云主机心跳上报、Flat DHCP 模式下租户内网隔离等二十多个新功能。同时，我们团队在日常运维 OpenStack 以及升级社区新版本中，也总结了一些部署、运维规范以及升级经验。两年多来，网易私有云 OpenStack 团队的研发秉承开源、开放的理念，始终遵循“来源社区，回馈社区”的原则，在免费享受 OpenStack 社区不断发布的新功能以及修复的 Bug 的同时，我们团队也积极向社区做自己的贡献，从而帮助 OpenStack 社区的发展壮大。两年来，我们团队一共向社区提交新功能开发/Bug 修复的 commits 近 100 个，修复社区 Bug 50 多个，这些社区贡献涉及 OpenStack 的 Essex、Folsom、Havana、Icehouse、Juno 等版本。与此同时我们也鼓励团队成员跨界发展，给成员机会尝试介入 OpenStack 各个项目及公司内部其他依赖模块。

四、案例启示

综合上述各个方面的经验来看，我们在开发网易私有云平台的过程中主要有以下几点心得体会。

（1） 小投入：充分利用开源项目带来的好处，构建小规模的研发团队，来达到快速输出可用产品的目标，之后再精打细磨，打造高质量云平。

（2）大产出：我们在很小投入的情况下，在公司内部对公共技术服务首次实施云化，我们部署的 IaaS 平台已稳定运行两年多，广泛服务于网易公司产品，大大节约物理硬件、运维人力、部门沟通等方面的成本。

（3） 启示：需求导向，借力开源，科学选型，快速迭代，重视运维，测试完备。

雷鸣点评：网易的私有云，有效地针对小投入大产出观点做了深入的解析和分析，此案例能够了解 IaaS 平台两年内稳定运行的内幕，揭示了网易公司如何利用固有的设备，极大地减少了硬件、人力等成本。

作者姓名：张荣华

作者职位：阿里巴巴网站架构师、技术专家。

作者简介：2013 年加入阿里巴巴，在此之前，曾在 cisco-webex web 平台组工作 4 年，土豆网架构组工作过 2 年，在大型电子商务营销平台、大型网站架构有丰富的经验，曾经带领团队实现过视频 CDN，带领团队实现高性能的 RPC 中间件，并且规划，设计和推动过 Open API 平台，实现过分布式 JCR 系统。且早年在 javaeye 上比较活跃，曾是 javaeye 5 钻级会员

研发团队规模：150 人

研发团队职能定位：负责国际事业部营销平台及性能相关领域，专注国际事业部 B2C 国际技术部的营销平台的建设

最大吞吐量计算和 Web 性能优化实践

一、前提

我要让 qps“飞”起来，但是在优化中，我们也只是让 qps 从 170 左右上升到了 500 左右，并没有让 qps“飞”起来。而我发现在我们的场景下 gzip，已经成为势必要解决的最大问题，于是我花了一段时间，对我们互动页面场景做了一系列降低压缩级别地测试，结果如图 4-26 所示。

压缩级别从6到3			
6->3	QPS	RT	Band Width
92KB	↑51%	↓32%	↑13%
138KB	↑53%	↓37%	↑12%
182KB	↑60%	↓45%	↑13%
248KB	↑65%	↓39%	↑16%
295KB	↑61%	↓38%	↑16%

压缩级别从6到1			
6->1	QPS	RT	Band Width
92KB	↑60%	↓37%	↑19%
138KB	↑63%	↓40%	↑17%
182KB	↑70%	↓45%	↑20%
248KB	↑68%	↓40%	↑25%
295KB	↑70%	↓42%	↑25%

图 4-26

通过一系列的计算，最终发现压缩级别降低带来的机器成本的下降，和带宽带来的提升与带来的成本上升互相抵消了。描述如下。

把 gzip 去掉，或者降低压缩级别会提高我们的带宽消耗，经过详细的压测（对不同大小的页面，通过不断的调整压缩级别）和计算，降低压缩级别带来的 qps 的提高所节约的机器费用和带宽提升所带来的费用提升几乎相互抵消（机器按照 3 年折旧来算），所以降低压缩级别看上去很美，但是却没法操作。由于某些数字比较敏感，所以这里就不给出详细的计算公式了。

同时由于降低压缩级别，导致压缩之后的页面大出了几 KB，极有可能在网络通信时导致 RT 中增加新的 RTT 出来，也许这在国内的网络环境中影响不是特别大，但是对于世界范围内的网络环境，一个 RTT 有可能到达数百毫秒，对 RT 还是有一定的影响，这一点，后面还会阐述。

节约的机器钱和带宽增加带来的成本投入是差不多的。而且降低压缩级别导致 RT 上升也是对国际友人的用户体验是不友好的，所以降低压缩级别在我们的场景里也是不可靠的。

二、思路和问题

如果说压缩是不可避免的，那么我们怎么做这个优化呢，我们能否将压缩的工作提前做呢？如果我提前压缩好，放在内存中，用户请求的时候直接返回内存中的数据，岂不妙哉？直接把 CPU 密集型应用改造成了 IO 密集型应用，这个应该很有意思。

这是看起来很美的一个方案，但是对我这种 PHP 都没有入门的同学来说，我还是得好好研究一番。这一研究就想出了好几个问题。

（1） PHP 是进程模型，压缩过的数据我应该放哪里？

（2） 如果是预先压缩，打点怎么进行？

（3） 没写过 PHP 代码，这段代码应该怎么写？

（4） 我们得告诉 nginx 无需再压缩了？

这些问题不解决，我们就无法继续前进，那么预先 gzip 这个方案看上去就无法在 Activity 上实施了。

三、问题和解决方案

在上文中，我列举了一些问题，这些问题应该如何解决呢？下面我们来分析一下这些问题。

1. 数据压缩后放在哪里？

（1） 放进程中？

由于 PHP 是进程模型，为了提高并发处理能力，我们都会开很多条进程，如果我们有一千个页面，每个页面消耗 20KB 的内存，然后我们开了 40 条进程，那么总内存消耗数变成了 20KB×1000×40 = 800MB 内存。每个进程都存储了相同的页面数据。如果在 Java 里，

我们只需要 20MB 的消耗。所以一个 20MB 空间的需求活生生的弄成了 800MB，这是广大程序员同志们所不能接受的。

（2） 放 tair 中？

没办法，那怎么解决这个问题呢，有人说了，我们放 tair 里。确实可以哦，看上去很美哦，但是使用 tair 来存储也有几个问题，我们来看看有哪些问题，这些问题都是已经预见过的：

① tair 网卡流量有可能跑满，819 大促某个应用即使只放了 2KB 的数据，但是由于 qps 高，也将 tair 网卡流量跑满了，不得不先扩容，因为 tair 的 Server 一般会比 Web Server 少很多，而且基本都是公用的，跑满还影响其他服务。

② 每个请求 20KB 的数据，都要从 tair 返回，影响了 RT。

③ 没法迁移到海外 CDN home 集群，我们总不可能在 CDN home 集群里部署 tair 集群吧，这个 PE 会跟我们着急的。

所以放到 tair 中这事我是不敢指望了，比如说带宽跑满这事，不是说一定会发生，但是指不定哪天给你发生一下，君子不处危地，所以咱们还是别这样玩，更何况后面还要上海外 CDN home 集群呢，是吧？

（3） 放磁盘中？

好像我们选择的余地也不是很多啊，想来想去，还有一个地方可以放，就是本机内存啊，或者本机磁盘啊。但是本机磁盘这事我不确定，后面 CDN home 集群上是不是 SSD，我们现有的 Activity 是不是 SSD，这些都是放磁盘的一些限制。或者用内存做磁盘镜像出来（tmpfs 之流），这样限制更少。但是这样会带来一个问题，就是容量控制和运维的难度增加了，我们的方案要优先节约各方的工作量，尤其是工程师和 PE 的工作量。所以放磁盘中，在我们的场景里，也不是最优方案。

（4） 放共享内存中？

而放在共享内存中就简单的多，但是我们需要一个工具，这个工具能够让 PHP 把数据放到系统的共享内存中。最好是现在的 Activity 集群就支持，最好是现有的 CDN home 集群就支持，有这样的东西吗？

有的，就是 APC。上文提过的 APC，我们讲到 APC 可以将 PHP 代码的字节码缓存起来，但是我们没有讲的是 APC 其实还有一个功能，叫做 user cache。何为 user cache，既可以把用户数据存储在这里的一种 cache。而不只是 PHP 的字节码数据。

2. APC 的 user cache

其实在 Activity 的第一轮优化中，我已经使用了 user cache，我是怎么使用的呢？当时直接使用 APC 的 user cache 来缓存 HTML 片段，结果发现 gzip 上来之后，这个优化起到的作用很小，从另外一个侧面证明了在 Activity 的场景下，gzip 是影响 qps 的罪魁祸首。不过大家不要随便乱套，我说是 Activity 这个场景，其他的具体场景要具体分析的（如何分析？要看你的 CPU TIME 是用在哪里了）。后来又把片段缓存去掉了，因为在 gzip 面前，这个片段缓存起到的作用简直太小儿科了。

虽然走了这个“弯”路，但是让我对 APC 的 user cache 和 PHP 代码却有了一定的了解，后来我实现了 PHP 中的 pre-gzip 也是根据之前我写的 APC 片段缓存这段代码改造的（而片段缓存改造自网上一个代码片段，把片段保存在磁盘的 PHP 代码片段）。所以在第一轮优化中的这个“弯”路其实也为第二轮优化做了准备。环环相扣啊，这个世界没有无缘无故的爱。

不过使用 user cache 之前，我们还有些知识需要储备一下，尤其是缓存的清空策略，我们常见的缓存清空策略有 LFU，LRU，FIFO 等，最最常见还是 LRU，比如说 memcached 中使用就是 LRU 的清空策略，6 年前我踩过一个“坑”。那么 APC 中的缓存是使用什么样的清空策略呢？如果我们的数据量过大，那么会不会导致服务发生问题呢？比如说，页面较多，导致刚刚放到缓存中的页面就被 LRU 掉了，那么缓存基本失效。所以我还得先研究一下。

（1） 文档研究。

首先研究的是 APC 的文档，在连接中，有以下几个参数是跟 usercache 相关的。

① apc.shm_segments。

编译器缓存要分配的共享内存块的数目。如果 APC 用光了共享内存但是已经将 apc.shm_size 设为了系统所能允许的最大值，可以尝试增大此值。

② apc.shm_size。

以 MB 为单位的每个共享内存块的大小。默认时，有些系统（包括大多数 BSD 变种）的共享内存块大小非常低。

③ apc.user_ttl。

缓存条目在缓冲区中允许逗留的秒数。0 表示永不超时。建议值 7200～86400 设为 0，意味着缓冲区有可能被旧的缓存条目填满，从而导致无法缓存新条目。只是针对每个用户而言，建议值 200～86400 设为 0 意味着缓冲区有可能被旧的缓存条目填满，从而导致无法缓存新条目。如果大于 0，APC 将尝试删除过期条目。

④ apc.gc_ttl。

缓存条目在垃圾回收表中能够存在的秒数。此值提供了一个安全措施，即在服务器进程在执行缓存的源文件时，如果该文件被修改则旧版本将不会被回收，直到达到此 TTL 为止。设为零将禁用此特性。

看上去也没啥，完全没有提到 LRU 相关的问题，而且 userttl 和 gcttl 我也没有完全明白是怎么回事，有点模糊。那我就不得不去看看代码了了，这个问题还是搞清楚点比较好。

（2） APC 代码研究。

于是我找到 APC 的源代码，值得注意的是，由于我们线上使用的是 APC3.0.9，所以我看的是 3.0.9 的源代码代码里，我简单的写了一些中文注释（英文注释是代码自带）。

① APC 中 usercache 的存储结构。

这个结构是一个典型的散列链表，和 hashmap 的实现是类似的道理，但是没有 hashmap 这么精致，我们来看一段代码。

```
apc_cache_entry_t* apc_cache_user_find(apc_cache_t* cac
he, char *strkey, int keylen, time_t t)
{
slot_t** slot;

LOCK(cache);
/* cache里有一个slot的数组，叫做slots，然后，然后取膜之后找到对
应的slot */
slot = &cache->slots[string_nhash_8(strkey, keylen) % c
ache->num_slots];
/* 找到slot之后，拿到一个链表，开始遍历这个链表，这个结构和HashM
ap是一样的，但是取膜的问题上，HashMap有更巧妙的算法 */
while (*slot) {
    if (!memcmp((*slot)->key.data.user.identifier, strk
ey, keylen)) {
        /* Check to make sure this entry isn't expired
by a hard TTL */
        if((*slot)->value->data.user.ttl && ((*slot)->c
reation_time + (*slot)->value->data.user.ttl) < t) {
            remove_slot(cache, slot);
            break;
        }
        /* Otherwise we are fine, increase counters and
 return the cache entry */
        (*slot)->num_hits++;
        (*slot)->value->ref_count++;
        (*slot)->access_time = t;
/* 这种代码看起来是不是很熟悉的咧 */
   cache->header->num_hits++;
        UNLOCK(cache);
        return (*slot)->value;
    }
    slot = &(*slot)->next;
}

cache->header->num_misses++;
UNLOCK(cache);
return NULL;
}
```

从上面一段代码中，我们基本得知了 APC 中 usercache 的结构，那么下面我们来看看 APC 如何插入新值的。

② APC 中 usercache 的 insert。

```
int apc_cache_user_insert(apc_cache_t* cache, apc_cache_key
_t key, apc_cache_entry_t*   value, time_t t TSRMLS_DC)
{
    slot_t** slot;
    size_t* mem_size_ptr = NULL;

if (!value) {
        return 0;
    }

   LOCK(cache);
   process_pending_removals(cache);

   slot = &cache->slots[string_nhash_8(key.data.user.identi
fier, key.data.user.identifier_len) % cache->num_slots];

   if (APCG(mem_size_ptr) != NULL) {
       mem_size_ptr = APCG(mem_size_ptr);
        APCG(mem_size_ptr) = NULL;
   }

   while (*slot) {
        if (!memcmp((*slot)->key.data.user.identifier, key.
data.user.identifier, key.data.user.identifier_len)) {
            /* If a slot with the same identifier already e
xists, remove it */
            remove_slot(cache, slot);
            break;
        } else
        /*
         * This is a bit nasty.  The idea here is to do run
time cleanup of the linked list of
         * slot entries so we don't always have to skip pas
t a bunch of stale entries.  We check
         * for staleness here and get rid of them by first
checking to see if the cache has a global
         * access ttl on it and removing entries that haven
't been accessed for ttl seconds and secondly
         * we see if the entry has a hard ttl on it and rem
ove it if it has been around longer than its ttl
         */
```

```
        if((cache->ttl && (*slot)->access_time < (t - cache
->ttl)) ||
            ((*slot)->value->data.user.ttl && ((*slot)->crea
tion_time + (*slot)->value->data.user.ttl) < t)) {
            remove_slot(cache, slot);
            continue;
        }
        slot = &(*slot)->next;
    }

    if (mem_size_ptr != NULL) {
        APCG(mem_size_ptr) = mem_size_ptr;
    }
/* 如果不能创建slot，那么则返回0 */
    if ((*slot = make_slot(key, value, *slot, t)) == NULL) {
    UNLOCK(cache);
    return 0;
    }
    if (APCG(mem_size_ptr) != NULL) {
value->mem_size = *APCG(mem_size_ptr);
    }

    UNLOCK(cache);
    return 1;
}
```

代码中写道：如果不能创建 slot，那么就返回一个 0 告知用户这次缓存没有成功。同时在上面代码的第二段注释中，我们可以看到，用户在 insert 的时候，需要遍历 slot 的链表，根据 cache 的 ttl 和 cache 里的这个 slot 链表中所有元素的 ttl 找出可以被回收的空间。

而且这样的操作，在 find 方法中也存在，所以我们可以看做 APC 在执行 find 和 insert 操作时，会在对应的 slot 链表上根据 TTL 来做缓存的清除动作。这是 user_ttl 所起的作用了。

当然 APC 在删除 slot 链表时还有一些逻辑，根据源代码中 removeslot 方法所示，在 remove 时，如果 refcount 小于等于 0，那么直接释放这个 slot，如果 refcount 大于 0，但是 ttl 相关的时间条件是满足了，那么就会将这个 slot 放到一个 deletedlist 中，供 APC 中的 gc 来回收这个 slot 对象。这就是 gcttl 这个参数的作用：控制 slot 在 deletedlist 中存活的时间。

（3） APC 中 usercache 的调研总结。

① APC 的缓存清空是跟 TTL 相关的，而不是 LRU，所以先进缓存的，即使没有人使用，不到时间也不会被清除，这会导致先进缓存的数据在缓存过期之前一直在缓存中，所以 userttl 时间不要设置为 0，且 gcttl 也要大于 0。这样长时间不被访问的页面会被清除缓存，这其实也是不错的选择。我之所以要把 APC 代码拿下来，看看它的缓存清空策略，其中一个非常重要的原因是我怕它是 LRU。如果是 LRU 的清空策略，那么我们就必须更加小心，因为共享内存不多且访问比较平均的情况下，有发生 LRU 命中率低的可能性。因为

刚刚放进去的页面，有可能因为 LRU 被清掉。虽然是极端情况（我也告诉自己，不要想太多），凡是有可能发生的，某一天它就会冷不防地冒出来，所以我们不得不小心一点。

② 如果内存不足，APC 会返回失败告知 PHP 进程。也就是最差情况下，在共享内存不够的情况下，我们的页面就得不到缓存，那么就需要每次都做 gzip，这个最差的结果和我们目前的情况是一样的，也就是说最差也不过就是回到现状，只不过打点的工作需要 PHP 代码实现了，这个还是可以接受的。所以我决定用 APC 来存储压缩后的 HTML 页面。

3. 重复压缩

如何避免重复压缩由于返回的 HTML 已经被 PHP 压缩过了，那么 nginx 或者 apache 再压缩一遍其实是浪费了。而且不光是浪费，在 firefox 下，重复压缩的数据还不能正常展示。我们不能简单粗暴的关闭掉 nginx 压缩，因为不使用这套方案的 PHP 页面或者 nginx 后面的其他进程，比如 nodejs 之类，还是需要用到 nginx 的压缩的，最好的方案就是我们在返回头有一个标示，有了这个标示之后，nginx 就不再压缩返回数据，而且还不影响浏览器显示。

（1） gziptypes。

我可以在 gziptypes 上做点手脚吗？可以是可以，比如说只要返回 contenttype=text/plain，那就不执行压缩。普通的 PHP 页面没有使用指定 contenttype，会默认使用 text/HTML，而这个是默认会压缩的，这也不失为一种方案。

（2） gzipminlength。

比如说压缩过的页面，都是小于 50KB 的，那么我们可以设置大于 50KB 才压缩，小于 50KB 不压缩

4. 打点

（1） AE 打点现状。

由于我们打点是依赖 nginx，而现状通过 nginx 时，数据已经被 gzip 过了，所以 nginx 不会再做 ungzip，打点再 gzip 这种事情，那么打点这个事情就需要交给程序来做了，这话说起来很轻巧（老大要求我们举重若轻），但是实际上，这里是最麻烦的地方，要找到解决方案，不得不先把情况了解清楚。

（2） 预压缩的打点方案一，cookie 传递 time。

（3） 预压缩的打点方案二，分段压缩。

说起分段压缩，这里还有个小故事，之前在网上看过一篇文章，是讲分段压缩的问题的，文章的结论是浏览器不支持分段压缩，所以我的脑海里一直有这个印象，后来在 CDN 群里和@文景聊天，@文景建议我去看看 varnish 的 ESI 实现，同时给了我 3 个资料和提示，正是这个机缘巧合下，我才能找到替换用 cookie 传 time 的打点方案，在这里非常感谢@文景。

使用 cookie 传递打点需要的 time 属性是满足现状的，但是后面如果打点迁移到 alilog（据说属性很多，不只是 time 一个动态的值），那么需要存放在 cookie 里的值会很多了，维护管理将会不太方便，所以使用分段压缩是一个比较好的选择。

也许你会想，那简单啊，我直接把打点前的 HTML 压缩成一个 gzip 流，然后打点数据再压缩一下，最后再压缩一下打点数据之后的 HTML，这样就可以压缩成 3 个完整的 gzip 文件，返回给浏览器，这样做是最简单，最省力，最省事的。没错，我开始也是这么想的，

但是在不断的查资料的过程中，发现 HTTP 规范中，明确指出，返回给浏览器的应该是整段的 gzip 文件。

在我后续的文章也会说明，即使使用 varnish 中的 ESI 实现，对于 PHP 来说是行不通的，除非自己写压缩扩展。

所以这个优化，我们在 PHP 上只能使用 cookie 传递 time 值的方案。

5. 实现代码

（1） 流程图。

要写代码，先定流程，所谓谋定而后动，所以我就整了一张流程图，如图 4-27 所示。

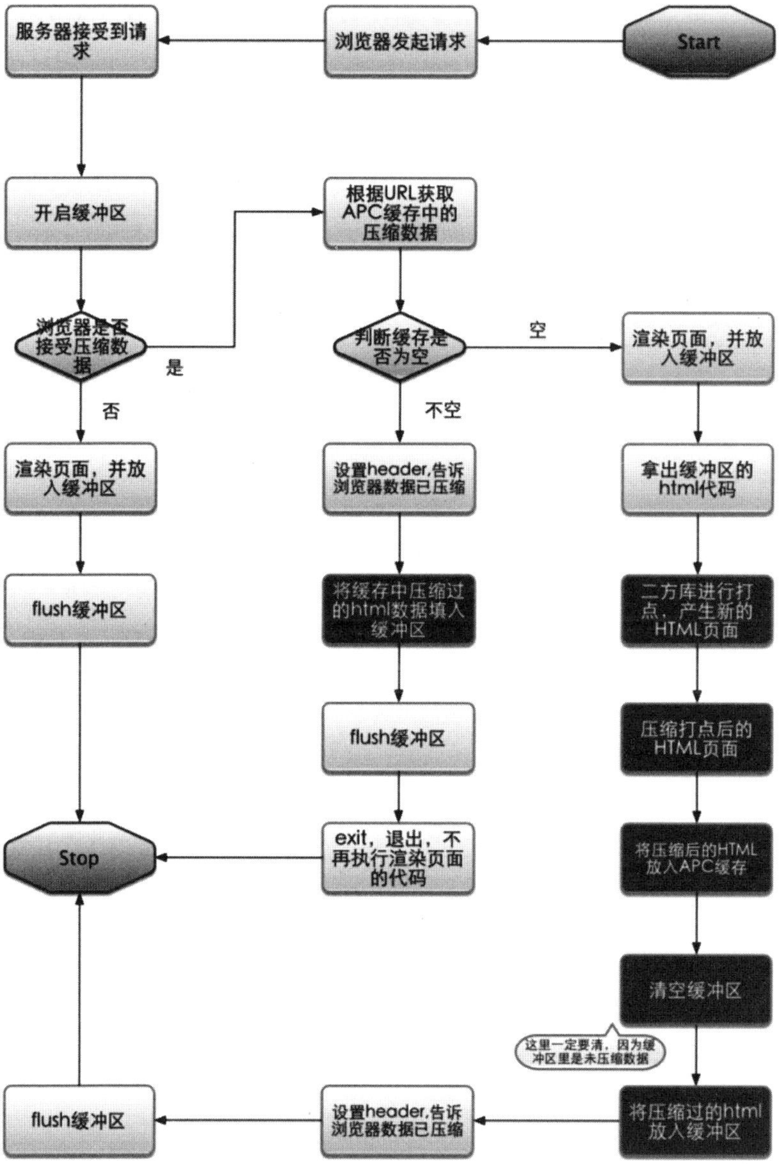

图 4-27　流程图

实际上 apc3.0.9 有一个 stats 配置，改变这个指令值要非常小心。默认值 On 表示 APC 在每次请求脚本时都检查脚本是否被更新，如果被更新则自动重新编译和缓存编译后的内容。但这样做对性能有不利影响。如果设为 Off 则表示不进行检查，从而使性能得到大幅提高。但是为了使更新的内容生效，你必须重启 Web 服务器（译者注：如果采用 cgi/fcgi 类似的，需重启 cgi/fcgi 进程）。生产服务器上脚本文件很少更改，可以通过禁用本选项获得显著的性能提升。不过一般情况下，检查文件是否最新并不是性能瓶颈所在，gzip 才是。所以建议大家令 stats=on，这样 PHP 文件更新时可以立马自动重新编译，并缓存编译之后的内容。这一点非常重要。

那么，如果页面改变了，但是缓存中的数据没有改变，应该如何解决这个问题呢？直接修改缓存的 key 取值即可。这样能保证最新的数据会生效。如果不想修改缓存的 key 呢？那就需要我们将缓存时间设置的短一点了，比如说 5 分钟。这样，5 分钟之后缓存中的数据失效，这样 5 分钟之后，新的 PHP 文件就生效了。为了性能，这点付出也是需要的。

（2） 代码实现。

```
<?php
ob_start();//缓冲区开始

//定义一个开始缓存的标示，这个函数将在后面的代码中被调用到
function cache_start_apc() {
    //如果客户端接受gzip数据
    if (canBeGzip()) {
        //根据URL生成一个user cache的key，并从apc user cache获
取对应的值
        $key = shal($_SERVER['REQUEST_URI']);
        $content = apc_fetch($key);

        // $content = none;
        //如果缓存中该key对应的value不为空，那么直接返回缓存中的数
据，否则，退出函数，开始渲染页面
        if (!empty($content)) {
            header('Content-Encoding: gzip');
            header("Vary: Accept-Encoding");

            //清除缓冲区的任何内容
            ob_clean();


            //输出数据到缓冲区，并flush之
            echo $content;
            ob_end_flush();
            exit;
        }
    }
    //如果客户端不接受gzip数据，那么直接往下执行，渲染页面
```

```
}

//如果浏览器接收压缩数据，那么使用zlib的库进行压缩，压缩级别为6
function ob_beacon_and_gzip($content) {
    //TODO 先打点，再压缩，打点模板需要改一下，把time改成变量
    return gzencode($content, 6);
}

function cache_end_apc() {

    //客户端接收压缩数据的话，返回压缩数据，不接受压缩数据就无需压缩并
缓存了
    if(canBeGzip()) {
        //从缓冲区中拿到渲染好的html，并进行压缩
        $content = ob_beacon_and_gzip(ob_get_contents());
        //压缩完之后放到user cache，就算放失败了，内存不够了，也没
有关系，直接返回压缩后的数据
        $key = sha1($_SERVER['REQUEST_URI']);
        apc_add($key, $content);

        //清空缓冲区
        ob_clean();
        //设置压缩头
        header('Content-Encoding: gzip');
        header("Vary: Accept-Encoding");

        //压缩内容输出
        echo $content;

        //flush缓冲区
        ob_end_flush();
    } else {
        //如果客户端不接受压缩数据，则把缓冲区中的原始html直接返回
        ob_end_flush();
    }
}

function canBeGzip() {
    return !headers_sent()&&extension_loaded("zlib")
    &&strstr($_SERVER["HTTP_ACCEPT_ENCODING"],"gzip");
}
?>
```

（3） 一定要 5 分钟之后生效吗？

当然不一定，尤其现在的大促活动页面都是定制的情况下，如果有紧急发布，我们只需要将修改时将缓存的 key 改一下即可，比如说原来 APCusercache 中存储的 gzip 对应的 key 是 123，那么紧急发布时，新的页面的 key 是 456 即可，原来的压缩数据在 5 分钟之后会被放入 GC 队列，然后等待被 GC 回收。

（4） 你很担心 PHP 的压缩效率？

不用担心，PHP 的压缩和 nginx 的压缩是调用相同的库，都是使用 zlib 库，而且如果我们将也没全部缓存的话，同一个页面几分钟才需要做一次压缩，所以 PHP 的执行效率在这个场景下是不用担心的。

四、测试

我尝试在不同的压缩级别和不同的页面大小的情况下做测试，并观察 CPU 和 Load 的情况，测试脚本如下：

ab-n10000-c10-H'Accept-Encoding:gzip'http://localhost:8888/xxx.php

这些页面都是来自于 325 大促的真实页面。

压缩级别=6 的情况下，优化情况如表 4-7 所示。

表 4-7 优化情况

原始页面大小	压缩后的大小	优化后QPS	RT
92KB	17KB	2024	4.9ms
138KB	8.7KB	1859	3.3ms
182KB	11.4KB	2083	4.8ms
248KB	32KB	1977	5.0ms
295KB	34.4KB	1722	5.8ms

整个测试没有经过网卡，而且是在一台 5 年前的 macbookpro 上测试：双核 8G，三星的 SSD。在把压缩级别调高之后，295KB 的页面压到了 33.9KB，和 34.4KB 没有太大区别，所以对 gzip-level=9 没有进行更加深入的测试。

根据之前在 4 核虚拟机的对比来看，我预估：同样的程序如果放到 4 核虚拟机上，除去网卡带宽限制不计，qps 上到 3000 以上是没有压力的。

从以上测试结果来看，有以下几个结论比较抢眼。

（1）QPS 很高啊，高出现有的 10 倍左右。没有缓存压缩数据时 qps 大多在 100～200。

（2） RT 下降很厉害，相对值很高，但是绝对值不高，50ms 以内的下降。

（3） 压缩级别调高的情况下有以下两条结论。

① 带宽消耗降低，但是不是特别明显。

② 由于包数量变少，所以假设 MTU=1500，MSS=1460，windowsize=16328（我连英文的 amazon 时，windowsize 是 16328，所以拿这个值举例）。好了，如果我们的页面 gziplevel=9，那么压完之后，数据量小于 16328，那么“俄罗斯妹子”会很爽，因为我们会一下子发 16328/1460=12 个包过去，理想情况下一个 RTT 内，妹子就拿到了商品数据。如果 gziplevel=6，那么压完之后，数据有可能大于 16328，那么我们就只会发 12 个包过去，理想情况下等 12 个包的 ACK 最大 seq 的那个包返回，再接着发剩余的包。这个时候，就不是一个 RTT 的问题了。在国际网络环境下，RTT=200ms 也是有的。当然这些都是估

算，针对我们的场景，具体能出现什么样的优化效果，也是需要长期的测试的。而且一旦海外 CDNHome 集群上了之后，RTT 有可能 10ms，那么就提升压缩级别的效果就不明显了。

五、能否使用 swift 来缓存压缩之后的数据

是否可以其实取决于二个条件，如果这二个条件有一个不满足，那么就无法用 swift 来缓存压缩之后的数据：

第一，需要在 CDNhome 集群上部署 swift，现在是没有的，不过部署起来也不是难事。

第二，对于 PHP 代码中出现根据 user-agent 等 header 属性决定显示什么样的 HTML 来说，这个需求直接用代码来压缩的方案来实现就很方便了，根据 user-agent 中的部分核心属性（为啥是部分核心属性，因为 user-agent 太多了，每个 user-agent 都作为一个 Key 话，同一个页面也会产生大量的副本，对我们的 819 需求来说只是为了分辨出是 mobile 还是 pc，所以只要为数不多的几种 key 而已，而且每种 key 对应的 HTML 也是不一样的，不存在同一个页面有不同副本的问题），渲染出不同的 HTML，然后压缩并通过不同的 key 缓存在共享内存。就好像这个需求和方案是天生一对一样，如果用 swift 来缓存不同 user-agent 的页面，同一个 PHP 页面，将会产生很多份缓存，这样热点不明显了，命中率也会受到影响。因为在 webcache 中间件上是根据完整的 user-agent 来做 key 的一部分的，所以 user-agent 越多，那么副本越多。

后来在 CDN 群里也提到了这个事情，确实是 vary:user-agent 会产生大量的副本，虽然 CDN 的同事说的是会影响命中率，但是我觉得是影响热点的集中度和命中率都有，对于有多层 cache 的缓存中间件来说，热点集中与否直接影响页面在哪一层 cache 上，从而影响到页面的响应速度。

六、案例启示

在这个优化中，研究了 APC 相关的实现，整理了整个流程，并且用代码实现之，唯一不完美的地方，是打点，目前只能把 time 参数放置在 cookie 中。

下面对比一下优化前后的两种方案，我一般都会使用表格法，所以下面简单列一下优化前后的对比，如表 4-8 所示。

如果你只有 20 台机器，那么优化后只需要 3～5 台，我们可以不在乎，叠机器不是问题。如果你有 100 台机器，保守可以优化到 30 台以内，极端点，15 台也不是没有可能。这个时候，少量地改造，带来的就是大量机器成本地降低，投入不大，但是产出是很大的。

表 4-8 优化前后对比

各维度	优化前	优化后
TPS	100-200左右	2000以上，在自己的老掉牙的笔记本上
RT	60ms以上	10ms以下
php及时生效	及时生效	5分钟之后生效，如果再TMS中可以随机生成缓存的key，那么也可以做到及时生效，老的缓存数据让其自动过期
代码侵入	无代码侵入	少量代码侵入，把埋点代码向应用迁移
额外内存消耗	无额外内存消耗	有额外内存消耗（压缩后20KB的页面有1000个，需要20MB的共享内存）
压缩级别	不能改变压缩级别	可以增加压缩级别，降低带宽消耗和RT，提高用户体验，但在上了海外CDN home集群之后，gzip level调整的必要性不高

七、其他

虽然文章写的差不多了，但是我还要多啰嗦几句，这里预先 gzip 只是一个优化思路，实际上我想看到这篇文章的人在工作中不会涉及到 PHP，那么这篇文章对和 PHP 无关的你有什么助益呢，我简单列一下。

（1） 知道在一些场景下，gzip 可能是消耗 CPU 的大户，大家可以观察一下自己的应用。

（2） 预先把浏览器需要的数据压缩之后放缓存会带来 qps 的极大提高（多高？我这个场景是 10 倍，取决于 gzip 在整个 cpu time 中的比重，你的场景未必有这么多，也有可能更多）。

（3） 虽然我是预压缩的 HTML，但是不代表你不能压缩 ajax 返回的 json，对应返回的 json 数据超过 100KB 的。每次都压缩一下这个 json 和把 json 压缩完放在内存的效率我就不说了。

① 100KB 压完之后，只有 17KB 左右，内存占用少。

② 长时间内，只压缩一次，CPU 占用很少，提高 QPS。

③ 没有打点问题，操作起来非常简单。

在文章最后，表示一下感谢，在整个优化的过程中，得到了震哥（杨震），涛明（涵爸），欢欢（张欢欢）的支持，当然还有其他同学，不一一列举，谢谢大家。

周涛明点评：本课题介绍了 Web 性能优化的基础理论，特别是 QPS 模型上做了深入的介绍，并且用公式化模型，指出了 qps 取决于 CPU 的利用率和 CPU 时间，通过公式化定量分析，Web 性能优化是符合木桶原理的，即 QPS 峰值取决于木桶的短板，这些短板包含 CPU、内存、服务器网卡上线、交换机网卡流量上限、线程池、锁等待，所以通过最大吞吐量模型，能够指出性能优化的方向。在大型网站性能优化过程中，需要上千台机器，性能优化对于节约成本，提高运帷效率将起到非常关键作用，本课题不仅仅是理论介绍，并且以 aliexpress 的活动应用的性能优化实战，去验证最大吞吐量模型。并且介绍了常见的性能优化具体方法和实力，演讲者思维非常清晰，图文并茂，由理论到实战，无疑能给初级、中级的专业人员提供很好的借鉴。

作者姓名：郑树新
作者职位：263 首席架构师
作者简介：1999 年从事互联网，2000 年开发了国内著名的 263 聊天室，2001 年参与了 263 新邮件系统项目；2002 年任方标讯业技术总监；2006 年和讯任架构师，构建了和讯 CDN 系统、邮件系统等应用；2010 年任艾克赛乐 CTO；2013 年再次加入 263，任首席架构师。具有大规模系统的设计经验，擅长于网络通信及服务器编程架构的设计，曾著有《acl 跨平台网络通信与服务器开发框架》一书
研发团队规模：60 人
研发团队职能定位：担着二六三企业通信所有产品的开发任务

高并发、高性能服务器设计——开源服务器框架在 263 中的实践

一、背景

北京 263 企业通信公司（以下简称 263）为超过 10 万家企业的 400 多万用户提供企业邮箱服务，由于企业客户活跃度及忠诚度高，所以对于数据访问要求具有更高的性能及系统稳定性。自 2012 年开始，263 组建云平台开发团队，投入巨大力量开发面向企业邮箱服务的存储私有云，其中该平台的一个核心模块（数据路由模块，内部称之为 CipRouter）承担着数据路由访问的工作，虽然是由几台服务器组成，但并发访问量非常大，初期该模块主要由 mongodb 组成，由业务模块直接访问 mongodb 获取路由信息，由于并发量及性能的原因，最终将该模块重新设计，改成：CipRouter +Redis+Mongodb 的架构，其中 CipRouter 为自主研发的服务器模块，Redis 提供数据高速缓存，Mongodb 提供数据持久化。该设计架构上线后，性能与稳定性都达到预期的目标：仅需三台服务器便承载了所有的数据路由访问。

本文以 263 企业云存储平台中的数据路由模块为例，展示了如何使用开源服务器框架实现高性能、高稳定性服务的过程。

二、数据路由器架构设计

1. 早期数据路由器的设计

早期数据路由器的设计示意图如图 4-28 所示。

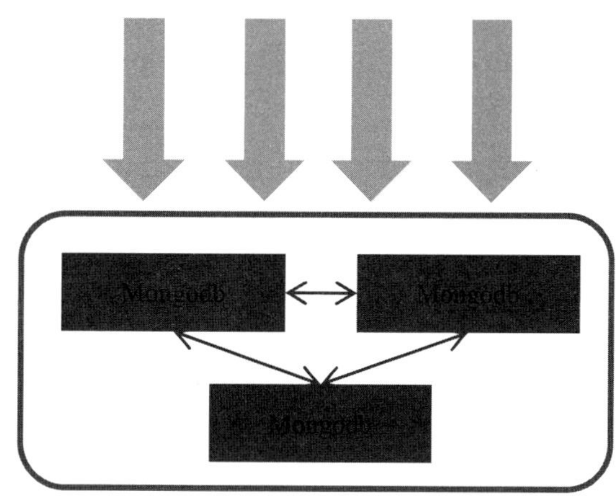

图 4-28　早期数据路由器的设计示意图

该设计中，所有的业务访问的读写都集中于这个 mongodb 集群中，但在实践中发现存在很大的性能瓶颈。主要是因为 mongodb 是多线程阻塞模型，并发量不能太高，否则会导致系统负载非常高。为了满足高并发及性能要求，采用这种架构则需要部署更多的 mongodb 服务器，势必会造成成本上的巨大投入。

2. 现在数据路由器的设计

现在数据路由器的设计示意图如图 4-29 所示。

在该方案设计中，redis 提供高速访问服务，mongodb 仅提供数据持久化服务，在这两个服务模块前面有一个自主研发的数据路由访问模块（CipRouter）：当大量的读访问到达时通过只读的 CipRouter（R）访问 redis，当少量的写访问到达时通过只写的 CipRouter（W）访问 mongodb 及 redis 以将数据同步至 mongodb 及 redis。该方案的设计优点如下。

（1） 分层原则。

① mongodb 做持久化存储。

② redis 提供高速读访问服务。

③ CipRouter 提供业务层访问（访问 redis/mongodb）。

（2） 多级数据备份，保证数据不丢失。

① 打开 redis 数据持久化功能。

② mongodb 提供后台数据持久化。

③ 定期备份 mongodb 中的数据。

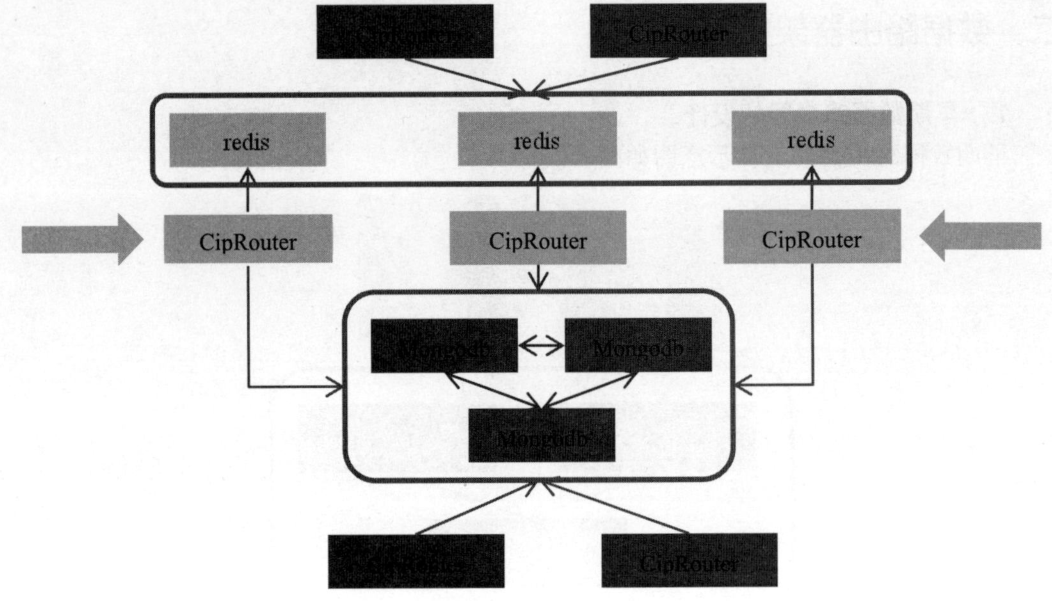

图 4-29　现在数据路由器的设计示意图示意图

（3）　CipRouter 服务设计。

① 读写分离原则：分为读/写两个模块，写模块提供数据同步功能，读模块提供高速读服务。

② 与 redis 集群之间通过连接池方式进行访问。

③ 服务器框架采用事件驱动的线程模式，可以支持高并发、高效访问。

3.　CipRouter 模块的设计

CipRouter 为 263 云平台团队自主研发的服务器模块，该模块基于 acl 服务器编程框架的多进程多线程模型编写；CipRouter 要求支持高并发访问。图 4-30 是服务器模块的设计框架。

因为 CipRouter 采用多进程多线程的设计模型，为了达到每个进程实例分配相等的 TCP 连接资源，在业务层和 CipRouter 模块之间有一个 TCP 连接分配器（master_dispatch），由该模块均匀地将 TCP 连接分配给后端的 CipRouter 模块。下面概述该设计的特点。

（1）　前端连接池与线程池分离：前端业务模块的大量连接由主线程的 epoll 事件统一管理、有数据时将该连接交由线程池的一个线程处理；优点是仅以少量的线程便可处理大量的客户端连接。

（2）　采用多进程多线程模式：综合了多进程的安全稳定性及多线程的高效性。

（3）　TCP 连接均衡方式：前端使用 TCP 连接派发器模块，将前端连接均匀地分配给后端 CipRouter 模块的每个子进程。

（4）　线程池事件派机制可有效减少惊群问题：消息队列分为线程池公有队列和子线程私有队列两类，消息优先派给空闲子线程的私有队列，当没有空闲线程时才将消息放在全局公有队列中。

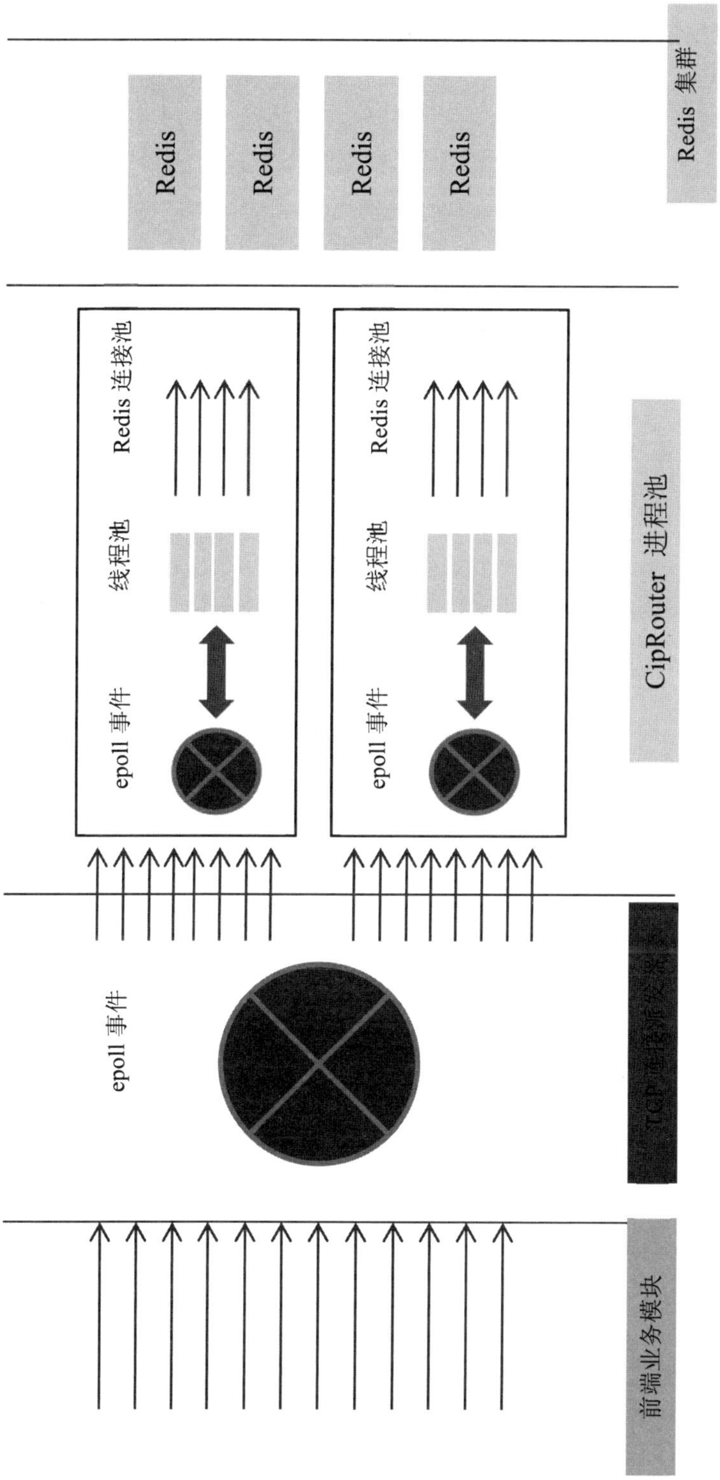

图 4-30　服务器模块的设计框架

4. 实际的运行效果截图

在 263 的云平台部署的一台数据路由模块的服务器运行截图如图 4-31 所示。

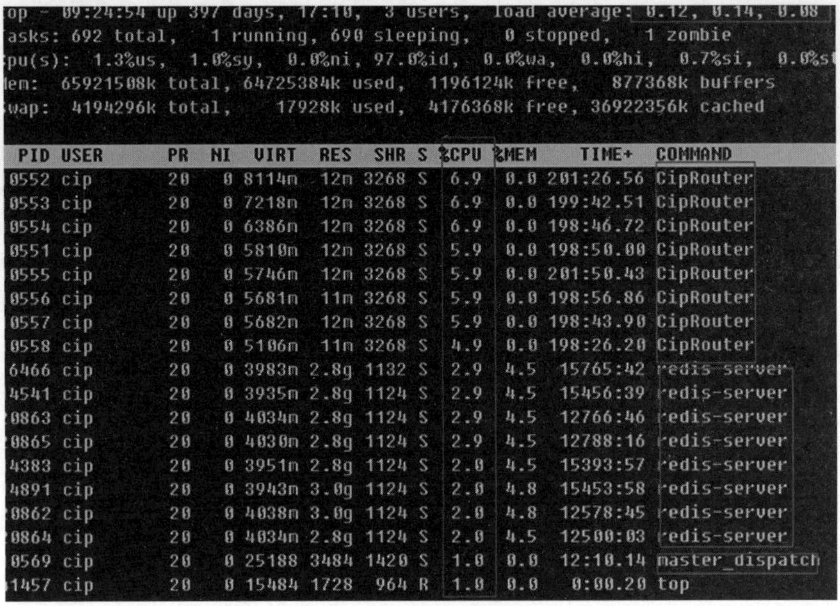

```
op - 09:24:54 up 397 days, 17:10,  3 users,  load average: 0.12, 0.14, 0.08
asks: 692 total,   1 running, 690 sleeping,   0 stopped,   1 zombie
pu(s):  1.3%us,  1.0%sy,  0.0%ni, 97.0%id,  0.0%wa,  0.0%hi,  0.7%si,  0.0%st
lem:  65921508k total, 64725384k used,  1196124k free,   877368k buffers
wap:  4194296k total,    17928k used,  4176368k free, 36922356k cached

 PID USER      PR  NI  VIRT  RES  SHR S %CPU %MEM    TIME+  COMMAND
0552 cip       20   0 8114m  12m 3268 S  6.9  0.0 201:26.56 CipRouter
0553 cip       20   0 7218m  12m 3268 S  6.9  0.0 199:42.51 CipRouter
0554 cip       20   0 6386m  12m 3268 S  6.9  0.0 198:46.72 CipRouter
0551 cip       20   0 5810m  12m 3268 S  5.9  0.0 198:50.00 CipRouter
0555 cip       20   0 5746m  12m 3268 S  5.9  0.0 201:50.43 CipRouter
0556 cip       20   0 5681m  11m 3268 S  5.9  0.0 198:56.86 CipRouter
0557 cip       20   0 5682m  12m 3268 S  5.9  0.0 198:43.90 CipRouter
0558 cip       20   0 5106m  11m 3268 S  4.9  0.0 198:26.20 CipRouter
6466 cip       20   0 3983m 2.8g 1132 S  2.9  4.5  15765:42 redis-server
4541 cip       20   0 3935m 2.8g 1124 S  2.9  4.5  15456:39 redis-server
0863 cip       20   0 4034m 2.8g 1124 S  2.9  4.5  12766:46 redis-server
0865 cip       20   0 4030m 2.8g 1124 S  2.9  4.5  12788:16 redis-server
4383 cip       20   0 3951m 2.8g 1124 S  2.0  4.5  15393:57 redis-server
4891 cip       20   0 3943m 3.0g 1124 S  2.0  4.8  15453:58 redis-server
0862 cip       20   0 4038m 3.0g 1124 S  2.0  4.8  12578:45 redis-server
0864 cip       20   0 4034m 2.8g 1124 S  2.0  4.5  12500:03 redis-server
0569 cip       20   0 25188 3484 1420 S  1.0  0.0  12:10.14 master_dispatch
1457 cip       20   0 15484 1728  964 R  1.0  0.0   0:00.20 top
```

图 4-31　数据路由模块的服务器运行截图

从图中可以看到 CipRouter +redis-server 的性能非常高。因为 redis-server 是单线程非阻塞模式，所以为了使用多核，启动了多个 redis-server 运行实例；CipRouter 服务器模块是一个多进程多线程的半非阻塞模型，也支持更高的并发访问，方便前端与 CipRouter 之间建立大量的连接池。

三、常见服务器编程框架模型

为了编写出支持高并发、高性能的 CipRouter 模块，下面先对比一下常见的服务器编程框架模型。表 4-9 是常见的服务器编程框架模型对比。

表 4-9　常见的服务器编程框架模型对比

服务器模型	描　述	优　点	缺　点	举　例
多进程方式	一个连接一个进程	安全、稳定	并发度低	Postfix、Apache1.3.x
多线程阻塞方式	一个连接一个线程	并发度略有提升、资源占用稍低	并发底较低	Mysql、Mongodb、Apache2.0.x
单线程非阻塞方式	单一线程采用事件触发支撑大量连接	并发度高、资源占用低	编程复杂度高、需多个进程实例才可使用多核	Nginx、lighttpd、Redis、Squid、ircd

（续表）

服务器模型	描　　述	优　　点	缺　　点	举　　例
多线程事件触发方式	多个线程采用事件触发支撑大量连接	并发度高、资源占用低、有效使用多核、编程复杂度低	资源共享需要互斥	Memcache、Varnish、Apache2.2.x
UDP 无连接方式	采用 UDP 的无连接通信模式	并发度度、资源占用低	通信可靠性差	Bind

在 acl 服务器编程框架中包含了以上所有的服务器编程模型，考虑到高并发、高性能以及编程复杂度等因素，CipRouter 采用了 acl 服务器编程框架中的“多线程事件触发”编程模型。

四、ACL 服务器编程框架实践

1.　ACL 是什么？

ACL（全称 Advanced C /C++ Library），是一组跨平台的 C/C++ 网络通讯及服务器框架库，目前支持的平台：Windows/Linux/BSD/Solaris/MAC。

ACL 还包括网络应用常用的功能库，如：XML，json，Http，icmp，DNS，memcache，mime，smtp，mysql/sqlite，handlersocket，beanstalk，多种编码（如：base64/mime base64，urlcode，qp，hex，charset，etc），常用数据结构（如：hash，array，ring，fifo，二分块查找，stack，avl，etc），线程池，etc。

ACL 的设计原则：从实用角度 出发，结合常见应用场景，为开发者提供快速开发、稳定可靠的通信框架及服务框架。

其中 ACL 的服务器模块部分基于 Postfix 的服务器，增加了多种服务器模型，下面讲解 Postfix 服务器框架的特点。

2.　Postfix 服务器框架特点

Postfix 的服务器框架主要有以下特点：

（1）稳定：主控进程（master）监控所有子进程的运行状态，子进程异常行为可控。

（2）安全：子进程以普通用户身份运行。

（3）协作：主控进程与子进程通过管道进行协作，主控进程按需分配新的子进程。

（4）资源可控：子进程为半驻留服务方式，可在完成一定任务量或空闲一定时间后主动退出。

（5）模块化：每种服务为独立程序，有多个服务器模型根据需要选择。

（6）并发度：因为采用进程池方式，每个连接一个进程，所以并发度很低。

（7）postfix 服务器框架设计参考（协作半驻留式服务器程序开发框架）：http://zsxxsz.iteye.com/blog/450186。

Postfix 主进程（master）的事件处理流程如图 4-32 所示。

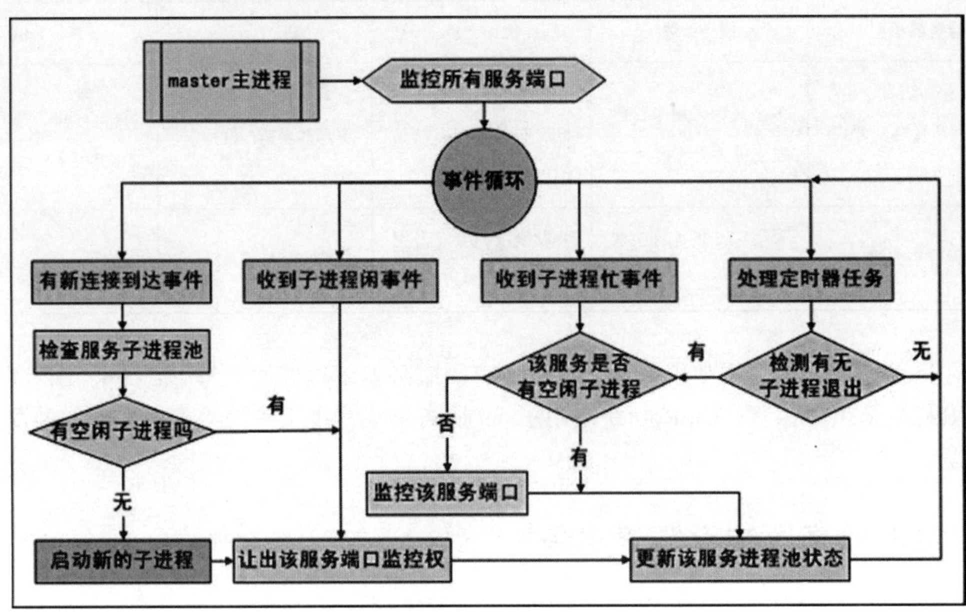

图 4-32　Postfix 主进程（master）的事件处理流程

Postfix 子进程的事件处理流程如图 4-33 所示。

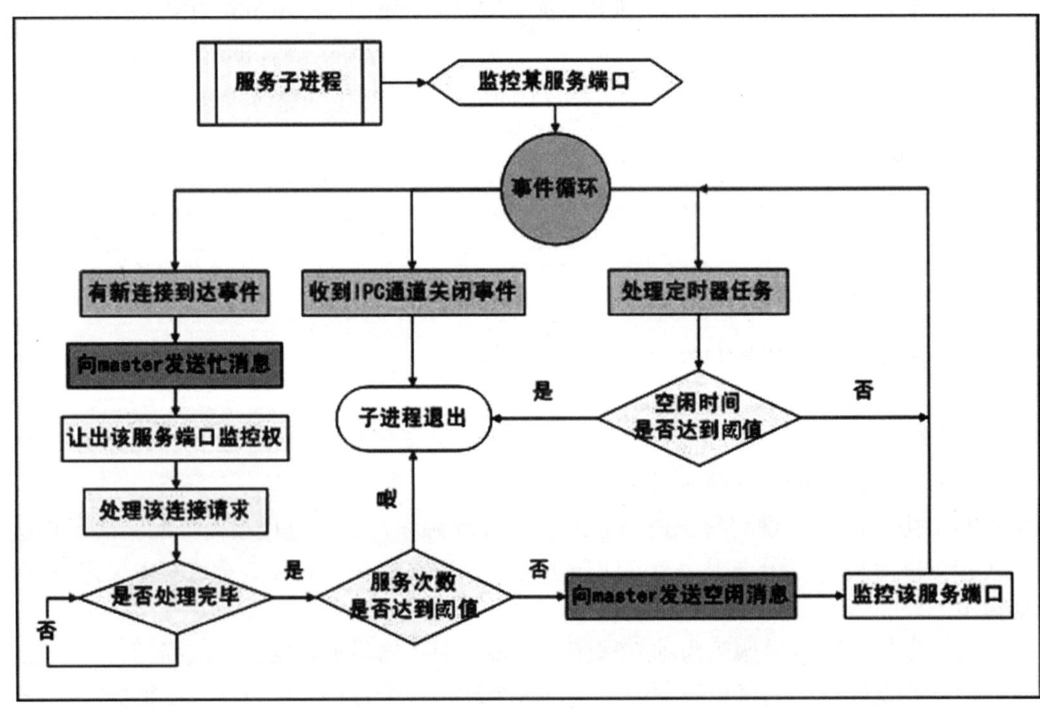

图 4-33　Postfix 子进程的事件处理流程

3. ACL 服务器框架与 POSTFIX 服务器的对比

表 4-10 是 acl 服务器框架与 postfix 中服务器框架的对比（其中标黑部分是不同点）。

表 4-10　acl 服务器框架与 postfix 中服务器框架的对比

功 能 点	Postfix master	acl_master
半驻留服务模式	支持	支持
安全控制	严格的用户权限控制	严格的用户权限控制
配置方式	所有服务配置在同一个配置文件中	一个服务一个配置文件
进程池模式	支持	支持
触发器模式	支持	支持
非阻塞模式	功能一般	功能强大
线程池模式	不支持	支持
UDP 模式	不支持	支持
在线升级	支持	支持
预启动	不支持	支持
最小进程数控制	不支持	支持
最大进程数控制	支持	支持
监控子进程报警机制	不支持	支持
开发过程调试功能	不太方便	方便（便于使用 valgrind 检查内存问题）
客户端连接访问控制	应用自己保证	框架自动支持
单一进程监听多个端口	不支持	支持
单一进程同时监听 TCP 及域套接口	不支持	支持
子进程运行身份控制	支持	支持
日志记录方式	支持 syslog	支持 syslog-ng；允许用户注册自己的日志处理过程；允许同时写入多个目标日志对象中
子进程崩溃是否允许产生 core 文件	?	通过配置项控制，便于快速消除错误
模块化程度	高	高

4. ACL 应用场景

（1）服务器编程：Linux/Unix 平台下常见服务器编程（含 mysql/sqlite 数据库编程）。

（2） 网络编程：阻塞方式（ssl）/非阻塞方式（ssl），客户端和服务端支持的常见通信协议如表 4-11 所示。

表 4-11 客户端和服务端支持的常见通信协议

协议	http	smtp	icmp	memcache	beanstalk	handlersocket	dns
客户端	√	√	√	√	√	√	√
服务端	√						√

5. WIN32 界面相关的网络编程

主要包含 6 个库及大量示例。

（1） 6 个库的说明如下。

① lib_acl：基础核心库，其他库均依赖于该库（C 语言）。

② lib_protocol：实现了 http/icmp 协议（C 语言）。

③ lib_acl_cpp：封装了 lib_acl/lib_protocol 两个库，同时增加了一些其他有价值的功能（C++语言）。

④ lib_dict：实现了 KEY-VALUE 的字典式存储库，该库还依赖于 BDB，CDB 以及 tokyocabinet 库（C 语言）。

⑤ lib_tls：封装了 openssl 库（C 语言）。

⑥ lib_rpc：目前仅支持 google protocol-buffer（C++）。

（2） 大量示例如下。

① acl/lib_acl/samples：主要是 lib_acl 库的例子。

② acl/lib_protocol/samples：主要是 lib_protocol 库的例子。

③ acl/lib_acl_cpp/samples：主要是 lib_acl_cpp 库的例子。

雷鸣点评：本案例解释了开源领域的服务器框架 ACL 的应用和维护，在与本案例讲师深入沟通后，揭示此案例是这位讲师多年以来的心血，历时 8 年，经过自己细心地打磨，造就了今天的 ACL 框架，这个开源的框架有极大的稳定性，从实用角度出发，结合常见应用场景，为开发者提供快速开发、稳定可靠的通信框架及服务框架。并以对比的方式展示了此框架的优势。

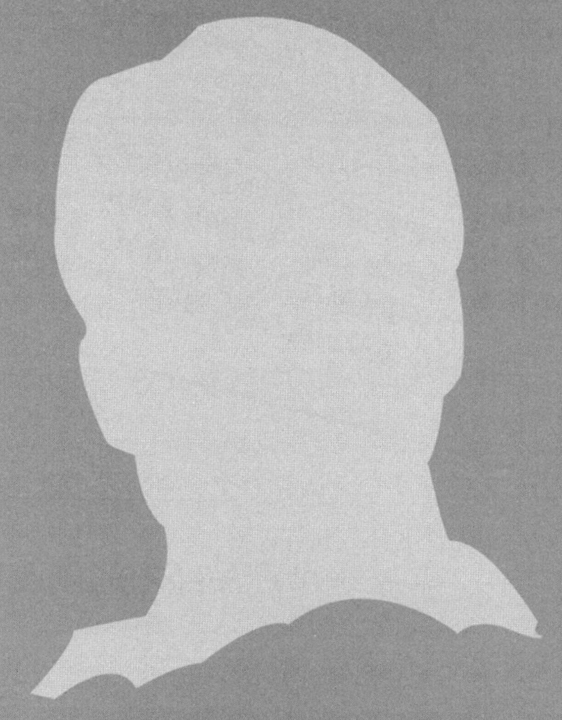

开发管理/流程再造

改进您的开发流程，让开发人员互连各项职能，以优化流程效率。

开发经理

面向软件开发过程的优化、改进，强调开发管理模式与研发团队水平的有机结合，针对项目经理、程 序经理、研发主管等技术经理，分享世界先进的软件研发团队成长与成功管理体验，开发管理模块涵盖了配置管理(SCM)、项目管理（PM）、外包管理 (ITO)，以及业界称赞的敏捷管理、CMMI管理、MSF管理等方法论，帮助软件开发团队构建真正属于自己的高效开发管理体系。

作者姓名：梁公军
作者职位：鲜果（XianGuo.com）创始人，曾先后担任新浪网技术经理、部门总监及微软顾问咨询部顾问
作者简介：鲜果（XianGuo.com）创始人，曾先后担任新浪网技术经理、部门总监及微软顾问咨询部顾问
研发团队规模：50 人
研发团队职能定位：鲜果是国内流行的手机阅读产品，用户可以用他订阅数百家报刊杂志、数千家新闻及专业网站、知名自媒体公众号。鲜果一直致力于为广大手机网友提供新鲜、清爽、有营养的阅读服务，目前拥有 2000 多万用户，正受到越来越多的白领和学生的青睐

一个产品经理的创业反思

前言：本案例为产品经理提供 CEO 视角。产品经理是“小 CEO”，那么产品经理如何像 CEO 一样思考、处理问题？如何组建团队？如何定义产品路径？如何走好第一步？如何与老板、团队成员沟通、协作？这些问题都影响着你所负责产品的成败。

一、合伙人第一

万事人为先。最核心的合作伙伴，往往决定了事情的成败。

如何选择合作伙伴？

1. 选择的困扰

（1） 选择太多，就会陷入“乱花渐欲迷人眼”的境地。

（2） 在选择合作伙伴时，要容忍不完美，选择他最重要的特质，要明白这个人在这个团队的最核心价值是什么。

有些项目经理在选择合作伙伴时，往往设定太多条件、太多限制，结果导致他很长时间找不到心目中认为“合适”的人选。即使找到了、选择了，依然是诸多不满意，在这种情况下进行长久合作，则必生嫌隙。其实，最好的做法就是，要认识到每个人都是不完美

的，要容忍合作伙伴有这样那样的缺点。只需要发挥每个人的长项，将各自缺点带来的损耗降到最小即可。

（3）“搞定”能力最重要。

合作中，所有特质里最重要的是“搞定”能力。就是说，一件事放在这个人身上，总能被他搞定。

如果你的团队中，这种人很多，那么恭喜你；如果团队里，事情总搞不定，团队成员总有这样那样的借口，那么就该想想怎么调整了。

2. 任务分解与专业担当

（1）全能型领导者的迷失。

对全能型领导者来说，很容易陷入事无巨细、亲力亲为的迷局，最终走入真正大局没做好、自己还累得不行、总感觉不被信任、无法找到自己位置、缺乏成就感的境地。

（2）分解、分担与自我定位。

对于团队的领导者来讲，最需要做的，就是做好领导者的本分，将目标、责任分解到每个人。

一个高效、内耗较小的团队，每个人的责任分工应非常明确、有各自较为明晰的边界。

（3）责权利一体。

人选好了，也将各自的职责分解明确了，接下来就是长期的合作。合作过程中，会产生很多问题，误解、懈怠等负能量常常会在团队中冒出来。团队、业务如何正向发展呢？最重要的一点，就是做到责权利一体，即责任、权力、利益是融合一体的，成员的投入与获得是相对公平对等的。

（4）对团队成员的最大要求：要有“搞定”精神！

什么是“搞定”精神？一计不成，再生一计；千方百计，搞定为止，这就是搞定精神。

就如《海贼王》所说，“每个人抱着必成的决心做自己的事情，我做好自己的部分了，接下来轮到你了，做不好的话我就揍扁你！”

二、方向、路径及打法

上节主要讲人的问题，这节讲做事的方法论。业务方向如何选择？发展路径如何规划？尤其是第一步如何切入？团队如何组织起来作战获得胜利？

1. 方向及路径

（1）方向的选择。

① 大局观。

作为团队领导者，应对行业、对公司在行业中的位置、自己所在业务线在公司中的位置有清晰的认知。这对自己做方向判断、带领团队高效推进业务很重要。

② 先行经验。

可以多泡泡知乎。知乎是一个很好的解疑答惑的地方，有很多仍在各行业一线工作的资深人士在其中回答问题，有些问答质量很高。

可以多加几个微信行业圈子、结识一些资深人士，了解更多先行者经验教训。

③ 导师和顾问。

尽早找到自己的导师，找不到导师的时候，也要确保身边至少有那么几位值得信赖的顾问。

一个人生导师、职业顾问的存在，会让自己的眼界、经验获得极大进步，甚至突飞猛进的跃迁。

导师或者顾问一句话，可能能让自己少走很多弯路、让团队少走很多弯路。

（2） 关键的第一步。

万事开头难，如何精准切入第一步？

MVP 是很好的做法。MVP（Minimum Viable Product）意即“最简可行产品”——先用最快、最精简的方式建立一个简单可用的产品原型即可，这个原型只需要表达出该业务最终想要的效果，然后通过快速迭代来完善细节，其他多余功能在这个阶段都一概忽略。

（3） Road Map 。

3 个月的计划不再重要，Vision 最重要，快速变化最重要。

互联网行业变化太快。做好 3 个月的计划，到每个月末一看、情况又有若干关键变化，整个计划又得重新规划部署。计划永远赶不上变化。那做这些超过 3 个月的计划又有什么意义？白白浪费那么多管理层的时间反复开会讨论、争吵。

所以，很多互联网创业公司不再做超过 3 个月的计划。保持大方向稳定，小方向随时调整，打法随时变化。

2. 团队组织及打法

我在这十年创业过程中，发现一个很有意思的现象，即现在最创新、最活跃、战斗力最强的一批互联网公司采用的团队组织和打法，与顶尖军事家总结的战法简直如出一辙。

（1） 聚焦一点。

互联网公司的提法：“Sharp！业务要足够聚焦，一根针捅破天”。

军事中的提法：“一点两面：进攻时集中力量突破一点，得手之后迅速扩大战果，正面进攻与侧面迂回包围、分割、穿插相配合”。

（2） 小组作战。

互联网公司的提法：“分成 3～5 人小组，充分授权”。

军事中的提法：“三三制：每班分成三个战斗小组，每个战斗小组 3～4 人，进攻时以小组为单位，队形疏散可减少伤亡，容易聚拢便于形成战斗力”。

（3） 快速迭代。

互联网公司的提法：“速度太重要！Done is better than perfect”。

军事中的提法：“三猛：猛打、猛冲、猛追”。

3. 善用资源

“君子善假于物”。对于团队 Leader 来讲，需要充分用好各种资源。

（1） 聚焦。

① 资源很少，要聚焦到最关键的人和事情上。

② 貌似机会很多，实际都是吞噬资源的黑洞。

③ 善思者，困于思。

善于思考的人，往往被自己的思维、逻辑给迷惑住了，执着于自己的逻辑、观念，执行时会造成极大浪费。不要把自己当根葱，就事论事，以事情结果为导向、以数据为导向，而非以自己的逻辑、执念为导向。

（2） 伙伴。

人是最大的资源。自己的伙伴是最好的资源。用好每个人的能力、时间，才是对伙伴们最大的尊重。

要善于授权，分解责任，压力给成员。

要充分用好大家的智力资源，在重大问题上集思广益。

（3） 老板或资本方。

遇到发展瓶颈，多寻求老板或资本方的支持。

老板们、资本们，往往比自己经历的折腾更多、主导过更多事情、见证过更多起落变迁，不光是资金资源的提供者，同时也是最好的顾问。

在困难的时候，往往“会叫的孩子有奶吃”。

（4） 拥有自己的“私人董事”。

私董是现在创业公司 CEO 经常用到的方式，作为自己的智囊。

对于每个人来讲，都可尝试拥有自己的“私董”。自己遇到困扰或重大选择时，可多咨询这位比你年长、经验丰富老到、看人看事更准的私董。

（5） 朋友。

定期和不同背景朋友沟通。

三、Rework

1. 快消时代

这是个速生速死的快消时代，很多事物都在快速消费变化。无论产品、服务、公司，都在快速生长、快速消亡。信息在快消化，行业在快消化，个人兴趣也在随时随地快速变化。而这些行业快消化的基础，都缘于用户需求的快消化，即用户的消费行为都越来越趋向即兴、短暂、随意，而不是持续、持久。

《超体》中说“细胞的原始本能，传承或永生”。如何传承或永生？互联网行业给出的答案，就是“Rework”。Rework 能力，将成为在这个社会竞争的基本能力。

2. 人们都需要快速迭代

（1） 公司的迭代。

一个公司，如何尽量长时间的传承？其 Rework 的方式，目前有内部孵化、外部投资等方式。比如腾讯的内部创新孵化机制、外部的产业投资基金。

（2） 产品的迭代。

一个互联网产品，如何与时俱进、不断迭代？其 Rework 的方式，常见的有每日碰头会、每 2～4 周升级等。

（3） 团队的迭代。

每隔一段时间，团队的 Upgrade 是必须的。最好的团队升级来自内部原有成员自身提升。

（4） 个人的迭代。

古人说“每日三省吾身”。今人也常有自我提升、自我迭代的案例，比如盖茨的“思考周”、王石六十而游学、乔布斯的禅修。

现在这个社会，需要每个人都有学习的心态、开放的心态，与时俱进，打破自己的路径依赖。

3. 选择太重要

（1） 坚持什么？放弃什么？

认清：放弃某些东西是必然的，过往不恋。

基本价值观坚持不变，战略战术可以随时放弃、随时变化。

（2） 产业升级时，对于每个身在其中的从业者来说，坚持什么、放弃什么尤其关键。

（3） 选择比努力更重要。

你的选择，决定了你的未来。

好的选择，一个是“顺大势”，顺势而为，这样才能顺应这个社会的需要、做对的事；一个是“随心意”，选择自己最感兴趣、最想去做的事情，这样遇到困难才能坚持、走在路上才能享受种种酸甜苦辣。

范路点评：创业失败的几率确实是很高的。但是现在这个社会环境下，存在着大量的投资人，以及类似云计算和各种各样的服务虚拟化机制，这使得创业失败的成本被不断的降低。其中投资人可以使得创业失败并不会太多损失个人和家庭的财产，并且可以让很多人能够用很高的杠杆去尝试他们的创业理念，而云计算和那些服务虚拟化机制则使得很多以前必须付出巨大成本才能获得的服务或基础设施，现在可以通过很低廉的成本进行尝试。这一切都是在降低试错的成本。

作者姓名：申健
作者职位：敏捷教练
作者简介：创客，工匠，敏捷教练，软件开发顾问。致力于启发创意、促进协作、交付价值的事业。1994 年迷上计算机编程，毕业于南京大学拥有 CSP，CSM 和 CSPO 认证、看板认证和 ToP 引导技术认证。Scrum 联盟 CSD 认证课程授权讲师，管理 3.0 讲师
在诺基亚西门子通信、渣打银行从事将近十年的研发和管理工作，涉及电信、金融、互联网等领域，拥有丰富的移动应用程序和面向服务分布式系统的项目经验。自 2007 年开始进入敏捷开发实战，在大型敏捷组织中担任过高级软件工程师、研发经理、质量经理、敏捷教练等职位，对大型组织（500 人以上）的敏捷转型，团队管理和和工程实践的落地运用具有丰富的经验《SOA 与 REST》、《有效的单元测试》译者。InfoQ 中文站编辑，中国敏捷教练组成员，敏捷之旅、ScrumGathering、QClub 等社区活动的组织者及演讲嘉宾
所在研发团队规模：20 人

银行中的跨国研发团队如何快速交付

前言：在互联网大潮中，金融企业也越来越多地直面互联网金融的冲击。传统的产品设计和发布周期显然已经跟不上当下快速发展的消费市场。无论中资还是外资各大银行，都已经纷纷上架移动金融产品，并且开始采用敏捷开发的模式，以达到快速发布，灵活调整的目的。

本案例向大家分享某银行的跨国研发团队是如何达到快速交付移动金融产品的。

一、引言

该银行组建了单独的团队来研发新一代的手机银行产品，团队主要分布在中国和新加坡，在马来西亚和印度也有部分人员。手机银行的业务逻辑和关联系统基于原有的网上银行产品，但用户体验及页面设计都要另起炉灶，试图对不同国家的业务提供统一的用

户体验。

对于一个全新招聘的跨国团队，采用大家没用过的新的敏捷方法来研发一款创新的手机银行产品，这个“三新”项目看起来就是一个不可能完成的挑战。

由于各国市场环境、政策法规等原因，不同的国家可能在页面体验、业务逻辑、关联系统有所不同，导致原来的项目代码存在大量分支，由多个跨国团队分别维护，所以维护成本非常高。这些代码本来是源自相同的代码基线，因此目录结构看起来非常相似，但实际上却具有不同的规范和结构。举个例子，对于一个登录的页面，有用<div>实现的，而有些却在外面又包装了一层 iFrame。当各个分支有一些公共的升级需要，或者互相合并代码的时候，就会产生大量的手工操作，极易漏掉一些分支，并带来不可避免的人工错误，维护成本极高。

尽管基于分支的开发使得不同团队可以独立工作，但带来了高昂的维护成本。同时，从精益角度出发，分支之间存在的代码也是一种浪费。不同的分支就像一对恋人，本是同路人，分手后各奔东西，再也难以相聚，即使某天再次偶遇，也只是最熟悉的陌生人。

在新的项目中，我们的期望是加速交付新项目，统一不同国家市场的产品体验，降低已有国家的维护成本，同时建立标准化的知识基线，使不断加入的新人能够快速融入团队。

本案例主要以前端产品为例来讲述故事。前端产品采用的是 Single Page Web App（单页面网页应用），即一次性加载所有页面，实现无刷新页面跳转技术。主要采用了 EmberJS 框架，结合 HTML5 与 css3，构建工具采用 grunt.js，其中还用到了 node.js、ruby 等编程语言。

二、解决之道

在该案例中，项目管理人员和敏捷教练根据现状制定策略，然后设计架构，并由此产生适合团队的协作模式，从这三部分入手来打造团队。

1. 策略

（1） 涌现式设计。

敏捷从形式上看是迭代，但是为什么要迭代？这里我们要引入一个词：蜂群思维。一只只柔弱的蜜蜂，组织在一起能够不可思议地构筑出正六边形的蜂巢，角度分毫不差，这显然不是单个蜜蜂能够做到的，而蜂王也并没有直接指挥每只蜜蜂。当个体聚集在一起时，显现出了一种整体性，比个体简单叠加的结果显然要多了一些东西。这是自然界生命演化、应对变化的最基本的方式，对于组织和软件系统同样适用。

一个软件研发组织是由许多人组成的复杂自适应网络，在网络中，人和人之间存在连接，而任何一点的变化都会对其他点产生递归因果关系，而且这些影响是同时发生的。每一次变化都会对系统产生深远的扰动，没有一个大脑能够准确地预测和控制网络中的每个节点或细节，必须调动每一个大脑并行地思考，形成蜂群。抛弃掉对可预测性与可控制的执念，用进化的眼光去面对变化。特别是银行这种相对传统和官僚的环境中，先动手做起来，不断地试错，不断地触碰边界，才能更快地找到更合适的方法。

对于软件系统也是一样，许多简单的模块叠加成为完整的可交付的功能，但是整体的

业务行为显然不仅仅是那些代码的简单叠加之和，也无法对最终的产出做出完整预测。举个例子，在项目早期架构师曾将后端 J2EE 系统规划为 8 层，每层都有各自的职责与含义，并且设计了一个看似灵活性很高的流程引擎用于组装不同的业务逻辑。但现实是，几年以后，这些设计都是用不到或者不现实的，属于过度设计，这在精益中也是浪费。

将大问题分解成小问题，正是敏捷中提倡的短迭代概念。在不断地迭代中，随着有用的信息不断增加，形成滚雪球效应，一定会有更好的设计与方案涌现出来。我们每天早上的站会，随着人数增加，随着跨国沟通的需要增多，逐渐形成了每日的 Scrum Of Scrum，而不是预先设计好。我们的构建方案，最初采用 Maven，后来改用 grunt.js 并发展出一套完整的方案，这也是最初没有人想到的。这些变化不胜枚举，但如果从一开始就抱着固定心态不放，那绝对不会演化出那些结果的。

（2） 基于主干开发。

引言部分已经提到了基于分支开发的种种弊端。其实基于主干开发或叫单分支开发并非一个新鲜概念，而是从 2000 年左右就包含在极限编程中的实践，然而真正敢于实践或者做出效果的团队不多，这与团队所处环境有很大关系。

基于主干开发指的是整个项目团队只维护同一主干（如 SVN trunk），不允许再存在其他用于开发的长期分支。个人在开发机上的分支要频繁提交，与主干合并，避免过去那种大批量提交的方式，改为小批量合并，降低合并时的风险。

这里碰到一个问题，即传统的 SCM 政策要求每个项目立项之初就要建立一个单独的 SCM 分支，以便进行追溯，发布时必须从此分支打包。这与单分支的产品化思维有冲突。我们与 SCM 部门进行沟通，在满足可追溯性的要求下，尽量延迟决策，降低分支存在的数量和时间，减少浪费。只有当一个版本快要发布之前才拉出一个分支，成为发布分支。这个分支不增加新功能，只用于在发布前稳定质量之用，发布后也不得用于新开发，其上所有的缺陷修复都要合并回到主干上。

（3） 持续集成。

敏捷实际上是强调快速反馈的过程，收到的反馈越多，学习和改进的机会就越多，系统提高得越快。持续集成正是这样一种实践，每次提交代码之后就会运行各项任务，任何一个环节出错都会立即通知提交者进行修改。频繁地提交是维护主干健康度的有力保证，让主干始终保持一个可用的状态，一旦出错可以迅速回滚。

既然是快速反馈，速度就不能太慢。人对于等待的耐心是有限的，不超过 10 分钟，甚至更短。对于日常开发，构建的反馈周期最好在 5 秒钟之内。我们采用的 grunt 构建任务中，按顺序包括了 Lint、UnitTest、Aggregate、TemplateCompiling、FileCopy、Compass、Uglify 等，在开发阶段，运行到单元测试即可，可以控制在 5 秒钟之内完成。在部署到开发环境上时，运行到 compass 即可，可以在 15 秒内完成。只有完整部署到准发布环境时，才需要完整运行所有步骤，所需时间也最长。

当然如果团队不能形成良好的纪律性，持续集成也会成为一种负担，被大家所忽视。所以进化不仅仅是接到持续集成给出的反馈后做出调整，还需要进一步对如何反馈、如何调整的过程本身进行进化，这才是敏捷的更高境界。

2. 架构

（1） 以抽象模拟分支。

既然业务逻辑在不同项目中存在差异，分支就不可避免。但是我们并不需要物理分支，用逻辑分支即可实现。以抽象为分支就是通过在软件内创建新的抽象层，来避免创建新的分支，新老特性得以共存。类似的方案如 Flash 等跨平台技术，可以极大地提高可维护性。

这种技术可以简单地依赖于面向对象技术里进行抽象，将公共逻辑置于父类，而差异部分放入子类。关键在于要不断地进行重构，探索更好的组织知识的方式。重构是即时的，而不是大规模的行为。如何权衡子类与父类的内容安排，才是一个持续的进化过程。

这里的目录结构也是经过探索的，究竟是先按模块来划分，还是先按照国家分支来划分？最后发现按照国家分支来划分利于打包发布，这才形成当前的方案。

（2） 提高可测性。

良好的测试是持续集成的前提，为了能够让跨国团队并行工作，模块化的划分并且每个模块可以单独测试就成了重要的实践。我们的前端无论是公共逻辑还是国家特定逻辑都能够在几秒中之内完成 Jasmine 单元测试。同时，后端接口规划为 Restful API，也是为了能在开发阶段尽早测试，避免将所有的集成风险留到最后。

（3） 灵活构建。

构建系统方案也是架构的一部分，决定了交付的灵活性。我们选用的 grunt.js 工具是一个插件化工具，各种任务可以分别进行配置，甚至可以方便的进行扩展功能。通过自行编写的插件，我们在发布时可以做到按需打包，只将公共逻辑和待发布国家项目的逻辑打包，便于维护，同时也提高前端产品的线上加载速度，提高用户体验。

3. 团队

（1） 闻名不如见面。

团队组建是一个裂变的过程。最初团队是由两个中国人出差，加上两个外国人组成的 Scrum 团队，笔者担任 Scrum Master。两个迭代后团队分裂成两部分，分别在国内与新加坡补充新成员形成更多的 Scrum 团队，这些团队从同一个细胞分裂而来，具有相同的基因，也就是相同的编码风格、工作约定和架构共识，极大提高后面的协作效率。

对于跨国团队，很重要的一点就是要出差见面，以此来建立人际关系。因为电话沟通是一维的，而当面交流，除了语言，还有眼神、肢体、情感等，是多维沟通。当面交流建立关系的速度和质量都是电话沟通所不能比拟。组织的协作和活跃度很大程度取决于网络的连接度。

（2） 可视化。

我们通过 JIRA 作为跨国需求协作的工具，通过将迭代发布计划与系统架构图透明给团队每个成员，都是意在增强团队成员和管理者之间的连接，改变协作模型，形成大家对目标的共识，以期望调度每个成员的主动性和参与性，如图 5-1 所示。

另外，让沟通不仅仅限于理性部分，也通过图形化等手段开发右脑，让思维效率达到最大化。

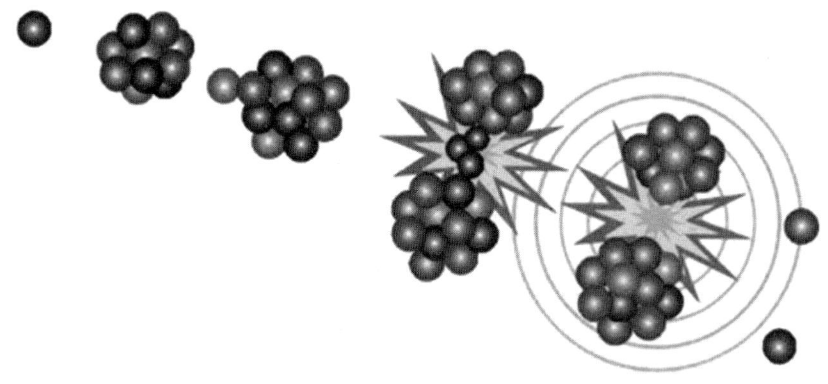

图 5-1　系统架构图

（3）　虚拟架构组。

自然界告诉我们，异化传粉是有效的传播手段，可以提高进化的速度，并显现出遗传优势。对于跨国多团队组织，也要鼓励通过异化传粉来传播知识和形成约定，而不是强求一致。我们成立了虚拟架构组，每个 Scrum 团队中的技术带头人会定期碰面，共同约定，并且带回自己的团队。这些虚拟架构师并非指定的职位，而且都要亲自动手写代码。

三、案例启示

可引起骨架示意图如图 5-2 所示。

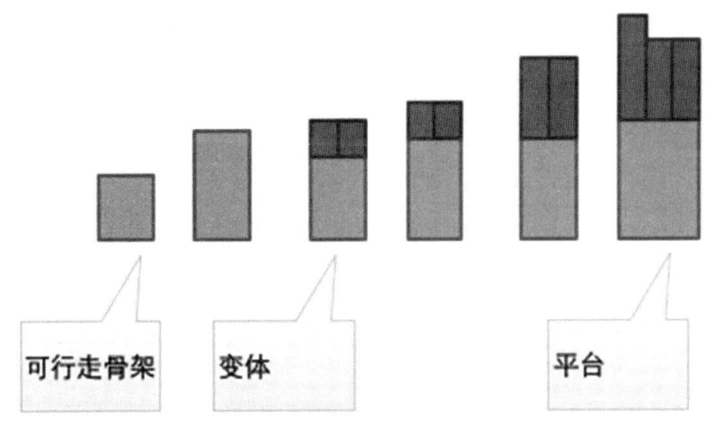

图 5-2　可引起骨架示意图

经过这些实践，我们获得了以下收益：

（1）　所有国家遵从同一设计。
（2）　一个改变立即对所有国家有效。
（3）　50%左右的可重用代码，减少重复工作，加速上线。
（4）　一键签出，快速打包，即可支持一个新的国家项目。

（5） 容易理解的代码库结构。

（6） 不同团队可互相支援。

无论是团队还是软件系统，都从一个可行走的骨架开始，够用就好，保持灵活性，逐步涌现新的行为。随着分支的出现，形成变体，公共部分与分支都可以继续独立地生长，公共部分逐渐形成平台，而需要新的分支时就可以在平台上直接长出来。这个平台是涌现的结果，是复杂自适应系统不断进化的结果。

范路点评：能够让银行这种相对传统和保守的行业，接受全新的不是那么完美的解决方案，这是非常困难的。互联网公司保持高效发展的核心武器是灰度发布，也就是对不完美的一种接受和妥协，打破公司内外的分界线，将一部分特定的用户引入到不完美的环境中，让他们帮助一起寻找解决的方法和新的方向。很多互联网公司都有用户分级机制，将那些最忠诚的用户挑选出来，让他们参加到系统改进的过程中来。互联网时代的敏捷，就是建立在灰度发布和 A/B 测试基础上的。能够在银行系统，实现互联网式的敏捷，并取得成功，这非常不容易。

作者姓名：马方旭

作者职位：某网数据平台部高级经理

作者简介：北京科技大学理学硕士学位，BI 高级工程师、大数据产品架构师，6 年丰富的大数据行业（电商相关）经验，对基于当下主流的大数据技术（Hadoop,Kafka,Storm,Spark,Nosql）的项目有大量的成功实施经验及独特的设计理念。目前就职于某网，担任数据平台部高级经理，负责某网大数据及实时平台的规划与建设

所在研发团队规模：20 人

研发团队职能定位：以“便于业务运营”为中心的设计理念，为一线业务运营人员提供集“展现运营、帮助引导运营、直接参与运营”于一体的大数据平台解决方案，使产品更加友好、易用，进一步公司的业务运营能力

电商大数据平台设计及应用实例

一、背景介绍

某网数据平台项目是某网对于电商大数据使用的实践案例。该项目在架构、设计、开发等方面，采用了当下主流的大数据技术，不仅成功地解决了数据量大、数据种类繁多、数据变化快等不利因素带来的困难，而且为一线运营人员快速提升运营能力提供了系统解决方案。

本案例的具体实施过程、步骤和方法可供同行借鉴。

二、数据在电商及面临的问题

某网大数据平台主要服务对象是公司高层、业务运营人员及数据分析人员。通过该平台，公司可随时了解公司的运营状态及为业务运营提供数据支持。

1. 数据对于电商的意义

数据对于电商的支撑主要体现在业务运营方面，可以分为三个层次。

（1） 数据直接展现运营，主要体现在运营报表层面。公司的运营数据直接以报表的形式展现给相关领导和业务人员及分析人员，直观地展现公司的运营现状。

（2） 数据帮助引导运营，主要体现在数据分析层面。比如公司要做一次大型的推广活动，有 A、B 两种方案。那么我公司的会员结构如何，他们是更在意产品的品质，还是更在意折扣的力度呢？再考虑到本次推广的目标，两种方案的优缺点各是什么呢？这些都可以通过一系列数据分析来得知，然后再决定到底采用哪个方案。活动结束后还需再次分析总结，例如效果如何，是否达到预期目标，有何不足的方面需要下次避免等。

（3） 数据直接参与运营，主要体现在数据应用与产品。如数据彩超、推荐导购、会员营销等相关产品。

2. 我们的数据来源

某网的垂直电子商务业务，其实就是互联网+零售。

（1） 互联网部分主要体现在前端的网站，包括 PC 端、WAP、HTML5 及 App 客户端及人工客服、分销网站等。

（2） 零售就是后端的一些生产数据，包括订单管理、仓储物流、采购、商家等。

前端部分是绝大多数用户及会员和我们产生交互的唯一渠道，因此这部分的用户体验及优化也直接决定了我们的运营成败，该部分的数据运营也是我们数据平台的重中之重。如图 5-3 所示。

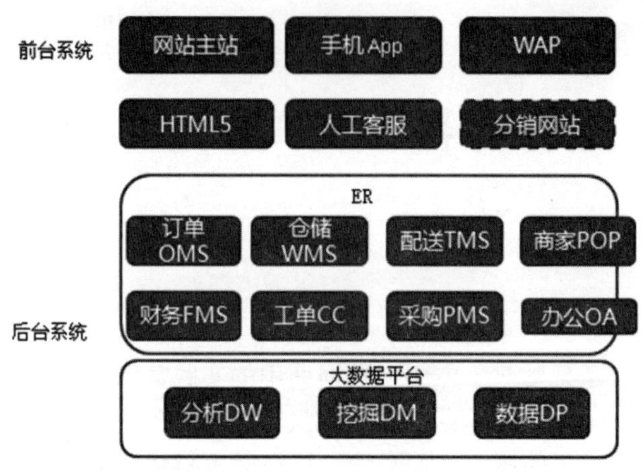

图 5-3 数据平台系统

3. 大数据带来的挑战

大数据给我们带来了一些挑战，主要包括以下几个方面。

（1） 数据量特别大，包括 PC 及移动客户端的流量数据，生产系统的业务数据，客服端的语音数据等，每天都有近 TB 级的数据生成，这是传统的数据库支撑不了的。

（2） 数据的种类繁多，不仅有结构化的数据（主要是生产系统的业务数据），还有非结构化的数据（包括访问日志的文本数据、图片数据、语音数据甚至竞争对手的数据等）。

（3） 业务变化快，比如今天要上线社区、明天要上线商城、后天要改版首页，业务增长非常快，对数据产品的需求也非常多。

（4） 数据处理的时效性较高。运营人员需要看到上一时段的销售情况，市场人员需要及时了解推广的效果，尤其是在搞大型活动的时候，对实时数据的要求更高，基本上每分每秒都在关注数据的变化以及时做出运营上的调整。

三、解决方案及数据模型

1. 大数据平台架构

基于大数据对我司的挑战，我们建立了对应的大数据平台架构，这个架构主要分为四层。

（1） 原始数据层。

（2） 计算与存储层。

（3） 应用层。

（4） 应用系统层。

我们在每一个源系统上面，都搭载了实时的采集脚本与埋点，把数据实时采集到我们的原始数据层；计算与存储层由 50 台服务器搭建，做了集成整合，主要包括像 Storm、Hadoop2.0 以及基于内存计算的 Spark；应用及系统层主要是提供一些应用查询及一些时效性较高的数据接口，为我们的下游应用，如推荐和智能导购提供服务。如图 5-4 所示。

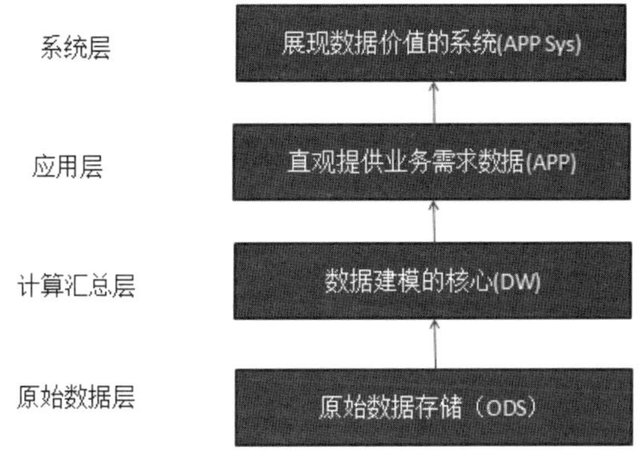

图 5-4　大数据平台架构

2. 数据模型的建立

我们的数据模型，主要按主题分析来划分。包括用户来源（例如市场推广的分析），用户属性及行为分析（订单及库存分析、供应链分析、财务分析等）。在这些分析上面，我们会有一些底层明细数据，如用户明细、销售明细、商品明细、商家明细等，整体结构为 ODS→DW→App。

重点说一下流量部分模型的 DW 层。DW 层包括用户点击表、用户访问表、停留时间表、最后一次访问表、用户关键节点表、用户销售关联表等，可以提供诸如用户量，用户的跳出、退出、虚拟销售及转化路径等丰富指标。基于该基础模型，我们大概有成百上千的应用，生成各种数据报表及接口。如图 5-5 所示。

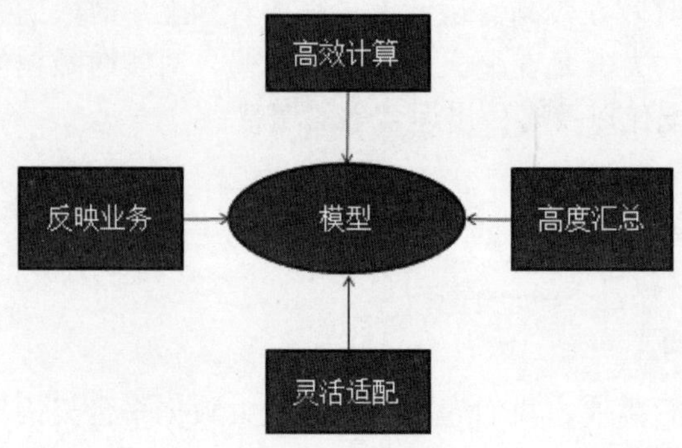

图 5-5　数据基础模型

四、系统架构

系统架构设计，如图 5-6 所示。

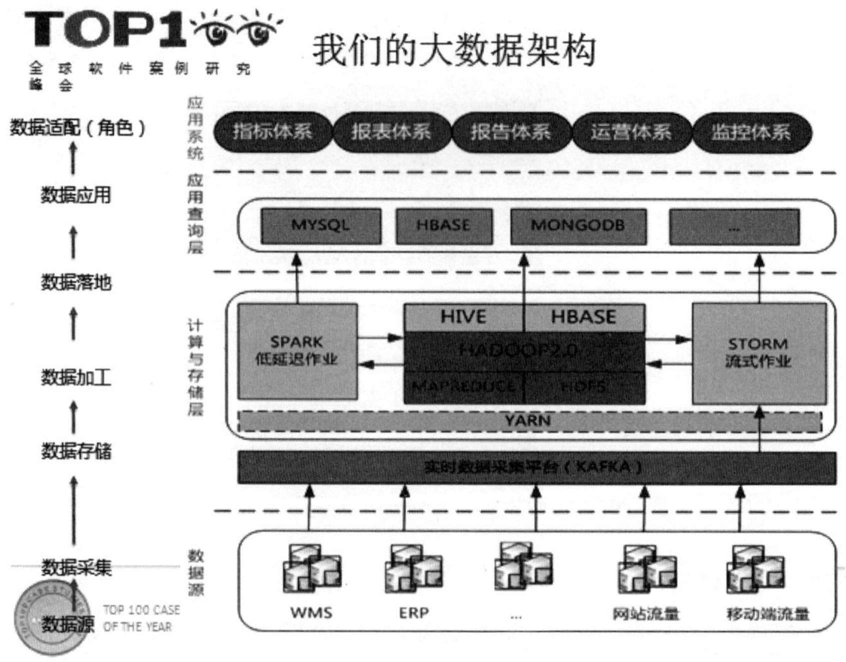

图 5-6　系统架构设计

五、数据产品实例

前面从数据来源及应用等方面简单描述了下我公司的数据体系及架构设计，那么底层数据模型建好后，其最终目的还是要引导甚至直接参与运营，提升运营效果。

会员和网站之间的瞬时交互内容形成了一个用户的访问列表，它内在地透露了用户的瞬时访问意图，具有很高的价值，深挖下去形成了我们的产品推荐功能。

下面简单介绍下我们的一个数据应用实例——产品推荐。

主要包含以下三个维度

（1） 商品维度。

商品维度，包含看了又看、看了又买、买了又买、同时购买、收藏并购买、收藏并收藏、最佳组合（一起购买会更好）等。

（2） 热销维度。

热销维度，包含分类热销、品牌热销、礼包热销、礼包品牌热销等。

（3） 用户浏览及购买维度。

用户浏览及购买维度，包含浏览品牌并购买、浏览分类并购买、搜索且最终购买等。

这些推荐内容既避免了网站的千人一面，又迎合了用户的个性需求，对运营提升有极大地帮助。

范路点评：在互联网领域里面，现在公认的能够支撑大型企业的变现模式有三种，即电商、游戏、广告。这里就是一个电商的案例，对于电商来说，数据可以直接指导决策人员做出正确的决定，从而赚取更高的利润。现在很多电商系统中，甚至将决策人员都省略了。数据与最终决策联动，当数据达到某一特定状态时，直接使系统做出某些变化。对于这种系统来说，效率和灵活性是非常关键的。如何在巨大的数据量和访问并发下，构建高效、灵活的数据分析和反应机制，就是摆在所有电商企业面前的难题。

作者姓名：莫敏
作者职位：腾讯互娱，欢乐斗地主 PM
作者简介：腾讯欢乐游戏工作室项目经理，腾讯互娱敏捷教练，腾讯学院认证讲师，深圳敏捷部落组织者
研发团队规模：60
研发团队职能定位：欢乐产品中心是互娱最大的棋牌游戏生产基地，早在PC 时代，已经在 QQ 游戏大厅占领绝对领先地位；在手游时代，越战越勇，成为中国棋牌游戏中的楷模

微精益——打造 100%用户喜爱的手游

前言：如果，你埋头做了半年的产品，上市之后市场反应平平，怎么办？或者，你还在不停花时间做市场调研、竞品分析，好不容易发布一个新功能，却发现竞品已经比你早几天发布了，你是否恨得咬牙切齿？再或者，产品需求变更频繁，开发人员怨声载道，这样的头痛的事情有没有办法解决？如何保证用户百分之百地使用并喜欢这个需求？这样的事情有可能发生吗？一切皆有可能！

在此案例中，不仅可以听到打造 100%用户喜爱的手游，而且还可以听到如何打造用户喜爱的互联网产品，行动起来，改变就趁现在！

一、案例背景

由欢乐产品中心打造的欢乐斗地主游戏一直是腾讯互娱的金牌游戏之一，2013 年 10 月欢乐斗地主游戏登录微信和手 Q 之后，一直是互娱的十大挣钱手游之一，长期霸占第一版，也是中国棋牌游戏的典范。

作为一款长期赢利的产品，领导对此有着更高的要求：希望斗地主这款游戏能持续增长，并且希望新的游戏能带来更大的增长机会。

如何在手游的红海当中，保持领先的竞争力，并且在多数手游沦为“月抛型游戏”情况下，使斗地主的用户数量能够持续增长，这对我们带来了不少的挑战，因此，我与游戏制作人，众游戏策划一起，花了数天时间，在这个大的前提下，研究出了一套方法，帮助

业务目标提升，并且取得了很好的效果。

二、怎么做到的

为了让游戏产品的精益真正落地，并且在游戏产品发挥真正意义，我提出了“微精益”这个词，也就是根据手游特点，提取中精益当中最有用的部分，以达到持续增长的业务目标。

我带领的欢乐斗地主，团队的敏捷实践做得非常好，需求的 Product Backlog，任务也做估算，立会也开了，Sprints 执行的也很好，Preview 游戏策划也参与了，回顾会议也进行了反思，但这些只是项目过程，过程做得再好，没有产生好的结果，那也是徒劳，就像一个人走路，刚开始的路都走偏了，走得再快，也只是离正确的路越来越远。

对于一位学习了多年敏捷的 PM 来说，如何把项目做得更快，不是问题。记得乔梁老师曾经和我聊过，PM 能做的只是把项目做得更快，正确地做事情，但是如何做正确的事情，这是由产品经理来决定的。

“微精益”应该怎么执行呢？主要步骤有以下几个。

（1） 找到问题。

（2） 讨论问题。

（3） “洗脑”。

（4） 灰度。

（5） 失败的任务。

（6） 发布用户喜爱的特性。

（7） 总结。

1. 找到问题

首先，以问题作为团队的切入点，是团队最容易接受的方式，通过上半年对团队的调查，我发现团队大部分的问题都是需求的问题。这一点具体表现在开发人员报怨需求修改太频繁，对此，策划也很无奈，因为策划不可能保证游戏特性一定是用户所喜欢的。

2. 讨论问题

我召集大家一起来讨论需求问题的解决方案，但是在开发与策划对立的负面情绪之下，双方都无法客观公正地分析问题。

为了消除大家的负面情绪，我决定使用 NLP 教练引导技术，让大家能够坦城地解决问题，我是这样做的：

让大家把原来对于项目的不满的情况，用一个形容词写在便签纸上，每人至少一个；接着，把便签纸收集上来，全部撕碎，放在垃圾筒里；请大家闭上眼睛，深吸一口气，然后，我说：“现在，请睁开眼睛，回到现实当中，我们已经把这些负面情绪抛弃了，现在，我们要抛弃情绪，让我们来应对问题吧。”（缓解负面情绪）。

我们在会上反思了前段时间项目中遇到的问题。其中，最大的问题是，我们花子大约三个月的时间做了好友同玩功能，但是这个功能上线之后，只有少部分用户使用这个功能。这个特性花了我们太多的精力，但取得的效果微乎其微，这是我们最大的痛点。

经过我们对问题的发散、收敛、分类、筛选之后，我们找到了关键点：需求价值。

关键问题我们已经找到了，那么，我们接下来要干些什么呢？在此之前，我看了一下我们的需求价值流程，我发现，没有人对需求价值做出过预估。

为什么呢？因为没有人敢，也没有人肯承诺价值，我与团队做过商议之后，决定在特性需求提出的模板当中加入需求价值一项，即需求的直接收益与间接收益，并让策划人员把特性按照价值进行排序，这样，我们在做项目迭代的时候，会优先满足价值高的特性。而在项目发布之后的一个月之内，策划人员要有预估价值的比较，以说明他的需求实际与预期的偏差情况，这样也会帮助策划人员预估地更加准确。

3. “洗脑”

首先，我决定要给团队做思想导入，于是，我先给制作人去了精益的思路，先得到了制作人的首肯，然后在周同步会上，得到了众策划的肯定，我们决定先从任务系统着手去做试点，效果好再整体推广。

4. 灰度

任务系统是个比较大的系统，手游项目都有做过这个系统，我们先在主界面上做了一个简单的入口，第一阶段只有癞子胜利 10 局的任务。

两天时间开发调试完之后，便叫来了十几位用户来做 CE，用户在主界面看到任务这个按钮之后，都会试着去点一下，便有 80%的都会去玩，看着用户都在玩这个新功能，大家感到十分高兴，最后用户虽然不是所有用户都完成了这个任务，但是他们表示这个任务功能设计得很不错，如果能再设计更多的任务让他们完成，那么他们愿意花更多时间来看任务面板。这正是我们希望看到的，于是我们马上着手做了下面的事情。

5. 失败的任务

得到了用户的肯定之后，大伙充满了信心，在癞子胜利 10 局的特性上，我们又用两天时间加上了打出春天领取欢乐豆的特性，用一天时间完成开发之后，也灰度了一把，但是这次用户反馈这个任务很难完成，在半天的灰度测试当中，我们请来的十几位用户都无法完成此项任务。

这个任务之后，策划同事比较难过，原来大的特性里的这个任务是他花了好长时间想出来的。知道了这个事情之后，我还单独找他聊了，向他表示，其实最大的浪费不是花时间在想出功能然后没有被采用，而是在于发布了一大堆复杂的特性但是没有可用的。我们要做减法而不是加法。

我们欣然接受了失败，并迅速调整了过来。我们取消了这个任务，由春天任务改为抢地主任务。

6. 发布用户喜爱的特性

经过用户验证，此任务不错，用户反馈也很好。

我们如法泡制，加上连续三日任务，充值任务，这些任务都深受用户喜欢。我们逐步完善了任务系统，在它整体发布之后，收入提高了 7%，极大地鼓舞蹈了士气，得到了团队的肯定。

如果这个任务，玩家不喜欢，开发人员付出的也只是两天的工作量。

7. 总结

半年之后，团队对方法进行了一次总结，大家都反映这种方式比较容易接受，也比较容易使用，用快速的 Demo 来验证用户是否喜欢，已经形成了团队的共识，而且也被其他兄弟团队做为借鉴。

在这半年当中，我们也枪毙过不少特性，比如说语音聊天，这个功能是在有些棋牌类游戏有的，但当我们灰度之后，发现用户使用太少，所以也就没有跟进了，策划现在不再恐惧其需求特性被拒绝。因为他们知道什么才是更有价值的。

有了这次案例之后，团队接受能力更强了，像现在在团队中实施得很好的每日体验，都很容易地被团队所接受，因为团队知道，我的方法，是能够切实可行地帮助到他们的，可以提高效率，少走弯路。

三、案例启示

“微精益”五个主要步骤如下。

（1） 找到一个认为用户喜欢的特性功能。

（2） 扔掉此特性功能的完整实现方案，只讨论最小实现方案。

（3） 灰度发布，让用户来验证这个特性是否好用。

（4） 如果不好用，放弃此特性。

（5） 如果好用，再逐步实现方案，直至特性完整。

精益开发，并不是制造业的专利，在不确定性更高的软件行业，也能很好地运用此思想。

精益思想，并不是侃侃而谈，要落实到位，其实还挺困难。首先要得到领导的首肯和团队的肯定，而且不能一步到位，要在团队灰度试点，逐步改进，因为一旦失败团队就会非常抗拒，再想实行就非常困难。

“微精益”五步，也可以运用到做产品、做电商、做网页的过程中，项目管理方法没有局限，欢迎与大家交流在更多的行业的使用案例。

范路点评：互联网游戏，就是一个完全构筑于虚拟世界中的数据谜题。在这个谜题中的一切都是数据，但是如何能够从这些数据中抽象出有效的指标，高效地依靠这些指标来调整游戏的策略，这就是一个游戏运营是否成功的关键了。

作者姓名：汪宝传
作者职位：高级工程师
作者简介：华为技术有限公司接入网软件工程组主管，高级工程师，十年来一直围绕软件开发现场，从事软件开发、项目/资源管理和软件工程工作。当前负责接入网产品线软件工程工作，致力于通过工程能力和技术方法地提升，改进软件开发的质量与效率
所在研发团队规模：600 人
研发团队职能定位：聚焦软件开发现场，致力于通过工程能力和技术方法地提升，改进软件开发的质量与效率

组织级安全编码实践

一、背景介绍

随着社会及软件技术的发展，特别是以互联网软件的发展，软件在改变人们的生活习惯和工作方式的同时，软件安全性问题越来越突出。软件安全性不仅仅影响公司的运作和财富，更与个人生活息息相关。如何在开发过程中制度化、流程化地实现软件安全，是华为重点考虑的问题。

华为作为全球领先的信息与通信解决方案供应商，为电信运营商、企业和消费者等提供有竞争力的端到端 ICT 解决方案和服务，特别是电信领域对软件安全敏感度尤其高，网络的安全和稳定尤其重要。编码是软件开发的重要环节，必须围绕编码建立一套切换有效的安全防护网，保证软件的安全。

二、问题提出

软件安全，就是使软件在收到恶意攻击的情形下，依然能够继续正确运行并确保软件被在授权范围内合法使用。软件安全本身包含多个方面，如安全风险分析、安全设计、安

全编码、安全测试、安全上市和安全配置管理等多个方面。

安全编码是其中尤其重要的一环，安全编码指导致软件潜在风险根源的编码错误，因为软件开发工程师的疏漏或能力不足，代码可能被利用而产生严重后果。我们结合业界的实践和接入网现状，总结并发现了安全编码具备一些特征，例如以下几点。

（1） 能力不足：安全编码问题，很多时候是由于开发工程师能力不足，比如不了解密码攻击，且错误低估黑客攻击能力，而导致在使用加密算法时不进行“加盐”处理。

（2） 疏忽：软件代码是个系统工程，一个小疏忽可能导致大问题，比如年初引起安全大恐慌的“SSL hear blooding”漏洞，就是因为未判断数据长度这一小疏忽而引起的大问题。

（3） 一般性弱点可列举：总结并分析实际的安全问题，可以列举出哪些编码场景容易引起安全编码问题，比如格式字符串、整数溢出时可能会产生安全编码问题。

为了保障软件安全，在编码阶段实现安全编码，我们提出“构建组织级安全编码防护网”，通过构建自动化的安全编码防护网，保证代码在编码完成后可以进行自动化的分析与度量，从而实现安全编码。

三、解决思路

编码活动是软件开发活动的关键环节，为保证组织级安全编码的落地，我们参考 SEI（软件工程协议）的 CERT 小组安全编码活动的建议，结合华为研发流程的特点，最终采用如图 5-7 所示的开发过程，将编码活动划分为三个阶段。

（1） 编码前：建立安全编码规范并对员工进行赋能，提高开发人员的意识与能力。

（2） 编码中：通过简易的自动化安全编码工具，与开发人员结合，随时识别编码时的各项安全编码问题，督促开发人员随时改进。

（3） 编码后：在编码后的版本构建活动中，对代码自动化进行系统分析，识别安全编码问题并快速反馈。保障编码安全。

该过程有效定义了安全编码相关的各个活动，并对每个活动建立组织级的能力支撑体系，并定义各个活动交付件。能力支撑体系有利于组织级赋能和运作，各项目组可以自行参照能力支撑体系进行自学习，实现能力的自我提升；交付件有利于评估效果，各项目组可以通过检查交付件，有效自检，发现问题并及时改进。因此，对于大规模组织，能力支撑体系和交付件管理体系是保证安全编码落地效果的有力保障。

编码前准备
编码
版本构建
版本转测
活动
安全编程培训
遵循编码规范进行代码开发
工具扫描并清除告警
代码安全检视
工具扫描并清除告警
专家代码安全检
使用优选的编译器和编译选项进行版本编
能力支撑
安全编程规范
编码培训
安全社区
自研代码静态检查工具 codeCC
开源及第三方软件检查工具（含优选检查）
已知漏洞检查工具
工具使用及告警清理
代码安全 Review Checklist 和指导书
安全编译应用指南
二进制安全检查工具（含编译
动态扫描工具
交付件
培训记录
线上安全考试成绩
安全工具扫描及告警清理报告
代码检视报告
安全工具扫描及告警清理报告
代码检视报告
版本编译安全检查报告

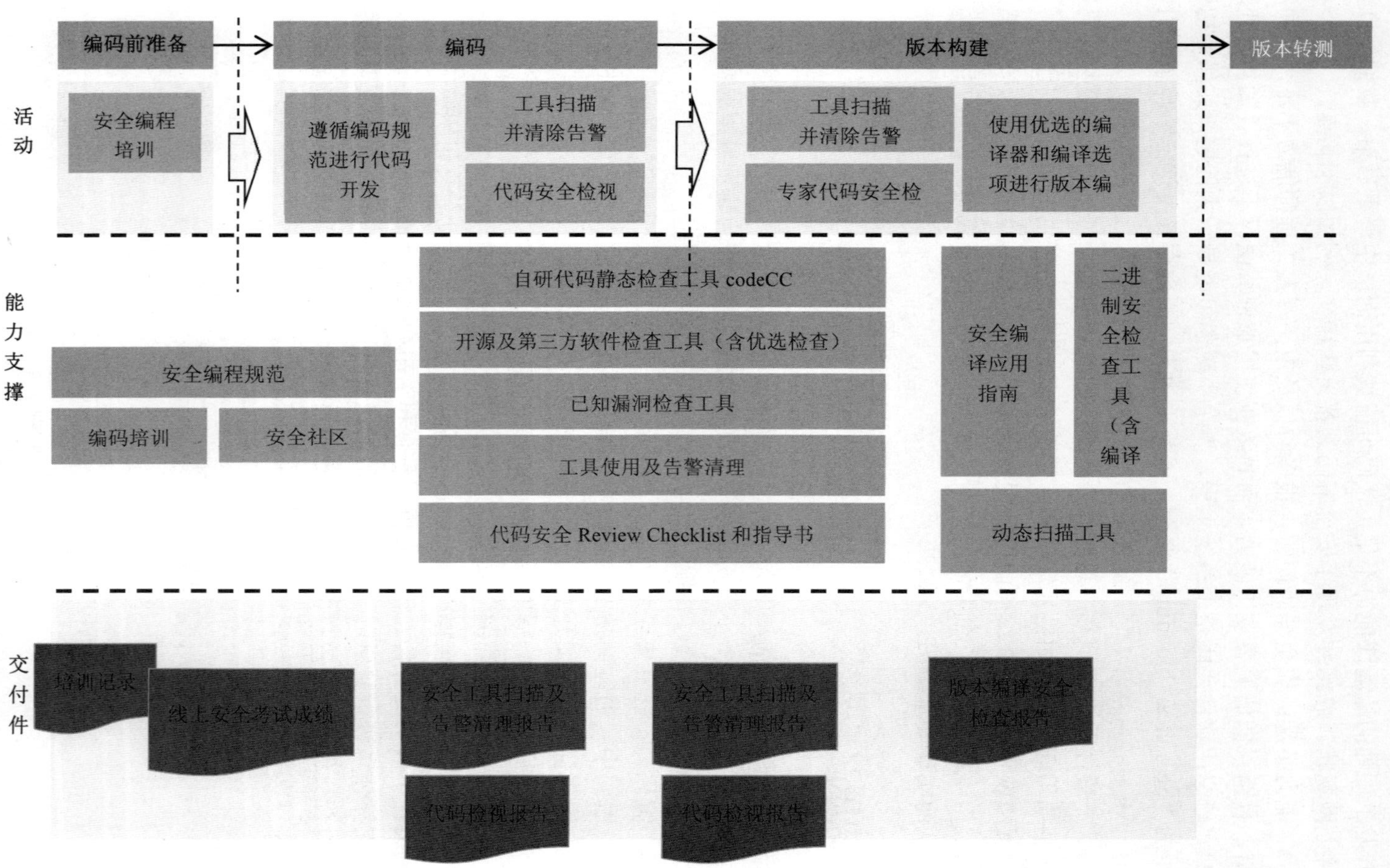

图 5-7　开发过程

四、实践过程

1. 实践之初：用开发者的语言“代码”带领开发人员认识安全编码

“安全”很容易理解，“编码”也很容易理解，但“安全编码”却有很多人不理解，特别是很多开发工程师也是不理解的，而如果让开发人员认识安全编码，最好的方式就是用开发人员的语言来讲清楚，所以，实践之初，我们设计了一段代码，通过围绕这段代码的安全攻击过程，让开发人员认识安全编码。

堆栈溢出是最常见的安全编码问题，很多开发人员都理解堆栈溢出，但对如何避免溢出及溢出后危害的认识还不是特足，大多数开发人员会说堆栈溢出后会死机。而在安全领域看，堆栈溢出其实远比死机要复杂，所以，就以堆栈溢出为例，让大家认识代码安全的重要性，了解构建组织级安全编码的价值意义。

（1） 定义：什么是堆栈溢出？

堆栈溢出就是不顾堆栈中分配的局部数据块大小，向该数据块写入了过多的数据，导致数据越界，结果覆盖了别的数据。

（2） 代码案例：一段存在堆栈溢出的典型代码。

```
int checkUserIsValid (char * username, char * password, int pswlen)
{
    int isValid = FALSE;
    char psw_userinput[16];
    char psw_sysrecord[16];
    int ret;
    /* 检查 username 有效性并从系统中获取其对应的密码 */
    ret = getPasswordFromUsername (username, psw_sysrecord) ;
    if (ret != OK)  return FALSE;
/* 将输入的密码复制到本地缓冲区 */
/* 请读者不要纠结为什么要这样写，只为纯粹构造一个案例 */
    memcpy (psw_userinput, password, pswlen) ;

    /* 检查输出的密码是否有存储的密码是否一致 */
    if (memcmp (psw_userinput, psw_sysrecord, pswlen) == 0)
    {
isValid = TRUE;
    }

    return isValid;
}
```

（3） 攻击第一招：溢出，导致永远返回成功。

显然，当用户传入的 password 超过 16 个字符后，就会溢出，程序运行时，各个变量的地址空间，如图 5-8 所示可以看到 isValid 变量是紧跟 psw_userinput 变量的。

一旦 psw_userinput 写溢出，就会改写 isValid 的值。显示下面的 password 会导致 isValid 一直是真，导致函数永远返回是鉴权通过。

```
char password = "12345678901234567";
password[16] = 1;
```

Name	Value
⊞ &isValid	0x0012fe5c
⊞ &psw_userinput	0x0012fe4c
⊞ psw_sysrecord	0x0012fe3c

图 5-8　各个变量的地址空间

（4）攻击第二招：跳过部分代码段。

先看看上个函数 checkUserIsValid 的调用者。

```
void auth (char * username, char * password, int pswlen)
{
    int ret;
    ret = checkUserIsValid (username, password, pswlen) ;
    if (ret == FALSE)
    {
printf ("\r\n 认证不通过") ;
return;
    }
    printf ("\r\n 认证通过") ;
    return;
}
```

再看看上面这段代码的汇编码。在 004011D4 时执行函数调用，然后在下一条 004011D9 开始获取返回值，并执行后续判断操作。

Auth 函数所对应的汇编代码如图 5-9 所示。

```
51:       ret = checkUserIsValid(username, password, pswlen);
004011C8   mov         eax,dword ptr [ebp+10h]
004011CB   push        eax
004011CC   mov         ecx,dword ptr [ebp+0Ch]
004011CF   push        ecx
004011D0   mov         edx,dword ptr [ebp+8]
004011D3   push        edx
004011D4   call        @ILT+15(_checkUserIsValid) (00401014)
004011D9   add         esp,0Ch
004011DC   mov         dword ptr [ebp-4],eax
52:       if (ret == FALSE)
004011DF   cmp         dword ptr [ebp-4],0
004011E3   jne         auth+44h (004011f4)
53:       {
54:           printf("\r\n 认证不通过");
004011E5   push        offset string "\r\n \xc8\xcf\xd6\xa4\xb
004011EA   call        printf (00401300)
004011EF   add         esp,4
55:           return;
004011F2   jmp         auth+51h (00401201)
56:       }
57:
58:       printf("\r\n 认证通过");
004011F4   push        offset string "\r\n \xc8\xcf\xd6\xa4\xc
004011F9   call        printf (00401300)
004011FE   add         esp,4
59:       return;
60:   }
```

图 5-9　Auth 函数所对应的汇编代码

因此当 password 为以下特定值时：

password[]={1,2,3,4,5,6,7,8,9,10,11,12,13,14,15,16,0x00,0x00,0x00,0x00,0xC4,0xFE,0x12,0x00,0xF4,0x11,0x40,0x00};

password 的最后四个字符值（0xF4,0x11,0x40,0x00）实际改写了 checkUserIsValid 函数执行后，下一条语句的位置值，本应为 0x004011D9，而实际被改写为 0x00f011F4，显然就跳过了判断鉴权是否成功的判断，而直接判定为鉴权通过。

（5） 攻击第三招：跳到指定函数。

再构造一个最简单的函数 helloword。源代码及汇编码如图 5-10 所示。

```
4:     void hacker()
5:     {
00401040   push        ebp
00401041   mov         ebp,esp
00401043   sub         esp,40h
00401046   push        ebx
00401047   push        esi
00401048   push        edi
00401049   lea         edi,[ebp-40h]
0040104C   mov         ecx,10h
00401051   mov         eax,0CCCCCCCCh
00401056   rep stos    dword ptr [edi]
6:             printf("hello world");
00401058   push        offset string "%d" (0042001c)
0040105D   call        printf (00401300)
00401062   add         esp,4
7:             return;
8:     }
00401065   pop         edi
```

图 5-10　源代码及汇编码

根据以上的分析，显然，只需要 password 如下就可以直接执行 hacker 函数了。

```
password[]={1,2,3,4,5,6,7,8,9,10,11,12,13,14,15,16,0x00,0x00,0x00,0x00,0
xC4,0xFE,0x12,0x00,0x58,0x10,0x40,0x00};
```

（6） 攻击第四招：注入指令。

上面已经分析了如何跳转了一个指定的地址，那么再进一步想，是不是可以让其直接跳转到 password 的位置，并将 password 的值改为明确的指令。从上面 hacker 函数，我们可以得到，printf（“hellowrd”）；这条语句所对应的机器码是：

```
0x68,0x1C,0x00,0x42,0x00,0xE8,0xAA,0x14,0x2d,0x00,0x83,0xC4,0x04。
password[]={0x68,0x1C,0x00,0x42,0x00,0xE8,0xAA,0x14,0x2d,0x00,0x83,0xC4,
0x04,14,15,16,0x00,0x00,0x00,0x00,0xC4,0xFE,0x12,0x00, 0x4C,0xFE,0x12,0x00};
```

那么，上面的 password 实际就是一条注入有指令的输入，其功能就是输出 hello world，也许 hello world 本身过于友好，实际想象一下，就意味着，别人可以注入任何他想要的形式指令。

攻击原理：堆栈基础知识。

要了解以上的溢出攻击，必须首先了解每次函数调用的堆栈。如图 5-11 所示。

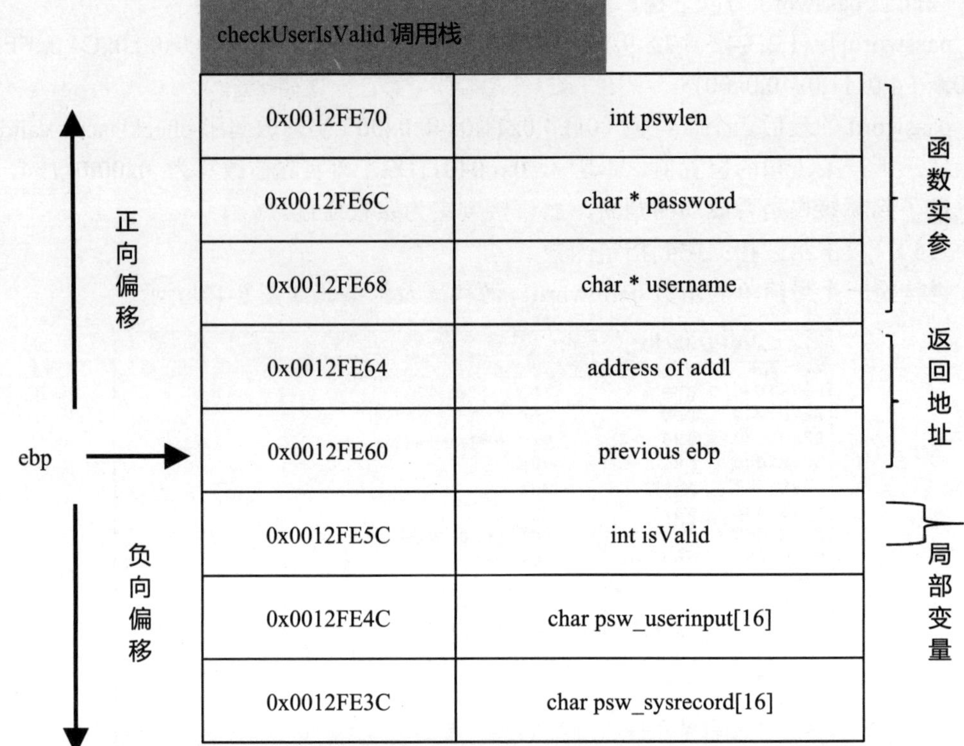

图 5-11　函数调用栈

结合上面的堆栈示例，我们知道自 psw_userinput[16]开始，可以很轻松地推导到函数的返回地址 address of addl 的位置，要在精准的此位置进行改进，就可以完成大部分上面攻击的工作。

2. 小结

上面的案例实际展示了攻击的过程，而在实际环境中，黑客要完成上面的攻击，还是比较困难的，主要困难点如下：

无法获取运行态各变量地址：那么上面的攻击，对于 password 的输出就很困难了。

CPU 保护，不允许指令出现在栈上：那么注入攻击就无效了。

CPU 保护，每个调用栈之间增加特殊标记：这样想改写也是比较困难的，一旦改写便会被识别。

但是，自有软件以来，关于软件的攻防就一直存在，并相互促进发展，上面的案例虽然是我构造的，但在我的机器上，是验证通过的，而这个简单的代码 Bug 是安全可以在编码阶段发现并修正的。所以，一个组织必须建立起代码安全防护网，通过有效的安全防护机制防止在编码阶段引入安全问题。

五、华为组织级安全编码实践

1. 编码前：建立《安全编码规范》，固化安全编码实践经验

代码安全问题是有其特定的规律的，比如缓冲区溢出、整数溢出和格式化字符串风险都是常见的关键安全编码问题，所有，有必要对可能导致软件潜在风险根源的编码错误进行识别和归纳，并对不安全代码的例子进行展示，制定安全的替代方案。最终形成组织级《安全编码规范》，对照该规范可在防止大部分的安全编码问题，形成安全编码的组织级能力。

编码前，可以对照该规范对软件开发人员进行赋能，让开发人员充分理解安全编码的问题和风险，在编码中避免安全编码问题发生。

以下是摘取的《安全编码规范》项目，对照规范，开发人员在进行编码活动中，应该避免使用 alloca()进行内存申请。

建议：避免使用 alloca()函数申请内存。

说明：POSIX 和 C99 均未定义 alloca()的行为，在不支持的平台上运行会有未定义的后果，且该函数在栈帧里申请内存，申请的大小可能越过栈的边界而无法预知。

错误示例：使用了 alloca()从堆栈分配内存。

```
char *UnfixedMessage = NULL;
UnfixedMessage = (char *) alloca (SINGLE_UNIT_SIZE); /* 【不推荐】不用使用 alloc()函数 */
if (NULL == UnfixedMessage)
    DoExit();
...
推荐做法：改用 malloc()从堆分配内存。
char *UnfixedMessage = NULL;
UnfixedMessage = (char *)malloc(SINGLE_UNIT_SIZE); /* 【修改】 使用 malloc()函数来代替 alloca()函数 */
if (NULL == UnfixedMessage)
    DoExit();
...
```

2. 编码中：建立“自动化安全编码检验中心”，构建安全编码快速反馈体系

编码安全问题，本质上由开发人员在编码活动中引入，因此需要构建一套自动化的体系在编码活动之后，快速发现安全编码的问题，实现快速发现，自动识别并反馈进行快速闭环。

华为安全编码检验中心通过云构建中心，建立了一套完整的安全编码防护检测检验中心，源代码经过该自动的自动化检测，自动输出问题报告，便于开发人员与管理者有识发现问题，并驱动问题闭环，最快速度去除安全编码问题。

3. 编码后：建立安全编码整改指导系统，指导开发人员快速修复问题

在自动化安全编码检测中心发现问题后，开发人员需要快速修改安全编码问题，因此，需要有一套对应检测中心发现问题的快速修复指导，协助开发人员进行问题修改决策和方

案指导。以下是摘取的案例，针对具体的安全编码告警，开发人员对照此信息即可进行快速的问题修复决策。如图 5-12 所示。

告警	告警描述	误报可能	风险等级	风险描述	修复成本	修复建议	安全编程规范要求	清理要求
Out-of-bounds read	对超出数组长度的内存地址进行读操作	未发现误报	High	程序出现崩溃，或程序出现数据错误	中	对数组索引进行约束，不能越界读	原则 1.1：对外部输入进行校验	必须清理
Pointer to local outside scope	返回一个局部地址，使用就会超出使用范围	未发现误报	High	局部变量在函数返回后失效，导致引用无效	中	使用静态变量或动态内存对该数据进行存储，并返回	规则 5.2：禁止访问已经释放的内存	必须清理
Uninitialized pointer read	未初始化的指针读取	可能有误报	High	指针变量初始化出错，导致引用无效的内容	低	对未初始化的变量进行初始化	规则 5.1：禁止引用未初始化的内存	非误报必须清理

图 5-12　安全编码信息

六、效果评价

作为全球接入网领域的领导都，华为接入网产品具备有效的安全防护体系，安全稳定地服务了全球三分之一的宽带用户，赢得了全球 50%的 FTTx 商业项目，突破了欧洲所有领先运营商。

七、案例启示

自有软件以来，关于软件的攻防就一直存在，并相互促进发展，近几年热闹的互联网软件，让安全问题越来越被重视，而电信软件代码量庞大（以亿行代码量计），每一行代码又可能会引起严重的安全问题，对于规模组织，如何系统性保证软件安全必须重点进行考虑。自动化防护网通过分析历史问题库，列举一般性弱点，从而建立起自动化防护网有效解决规模投入的问题，通过工具的自动化，有效防范安全问题的发生。

同样的代码，在不同的业务模块，其安全性也是有差距的，特别的，在华为涉及以下模块的代码必须特别受到重视，因为这些业务模块最容易被攻击，而且受攻击后的影响也最为严重。

（1）设备或系统对外提供的所有管理和控制接口相关的代码（如网管配置管理接口、MML、信令接口等）。

（2）对不可信来源的数据进行解析或处理的代码（如用户面数据处理、网络或应用协议解析、文件解析等）。

（3）安全相关类代码（如认证、授权、接入控制、加解密等）。

（4）集中处理个人数据或者敏感数据的代码（如敏感数据匿名化）。

（5） Web 模块（如 HTTP 协议头处理处理模块、文件/图片上传处理模块、SQL 语句处理等）。

软件安全问题是一个系统工程，安全编码只是软件安全中一个环节，软件安全必须依赖于安全设计、安全测试等系列工作。本文通过安全编码的案例，一方面希望让大家了解编码安全的重要性，另一方面也向大家展示华为在编码安全方面所做的努力。

八、参考资料

[1]The Cert C Secure Coding Standard，Robert C. Seacord 著，徐波　等译，机械工业出版社 2010

清风点评： 安全问题是最容易被忽略的一个问题，大部分软件的开发，都会因为各种优先级原因，把安全问题放到最后再去解决，但通常的结局就是不解决。前两年互联网发生了大量的安全问题，例如之前爆发的很有名的心跳漏洞，这些事件的出现，让大家开始重新重视安全编码以及各种安全问题，从汪宝传的分享可以看出华为在安全编码方面做了大量的工作，并且不是简单地喊口号，而是一个可以实际操作的方法，让人受益匪浅。

作者姓名：赵武
作者职位：360 网站安全检测部门总监
作者简介：360 网站安全检测部门总监，原诺赛科技 NOSEC 创始人，安全软件 Pangolin、JSky 作者。目前负责 360 网站安全部门的几个产品线，如 360 库带计划、360 网站安全检测、360 主机卫士等
所在研发团队规模：20 人
研发团队职能定位：360 网站安全检测部门总监，原诺赛科技 NOSEC 创始人，安全软件 Pangolin、JSky 作者。目前负责 360 网站安全部门的几个产品线：360 库带计划、360 网站安全检测、360 主机卫士等

360 网站安全最佳实践

一、互联网网站安全的现状

在互联网日益发展的今天，越来越多的企业接入了互联网，核心业务也越来越依赖互联网。企业面临的安全威胁，其重要性如何强调都不过分。比如黑客会进行商业信息窃取、贩卖客户敏感数据、长期控制企业服务器进行非法操作等。

漏洞是一定存在的，只是我们不知道会什么时候爆发，比如今年比较知名的几次大的漏洞：strut2 命令执行漏洞、心血漏洞、破壳漏洞。一夜之间无数企业被黑客入侵。安全事件的发生已经对企业造成非常实质性的损失，安全问题到底有多严重呢？

1. 超过 95%的网站存在漏洞

其中自动化工具能扫描出来 50%的网站存在漏洞，安全专家参与的人工测试能再多出 45%。也就是说，超过 95%的网站或者说企业是存在被黑的风险的。

2. 超过 40%的网站存在后门

国内已经存在的超过 300 万根域名网站里面，明确发现了超过 40%的网站是被黑过的，

被放了 WebShell 或者是钓鱼挂马页面。

3. 安全漏洞不仅仅是技术问题，已经变成了一种危机公关

以前大家还能正确地看待安全漏洞是一个技术问题，然后随后大家看到某网的信用卡信息泄露事件、各酒店开房数据泄露事件等出来之后，对企业来说都变成了一种危机公关事件。

互联网上每天都在爆发“拖库”事件，从普通网站到手机应用软件，用户信息随时有大批量泄露的可能。一直以来，企业非常痛恨由漏洞导致的黑客攻击行为，但同时也没有更好的方式来加以解决。黑客的攻击行为不仅对企业造成了直接经济损失，而且处理不当会形成公关危机，导致客户丧失对企业的信任。

二、360 面临的挑战

360 作为国内最大的互联网安全公司，无论在对终端用户的安全保护方面，还是在对企业内部保护方面，都下了很多功夫。但是我们深刻认识到任何一个企业或者网络都不存在 100%的安全。对于 360 而言面临的安全挑战主要有如下几个方面：

1. 业务线广，服务器多

目前 360 的产品线超过 100 条，有大量的数据中心和数万台服务器。根域名子域名成千上万，现有的安全团队如何保证能够完成如此大量的业务安全监控是一个非常大地挑战。因为安全团队在企业内部人数很多的情况下也不过数十人。

2. 业务更新频繁

对于互联网公司而言，迭代快是第一位的，所以每天都有新的业务上线（包括企业收购的业务等），同时每天也有很多业务进行升级。每次这种新业务上线和业务迭代都可能引入安全漏洞，导致安全事故。

尤其是业务线在市场竞争激烈的情况下，不通知安全部门直接上线的问题也比较头疼。

3. 时效性问题

安全事件其实主要是在两个方向竞争：知识不对称以及时间差。比如一个漏洞出来了，黑客知道企业不知道；或者黑客知道的比企业更早，那么安全事件就发生了。业务改动是必然的，如果业务上线一个月以后才被发现，可能早就被入侵了。所以如何保证在黑客发现漏洞之前先发现并解决，是一个很大地挑战。

4. 盲点问题

任何个体都有盲点，在系统中有特别多的链接是现有自动化工具发现不了的，这些链接对应的漏洞都不会被发现（比如 App 的连接没有入口可以做扫描、API 接口无法扫描等），它们就变成了定时炸弹。同时，让一个几十人的团队构建的知识体系去跟成千上万的黑客对抗，总会有很多知识或者资源盲点是发现不了的。攻击总比防护更容易，防护要全面性，而攻击者找一个点进去了就算胜利。

5. 现有扫描器已经无法发现安全漏洞

这个问题在一些大型的互联网公司非常明显，我们明知有漏洞，但是现有的商用化产品都已经无能为力了。

所以，即便在我们自己的安全团队每天能发现很多漏洞的情况下，我们也担心很多死角我们不知道，而且有很多业务团队会绕过安全团队进行业务更新，引入安全风险。

三、360 网站安全的最佳实践

经过不断的实践和探索，我们内部最终确定了两个方向的最佳实践：鹰眼（自动化智能 Web 安全监控系统）和 SRC（安全应急响应中心）。

1. 鹰眼（自动化智能 Web 安全监控系统）

鹰眼是 360 为满足自身需求开发的 Web 安全智能监控系统。基于独特的架构、Web 动态模糊测试技术、Web 漏洞智能识别技术、Web 漏洞动态验证技术、主动探寻 Web 漏洞等技术，实现对 Web 的安全监控。结合独立的漏洞库对监控到的漏洞和安全隐患给出包含漏洞描述、危害、修复建议等内容的安全评估报告，鹰眼对提高 Web 安全监控水平，辅助 Web 运维/管理人员对 Web 进行安全评估、安全加固和安全漏洞监控起到了很重要的作用。

鹰眼采用标准的机架式硬件设计，系统采用 B/S 架构，可支持分布式部署；接入任意可访问外网和目标网站的网络即可部署在客户的网络/机房内。基于 Web 的管理后台可灵活管理和控制扫描任务，查看扫描报告等。

其主要特色有以下几点。

（1） 不再需要收集资产清单。

（2） 不再需要指定扫描时间。

（3） 同步监控新业务漏洞。

（4） 有最全面的“爬虫引擎”，能扫描孤岛页面。

（5） day 上千个，来自“库带计划”。

（6） 包含多种企业级运维/管理系统漏洞。

（7） 每周新增数十条漏洞规则。

（8） 内网漏洞一键扫描。

鹰眼漏洞库包含常见的 Web 服务器漏洞、对 SQL 注入和 XSS 有很准确的识别能力能够对常见的 Web 安全配置问题进行检测、能够对常见的 Web 服务器敏感内容泄漏进行检测、由于程序缺陷导致的命令执行漏洞等。

2. SRC（安全应急响应中心）

面对企业安全漏洞风险，包括微软、Google、Facebook 及 Twitter 等在内的国外知名企业提出了 SRC（Security Response Center，安全应急响应中心）概念，其理念是发动全网有贡献精神的网络安全专家来为企业提交安全漏洞。

采用 SRC 方式提交的漏洞不会对外公开，因此不会形成品牌危机。目前，国内包括 360、腾讯、百度、阿里巴巴等在内的知名互联网企业都建立了自己的 SRC。事实证明，

这种模式可以非常有效且快速地获取企业安全漏洞信息，提高企业安全防御能力。

360 通过 SRC 的模式，有效的建立了与白帽子的联系，能够第一时间获取自身网络和产品的漏洞，及时修复。

点评：网络安全问题，这几年频发，大量网站出现了被脱库的事件，明文保存密码等各种问题，360 的分享更是指出，员工电脑的安全性更是一大薄弱点，大量的网站因为员工电脑被攻破而被瓦解，可能一个弱口令，就造成了一个网站地崩溃，甚至关键数据地丢失，从 360 的分享数据来看，只能用 4 个字来形容："触目惊心"，但是 360 帮助做了一个很好地总结，相当于出了一个安全指导手册，可以根据这些去检查自己到底有哪些安全漏洞。

作者姓名：陈苏花
作者职位：工程计量事业部副经理
作者简介：自 2002 年 5 月至今一直就职于广联达软件股份有限公司，曾担任测试工程师、测试经理、项目经理、运作支持部经理、现任工程计量事业部副经理
研发团队规模：150 人
研发团队职能定位：工程计量事业本部，从事造价算量类软件研发已有 16 年之久，用户规模达到 40 万户之多，年产值 8 亿元左右，用户满意度 88% 以上。事业部致力于图形类算量软件的研发，包括商业策划、需求、研发、测试、市场推广等一系列活动，有序地将一个产品从无到有地推向市场，为广大造价人员减轻了工作强度。部门的产品目前在市场占有率中位居第一名

如何打造高质量产品

一、案例背景

工程计量事业部共有 14 个产品，150 人，是公司最重要的产值来源部门，也是公司品牌及口碑最重要的产生部门之一，公司的三大支柱型产品，其中两个产品都在这一部门，所以产品发放市场的及时性和对产品的质量要求都是极高的。

这 14 个产品分布在 7 个产品部，而这些产品也要受到平台这个技术职能部的影响，且这 7 大产品部中，有成熟的老产品（已在市场上运行十几年的产品）、有处于市场推广阶段的产品（从产品第一次投入市场至今已有 2～3 年之间的产品）、也有正在进行内部孵化的新产品（小规模或个别地区发放），而这些产品处于不同阶段，对产品的进度、质量要求也都有所不同，做法也都会有所不同，但如何进行统一化管理，使每个产品都能在严格的监控当中不出现问题，是一个极具挑战性的问题。

由于团队规模的扩大，各项目的 LPDT 更多的是在关注市场，且大部分不是研发出身，所以在研发管理上不能更多地依赖各项目的 LPDT 的管理。且软件公司，人员的流动非常大，资源总是补充不够及时，且即便是补充上，人员的技术能力、文化差异、习惯等都还是比较大的，所以如何规范大家快速地整齐划一，是我们碰到的另一个棘手的问题。

产品的永远服务是市场，离开市场它便不具备自己的价值，而在今天这个什么都是快速的时代，产品研发也必须快速响应市场，否则将面临被取代的结果。

二、达成结果

部门内所有项目统一研发流程、规范制度、作业文档，让大家对研发的理解一致。
几十万用户全年无投诉，且用户对产品的满意度达到 88%以上。
一个为期四个多月的项目，研发周期提前一个月，即时间或资源减少了 25%。
每个迭代都有人能够做到 0 Bug。
新学生工作 1.5～2 年，即可成长为主力，做核心模块。

三、怎么做到的

1. 总策略

总策略如图 5-13 所示。

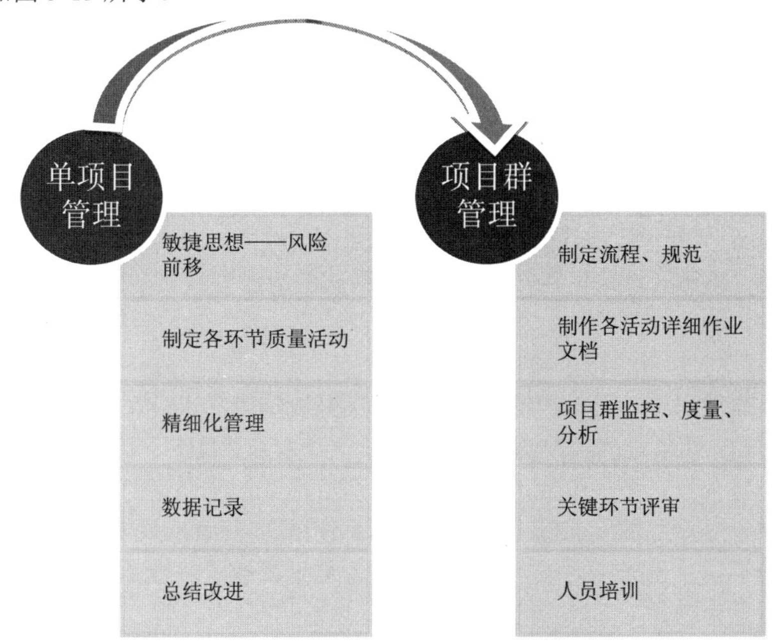

图 5-13　总策略

如果要做到多项目或者称之为项目群管理，各个产品都达到高质量，我们必须先将一个单项目做到极致，然后从中梳理各种优秀流程、模板、制度等，将此作为所有项目的标准化套路，另一方面，也是树立一个标杆，让所有知道什么叫做高质量，高质量不是遥不可及的。以下我将重点为大家介绍单项目管理中的敏捷思想——风险前移、各环节质量活动、精细化管理和多项目管理中的流程规范的制订、作业文档、项目群监控部分，期望能够给大家带来帮助！

2. 单项目管理

（1） 敏捷思想——风险前移。

敏捷是一个比较大的概念，但我在此只想重点谈谈风险前移这个话题。

在以前的开发方式中，我们这种大型产品，每一个版本的开发周期基本上都在 6 个月以上，大家看重的是两个时间点，一个是开发结束时间，另一个是测试结束的发版时间，在这种情况下，出现了两个最严重的问题：一个是在开发后期的时候，往往会发现有些功能的开发受制于前面的一些未能完善处理的问题的约束，而测试更是痛苦，由于很多 Bug 不能及时修改，导致某些功能不具备测试性或不具备完整的测试性，导致测试人员后期工作量加大；而另一问题是，在我们加班加点完成所有需求的实现，最后市场做验收的时候，不论各市场代表还是用户往往会说：“我要的不是这个功能！”。

我们必须要考虑如何解决这些后期可能出现的重大风险。所以，我们一方面需要给员工和管理者不断地从思想上去讲解，如果没有风险意识，最终可能会出现哪些问题；另一方面，我们需要从流程和制度上去规范、去要求，让大家必须把风险前移。

例如，我们固定每个迭代周期为两周，每个迭代必须具有可交付性，且严格规定遗留的 Bug 数不能超过多少，从而保证每个迭代的产品质量。在每个迭代中，都会有“需求验证”环节，避免开发出来的内容和需求有偏差。至少每两个迭代，都会进行一次专家用户的验收，以保证需求理解、开发实现出来的东西就是用户所需要的。

随着互联网时代的开启，以及对小米的开发模式的学习和借鉴，我们也开始在更多的过程中让用户参与研发，从而将风险前移，保证快速高质量地提供给市场产品。

（2） 制定各环节质量活动。

这是整个过程中非常重要的环节。在此我想重点讨论的是：目标、计划、需求交底、开发人员自测、审查（设计审查、代码审查、测试用例评审）、成果演示会、总结会和启动会。

① 目标。

曾经有人跟我讨论，一个产品的质量好坏不是我们内部人员来评价的，最终只有一个指标可以来评价，那就是“用户满意度”。对于这个观点，我绝不否认，我们一直都说“价值产生于组织之外”，但如果我们不去制订过程目标，一个遥远的终极目标对我们来说又有何意义呢？一个产品的发布到上市后用户真正使用，再到问题的反馈，这是一个漫长的过程。也许等满意度出来的时候，我们的研发人员早就换了一批了，那我们再去考核，或者找问题所在又有何用？

在我们衡量目标的时候，会先做一个版本的总目标，然后再将总目标的值分解到各个迭代，产生分目标，这个每个迭代可控了，那总目标也就可控了。目标的项的制定，只有一个可依据的原则，就是控制哪些关键点，对我们的产品质量就会有保证！再往下分解，那各个职能能为产品质量的提升做什么？图 5-14 是目标制定模板。

对于目标值，这是一个数据积累的过程，但既然是目标，绝对不是轻松就能达到的，而一定是需要大家努力才能做到的，当然，我们也要实时警醒，不能冒进，一切还是要尊循事物发展的客观规律。

目标

目标项			E1目标值	E1完成情况	E2目标值	E2完成情况	总目标值	备注
进度	发版时间							
	build开发时间							
	build测试时间							
	总结							
质量	需求变更引起开发和测试增加工作日							错误类、遗漏类
	开发设计方案率							
	代码审查							
	开发自测							
	需求验证一次通过率							
	发生bug数	A类bug						
		B、C、D类bug						
	千行bug率							
	测试用例遗漏点							
	交叉测试bug与第一遍测							
	新增bug剩余数							
	外部库bug剩余数							
	实际工程制作							

注：
1. 以后所有目标均按此模板进行，若有增、删、减，需经过核心团队评审，LPDT通过；
2. 第一次出目标时，必须明确总目标值和第一个build目标值，其他build目标值按总目标值进行拆分，在下个build启动会之前，对build目标进行修订；
3. 不论是总目标，还是build目标，都需要经过核心团队和LPDT进行审批，否则不可公布；
4. 目标完成情况与核心团队绩效挂钩，逐渐与组员挂钩，对于第一次试用的目标不进行考核。

图 5-14　目标制定模板

② 计划。

我们做计划的原则，一方面是最熟悉的人来估算最熟悉的任务，这样准确度较高，另一方面，一定需要负责人或管理者对计划进行审核，因为他是最中立的人，但这必然需要负责人/管理者对要做的内容熟悉程度较高才能进行判断。

另一方面，要有数据积累，我们每个人都会做 PSP 记录，这样对每个人的产能估算会很有依据，所以在分配任务的时候，对应到具体的人的时候，还会对时间做相应的调整。

最后，计划一定要进行咬合，我们一般会先画出一幅作战地图，从图中可以看到所有任务的逻辑关系，也就能体现出每个职能什么时候需要介入哪些工作项，这样大家的配合就不会出太大问题了。

③ 需求交底。

需求是一个产品龙头，如果需求错误，将对产品造成的影响会达到 65%以上，所以从一开始我们就要严控需求质量。

需求交底，貌似是一个简单的工作内容，经常的做法就是需求人员讲解，开发和测试人员听，然后大家有问题就提，没问题就开始各自开展开发工作。而往往在开发过程中，会出现对需求理解不一致、理解不全面、架构不能实现、需求逻辑错误等问题。

既然前面我们说到过要做风险前移，那各个环节我们都要前移，所以我们改变已有的方式，一方面我们会开展开发人员进行需求反交底，即开发人员提前熟悉需求文档，在交底会上，由开发人员讲解需求内容，需求人员进行补充或更正，这样能避免不少在开发过程中再去修改的问题。另一方面，在需求文档出来的同时，测试人员需要对需求文档做静态测试，这也是保证需求正确性和对需求理解深入的一种方式。

④ 开发人员自测。

这是一个自检的过程，意义我就不说了，重点说一下做法。

开发人员自测有三种做法，一种是自己按自己的想法随便测，一种是测试人员给构建简单的测试用例进行测试，最后一种是按照测试人员编写的测试人员执行的测试用例进行自测。

对于这三种方式，我们都进行过尝试，效果好坏当然一看便知，第一种方式跟个人的能力及意识都会有非常大的关系，所以效果差异很大；第二种方式可以达到一定的效果，开发人员自测也会相对简单一些，但测试人员可能会构造两种测试用例；而第三种方式，会耗费开发人员较多的自测时间，且对开发人员业务能力要求会稍高，但效果会比较好，如果能够很好的执行，则按道理，测试将不需要再进行执行测试，只需要进行探索性测试和集成测试即可。我们可以根据项目人员的能力，项目所处阶段和市场对项目质量的要求，可以选择不同的自测方式。

除了自测的方法之外，还需要让开发人员明确自测的好处，摆正心态，这是保证自己代码质量的一种方式，而不是过多得去认为测试是测试人员来做的，而不是自己的主责。我们经常会告诉一个团队，产品质量是团队中的每一个人来保证的，绝对不是某一方的责任，且测试仅是在进一步的提升产品质量，而开发才是保证质量关键中的关键！

⑤ 审查（设计审查、代码审查、测试用例评审）。

在一个团队中，人员的能力不可能整齐划一，要想提升整体水平，不是靠提升每个人的个人能力，因为能力的提升将是一个漫长的过程，所以我们需要有高水平的人，对大家的设计、代码、测试用例进行审查，这样就可以提升整体的结果。另一方面，做审查也是将风险前移的一种方法。但每个审查都应该有相应的 checklist，这样在审查过程中就会有明确的方向，且大家在提交审查前，也可以按 checklist 先自审。

⑥ 成果演示会。

成果演示会是经常会被忽略的一个环节，我只想说这个环节带来的好处：一是再一次让需求、开发、测试三方达成一致的一个活动，我们可以通过此活动看三方对任务的理解是否一致，需求要求的内容是否完全实现，尤其是在开发过程中经常会产生一些变更，而某些变更，尤其是口头的，不能人尽皆知，所以会对后续工作产生影响；二是这个会会给开发人员一个展示成果的机会，可以成就其一些成就感。

我们在进行成果演示会的时候，一定是开发人员自己讲解，且在讲功能的时候，还需要先讲业务，即客户的业务背景是什么，我们如何设计的这个功能，如果实现的，此功能会影响到哪些功能等，这种也可以让开发人员更多的了解业务，提升自己对整体框架的理解。

⑦ 总结会和启动会。

没有总结反思就不会有提升，所以在每个迭代之后，我们都会流出一天的时间来总结、分析问题、制定问题改进方案，这样才可以在下一个迭代中不再范同样的错误。

我们会让团队中的每个人都做自己的工作总结，管理者会对整个团队问题做总结，也会将每个人的数据进行分析，例如做了多少功能，每个功能产生了多少 Bug，千行 Bug 是多少等，从而分析出员工在问题在哪里，给出改进方案和建议，也会针对整个项目提出下个迭代如何提升，还是采用其他方案，让这些问题不再或尽量少的发生。在所有问题分析出来后，区分重要程度和发生概率，然后选出前三个最严重的问题，给出详细的解决方案，注意，为什么不是所有问题都改进呢？因为我们认为所有问题是不可能一次性改进的，要

改就改到好，否则就不要浪费时间。还有就是解决方案，必须要落地，禁止有“加强……、提高……”的字眼出现，因为这样的字眼太虚，如何加强、如何提升？这才是关键，所以策略方案必须落地！

总结会是对一个阶段工作成果的总结，人员成长的界定，也是对下一个任务方案的输入。而启动会的目的则是让全员目标一致，内容明确，工作方法统一，提升团队士气！所以总结会和启动会均是在研发过程中非常重要的环节。

（3）　精细化管理。

为什么要做精细化管理？ 其实很简单的道理，只有管理精细化，才能更多地识别问题和风险，才能一切都在你的掌握之中。

什么需要做精细化管理？精细化到什么程度？需要精细化的内容很多，例如计划，我们会做多级计划，首先要做整个项目的计划，包括一个项目需要分多少个迭代，每个迭代的时间，需要多少资源等（当然，我们的这个计划中还是包含市场活动，在此先忽略不提），然后再做迭代内计划，包括迭代的具体任务时间、资源分配等，所有任务项拆分不得大于3 个工作日，最后还会再做一个更详细的计划，在最后的计划中，基本上每个任务都会分解到 0.5 个工作日内，其中还包含了任务的难度、问题、风险、关联性分析、协作人等，这些事情大部门由主管来做，虽然是花费了一些时间，但却能够提前发现问题，使得后面的工作流畅。在发版任务紧急的时候，基本上还会每天跟踪两到三次任务完成情况，以便可以及早做出应对。

在管理上，尤其是在发版前或任务最重最紧的时候，我们还会对工作时间做严格界定，例如几点到几点是晨会，几点到几点是代码审查时间，几点到几点是吃饭时间等。也许有人觉得这些没什么特别的，上下班时间不都是公司规定吗？但是在很多公司中，例如中午休息时间是 11:30—12:30，但其实很多人是到 13 点才开始工作的，而开发人员还会再来个小憩，有的甚至于 14 点才能开始工作，如果我们不在项目制度里要求，大家还是不会有紧迫感。当然，我的意思不是要逼得大家不准休息，而是在不同的项目阶段，我们要有张有弛，忙的时候一定要所有人紧张起来，项目间歇，也一定要给大家缓冲期！

（4）　数据记录和总结改进。

总结改进一定是以数据为基础的，千万不要按你的感觉来看。举个例子吧，我们有一个项目组由于任务太重，所以在后期协调了其他组的几个开发人员过来协助，在做总结的时候，当我问到 Bug 多的原因的时候，负责人会说协助的人占到了组内人员的一半，他们对产品还不熟悉，所以会产生很多 Bug。于是我现场让他们统计了一下数据，数据出来后，大家都比较震惊，反而是本部门的人产生了大量的 Bug，而协助的人 Bug 很少，甚至于有人一个 Bug 都没有产生，所以之前的改进策略“提升协助人员对业务的熟悉程度”等都需要进行重新调整了，这个例子足以说明数据的重要性！

除了记录项目和个人的数据外，我们还需要每个人记录自己每天的工作内容、每项工作内容所花费的时间和反思等，记录这些不是为了要把人控制得像机器一样时时刻刻在运转，而是要去分析每个人在一个阶段内有哪些工作是可以去优化的。例如，有段时间我们发现测试人员在处理反馈上花费的时间特别多，这个数据是不正常的，跟踪后发现他们近期处理了很多帮用户修复工程的问题，而且每个都很耗时，在找到问题后，我们就要求开发做了一个自动修复工程的工具，这样我们测试人员的工作量就会大大减少，在使用一段时间没有问题后，我们会把工具直接打包发放用户，用户就可以自行修复，那这个工作量就没有了，这就是从个人任务耗时上所看出的问题。

3. 项目群管理

随着项目的增多，如何能够让大家整齐划一、步调一致，那必须要解决的就是流程化、制度化，给出各项工作的标准，然后严控各个关键环节，这样才能确保产品不出大的问题，但在这些之外，我们还必须考虑人的因素，人是一切的根本，所以也一定要解决人的问题。

针对人员培养，我们不仅仅是培训流程、制度，我们还要注重能力的提升，当然，还有两个绝对不能忽略的因素，就是激励和文化！激励上，精神激励和物质激励是缺一不可的，文化上，我们需要倡导的是高质量、追求卓越的文化。人员培养是一个很大的话题，所以在此我不着重展开了，重点说了一下我们的流程制度、作业文档和项目群监控。

（1） 制定流程、规范制度。

我们基本上会分三级流程，第一级流程会根据新老产品不一样，有各自的大节奏，而研发仅是其中的一个环节，例如新产品我们有三研阶段、实验室阶段，那么在这些阶段中，研发并不占据主要位置等；第二级流程就是在研发环节中，我们的迭代模式是什么，例如需求、开发和测试的相互间的节奏咬合方式，几个迭代间是否需要有小型系统测试或者用户验证等；第三级流程就是最后的迭代内流程了，这个流程中包含了哪些具体活动，活动间的顺序和关系，活动的重要程度等，如图 5-15 所示为迭代内流程图。

在流程图中，不但有各种活动，在下方会配有相应的制度、汇报方式和要求的文化，而这些内容也是在启动会上要去给大家讲解的。

当然，流程不是一成不变的，而一定是要根据一个版本的项目范围、人员情况等具体分析后，逐渐的优化流程的，所以我认为：没有最优秀的流程，只有最适合的流程！

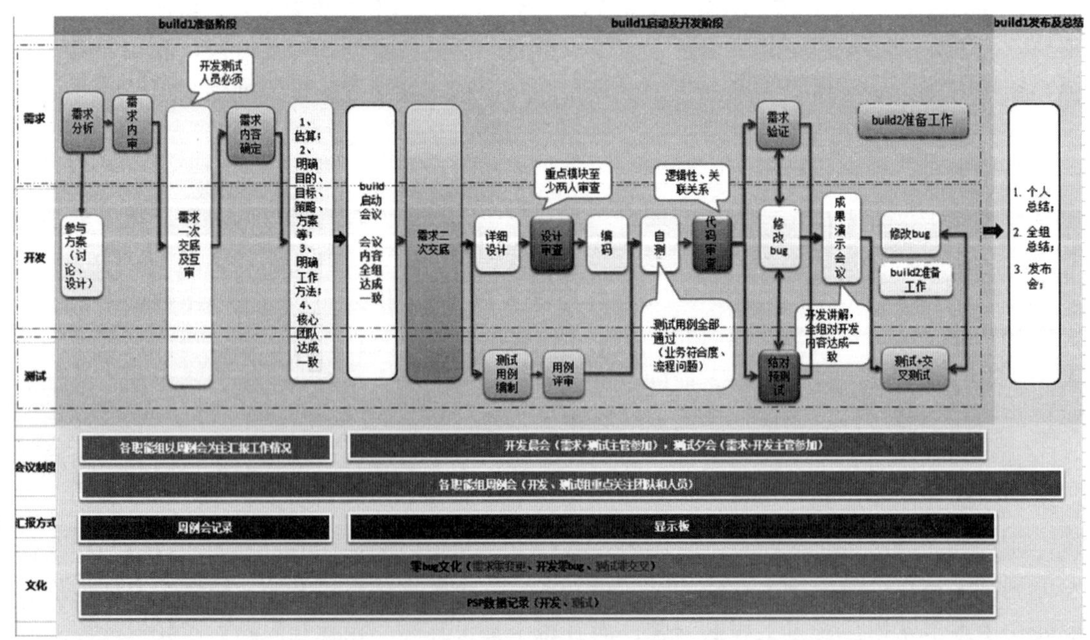

图 5-15　迭代内流程图

（2） 制作各活动详细作业文档。

人的技术能力、文化认知都是有差别的，所以我们没有办法去要求每一个人都在瞬间达到同一能力，但是我们可以用详细的作业文档去规范大家。例如，我们有需求文档模板、概要设计说明书模板、详细设计说明书模板、代码审查 checklist、开发自测模板、目标模板、项目的启动会、演示会、总结会的模板及实际案例等几十个模板，这样大家在做的时候，就可以依据这些模板来做，起码可以达到最低要求。下面仅给出一个项目启动会的会议内容如图 5-16 所示，以及其中质量保障措施项目的其中一页，如图 5-17 所示，当然每一项内容的模板中还会有更详细的说明。

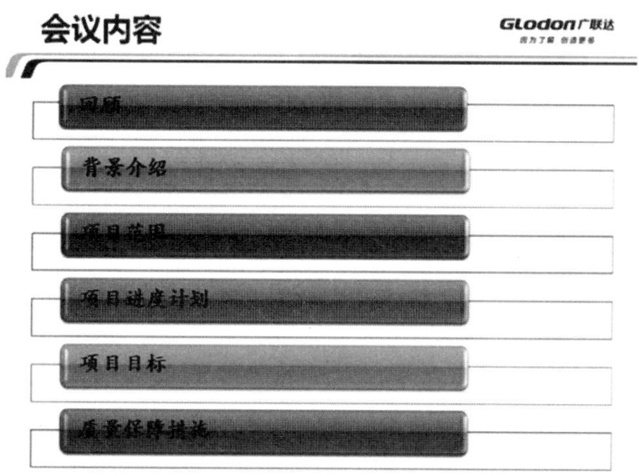

图 5-16　启动会的会议内容

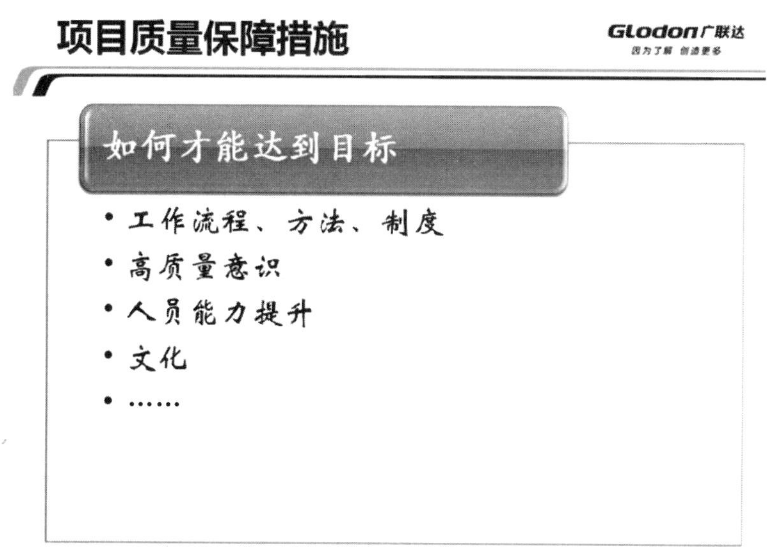

图 5-17　质量保障措施项目

（3） 项目群监控。

产品太多的情况下，没有办法对每个项目都跟踪到位，所以只能靠监控的方式去了解项目的进展情况，我们的监控方式如图 5-18 所示。

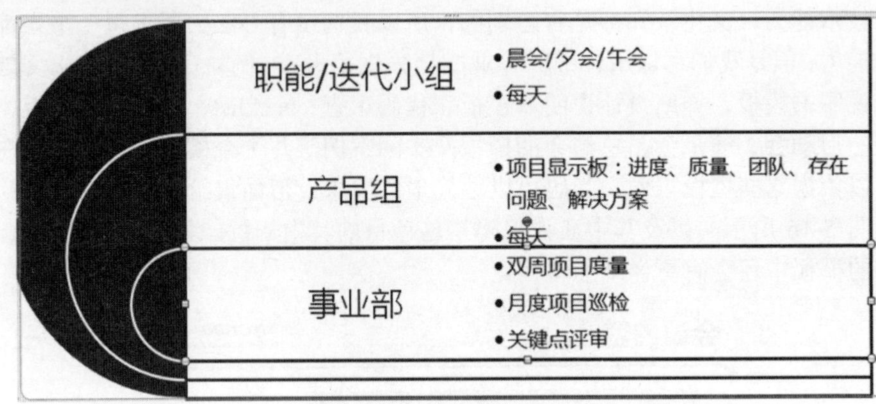

图 5-18　监控方式

大家会根据要求关注不同级别的点和不同级别的项目，例如部门总经理只需关注关键点评审，部门质量管理人员还需关注到双周项目度量和月度项目巡检，这样部门的大节奏就不会出问题，遇到问题也会被及时告知和解释并解决掉。

但是，如果某个项目一旦出现了紧急情况，那么部门的管理人员也会关注到一个产品组甚至于一个迭代小组中，一起参加他们的晨会或者每天看项目显示板，这样，出问题的项目也会被给予最及时地指导。

除此之外，对于一个项目的立项、技术关键点、业务关键点等也都会有相应的评审委员会进行评审，而评审委员会也会根据评审内容的严重程度确定是哪个级别的委员会进行评审。

四、总结

以上是我在做了多年项目管理后的一些方法和经验，在此跟大家进行分享和交流，由于篇幅有限，所以很多内容不能讲得更透彻，但依然希望这些内容能够给大家带来一点作用，谢谢！

范路点评：这是一个传统的软件服务商，为传统行业提供软件解决方案。这个行业在没有进一步的需求变革的情况下，就只能在现有的环境下，不断摸索提高品质和效率的方法。通过一个又一个的迭代，将参与到这个迭代中的每一个人都训练成螺丝钉。这些螺丝钉在有机会脱离原来的环境，进入新的创新环境中的时候，就可以迸发出巨大的光和热。

作者姓名：鞠奇

作者职位：当当网研究员、网易技术副总监

作者简介：2013 年 4 月博士毕业于意大利 Trento 大学，方向是机器学习，在国际顶级会议 ACL 上发表过自己的博士课题。2013 年 6 月在当时 CTO Justin 和傅强的召唤下，来到当当做算法研究员，因给团队不断创造价值，2014 年 3 月负责算法团队。之前代表当当网对外做过一些技术分享，比如在 CTO 俱乐部，主要讲的是算法技巧，在架构师大会上分享的算法中的架构，还有 WOT 上分享算法如何创造价值的实践。经过这些分享，相关媒体用"小算法，大收益"来总结我的分享内容。所以今天我就结合我们一个成功的案例：图书推荐模块的最佳拍档优化来谈谈"小算法，大收益"背后的算法故事

所在研发团队规模：50 人

"小算法，大收益"背后的算法流程经验谈

本文章要分享的提纲主要分为以下几个部分：

首先我会介绍一下当当网图书推荐中的最佳拍档模块，以及其主要用到的关联规则算法；其次，我会剖析其中存在的一些问题，主要是从数据算法融合的角度，以及线上 badcases 的实例证明；然后对于这些问题，我会分析其主次，也就是带来不同影响的方面，如用户体验还是收益，进而确定需要解决的目标问题；接下来就是对问题产生效果空间的预估和针对这些问题进行相关算法实现；对于实现的效果，我们需要通过 ABTEST 等工具观察和论证，给出 ROI 的结果分析；最后就是总结案例启示和下一步工作。其中，从问题的发现到最后 ROI 的分析都是我们今天要讲的重点：算法流程。

"最佳拍档"是图书单品页下面的一个重要推荐模块，主要是基于同订单共同购买来进行推荐。"最佳拍档"所应用的算法主要是关联规则，在此通过实例说明怎么通过关联规则来进行推荐。

我们注意到在运用关联规则时，考虑了两个因素：

① 两件商品是否有关联，也即是否共同出现的订单数满足一定的门槛 K；

② 满足 K 的情况下，对某特定商品进行推荐时，K 值越大，关联会越强，排序越靠前。

其实这两点就是关联规则算法中最重要的两点：前者是支持度，后者是置信度。这是对于这个支持度门槛 K 的选取就会有一个问题：如果 K 值较小，那么绝大多数书都会有很多关联的图书，考虑到图书千万级别的 sku 和每天百万级别的用户 uv，运算的效率可能是一个问题（每天数据更新），有时会得不偿失，所以意义不大。

① 如果 K 值过大，冷门书可能就没有推荐或推荐数量少，这样对于资源位置是一种浪费，对于“小众”用户需求体验也是一种伤害。

② 关联规则应用存在的第 2 个问题：就是默认假定了同订单任意商品之间都具有相同的关联权重，以两个实际订单说明（一个订单有 5 本书，一个订单有 2 本书），这两个订单里任意两对商品就真的具备相同的关联权重吗？

③ 即使两个订单有相同且只有 2 本图书，但是第一个订单中与《大数据时代》的《偷影子的人》和其他上万本图书关联过：也就是说共同出现在其他订单里，而第二个订单里与《大数据时代》关联的《大数据营销》只和上十本图书关联过。在这种情况下，这两对图书有相同的关联权重吗？

④ 作为 IT 屌丝男，我的第一个意图可能对大数据相关的书比较感兴趣；作为一个对喜欢中国历史的人，我的第二个意图会对一些经典的历史图书感兴趣，恰好老婆近期怀孕，我的第三个意图可能会看一些孕妇防辐射服，和怀孕书籍。此时我响应当当的满 300 减 100 的号召，一次性购买这 3 个意图的所有商品，形成一个订单，那么此时大数据和历史书籍对，历史书和怀孕商品对会有正常的关联权重吗？我的真实意图偏好是这样的吗？

总结一下以上 4 个问题：第 1 个从算法适应性角度，支持度 K 值取值过大过小问题；第 2 个从商品特点角度，即关联商品的热度问题；第 3 个问题从订单特点角度，即订单件数问题；第 4 个是用户行为导致意图混淆。这就是我们经典的关联规则算法（Apriori），在我们现实数据面前显得漏洞百出。分析这 4 个问题，发现第 3 个，第 4 个均是由于订单件数比较大而引起的，我们在此定义每大于等于 4 件商品的订单为大单，那么这两个问题都是由于大单导致的。事实是否是这样的呢？接下来我们从线上实例做一个验证。

大单案例 1：《梦的解析》是一本心理学的书，由著名的心理学，精神学大师弗洛伊德写的，我们发现线上最佳拍档推荐的基本书中，第 1，2，4 本都是这位大师写的，或者主题和这位大师的方向一致，唯独第 3 本《宽容》，是一位荷兰裔美国作家房龙写的有关社会制度的不宽容以及为宽容而战的人们。从图书主题角度来看，《宽容》是不大合适的。从《梦的解析》和这 4 本书工作购买的历史订单统计大单占比可以发现：第 1，2，4 本推荐得比较好的，其大单订单占比在 50%左右，而《宽容》达到了 85.7%，也就是说《梦的解析》和《宽容》共同出现的订单里，订单件数大于等于 4 件的占总比的 85.7%。

大单案例 2：主商品《三体》是“中国当代科幻第一人”刘慈欣的一部科幻作品，其推荐的图书中第 1，2，5 本都是主题一致的《三体》，而第 3 本《天才在左，疯子在右》是一本精神病人的访谈记录，第 4 本《遥远的救世主》，以男女主人公令人感叹的爱情故事创造出的一种超然背叛的意志。不得不说，这两本书确实都很不错，但是就事论事，可能作为科幻小说《三体》的推荐商品，是不合适的。同样通过大单占比统计看到，第 3，4 本书的大单占比是非常高的。相反，看看小于等于 3 件商品的订单来看，这两本推荐得不好的书占比都非常低。这时我们终于知道“大单”确实闯祸了。

那么到底有多少大单呢？右边是易观国际给出的去年 Q4 中国图书交易份额图，当当

占据了 42.93%的份额，左边是统计去年 Q4 当当网图书的订单统计数据。对于我们应用的关联规则算法，订单件数为 1 的不起作用，那么“大单”（大于等于四件的订单数）占总订单的 28%，这个意味着：

① 对于关联规则起作用订单里它的占比为 28%/（1-33.58%）=42%；

② 当当网大单数量占比已经是第四面天猫图书份额的 2 倍。

从以上两点可见，“大单”确实很庞大，制约着关联规则的效果。

总结和分析以上提出的问题，第一个问题，关联规则支持度门槛 K 值，过小会增加运算麻烦，过大会浪费资源影响“小众”用户的体验；第二，三，四个问题关系到推荐商品的好坏和直接收益。第一个问题涉及到更新运算和用户体验，是必须优先解决，但作为算法人员，我们的重要可能还是在如何推荐更好的商品，提高收益。

如何解决这三个问题，有效提高收益呢？经过思考，我们发现这三个问题都可以通过商品关联权重优化来解决，细节后面会详细说明。

知道了收益的来源，又知道了怎么去做获取收益，一般作为算法人员觉得终于拨开云雾见天日，非常开心。于是在“浪费时间就是浪费生命”的格言下，快速动手干起来。这个时候我们就真的应该立马干起来吗？看看我们的提纲，怎么没有立即做呢？而是进行了 ROI 预估，原来是要做投入，产出分析，就是衡量这个收益到底有多大，值不值得做。

一般对于产出的衡量方法，先是找出一个标杆，也就是理想情况下的输出，对于实际的输出情况，他们之间的差距就是我们可提高的最大空间，那么实际的产出就是在这个最大的空间基础上打一个折扣。

在“最佳拍档”这块，我们以推荐的四个位置 CTR 为例预估我们可提升的空间。理想情况 CTR 在四个位置的分布可以通过以下两种方式获取：

① 统计整体图书单品在四个推荐位置的 CTR 分布；

② 挑选推荐得不错的部分样本，统计整体图书单品在四个推荐位置的 CTR 分布。

由于热的热度决定其推荐的四个位置的 CTR 分布不一样，所以在此按照图书单品的 pv，销量把图书单品分为 A：高，B：中，C：低三档。

分别统计 A，B，C 三档图书在 1～4 位置的 CTR 理想分布图，可以看出它们的分布不一样，低热度书在四个位置的点击率相对差距没有那么大，平缓一些。取线上实际图书在推荐位置的历史 CTR 为实际的 CTR 分布。根据实际图书所处的 ABC 档，选择对应的理想 CTR 分布，它们之间的差距就是实际图书在“最佳拍档”可提升的空间。以某 A 类样本为例，在四个位置均和理想的情况有一些差距，这些差距的和就是该样本可提升的空间。

综合所有的线上实际样本，直观上，CTR 在“最佳拍档”这块提升的空间为（公式说明）。当时我们做这件事的时候，预估的空间是：pv，uv 占比提升为 12%～15%，订单件数占比比原来提高 150%左右。

对收益有了这么高的一个预估，这回应该可以真正动手干了吧？

我们的提纲显示确实可以进行算法改进优化了。在之前就提到过，关于收益的三个问题都可以通过优化商品间关联权重来解决。对于之前的第二个问题：绝对这两对图书是否具有相同的关联权重，我们要结合其所在的订单商品件数，件数多的，权重值可能要低一些。即使两个商品对所在的订单件数一样且为 2，那么它们的关联还需要考虑到与其关联商品的热度，热度越大，证明关联越弱。基于此，我们考虑到这个，更新商品之间的关联权重。对于第三个问题，我们再次思考，给定我们开发者一个这样的大单，用户的真正意图到底是什么呢，哪些又是偏向于一次性购买的呢？在这我们可以从两个角度出发去分解这个大单：

① 根据用户把商品加入购物车的时间，我们认为用户一次购买的意图相对单一，具有单一的主题，譬如大数据，历史，怀孕等，每一个主题相关的商品用户倾向于在一次放入购物车中（指的是大部分统计情况）；

② 稍微复杂一点，找出大单里每件商品的主题，按照主题分解成几个小订单。基于这两点，商品之间的权重考虑到加入购物车的时间或主题含义可以更新。

综合以上三个问题以及处理策略，我们重新计算任意两个商品之间的权重，注意不是原来关联规则算法中简单的“1”了。

有了算法改进之后，就是如何衡量算法效果了。这里主要分为上线前后上线后两个部分。上线前我们需要一个 DeBug 工具，上线后通过真实流量的 ABtest 测试。DeBug 工具的好处：帮助打印中间结果，譬如在算法改进中一些重要的参数如图书共同出现订单的情况，关联权重计算的细节，和最终权重的综合等信息，这些信息有助于我们检查中间开发结果，检验是否和算法预期一致，同时也能让我们根据中间结果数据实时微调算法参数。

上线后，主要要通过真实流量的 ABtest 测试了，这里给出的 AB 版本在最佳拍档推荐模块的 pv 点击率 AB 结果，可以看出我们新算法提升了 10%以上的点击率。对应该模块 uv 点击率也提升了 9%左右，也就是说 100 个用户里，新算法流量里多了 9 个人会点击最佳拍档模块。

前面两个是对 pv 和 uv ABtest 的结果，我们再来看看事关收益的订单件数占比 ABtest 结果，发现新算法相对平均提高了 18%，也就是说通过点击最佳拍档模块形成订单的件数比以前多了每 100 件多了 18 件。

看看新算法上线之后，最佳拍档横向整体 uv，pv 变化情况，之前一直排在第三位，比第一位的“买了又买”差了不少，但是自从最佳拍档优化之后，该模块的 uv，pv 显著提升，到达第一位。在订单件数占比的横向对比上，优化之后的最佳拍档的提高就更加明显了。提高了 100%，一年给当当多带来过千万的营收。

在支持度 K 值取值方面，我们按照图书销量分类，不同类定义不同的 K 值，就可以满足“小众”需求，也提高资源的利用率，用户体验也上升了。通过算法优化，把推荐不好的商品进行了替换，在收益方面给公司带来了过千万的年销售额。

接下来我们谈谈这个案例的启示，主要从算法实现价值的两个过程出发。

（1） 落地。

（2） 产出。

前者要求我们的算法“接地气”，也就是要做到以下 3 点：

① 算法本质的理解；

② 从业务视角出发剖析算法模型；

③ 算法和数据的亲密融合。

后者借用经典的挖井人故事来说明：这个背着铁锹的人，一路向东，挖了很多地方，都没有挖到水，再往前走，发现了一个大坑，坑里有一个更实在的同伴，这是他心里估计还很庆幸自己之前的聪明。结合这个故事和我们的算法创造价值过程，我们可以总结一下

几条启示：

① 先要找到哪里有“水”。只有找到“水”源，才能考虑是否继续；

② 找到“水”源后，要进一步确定是否充足；

③ 在拥有充足“水”源的情况下，考虑从哪更容易获取水？

④ 选定方向，就是用什么方式获取“水”的过程；

⑤ 得到“水”之后，怎么衡量“水”量。

以上几步的背后都是通过算法产生收益的流程控制得来的。

下一步工作：

① 关联规则是基于商品共同购买而计算的，那么对于没有购买数据的新品，如何推荐？

② 图书的评论对于用户的购买行为产生着重要的影响，如何把有价值的评论通过智能排序排在前面，方便支持用户决策呢？

点评：算法推荐，从 Amazon 时代开始，各网站就投入了大量的精力进行研究，其中当当在这个领域更是积累多年，从分享可以看出，当当并不是把推荐算法当作一种学术研究，而是真的应用到了自己的项目中，让推荐算法真正给用户带来了价值，提升了转化率的算法才是好算法。构建一套推荐引擎并不难，难的是让这套引擎能和自己的数据进行结合，并且按照当当的说法，就是“落地”，这才是最难的。

作者姓名：程鹏
作者职务：敏捷教练
作者简介：十一年开发领域经验，五年架构设计经验，作为公司敏捷推行组的核心成员，2009 年起推行敏捷。公司内部敏捷培训主讲师，多个版本的敏捷教练，参与多次架构级重构，指导大量模块级重构项目。在技术中感悟艺术，在工作中修炼心灵
所在团队规模：200 人

不假思索地思考——敏捷的心智模式

一、导言

为什么有些人天生就是充满睿智的程序员，而有些人却错误频出？

为什么有些人跟随直觉的指引便能做出优雅的设计，而有些人却在艰难的泥沼中不能自拔？

为什么那些英明的设计方案常常无法向人解释？

这是一篇关于“不假思索”的分析报告。

在敏捷活动中，在编码时，在结对开发中，你的大脑到底是如何运转的呢？

二、背景介绍

笔者在企业中推行敏捷多年，在部分敏捷实践的实施过程中，深感艰难。隐隐约约觉得，其中的难点，并不在技术上，更多的是在人上。于此同时，敏捷相关的书籍，大多以讲述技术方法和流程为主，很少有谈及人员能力和心态的。偶然间，我接触到了认知心理学，对敏捷的理解，真有一种豁然开朗的感觉。从此，在敏捷的推行中，我有了清晰的思路、有效的手段和良好的效果。

三、问题提出

1. 敏捷推广的难题

简单的理解，敏捷开发由一系列实践组成。企业的敏捷转型，一般都是逐步推行这些实践。像早晨站立会、迭代回顾这类实践，比较容易推行，因为开销不大、可操作性强、或多或少都能马上看到收益。而另外几个实践则非常困难，比如：结对编程、测试驱动开发、简单设计。

我们在公司的不同项目、不同团队、不同开发阶段都尝试过这几个实践，按照传统的方式推行下来，效果可以说非常不好，大部分程序员的反馈都是负面的。这样不仅对这几个实践本身的推广造成了阻碍，还会影响大家对其他敏捷实践、甚至整个敏捷开发的信心。不少人就拿这些实践说事儿，认为敏捷开发不好或者不适合某个领域某个行业。

2. 传统方法的局限

在企业中，推广敏捷开发的做法，与推广其他优化、改进措施没有什么两样，不外乎培训、试点和流程。在动员阶段，培训讲解敏捷的基本知识和原理，使大家了解正确的做法。然后在公司内部的进行试点，根据试点效果，制定指导书、或者工作流程，明确各个部门、各个岗位的职责。最后，按照确定的流程全面实施。

但是，这种推广方式对于上述的几个敏捷实践，基本无效。两个程序员结对编程，经常出现编码者专注、旁观者发散，两人对于方案的想法不一致，旁观者频繁打断编码者思路等低效的局面。测试驱动开发，好一点的做成了测试先行，大部分都做成了先写代码后写用例，甚至连用例也是后面再补。仅通过简单设计，很难做到。同时，面对复杂的业务逻辑，代码的复杂度快速膨胀。

四、实践过程

1. 重新认识敏捷中的人和事

我从 2009 年底开始在企业中推广敏捷开发，作为一线敏捷教练，困惑于敏捷推广的种种困难，经历了不少敏捷的风浪，也不断地在反思自己对敏捷的理解。

初一看，敏捷好像是一些开发技术，一些工程实践，自然注意力会关注在它的形式上，认为它是“事”，只要认真按照各项要求做好就行了。慢慢地，又发现这个理解不对。因为，同样的敏捷实践，不同的人、不同的心态、不同的团队，对它的接受度大相径庭，从完全不认可到欣然接受的都有。即使都愿意尝试，实施下来的效果也参差不齐。于是，我这才意识到敏捷更多的是关于“人”的东西。

既然要了解人，那么自然要看看心理学，心理学就是研究人的科学。心理学里面又有一个子学科，叫做“认知心理学”，它以信息加工观点研究认知过程，以心智处理来思考与推理的模式。带着推广敏捷的现实问题，去看“认知心理学”，真有一种蓦然回首的感觉。因为，我发现，“认知心理学”中的“L/R 大脑模式”理论和“心流”理论，恰好从底层解释了一直困扰我的问题，找到了深层次的原因，也明白了常规的推广措施为什么失效。豁然开朗之后，敏捷推广中的困难也就迎刃而解了。

2. 敏捷中的软件设计问题

这里通过 3 个典型的案例，来看看“认知心理学”对敏捷开发实践的解读。

敏捷强调代码简洁，重视设计。这么做的目的之一是确保代码出现更少的缺陷，提高软件质量。但现实中，我郁闷地发现，有一些代码，它的结构非常复杂混乱，但是功能却是完全正确，这简直是对设计理想的当头一棒。那么，我想问的是，代码功能正确，结构却复杂混乱，这种现象到底是怎么产生的？如何解释它与敏捷理论，与软件工程理论的矛盾？

敏捷也希望在软件设计中做到简洁，但是真正去做的时候，很多人都会感觉，面对复杂的业务，软件设计的复杂度也是日益攀升，要不多久，这种复杂就超过了脑力掌控的范围。这种从复杂中提炼简洁，看起来高不可攀的要求，真的能够做到吗？如何有效利用自己的大脑掌控复杂？

有时候，好不容易想到了一个设计方案，但却苦于无法清晰地与其他程序员交流，往往费了半天口舌，对方还是不能理解。为什么好的设计，向他人表述，却这么地困难？除了程序员这个职业的表达和沟通能力，平均偏弱以外，是否还有一些客观的障碍？

3. 用“L/R 大脑模式”理论解读软件设计

“认知心理学”中的“L/R 大脑模式”理论描述和解释了人类大脑的工作特点。简单说来，人类大脑主要有两种工作模式：L 模式以左脑为主，R 模式以右脑为主。但是，新的研究发现，L 模式并不是只有左脑在工作，而是左脑活跃度较大，右脑也在配合。R 模式也类似。所以 L 指的不是 Left，而是 Line——单线模式——一种逻辑严密、细致、但工作速度较慢的思维模式。R 指的不是 Right，而是 Rich——多彩模式——一种创意无限、模糊、但工作速度非常快的思维模式。这两种模式，同一时刻只能运行一个，也就是说它们是互斥的。

在软件开发活动中，L 模式主导流程和细节语法，R 模式主导设计和整体模式。当我们在关注代码细节时，比如循环和判断，我们是处于 L 模式下。而构思设计时，比如重构代码，我们是处于 R 模式下。特别的，软件设计中强调的设计模式就需要 R 模式，因为使用设计模式的前提是能够识别当前代码的模式与哪个设计模式匹配，这样才能做出正确地选择，否则就会造成设计模式的误用，对代码反而有害。这个模糊匹配就是 R 模式的典型特长。传统我们讲面向对象的分析和设计，这里面，分析和设计是应该区别对待的。“分析”这个词的含义来自于分崩离析，也就是说把一个整体切分成部件，然后一个一个的解决，这是 L 模式的工作。设计是综合考虑问题，“综合”这个词中，“综”的部首是绞丝旁，它的原意是用绳子捆起来，所以设计是把各个部件组合起来，从整体的角度进行思考。

个别数学天才能够自如地切换 L 模式和 R 模式，多数程序员仅工作于 L 模式。数学家既需要用到逻辑、推理、分析、抽象、符号、数字等 L 模式能力，又需要用到想象、直觉、洞察、综合、空间等 R 模式能力。具备这么全面的思维模式的人非常少见，大多数普通人只擅长少数思维模式。程序员大部分都是理科出身，选择读理科往往也意味着天赋上更擅长 L 模式，然后选择理科之后，理科的教学又继续强化 L 模式，这样很容易把自己锁定到

L 模式上去。慢慢地，大部分程序员本来就不发达的 R 模式，就更加退化了。相对来说，文科类、艺术类的学生拥有较多的 R 模式天赋，而他们的课程学习也倾向于开发 R 模式。程序员如果拒绝接触文艺类的事物和书籍，R 模式的缺陷就很难弥补。

L 模式有抢占控制权的倾向，而 R 模式无法直接接受控制。L 模式比较强势，当它工作的时候，不会主动让位于 R 模式。只有当 L 模式放弃了运转，R 模式才有可能接手工作。所以当我们在苦苦思索的时候，很难有灵光一闪的创意，我们大部分的创意都来自于那些无所事事的时刻，比如：上下班途中、散步、独自吃饭、洗澡这种单调活动，因为它们太平凡了，L 模式无需工作，R 模式才能时不时地冒出来。程序员在面临难题的时候，如果总是执着于思考，可能就无法获得突破。

运用上面提到的这些认知心理学理论，可以从深层次理解敏捷开发中的软件设计困难。

为什么代码功能正确，结构却复杂混乱？这是因为程序员没有全面开发它的 L 模式，仅使用了 L 模式的逻辑、推理和分析能力，而没有使用 L 模式的抽象和规划能力。有些程序员逻辑能力很强，有这方面天赋。再加上我们传统的教育方式只关注少数几个思维模式，结果导致即使是 L 模式，也没有进行充分的开发。比如在编写函数的时候，如果仅仅使用逻辑能力，那么可以保证功能正确，但是代码的总体上没有清晰地结构，往往是用一两个函数完成一大堆功能。如果使用了规划能力，那么至少函数会分级分层，就像写文章有目录一样，用章节来分割整体，这样就自然呈现出结构化。再比如，如果使用抽象能力，就可以把一些相似的功能抽取成子函数，这个子函数的一些细节是不同的，但是在抽象层次上它们是相同的。要是缺乏抽象能力，执着于代码的细节是否正确，也就看不到这种重构的可能性了。

为什么设计的复杂度，往往超过脑力掌控的范围？因为程序员仅使用了 L 模式，而没有使用 R 模式的洞察、综合和类比能力。现代软件的规模都越来越大，业务也越来越复杂，如果使用 L 模式去分析细节，只能在很细的粒度上去思考，而这样漫天的细节很快就会淹没思考者。要是使用 R 模式，它可以在宏观上把握全局，也不需要那么细致，思考过程会轻松很多，也能更好地关注要点。

为什么好的设计，很难向他人表述？因为 R 模式并不具备创建语言表示的能力。早期的软件工程强调文档，这不能算错误，但是会引发一些以偏概全的误解。需要注意，语言和文档都只能描述 L 模式的结果，R 模式本身缺乏语言的理解和表达能力。也就是说，R 模式的成果是很难用语言表达的。分析，作为 L 模式的主要产物可以严格地写成文档，而设计，作为 R 模式的主要产物，很难通过语言和文字传递给他人。

4. 软件设计的解决之道

明白了软件设计困难的深层次原因。我们就可以更有针对性地、更有效率地改善敏捷开发的推广。改进措施分为短期的和长期的两种，短期的见效快但不彻底，长期的彻底但见效慢。

短期措施之一，要区分软件分析和软件设计活动。软件分析关注的是逻辑正确性，也即对错，结果可以用文档来记录和呈现。软件设计关注的是整体简洁一致，也即好坏，如果也用文档或者语言来传递，会遇到根本性的障碍。软件分析结果可以进行评审，因为逻辑可以完备地在大脑中重建。而软件设计的好坏无法直接论证，即使都是软件设计高手，其设计结果也常常不同，带着明显的个人风格和特点。软件分析的结果，只要逻辑上没有错误，沟通到位，一个人的分析结果可以交给另一个人去实施。一个人的软件设计结果，让另一个去实施却很难做到当初设想的效果。

短期措施之二，在重构中，要用 R 模式识别代码坏味。自从业界出版了代码重构的理论书籍，过去带有手工意味的代码重构，被标准化的代码坏味，及其针对重构手段所取代。但是，现实中还是会发现，不少人学习过重构理论之后，依然没有找到重构的感觉。这就是因为，他在心智模式上，仍然没有从纯 L 模式中挣脱出来。类似于设计模式，代码坏味同样需要 R 模式进行匹配，要是程序员缺乏 R 模式，那代码坏味也无助于重构。

短期措施之三，软件架构师完成架构之后，通常会写出架构设计文档，业界也有不少架构设计工具。用认知心理学理论来审视架构设计文档，就会发现，架构文档对于架构师自己梳理思路，记录想法是很有帮助的，但是如果单纯用架构设计文档，来传递架构设计意图则很难奏效。架构设计中有大量 R 模式的内容，这些无法通过文字来进行传递。实际上，R 模式虽然缺乏语言传递的途径，但它却能够通过无声的方式直接进行传递。在学习游泳、开车等技能时，教练并不怎么依赖语言，而是用手把手的方式，无形中把方法传递给学员。架构设计的落地也应该这样，最有效的方式，是架构师手把手地带一下普通程序员，这样普通程序员才能真正理解到位，并且确保架构的意图不发生大的偏差。

长期来看，对开发团队，在能力提升的时候需要注意 R 模式的开发。这方面业界也有一些针对性的课程，需要长期投入。

5. 敏捷中的结对编程问题

结对编程在团队中的试点下来，问题较多，主要的抱怨有以下几点。

（1） 两个人做同一件事情浪费资源。

（2） 两人的投入度不一致，一个人编码，一个人沉默观看。

（3） 两人的思维节拍不同步，甚至互相打断。

（4） 两人的方案经常产生分歧。

（5） 一些高水平的程序员不愿结对。

（6） 对开发者要求太高。

6. 用“L/R 大脑模式”和“心流”理论解读结对编程

“心流”就是许多人形容自己表现最杰出时那份水到渠成、不费吹灰之力的感觉，运动家的“巅峰”，艺术家的“思如泉涌”。心流发生时，人必须投注全副精力，心无旁骛，意念因此得以完全协调合一，丝毫容不下无关的念头或情绪，此刻自我意识已消失不见，时光飞逝而不觉，但感觉却比平日强烈，生命获得极致的发挥，生活本身就变成目的。虽当时不觉得快乐，但完成任务后回顾时，心生感激与快乐之情。

只有在目标明确，能够得到及时反馈，并且挑战和能力相当的情况下，人的注意力才会开始凝聚，逐渐进入心无旁骛的状态。

在工作中，“心流”发生的时间绝对值虽然并不高，但是它的产出却占了总产出的绝大部分。

“心流”虽然有这么多好处，但它也有极大的弱点，那就是 “心流”状态的进入需要比较长的加载时间，而一旦被打断则需要重新加载。所以，“心流”发生时，对于打扰

我们的人和事情，我们都会本能地讨厌。

如前所述，大多数程序员习惯用 L 模式编码，那么结对编程时，自然而然两个人都处于 L 模式状态。L 模式专注于细节，而两个人很难关注到同一个细节上，这样就容易导致思维不同步，互相掣肘，整个结对编码速度往往会低于单独一个人的编码速度，造成比较大的浪费，同时两个人都纠结在细节上，也容易产生无谓的争执，导致合作的体验也不好。

一般来说，对于一个代码模块，总有一个人会略微熟悉一些，或者对即将进行的改动思路更顺畅一些，这个人就更容易进入“心流”状态，另一个就被抛在了身后。于是，思维速度落后的结对者面临一个两难的局面，如果他不问对方，就会更加跟不上对方的节奏，而如果提问，又会打断对方的“心流”，对方就会变得不耐烦。基于同样的原因，在水平差距太大的团队中，高水平程序员都不太愿意进行结对编程，因为他们往往会很容易进入“心流”，其他人帮不上忙，也跟不上他，只会对他造成打断。

7.　结对编程的解决之道

结对编程，要想真正取得比独自编程更好地效果，需要达到这么一种状态：即其中一个人工作于 L 模式，而另一个人工作于 R 模式，并且同时进入“心流”状态。一般来说掌握键盘的驾驶员采用 L 模式，旁观的领航员采用 R 模式。L 模式关注细节，R 模式关注整体，既避免了冲突，又建立了互补。而且，R 模式的速度远远大于 L 模式，驾驶员进入“心流”之后，领航员随时可以跟上他的节奏。

8.　敏捷中的测试驱动开发问题

体验测试驱动开发之后，绝大部分开发人员会感到对代码质量的信心增强，但同时又觉得开发速度过慢。通过与他们结对进行测试驱动开发，发现导致开发速度慢的真实原因是，他们很难摆脱旧有的心智模式，基本是用测试驱动的外壳套上传统的编码内核，这样就造成了大量的浪费，严重影响效率。常见的错误做法有以下几点。

（1）　编写用例的顺序不佳，导致思维跳跃。

（2）　编写用例时，却思考如何实现被测代码，目标不清。

（3）　编写代码满足用例时，不针对目标用例，注意力发散。

（4）　编写代码时，不会借助已有的用例，进行快速的猜测，而是苦苦思索。

9.　用“L/R 大脑模式”和“心流”理论解读测试驱动开发

相对于传统的编码思维模式，测试驱动开发需要更多的 R 模式过程。先写用例，后写代码的方式，也在于引导编码者的发挥 R 模式的作用，但如果编码者不调动 R 模式，就导致思路磕磕绊绊。先进的生产方式，遇上了落后的生产力，结果只能是两相耽误。

测试驱动开发，需要频繁地切换 L 模式和 R 模式，在此条件下，要进入“心流”状态，则需要娴熟地切换能力。对于普通程序员来说，这些要求相当高。

更加麻烦的是，以上这些对思维模式的要求还是隐性的，通常的敏捷材料中只会描述它的外在形式，结果，大部分程序员都不会意识到自己正面对更高的思维模式要求，于是陷入迷茫并且无从改进的状态。

10.　测试驱动开发的解决之道

测试驱动开发中，既然那几个常见错误那么容易犯，就意味着这些是它迥异于传统开发方式的地方，同时也是掌握它的要点。针对这些要点，应该采取一些强化措施。

这些错误的深层根源仍旧来自于R模式运用的缺失，所以也要把测试驱动开发对思维模式的要求宣扬出来，给出明确的改进方向。

“具体”是R模式的思维特点之一。在编写用例的时候，一定要聚焦于具体的用例场景，不要用编写功能代码的思维方式来抽象的思考问题，一次仅仅关注于一个用例。这种只关注一个的方式，看起来似乎很慢，但是却是发动R模式的有效方法，一旦R模式被激发，它会产生意想不到的直觉和洞察力，达到加速效果。

“直觉”也是R模式的思维特点之一。有了用例之后，针对这个用例，要用最快的方式编码，甚至是猜测。因为猜测之后，运行已有的全部用例，马上就可以知道正确与否，相比于传统的方式去苦苦思索代码逻辑，要轻松高效得多。

“洞察”是R模式的又一思维特点。在编码环节，利用洞察力，观察用例的规律，特别是新增用例与已有用例的差异，可以很快定位到需要修改的代码段，迅速构造出所需的代码。同样的，在编写用例环节，利用洞察力，观察代码缺陷，可以迅速构造后续的用例。

五、案例启示

1. 理解敏捷底层的心理学

敏捷是看起来容易，做起来并不容易的实践。它并不仅仅是表面大家能看到的那些形式，在这些形式下，有很多心理学的原理。它的一些实践看起来不是那么严谨，但这反而是它针对人的思维特点所做出地调整。推广敏捷的过程中，我们需要更多地去了解人，了解人的思维模式。

2. 区分知识与技能

因为程序员缺乏完备的思维模式，导致一些敏捷开发实践特别难以推行，也特别难以取得效果。作为敏捷教练要深入了解这些实践的深层难点，不打无准备的仗。

另外，这些实践更偏向于技能而不是知识。语言只能传递知识，无法传递技能。传递技能最有效的方式就是现场指导。这就要求敏捷教练具备较高辅导技能，能手把手地带出“种子”，再由“种子”扩散到整个团队。

如果没有合适的人指导，团队能力又不足，则不建议自发摸索尝试。否则效率较低，一旦体验不好，反而会降低大家对敏捷的信心。

3. 打破固有的心智模式

缺乏完备的思维模式还不是最麻烦的，最麻烦的是没有意识到这种缺乏。无意识的缺乏是一种顽固的心智模式。

心智模式是内心固有的思考路径，它决定了我们对世界的理解方法和行为方式。人们很多时候做事情时其实已经有了很多隐性的模式，甚至连自己都未察觉。问题是，有些模式完全是自己的习惯，从而使自己固步自封。顽固的心智模式会扭曲我们所观察到的真实世界，甚至遮蔽我们内在的潜能。尼采说，我们每一个人都生活在监狱中，这个监狱的边界就是我们内心的视野。

不运用 R 模式，仅仅要求程序员去重视设计和重构，是无效的！不了解 L/R 模式互补，仅仅把两个人放在一起结对，也是无效的！不学习“心流”状态的技巧，仅仅遵循敏捷的形式，更是无效的！

只有改变固有的心智模式，才能看到之前视而不见的东西，才能发挥内在一直被压抑的潜能。

张银奎点评： 整个人生的过程就是不停修炼的过程，如何修炼有两种根本的方法：第一种方法就是格物，第二种方法是心学。本文从最根本的方式——大脑的思维方式，给你一个根本的原理，有时候想问题不对的时候，你需要静下心来切换一下模式，因为 R 模式只有在无所事事的时候才会涌现出来。目前大部分程序员都缺少一些文学的功底，所以我推荐大家一些简单的方法：投入一些时间读一些非技术类书籍，可以让你的人格变得更加丰富，认知就更加丰富，或许慢慢就有了 R 模式。

作者姓名：徐继芸
作者职位：研发部经理
作者简介：福建星网视易信息系统有限公司研发部经理，产品线产品平台发起者和负责人。福建星网视易信息系统有限公司是中国 KTV 行业领导品牌，KTV 市场占有率超 40%。星网视易旗下“K 米”品牌是中国联网 KTV 第一品牌，截止 2014 年下半年，联网 KTV 3000 多家，联网包厢数超过 100000 个，并在快速增长中
所在研发团队规模：150 人
研发团队职能定位：KTV 信息化解决方案产品研发

嵌入式产品平台敏捷开发最佳实践

一、背景介绍

本文介绍了一个典型嵌入式产品平台的构建流程、方法和工具。

对于大型研发团队，随着业务的发展，一个产品线下的多个产品多以项目组为单位独立开发，项目组之间往往缺乏有效的沟通和技术共享，这就导致了大量的重复开发，基础模块升级、维护不同步、兼容性等问题。

同时，对于传统嵌入式系统（不包括 Android 和 iOS）的开发，受到目标平台多样、开发工具不完善、需要软硬件协同开发等因素影响，往往开发调试手段单一低效，测试方法多以模拟用户操作为主，覆盖率很低。因此，传统嵌入式产品一般开发周期较长，效率较低。

以星网视易公司 KTV 产品线为例，KTV 行业，尤其是 KTV 点歌系统，除了对系统稳定性要求非常苛刻，同时追求个性化、潮流和极致的用户体验，因此 KTV 点歌系统有大量的定制需求。在产品线下多个产品项目并行推进的背景下，上述问题非常突出。

本案例即为解决以上问题的一个有效实践，其中包括介绍一个典型的传统嵌入式产品平台的设计开发方法，以及通过一系列的敏捷方法和工具支撑开发过程，从而达到快速发布推广的目的。实践证明该产品平台可以大幅提升团队的产品开发效率，有效提升产品质量。

二、实践过程

1. 什么是产品平台

基于产品平台的开发，可以加快产品开发速度，降低产品开发成本，控制风险。

经典的例子是丰田汽车，将汽车核心、公共的模块抽取出来形成产品平台，使得新产品开发时间缩短到 15 个月，大大超越了行业平均的 24 个月。

产品平台的目标是将产品线成熟的 CBB（Common Building Block，通用构建模块）抽取（抽象、重构）出来，提供给应用开发人员使用。一方面避免重复开发基础模块，减轻应用开发的复杂度和工作量；另一方面，也避免了多个项目组各自封闭开发导致基础模块升级，Bug 修改不同步等问题。

产品平台的核心是 CBB，CBB 的核心是共性和可变性分析（Commonality and Variablity Analisys）。

下面介绍构建产品平台的核心要点，以及相关的流程、方法和工具。

2. 产品平台总体架构

我们的产品平台架构，涉及技术秘密，不做具体说明，这里只说明 2 条核心原则（针对中小型产品平台架构）。

（1） 分层。

为了保持良好的结构，对于较大型系统的产品平台，逻辑架构一定需要分层、分包（包，在 C++代码中对应的是 namespace）设计。越底层，模块功能越趋向工具，越高层，越趋向业务逻辑。

（2） 平台无关设计。

这个设计对于嵌入式平台非常重要，目标是切换硬件平台后，产品平台、应用程序无需改动，只需要针对目标平台做一个实现即可。设计方法：依赖倒置（依赖倒置设计，C，C++各有不同的方法）。

产品平台逻辑架构图如图 5-19 所示。

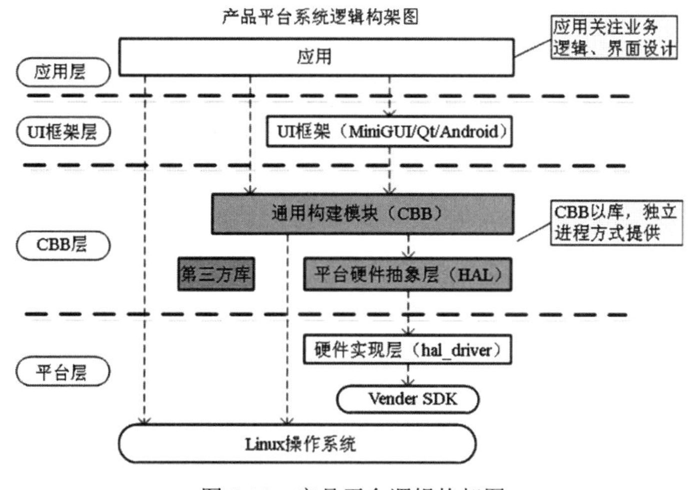

图 5-19　产品平台逻辑构架图

3. 产品平台的开发方法和工具

一个典型的嵌入式产品平台物理架构视图如图 5-20 所示。

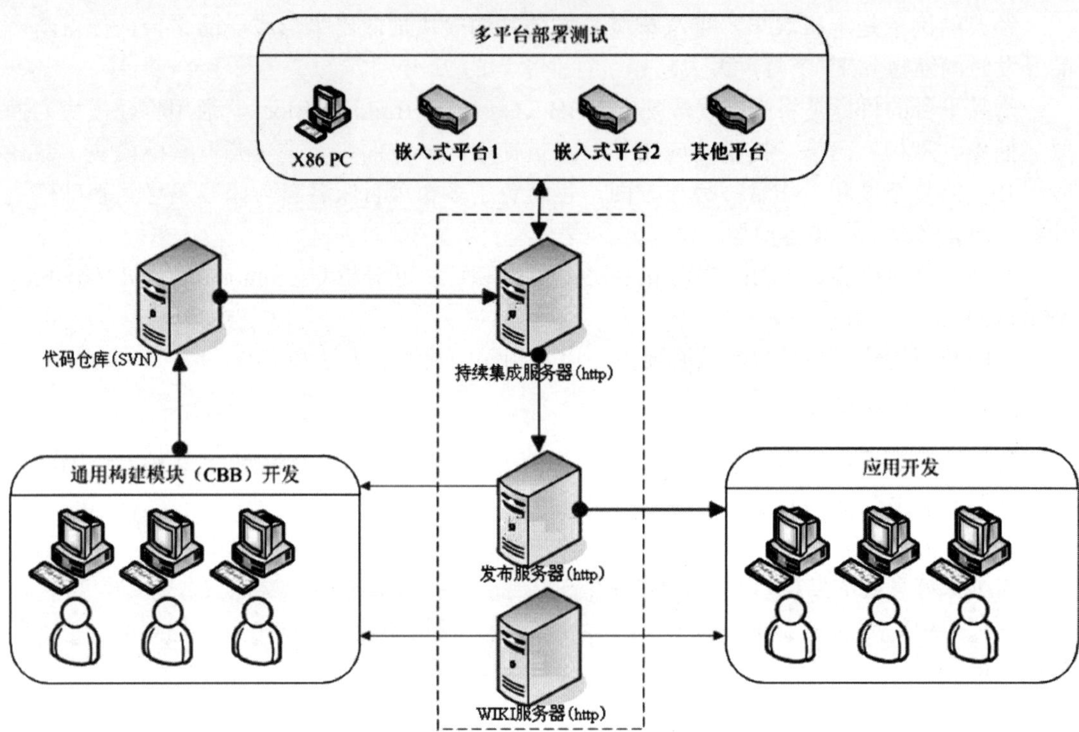

图 5-20　产品平台物理架构视图

4. CBB 开发流程

CBB 是产品平台的核心组成，我们的 CBB 开发流程如下：

（1） 模块需求分析。

（2） 模块设计。

（3） 模块接口设计。

（4） 编写接口测试用例，偏重可用性测试（即 XP 实践之 TDD，可有效帮助接口设计）。

（5） 模块设计评审。

（6） 编码。

（7） 完善单元测试用例。

需要说明的是步骤 4，即 TDD（Test-driven development）——测试驱动开发。测试驱动开发是极限编程中倡导的程序开发方法，测试驱动开发的目的是取得快速反馈，并使用“illustrate the main line”方法来构建程序。经典的测试驱动开发流程，如图 5-21 所示为测试驱动开发（TDD）流程图。

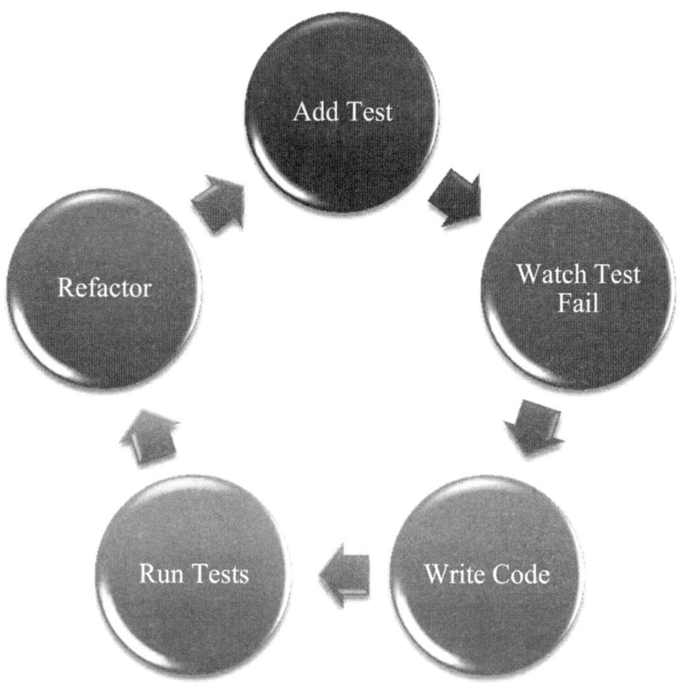

图 5-21 测试驱动开发（TDD）流程图

针对 CBB 开发流程，我们使用 TDD 的流程，如图 5-22 为 18CBB 开发中的测试驱动（TDD）开发流程图所示。

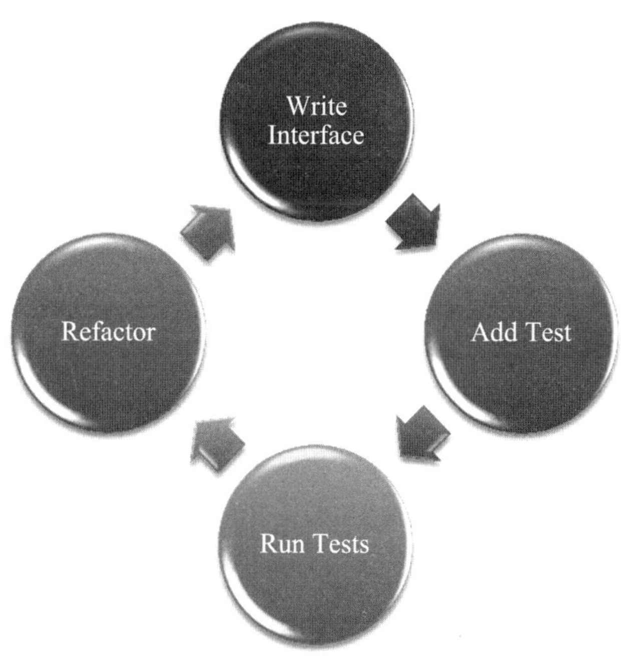

图 5-22 18CBB 开发中的测试驱动（TDD）开发流程图

即，在接口设计完成后，实现前，先利用单元测试框架，根据业务流，调用接口写几个单元测试用例。

我们在实践中发现 TDD 的好处很明显：在写 TDD 测试用例的过程中就可能发现接口设计的不合理。而且，对于持续集成的系统，TDD 也并没有增加我们的工作量。

另一个需要特别说明是步骤 5：我们对设计评审的关注。我们要求的设计评审内容如下。

（1） 总体说明（若结构复杂则需有逻辑架构视图）。

（2） 接口使用示例。

（3） 类图+序列图（UML）。

（4） 设计决策。

（5） 接口（直接附头文件，不要粘贴到设计文档）。

设计评审保证了 CBB 的设计质量，不会因为团队成员素质的不同而出现重大的设计问题。

CBB 代码上传到代码仓库后，剩下的就是自动化工具的工作了：依次自动触发单元测试，集成测试，发布测试，最后邮件发送集成结果给开发人员。

5. 持续集成流程

产品平台持续集成流程如图 5-23 所示。

集成测试除了集成测试用例外，还复用单元测试的测试用例。集成测试运行单元测试的用例时，并非顺序运行所有模块（每个模块初始化，测试，返回初始化后再运行下个模块），而是通过配置一定的依赖关系和策略，初始化一系列模块后，运行测试用例，最后，再返回初始化这些模块。

6. 发布流程

产品平台发布流程如图 5-24 所示。

发布流程是将用户使用发布包的过程走一遍。每天构建，以保证每天都处于可发布状态。所有过程均自动化。

7. 工具

现将几个关键的工具介绍如下。

（1） Hudson/Jenkins：我们使用 Hudson（现在可能 Jenkins 更适合一点）做持续集成工具，嵌入式系统的远程部署测试，我们使用脚本辅助实现。

（2） GTest：Google 的单元测试框架。

（3） CMake：高效友好的自动编译工具，完胜 configure/make。

（4） Doxygen：自动生成接口说明，当然前提是规范好代码的接口说明格式。

（5） MediaWiki：wiki 工具，做 CBB 发布和技术文档的发布平台。虽然这几个工具有点使用门槛，不过人人贡献的思想是我们推崇提倡的。

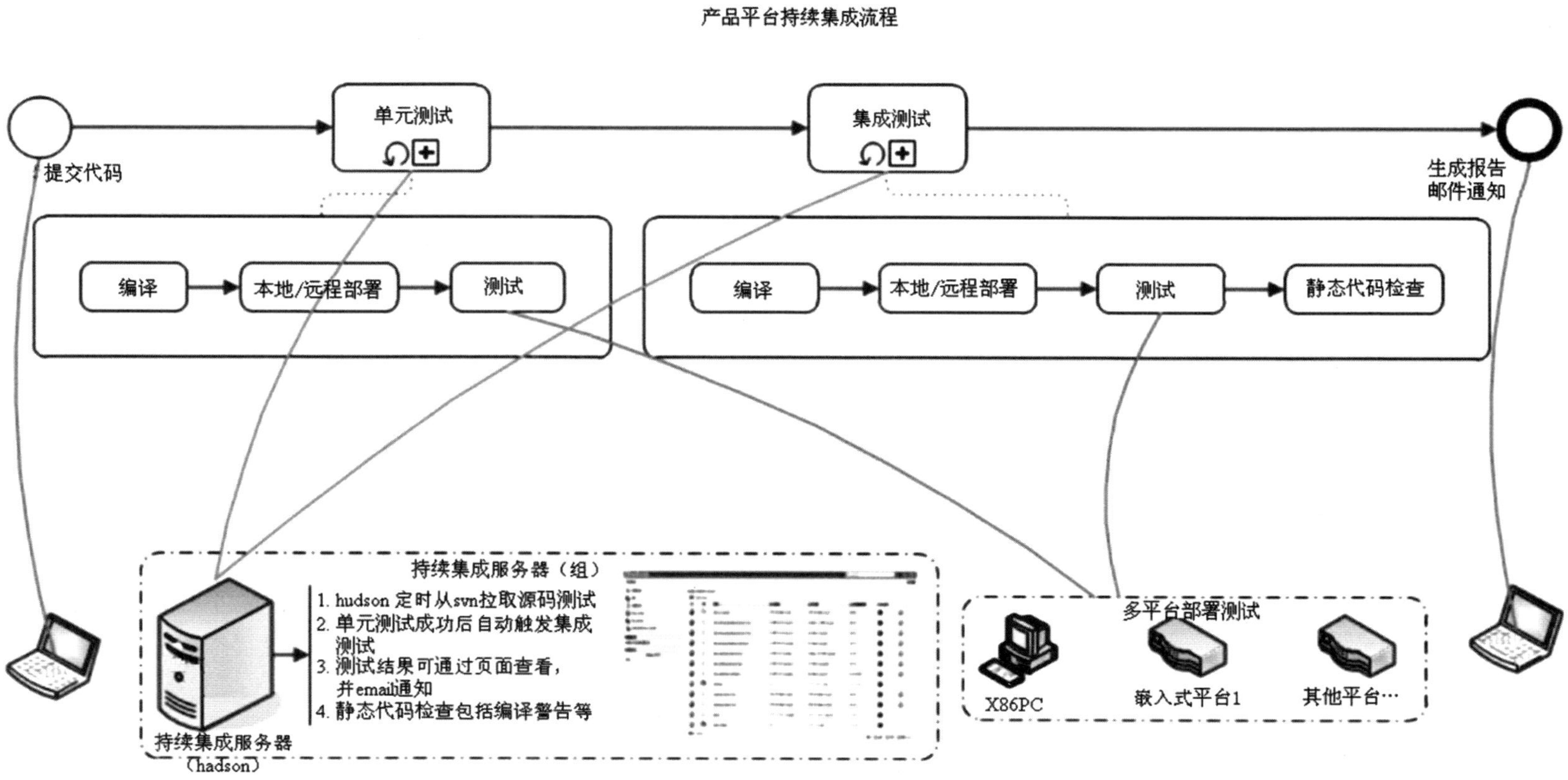

产品平台持续集成流程

提交代码

单元测试

编译 → 本地/远程部署 → 测试

集成测试

编译 → 本地/远程部署 → 测试 → 静态代码检查

生成报告
邮件通知

持续集成服务器（组）

1. hudson 定时从svn拉取源码测试
2. 单元测试成功后自动触发集成测试
3. 测试结果可通过页面查看，并email通知
4. 静态代码检查包括编译警告等

持续集成服务器（hadson）

多平台部署测试

X86PC

嵌入式平台1

其他平台…

图 5-23　产品平台持续集成流程

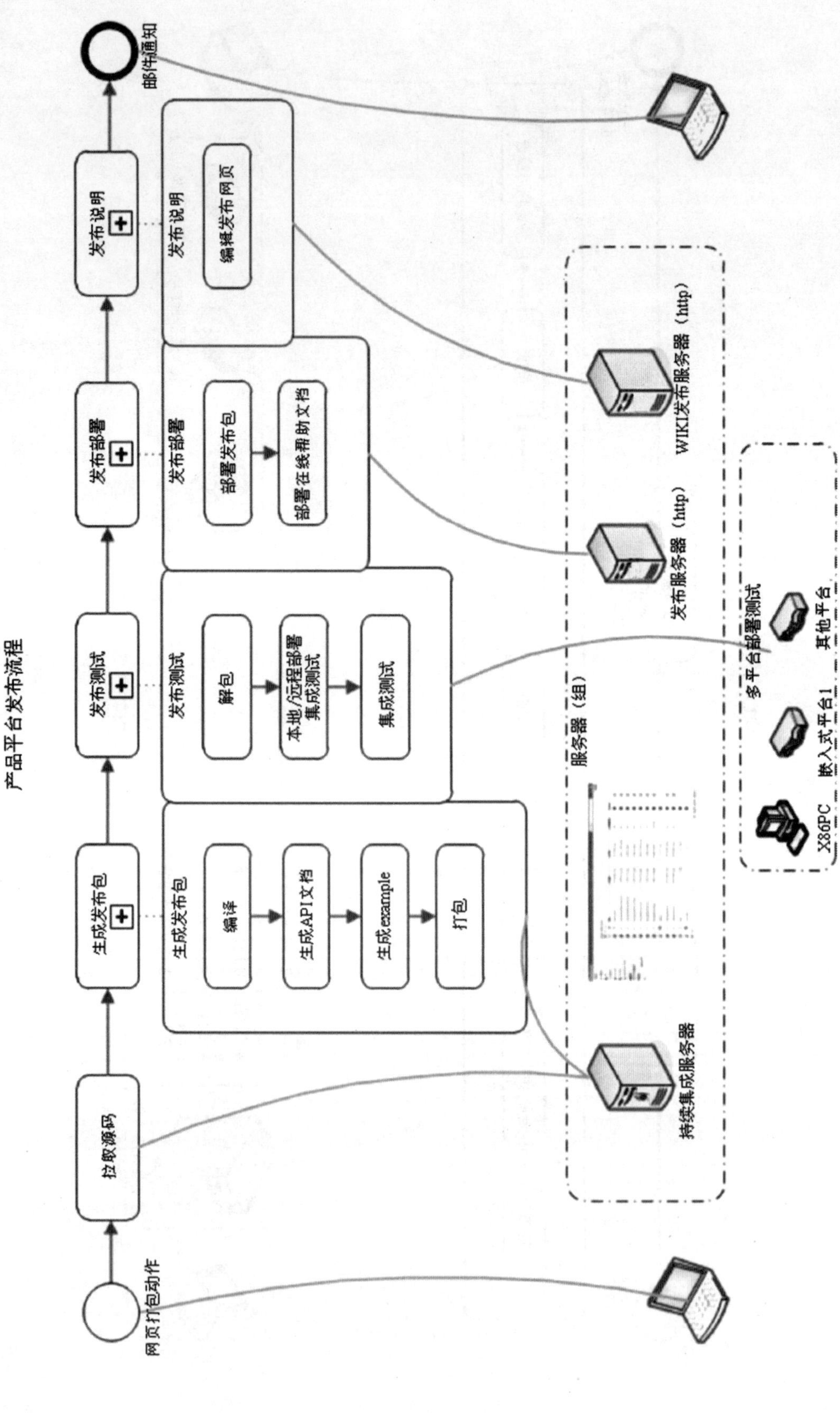

产品平台发布流程

网页打包动作
拉取源码
生成发布包
发布测试
发布部署
发布说明
邮件通知

生成发布包
编译
生成API文档
生成example
打包

发布测试
解包
本地/远程部署集成测试
集成测试

发布部署
部署发布包
部署在线帮助文档

发布说明
编辑发布网页

服务器（组）
持续集成服务器
发布服务器（http）
WIKI发布服务器（http）

多平台部署测试
X86PC
嵌入式平台1
其他平台

图 5-24　产品平台发布流程

三、效果评价

本文介绍的嵌入式产品平台是星网视易公司 KTV 产品线的基础。星网视易是国内最大的 KTV 视频应用产品和系统解决方案提供商。根据 2012 年赛迪顾问提供的数据：星网视易数字娱乐产业连续 5 年市场占有率第一，综合竞争力排名第一；截止 2012 年底，星网视易数字娱乐服务的 KTV 包厢数量已近 50 万间，市场覆盖率 40%。

传统上，一般一款基于全新硬件平台的系统开发周期大概需要 10～12 个月，而基于产品平台，产品开发效率、质量可以显著提升。芯片平台切换时间大幅缩短至约原来的 1/4。

在产品平台的有力支撑下，2013 年星网视易推出 K 米联网平台，连接 KTV 商家和 K 歌用户，截止 2014 年 10 月，K 米联网 KTV 商家约 3000 家，包厢数约 12 万个，K 米 App 用户超 800 万。

四、案例启示

值得推荐的几个关键实践：

（1） 一个产品线下多个产品并行开发时，使用产品平台，可以大幅加快产品开发效率、提升质量、降低成本

（2） 敏捷方法的使用，极大加快包括嵌入式产品在内的产品开发效率。

五、参考资料

[1] 敏捷开发

http://en.wikipedia.org/wiki/Agile_software_development

[2] 测试驱动开发

http://en.wikipedia.org/wiki/Test-driven_development

范路点评：整个系统都在一个相对稳定和封闭的系统里面运行，整个架构和设计对于我们来说都比较理想，非常符合早期软件工程设定的环境，所以就会形成一个比较稳定的架构。其实对于很多的软件来说，很难维持一个非常清晰的架构，或者说维护成本很高。

作者姓名：王晓翔
作者职位：Team leader
作者简介：目前供职于北京趣拿软件科技有限公司，担任技术部配置管理组 Team Leader，拥有近十年的配置管理领域的工作经验
所在研发团队规模：10 人
研发团队职能定位：为研发团队制定正确的版本控制策略，保证项目开发的有序性、代码的安全性；为研发团队提供可靠、高效的集成发布平台，提高研发整体效率和质量

聪明你地发布——一键发布系统 QDR

一、背景介绍

去哪儿网（Qunar.com）上线于 2005 年 5 月，历经近 10 年的发展，成为全球最大的中文旅行平台。去哪儿网通过网站及移动客户端的全平台覆盖，随时随地为旅行者提供国内外机票、酒店、度假、旅游团购及旅行信息的深度搜索。其实随着在线旅游市场的加速细分，去哪儿的产品线远远不止这些。据不完全统计，去哪儿网每天在测及发布的线上业务模块 400 多个。所以，对自动化发布工具的要求比较高。

2011 年初去哪儿的配置管理 Team 就开始持续集成的探索，并研发了第一个一键发布系统 BDS（Build and Deploy System）。随着去哪儿业务的逐步扩大，业务系统复杂度的不断提高，原有的一键发布系统逐渐暴露出一些问题。针对这些问题，我们对原有系统进行了重构，QDR（Qunar Delivery Room）诞生了。

该项目的实践可以为正在做一键发布或持续部署系统的同仁们提供借鉴意义。

二、问题的提出

BDS 作为第一个一键发布系统，不仅仅大大提高了项目的发布效率，更是在规范开发和发布流程方面立下了汗马功劳。概况起来有如下 3 点：

（1） 统一版本管理——所有的项目代码都是用 svn 或 git 进行版本控制的。

（2） 统一的分支策略——分支开发，主干发布（详见附录）。

（3）统一的构建工具——Java 项目都是用 mvn 进行构建管理，前端项目使用 fekit 等。

我认为这些是一键发布成为可能的必要条件。

那么，BDS 到底遇到什么样的问题，需要有新的平台去替代呢？简单概括以下 3 点：

（1） 一键发布的粒度太细。

BDS 的一键发布对应的是一个 svn/git 工程，而一个完整的业务系统或一个完整的业务需求，往往由几个甚至几十个 svn/git 工程构成。以我们的国内机票系统为例，涉及 16 个 svn/git 工程，22 个独立 Web 应用。想要搭建这样一套完整的业务测试环境，就不是一键能够完成的。

（2） 应用间的关系需要人为保证。

同一个业务系统中的不同应用间，往往存在某种依赖关系，或是编译依赖，或是部署依赖。如果发布系统中无法记录这些依赖信息，就只能靠人为保证了。我见过一次大发布的部署文档，快赶上一篇论文了。而这篇“论文”的正确性，如果没有经过验证发布成功的概率就大打折扣了。

（3） 同类信息，需要不同角色重复输入。

为了线上应用的安全，多数公司会有专门的角色执行线上发布操作，去哪儿也不例外。去哪儿的上线流程大致为 QA 同学将发布所需信息填写到上线申请中，OPS 同学根据申请中的信息，录入到发布系统中。这个过程中，不仅有信息重复录入的浪费，还有输入错误的风险。

三、解决思路

一键发布系统的核心价值是为业务系统快速验证提供工具支持。因此，我们针对原发布系统存在的问题进行重构时，基本围绕如何“快速”展开，有以下 3 个要点。

（1） 一键发布的力度是一个可独立发布的业务需求，无论这个业务需求涉及一个 svn/git 工程还是多个。

（2） 减少人工干预，消除等待。

（3） 提高复用率。

四、实践过程

1. 面向完整的业务需求组织发布过程

整个发布过程，是从下载源码开始，经过构建后生成发布包，最后将发布包推送到目标环境的过程。既然要做到面向业务需求的发布，那么必须要解决的是编译顺序和部署顺序的定义和解析问题。

董越先生（原 cm Team Leader）提出了用简单数学表达式描述编译或部署顺序的方法。即：

（1） +号连接的两个对象之间关系是并行的；

（2） >号连接的两个对象之间的关系是串行的，且大于号前面的最新被执行。

按照这个规则，图 5-25 中的部署顺序（deploy_order）的表达式为：

（WebApp1+WebApp3+WebApp4）>WebApp2>WebApp5

用户可以在发布之前预定义好这样的编译或部署顺序，然后交给发布系统来解析并控制整个发布过程。这样不仅做到了发布过程无人值守，同时也对发布步骤做到验证。发布系统的处理过程如图 5-25 所示。

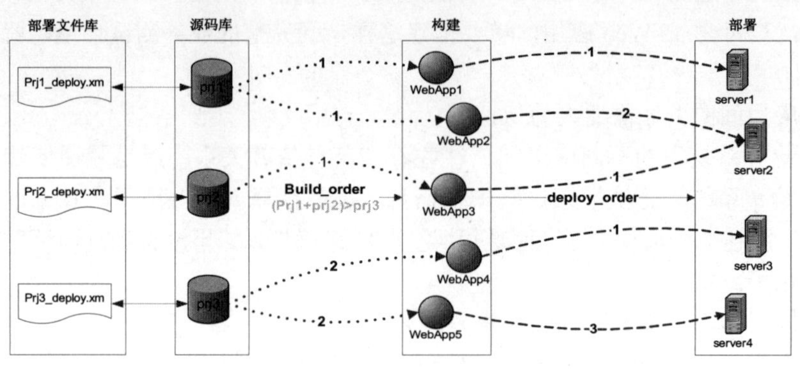

图 5-25 发布系统的处理过程

2. 提高复用率

一次发布，最大的时间损耗是编译，其次是一次业务的启停。在节约这两块儿时间上，我们的思路是提高复用率。

（1） 保留适当数量的编译结果。如果发布的代码版本有对应的编译结果，直接跳过编译阶段。

（2） 记录每次发布对应的目标机器上的应用版本。如果档次部署的版本与机器上已有版本相同，跳过部署。项目不同阶段的源码版本变化如图 5-26 所示。

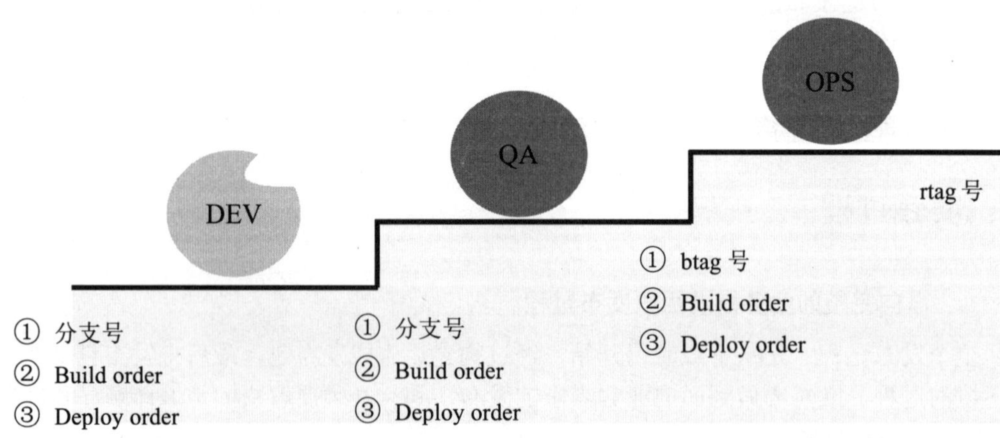

图 5-26 项目不同阶段的源码版本变化

（3） 减少等待。

（4） 灰度发布降低发布风险。

结合我们的分支策略，灰度发布是对需要通过由真实用户的使用效果来做业务验证的需求的支持。这种需求的最大特点是，一旦用户反馈不好时，这个需求是随时下线的。因此这个需求的修改在灰度发布时是不会被 merge 到主干的。

五、效果评价

软件开发过程中，环境管理一直是令人头疼的事情。一次变更发布前，能够在与线上环境保持一致的环境中得到验证才算质量真的有保证。但是，随时能够得到一套模拟线上的运行环境，往往是开发或测试人员的奢望。因为困难，所以回避。因为回避，质量就很难保证。QDR 系统试点中，最为用户称赞的可以做到一键部署一个完整的系统。依然拿我们的机票业务线为例，16 个 svn/git 工程，22 个独立 Web 应用同步一次环境仅需不到 7 分钟时间。

六、案例启示

值得推荐的几个关键实践：

（1） 建立和完善持续交付生态圈。

这个“生态圈”主要涉及项目开发各个阶段的工具支持。包括统一的版本控制工具：SVN/Git，统一的分支策略，统一的开发语言及规范，统一的构建工具，还可以包括统一的需求管理工具等。

（2） 抓住痛点去优化。

走到一线了解用户的工作场景，抓住用户真正痛点去优化。

（3） 项目试点很重要。

做实试点项目，推广水到渠成。

七、分支策略

去哪儿网的项目开发主要采用的分支策略是：分支开发，主干发布。这种分支策略有以下几个原则。

（1） 主干（svn 的 trunk 或 git 的 master）记录项目发布的轨迹，主干的最新版本与线上的当前服务版本保持一致。

（2） 所有分支的开发基准都是主干。

（3） RD 有义务及时合并主干上的修改到自己的分支并保证 merge 的结果正确性。

（4） 分支正式发布时，分支上的修改需要回合到主干。

（5） 分支做灰度发布时，分支代码不回合到主干。

基于这样的分支策略，一键发布系统承担了很多自动检测和合并的功能，例如以下几条。

（1） 分支在 dev 或 beta 发布时，发布系统都要检查分支是否合并了主干的最新代码。

（2） 分支在执行 beta 发布时会基于分支当前最新版本生成 btag。

（3） Btag 在执行 prod 发布时，发布系统会将 btag 自动 merge back 到主干。发布系统对主干版本的自动合并过程如图 5-27 所示。

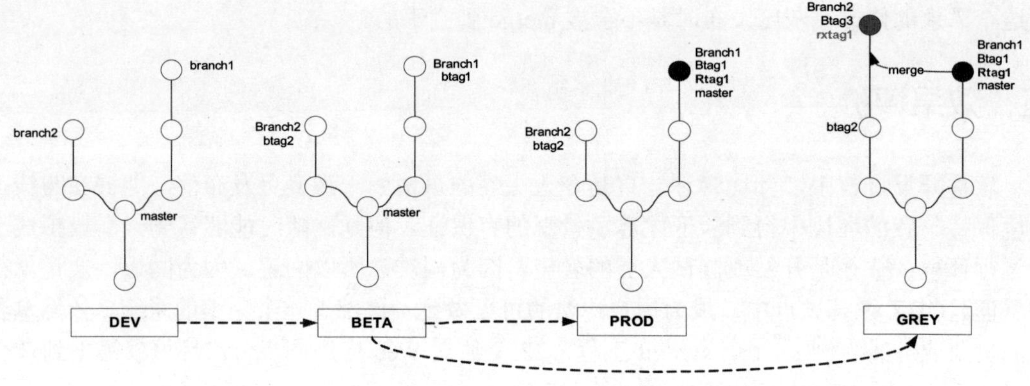

图 5-27　发布系统对主干版本的自动合并过程

八、参考资料

Jez Humble，David Farley. 持续交付：发布可靠软件的系统方法. 乔梁 译. 北京：人民邮电出版社，2011.10

九、附录

基于 SVN 工具的“分支开发，主干发布”分支策略示意图如图 5-28 所示。

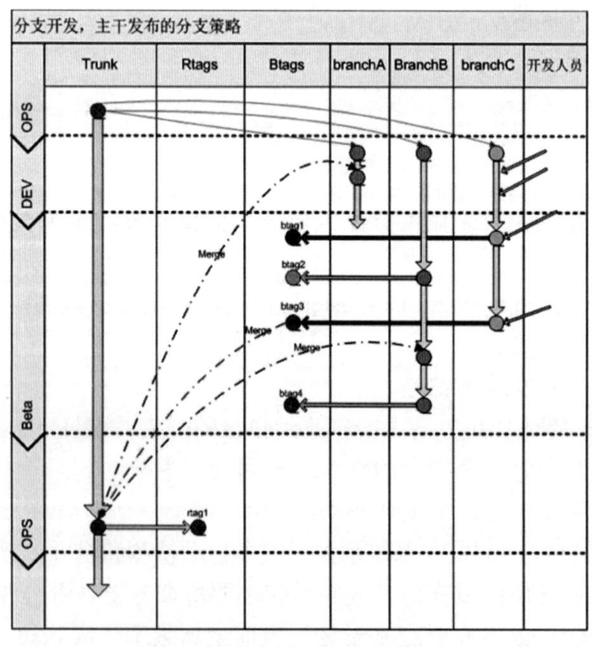

图 5-28　分支策略示意图

作者姓名：王明兰
作者职位：微软设备部过程改进经理
作者简介：国际精益看板大学认证培训师，Scrum 联盟认证 Scrum Professional，SAFe（Scaled Agile Framework）规模化敏捷软件框架国际认证咨询师（SAFe Program Consultant），微软认证精益六西格玛绿带。14 年软件行业背景，在多家公司任职过程改进经理、敏捷教练/培训、精益管理顾问、质量部经理、产品经理、项目经理、自动化测试项目主管、测试工程师、开发工程师等。自 2008 年起在芬兰公司 Elektrobit、Nokia、Microsoft 等公司就职，指导 scrum 流程框架、精益管理和看板方法、产品负责人和 scrum master 技能、敏捷领导力的发展、SAFe（规模化敏捷框架）、组织变革、组织流程改进等。在诺基亚期间，参与规模化敏捷框架 SAFe（Scaled Agile Framework）在公司体系内的定制设计和策划实施，是中国少数几位 SAFe 专家之一。擅长大项目看板实施，是中国精益看板方法的主要推动者之一
所在研发团队规模：500 人
研发团队职能定位：移动终端设备的软件开发、集成、测试、发布

Scrumban——拉动组织渐进式变革的利器

一、背景介绍

某企业在移动终端产品的软件研发流程中，采用价值流映射和系统思考方法，针对识别的系统问题，通过两种看板/Scrumban[1]过程模型：项目级看板内部应用 Scrum 流程，以及 Scrum 团队内部应用看板方法，逐渐拉动项目和团队的持续改进，最终成功交付产品。

本案例的实践经验可为同行关于大规模项目的过程改进方法以及敏捷项目管理方式上提供借鉴，并为普遍采用 Scrum[2]的团队提供一种渐进式变革的过程改进方法。

二、问题的提出

某企业移动终端产品项目，初始启动时只有两个 Scrum 团队，采用简单的 Scrum 敏捷流程运作。随着后期产品需求呈指数级上涨，产品上市国家由一个国家扩展到几十个国家。为满足市场需求，项目加速扩充，从第二个月开始，项目扩充到六个团队，在第三个月项目扩充至十个 Scrum 团队。

第一个项目里程碑发生在项目启动后的第三个月，里程碑的通过标准是“最小功能集完成”。所谓“最小功能集”，是指完成用户使用的最基本功能，即：缺一个基本功能，用户无法正常使用产品。然而，在此期间，项目的“最小功能集”不断扩充，即便同时团队也在迅速扩充，但由于大量的“最小功能集”仍旧没有完成，导致里程碑以失败告终。

三、解决思路

我们采用精益思想里的价值流映射方法，将产品的特性从市场部提出开始，一直到发布给用户测试为止的整个过程，做端到端的映射。图 5-29 所示为价值流映射，做全价值流可视化，系统级暴露问题，然后整体梳理系统级解决方案。

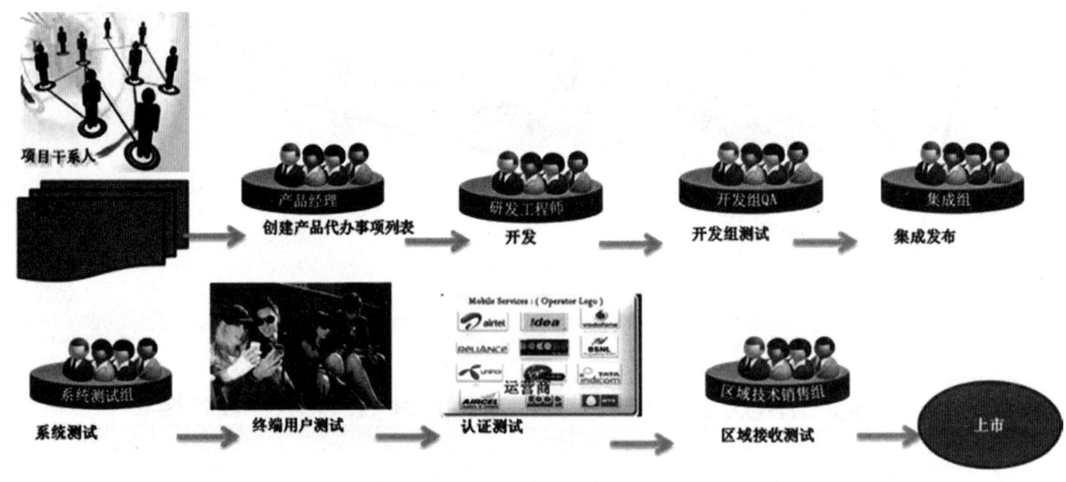

图 5-29　价值流映射

做价值流图分析后，暴露的核心问题有以下几个。

（1）　上下游状态混乱，计划随机不靠谱。

（2）　过于简单的工作机制无法应对复杂系统。

（3）　个别短板团队持续无法交付。

项目进展过程中，我们发现项目的不同成员持有不同的产品待办事项列表，且内容和优先级顺序并不一致；各个特性的产品负责人不清楚哪些特性属于最小功能集，哪些特性不属于最小功能集，哪些特性是可以下个里程碑完成的，甚至可以在以后的版本里交付的；研发经理同时接受来自不同来源的产品代办事项列表，无法向研发团队清楚地派发任务。

由此问题衍生的项目计划问题很突出。研发经理代表团队向市场部承诺特性开发完成点，然而市场部去验收特性时，经常出现研发团队没有兑现承诺的情况，导致双方信任度降低；同时由于研发的计划不准确，导致测试团队无法按计划开展测试，发布团队也无法按计划发布软件。

在项目规模迅速扩充，项目复杂度也提升的同时，项目的管理方式仍旧采用简单的 Scrum 团队管理流程，导致上下游没有一个统一的机制同步计划和更新信息；团队之间也没有交付的同步和优先级的交叉梳理。由此反映出，过于简单的工作方式已经滞后于项目的规模和复杂度的要求。

此外，由于项目规模扩充迅速，产品交付压力重，没有给予团队学习和成长的时间。个别团队成为项目的短板，每个迭代持续不能完成计划的交付量，导致项目交付能力整体很低。

在这些问题充分暴露和分析后，我们采用两级 ScrumBan 解决。

（1） 项目级 Scrumban。项目级采用看板，把价值流做完整映射，并跟踪特性交付状态，识别瓶颈和风险；各团队采用 Scrum 迭代时工作流程，彼此对齐交付节奏，协同计划和交付产品。

（2） 团队级 Scrumban。对于短板团队，在 Scrum 流程内部引入看板技术，将团队内部的交付流程做端到端可视化，识别瓶颈和风险，拉动团队内部的持续改进。

四、实践过程

1. 建立项目级看板

在价值流图映射后，我们用看板做功能和特性的状态跟踪，在项目指挥部里建立看板墙，将所有特性的状态高度可视化，一目了然项目看板的一部分如图 5-30 所示。

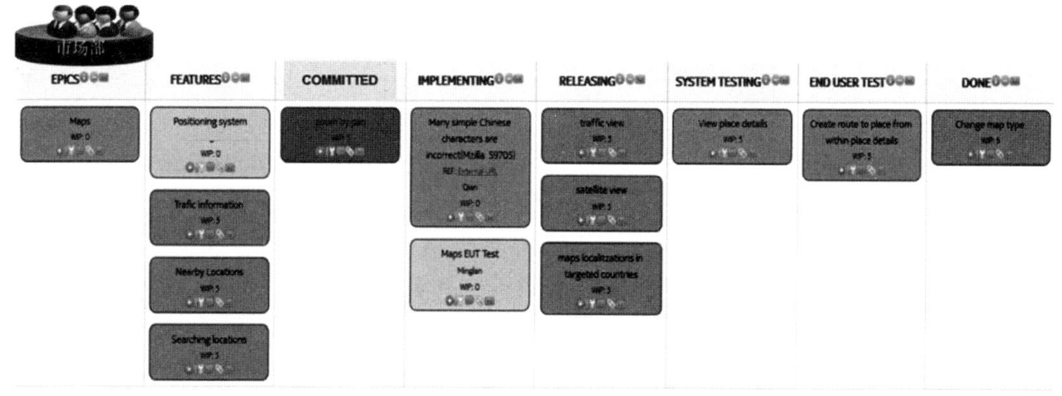

图 5-30　项目看板的一部分

每个特性流动经过的状态用纵向泳道表示，这样上下游之间对特性流到了哪个泳道一目了然，有效解决了上下游关系混乱的问题。“EPICS”泳道代表从市场部传递过来的顶层需求；“FEATURES”泳道代表项目组从市场需求分解后的产品特性；“COMMITTED”泳道代表项目已经向市场部承诺特性的进度；“IMPLEMENTING”泳道代表特性正在开发中；“RELEASING”泳道代表特性正在发布中；“SYSTEM TESTING”泳道代表特性在系统测试中；“END USER TEST”泳道代表特性在终端用户测试中。

2. 按 Scrum 节奏协调各团队计划和交付节奏

按迭代节拍协调计划和梳理待办事项流程如图 5-31 所示。十个 Scrum 团队采用每两周长度的迭代周期，所有团队在相同的时间点迭代开始，在相同的时间点迭代结束。迭代开始时，大家一起做迭代计划，交互识别彼此的依赖关系；迭代结束时，项目组为市场部演示迭代开发的成果，从市场部和利益干系人收集产品的改进意见，纳入产品代办事项列表，放入下一个迭代或以后的迭代中开发；项目组每周与市场部沟通，更新产品需求列表和优先级；各团队内部每天做 15 分钟站会，成员之间彼此更新任务状态。

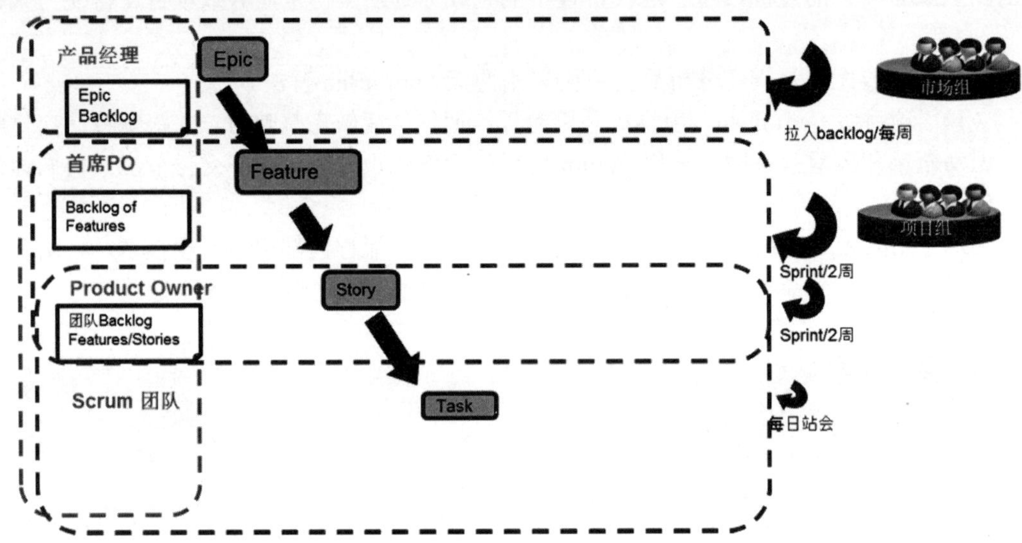

图 5-31　按迭代节拍协调计划和梳理待办事项列表

由于产品规模庞大，我们将产品代办事项列表分集管理：Epic（史诗）、特性、用户故事。Epic 由市场部提供，是那些满足特定的业务目标，有单独投资的最顶层需求；市场部将 Epic 传递到项目组，由首席产品负责人管理，他带领各团的产品负责人将 Epic 拆分成特性，每个特性能够被某个团队认领；各团队的产品负责人负责将自己团队认领的特性拆分成用户故事，确保团队在一个迭代内能够交付。

各级的产品代办事项列表的梳理活动也有周期性。从 Epic 到特性，我们每周梳理一次，由市场部的产品经理带领这个活动；从特性到用户故事，每周梳理一次，由项目组的首席产品负责人带领这个活动；团队开发的用户故事，我们一个迭代内梳理一次，由各团队的产品负责人带领团队成员进行。此外，还有一些随需安排的需求梳理活动，不在定期的梳理活动事件中。

3. 将产品代办事项列表的需求做分级服务处理

我们与市场部协商，大家协同合作，将待办事项列表里的需求分级。以前市场部要求所有需求都必须完成，且同等重要。然而从实际操作来看，需求的价值、紧急程度和风险各有不同。对于我们的产品，分为紧急特性、最小功能集、高级需求。对于不同级别的需求，我们采取了不同的服务策略。其次，即使对于一个属于最小功能集的 Epic，将它拆分为特性，进而拆分为用户故事后，我们发现它包含的需求不是所有都属于最小功能集，有很多特性和用户故事属于高级需求，不需要在最小功能集的里程碑完成，甚至都可以在以后的产品里发布。通过这样的分级服务，我们更细致划分和控制了最小功能集里程碑的项目范围。

4. 短板团队引入 Scrumban 做持续改进

针对个别短板团队，我们在其 Scrum 迭代方式开发的基础上，引入看板方法，将价值流可视化，把团队内部的瓶颈、风险，以及对外部的依赖高度可视化。并对识别的瓶颈加以保护，设置在制品限额，图 5-32 所示为团队的 Scrumban。在该团队的看板中，测试属于瓶颈资源。我们根据测试人员所能承担的工作量，在测试工作栏设置“2”，代表测试人员最多能拉入 2 个用户故事开展测试活动。这样，开发人员即便完成了用户故事的开发，故事也不可以强行推到测试栏，只能在开发就绪“Ready”栏里等待测试人员拉入用户故事。这样，用户故事在开发完成后就开始在“Ready”栏里堆积。当开发人员完成高优先级的用户故事后，他们就开始考虑帮助测试人员测试已开发完的用户故事。通过这样的机制，督促了开发人员帮助测试人员做测试工作，整个团队互相协助，努力将用户故事尽快地交付。团队从局部优化逐渐转变为系统优化，为整个团队着想，而不是只关注与自己的开发任务。

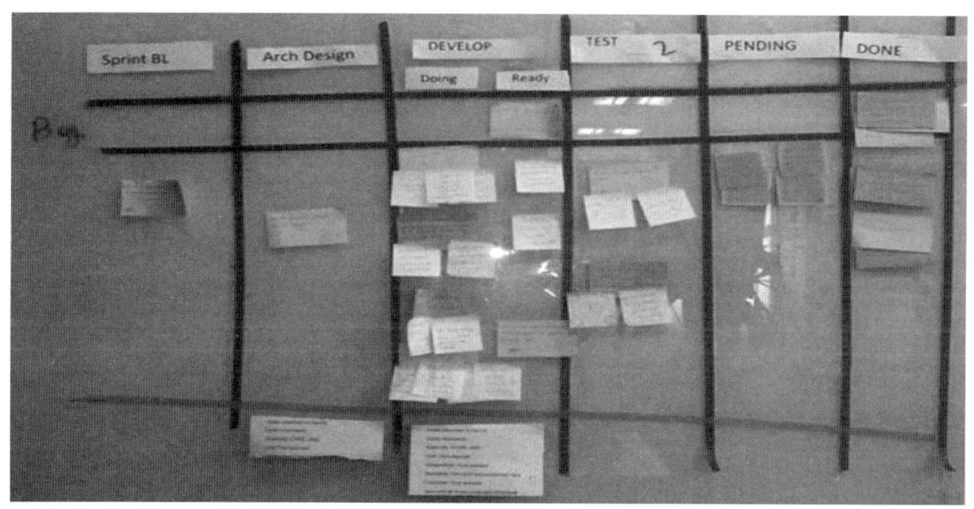

图 5-32　团队的 Scrumban

五、效果评价

本项目经过上述的实践过程，最终按期交付产品。项目的交付速率图如图 5-33 所示，其中横轴代表月份，纵轴代表交付的特性数量。从项目启动的第四个月开始，项目引入看板，并采用跨团队的 Scrum 交付节奏对齐机制，项目的交付速率（Velocity）缓慢攀升；三个月以后，交付速率迅速上升。

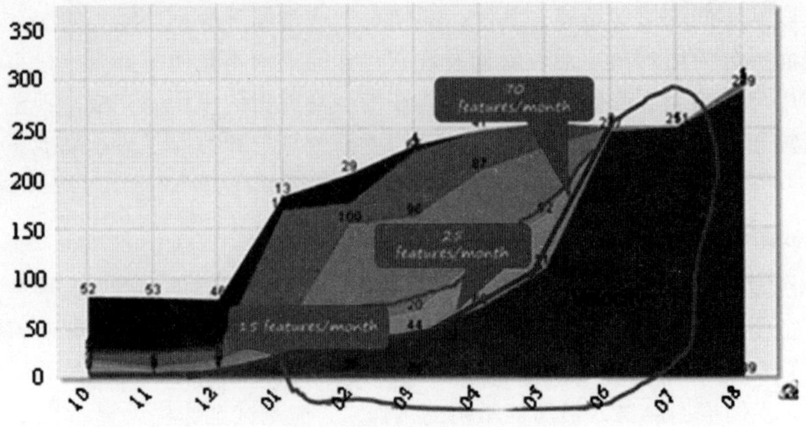

图 5-33　项目的交付速率图

对于短板团队，在采用了 Scrumban 后，也能够做到持续稳定地交付。短板团队的交付速率图如图 5-34 所示，其中横轴代表每个迭代周期，纵轴代表完成的用户故事数量。由图可以分析出，该团队在前四个迭代（Sprint）几乎没有交付任何软件，从第五个迭代开始，引入 Scrumban，缓慢地开始有所交付；从第七个迭代开始，交付速率迅速提升。

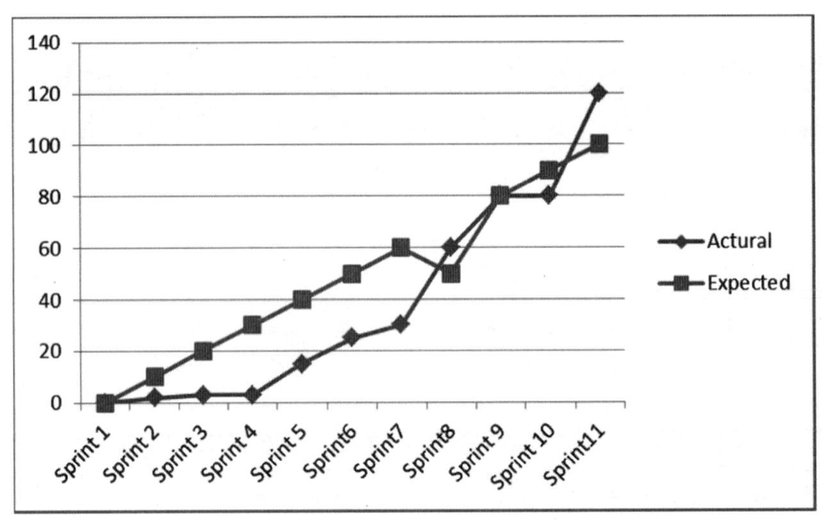

图 5-34　短板团队的交付速率图

六、案例启示

一般传统的过程改进方法是：预先定义一个大而全的流程，然后按照流程严格执行，检查实施是否与预先设计的流程符合，如有不符，予以纠正。本案例引入了一种渐进式过程改进思路，如图 5-35 所示。

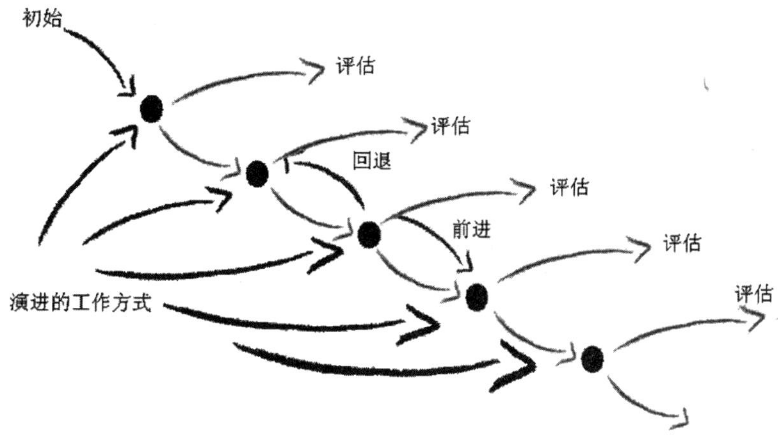

图 5-35　渐进式过程改进思路

渐进式变革方法的过程是：不要一开始就设计一个大而全的流程，然后强制团队实施；反而，从目前的工作方式开始，做价值流分析，系统地暴露问题；然后，依据暴露的问题，引入改进方案实施一小步，评估效果；如有效果，继续向前；如无效果，或有破坏性效果，需要回退到改变前的流程。本案例应用了两种 Scrumban，在项目级和团队级两个层面，实施了渐进式的过程改进。

七、参考资料

[1] Scrumban - Essays on Kanban Systems for Lean Software Development
Corey Ladas Modus Cooperandi Lean Series, 2009 年：第 1 页

[2] Scrum 维基百科定义 http://en.wikipedia.org/wiki/Scrum_%28software_development%29

作者姓名：俞轩
作者职位：途牛旅游网 CTO 助理
作者简介：途牛旅游网 CTO 助理兼研发总监，曾在趋势科技中国研发中心担任测试经理，项目经理等职，2011 年加入途牛旅游网后历任高级研发经理，研发中心 PMO 负责人，研发总监，CTO 助理等职
所在研发团队规模：60 人

削履适足——途牛旅游网敏捷开发流程再造

一、背景介绍

互联网作为一个跨时代的沟通和交流工具，已经在科技和创新方面扮演着一个越来越重要的催化剂，人和人的关联，组织和组织的关联在被重构，软件产品的开发基础和盈利模式已经在被颠覆。

已经有人拿互联网对于信息时代的改造对比蒸汽机和大航海对于第二次工业革命的推动了，我想这毫无疑问是恰当的，我们确确实实在亲眼目睹着一个伟大的时代。在第二次工业革命中我们看到了火车是怎么取代牛车的，那在这个时代我们也都亲眼目睹了滴滴打车是怎么干死电台广播的，我想现在大家在出租车上已经很少看到司机不打开各种打车软件而是在听广播的吧。

十年前管理学著作《基业长青》中推崇备至的四家公司：惠普、IBM、摩托罗拉和索尼，现在早已远离我们的生活，十年前业界星光闪耀的两家公司：微软和诺基亚，也早已不是我们关注的头条，而反过头来看看，四年前创办的小米这几天在寻求新一轮融资，估值 400 亿美金，而三年前上线的微信，疯传估值 640 亿美金。这一切都在说明科技和创新在进入加速阶段，互联网以底层建筑的方式在推进这一速度，所有互联网公司其实都在比拼“天下武功，唯快不破”的内功。

那在互联网公司对速度的极致要求下，途牛旅游网在软件研发方面面临着哪些挑战呢？首先就是管理层对于上线速度的要求，这基本决定了整体开发流程必然是敏捷，而非传统

的瀑布模型。

二、问题的提出

1. 问题一

在传统的敏捷开发过程中，我们认为典型的交付过程如图 5-36 所示。

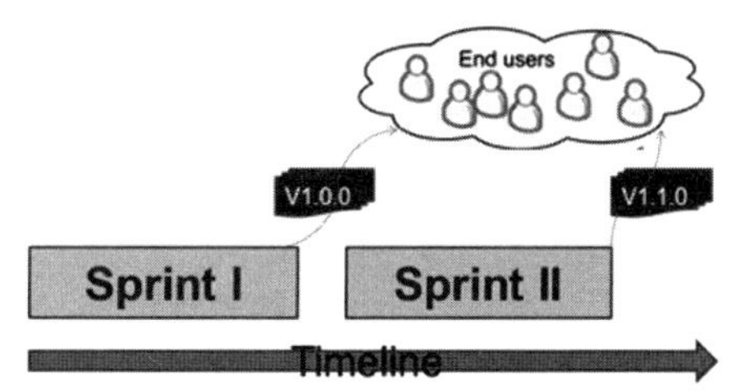

图 5-36　典型的交付过程

我们在第一个 Sprint 中规划了产品的第一个版本，在 Sprint 结束后交付了产品的 1.0.0 版本，上线后我们开始第二个 Sprint 的规划、开发过程，第二个 Sprint 顺利结束后，产品的 1.1.0 版本也顺利交付了，节奏和结果看起来都很好，一切都顺理成章。

上个月过万圣节的时候，朋友圈里有个美女在讨论今天要怎么化妆。其实我想说，你只要卸妆就可以了。如同这位美女，我们撩开互联网这层令人动心的妆容后就会发现，现实远没有想象的那样美好。在你的 Sprint 1 上线版本 1.0.0 之后，由于互联网超级快速地反馈，你会在第二天甚至当天就开始收到各式各样各种渠道地反馈，其中有 Bug，也有产品的改进意见，而与此同时，你的下个 Sprint 已经开始进入节奏，从此你的迭代开始进入混乱不堪的节奏。

对于线上反馈的很多 Bug 和改进意见，其中一定有一些是会让你们的重要干系人无法忍受它存在或者它不存在的，请大家自行脑补一下你们的 CEO 或者 CTO 站在你们的工位后面，不停的念着，这个钟头又少了几百万的场景。所以你不得不在这个 Sprint 的中期抽调你的精兵强将，发布 1.0.1 版本去救火，而你的第二个迭代由于资源投入得不到保障，你不得不在延期和牺牲质量中做一个痛苦地抉择，当然从此之后这种恶性循环将会一直伴随着你的 1.2.0 和以后的版本。

那么问题一来了，产品的项目开发和运营的冲突解决哪家最强？

2. 问题二

我们先来看看问题二，假设你的产品发布后获得了巨大的成功，你的 UV 和转化率都取得了令人瞠目结舌的增长，老板当即拍板，我要给你的产品追加投资，你原来不是 10 个人吗，预计下个月可以发布下个版本吗？我给你追加 40 个人，下个礼拜给我发布。你陪着小心给老板解释，这个账不能这么算，你甚至有冲动把你工位上那本蒙上很厚的灰的那本《人月神话》拿过来逐字逐句的读给老板听。老板狐疑的看着你，说我退一步吧，那你可以每个礼拜发布一次，但原来每个迭代要做 10 个功能点，现在每个迭代要做 50 个功能点。你深呼吸一口气，还是跟老板解释，一个孕妇怀胎需要 10 个月，你给我 10 个孕妇我没法 1 个月就给你把孩子生下来啊。结果当然是你顶着一头黑线从老板那里出来，开始着手拆分团队。

拆分的时候问题来了，假设你的系统分为 3 个模块，如图 5-37 所示。你是应该按照系统模块的划分去切分你的 scrum 团队吗？因为大部分的 Story 应该都是横跨多个系统模块的，如果这样切分，多个 scrum 团队应该如何合作呢？

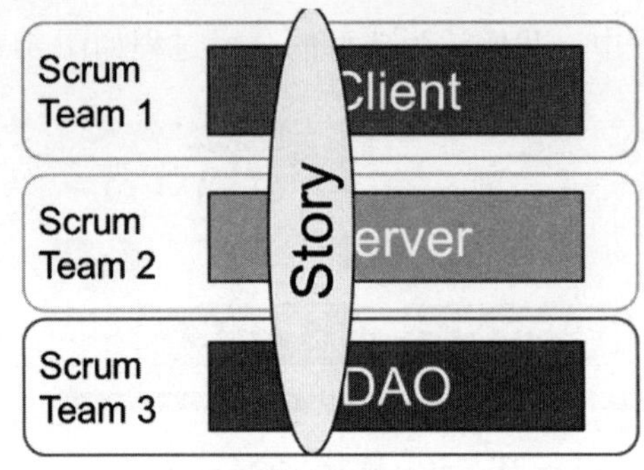

图 5-37　团队的切分

3. 问题三

你的团队已经切分完毕，这些团队彼此的 Sprint 周期应该如何管控呢？是应该有着一样的迭代周期吗？他们的 Sprint 启动和结束应该是同步的吗？如图 5-38 所示。

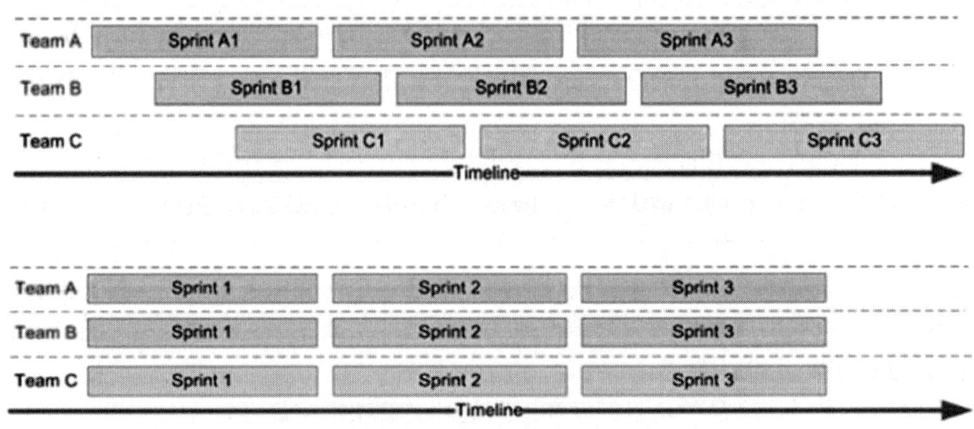

图 5-38　Sprint 周期的管控

三、解决方案的提出和摸索

对于问题一，刚开始大家提出了一个非常直观的方法，如图 5-39 所示。

图 5-39　解决问题的直观方法

既然无法避免线上反馈的涌入，我们干脆引入一个发布阶段的概念，它分布于 Sprint 和 Sprint 中间，我们把线上的问题解决后再开始下一个 Sprint。问题解决了吗？当然解决了，但是引入了另一个问题：无法控制项目的周期。换而言之，你无法知道你规划好的下个迭代，下批功能什么时候能上线。Sprint 内部的节奏保证了，但是整体产品的节奏被完全打乱了，产品经理为此抓狂。

于是，我们想了另外一个方法，貌似更好地解决了这个问题，如图 5-40 所示。

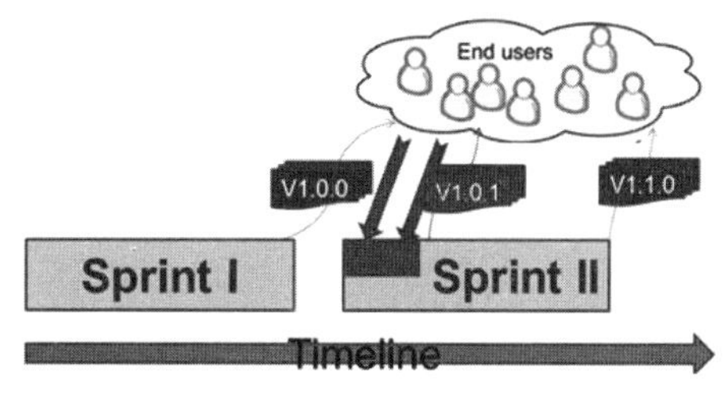

图 5-40　解决问题一的设想

为了隔离这种无法避免的反馈引发的混乱，我们在团队内部成立了一个运营小组，他们在第一个版本发布后即时成立，专门处理线上反馈的所有问题和改进。我们把他们安排在那些最靠近可能拿问题来骚扰我们工程师的人的工位那里。我们需要这组人帮我们把混乱隔离在项目团队之外，以保证整体迭代的节奏。这组人会在迭代中间或者迭代之外发布小版本去解决线上碰到的所有问题，产品经理感觉非常好，终于有人可以在他的迭代之外响应他的非分要求了。

这个解决方案的精髓当然就是：既然混乱无法避免，我们就隔离它们，只让他们发生在很小的范围内。你当然会问，我需要这只运营小组有多大呢？哪些人适合放进去呢？我的答案是多少人需要摸索，需要让时间来决定。同时和大家的第一感觉（应该把精兵强将放进常规项目团队）相反的是，我建议你应该把你的精兵强将放进这个运营小组，这个组因为它小，但承担的职责也很重要，只有它把各种紧急问题都高质量地处理掉了，项目团队才能有更多的空间和时间去把迭代的质量保证好，这样整体会形成一个良性循环。同时你的运营小组成员需要轮换，需要让每个人都去填坑，而不是只管挖坑。

问题二是当你的团队规模扩大之后，你应该如何把他们拆分成小的团队来保证他们的敏捷性。直观的方法当然是按照系统模块横向拆分，这样拥有相同技能的员工在同一个团队里，对于模块的设计和开发会有更多讨论的空间，模块的质量可以得到更有效的保证。

但是，在敏捷和速度的前提下，按照纵向拆分，确保每个 Scrum 团队可以独立处理横跨多个模块的 Story 可能是一个更好的方案。横向拆分会造成每一个 Story 都会在不同的

Scrum Team 间形成很强的 dependency，这种依赖性对于敏捷开发团队是致命的，同时每个 Scrum Team 的人数很难控制，在不同的 Sprint 中会造成工作量差别较大。如图 5-41 所示。

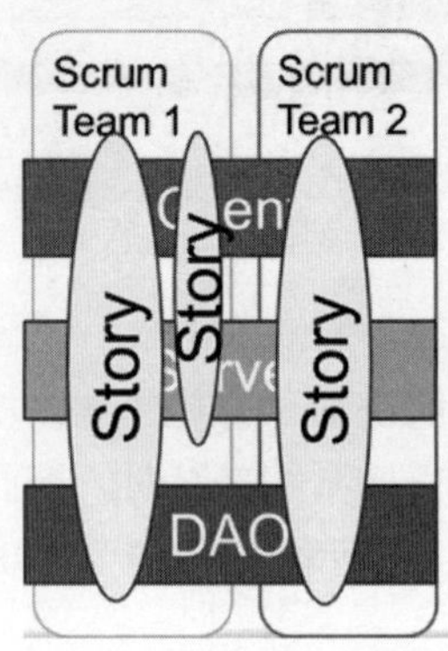

图 5-41　解决问题二的方法

当然，纵向拆分的最大问题就是模块的架构保证和质量控制，我们的假设是互联网的产品只有一个线上运行的代码分支。在这里我们采取的补救措施是设定模块代码守护者角色。每个模块有对应的资深工程师承担横向的设计监控和代码质量控制，只有这个角色有代码 check in 的权限，并且他有权对每次 check in 的评审“say no”。他同时有权限指定每个迭代的代码改进任务。这个角色非常锻炼员工的积极主动性和让架构落地的能力，同时要从管理上营造这个角色的高大上属性。

解决了问题二后，我们发现问题三也变得很重要，它是一个 Scrum 流程的升级，它是 Scrum of Scrum。每个 Scrum 团队的节奏应该保持一致吗？他们的 Sprint 起止时间应该同步吗？

事实上，这两种模式我们都尝试过，各自都有各自的好处。

第一种方案的好处在于你永远可以找到一个最近的迭代加入你想加入的内容，这对于产品经理或者 product owner 有很大的吸引力。但对于项目团队而言相对难以控制，因为它的代码合并周期是离散的，每个固定的间隔都需要专门从事代码合并这项工作，无法产生规模效应。

第二种方案运作起来更加平缓，我们推荐这种方案。在运作这套方案的时候，建议团队划出固定的设计和代码合并时间，由代码守护者主导进行此项工作。

从管理角度，方案二还有一个额外好处，在迭代结束后可以调整不同团队间的成员结构，从而不会影响下个迭代。

四、效果评估

途牛旅游网执行这样的敏捷流程裁剪和再造后，大家关心的问题是，它的“疗效”如何呢？

在这样的模式下，我们的其中一个产品同时并行运作了 6 到 7 个敏捷团队，总人数在 80 人左右，这 6 到 7 个团队是同时在支撑不同业务条线的业务运作的，相互间的干扰极少。

我们的迭代周期平均在 2 周左右，最频繁的时候达到了 1 周 2 次上线。

同时，上面提到的运营团队占到整体的 15%左右的人力，他们保证了产品整体的运行平稳，不是说没有出过事故，但是所有的事故都在最短的时间内得到了妥善地解决，并且这些事故的经验被有条理地总结反馈到了所有的开发团队。

最后，最令人欣喜的是，在运营团队和代码守护者中，涌现出了一批可以独当一面的资深工程师和团队管理人员，这些人现在都变成了途牛的中坚力量。

在互联网以“时新日异”快速发展的大背景下，更新流程的敏捷开发成为了很多互联网开发团队的不二选择。然而，由于互联网区别于传统软件的反馈速度，使得每个迭代上线后必然面临更快更重的运营工作，从而冲突于下个迭代的开发工作。通过对敏捷流程的裁剪和再造，途牛在这方面的平衡做出了一些有益的尝试，希望可以带给大家一些启发，在不同的组织环境里可以多多思考，做出最适合自己脚的靴子。

作者姓名：曹智清
作者职位：网易项目总监
作者简介：网易杭研项目管理部总监
所在研发团队规模：50 人
研发团队职能定位：负责云课堂的研发

网易云课堂的项目管理变革

一、背景介绍

“在线教育”这词近两年挺火。大家都说在线教育在革传统教育的命，此话不假，但的确这一路走得艰辛。网易虽不及 BAT 这样折腾得火热，但在教育这一领域也确实深耕细作多年，在最初将“公开课”一词带入中国之后，经过多年探索，目前已经形成集资讯、工具、平台于一体的在线教育布局。

其中，平台领域又包括了网易公开课、云课堂、中国大学 MOOC（携手爱课程网共同打造）三大产品簇，从内容积累、品牌打造和方向探索方面，都走在了业界领先地位。

这三大产品簇，出自同一个教育产品部。于是，三条线并行的格局，加上在线教育不断探索新招的局面，使得我们必须不断寻求改进优化，在研发方式和团队管理本身也不断进行颠覆式变革。

对于一个成熟的开发团队来说，本身的开发过程是可以被有效规划和管理的。今天我们来谈谈如何从几个简单的指标来管控和改进开发过程。

二、自我颠覆的迭代方式

版本迭代、流水线、时间盒等不同的迭代方式，我们并没有固定的最佳选择。没有一种方式是通吃所有产品阶段的，更何况我们同时面对三个产品。没有永远正确的解法，当

下最佳未必等于未来的最佳。我们需要根据需求的实际情况来确定接下来的迭代方式，也经常会由团队自我反省老的方式是否依然适应新的变化，是否需要优化调整。

于是，我们经常会推翻，也许不能说是推翻，而是顺应变化来选择新的迭代方式。版本情况和迭代方式的关联如图 5-42 所示。

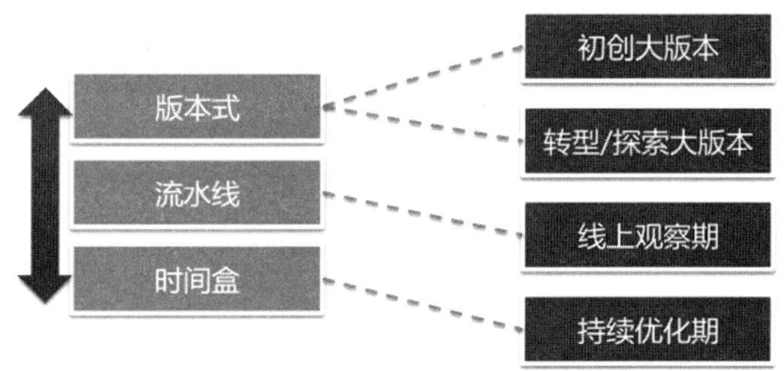

图 5-42　版本和迭代对应关系

比如，当三个产品都处于相对平稳期，各自有着优化小需求不断涌现的时候，也就是持续优化期，我们采用时间盒的方式，每两周固定迭代，维护统一的 backlog，保持固定节奏往前走，每周二四两次上线窗口。一段时间后，云课堂需要进行某重要项目的改版，要集所有开发力量快速上线一个大版本，大约 3 周时间，于是，我们就暂停时间盒迭代方式，将该重要项目做成一个完整的 3 周版本迭代。

这样的迭代方式变化，往往发生于产品大事件，或者来自于团队的回顾和自我反省。大事件容易理解，但团队回顾自省就需要更多的引导和挖掘了。工具用着好不好，工匠自己最清楚；同样，迭代方式是否合适，团队最有发言权。当大家普遍都感受到问题的时候，会自己来讨论发现该如何优化，而项目经理要做的，只是创造这样的回顾自省机会，并适时引导。

当然，我们不是漫无目地随意变更迭代方式，各种不同的方式之间还是有其通用基础的，比如每日站会、物理白板、燃尽图，比如每周二四上线窗口，再比如，还有几个关键指标：工作负荷、估算能力和需求蔓延。

1.　工作负荷

一般我们说，合理的工作负荷在 70%～80%，主要原因是日常会议、项目沟通、培训等因素的影响。但事实上，我们发现，团队在做任务估算的时候，对于 1 人日的理解，通常已经涵盖了对这些日常事务的处理，也就是1个人日本身对应的开发时间就是5～7人时。因此，工作负荷往往可以看到超过 90%的数字。

另外，长期记录这个工作负荷，我们可以看到不同版本中开发的工作压力情况。这一点，其实在每日站会后记录每天的工作进展速率就可以看出来。

（1）　因为在估算时已经包含了正常的日常工作消耗，所以紧张有序的工作负荷应当在 100%左右。

（2）　当负荷低于 95%时，应考虑估算和计划是否排得过于松散了。0628 版本，工作负荷为 91%，且提前一天完工了，意味着计划过松，反而降低了团队的工作节奏。长此以

往，容易降低团队的士气和战斗力，对于产品也一定会有负面影响。

（3） 当负荷高于 105%时，应考虑工作压力过大，加班过多，不利于维持团队的长期战斗力。0830 版本，工作负荷为 106%，且推迟一天完工，意味着时间计划过紧，即便努力加班，依然延期完成，容易让团队的弦绷得太紧，也容易造成质量、士气等多方面问题。

2. 估算能力

大家都知道，每个人的估算能力都是不同的。但是我们要努力的方向是，让大家能知道自己的估算出现了什么问题，应该往哪个方向改进提高，力争让估算能够更准确些。因此，我们需要引入前面所提到的“实际开发”数值。

（1） 100%准确的估算是没有必要的，“足够”就好。我们认为足够的范围是 10%以内的估算误差。

（2） 如何统计到“真实”的实际人日，是检验估算能力的一个障碍。我们的经验是，落实在每日站会的进度更新中。如果一位开发每日更新的进度超过 1.5 人日，应该被质疑实际人日的正确性。累积了每天较为准确的实际人日，自然能获得最终比较真实的总体实际人日。

（3） 如何通过跟踪到的估算能力偏差数据来推进团队对于估算能力改进的重视呢？这就要负责人或者项目经理进行驱动了。如果数据仅仅是摆在白板上的数据，团队是很少会主动开始思考改进的，项目经理需要成为这一改进的驱动者。可以在回顾会上把这一数据问题摆出来供大家讨论改进；我们认为更有效的方式是充分调动开发组长（或带头人）在这方面的思考，可以小范围引导他们来讨论估算偏差的原因和改进方式，他们可以在下一轮估算时更好地带领团队执行这样的改进。

3. 需求蔓延

需求永远是会蔓延的，开发过程中，方案也是一定会继续细化的，所以我们必须为这些蔓延留一定的缓冲。当然，我们一开始并不确认应该留多少缓冲，也不确认策划会留多少尾巴在开发阶段。那么，我们就一边尝试一边总结。

我们使用红色便签来记录开发过程中临时增加的任务，也就是需求的蔓延或者变更。几个版本之后，我们很快就能得出一个相对稳定的蔓延比率：25%～30%。

稳定的策划和开发团队，会有相对稳定的蔓延率，这个值可以逐步优化改进降低，但蔓延的必然性又告诉我们这个值是不可能消失的。因此，拥抱变化的精神和文化，也需要伴随着开发过程逐步强化的。

（1） 每个团队，因为不同的策划和开发成熟程度，需求蔓延比率会略有不同，大家可以根据自身的记录找到属于自己团队的稳定区间。但是，IT 项目中常见的蔓延率一般在 30%，如果团队的蔓延率相距甚远，就需要看一下问题了。

（2） 我们希望在团队改进中，逐步降低蔓延率，从 30%～25%，从而实现需求能在开发启动时被更完整地规划构思。但是，蔓延率的降低不是一个绝对的目标，并不需要被过于严格地要求，毕竟互联网行业的变化本身就存在着很大的不确定性。

（3） 发现超过 30%的蔓延率，我们就需要看一下需求蔓延的确切来源，究竟是市场变化还是策划本身的问题。

发现超低的蔓延率，我们一方面需要看一下临时增加任务的记录方式是否存在漏洞，另一方面也需要看一下我们是否花了过多的时间精力在得到一份过于详尽的需求文档上，或者我们是否过于严苛地拒绝了变化。

有了这些可以横向比较的指标，无论迭代方式如何变化，我们都可以清楚地看到基本的执行情况，也才能做到有所变，有所不变。

二、妙不可言的调查问卷

调查问卷的方式，在用户研究领域用得很多；当我们把它借鉴到项目管理中时，发现它是项目经理了解团队的重要方式之一，也可以借此发现和协助解决不少问题，也是我们自我颠覆的执行方式之一哦。那调查问卷可以怎么用？起到什么作用呢？

1. 晴雨表

在每个重要版本结束时，我们会在回顾会之前用调查问卷的形式收集大家的回顾意见，其中有两个“亘古不变”问题：对这个版本研发过程的满意程度；对这个版本功能设计的满意度。

第一个问题，是大家对工作现状，包括迭代方式、工作量、工作压力、团队配合、时间管理等各方面的综合评分，反映了项目管理最重要的版本过程管理情况，也就是过程满意度；第二个问题，是从研发团队内部，经过了需求确认、开发实现、测试修复等环节，大家对产品功能的认可程度，也就是产品认同度。

当我们只有一次调查数据时，并不能代表太多，但当我们各个重要版本，都积累了同样的数据时，这就是我们的状态晴雨表了，我们能由此看到团队状态的起伏。图 5-43 是我们在某产品团队中监测到的状态数据，可以看到，两条线虽然幅度不同，但趋势上会有类似的升高和降低，两者是密不可分的。在一定程度上过程满意度会随着功能认同度变化。

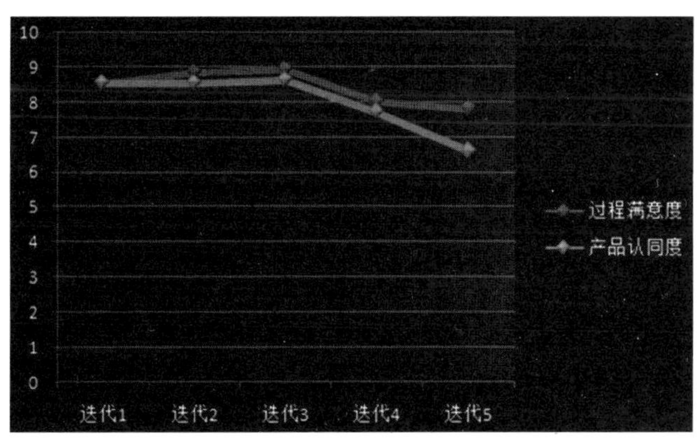

图 5-43 某产品团队中监测到的状态数据

当团队对产品的发展方向产生疑虑或不认可时，在过程的效率和配合度上都会出现问题，同时大家也会对自己在过程中的表现和感受表示不满。

这时，允许团队各抒己见，充分沟通表达，然后理清产品头绪，明确正确一致的产品方向，就变得格外重要。只有解决了“根”上的问题，一切才可能“顺”起来。

2. 红花榜

除了状态晴雨表的两个打分项之外，我们还经常把调查问卷用来做团队的“红花榜”，大家可以匿名给心目中的同学戴上“大红花”。这样的红花榜，效果往往好于上级表扬，因为这是群众“雪亮”的慧眼识别出来的。

举一个例子，有一次，压力巨大的版本，我们负责的交互员工承担着众多细节反复确认和沟通的重要职责，做得非常辛苦。结果红花榜上他高居榜首，发表感言时，他颇为感动地说“我真的没有想到大家那么认可我”，于是，一切就那么值得了！

别看每次我们都有这个榜单，但每次都会有不同的“英雄”冒出来，策划、设计、开发、测试、运营、项目管理，各个角色的同学都曾经出现在高榜上。你会看到，虽然都是一样的提名，但每个人都会很认真地回顾和填写自己的真实感受，于是，每次也就会有不一样的惊喜了。

3. 真心话

开发对需求交互案完全不认同，案子里显然有不合理的地方，但没办法，说了也没人理，硬着头皮做吧。你的团队有这样的情况吗？

有的话，你也不妨试试调查问卷，当然，匿名的，来让大家说说真心话吧。当对方案的认同感得分是图 5-44 所示时，我们还能够忽视来自于团队的意见吗？当看到图 5-45 所示的大段的意见抒发时，我们还能够不停下来做一些方案上的自我审视调整吗？

	0	1	2	3	4	5	Total
你的认同感	11.11% 1	0.00% 0	44.44% 4	33.33% 3	11.11% 1	0.00% 0	9

Comments (8)

图 5-44　对方案的认同感得分

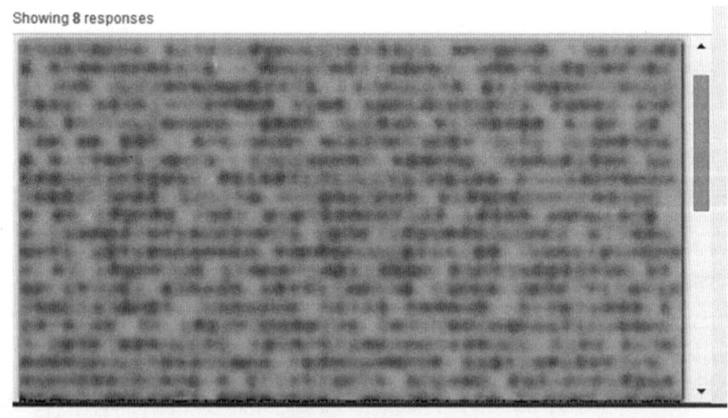

图 5-45　具体的意见（图略）

真心话的用法中，最难的不在于问卷设计，而在于把握何时团队需要这种方式来沟通表达想法。这并不是一种惯常用法，只有当明确感受到大家有了很多不同想法意见时，才需要适时及时地提供问卷，也就是“雪中送炭”。

4. 决策棒

这里的决策棒，指的不是产品和团队发展方向的决策，而是说在一些做法上的具体决策。毕竟，“道”的方向往往不是少数服从多数可以解决的，而“术”的选择却是每个团队可以自己摸爬滚打的。

技术 Leader 或者项目经理，可以由基本的研发模式设定，但对于执行过程中的优化改进，却是来自于团队共同认可的优化方向，效果更好。比如，在最初的 Bug Bash 中，大家对 Bug Bash 中是否应该提交优化建议（非 Bug）有了很大的争议。两种方式各有利弊，那我们就在对 Bug Bash 的反馈调查中增加了图 5-46 所示的这道题目。从结果来看，大家压倒性地选择了鼓励提优化建议，虽然争议中反方的声音很响，但匿名调查结果让整体的意见不言而喻，后续的优化改进也就很明了了。

不用担心团队找不到合适的改进方式，只是我们要找到合适的引导和表达方式。

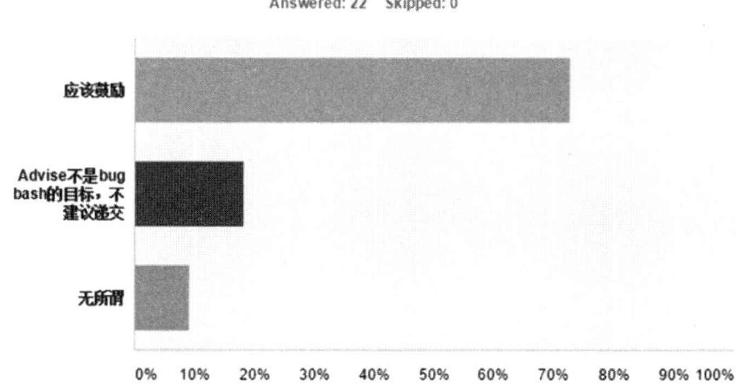

图 5-46　Bug Bash 的反馈调查中增加的题目

5. 公示牌

通过调查问卷中的主观题，我们可以看到很多冲撞的认知和想法，也能了解到他人的想法。通过公示这样的匿名主观题答案，团队中可以彼此修正想法，进而逐渐形成更一致和全面的判断思考。

比如，在同一个版本的回顾调查中，看到了如图 5-47 所示为截然相反地评价；又如，同一个版本中的同一个问题，有如图 5-48 所示为不同角度地解读。通过公示这些彼此冲撞的想法，很多解释引导工作就不用再做了，大家已经了然于胸了，也都能够用更多的角度来解读看待问题了。

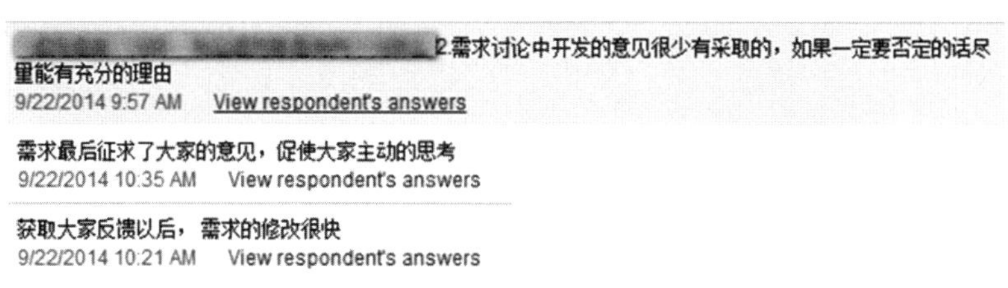

图 5-47　截然相反的评价

小需求响应很及时
9/22/2014 11:45 AM View respondent's answers

时间紧凑了，但是觉得很赶，如果中间插进来小任务，就会觉得时间不够
9/22/2014 9:40 AM View respondent's answers

图 5-48 不同角度的解读

工具在手，应用由心。调查问卷可以很好地表达产品和团队的现状，我们细心、用心地用好这一工具，可以让我们的团队在产品之路上走得更踏实。

本文只是简单讨论了自我颠覆过程中的两个小点，这些形态上的变化其实并不是最核心的，真正重要的是开放的拥抱变化的心态，以及以人为本尊重团队敬畏团队的理念。身处多变的互联网时代，既要快速应变，又要快中有慢，放下焦虑，勇敢面对问题，坚持初心和原则，陪伴团队成长。只有慢养育，才能有真正得快成长！